中国电子商务
法律法规政策汇编

ZHONG GUO DIAN ZI SHANG WU FA LU FA GUI ZHENG CE HUI BIAN

电子商务法起草组◎编

中国法制出版社
CHINA LEGAL PUBLISHING HOUSE

编委会

顾　问　吕祖善　彭　森　尹中卿

主　编　陈继宁　施禹之　薛　军

编　委　陈继宁　施禹之　韩　军　郝大为　周　晶

唐　鹏　薛　军　薛　虹　杨　东　王文华

崔聪聪　潘　迪　姚志伟　张　韬　阿拉木斯

前　言

2018年8月31日，第十三届全国人民代表大会常务委员会第五次会议高票通过《中华人民共和国电子商务法》。电子商务法是中国电子商务领域、数字经济领域乃至信息化领域的一部基本法律，是保障电子商务各方主体的合法权益，规范电子商务行为，维护市场秩序，促进电子商务持续健康发展的基本规范，在中国特色社会主义法律体系中具有非常重要的地位。

栗战书委员长明确提出，各有关方面要学习好、宣传好、落实好电子商务法。为配合对电子商务法的学习、宣传和落实，我们组织编写了《中国电子商务法律法规政策汇编》。本书系统梳理了与电子商务相关的法律、行政法规、部门规章以及政策文件，覆盖电子商务交易、电子支付、快递物流、消费者权益保护、数据信息保护与共享、市场秩序与公平竞争、跨境电子商务以及食品、药品、医疗、交通等电子商务专门领域，将电子商务相关法律法规全方位、全景式地呈现给大家。本书可供有关部门、地方、企业、消费者、专家学者、法律从业者等各界人士学习研究参考。

为了更好地学习宣传贯彻电子商务法，并为电子商务法相关法律法规的立、改、废、释留足必要时间，电子商务法规定自2019年1月1日起正式施行。为配合电子商务法的具体实施，针对电子商务法中有规定但比较原则的问题，如社交媒体电商的管理、市场主体登记、零星小额交易的认定、数据信息提供和报送等，建议有关部门尽快制定具体的实施细则；与电子商务法相关规定不一致的行政法规、部门规章、地方性法规，有关部门应及时进行修改；与本法相违背的行政法规、部门规章、地方性法规，有关部门应尽快废除；电子商务法中关于电子合同成立、电子支付特别是未授权支付、错误支付、电子商务经营者知识产权保护、消费者权益保护等条款，有关方面还需要出台司法解释。

法律是治国之重器，良法是善治之前提。希望本书的出版能够为电子商务司法、执法和守法等方面提供有力支撑，更好地理顺电子商务法与相关法律法规的关系。依照新法优于旧法、特别法优于一般法、上位法优于下位法的原则，处理电子商务法与合同法、电子签名法、侵权责任法以及《快递暂行条例》《网络交易管理办法》《非银行支付机构网络支付业务管理办法》等相关法律法规的关系。希望有关方面准确理解和贯彻落实电子商务法，抓紧修改完善相关的法规规章等，切实依法保障各方主体的正当权益，有效维护市场秩序和公平竞争，推动电子商务持续健康发展。

电子商务涉及众多领域，与电子商务相关的法律、法规、规章和政策文件量大面广，难以全文逐录，本书专门做了全面系统梳理，以供读者进一步查阅参考。敬请广大读者不吝赐教，批评指正！

目　　录

电子商务法

电子商务相关法律及决定

一、电子商务交易

二、电子支付

三、快递物流

四、消费者权益保护

五、数据信息保护与共享

六、市场秩序与公平竞争

七、跨境电子商务

八、其他专门领域

（一）食品、药品及医疗领域

（二）互联网交通

电子商务法

中华人民共和国电子商务法

（2018 年 8 月 31 日第十三届全国人民代表大会常务委员会第五次会议通过 2018 年 8 月 31 日中华人民共和国主席令第 7 号公布 自 2019 年 1 月 1 日起施行）

第一章 总 则

第一条 为了保障电子商务各方主体的合法权益，规范电子商务行为，维护市场秩序，促进电子商务持续健康发展，制定本法。

第二条 中华人民共和国境内的电子商务活动，适用本法。

本法所称电子商务，是指通过互联网等信息网络销售商品或者提供服务的经营活动。

法律、行政法规对销售商品或者提供服务有规定的，适用其规定。金融类产品和服务，利用信息网络提供新闻信息、音视频节目、出版以及文化产品等内容方面的服务，不适用本法。

第三条 国家鼓励发展电子商务新业态，创新商业模式，促进电子商务技术研发和推广应用，推进电子商务诚信体系建设，营造有利于电子商务创新发展的市场环境，充分发挥电子商务在推动高质量发展、满足人民日益增长的美好生活需要、构建开放型经济方面的重要作用。

第四条 国家平等对待线上线下商务活动，促进线上线下融合发展，各级人民政府和有关部门不得采取歧视性的政策措施，不得滥用行政权力排除、限制市场竞争。

第五条 电子商务经营者从事经营活动，应当遵循自愿、平等、公平、诚信的原则，遵守法律和商业道德，公平参与市场竞争，履行消费者权益保护、环境保护、知识产权保护、网络安全与个人信息保护等方面的义务，承担产品和服务质量责任，接受政府和社会的监督。

第六条 国务院有关部门按照职责分工负责电子商务发展促进、监督管理等工作。县级以上地方各级人民政府可以根据本行政区域的实际情况，确定本行政区域内电子商务的部门职责划分。

第七条 国家建立符合电子商务特点的协同管理体系，推动形成有关部门、电子商务行业组织、电子商务经营者、消费者等共同参与的电子商务市场治理体系。

第八条 电子商务行业组织按照本组织章程开展行业自律，建立健全行业规范，推动行业诚信建设，监督、引导本行业经营者公平参与市场竞争。

第二章 电子商务经营者

第一节 一般规定

第九条 本法所称电子商务经营者，是指通过互联网等信息网络从事销售商品或者提供服务的经营活动的自然人、法人和非法人组织，包括电子商务平台经营者、平台内经营者以及通过自建网站、其他网络服务销售商品或者提供服务的电子商务经营者。

本法所称电子商务平台经营者，是指在电子商务中为交易双方或者多方提供网络经营场所、交易撮合、信息发布等服务，供交易双方或者多方独立开展交易活动的法人或者非法人组织。

本法所称平台内经营者，是指通过电子商务平台销售商品或者提供服务的电子商务经营者。

第十条 电子商务经营者应当依法办理市场主体登记。但是，个人销售自产农副产品、家庭手工业产品，个人利用自己的技能从事依法无须取得许可的便民劳务活动和零星小额交易活动，以及依照法律、行政法规不需要进行登记的除外。

第十一条 电子商务经营者应当依法履行纳税义务，并依法享受税收优惠。

依照前条规定不需要办理市场主体登记的电子商务经营者在首次纳税义务发生后，应当依照税收征收管理法律、行政法规的规定申请办理税务登记，并如实申报纳税。

第十二条 电子商务经营者从事经营活动，依法需要取得相关行政许可的，应当依法取得行政许可。

第十三条 电子商务经营者销售的商品或者提供的服务应当符合保障人

身、财产安全的要求和环境保护要求，不得销售或者提供法律、行政法规禁止交易的商品或者服务。

第十四条 电子商务经营者销售商品或者提供服务应当依法出具纸质发票或者电子发票等购货凭证或者服务单据。电子发票与纸质发票具有同等法律效力。

第十五条 电子商务经营者应当在其首页显著位置，持续公示营业执照信息、与其经营业务有关的行政许可信息、属于依照本法第十条规定的不需要办理市场主体登记情形等信息，或者上述信息的链接标识。

前款规定的信息发生变更的，电子商务经营者应当及时更新公示信息。

第十六条 电子商务经营者自行终止从事电子商务的，应当提前三十日在首页显著位置持续公示有关信息。

第十七条 电子商务经营者应当全面、真实、准确、及时地披露商品或者服务信息，保障消费者的知情权和选择权。电子商务经营者不得以虚构交易、编造用户评价等方式进行虚假或者引人误解的商业宣传，欺骗、误导消费者。

第十八条 电子商务经营者根据消费者的兴趣爱好、消费习惯等特征向其提供商品或者服务的搜索结果的，应当同时向该消费者提供不针对其个人特征的选项，尊重和平等保护消费者合法权益。

电子商务经营者向消费者发送广告的，应当遵守《中华人民共和国广告法》的有关规定。

第十九条 电子商务经营者搭售商品或者服务，应当以显著方式提请消费者注意，不得将搭售商品或者服务作为默认同意的选项。

第二十条 电子商务经营者应当按照承诺或者与消费者约定的方式、时限向消费者交付商品或者服务，并承担商品运输中的风险和责任。但是，消费者另行选择快递物流服务提供者的除外。

第二十一条 电子商务经营者按照约定向消费者收取押金的，应当明示押金退还的方式、程序，不得对押金退还设置不合理条件。消费者申请退还押金，符合押金退还条件的，电子商务经营者应当及时退还。

第二十二条 电子商务经营者因其技术优势、用户数量、对相关行业的控制能力以及其他经营者对该电子商务经营者在交易上的依赖程度等因素而具有市场支配地位的，不得滥用市场支配地位，排除、限制竞争。

第二十三条 电子商务经营者收集、使用其用户的个人信息，应当遵守法律、行政法规有关个人信息保护的规定。

第二十四条 电子商务经营者应当明示用户信息查询、更正、删除以及用户注销的方式、程序，不得对用户信息查询、更正、删除以及用户注销设置不合理条件。

电子商务经营者收到用户信息查询或者更正、删除的申请的，应当在核实身份后及时提供查询或者更正、删除用户信息。用户注销的，电子商务经营者应当立即删除该用户的信息；依照法律、行政法规的规定或者双方约定保存的，依照其规定。

第二十五条 有关主管部门依照法律、行政法规的规定要求电子商务经营者提供有关电子商务数据信息的，电子商务经营者应当提供。有关主管部门应当采取必要措施保护电子商务经营者提供的数据信息的安全，并对其中的个人信息、隐私和商业秘密严格保密，不得泄露、出售或者非法向他人提供。

第二十六条 电子商务经营者从事跨境电子商务，应当遵守进出口监督管理的法律、行政法规和国家有关规定。

第二节 电子商务平台经营者

第二十七条 电子商务平台经营者应当要求申请进入平台销售商品或者提供服务的经营者提交其身份、地址、联系方式、行政许可等真实信息，进行核验、登记，建立登记档案，并定期核验更新。

电子商务平台经营者为进入平台销售商品或者提供服务的非经营用户提供服务，应当遵守本节有关规定。

第二十八条 电子商务平台经营者应当按照规定向市场监督管理部门报送平台内经营者的身份信息，提示未办理市场主体登记的经营者依法办理登记，并配合市场监督管理部门，针对电子商务的特点，为应当办理市场主体登记的经营者办理登记提供便利。

电子商务平台经营者应当依照税收征收管理法律、行政法规的规定，向税务部门报送平台内经营者的身份信息和与纳税有关的信息，并应当提示依照本法第十条规定不需要办理市场主体登记的电子商务经营者依照本法第十一条第二款的规定办理税务登记。

第二十九条 电子商务平台经营者发现平台内的商品或者服务信息存在违反本法第十二条、第十三条规定情形的，应当依法采取必要的处置措施，并向有关主管部门报告。

第三十条 电子商务平台经营者应当采取技术措施和其他必要措施保证其网络安全、稳定运行，防范网络违法犯罪活动，有效应对网络安全事件，保障电子商务交易安全。

电子商务平台经营者应当制定网络安全事件应急预案，发生网络安全事件时，应当立即启动应急预案，采取相应的补救措施，并向有关主管部门报告。

第三十一条 电子商务平台经营者应当记录、保存平台上发布的商品和服务信息、交易信息，并确保信息的完整性、保密性、可用性。商品和服务信息、交易信息保存时间自交易完成之日起不少于三年；法律、行政法规另有规定的，依照其规定。

第三十二条 电子商务平台经营者应当遵循公开、公平、公正的原则，制定平台服务协议和交易规则，明确进入和退出平台、商品和服务质量保障、消费者权益保护、个人信息保护等方面的权利和义务。

第三十三条 电子商务平台经营者应当在其首页显著位置持续公示平台服务协议和交易规则信息或者上述信息的链接标识，并保证经营者和消费者能够便利、完整地阅览和下载。

第三十四条 电子商务平台经营者修改平台服务协议和交易规则，应当在其首页显著位置公开征求意见，采取合理措施确保有关各方能够及时充分表达意见。修改内容应当至少在实施前七日予以公示。

平台内经营者不接受修改内容，要求退出平台的，电子商务平台经营者不得阻止，并按照修改前的服务协议和交易规则承担相关责任。

第三十五条 电子商务平台经营者不得利用服务协议、交易规则以及技术等手段，对平台内经营者在平台内的交易、交易价格以及与其他经营者的交易等进行不合理限制或者附加不合理条件，或者向平台内经营者收取不合理费用。

第三十六条 电子商务平台经营者依据平台服务协议和交易规则对平台内经营者违反法律、法规的行为实施警示、暂停或者终止服务等措施的，应当及时公示。

第三十七条 电子商务平台经营者在其平台上开展自营业务的，应当以显著方式区分标记自营业务和平台内经营者开展的业务，不得误导消费者。

电子商务平台经营者对其标记为自营的业务依法承担商品销售者或者服务提供者的民事责任。

第三十八条 电子商务平台经营者知道或者应当知道平台内经营者销售的商品或者提供的服务不符合保障人身、财产安全的要求，或者有其他侵害消费者合法权益行为，未采取必要措施的，依法与该平台内经营者承担连带责任。

对关系消费者生命健康的商品或者服务，电子商务平台经营者对平台内经营者的资质资格未尽到审核义务，或者对消费者未尽到安全保障义务，造成消费者损害的，依法承担相应的责任。

第三十九条 电子商务平台经营者应当建立健全信用评价制度，公示信用评价规则，为消费者提供对平台内销售的商品或者提供的服务进行评价的途径。

电子商务平台经营者不得删除消费者对其平台内销售的商品或者提供的服务的评价。

第四十条 电子商务平台经营者应当根据商品或者服务的价格、销量、信用等以多种方式向消费者显示商品或者服务的搜索结果；对于竞价排名的商品或者服务，应当显著标明“广告”。

第四十一条 电子商务平台经营者应当建立知识产权保护规则，与知识产权权利人加强合作，依法保护知识产权。

第四十二条 知识产权权利人认为其知识产权受到侵害的，有权通知电子商务平台经营者采取删除、屏蔽、断开链接、终止交易和服务等必要措施。通知应当包括构成侵权的初步证据。

电子商务平台经营者接到通知后，应当及时采取必要措施，并将该通知转送平台内经营者；未及时采取必要措施的，对损害的扩大部分与平台内经营者承担连带责任。

因通知错误造成平台内经营者损害的，依法承担民事责任。恶意发出错误通知，造成平台内经营者损失的，加倍承担赔偿责任。

第四十三条 平台内经营者接到转送的通知后，可以向电子商务平台经营者提交不存在侵权行为的声明。声明应当包括不存在侵权行为的初步证据。

电子商务平台经营者接到声明后，应当将该声明转送发出通知的知识产权权利人，并告知其可以向有关主管部门投诉或者向人民法院起诉。电子商务平台经营者在转送声明到达知识产权权利人后十五日内，未收到权利人已经投诉或者起诉通知的，应当及时终止所采取的措施。

第四十四条 电子商务平台经营者应当及时公示收到的本法第四十二条、第四十三条规定的通知、声明及处理结果。

第四十五条 电子商务平台经营者知道或者应当知道平台内经营者侵犯知识产权的，应当采取删除、屏蔽、断开链接、终止交易和服务等必要措施；未采取必要措施的，与侵权人承担连带责任。

第四十六条 除本法第九条第二款规定的服务外，电子商务平台经营者可以按照平台服务协议和交易规则，为经营者之间的电子商务提供仓储、物流、支付结算、交收等服务。电子商务平台经营者为经营者之间的电子商务提供服务，应当遵守法律、行政法规和国家有关规定，不得采取集中竞价、做市商等集中交易方式进行交易，不得进行标准化合约交易。

第三章　电子商务合同的订立与履行

第四十七条 电子商务当事人订立和履行合同，适用本章和《中华人民共和国民法总则》《中华人民共和国合同法》《中华人民共和国电子签名法》等法律的规定。

第四十八条 电子商务当事人使用自动信息系统订立或者履行合同的行为对使用该系统的当事人具有法律效力。

在电子商务中推定当事人具有相应的民事行为能力。但是，有相反证据足以推翻的除外。

第四十九条 电子商务经营者发布的商品或者服务信息符合要约条件的，用户选择该商品或者服务并提交订单成功，合同成立。当事人另有约定的，从其约定。

电子商务经营者不得以格式条款等方式约定消费者支付价款后合同不成立；格式条款等含有该内容的，其内容无效。

第五十条 电子商务经营者应当清晰、全面、明确地告知用户订立合同的步骤、注意事项、下载方法等事项，并保证用户能够便利、完整地阅览和下载。

电子商务经营者应当保证用户在提交订单前可以更正输入错误。

第五十一条　合同标的为交付商品并采用快递物流方式交付的，收货人签收时间为交付时间。合同标的为提供服务的，生成的电子凭证或者实物凭证中载明的时间为交付时间；前述凭证没有载明时间或者载明时间与实际提供服务时间不一致的，实际提供服务的时间为交付时间。

合同标的为采用在线传输方式交付的，合同标的进入对方当事人指定的特定系统并且能够检索识别的时间为交付时间。

合同当事人对交付方式、交付时间另有约定的，从其约定。

第五十二条　电子商务当事人可以约定采用快递物流方式交付商品。

快递物流服务提供者为电子商务提供快递物流服务，应当遵守法律、行政法规，并应当符合承诺的服务规范和时限。快递物流服务提供者在交付商品时，应当提示收货人当面查验；交由他人代收的，应当经收货人同意。

快递物流服务提供者应当按照规定使用环保包装材料，实现包装材料的减量化和再利用。

快递物流服务提供者在提供快递物流服务的同时，可以接受电子商务经营者的委托提供代收货款服务。

第五十三条　电子商务当事人可以约定采用电子支付方式支付价款。

电子支付服务提供者为电子商务提供电子支付服务，应当遵守国家规定，告知用户电子支付服务的功能、使用方法、注意事项、相关风险和收费标准等事项，不得附加不合理交易条件。电子支付服务提供者应当确保电子支付指令的完整性、一致性、可跟踪稽核和不可篡改。

电子支付服务提供者应当向用户免费提供对账服务以及最近三年的交易记录。

第五十四条　电子支付服务提供者提供电子支付服务不符合国家有关支付安全管理要求，造成用户损失的，应当承担赔偿责任。

第五十五条　用户在发出支付指令前，应当核对支付指令所包含的金额、收款人等完整信息。

支付指令发生错误的，电子支付服务提供者应当及时查找原因，并采取相关措施予以纠正。造成用户损失的，电子支付服务提供者应当承担赔偿责任，但能够证明支付错误非自身原因造成的除外。

第五十六条 电子支付服务提供者完成电子支付后，应当及时准确地向用户提供符合约定方式的确认支付的信息。

第五十七条 用户应当妥善保管交易密码、电子签名数据等安全工具。用户发现安全工具遗失、被盗用或者未经授权的支付的，应当及时通知电子支付服务提供者。

未经授权的支付造成的损失，由电子支付服务提供者承担；电子支付服务提供者能够证明未经授权的支付是因用户的过错造成的，不承担责任。

电子支付服务提供者发现支付指令未经授权，或者收到用户支付指令未经授权的通知时，应当立即采取措施防止损失扩大。电子支付服务提供者未及时采取措施导致损失扩大的，对损失扩大部分承担责任。

第四章　电子商务争议解决

第五十八条 国家鼓励电子商务平台经营者建立有利于电子商务发展和消费者权益保护的商品、服务质量担保机制。

电子商务平台经营者与平台内经营者协议设立消费者权益保证金的，双方应当就消费者权益保证金的提取数额、管理、使用和退还办法等作出明确约定。

消费者要求电子商务平台经营者承担先行赔偿责任以及电子商务平台经营者赔偿后向平台内经营者的追偿，适用《中华人民共和国消费者权益保护法》的有关规定。

第五十九条 电子商务经营者应当建立便捷、有效的投诉、举报机制，公开投诉、举报方式等信息，及时受理并处理投诉、举报。

第六十条 电子商务争议可以通过协商和解，请求消费者组织、行业协会或者其他依法成立的调解组织调解，向有关部门投诉，提请仲裁，或者提起诉讼等方式解决。

第六十一条 消费者在电子商务平台购买商品或者接受服务，与平台内经营者发生争议时，电子商务平台经营者应当积极协助消费者维护合法权益。

第六十二条 在电子商务争议处理中，电子商务经营者应当提供原始合同和交易记录。因电子商务经营者丢失、伪造、篡改、销毁、隐匿或者拒绝提供前述资料，致使人民法院、仲裁机构或者有关机关无法查明事实的，电子商务经营者应当承担相应的法律责任。

第六十三条 电子商务平台经营者可以建立争议在线解决机制，制定并公示争议解决规则，根据自愿原则，公平、公正地解决当事人的争议。

第五章 电子商务促进

第六十四条 国务院和省、自治区、直辖市人民政府应当将电子商务发展纳入国民经济和社会发展规划，制定科学合理的产业政策，促进电子商务创新发展。

第六十五条 国务院和县级以上地方人民政府及其有关部门应当采取措施，支持、推动绿色包装、仓储、运输，促进电子商务绿色发展。

第六十六条 国家推动电子商务基础设施和物流网络建设，完善电子商务统计制度，加强电子商务标准体系建设。

第六十七条 国家推动电子商务在国民经济各个领域的应用，支持电子商务与各产业融合发展。

第六十八条 国家促进农业生产、加工、流通等环节的互联网技术应用，鼓励各类社会资源加强合作，促进农村电子商务发展，发挥电子商务在精准扶贫中的作用。

第六十九条 国家维护电子商务交易安全，保护电子商务用户信息，鼓励电子商务数据开发应用，保障电子商务数据依法有序自由流动。

国家采取措施推动建立公共数据共享机制，促进电子商务经营者依法利用公共数据。

第七十条 国家支持依法设立的信用评价机构开展电子商务信用评价，向社会提供电子商务信用评价服务。

第七十一条 国家促进跨境电子商务发展，建立健全适应跨境电子商务特点的海关、税收、进出境检验检疫、支付结算等管理制度，提高跨境电子商务各环节便利化水平，支持跨境电子商务平台经营者等为跨境电子商务提供仓储物流、报关、报检等服务。

国家支持小型微型企业从事跨境电子商务。

第七十二条 国家进出口管理部门应当推进跨境电子商务海关申报、纳税、检验检疫等环节的综合服务和监管体系建设，优化监管流程，推动实现信息共享、监管互认、执法互助，提高跨境电子商务服务和监管效率。跨境电子商务经营者可以凭电子单证向国家进出口管理部门办理有关手续。

第七十三条 国家推动建立与不同国家、地区之间跨境电子商务的交流合作，参与电子商务国际规则的制定，促进电子签名、电子身份等国际互认。

国家推动建立与不同国家、地区之间的跨境电子商务争议解决机制。

第六章 法律责任

第七十四条 电子商务经营者销售商品或者提供服务，不履行合同义务或者履行合同义务不符合约定，或者造成他人损害的，依法承担民事责任。

第七十五条 电子商务经营者违反本法第十二条、第十三条规定，未取得相关行政许可从事经营活动，或者销售、提供法律、行政法规禁止交易的商品、服务，或者不履行本法第二十五条规定的信息提供义务，电子商务平台经营者违反本法第四十六条规定，采取集中交易方式进行交易，或者进行标准化合约交易的，依照有关法律、行政法规的规定处罚。

第七十六条 电子商务经营者违反本法规定，有下列行为之一的，由市场监督管理部门责令限期改正，可以处一万元以下的罚款，对其中的电子商务平台经营者，依照本法第八十一条第一款的规定处罚：

（一）未在首页显著位置公示营业执照信息、行政许可信息、属于不需要办理市场主体登记情形等信息，或者上述信息的链接标识的；

（二）未在首页显著位置持续公示终止电子商务的有关信息的；

（三）未明示用户信息查询、更正、删除以及用户注销的方式、程序，或者对用户信息查询、更正、删除以及用户注销设置不合理条件的。

电子商务平台经营者对违反前款规定的平台内经营者未采取必要措施的，由市场监督管理部门责令限期改正，可以处二万元以上十万元以下的罚款。

第七十七条 电子商务经营者违反本法第十八条第一款规定提供搜索结果，或者违反本法第十九条规定搭售商品、服务的，由市场监督管理部门责令限期改正，没收违法所得，可以并处五万元以上二十万元以下的罚款；情节严重的，并处二十万元以上五十万元以下的罚款。

第七十八条 电子商务经营者违反本法第二十一条规定，未向消费者明示押金退还的方式、程序，对押金退还设置不合理条件，或者不及时退还押金的，由有关主管部门责令限期改正，可以处五万元以上二十万元以下的罚款；情节严重的，处二十万元以上五十万元以下的罚款。

第七十九条 电子商务经营者违反法律、行政法规有关个人信息保护的规定，或者不履行本法第三十条和有关法律、行政法规规定的网络安全保障义务的，依照《中华人民共和国网络安全法》等法律、行政法规的规定处罚。

第八十条 电子商务平台经营者有下列行为之一的，由有关主管部门责令限期改正；逾期不改正的，处二万元以上十万元以下的罚款；情节严重的，责令停业整顿，并处十万元以上五十万元以下的罚款：

（一）不履行本法第二十七条规定的核验、登记义务的；

（二）不按照本法第二十八条规定向市场监督管理部门、税务部门报送有关信息的；

（三）不按照本法第二十九条规定对违法情形采取必要的处置措施，或者未向有关主管部门报告的；

（四）不履行本法第三十一条规定的商品和服务信息、交易信息保存义务的。

法律、行政法规对前款规定的违法行为的处罚另有规定的，依照其规定。

第八十一条 电子商务平台经营者违反本法规定，有下列行为之一的，由市场监督管理部门责令限期改正，可以处二万元以上十万元以下的罚款；情节严重的，处十万元以上五十万元以下的罚款：

（一）未在首页显著位置持续公示平台服务协议、交易规则信息或者上述信息的链接标识的；

（二）修改交易规则未在首页显著位置公开征求意见，未按照规定的时间提前公示修改内容，或者阻止平台内经营者退出的；

（三）未以显著方式区分标记自营业务和平台内经营者开展的业务的；

（四）未为消费者提供对平台内销售的商品或者提供的服务进行评价的途径，或者擅自删除消费者的评价的。

电子商务平台经营者违反本法第四十条规定，对竞价排名的商品或者服务未显著标明“广告”的，依照《中华人民共和国广告法》的规定处罚。

第八十二条 电子商务平台经营者违反本法第三十五条规定，对平台内经营者在平台内的交易、交易价格或者与其他经营者的交易等进行不合理限制或者附加不合理条件，或者向平台内经营者收取不合理费用的，由市场监督管理部门责令限期改正，可以处五万元以上五十万元以下的罚款；情节严重的，处五十万元以上二百万元以下的罚款。

第八十三条 电子商务平台经营者违反本法第三十八条规定，对平台内经营者侵害消费者合法权益行为未采取必要措施，或者对平台内经营者未尽到资质资格审核义务，或者对消费者未尽到安全保障义务的，由市场监督管理部门责令限期改正，可以处五万元以上五十万元以下的罚款；情节严重的，责令停业整顿，并处五十万元以上二百万元以下的罚款。

第八十四条 电子商务平台经营者违反本法第四十二条、第四十五条规定，对平台内经营者实施侵犯知识产权行为未依法采取必要措施的，由有关知识产权行政部门责令限期改正；逾期不改正的，处五万元以上五十万元以下的罚款；情节严重的，处五十万元以上二百万元以下的罚款。

第八十五条 电子商务经营者违反本法规定，销售的商品或者提供的服务不符合保障人身、财产安全的要求，实施虚假或者引人误解的商业宣传等不正当竞争行为，滥用市场支配地位，或者实施侵犯知识产权、侵害消费者权益等行为的，依照有关法律的规定处罚。

第八十六条 电子商务经营者有本法规定的违法行为的，依照有关法律、行政法规的规定记入信用档案，并予以公示。

第八十七条 依法负有电子商务监督管理职责的部门的工作人员，玩忽职守、滥用职权、徇私舞弊，或者泄露、出售或者非法向他人提供在履行职责中所知悉的个人信息、隐私和商业秘密的，依法追究法律责任。

第八十八条 违反本法规定，构成违反治安管理行为的，依法给予治安管理处罚；构成犯罪的，依法追究刑事责任。

第七章　附　　则

第八十九条 本法自 2019 年 1 月 1 日起施行。

电子商务相关法律及决定

中华人民共和国反不正当竞争法（节录）

（1993年9月2日第八届全国人民代表大会常务委员会第三次会议通过　2017年11月4日第十二届全国人民代表大会常务委员会第三十次会议修订　2017年11月4日中华人民共和国主席令第77号公布　自2018年1月1日起施行）

……

第六条　经营者不得实施下列混淆行为，引人误认为是他人商品或者与他人存在特定联系：

（一）擅自使用与他人有一定影响的商品名称、包装、装潢等相同或者近似的标识；

（二）擅自使用他人有一定影响的企业名称（包括简称、字号等）、社会组织名称（包括简称等）、姓名（包括笔名、艺名、译名等）；

（三）擅自使用他人有一定影响的域名主体部分、网站名称、网页等；

（四）其他足以引人误认为是他人商品或者与他人存在特定联系的混淆行为。

……

第八条　经营者不得对其商品的性能、功能、质量、销售状况、用户评价、曾获荣誉等作虚假或者引人误解的商业宣传，欺骗、误导消费者。

经营者不得通过组织虚假交易等方式，帮助其他经营者进行虚假或者引人误解的商业宣传。

……

第十条　经营者进行有奖销售不得存在下列情形：

（一）所设奖的种类、兑奖条件、奖金金额或者奖品等有奖销售信息不明确，影响兑奖；

（二）采用谎称有奖或者故意让内定人员中奖的欺骗方式进行有奖销售；

（三）抽奖式的有奖销售，最高奖的金额超过五万元。

……

第十二条　经营者利用网络从事生产经营活动，应当遵守本法的各项规定。

经营者不得利用技术手段，通过影响用户选择或者其他方式，实施下列妨碍、破坏其他经营者合法提供的网络产品或者服务正常运行的行为：

（一）未经其他经营者同意，在其合法提供的网络产品或者服务中，插入链接、强制进行目标跳转；

（二）误导、欺骗、强迫用户修改、关闭、卸载其他经营者合法提供的网络产品或者服务；

（三）恶意对其他经营者合法提供的网络产品或者服务实施不兼容；

（四）其他妨碍、破坏其他经营者合法提供的网络产品或者服务正常运行的行为。

……

第二十条　经营者违反本法第八条规定对其商品作虚假或者引人误解的商业宣传，或者通过组织虚假交易等方式帮助其他经营者进行虚假或者引人误解的商业宣传的，由监督检查部门责令停止违法行为，处二十万元以上一百万元以下的罚款；情节严重的，处一百万元以上二百万元以下的罚款，可以吊销营业执照。

经营者违反本法第八条规定，属于发布虚假广告的，依照《中华人民共和国广告法》的规定处罚。

……

第二十二条　经营者违反本法第十条规定进行有奖销售的，由监督检查部门责令停止违法行为，处五万元以上五十万元以下的罚款。

……

第二十四条　经营者违反本法第十二条规定妨碍、破坏其他经营者合法提供的网络产品或者服务正常运行的，由监督检查部门责令停止违法行为，处十万元以上五十万元以下的罚款；情节严重的，处五十万元以上三百万元以下的罚款。

……

中华人民共和国刑法（节录）*

（1979年7月1日第五届全国人民代表大会第二次会议通过 1997年3月14日第八届全国人民代表大会第五次会议修订 1997年3月14日中华人民共和国主席令第83号公布 自1997年10月1日起施行）

……

第二百五十三条之一 违反国家有关规定，向他人出售或者提供公民个人信息，情节严重的，处三年以下有期徒刑或者拘役，并处或者单处罚金；情节特别严重的，处三年以上七年以下有期徒刑，并处罚金。

违反国家有关规定，将在履行职责或者提供服务过程中获得的公民个人信息，出售或者提供给他人的，依照前款的规定从重处罚。

窃取或者以其他方法非法获取公民个人信息的，依照第一款的规定处罚。

单位犯前三款罪的，对单位判处罚金，并对其直接负责的主管人员和其他直接责任人员，依照各该款的规定处罚。

……

第二百八十五条 违反国家规定，侵入国家事务、国防建设、尖端科学技术领域的计算机信息系统的，处三年以下有期徒刑或者拘役。

---

* 根据1998年12月29日第九届全国人民代表大会常务委员会第六次会议通过的《全国人民代表大会常务委员会关于惩治骗购外汇、逃汇和非法买卖外汇犯罪的决定》、1999年12月25日第九届全国人民代表大会常务委员会第十三次会议通过的《中华人民共和国刑法修正案》、2001年8月31日第九届全国人民代表大会常务委员会第二十三次会议通过的《中华人民共和国刑法修正案（二）》、2001年12月29日第九届全国人民代表大会常务委员会第二十五次会议通过的《中华人民共和国刑法修正案（三）》、2002年12月28日第九届全国人民代表大会常务委员会第三十一次会议通过的《中华人民共和国刑法修正案（四）》、2005年2月28日第十届全国人民代表大会常务委员会第十四次会议通过的《中华人民共和国刑法修正案（五）》、2006年6月29日第十届全国人民代表大会常务委员会第二十二次会议通过的《中华人民共和国刑法修正案（六）》、2009年2月28日第十一届全国人民代表大会常务委员会第七次会议通过的《中华人民共和国刑法修正案（七）》、2009年8月27日第十一届全国人民代表大会常务委员会第十次会议通过的《关于修改部分法律的决定》、2011年2月25日第十一届全国人民代表大会常务委员会第十九次会议通过的《中华人民共和国刑法修正案（八）》、2015年8月29日第十二届全国人民代表大会常务委员会第十六次会议通过的《中华人民共和国刑法修正案（九）》、2017年11月4日第十二届全国人民代表大会常务委员会第三十次会议通过的《中华人民共和国刑法修正案（十）》修订。

违反国家规定，侵入前款规定以外的计算机信息系统或者采用其他技术手段，获取该计算机信息系统中存储、处理或者传输的数据，或者对该计算机信息系统实施非法控制，情节严重的，处三年以下有期徒刑或者拘役，并处或者单处罚金；情节特别严重的，处三年以上七年以下有期徒刑，并处罚金。

提供专门用于侵入、非法控制计算机信息系统的程序、工具，或者明知他人实施侵入、非法控制计算机信息系统的违法犯罪行为而为其提供程序、工具，情节严重的，依照前款的规定处罚。

单位犯前三款罪的，对单位判处罚金，并对其直接负责的主管人员和其他直接责任人员，依照各该款的规定处罚。

第二百八十六条 违反国家规定，对计算机信息系统功能进行删除、修改、增加、干扰，造成计算机信息系统不能正常运行，后果严重的，处五年以下有期徒刑或者拘役；后果特别严重的，处五年以上有期徒刑。

违反国家规定，对计算机信息系统中存储、处理或者传输的数据和应用程序进行删除、修改、增加的操作，后果严重的，依照前款的规定处罚。

故意制作、传播计算机病毒等破坏性程序，影响计算机系统正常运行，后果严重的，依照第一款的规定处罚。

单位犯前三款罪的，对单位判处罚金，并对其直接负责的主管人员和其他直接责任人员，依照第一款的规定处罚。

第二百八十六条之一 网络服务提供者不履行法律、行政法规规定的信息网络安全管理义务，经监管部门责令采取改正措施而拒不改正，有下列情形之一的，处三年以下有期徒刑、拘役或者管制，并处或者单处罚金：

（一）致使违法信息大量传播的；

（二）致使用户信息泄露，造成严重后果的；

（三）致使刑事案件证据灭失，情节严重的；

（四）有其他严重情节的。

单位犯前款罪的，对单位判处罚金，并对其直接负责的主管人员和其他直接责任人员，依照前款的规定处罚。

有前两款行为，同时构成其他犯罪的，依照处罚较重的规定定罪处罚。

……

第二百八十七条之一 利用信息网络实施下列行为之一，情节严重的，处三年以下有期徒刑或者拘役，并处或者单处罚金：

（一）设立用于实施诈骗、传授犯罪方法、制作或者销售违禁物品、管制物品等违法犯罪活动的网站、通讯群组的；

（二）发布有关制作或者销售毒品、枪支、淫秽物品等违禁物品、管制物品或者其他违法犯罪信息的；

（三）为实施诈骗等违法犯罪活动发布信息的。

单位犯前款罪的，对单位判处罚金，并对其直接负责的主管人员和其他直接责任人员，依照第一款的规定处罚。

有前两款行为，同时构成其他犯罪的，依照处罚较重的规定定罪处罚。

第二百八十七条之二 明知他人利用信息网络实施犯罪，为其犯罪提供互联网接入、服务器托管、网络存储、通讯传输等技术支持，或者提供广告推广、支付结算等帮助，情节严重的，处三年以下有期徒刑或者拘役，并处或者单处罚金。

单位犯前款罪的，对单位判处罚金，并对其直接负责的主管人员和其他直接责任人员，依照第一款的规定处罚。

有前两款行为，同时构成其他犯罪的，依照处罚较重的规定定罪处罚。

……

中华人民共和国民法总则（节录）

（2017 年 3 月 15 日第十二届全国人民代表大会第五次会议通过 2017 年 3 月 15 日中华人民共和国主席令第 66 号公布 自 2017 年 10 月 1 日起施行）

……

第一百一十一条 自然人的个人信息受法律保护。任何组织和个人需要获取他人个人信息的，应当依法取得并确保信息安全，不得非法收集、使用、加工、传输他人个人信息，不得非法买卖、提供或者公开他人个人信息。

……

第一百二十七条 法律对数据、网络虚拟财产的保护有规定的，依照其规定。

……

第一百三十七条 以对话方式作出的意思表示，相对人知道其内容时生效。

以非对话方式作出的意思表示，到达相对人时生效。以非对话方式作出的采用数据电文形式的意思表示，相对人指定特定系统接收数据电文的，该数据电文进入该特定系统时生效；未指定特定系统的，相对人知道或者应当知道该数据电文进入其系统时生效。当事人对采用数据电文形式的意思表示的生效时间另有约定的，按照其约定。

……

中华人民共和国网络安全法

（2016 年 11 月 7 日第十二届全国人民代表大会常务委员会第二十四次会议通过　2016 年 11 月 7 日中华人民共和国主席令第 53 号公布　自 2017 年 6 月 1 日起施行）

第一章　总　　则

第一条 为了保障网络安全，维护网络空间主权和国家安全、社会公共利益，保护公民、法人和其他组织的合法权益，促进经济社会信息化健康发展，制定本法。

第二条 在中华人民共和国境内建设、运营、维护和使用网络，以及网络安全的监督管理，适用本法。

第三条 国家坚持网络安全与信息化发展并重，遵循积极利用、科学发展、依法管理、确保安全的方针，推进网络基础设施建设和互联互通，鼓励网络技术创新和应用，支持培养网络安全人才，建立健全网络安全保障体系，提高网络安全保护能力。

第四条 国家制定并不断完善网络安全战略，明确保障网络安全的基本要求和主要目标，提出重点领域的网络安全政策、工作任务和措施。

第五条 国家采取措施，监测、防御、处置来源于中华人民共和国境内外的网络安全风险和威胁，保护关键信息基础设施免受攻击、侵入、干扰和破坏，依法惩治网络违法犯罪活动，维护网络空间安全和秩序。

第六条 国家倡导诚实守信、健康文明的网络行为，推动传播社会主义核心价值观，采取措施提高全社会的网络安全意识和水平，形成全社会共同参与促进网络安全的良好环境。

第七条 国家积极开展网络空间治理、网络技术研发和标准制定、打击网络违法犯罪等方面的国际交流与合作，推动构建和平、安全、开放、合作的网络空间，建立多边、民主、透明的网络治理体系。

第八条 国家网信部门负责统筹协调网络安全工作和相关监督管理工作。国务院电信主管部门、公安部门和其他有关机关依照本法和有关法律、行政法规的规定，在各自职责范围内负责网络安全保护和监督管理工作。

县级以上地方人民政府有关部门的网络安全保护和监督管理职责，按照国家有关规定确定。

第九条 网络运营者开展经营和服务活动，必须遵守法律、行政法规，尊重社会公德，遵守商业道德，诚实信用，履行网络安全保护义务，接受政府和社会的监督，承担社会责任。

第十条 建设、运营网络或者通过网络提供服务，应当依照法律、行政法规的规定和国家标准的强制性要求，采取技术措施和其他必要措施，保障网络安全、稳定运行，有效应对网络安全事件，防范网络违法犯罪活动，维护网络数据的完整性、保密性和可用性。

第十一条 网络相关行业组织按照章程，加强行业自律，制定网络安全行为规范，指导会员加强网络安全保护，提高网络安全保护水平，促进行业健康发展。

第十二条 国家保护公民、法人和其他组织依法使用网络的权利，促进网络接入普及，提升网络服务水平，为社会提供安全、便利的网络服务，保障网络信息依法有序自由流动。

任何个人和组织使用网络应当遵守宪法法律，遵守公共秩序，尊重社会公德，不得危害网络安全，不得利用网络从事危害国家安全、荣誉和利益，煽动颠覆国家政权、推翻社会主义制度，煽动分裂国家、破坏国家统一，宣扬恐怖主义、极端主义，宣扬民族仇恨、民族歧视，传播暴力、淫秽色情信息，编造、传播虚假信息扰乱经济秩序和社会秩序，以及侵害他人名誉、隐私、知识产权和其他合法权益等活动。

第十三条 国家支持研究开发有利于未成年人健康成长的网络产品和服务，依法惩治利用网络从事危害未成年人身心健康的活动，为未成年人提供安全、健康的网络环境。

第十四条 任何个人和组织有权对危害网络安全的行为向网信、电信、公安等部门举报。收到举报的部门应当及时依法作出处理；不属于本部门职责的，应当及时移送有权处理的部门。

有关部门应当对举报人的相关信息予以保密，保护举报人的合法权益。

第二章 网络安全支持与促进

第十五条 国家建立和完善网络安全标准体系。国务院标准化行政主管部门和国务院其他有关部门根据各自的职责，组织制定并适时修订有关网络安全管理以及网络产品、服务和运行安全的国家标准、行业标准。

国家支持企业、研究机构、高等学校、网络相关行业组织参与网络安全国家标准、行业标准的制定。

第十六条 国务院和省、自治区、直辖市人民政府应当统筹规划，加大投入，扶持重点网络安全技术产业和项目，支持网络安全技术的研究开发和应用，推广安全可信的网络产品和服务，保护网络技术知识产权，支持企业、研究机构和高等学校等参与国家网络安全技术创新项目。

第十七条 国家推进网络安全社会化服务体系建设，鼓励有关企业、机构开展网络安全认证、检测和风险评估等安全服务。

第十八条 国家鼓励开发网络数据安全保护和利用技术，促进公共数据资源开放，推动技术创新和经济社会发展。

国家支持创新网络安全管理方式，运用网络新技术，提升网络安全保护水平。

第十九条 各级人民政府及其有关部门应当组织开展经常性的网络安全宣传教育，并指导、督促有关单位做好网络安全宣传教育工作。

大众传播媒介应当有针对性地面向社会进行网络安全宣传教育。

第二十条 国家支持企业和高等学校、职业学校等教育培训机构开展网络安全相关教育与培训，采取多种方式培养网络安全人才，促进网络安全人才交流。

第三章　网络运行安全

第一节　一般规定

第二十一条　国家实行网络安全等级保护制度。网络运营者应当按照网络安全等级保护制度的要求，履行下列安全保护义务，保障网络免受干扰、破坏或者未经授权的访问，防止网络数据泄露或者被窃取、篡改：

（一）制定内部安全管理制度和操作规程，确定网络安全负责人，落实网络安全保护责任；

（二）采取防范计算机病毒和网络攻击、网络侵入等危害网络安全行为的技术措施；

（三）采取监测、记录网络运行状态、网络安全事件的技术措施，并按照规定留存相关的网络日志不少于六个月；

（四）采取数据分类、重要数据备份和加密等措施；

（五）法律、行政法规规定的其他义务。

第二十二条　网络产品、服务应当符合相关国家标准的强制性要求。网络产品、服务的提供者不得设置恶意程序；发现其网络产品、服务存在安全缺陷、漏洞等风险时，应当立即采取补救措施，按照规定及时告知用户并向有关主管部门报告。

网络产品、服务的提供者应当为其产品、服务持续提供安全维护；在规定或者当事人约定的期限内，不得终止提供安全维护。

网络产品、服务具有收集用户信息功能的，其提供者应当向用户明示并取得同意；涉及用户个人信息的，还应当遵守本法和有关法律、行政法规关于个人信息保护的规定。

第二十三条　网络关键设备和网络安全专用产品应当按照相关国家标准的强制性要求，由具备资格的机构安全认证合格或者安全检测符合要求后，方可销售或者提供。国家网信部门会同国务院有关部门制定、公布网络关键设备和网络安全专用产品目录，并推动安全认证和安全检测结果互认，避免重复认证、检测。

第二十四条　网络运营者为用户办理网络接入、域名注册服务，办理固定电话、移动电话等入网手续，或者为用户提供信息发布、即时通讯等服务，在与用户签订协议或者确认提供服务时，应当要求用户提供真实身份信息。用户不提供真实身份信息的，网络运营者不得为其提供相关服务。

国家实施网络可信身份战略，支持研究开发安全、方便的电子身份认证技术，推动不同电子身份认证之间的互认。

第二十五条 网络运营者应当制定网络安全事件应急预案，及时处置系统漏洞、计算机病毒、网络攻击、网络侵入等安全风险；在发生危害网络安全的事件时，立即启动应急预案，采取相应的补救措施，并按照规定向有关主管部门报告。

第二十六条 开展网络安全认证、检测、风险评估等活动，向社会发布系统漏洞、计算机病毒、网络攻击、网络侵入等网络安全信息，应当遵守国家有关规定。

第二十七条 任何个人和组织不得从事非法侵入他人网络、干扰他人网络正常功能、窃取网络数据等危害网络安全的活动；不得提供专门用于从事侵入网络、干扰网络正常功能及防护措施、窃取网络数据等危害网络安全活动的程序、工具；明知他人从事危害网络安全的活动的，不得为其提供技术支持、广告推广、支付结算等帮助。

第二十八条 网络运营者应当为公安机关、国家安全机关依法维护国家安全和侦查犯罪的活动提供技术支持和协助。

第二十九条 国家支持网络运营者之间在网络安全信息收集、分析、通报和应急处置等方面进行合作，提高网络运营者的安全保障能力。

有关行业组织建立健全本行业的网络安全保护规范和协作机制，加强对网络安全风险的分析评估，定期向会员进行风险警示，支持、协助会员应对网络安全风险。

第三十条 网信部门和有关部门在履行网络安全保护职责中获取的信息，只能用于维护网络安全的需要，不得用于其他用途。

第二节 关键信息基础设施的运行安全

第三十一条 国家对公共通信和信息服务、能源、交通、水利、金融、公共服务、电子政务等重要行业和领域，以及其他一旦遭到破坏、丧失功能或者数据泄露，可能严重危害国家安全、国计民生、公共利益的关键信息基础设施，在网络安全等级保护制度的基础上，实行重点保护。关键信息基础设施的具体范围和安全保护办法由国务院制定。

国家鼓励关键信息基础设施以外的网络运营者自愿参与关键信息基础设施保护体系。

第三十二条 按照国务院规定的职责分工，负责关键信息基础设施安全保护工作的部门分别编制并组织实施本行业、本领域的关键信息基础设施安全规划，指导和监督关键信息基础设施运行安全保护工作。

第三十三条 建设关键信息基础设施应当确保其具有支持业务稳定、持续运行的性能，并保证安全技术措施同步规划、同步建设、同步使用。

第三十四条 除本法第二十一条的规定外，关键信息基础设施的运营者还应当履行下列安全保护义务：

（一）设置专门安全管理机构和安全管理负责人，并对该负责人和关键岗位的人员进行安全背景审查；

（二）定期对从业人员进行网络安全教育、技术培训和技能考核；

（三）对重要系统和数据库进行容灾备份；

（四）制定网络安全事件应急预案，并定期进行演练；

（五）法律、行政法规规定的其他义务。

第三十五条 关键信息基础设施的运营者采购网络产品和服务，可能影响国家安全的，应当通过国家网信部门会同国务院有关部门组织的国家安全审查。

第三十六条 关键信息基础设施的运营者采购网络产品和服务，应当按照规定与提供者签订安全保密协议，明确安全和保密义务与责任。

第三十七条 关键信息基础设施的运营者在中华人民共和国境内运营中收集和产生的个人信息和重要数据应当在境内存储。因业务需要，确需向境外提供的，应当按照国家网信部门会同国务院有关部门制定的办法进行安全评估；法律、行政法规另有规定的，依照其规定。

第三十八条 关键信息基础设施的运营者应当自行或者委托网络安全服务机构对其网络的安全性和可能存在的风险每年至少进行一次检测评估，并将检测评估情况和改进措施报送相关负责关键信息基础设施安全保护工作的部门。

第三十九条 国家网信部门应当统筹协调有关部门对关键信息基础设施

的安全保护采取下列措施：

（一）对关键信息基础设施的安全风险进行抽查检测，提出改进措施，必要时可以委托网络安全服务机构对网络存在的安全风险进行检测评估；

（二）定期组织关键信息基础设施的运营者进行网络安全应急演练，提高应对网络安全事件的水平和协同配合能力；

（三）促进有关部门、关键信息基础设施的运营者以及有关研究机构、网络安全服务机构等之间的网络安全信息共享；

（四）对网络安全事件的应急处置与网络功能的恢复等，提供技术支持和协助。

第四章　网络信息安全

第四十条　网络运营者应当对其收集的用户信息严格保密，并建立健全用户信息保护制度。

第四十一条　网络运营者收集、使用个人信息，应当遵循合法、正当、必要的原则，公开收集、使用规则，明示收集、使用信息的目的、方式和范围，并经被收集者同意。

网络运营者不得收集与其提供的服务无关的个人信息，不得违反法律、行政法规的规定和双方的约定收集、使用个人信息，并应当依照法律、行政法规的规定和与用户的约定，处理其保存的个人信息。

第四十二条　网络运营者不得泄露、篡改、毁损其收集的个人信息；未经被收集者同意，不得向他人提供个人信息。但是，经过处理无法识别特定个人且不能复原的除外。

网络运营者应当采取技术措施和其他必要措施，确保其收集的个人信息安全，防止信息泄露、毁损、丢失。在发生或者可能发生个人信息泄露、毁损、丢失的情况时，应当立即采取补救措施，按照规定及时告知用户并向有关主管部门报告。

第四十三条　个人发现网络运营者违反法律、行政法规的规定或者双方的约定收集、使用其个人信息的，有权要求网络运营者删除其个人信息；发现网络运营者收集、存储的其个人信息有错误的，有权要求网络运营者予以更正。网络运营者应当采取措施予以删除或者更正。

第四十四条 任何个人和组织不得窃取或者以其他非法方式获取个人信息，不得非法出售或者非法向他人提供个人信息。

第四十五条 依法负有网络安全监督管理职责的部门及其工作人员，必须对在履行职责中知悉的个人信息、隐私和商业秘密严格保密，不得泄露、出售或者非法向他人提供。

第四十六条 任何个人和组织应当对其使用网络的行为负责，不得设立用于实施诈骗，传授犯罪方法，制作或者销售违禁物品、管制物品等违法犯罪活动的网站、通讯群组，不得利用网络发布涉及实施诈骗，制作或者销售违禁物品、管制物品以及其他违法犯罪活动的信息。

第四十七条 网络运营者应当加强对其用户发布的信息的管理，发现法律、行政法规禁止发布或者传输的信息的，应当立即停止传输该信息，采取消除等处置措施，防止信息扩散，保存有关记录，并向有关主管部门报告。

第四十八条 任何个人和组织发送的电子信息、提供的应用软件，不得设置恶意程序，不得含有法律、行政法规禁止发布或者传输的信息。

电子信息发送服务提供者和应用软件下载服务提供者，应当履行安全管理义务，知道其用户有前款规定行为的，应当停止提供服务，采取消除等处置措施，保存有关记录，并向有关主管部门报告。

第四十九条 网络运营者应当建立网络信息安全投诉、举报制度，公布投诉、举报方式等信息，及时受理并处理有关网络信息安全的投诉和举报。

网络运营者对网信部门和有关部门依法实施的监督检查，应当予以配合。

第五十条 国家网信部门和有关部门依法履行网络信息安全监督管理职责，发现法律、行政法规禁止发布或者传输的信息的，应当要求网络运营者停止传输，采取消除等处置措施，保存有关记录；对来源于中华人民共和国境外的上述信息，应当通知有关机构采取技术措施和其他必要措施阻断传播。

第五章 监测预警与应急处置

第五十一条 国家建立网络安全监测预警和信息通报制度。国家网信部门应当统筹协调有关部门加强网络安全信息收集、分析和通报工作，按照规定统一发布网络安全监测预警信息。

第五十二条 负责关键信息基础设施安全保护工作的部门，应当建立健全本行业、本领域的网络安全监测预警和信息通报制度，并按照规定报送网络安全监测预警信息。

第五十三条 国家网信部门协调有关部门建立健全网络安全风险评估和应急工作机制，制定网络安全事件应急预案，并定期组织演练。

负责关键信息基础设施安全保护工作的部门应当制定本行业、本领域的网络安全事件应急预案，并定期组织演练。

网络安全事件应急预案应当按照事件发生后的危害程度、影响范围等因素对网络安全事件进行分级，并规定相应的应急处置措施。

第五十四条 网络安全事件发生的风险增大时，省级以上人民政府有关部门应当按照规定的权限和程序，并根据网络安全风险的特点和可能造成的危害，采取下列措施：

（一）要求有关部门、机构和人员及时收集、报告有关信息，加强对网络安全风险的监测；

（二）组织有关部门、机构和专业人员，对网络安全风险信息进行分析评估，预测事件发生的可能性、影响范围和危害程度；

（三）向社会发布网络安全风险预警，发布避免、减轻危害的措施。

第五十五条 发生网络安全事件，应当立即启动网络安全事件应急预案，对网络安全事件进行调查和评估，要求网络运营者采取技术措施和其他必要措施，消除安全隐患，防止危害扩大，并及时向社会发布与公众有关的警示信息。

第五十六条 省级以上人民政府有关部门在履行网络安全监督管理职责中，发现网络存在较大安全风险或者发生安全事件的，可以按照规定的权限和程序对该网络的运营者的法定代表人或者主要负责人进行约谈。网络运营者应当按照要求采取措施，进行整改，消除隐患。

第五十七条 因网络安全事件，发生突发事件或者生产安全事故的，应当依照《中华人民共和国突发事件应对法》、《中华人民共和国安全生产法》等有关法律、行政法规的规定处置。

第五十八条 因维护国家安全和社会公共秩序，处置重大突发社会安全事件的需要，经国务院决定或者批准，可以在特定区域对网络通信采取限制等临时措施。

第六章 法律责任

第五十九条 网络运营者不履行本法第二十一条、第二十五条规定的网络安全保护义务的，由有关主管部门责令改正，给予警告；拒不改正或者导致危害网络安全等后果的，处一万元以上十万元以下罚款，对直接负责的主管人员处五千元以上五万元以下罚款。

关键信息基础设施的运营者不履行本法第三十三条、第三十四条、第三十六条、第三十八条规定的网络安全保护义务的，由有关主管部门责令改正，给予警告；拒不改正或者导致危害网络安全等后果的，处十万元以上一百万元以下罚款，对直接负责的主管人员处一万元以上十万元以下罚款。

第六十条 违反本法第二十二条第一款、第二款和第四十八条第一款规定，有下列行为之一的，由有关主管部门责令改正，给予警告；拒不改正或者导致危害网络安全等后果的，处五万元以上五十万元以下罚款，对直接负责的主管人员处一万元以上十万元以下罚款：

（一）设置恶意程序的；

（二）对其产品、服务存在的安全缺陷、漏洞等风险未立即采取补救措施，或者未按照规定及时告知用户并向有关主管部门报告的；

（三）擅自终止为其产品、服务提供安全维护的。

第六十一条 网络运营者违反本法第二十四条第一款规定，未要求用户提供真实身份信息，或者对不提供真实身份信息的用户提供相关服务的，由有关主管部门责令改正；拒不改正或者情节严重的，处五万元以上五十万元以下罚款，并可以由有关主管部门责令暂停相关业务、停业整顿、关闭网站、吊销相关业务许可证或者吊销营业执照，对直接负责的主管人员和其他直接责任人员处一万元以上十万元以下罚款。

第六十二条 违反本法第二十六条规定，开展网络安全认证、检测、风险评估等活动，或者向社会发布系统漏洞、计算机病毒、网络攻击、网络侵入等网络安全信息的，由有关主管部门责令改正，给予警告；拒不改正或者情节严重的，处一万元以上十万元以下罚款，并可以由有关主管部门责令暂停相关业务、停业整顿、关闭网站、吊销相关业务许可证或者吊销营业执照，对直接负责的主管人员和其他直接责任人员处五千元以上五万元以下罚款。

第六十三条 违反本法第二十七条规定，从事危害网络安全的活动，或者提供专门用于从事危害网络安全活动的程序、工具，或者为他人从事危害网络安全的活动提供技术支持、广告推广、支付结算等帮助，尚不构成犯罪的，由公安机关没收违法所得，处五日以下拘留，可以并处五万元以上五十万元以下罚款；情节较重的，处五日以上十五日以下拘留，可以并处十万元以上一百万元以下罚款。

单位有前款行为的，由公安机关没收违法所得，处十万元以上一百万元以下罚款，并对直接负责的主管人员和其他直接责任人员依照前款规定处罚。

违反本法第二十七条规定，受到治安管理处罚的人员，五年内不得从事网络安全管理和网络运营关键岗位的工作；受到刑事处罚的人员，终身不得从事网络安全管理和网络运营关键岗位的工作。

第六十四条 网络运营者、网络产品或者服务的提供者违反本法第二十二条第三款、第四十一条至第四十三条规定，侵害个人信息依法得到保护的权利的，由有关主管部门责令改正，可以根据情节单处或者并处警告、没收违法所得、处违法所得一倍以上十倍以下罚款，没有违法所得的，处一百万元以下罚款，对直接负责的主管人员和其他直接责任人员处一万元以上十万元以下罚款；情节严重的，并可以责令暂停相关业务、停业整顿、关闭网站、吊销相关业务许可证或者吊销营业执照。

违反本法第四十四条规定，窃取或者以其他非法方式获取、非法出售或者非法向他人提供个人信息，尚不构成犯罪的，由公安机关没收违法所得，并处违法所得一倍以上十倍以下罚款，没有违法所得的，处一百万元以下罚款。

第六十五条 关键信息基础设施的运营者违反本法第三十五条规定，使用未经安全审查或者安全审查未通过的网络产品或者服务的，由有关主管部门责令停止使用，处采购金额一倍以上十倍以下罚款；对直接负责的主管人员和其他直接责任人员处一万元以上十万元以下罚款。

第六十六条 关键信息基础设施的运营者违反本法第三十七条规定，在境外存储网络数据，或者向境外提供网络数据的，由有关主管部门责令改正，给予警告，没收违法所得，处五万元以上五十万元以下罚款，并可以责令暂停相关业务、停业整顿、关闭网站、吊销相关业务许可证或者吊销营业执照；对直接负责的主管人员和其他直接责任人员处一万元以上十万元以下罚款。

第六十七条 违反本法第四十六条规定，设立用于实施违法犯罪活动的网站、通讯群组，或者利用网络发布涉及实施违法犯罪活动的信息，尚不构成犯罪的，由公安机关处五日以下拘留，可以并处一万元以上十万元以下罚款；情节较重的，处五日以上十五日以下拘留，可以并处五万元以上五十万元以下罚款。关闭用于实施违法犯罪活动的网站、通讯群组。

单位有前款行为的，由公安机关处十万元以上五十万元以下罚款，并对直接负责的主管人员和其他直接责任人员依照前款规定处罚。

第六十八条 网络运营者违反本法第四十七条规定，对法律、行政法规禁止发布或者传输的信息未停止传输、采取消除等处置措施、保存有关记录的，由有关主管部门责令改正，给予警告，没收违法所得；拒不改正或者情节严重的，处十万元以上五十万元以下罚款，并可以责令暂停相关业务、停业整顿、关闭网站、吊销相关业务许可证或者吊销营业执照，对直接负责的主管人员和其他直接责任人员处一万元以上十万元以下罚款。

电子信息发送服务提供者、应用软件下载服务提供者，不履行本法第四十八条第二款规定的安全管理义务的，依照前款规定处罚。

第六十九条 网络运营者违反本法规定，有下列行为之一的，由有关主管部门责令改正；拒不改正或者情节严重的，处五万元以上五十万元以下罚款，对直接负责的主管人员和其他直接责任人员，处一万元以上十万元以下罚款：

（一）不按照有关部门的要求对法律、行政法规禁止发布或者传输的信息，采取停止传输、消除等处置措施的；

（二）拒绝、阻碍有关部门依法实施的监督检查的；

（三）拒不向公安机关、国家安全机关提供技术支持和协助的。

第七十条 发布或者传输本法第十二条第二款和其他法律、行政法规禁止发布或者传输的信息的，依照有关法律、行政法规的规定处罚。

第七十一条 有本法规定的违法行为的，依照有关法律、行政法规的规定记入信用档案，并予以公示。

第七十二条 国家机关政务网络的运营者不履行本法规定的网络安全保护义务的，由其上级机关或者有关机关责令改正；对直接负责的主管人员和其他直接责任人员依法给予处分。

第七十三条 网信部门和有关部门违反本法第三十条规定，将在履行网络安全保护职责中获取的信息用于其他用途的，对直接负责的主管人员和其他直接责任人员依法给予处分。

网信部门和有关部门的工作人员玩忽职守、滥用职权、徇私舞弊，尚不构成犯罪的，依法给予处分。

第七十四条 违反本法规定，给他人造成损害的，依法承担民事责任。

违反本法规定，构成违反治安管理行为的，依法给予治安管理处罚；构成犯罪的，依法追究刑事责任。

第七十五条 境外的机构、组织、个人从事攻击、侵入、干扰、破坏等危害中华人民共和国的关键信息基础设施的活动，造成严重后果的，依法追究法律责任；国务院公安部门和有关部门并可以决定对该机构、组织、个人采取冻结财产或者其他必要的制裁措施。

第七章 附 则

第七十六条 本法下列用语的含义：

（一）网络，是指由计算机或者其他信息终端及相关设备组成的按照一定的规则和程序对信息进行收集、存储、传输、交换、处理的系统。

（二）网络安全，是指通过采取必要措施，防范对网络的攻击、侵入、干扰、破坏和非法使用以及意外事故，使网络处于稳定可靠运行的状态，以及保障网络数据的完整性、保密性、可用性的能力。

（三）网络运营者，是指网络的所有者、管理者和网络服务提供者。

（四）网络数据，是指通过网络收集、存储、传输、处理和产生的各种电子数据。

（五）个人信息，是指以电子或者其他方式记录的能够单独或者与其他信息结合识别自然人个人身份的各种信息，包括但不限于自然人的姓名、出生日期、身份证件号码、个人生物识别信息、住址、电话号码等。

第七十七条 存储、处理涉及国家秘密信息的网络的运行安全保护，除应当遵守本法外，还应当遵守保密法律、行政法规的规定。

第七十八条 军事网络的安全保护，由中央军事委员会另行规定。

第七十九条 本法自 2017 年 6 月 1 日起施行。

中华人民共和国邮政法

（1986年12月2日第六届全国人民代表大会常务委员会第十八次会议通过　2009年4月24日第十一届全国人民代表大会常务委员会第八次会议修订　根据2012年10月26日第十一届全国人民代表大会常务委员会第二十九次会议《关于修改〈中华人民共和国邮政法〉的决定》　第一次修正　根据2015年4月24日第十二届全国人民代表大会常务委员会第十四次会议《关于修改〈中华人民共和国义务教育法〉等五部法律的决定》第二次修正）

第一章　总　　则

第一条　为了保障邮政普遍服务，加强对邮政市场的监督管理，维护邮政通信与信息安全，保护通信自由和通信秘密，保护用户合法权益，促进邮政业健康发展，适应经济社会发展和人民生活需要，制定本法。

第二条　国家保障中华人民共和国境内的邮政普遍服务。

邮政企业按照国家规定承担提供邮政普遍服务的义务。

国务院和地方各级人民政府及其有关部门应当采取措施，支持邮政企业提供邮政普遍服务。

本法所称邮政普遍服务，是指按照国家规定的业务范围、服务标准，以合理的资费标准，为中华人民共和国境内所有用户持续提供的邮政服务。

第三条　公民的通信自由和通信秘密受法律保护。除因国家安全或者追查刑事犯罪的需要，由公安机关、国家安全机关或者检察机关依照法律规定的程序对通信进行检查外，任何组织或者个人不得以任何理由侵犯公民的通信自由和通信秘密。

除法律另有规定外，任何组织或者个人不得检查、扣留邮件、汇款。

第四条　国务院邮政管理部门负责对全国的邮政普遍服务和邮政市场实施监督管理。

省、自治区、直辖市邮政管理机构负责对本行政区域的邮政普遍服务和邮政市场实施监督管理。

按照国务院规定设立的省级以下邮政管理机构负责对本辖区的邮政普遍服务和邮政市场实施监督管理。

国务院邮政管理部门和省、自治区、直辖市邮政管理机构以及省级以下邮政管理机构（以下统称邮政管理部门）对邮政市场实施监督管理，应当遵循公开、公平、公正以及鼓励竞争、促进发展的原则。

第五条 国务院规定范围内的信件寄递业务，由邮政企业专营。

第六条 邮政企业应当加强服务质量管理，完善安全保障措施，为用户提供迅速、准确、安全、方便的服务。

第七条 邮政管理部门、公安机关、国家安全机关和海关应当相互配合，建立健全安全保障机制，加强对邮政通信与信息安全的监督管理，确保邮政通信与信息安全。

第二章 邮政设施

第八条 邮政设施的布局和建设应当满足保障邮政普遍服务的需要。

地方各级人民政府应当将邮政设施的布局和建设纳入城乡规划，对提供邮政普遍服务的邮政设施的建设给予支持，重点扶持农村边远地区邮政设施的建设。

建设城市新区、独立工矿区、开发区、住宅区或者对旧城区进行改建，应当同时建设配套的提供邮政普遍服务的邮政设施。

提供邮政普遍服务的邮政设施等组成的邮政网络是国家重要的通信基础设施。

第九条 邮政设施应当按照国家规定的标准设置。

较大的车站、机场、港口、高等院校和宾馆应当设置提供邮政普遍服务的邮政营业场所。

邮政企业设置、撤销邮政营业场所，应当事先书面告知邮政管理部门；撤销提供邮政普遍服务的邮政营业场所，应当经邮政管理部门批准并予以公告。

第十条 机关、企业事业单位应当设置接收邮件的场所。农村地区应当逐步设置村邮站或者其他接收邮件的场所。

建设城镇居民楼应当设置接收邮件的信报箱，并按照国家规定的标准验收。建设单位未按照国家规定的标准设置信报箱的，由邮政管理部门责令限期改正；逾期未改正的，由邮政管理部门指定其他单位设置信报箱，所需费用由该居民楼的建设单位承担。

第十一条 邮件处理场所的设计和建设，应当符合国家安全机关和海关依法履行职责的要求。

第十二条 征收邮政营业场所或者邮件处理场所的，城乡规划主管部门应当根据保障邮政普遍服务的要求，对邮政营业场所或者邮件处理场所的重新设置作出妥善安排；未作出妥善安排前，不得征收。

邮政营业场所或者邮件处理场所重新设置前，邮政企业应当采取措施，保证邮政普遍服务的正常进行。

第十三条 邮政企业应当对其设置的邮政设施进行经常性维护，保证邮政设施的正常使用。

任何单位和个人不得损毁邮政设施或者影响邮政设施的正常使用。

第三章　邮政服务

第十四条 邮政企业经营下列业务：

（一）邮件寄递；

（二）邮政汇兑、邮政储蓄；

（三）邮票发行以及集邮票品制作、销售；

（四）国内报刊、图书等出版物发行；

（五）国家规定的其他业务。

第十五条 邮政企业应当对信件、单件重量不超过五千克的印刷品、单件重量不超过十千克的包裹的寄递以及邮政汇兑提供邮政普遍服务。

邮政企业按照国家规定办理机要通信、国家规定报刊的发行，以及义务兵平常信函、盲人读物和革命烈士遗物的免费寄递等特殊服务业务。

未经邮政管理部门批准，邮政企业不得停止办理或者限制办理前两款规定的业务；因不可抗力或者其他特殊原因暂时停止办理或者限制办理的，邮政企业应当及时公告，采取相应的补救措施，并向邮政管理部门报告。

邮政普遍服务标准，由国务院邮政管理部门会同国务院有关部门制定；邮政普遍服务监督管理的具体办法，由国务院邮政管理部门制定。

第十六条 国家对邮政企业提供邮政普遍服务、特殊服务给予补贴，并加强对补贴资金使用的监督。

第十七条 国家设立邮政普遍服务基金。邮政普遍服务基金征收、使用和监督管理的具体办法由国务院财政部门会同国务院有关部门制定，报国务院批准后公布施行。

第十八条 邮政企业的邮政普遍服务业务与竞争性业务应当分业经营。

第十九条 邮政企业在城市每周的营业时间应当不少于六天，投递邮件每天至少一次；在乡、镇人民政府所在地每周的营业时间应当不少于五天，投递邮件每周至少五次。

邮政企业在交通不便的边远地区和乡、镇其他地区每周的营业时间以及投递邮件的频次，国务院邮政管理部门可以另行规定。

第二十条 邮政企业寄递邮件，应当符合国务院邮政管理部门规定的寄递时限和服务规范。

第二十一条 邮政企业应当在其营业场所公示或者以其他方式公布其服务种类、营业时间、资费标准、邮件和汇款的查询及损失赔偿办法以及用户对其服务质量的投诉办法。

第二十二条 邮政企业采用其提供的格式条款确定与用户的权利义务的，该格式条款适用《中华人民共和国合同法》关于合同格式条款的规定。

第二十三条 用户交寄邮件，应当清楚、准确地填写收件人姓名、地址和邮政编码。邮政企业应当在邮政营业场所免费为用户提供邮政编码查询服务。

邮政编码由邮政企业根据国务院邮政管理部门制定的编制规则编制。邮政管理部门依法对邮政编码的编制和使用实施监督。

第二十四条 邮政企业收寄邮件和用户交寄邮件，应当遵守法律、行政法规以及国务院和国务院有关部门关于禁止寄递或者限制寄递物品的规定。

第二十五条 邮政企业应当依法建立并执行邮件收寄验视制度。

对用户交寄的信件，必要时邮政企业可以要求用户开拆，进行验视，但不得检查信件内容。用户拒绝开拆的，邮政企业不予收寄。

对信件以外的邮件，邮政企业收寄时应当当场验视内件。用户拒绝验视的，邮政企业不予收寄。

第二十六条 邮政企业发现邮件内夹带禁止寄递或者限制寄递的物品的，应当按照国家有关规定处理。

进出境邮件中夹带国家禁止进出境或者限制进出境的物品的，由海关依法处理。

第二十七条 对提供邮政普遍服务的邮政企业交运的邮件，铁路、公路、水路、航空等运输企业应当优先安排运输，车站、港口、机场应当安排装卸场所和出入通道。

第二十八条 带有邮政专用标志的车船进出港口、通过渡口时，应当优先放行。

带有邮政专用标志的车辆运递邮件，确需通过公安机关交通管理部门划定的禁行路段或者确需在禁止停车的地点停车的，经公安机关交通管理部门同意，在确保安全的前提下，可以通行或者停车。

邮政企业不得利用带有邮政专用标志的车船从事邮件运递以外的经营性活动，不得以出租等方式允许其他单位或者个人使用带有邮政专用标志的车船。

第二十九条 邮件通过海上运输时，不参与分摊共同海损。

第三十条 海关依照《中华人民共和国海关法》的规定，对进出境的国际邮袋、邮件集装箱和国际邮递物品实施监管。

第三十一条 进出境邮件的检疫，由进出境检验检疫机构依法实施。

第三十二条 邮政企业采取按址投递、用户领取或者与用户协商的其他方式投递邮件。

机关、企业事业单位、住宅小区管理单位等应当为邮政企业投递邮件提供便利。单位用户地址变更的，应当及时通知邮政企业。

第三十三条 邮政企业对无法投递的邮件，应当退回寄件人。

无法投递又无法退回的信件，自邮政企业确认无法退回之日起超过六个月无人认领的，由邮政企业在邮政管理部门的监督下销毁。无法投递又无法退回的其他邮件，按照国务院邮政管理部门的规定处理；其中无法投递又无法退回的进境国际邮递物品，由海关依照《中华人民共和国海关法》的规定处理。

第三十四条 邮政汇款的收款人应当自收到汇款通知之日起六十日内，凭有效身份证件到邮政企业兑领汇款。

收款人逾期未兑领的汇款，由邮政企业退回汇款人。自兑领汇款期限届满之日起一年内无法退回汇款人，或者汇款人自收到退汇通知之日起一年内未领取的汇款，由邮政企业上缴国库。

第三十五条 任何单位和个人不得私自开拆、隐匿、毁弃他人邮件。

除法律另有规定外，邮政企业及其从业人员不得向任何单位或者个人泄露用户使用邮政服务的信息。

第三十六条 因国家安全或者追查刑事犯罪的需要，公安机关、国家安全机关或者检察机关可以依法检查、扣留有关邮件，并可以要求邮政企业提供相关用户使用邮政服务的信息。邮政企业和有关单位应当配合，并对有关情况予以保密。

第三十七条 任何单位和个人不得利用邮件寄递含有下列内容的物品：

（一）煽动颠覆国家政权、推翻社会主义制度或者分裂国家、破坏国家统一，危害国家安全的；

（二）泄露国家秘密的；

（三）散布谣言扰乱社会秩序，破坏社会稳定的；

（四）煽动民族仇恨、民族歧视，破坏民族团结的；

（五）宣扬邪教或者迷信的；

（六）散布淫秽、赌博、恐怖信息或者教唆犯罪的；

（七）法律、行政法规禁止的其他内容。

第三十八条 任何单位和个人不得有下列行为：

（一）扰乱邮政营业场所正常秩序；

（二）阻碍邮政企业从业人员投递邮件；

（三）非法拦截、强登、扒乘带有邮政专用标志的车辆；

（四）冒用邮政企业名义或者邮政专用标志；

（五）伪造邮政专用品或者倒卖伪造的邮政专用品。

第四章　邮政资费

第三十九条 实行政府指导价或者政府定价的邮政业务范围，以中央政府定价目录为依据，具体资费标准由国务院价格主管部门会同国务院财政部门、国务院邮政管理部门制定。

邮政企业的其他业务资费实行市场调节价，资费标准由邮政企业自主确定。

第四十条 国务院有关部门制定邮政业务资费标准，应当听取邮政企业、用户和其他有关方面的意见。

邮政企业应当根据国务院价格主管部门、国务院财政部门和国务院邮政管理部门的要求，提供准确、完备的业务成本数据和其他有关资料。

第四十一条 邮件资费的交付，以邮资凭证、证明邮资已付的戳记以及有关业务单据等表示。

邮资凭证包括邮票、邮资符志、邮资信封、邮资明信片、邮资邮简、邮资信卡等。

任何单位和个人不得伪造邮资凭证或者倒卖伪造的邮资凭证，不得擅自仿印邮票和邮资图案。

第四十二条 普通邮票发行数量由邮政企业按照市场需要确定，报国务院邮政管理部门备案；纪念邮票和特种邮票发行计划由邮政企业根据市场需要提出，报国务院邮政管理部门审定。国务院邮政管理部门负责纪念邮票的选题和图案审查。

邮政管理部门依法对邮票的印制、销售实施监督。

第四十三条 邮资凭证售出后，邮资凭证持有人不得要求邮政企业兑换现金。

停止使用邮资凭证，应当经国务院邮政管理部门批准，并在停止使用九十日前予以公告，停止销售。邮资凭证持有人可以自公告之日起一年内，向邮政企业换取等值的邮资凭证。

第四十四条 下列邮资凭证不得使用：

（一）经国务院邮政管理部门批准停止使用的；

（二）盖销或者划销的；

（三）污损、残缺或者褪色、变色，难以辨认的。

从邮资信封、邮资明信片、邮资邮简、邮资信卡上剪下的邮资图案，不得作为邮资凭证使用。

第五章　损失赔偿

第四十五条 邮政普遍服务业务范围内的邮件和汇款的损失赔偿，适用本章规定。

邮政普遍服务业务范围以外的邮件的损失赔偿，适用有关民事法律的规定。

邮件的损失，是指邮件丢失、损毁或者内件短少。

第四十六条 邮政企业对平常邮件的损失不承担赔偿责任。但是，邮政企业因故意或者重大过失造成平常邮件损失的除外。

第四十七条 邮政企业对给据邮件的损失依照下列规定赔偿：

（一）保价的给据邮件丢失或者全部损毁的，按照保价额赔偿；部分损毁或者内件短少的，按照保价额与邮件全部价值的比例对邮件的实际损失予以赔偿。

（二）未保价的给据邮件丢失、损毁或者内件短少的，按照实际损失赔偿，但最高赔偿额不超过所收取资费的三倍；挂号信件丢失、损毁的，按照所收取资费的三倍予以赔偿。

邮政企业应当在营业场所的告示中和提供给用户的给据邮件单据上，以足以引起用户注意的方式载明前款规定。

邮政企业因故意或者重大过失造成给据邮件损失，或者未履行前款规定义务的，无权援用本条第一款的规定限制赔偿责任。

第四十八条 因下列原因之一造成的给据邮件损失，邮政企业不承担赔偿责任：

（一）不可抗力，但因不可抗力造成的保价的给据邮件的损失除外；

（二）所寄物品本身的自然性质或者合理损耗；

（三）寄件人、收件人的过错。

第四十九条 用户交寄给据邮件后，对国内邮件可以自交寄之日起一年内持收据向邮政企业查询，对国际邮件可以自交寄之日起一百八十日内持收据向邮政企业查询。

查询国际邮件或者查询国务院邮政管理部门规定的边远地区的邮件的，邮政企业应当自用户查询之日起六十日内将查询结果告知用户；查询其他邮件的，邮政企业应当自用户查询之日起三十日内将查询结果告知用户。查复期满未查到邮件的，邮政企业应当依照本法第四十七条的规定予以赔偿。

用户在本条第一款规定的查询期限内未向邮政企业查询又未提出赔偿要求的，邮政企业不再承担赔偿责任。

第五十条 邮政汇款的汇款人自汇款之日起一年内，可以持收据向邮政企业查询。邮政企业应当自用户查询之日起二十日内将查询结果告知汇款人。查复期满未查到汇款的，邮政企业应当向汇款人退还汇款和汇款费用。

第六章 快递业务

第五十一条 经营快递业务，应当依照本法规定取得快递业务经营许可；未经许可，任何单位和个人不得经营快递业务。

外商不得投资经营信件的国内快递业务。

国内快递业务，是指从收寄到投递的全过程均发生在中华人民共和国境内的快递业务。

第五十二条 申请快递业务经营许可，应当具备下列条件：

（一）符合企业法人条件；

（二）在省、自治区、直辖市范围内经营的，注册资本不低于人民币五十万元，跨省、自治区、直辖市经营的，注册资本不低于人民币一百万元，经营国际快递业务的，注册资本不低于人民币二百万元；

（三）有与申请经营的地域范围相适应的服务能力；

（四）有严格的服务质量管理制度和完备的业务操作规范；

（五）有健全的安全保障制度和措施；

（六）法律、行政法规规定的其他条件。

第五十三条 申请快递业务经营许可，在省、自治区、直辖市范围内经营的，应当向所在地的省、自治区、直辖市邮政管理机构提出申请，跨省、自治区、直辖市经营或者经营国际快递业务的，应当向国务院邮政管理部门提出申请；申请时应当提交申请书和有关申请材料。

受理申请的邮政管理部门应当自受理申请之日起四十五日内进行审查，作出批准或者不予批准的决定。予以批准的，颁发快递业务经营许可证；不予批准的，书面通知申请人并说明理由。

邮政管理部门审查快递业务经营许可的申请，应当考虑国家安全等因素，并征求有关部门的意见。

申请人凭快递业务经营许可证向工商行政管理部门依法办理登记后，方可经营快递业务。

第五十四条 邮政企业以外的经营快递业务的企业（以下称快递企业）

设立分支机构或者合并、分立的，应当向邮政管理部门备案。

第五十五条 快递企业不得经营由邮政企业专营的信件寄递业务，不得寄递国家机关公文。

第五十六条 快递企业经营邮政企业专营业务范围以外的信件快递业务，应当在信件封套的显著位置标注信件字样。

快递企业不得将信件打包后作为包裹寄递。

第五十七条 经营国际快递业务应当接受邮政管理部门和有关部门依法实施的监管。邮政管理部门和有关部门可以要求经营国际快递业务的企业提供报关数据。

第五十八条 快递企业停止经营快递业务的，应当书面告知邮政管理部门，交回快递业务经营许可证，并对尚未投递的快件按照国务院邮政管理部门的规定妥善处理。

第五十九条 本法第六条、第二十一条、第二十二条、第二十四条、第二十五条、第二十六条第一款、第三十五条第二款、第三十六条关于邮政企业及其从业人员的规定，适用于快递企业及其从业人员；第十一条关于邮件处理场所的规定，适用于快件处理场所；第三条第二款、第二十六条第二款、第三十五条第一款、第三十六条、第三十七条关于邮件的规定，适用于快件；第四十五条第二款关于邮件的损失赔偿的规定，适用于快件的损失赔偿。

第六十条 经营快递业务的企业依法成立的行业协会，依照法律、行政法规及其章程规定，制定快递行业规范，加强行业自律，为企业提供信息、培训等方面的服务，促进快递行业的健康发展。

经营快递业务的企业应当对其从业人员加强法制教育、职业道德教育和业务技能培训。

第七章 监督检查

第六十一条 邮政管理部门依法履行监督管理职责，可以采取下列监督检查措施：

（一）进入邮政企业、快递企业或者涉嫌发生违反本法活动的其他场所实施现场检查；

（二）向有关单位和个人了解情况；

（三）查阅、复制有关文件、资料、凭证；

（四）经邮政管理部门负责人批准，查封与违反本法活动有关的场所，扣押用于违反本法活动的运输工具以及相关物品，对信件以外的涉嫌夹带禁止寄递或者限制寄递物品的邮件、快件开拆检查。

第六十二条 邮政管理部门根据履行监督管理职责的需要，可以要求邮政企业和快递企业报告有关经营情况。

第六十三条 邮政管理部门进行监督检查时，监督检查人员不得少于二人，并应当出示执法证件。对邮政管理部门依法进行的监督检查，有关单位和个人应当配合，不得拒绝、阻碍。

第六十四条 邮政管理部门工作人员对监督检查中知悉的商业秘密，负有保密义务。

第六十五条 邮政企业和快递企业应当及时、妥善处理用户对服务质量提出的异议。用户对处理结果不满意的，可以向邮政管理部门申诉，邮政管理部门应当及时依法处理，并自接到申诉之日起三十日内作出答复。

第六十六条 任何单位和个人对违反本法规定的行为，有权向邮政管理部门举报。邮政管理部门接到举报后，应当及时依法处理。

第八章 法律责任

第六十七条 邮政企业提供邮政普遍服务不符合邮政普遍服务标准的，由邮政管理部门责令改正，可以处一万元以下的罚款；情节严重的，处一万元以上五万元以下的罚款；对直接负责的主管人员和其他直接责任人员给予处分。

第六十八条 邮政企业未经邮政管理部门批准，停止办理或者限制办理邮政普遍服务业务和特殊服务业务，或者撤销提供邮政普遍服务的邮政营业场所的，由邮政管理部门责令改正，可以处二万元以下的罚款；情节严重的，处二万元以上十万元以下的罚款；对直接负责的主管人员和其他直接责任人员给予处分。

第六十九条 邮政企业利用带有邮政专用标志的车船从事邮件运递以外的经营性活动，或者以出租等方式允许其他单位或者个人使用带有邮政专用标志的车船的，由邮政管理部门责令改正，没收违法所得，可以并处二万元以下的罚款；情节严重的，并处二万元以上十万元以下的罚款；对直接负责的主管人员和其他直接责任人员给予处分。

邮政企业从业人员利用带有邮政专用标志的车船从事邮件运递以外的活动的，由邮政企业责令改正，给予处分。

第七十条 邮政企业从业人员故意延误投递邮件的，由邮政企业给予处分。

第七十一条 冒领、私自开拆、隐匿、毁弃或者非法检查他人邮件、快件，尚不构成犯罪的，依法给予治安管理处罚。

第七十二条 未取得快递业务经营许可经营快递业务，或者邮政企业以外的单位或者个人经营由邮政企业专营的信件寄递业务或者寄递国家机关公文的，由邮政管理部门或者工商行政管理部门责令改正，没收违法所得，并处五万元以上十万元以下的罚款；情节严重的，并处十万元以上二十万元以下的罚款；对快递企业，还可以责令停业整顿直至吊销其快递业务经营许可证。

违反本法第五十一条第二款的规定，经营信件的国内快递业务的，依照前款规定处罚。

第七十三条 快递企业有下列行为之一的，由邮政管理部门责令改正，可以处一万元以下的罚款；情节严重的，处一万元以上五万元以下的罚款，并可以责令停业整顿：

（一）设立分支机构、合并、分立，未向邮政管理部门备案的；

（二）未在信件封套的显著位置标注信件字样的；

（三）将信件打包后作为包裹寄递的；

（四）停止经营快递业务，未书面告知邮政管理部门并交回快递业务经营许可证，或者未按照国务院邮政管理部门的规定妥善处理尚未投递的快件的。

第七十四条 邮政企业、快递企业未按照规定向用户明示其业务资费标准，或者有其他价格违法行为的，由政府价格主管部门依照《中华人民共和国价格法》的规定处罚。

第七十五条 邮政企业、快递企业不建立或者不执行收件验视制度，或者违反法律、行政法规以及国务院和国务院有关部门关于禁止寄递或者限制寄递物品的规定收寄邮件、快件的，对邮政企业直接负责的主管人员和其他直接责任人员给予处分；对快递企业，邮政管理部门可以责令停业整顿直至吊销其快递业务经营许可证。

用户在邮件、快件中夹带禁止寄递或者限制寄递的物品，尚不构成犯罪的，依法给予治安管理处罚。

有前两款规定的违法行为，造成人身伤害或者财产损失的，依法承担赔偿责任。

邮政企业、快递企业经营国际寄递业务，以及用户交寄国际邮递物品，违反《中华人民共和国海关法》及其他有关法律、行政法规的规定的，依照有关法律、行政法规的规定处罚。

第七十六条 邮政企业、快递企业违法提供用户使用邮政服务或者快递服务的信息，尚不构成犯罪的，由邮政管理部门责令改正，没收违法所得，并处一万元以上五万元以下的罚款；对邮政企业直接负责的主管人员和其他直接责任人员给予处分；对快递企业，邮政管理部门还可以责令停业整顿直至吊销其快递业务经营许可证。

邮政企业、快递企业从业人员有前款规定的违法行为，尚不构成犯罪的，由邮政管理部门责令改正，没收违法所得，并处五千元以上一万元以下的罚款。

第七十七条 邮政企业、快递企业拒绝、阻碍依法实施的监督检查，尚不构成犯罪的，依法给予治安管理处罚；对快递企业，邮政管理部门还可以责令停业整顿直至吊销其快递业务经营许可证。

第七十八条 邮政企业及其从业人员、快递企业及其从业人员在经营活动中有危害国家安全行为的，依法追究法律责任；对快递企业，并由邮政管理部门吊销其快递业务经营许可证。

第七十九条 冒用邮政企业名义或者邮政专用标志，或者伪造邮政专用品或者倒卖伪造的邮政专用品的，由邮政管理部门责令改正，没收伪造的邮政专用品以及违法所得，并处一万元以上五万元以下的罚款。

第八十条 有下列行为之一，尚不构成犯罪的，依法给予治安管理处罚：

（一）盗窃、损毁邮政设施或者影响邮政设施正常使用的；

（二）伪造邮资凭证或者倒卖伪造的邮资凭证的；

（三）扰乱邮政营业场所、快递企业营业场所正常秩序的；

（四）非法拦截、强登、扒乘运送邮件、快件的车辆的。

第八十一条 违反本法规定被吊销快递业务经营许可证的，自快递业务经营许可证被吊销之日起三年内，不得申请经营快递业务。

快递企业被吊销快递业务经营许可证的，应当依法向工商行政管理部门办理变更登记或者注销登记。

第八十二条 违反本法规定，构成犯罪的，依法追究刑事责任。

第八十三条 邮政管理部门工作人员在监督管理工作中滥用职权、玩忽职守、徇私舞弊，构成犯罪的，依法追究刑事责任；尚不构成犯罪的，依法给予处分。

第九章 附 则

第八十四条 本法下列用语的含义：

邮政企业，是指中国邮政集团公司及其提供邮政服务的全资企业、控股企业。

寄递，是指将信件、包裹、印刷品等物品按照封装上的名址递送给特定个人或者单位的活动，包括收寄、分拣、运输、投递等环节。

快递，是指在承诺的时限内快速完成的寄递活动。

邮件，是指邮政企业寄递的信件、包裹、汇款通知、报刊和其他印刷品等。

快件，是指快递企业递送的信件、包裹、印刷品等。

信件，是指信函、明信片。信函是指以套封形式按照名址递送给特定个人或者单位的缄封的信息载体，不包括书籍、报纸、期刊等。

包裹，是指按照封装上的名址递送给特定个人或者单位的独立封装的物品，其重量不超过五十千克，任何一边的尺寸不超过一百五十厘米，长、宽、高合计不超过三百厘米。

平常邮件，是指邮政企业在收寄时不出具收据，投递时不要求收件人签收的邮件。

给据邮件，是指邮政企业在收寄时向寄件人出具收据，投递时由收件人签收的邮件。

邮政设施，是指用于提供邮政服务的邮政营业场所、邮件处理场所、邮筒（箱）、邮政报刊亭、信报箱等。

邮件处理场所，是指邮政企业专门用于邮件分拣、封发、储存、交换、转运、投递等活动的场所。

国际邮递物品，是指中华人民共和国境内的用户与其他国家或者地区的用户相互寄递的包裹和印刷品等。

邮政专用品，是指邮政日戳、邮资机、邮政业务单据、邮政夹钳、邮袋和其他邮件专用容器。

第八十五条 本法公布前按照国家有关规定，经国务院对外贸易主管部门批准或者备案，并向工商行政管理部门依法办理登记后经营国际快递业务的国际货物运输代理企业，凭批准或者备案文件以及营业执照，到国务院邮政管理部门领取快递业务经营许可证。国务院邮政管理部门应当将企业领取快递业务经营许可证的情况向其原办理登记的工商行政管理部门通报。

除前款规定的企业外，本法公布前依法向工商行政管理部门办理登记后经营快递业务的企业，不具备本法规定的经营快递业务的条件的，应当在国务院邮政管理部门规定的期限内达到本法规定的条件，逾期达不到本法规定的条件的，不得继续经营快递业务。

第八十六条 省、自治区、直辖市应当根据本地区的实际情况，制定支持邮政企业提供邮政普遍服务的具体办法。

第八十七条 本法自2009年10月1日起施行。

中华人民共和国广告法（节录）

（1994年10月27日第八届全国人民代表大会常务委员会第十次会议通过　2015年4月24日第十二届全国人民代表大会常务委员会第十四次会议修订　2015年4月24日中华人民共和国主席令第22号公布　自2015年9月1日起施行）

……

第十九条 广播电台、电视台、报刊音像出版单位、互联网信息服务提供者不得以介绍健康、养生知识等形式变相发布医疗、药品、医疗器械、保健食品广告。

……

第四十条 在针对未成年人的大众传播媒介上不得发布医疗、药品、保健食品、医疗器械、化妆品、酒类、美容广告，以及不利于未成年人身心健康的网络游戏广告。

针对不满十四周岁的未成年人的商品或者服务的广告不得含有下列内容：

（一）劝诱其要求家长购买广告商品或者服务；

（二）可能引发其模仿不安全行为。

……

第四十四条 利用互联网从事广告活动，适用本法的各项规定。

利用互联网发布、发送广告，不得影响用户正常使用网络。在互联网页面以弹出等形式发布的广告，应当显著标明关闭标志，确保一键关闭。

第四十五条 公共场所的管理者或者电信业务经营者、互联网信息服务提供者对其明知或者应知的利用其场所或者信息传输、发布平台发送、发布违法广告的，应当予以制止。

……

第五十七条 有下列行为之一的，由工商行政管理部门责令停止发布广告，对广告主处二十万元以上一百万元以下的罚款，情节严重的，并可以吊销营业执照，由广告审查机关撤销广告审查批准文件、一年内不受理其广告审查申请；对广告经营者、广告发布者，由工商行政管理部门没收广告费用，处二十万元以上一百万元以下的罚款，情节严重的，并可以吊销营业执照、吊销广告发布登记证件：

（一）发布有本法第九条、第十条规定的禁止情形的广告的；

（二）违反本法第十五条规定发布处方药广告、药品类易制毒化学品广告、戒毒治疗的医疗器械和治疗方法广告的；

（三）违反本法第二十条规定，发布声称全部或者部分替代母乳的婴儿乳制品、饮料和其他食品广告的；

（四）违反本法第二十二条规定发布烟草广告的；

（五）违反本法第三十七条规定，利用广告推销禁止生产、销售的产品或者提供的服务，或者禁止发布广告的商品或者服务的；

（六）违反本法第四十条第一款规定，在针对未成年人的大众传播媒介上发布医疗、药品、保健食品、医疗器械、化妆品、酒类、美容广告，以及不利于未成年人身心健康的网络游戏广告的。

……

第六十三条 违反本法第四十三条规定发送广告的，由有关部门责令停止违法行为，对广告主处五千元以上三万元以下的罚款。

违反本法第四十四条第二款规定，利用互联网发布广告，未显著标明关闭标志，确保一键关闭的，由工商行政管理部门责令改正，对广告主处五千元以上三万元以下的罚款。

第六十四条 违反本法第四十五条规定，公共场所的管理者和电信业务经营者、互联网信息服务提供者，明知或者应知广告活动违法不予制止的，由工商行政管理部门没收违法所得，违法所得五万元以上的，并处违法所得一倍以上三倍以下的罚款，违法所得不足五万元的，并处一万元以上五万元以下的罚款；情节严重的，由有关部门依法停止相关业务。

……

中华人民共和国食品安全法（节录）

（2009年2月28日第十一届全国人民代表大会常务委员会第七次会议通过　2015年4月24日第十二届全国人民代表大会常务委员会第十四次会议修订　2015年4月24日中华人民共和国主席令第21号公布　自2015年10月1日起施行）

……

第六十二条 网络食品交易第三方平台提供者应当对入网食品经营者进行实名登记，明确其食品安全管理责任；依法应当取得许可证的，还应当审查其许可证。

网络食品交易第三方平台提供者发现入网食品经营者有违反本法规定行为的，应当及时制止并立即报告所在地县级人民政府食品药品监督管理部门；发现严重违法行为的，应当立即停止提供网络交易平台服务。

……

第一百三十一条 违反本法规定，网络食品交易第三方平台提供者未对入网食品经营者进行实名登记、审查许可证，或者未履行报告、停止提供网络交易平台服务等义务的，由县级以上人民政府食品药品监督管理部门责令改正，没收违法所得，并处五万元以上二十万元以下罚款；造成严重后果的，责令停业，直至由原发证部门吊销许可证；使消费者的合法权益受到损害的，应当与食品经营者承担连带责任。

消费者通过网络食品交易第三方平台购买食品，其合法权益受到损害的，可以向入网食品经营者或者食品生产者要求赔偿。网络食品交易第三方平台提供者不能提供入网食品经营者的真实名称、地址和有效联系方式的，由网络食品交易第三方平台提供者赔偿。网络食品交易第三方平台提供者赔偿后，有权向入网食品经营者或者食品生产者追偿。网络食品交易第三方平台提供者作出更有利于消费者承诺的，应当履行其承诺。

……

中华人民共和国电子签名法

（2004 年 8 月 28 日第十届全国人民代表大会常务委员会第十一次会议通过　根据 2015 年 4 月 24 日第十二届全国人民代表大会常务委员会第十四次会议《关于修改〈中华人民共和国电力法〉等六部法律的决定》修正）

第一章　总　　则

第一条　为了规范电子签名行为，确立电子签名的法律效力，维护有关各方的合法权益，制定本法。

第二条　本法所称电子签名，是指数据电文中以电子形式所含、所附用于识别签名人身份并表明签名人认可其中内容的数据。

本法所称数据电文，是指以电子、光学、磁或者类似手段生成、发送、接收或者储存的信息。

第三条　民事活动中的合同或者其他文件、单证等文书，当事人可以约定使用或者不使用电子签名、数据电文。

当事人约定使用电子签名、数据电文的文书，不得仅因为其采用电子签名、数据电文的形式而否定其法律效力。

前款规定不适用下列文书：

（一）涉及婚姻、收养、继承等人身关系的；

（二）涉及土地、房屋等不动产权益转让的；

（三）涉及停止供水、供热、供气、供电等公用事业服务的；

（四）法律、行政法规规定的不适用电子文书的其他情形。

第二章　数据电文

第四条　能够有形地表现所载内容，并可以随时调取查用的数据电文，视为符合法律、法规要求的书面形式。

第五条　符合下列条件的数据电文，视为满足法律、法规规定的原件形式要求：

（一）能够有效地表现所载内容并可供随时调取查用；

（二）能够可靠地保证自最终形成时起，内容保持完整、未被更改。但是，在数据电文上增加背书以及数据交换、储存和显示过程中发生的形式变化不影响数据电文的完整性。

第六条　符合下列条件的数据电文，视为满足法律、法规规定的文件保存要求：

（一）能够有效地表现所载内容并可供随时调取查用；

（二）数据电文的格式与其生成、发送或者接收时的格式相同，或者格式不相同但是能够准确表现原来生成、发送或者接收的内容；

（三）能够识别数据电文的发件人、收件人以及发送、接收的时间。

第七条　数据电文不得仅因为其是以电子、光学、磁或者类似手段生成、发送、接收或者储存的而被拒绝作为证据使用。

第八条　审查数据电文作为证据的真实性，应当考虑以下因素：

（一）生成、储存或者传递数据电文方法的可靠性；

（二）保持内容完整性方法的可靠性；

（三）用以鉴别发件人方法的可靠性；

（四）其他相关因素。

第九条　数据电文有下列情形之一的，视为发件人发送：

（一）经发件人授权发送的；

（二）发件人的信息系统自动发送的；

（三）收件人按照发件人认可的方法对数据电文进行验证后结果相符的。

当事人对前款规定的事项另有约定的，从其约定。

第十条 法律、行政法规规定或者当事人约定数据电文需要确认收讫的，应当确认收讫。发件人收到收件人的收讫确认时，数据电文视为已经收到。

第十一条 数据电文进入发件人控制之外的某个信息系统的时间，视为该数据电文的发送时间。

收件人指定特定系统接收数据电文的，数据电文进入该特定系统的时间，视为该数据电文的接收时间；未指定特定系统的，数据电文进入收件人的任何系统的首次时间，视为该数据电文的接收时间。

当事人对数据电文的发送时间、接收时间另有约定的，从其约定。

第十二条 发件人的主营业地为数据电文的发送地点，收件人的主营业地为数据电文的接收地点。没有主营业地的，其经常居住地为发送或者接收地点。

当事人对数据电文的发送地点、接收地点另有约定的，从其约定。

第三章 电子签名与认证

第十三条 电子签名同时符合下列条件的，视为可靠的电子签名：

（一）电子签名制作数据用于电子签名时，属于电子签名人专有；

（二）签署时电子签名制作数据仅由电子签名人控制；

（三）签署后对电子签名的任何改动能够被发现；

（四）签署后对数据电文内容和形式的任何改动能够被发现。

当事人也可以选择使用符合其约定的可靠条件的电子签名。

第十四条 可靠的电子签名与手写签名或者盖章具有同等的法律效力。

第十五条 电子签名人应当妥善保管电子签名制作数据。电子签名人知悉电子签名制作数据已经失密或者可能已经失密时，应当及时告知有关各方，并终止使用该电子签名制作数据。

第十六条 电子签名需要第三方认证的，由依法设立的电子认证服务提供者提供认证服务。

第十七条 提供电子认证服务，应当具备下列条件：

（一）取得企业法人资格；

（二）具有与提供电子认证服务相适应的专业技术人员和管理人员；

（三）具有与提供电子认证服务相适应的资金和经营场所；

（四）具有符合国家安全标准的技术和设备；

（五）具有国家密码管理机构同意使用密码的证明文件；

（六）法律、行政法规规定的其他条件。

第十八条 从事电子认证服务，应当向国务院信息产业主管部门提出申请，并提交符合本法第十七条规定条件的相关材料。国务院信息产业主管部门接到申请后经依法审查，征求国务院商务主管部门等有关部门的意见后，自接到申请之日起四十五日内作出许可或者不予许可的决定。予以许可的，颁发电子认证许可证书；不予许可的，应当书面通知申请人并告知理由。

取得认证资格的电子认证服务提供者，应当按照国务院信息产业主管部门的规定在互联网上公布其名称、许可证号等信息。

第十九条 电子认证服务提供者应当制定、公布符合国家有关规定的电子认证业务规则，并向国务院信息产业主管部门备案。

电子认证业务规则应当包括责任范围、作业操作规范、信息安全保障措施等事项。

第二十条 电子签名人向电子认证服务提供者申请电子签名认证证书，应当提供真实、完整和准确的信息。

电子认证服务提供者收到电子签名认证证书申请后，应当对申请人的身份进行查验，并对有关材料进行审查。

第二十一条 电子认证服务提供者签发的电子签名认证证书应当准确无误，并应当载明下列内容：

（一）电子认证服务提供者名称；

（二）证书持有人名称；

（三）证书序列号；

（四）证书有效期；

（五）证书持有人的电子签名验证数据；

（六）电子认证服务提供者的电子签名；

（七）国务院信息产业主管部门规定的其他内容。

第二十二条 电子认证服务提供者应当保证电子签名认证证书内容在有效期内完整、准确，并保证电子签名依赖方能够证实或者了解电子签名认证证书所载内容及其他有关事项。

第二十三条 电子认证服务提供者拟暂停或者终止电子认证服务的，应当在暂停或者终止服务九十日前，就业务承接及其他有关事项通知有关各方。

电子认证服务提供者拟暂停或者终止电子认证服务的，应当在暂停或者终止服务六十日前向国务院信息产业主管部门报告，并与其他电子认证服务提供者就业务承接进行协商，作出妥善安排。

电子认证服务提供者未能就业务承接事项与其他电子认证服务提供者达成协议的，应当申请国务院信息产业主管部门安排其他电子认证服务提供者承接其业务。

电子认证服务提供者被依法吊销电子认证许可证书的，其业务承接事项的处理按照国务院信息产业主管部门的规定执行。

第二十四条 电子认证服务提供者应当妥善保存与认证相关的信息，信息保存期限至少为电子签名认证证书失效后五年。

第二十五条 国务院信息产业主管部门依照本法制定电子认证服务业的具体管理办法，对电子认证服务提供者依法实施监督管理。

第二十六条 经国务院信息产业主管部门根据有关协议或者对等原则核准后，中华人民共和国境外的电子认证服务提供者在境外签发的电子签名认证证书与依照本法设立的电子认证服务提供者签发的电子签名认证证书具有同等的法律效力。

第四章 法律责任

第二十七条 电子签名人知悉电子签名制作数据已经失密或者可能已经失密未及时告知有关各方、并终止使用电子签名制作数据，未向电子认证服务提供者提供真实、完整和准确的信息，或者有其他过错，给电子签名依赖方、电子认证服务提供者造成损失的，承担赔偿责任。

第二十八条 电子签名人或者电子签名依赖方因依据电子认证服务提供者提供的电子签名认证服务从事民事活动遭受损失，电子认证服务提供者不能证明自己无过错的，承担赔偿责任。

第二十九条 未经许可提供电子认证服务的，由国务院信息产业主管部门责令停止违法行为；有违法所得的，没收违法所得；违法所得三十万元以上的，处违法所得一倍以上三倍以下的罚款；没有违法所得或者违法所得不足三十万元的，处十万元以上三十万元以下的罚款。

第三十条 电子认证服务提供者暂停或者终止电子认证服务，未在暂停或者终止服务六十日前向国务院信息产业主管部门报告的，由国务院信息产业主管部门对其直接负责的主管人员处一万元以上五万元以下的罚款。

第三十一条 电子认证服务提供者不遵守认证业务规则、未妥善保存与认证相关的信息，或者有其他违法行为的，由国务院信息产业主管部门责令限期改正；逾期未改正的，吊销电子认证许可证书，其直接负责的主管人员和其他直接责任人员十年内不得从事电子认证服务。吊销电子认证许可证书的，应当予以公告并通知工商行政管理部门。

第三十二条 伪造、冒用、盗用他人的电子签名，构成犯罪的，依法追究刑事责任；给他人造成损失的，依法承担民事责任。

第三十三条 依照本法负责电子认证服务业监督管理工作的部门的工作人员，不依法履行行政许可、监督管理职责的，依法给予行政处分；构成犯罪的，依法追究刑事责任。

第五章 附 则

第三十四条 本法中下列用语的含义：

（一）电子签名人，是指持有电子签名制作数据并以本人身份或者以其所代表的人的名义实施电子签名的人；

（二）电子签名依赖方，是指基于对电子签名认证证书或者电子签名的信赖从事有关活动的人；

（三）电子签名认证证书，是指可证实电子签名人与电子签名制作数据有联系的数据电文或者其他电子记录；

（四）电子签名制作数据，是指在电子签名过程中使用的，将电子签名与电子签名人可靠地联系起来的字符、编码等数据；

（五）电子签名验证数据，是指用于验证电子签名的数据，包括代码、口令、算法或者公钥等。

第三十五条 国务院或者国务院规定的部门可以依据本法制定政务活动和其他社会活动中使用电子签名、数据电文的具体办法。

第三十六条 本法自2005年4月1日起施行。

中华人民共和国消费者权益保护法

（1993年10月31日第八届全国人民代表大会常务委员会第四次会议通过　根据2009年8月27日第十一届全国人民代表大会常务委员会第十次会议《关于修改部分法律的决定》第一次修正　根据2013年10月25日第十二届全国人民代表大会常务委员会第五次会议《关于修改〈中华人民共和国消费者权益保护法〉的决定》第二次修正）

第一章　总　　则

第一条　为保护消费者的合法权益，维护社会经济秩序，促进社会主义市场经济健康发展，制定本法。

第二条　消费者为生活消费需要购买、使用商品或者接受服务，其权益受本法保护；本法未作规定的，受其他有关法律、法规保护。

第三条　经营者为消费者提供其生产、销售的商品或者提供服务，应当遵守本法；本法未作规定的，应当遵守其他有关法律、法规。

第四条　经营者与消费者进行交易，应当遵循自愿、平等、公平、诚实信用的原则。

第五条　国家保护消费者的合法权益不受侵害。

国家采取措施，保障消费者依法行使权利，维护消费者的合法权益。

国家倡导文明、健康、节约资源和保护环境的消费方式，反对浪费。

第六条　保护消费者的合法权益是全社会的共同责任。

国家鼓励、支持一切组织和个人对损害消费者合法权益的行为进行社会监督。

大众传播媒介应当做好维护消费者合法权益的宣传，对损害消费者合法权益的行为进行舆论监督。

第二章 消费者的权利

第七条 消费者在购买、使用商品和接受服务时享有人身、财产安全不受损害的权利。

消费者有权要求经营者提供的商品和服务，符合保障人身、财产安全的要求。

第八条 消费者享有知悉其购买、使用的商品或者接受的服务的真实情况的权利。

消费者有权根据商品或者服务的不同情况，要求经营者提供商品的价格、产地、生产者、用途、性能、规格、等级、主要成份、生产日期、有效期限、检验合格证明、使用方法说明书、售后服务，或者服务的内容、规格、费用等有关情况。

第九条 消费者享有自主选择商品或者服务的权利。

消费者有权自主选择提供商品或者服务的经营者，自主选择商品品种或者服务方式，自主决定购买或者不购买任何一种商品、接受或者不接受任何一项服务。

消费者在自主选择商品或者服务时，有权进行比较、鉴别和挑选。

第十条 消费者享有公平交易的权利。

消费者在购买商品或者接受服务时，有权获得质量保障、价格合理、计量正确等公平交易条件，有权拒绝经营者的强制交易行为。

第十一条 消费者因购买、使用商品或者接受服务受到人身、财产损害的，享有依法获得赔偿的权利。

第十二条 消费者享有依法成立维护自身合法权益的社会组织的权利。

第十三条 消费者享有获得有关消费和消费者权益保护方面的知识的权利。

消费者应当努力掌握所需商品或者服务的知识和使用技能，正确使用商品，提高自我保护意识。

第十四条 消费者在购买、使用商品和接受服务时，享有人格尊严、民族风俗习惯得到尊重的权利，享有个人信息依法得到保护的权利。

第十五条 消费者享有对商品和服务以及保护消费者权益工作进行监督

的权利。

消费者有权检举、控告侵害消费者权益的行为和国家机关及其工作人员在保护消费者权益工作中的违法失职行为，有权对保护消费者权益工作提出批评、建议。

第三章　经营者的义务

第十六条　经营者向消费者提供商品或者服务，应当依照本法和其他有关法律、法规的规定履行义务。

经营者和消费者有约定的，应当按照约定履行义务，但双方的约定不得违背法律、法规的规定。

经营者向消费者提供商品或者服务，应当恪守社会公德，诚信经营，保障消费者的合法权益；不得设定不公平、不合理的交易条件，不得强制交易。

第十七条　经营者应当听取消费者对其提供的商品或者服务的意见，接受消费者的监督。

第十八条　经营者应当保证其提供的商品或者服务符合保障人身、财产安全的要求。对可能危及人身、财产安全的商品和服务，应当向消费者作出真实的说明和明确的警示，并说明和标明正确使用商品或者接受服务的方法以及防止危害发生的方法。

宾馆、商场、餐馆、银行、机场、车站、港口、影剧院等经营场所的经营者，应当对消费者尽到安全保障义务。

第十九条　经营者发现其提供的商品或者服务存在缺陷，有危及人身、财产安全危险的，应当立即向有关行政部门报告和告知消费者，并采取停止销售、警示、召回、无害化处理、销毁、停止生产或者服务等措施。采取召回措施的，经营者应当承担消费者因商品被召回支出的必要费用。

第二十条　经营者向消费者提供有关商品或者服务的质量、性能、用途、有效期限等信息，应当真实、全面，不得作虚假或者引人误解的宣传。

经营者对消费者就其提供的商品或者服务的质量和使用方法等问题提出的询问，应当作出真实、明确的答复。

经营者提供商品或者服务应当明码标价。

第二十一条　经营者应当标明其真实名称和标记。

租赁他人柜台或者场地的经营者，应当标明其真实名称和标记。

第二十二条 经营者提供商品或者服务，应当按照国家有关规定或者商业惯例向消费者出具发票等购货凭证或者服务单据；消费者索要发票等购货凭证或者服务单据的，经营者必须出具。

第二十三条 经营者应当保证在正常使用商品或者接受服务的情况下其提供的商品或者服务应当具有的质量、性能、用途和有效期限；但消费者在购买该商品或者接受该服务前已经知道其存在瑕疵，且存在该瑕疵不违反法律强制性规定的除外。

经营者以广告、产品说明、实物样品或者其他方式表明商品或者服务的质量状况的，应当保证其提供的商品或者服务的实际质量与表明的质量状况相符。

经营者提供的机动车、计算机、电视机、电冰箱、空调器、洗衣机等耐用商品或者装饰装修等服务，消费者自接受商品或者服务之日起六个月内发现瑕疵，发生争议的，由经营者承担有关瑕疵的举证责任。

第二十四条 经营者提供的商品或者服务不符合质量要求的，消费者可以依照国家规定、当事人约定退货，或者要求经营者履行更换、修理等义务。没有国家规定和当事人约定的，消费者可以自收到商品之日起七日内退货；七日后符合法定解除合同条件的，消费者可以及时退货，不符合法定解除合同条件的，可以要求经营者履行更换、修理等义务。

依照前款规定进行退货、更换、修理的，经营者应当承担运输等必要费用。

第二十五条 经营者采用网络、电视、电话、邮购等方式销售商品，消费者有权自收到商品之日起七日内退货，且无需说明理由，但下列商品除外：

（一）消费者定作的；

（二）鲜活易腐的；

（三）在线下载或者消费者拆封的音像制品、计算机软件等数字化商品；

（四）交付的报纸、期刊。

除前款所列商品外，其他根据商品性质并经消费者在购买时确认不宜退货的商品，不适用无理由退货。

消费者退货的商品应当完好。经营者应当自收到退回商品之日起七日内返还消费者支付的商品价款。退回商品的运费由消费者承担；经营者和消费者另有约定的，按照约定。

第二十六条 经营者在经营活动中使用格式条款的，应当以显著方式提请消费者注意商品或者服务的数量和质量、价款或者费用、履行期限和方式、安全注意事项和风险警示、售后服务、民事责任等与消费者有重大利害关系的内容，并按照消费者的要求予以说明。

经营者不得以格式条款、通知、声明、店堂告示等方式，作出排除或者限制消费者权利、减轻或者免除经营者责任、加重消费者责任等对消费者不公平、不合理的规定，不得利用格式条款并借助技术手段强制交易。

格式条款、通知、声明、店堂告示等含有前款所列内容的，其内容无效。

第二十七条 经营者不得对消费者进行侮辱、诽谤，不得搜查消费者的身体及其携带的物品，不得侵犯消费者的人身自由。

第二十八条 采用网络、电视、电话、邮购等方式提供商品或者服务的经营者，以及提供证券、保险、银行等金融服务的经营者，应当向消费者提供经营地址、联系方式、商品或者服务的数量和质量、价款或者费用、履行期限和方式、安全注意事项和风险警示、售后服务、民事责任等信息。

第二十九条 经营者收集、使用消费者个人信息，应当遵循合法、正当、必要的原则，明示收集、使用信息的目的、方式和范围，并经消费者同意。经营者收集、使用消费者个人信息，应当公开其收集、使用规则，不得违反法律、法规的规定和双方的约定收集、使用信息。

经营者及其工作人员对收集的消费者个人信息必须严格保密，不得泄露、出售或者非法向他人提供。经营者应当采取技术措施和其他必要措施，确保信息安全，防止消费者个人信息泄露、丢失。在发生或者可能发生信息泄露、丢失的情况时，应当立即采取补救措施。

经营者未经消费者同意或者请求，或者消费者明确表示拒绝的，不得向其发送商业性信息。

第四章 国家对消费者合法权益的保护

第三十条 国家制定有关消费者权益的法律、法规、规章和强制性标准，应当听取消费者和消费者协会等组织的意见。

第三十一条 各级人民政府应当加强领导，组织、协调、督促有关行政部门做好保护消费者合法权益的工作，落实保护消费者合法权益的职责。

各级人民政府应当加强监督，预防危害消费者人身、财产安全行为的发生，及时制止危害消费者人身、财产安全的行为。

第三十二条 各级人民政府工商行政管理部门和其他有关行政部门应当依照法律、法规的规定，在各自的职责范围内，采取措施，保护消费者的合法权益。

有关行政部门应当听取消费者和消费者协会等组织对经营者交易行为、商品和服务质量问题的意见，及时调查处理。

第三十三条 有关行政部门在各自的职责范围内，应当定期或者不定期对经营者提供的商品和服务进行抽查检验，并及时向社会公布抽查检验结果。

有关行政部门发现并认定经营者提供的商品或者服务存在缺陷，有危及人身、财产安全危险的，应当立即责令经营者采取停止销售、警示、召回、无害化处理、销毁、停止生产或者服务等措施。

第三十四条 有关国家机关应当依照法律、法规的规定，惩处经营者在提供商品和服务中侵害消费者合法权益的违法犯罪行为。

第三十五条 人民法院应当采取措施，方便消费者提起诉讼。对符合《中华人民共和国民事诉讼法》起诉条件的消费者权益争议，必须受理，及时审理。

第五章 消费者组织

第三十六条 消费者协会和其他消费者组织是依法成立的对商品和服务进行社会监督的保护消费者合法权益的社会组织。

第三十七条 消费者协会履行下列公益性职责：

（一）向消费者提供消费信息和咨询服务，提高消费者维护自身合法权益的能力，引导文明、健康、节约资源和保护环境的消费方式；

（二）参与制定有关消费者权益的法律、法规、规章和强制性标准；

（三）参与有关行政部门对商品和服务的监督、检查；

（四）就有关消费者合法权益的问题，向有关部门反映、查询，提出建议；

（五）受理消费者的投诉，并对投诉事项进行调查、调解；

（六）投诉事项涉及商品和服务质量问题的，可以委托具备资格的鉴定人鉴定，鉴定人应当告知鉴定意见；

（七）就损害消费者合法权益的行为，支持受损害的消费者提起诉讼或者依照本法提起诉讼；

（八）对损害消费者合法权益的行为，通过大众传播媒介予以揭露、批评。

各级人民政府对消费者协会履行职责应当予以必要的经费等支持。

消费者协会应当认真履行保护消费者合法权益的职责，听取消费者的意见和建议，接受社会监督。

依法成立的其他消费者组织依照法律、法规及其章程的规定，开展保护消费者合法权益的活动。

第三十八条 消费者组织不得从事商品经营和营利性服务，不得以收取费用或者其他牟取利益的方式向消费者推荐商品和服务。

第六章 争议的解决

第三十九条 消费者和经营者发生消费者权益争议的，可以通过下列途径解决：

（一）与经营者协商和解；

（二）请求消费者协会或者依法成立的其他调解组织调解；

（三）向有关行政部门投诉；

（四）根据与经营者达成的仲裁协议提请仲裁机构仲裁；

（五）向人民法院提起诉讼。

第四十条 消费者在购买、使用商品时，其合法权益受到损害的，可以向销售者要求赔偿。销售者赔偿后，属于生产者的责任或者属于向销售者提供商品的其他销售者的责任的，销售者有权向生产者或者其他销售者追偿。

消费者或者其他受害人因商品缺陷造成人身、财产损害的，可以向销售者要求赔偿，也可以向生产者要求赔偿。属于生产者责任的，销售者赔偿后，有权向生产者追偿。属于销售者责任的，生产者赔偿后，有权向销售者追偿。

消费者在接受服务时，其合法权益受到损害的，可以向服务者要求赔偿。

第四十一条 消费者在购买、使用商品或者接受服务时，其合法权益受到损害，因原企业分立、合并的，可以向变更后承受其权利义务的企业要求赔偿。

第四十二条 使用他人营业执照的违法经营者提供商品或者服务，损害消费者合法权益的，消费者可以向其要求赔偿，也可以向营业执照的持有人要求赔偿。

第四十三条 消费者在展销会、租赁柜台购买商品或者接受服务，其合法权益受到损害的，可以向销售者或者服务者要求赔偿。展销会结束或者柜台租赁期满后，也可以向展销会的举办者、柜台的出租者要求赔偿。展销会的举办者、柜台的出租者赔偿后，有权向销售者或者服务者追偿。

第四十四条 消费者通过网络交易平台购买商品或者接受服务，其合法权益受到损害的，可以向销售者或者服务者要求赔偿。网络交易平台提供者不能提供销售者或者服务者的真实名称、地址和有效联系方式的，消费者也可以向网络交易平台提供者要求赔偿；网络交易平台提供者作出更有利于消费者的承诺的，应当履行承诺。网络交易平台提供者赔偿后，有权向销售者或者服务者追偿。

网络交易平台提供者明知或者应知销售者或者服务者利用其平台侵害消费者合法权益，未采取必要措施的，依法与该销售者或者服务者承担连带责任。

第四十五条 消费者因经营者利用虚假广告或者其他虚假宣传方式提供商品或者服务，其合法权益受到损害的，可以向经营者要求赔偿。广告经营者、发布者发布虚假广告的，消费者可以请求行政主管部门予以惩处。广告经营者、发布者不能提供经营者的真实名称、地址和有效联系方式的，应当承担赔偿责任。

广告经营者、发布者设计、制作、发布关系消费者生命健康商品或者服务的虚假广告，造成消费者损害的，应当与提供该商品或者服务的经营者承担连带责任。

社会团体或者其他组织、个人在关系消费者生命健康商品或者服务的虚假广告或者其他虚假宣传中向消费者推荐商品或者服务，造成消费者损害的，应当与提供该商品或者服务的经营者承担连带责任。

第四十六条 消费者向有关行政部门投诉的，该部门应当自收到投诉之日起七个工作日内，予以处理并告知消费者。

第四十七条 对侵害众多消费者合法权益的行为，中国消费者协会以及在省、自治区、直辖市设立的消费者协会，可以向人民法院提起诉讼。

第七章 法律责任

第四十八条 经营者提供商品或者服务有下列情形之一的，除本法另有规定外，应当依照其他有关法律、法规的规定，承担民事责任：

（一）商品或者服务存在缺陷的；

（二）不具备商品应当具备的使用性能而出售时未作说明的；

（三）不符合在商品或者其包装上注明采用的商品标准的；

（四）不符合商品说明、实物样品等方式表明的质量状况的；

（五）生产国家明令淘汰的商品或者销售失效、变质的商品的；

（六）销售的商品数量不足的；

（七）服务的内容和费用违反约定的；

（八）对消费者提出的修理、重作、更换、退货、补足商品数量、退还货款和服务费用或者赔偿损失的要求，故意拖延或者无理拒绝的；

（九）法律、法规规定的其他损害消费者权益的情形。

经营者对消费者未尽到安全保障义务，造成消费者损害的，应当承担侵权责任。

第四十九条 经营者提供商品或者服务，造成消费者或者其他受害人人身伤害的，应当赔偿医疗费、护理费、交通费等为治疗和康复支出的合理费用，以及因误工减少的收入。造成残疾的，还应当赔偿残疾生活辅助具费和残疾赔偿金。造成死亡的，还应当赔偿丧葬费和死亡赔偿金。

第五十条 经营者侵害消费者的人格尊严、侵犯消费者人身自由或者侵害消费者个人信息依法得到保护的权利的，应当停止侵害、恢复名誉、消除影响、赔礼道歉，并赔偿损失。

第五十一条 经营者有侮辱诽谤、搜查身体、侵犯人身自由等侵害消费者或者其他受害人人身权益的行为，造成严重精神损害的，受害人可以要求精神损害赔偿。

第五十二条 经营者提供商品或者服务，造成消费者财产损害的，应当依照法律规定或者当事人约定承担修理、重作、更换、退货、补足商品数量、退还货款和服务费用或者赔偿损失等民事责任。

第五十三条 经营者以预收款方式提供商品或者服务的，应当按照约定提供。未按照约定提供的，应当按照消费者的要求履行约定或者退回预付款；并应当承担预付款的利息、消费者必须支付的合理费用。

第五十四条 依法经有关行政部门认定为不合格的商品，消费者要求退货的，经营者应当负责退货。

第五十五条 经营者提供商品或者服务有欺诈行为的，应当按照消费者的要求增加赔偿其受到的损失，增加赔偿的金额为消费者购买商品的价款或者接受服务的费用的三倍；增加赔偿的金额不足五百元的，为五百元。法律另有规定的，依照其规定。

经营者明知商品或者服务存在缺陷，仍然向消费者提供，造成消费者或者其他受害人死亡或者健康严重损害的，受害人有权要求经营者依照本法第四十九条、第五十一条等法律规定赔偿损失，并有权要求所受损失二倍以下的惩罚性赔偿。

第五十六条 经营者有下列情形之一，除承担相应的民事责任外，其他有关法律、法规对处罚机关和处罚方式有规定的，依照法律、法规的规定执行；法律、法规未作规定的，由工商行政管理部门或者其他有关行政部门责令改正，可以根据情节单处或者并处警告、没收违法所得、处以违法所得一倍以上十倍以下的罚款，没有违法所得的，处以五十万元以下的罚款；情节严重的，责令停业整顿、吊销营业执照：

（一）提供的商品或者服务不符合保障人身、财产安全要求的；

（二）在商品中掺杂、掺假，以假充真，以次充好，或者以不合格商品冒充合格商品的；

（三）生产国家明令淘汰的商品或者销售失效、变质的商品的；

（四）伪造商品的产地，伪造或者冒用他人的厂名、厂址，篡改生产日期，伪造或者冒用认证标志等质量标志的；

（五）销售的商品应当检验、检疫而未检验、检疫或者伪造检验、检疫结果的；

（六）对商品或者服务作虚假或者引人误解的宣传的；

（七）拒绝或者拖延有关行政部门责令对缺陷商品或者服务采取停止销售、警示、召回、无害化处理、销毁、停止生产或者服务等措施的；

（八）对消费者提出的修理、重作、更换、退货、补足商品数量、退还货款和服务费用或者赔偿损失的要求，故意拖延或者无理拒绝的；

（九）侵害消费者人格尊严、侵犯消费者人身自由或者侵害消费者个人信息依法得到保护的权利的；

（十）法律、法规规定的对损害消费者权益应当予以处罚的其他情形。

经营者有前款规定情形的，除依照法律、法规规定予以处罚外，处罚机关应当记入信用档案，向社会公布。

第五十七条 经营者违反本法规定提供商品或者服务，侵害消费者合法权益，构成犯罪的，依法追究刑事责任。

第五十八条 经营者违反本法规定，应当承担民事赔偿责任和缴纳罚款、罚金，其财产不足以同时支付的，先承担民事赔偿责任。

第五十九条 经营者对行政处罚决定不服的，可以依法申请行政复议或者提起行政诉讼。

第六十条 以暴力、威胁等方法阻碍有关行政部门工作人员依法执行职务的，依法追究刑事责任；拒绝、阻碍有关行政部门工作人员依法执行职务，未使用暴力、威胁方法的，由公安机关依照《中华人民共和国治安管理处罚法》的规定处罚。

第六十一条 国家机关工作人员玩忽职守或者包庇经营者侵害消费者合法权益的行为的，由其所在单位或者上级机关给予行政处分；情节严重，构成犯罪的，依法追究刑事责任。

第八章 附 则

第六十二条 农民购买、使用直接用于农业生产的生产资料，参照本法执行。

第六十三条 本法自 1994 年 1 月 1 日起施行。

全国人民代表大会常务委员会关于加强网络信息保护的决定

（2012年12月28日第十一届全国人民代表大会常务委员会第三十次会议通过）

为了保护网络信息安全，保障公民、法人和其他组织的合法权益，维护国家安全和社会公共利益，特作如下决定：

一、国家保护能够识别公民个人身份和涉及公民个人隐私的电子信息。

任何组织和个人不得窃取或者以其他非法方式获取公民个人电子信息，不得出售或者非法向他人提供公民个人电子信息。

二、网络服务提供者和其他企业事业单位在业务活动中收集、使用公民个人电子信息，应当遵循合法、正当、必要的原则，明示收集、使用信息的目的、方式和范围，并经被收集者同意，不得违反法律、法规的规定和双方的约定收集、使用信息。

网络服务提供者和其他企业事业单位收集、使用公民个人电子信息，应当公开其收集、使用规则。

三、网络服务提供者和其他企业事业单位及其工作人员对在业务活动中收集的公民个人电子信息必须严格保密，不得泄露、篡改、毁损，不得出售或者非法向他人提供。

四、网络服务提供者和其他企业事业单位应当采取技术措施和其他必要措施，确保信息安全，防止在业务活动中收集的公民个人电子信息泄露、毁损、丢失。在发生或者可能发生信息泄露、毁损、丢失的情况时，应当立即采取补救措施。

五、网络服务提供者应当加强对其用户发布的信息的管理，发现法律、法规禁止发布或者传输的信息的，应当立即停止传输该信息，采取消除等处置措施，保存有关记录，并向有关主管部门报告。

六、网络服务提供者为用户办理网站接入服务，办理固定电话、移动电话等入网手续，或者为用户提供信息发布服务，应当在与用户签订协议或者确认提供服务时，要求用户提供真实身份信息。

七、任何组织和个人未经电子信息接收者同意或者请求，或者电子信息接收者明确表示拒绝的，不得向其固定电话、移动电话或者个人电子邮箱发送商业性电子信息。

八、公民发现泄露个人身份、散布个人隐私等侵害其合法权益的网络信息，或者受到商业性电子信息侵扰的，有权要求网络服务提供者删除有关信息或者采取其他必要措施予以制止。

九、任何组织和个人对窃取或者以其他非法方式获取、出售或者非法向他人提供公民个人电子信息的违法犯罪行为以及其他网络信息违法犯罪行为，有权向有关主管部门举报、控告；接到举报、控告的部门应当依法及时处理。被侵权人可以依法提起诉讼。

十、有关主管部门应当在各自职权范围内依法履行职责，采取技术措施和其他必要措施，防范、制止和查处窃取或者以其他非法方式获取、出售或者非法向他人提供公民个人电子信息的违法犯罪行为以及其他网络信息违法犯罪行为。有关主管部门依法履行职责时，网络服务提供者应当予以配合，提供技术支持。

国家机关及其工作人员对在履行职责中知悉的公民个人电子信息应当予以保密，不得泄露、篡改、毁损，不得出售或者非法向他人提供。

十一、对有违反本决定行为的，依法给予警告、罚款、没收违法所得、吊销许可证或者取消备案、关闭网站、禁止有关责任人员从事网络服务业务等处罚，记入社会信用档案并予以公布；构成违反治安管理行为的，依法给予治安管理处罚。构成犯罪的，依法追究刑事责任。侵害他人民事权益的，依法承担民事责任。

十二、本决定自公布之日起施行。

全国人民代表大会常务委员会
关于维护互联网安全的决定

（2000年12月28日第九届全国人民代表大会常务委员会第十九次会议通过　根据2009年8月27日第十一届全国人民代表大会常务委员会第十次会议《关于修改部分法律的决定》修正）

我国的互联网，在国家大力倡导和积极推动下，在经济建设和各项事业中得到日益广泛的应用，使人们的生产、工作、学习和生活方式已经开始并将继续发生深刻的变化，对于加快我国国民经济、科学技术的发展和社会服务信息化进程具有重要作用。同时，如何保障互联网的运行安全和信息安全问题已经引起全社会的普遍关注。为了兴利除弊，促进我国互联网的健康发展，维护国家安全和社会公共利益，保护个人、法人和其他组织的合法权益，特作如下决定：

一、为了保障互联网的运行安全，对有下列行为之一，构成犯罪的，依照刑法有关规定追究刑事责任：

（一）侵入国家事务、国防建设、尖端科学技术领域的计算机信息系统；

（二）故意制作、传播计算机病毒等破坏性程序，攻击计算机系统及通信网络，致使计算机系统及通信网络遭受损害；

（三）违反国家规定，擅自中断计算机网络或者通信服务，造成计算机网络或者通信系统不能正常运行。

二、为了维护国家安全和社会稳定，对有下列行为之一，构成犯罪的，依照刑法有关规定追究刑事责任：

（一）利用互联网造谣、诽谤或者发表、传播其他有害信息，煽动颠覆国家政权、推翻社会主义制度，或者煽动分裂国家、破坏国家统一；

（二）通过互联网窃取、泄露国家秘密、情报或者军事秘密；

（三）利用互联网煽动民族仇恨、民族歧视，破坏民族团结；

（四）利用互联网组织邪教组织、联络邪教组织成员，破坏国家法律、行政法规实施。

三、为了维护社会主义市场经济秩序和社会管理秩序，对有下列行为之一，构成犯罪的，依照刑法有关规定追究刑事责任：

（一）利用互联网销售伪劣产品或者对商品、服务作虚假宣传；

（二）利用互联网损害他人商业信誉和商品声誉；

（三）利用互联网侵犯他人知识产权；

（四）利用互联网编造并传播影响证券、期货交易或者其他扰乱金融秩序的虚假信息；

（五）在互联网上建立淫秽网站、网页，提供淫秽站点链接服务，或者传播淫秽书刊、影片、音像、图片。

四、为了保护个人、法人和其他组织的人身、财产等合法权利，对有下列行为之一，构成犯罪的，依照刑法有关规定追究刑事责任：

（一）利用互联网侮辱他人或者捏造事实诽谤他人；

（二）非法截获、篡改、删除他人电子邮件或者其他数据资料，侵犯公民通信自由和通信秘密；

（三）利用互联网进行盗窃、诈骗、敲诈勒索。

五、利用互联网实施本决定第一条、第二条、第三条、第四条所列行为以外的其他行为，构成犯罪的，依照刑法有关规定追究刑事责任。

六、利用互联网实施违法行为，违反社会治安管理，尚不构成犯罪的，由公安机关依照《治安管理处罚法》予以处罚；违反其他法律、行政法规，尚不构成犯罪的，由有关行政管理部门依法给予行政处罚；对直接负责的主管人员和其他直接责任人员，依法给予行政处分或者纪律处分。

利用互联网侵犯他人合法权益，构成民事侵权的，依法承担民事责任。

七、各级人民政府及有关部门要采取积极措施，在促进互联网的应用和网络技术的普及过程中，重视和支持对网络安全技术的研究和开发，增强网络的安全防护能力。有关主管部门要加强对互联网的运行安全和信息安全的宣传教育，依法实施有效的监督管理，防范和制止利用互联网进行的各种违法活动，为互联网的健康发展创造良好的社会环境。从事互联网业务的单位要依法开展活动，发现互联网上出现违法犯罪行为和有害信息时，要采取措施，停止传输有害信息，并及时向有关机关报告。任何单位和个人在利用互联网时，都要遵纪守法，抵制各种违法犯罪行为和有害信息。人民法院、人民检察院、公安机关、国家安全机关要各司其职，密切配合，依法严厉打击利用互联网实施的各种犯罪活动。要动员全社会的力量，依靠全社会的共同努力，保障互联网的运行安全与信息安全，促进社会主义精神文明和物质文明建设。

中华人民共和国侵权责任法（节录）

（2009年12月26日第十一届全国人民代表大会常务委员会第十二次会议通过 2009年12月26日中华人民共和国主席令第21号公布 自2010年7月1日起施行）

……

第三十六条 网络用户、网络服务提供者利用网络侵害他人民事权益的，应当承担侵权责任。

网络用户利用网络服务实施侵权行为的，被侵权人有权通知网络服务提供者采取删除、屏蔽、断开链接等必要措施。网络服务提供者接到通知后未及时采取必要措施的，对损害的扩大部分与该网络用户承担连带责任。

网络服务提供者知道网络用户利用其网络服务侵害他人民事权益，未采取必要措施的，与该网络用户承担连带责任。

……

中华人民共和国产品质量法

（1993年2月22日第七届全国人民代表大会常务委员会第三十次会议通过 根据2000年7月8日第九届全国人民代表大会常务委员会第十六次会议《关于修改〈中华人民共和国产品质量法〉的决定》第一次修正 根据2009年8月27日第十一届全国人民代表大会常务委员会第十次会议《关于修改部分法律的决定》第二次修正）

第一章 总 则

第一条 为了加强对产品质量的监督管理，提高产品质量水平，明确产品质量责任，保护消费者的合法权益，维护社会经济秩序，制定本法。

第二条 在中华人民共和国境内从事产品生产、销售活动，必须遵守本法。

本法所称产品是指经过加工、制作，用于销售的产品。

建设工程不适用本法规定；但是，建设工程使用的建筑材料、建筑构配件和设备，属于前款规定的产品范围的，适用本法规定。

第三条 生产者、销售者应当建立健全内部产品质量管理制度，严格实施岗位质量规范、质量责任以及相应的考核办法。

第四条 生产者、销售者依照本法规定承担产品质量责任。

第五条 禁止伪造或者冒用认证标志等质量标志；禁止伪造产品的产地，伪造或者冒用他人的厂名、厂址；禁止在生产、销售的产品中掺杂、掺假，以假充真，以次充好。

第六条 国家鼓励推行科学的质量管理方法，采用先进的科学技术，鼓励企业产品质量达到并且超过行业标准、国家标准和国际标准。

对产品质量管理先进和产品质量达到国际先进水平、成绩显著的单位和个人，给予奖励。

第七条 各级人民政府应当把提高产品质量纳入国民经济和社会发展规划，加强对产品质量工作的统筹规划和组织领导，引导、督促生产者、销售者加强产品质量管理，提高产品质量，组织各有关部门依法采取措施，制止产品生产、销售中违反本法规定的行为，保障本法的施行。

第八条 国务院产品质量监督部门主管全国产品质量监督工作。国务院有关部门在各自的职责范围内负责产品质量监督工作。

县级以上地方产品质量监督部门主管本行政区域内的产品质量监督工作。县级以上地方人民政府有关部门在各自的职责范围内负责产品质量监督工作。

法律对产品质量的监督部门另有规定的，依照有关法律的规定执行。

第九条 各级人民政府工作人员和其他国家机关工作人员不得滥用职权、玩忽职守或者徇私舞弊，包庇、放纵本地区、本系统发生的产品生产、销售中违反本法规定的行为，或者阻挠、干预依法对产品生产、销售中违反本法规定的行为进行查处。

各级地方人民政府和其他国家机关有包庇、放纵产品生产、销售中违反本法规定的行为的，依法追究其主要负责人的法律责任。

第十条 任何单位和个人有权对违反本法规定的行为，向产品质量监督部门或者其他有关部门检举。

产品质量监督部门和有关部门应当为检举人保密，并按照省、自治区、直辖市人民政府的规定给予奖励。

第十一条 任何单位和个人不得排斥非本地区或者非本系统企业生产的质量合格产品进入本地区、本系统。

第二章 产品质量的监督

第十二条 产品质量应当检验合格，不得以不合格产品冒充合格产品。

第十三条 可能危及人体健康和人身、财产安全的工业产品，必须符合保障人体健康和人身、财产安全的国家标准、行业标准；未制定国家标准、行业标准的，必须符合保障人体健康和人身、财产安全的要求。

禁止生产、销售不符合保障人体健康和人身、财产安全的标准和要求的工业产品。具体管理办法由国务院规定。

第十四条 国家根据国际通用的质量管理标准，推行企业质量体系认证制度。企业根据自愿原则可以向国务院产品质量监督部门认可的或者国务院产品质量监督部门授权的部门认可的认证机构申请企业质量体系认证。经认证合格的，由认证机构颁发企业质量体系认证证书。

国家参照国际先进的产品标准和技术要求，推行产品质量认证制度。企业根据自愿原则可以向国务院产品质量监督部门认可的或者国务院产品质量监督部门授权的部门认可的认证机构申请产品质量认证。经认证合格的，由认证机构颁发产品质量认证证书，准许企业在产品或者其包装上使用产品质量认证标志。

第十五条 国家对产品质量实行以抽查为主要方式的监督检查制度，对可能危及人体健康和人身、财产安全的产品，影响国计民生的重要工业产品以及消费者、有关组织反映有质量问题的产品进行抽查。抽查的样品应当在市场上或者企业成品仓库内的待销产品中随机抽取。监督抽查工作由国务院产品质量监督部门规划和组织。县级以上地方产品质量监督部门在本行政区域内也可以组织监督抽查。法律对产品质量的监督检查另有规定的，依照有关法律的规定执行。

国家监督抽查的产品，地方不得另行重复抽查；上级监督抽查的产品，下级不得另行重复抽查。

根据监督抽查的需要，可以对产品进行检验。检验抽取样品的数量不得超过检验的合理需要，并不得向被检查人收取检验费用。监督抽查所需检验费用按照国务院规定列支。

生产者、销售者对抽查检验的结果有异议的，可以自收到检验结果之日起十五日内向实施监督抽查的产品质量监督部门或者其上级产品质量监督部门申请复检，由受理复检的产品质量监督部门作出复检结论。

第十六条 对依法进行的产品质量监督检查，生产者、销售者不得拒绝。

第十七条 依照本法规定进行监督抽查的产品质量不合格的，由实施监督抽查的产品质量监督部门责令其生产者、销售者限期改正。逾期不改正的，由省级以上人民政府产品质量监督部门予以公告；公告后经复查仍不合格的，责令停业，限期整顿；整顿期满后经复查产品质量仍不合格的，吊销营业执照。

监督抽查的产品有严重质量问题的，依照本法第五章的有关规定处罚。

第十八条 县级以上产品质量监督部门根据已经取得的违法嫌疑证据或者举报，对涉嫌违反本法规定的行为进行查处时，可以行使下列职权：

（一）对当事人涉嫌从事违反本法的生产、销售活动的场所实施现场检查；

（二）向当事人的法定代表人、主要负责人和其他有关人员调查、了解与涉嫌从事违反本法的生产、销售活动有关的情况；

（三）查阅、复制当事人有关的合同、发票、账簿以及其他有关资料；

（四）对有根据认为不符合保障人体健康和人身、财产安全的国家标准、行业标准的产品或者有其他严重质量问题的产品，以及直接用于生产、销售该项产品的原辅材料、包装物、生产工具，予以查封或者扣押。

县级以上工商行政管理部门按照国务院规定的职责范围，对涉嫌违反本法规定的行为进行查处时，可以行使前款规定的职权。

第十九条 产品质量检验机构必须具备相应的检测条件和能力，经省级以上人民政府产品质量监督部门或者其授权的部门考核合格后，方可承担产品质量检验工作。法律、行政法规对产品质量检验机构另有规定的，依照有关法律、行政法规的规定执行。

第二十条 从事产品质量检验、认证的社会中介机构必须依法设立，不得与行政机关和其他国家机关存在隶属关系或者其他利益关系。

第二十一条 产品质量检验机构、认证机构必须依法按照有关标准，客观、公正地出具检验结果或者认证证明。

产品质量认证机构应当依照国家规定对准许使用认证标志的产品进行认证后的跟踪检查；对不符合认证标准而使用认证标志的，要求其改正；情节严重的，取消其使用认证标志的资格。

第二十二条 消费者有权就产品质量问题，向产品的生产者、销售者查询；向产品质量监督部门、工商行政管理部门及有关部门申诉，接受申诉的部门应当负责处理。

第二十三条 保护消费者权益的社会组织可以就消费者反映的产品质量问题建议有关部门负责处理，支持消费者对因产品质量造成的损害向人民法院起诉。

第二十四条 国务院和省、自治区、直辖市人民政府的产品质量监督部门应当定期发布其监督抽查的产品的质量状况公告。

第二十五条 产品质量监督部门或者其他国家机关以及产品质量检验机构不得向社会推荐生产者的产品；不得以对产品进行监制、监销等方式参与产品经营活动。

第三章 生产者、销售者的产品质量责任和义务

第一节 生产者的产品质量责任和义务

第二十六条 生产者应当对其生产的产品质量负责。

产品质量应当符合下列要求：

（一）不存在危及人身、财产安全的不合理的危险，有保障人体健康和人身、财产安全的国家标准、行业标准的，应当符合该标准；

（二）具备产品应当具备的使用性能，但是，对产品存在使用性能的瑕疵作出说明的除外；

（三）符合在产品或者其包装上注明采用的产品标准，符合以产品说明、实物样品等方式表明的质量状况。

第二十七条 产品或者其包装上的标识必须真实，并符合下列要求：

（一）有产品质量检验合格证明；

（二）有中文标明的产品名称、生产厂厂名和厂址；

（三）根据产品的特点和使用要求，需要标明产品规格、等级、所含主要成份的名称和含量的，用中文相应予以标明；需要事先让消费者知晓的，应当在外包装上标明，或者预先向消费者提供有关资料；

（四）限期使用的产品，应当在显著位置清晰地标明生产日期和安全使用期或者失效日期；

（五）使用不当，容易造成产品本身损坏或者可能危及人身、财产安全的产品，应当有警示标志或者中文警示说明。

裸装的食品和其他根据产品的特点难以附加标识的裸装产品，可以不附加产品标识。

第二十八条 易碎、易燃、易爆、有毒、有腐蚀性、有放射性等危险物品以及储运中不能倒置和其他有特殊要求的产品，其包装质量必须符合相应要求，依照国家有关规定作出警示标志或者中文警示说明，标明储运注意事项。

第二十九条 生产者不得生产国家明令淘汰的产品。

第三十条 生产者不得伪造产地，不得伪造或者冒用他人的厂名、厂址。

第三十一条 生产者不得伪造或者冒用认证标志等质量标志。

第三十二条 生产者生产产品，不得掺杂、掺假，不得以假充真、以次充好，不得以不合格产品冒充合格产品。

第二节 销售者的产品质量责任和义务

第三十三条 销售者应当建立并执行进货检查验收制度，验明产品合格证明和其他标识。

第三十四条 销售者应当采取措施，保持销售产品的质量。

第三十五条 销售者不得销售国家明令淘汰并停止销售的产品和失效、变质的产品。

第三十六条 销售者销售的产品的标识应当符合本法第二十七条的规定。

第三十七条 销售者不得伪造产地，不得伪造或者冒用他人的厂名、厂址。

第三十八条 销售者不得伪造或者冒用认证标志等质量标志。

第三十九条 销售者销售产品，不得掺杂、掺假，不得以假充真、以次充好，不得以不合格产品冒充合格产品。

第四章 损害赔偿

第四十条 售出的产品有下列情形之一的，销售者应当负责修理、更换、退货；给购买产品的消费者造成损失的，销售者应当赔偿损失：

（一）不具备产品应当具备的使用性能而事先未作说明的；

（二）不符合在产品或者其包装上注明采用的产品标准的；

（三）不符合以产品说明、实物样品等方式表明的质量状况的。

销售者依照前款规定负责修理、更换、退货、赔偿损失后，属于生产者的责任或者属于向销售者提供产品的其他销售者（以下简称供货者）的责任的，销售者有权向生产者、供货者追偿。

销售者未按照第一款规定给予修理、更换、退货或者赔偿损失的，由产品质量监督部门或者工商行政管理部门责令改正。

生产者之间，销售者之间，生产者与销售者之间订立的买卖合同、承揽合同有不同约定的，合同当事人按照合同约定执行。

第四十一条 因产品存在缺陷造成人身、缺陷产品以外的其他财产（以下简称他人财产）损害的，生产者应当承担赔偿责任。

生产者能够证明有下列情形之一的，不承担赔偿责任：

（一）未将产品投入流通的；

（二）产品投入流通时，引起损害的缺陷尚不存在的；

（三）将产品投入流通时的科学技术水平尚不能发现缺陷的存在的。

第四十二条 由于销售者的过错使产品存在缺陷，造成人身、他人财产损害的，销售者应当承担赔偿责任。

销售者不能指明缺陷产品的生产者也不能指明缺陷产品的供货者的，销售者应当承担赔偿责任。

第四十三条 因产品存在缺陷造成人身、他人财产损害的，受害人可以向产品的生产者要求赔偿，也可以向产品的销售者要求赔偿。属于产品的生产者的责任，产品的销售者赔偿的，产品的销售者有权向产品的生产者追偿。

属于产品的销售者的责任，产品的生产者赔偿的，产品的生产者有权向产品的销售者追偿。

第四十四条 因产品存在缺陷造成受害人人身伤害的，侵害人应当赔偿医疗费、治疗期间的护理费、因误工减少的收入等费用；造成残疾的，还应当支付残疾者生活自助具费、生活补助费、残疾赔偿金以及由其扶养的人所必需的生活费等费用；造成受害人死亡的，并应当支付丧葬费、死亡赔偿金以及由死者生前扶养的人所必需的生活费等费用。

因产品存在缺陷造成受害人财产损失的，侵害人应当恢复原状或者折价赔偿。受害人因此遭受其他重大损失的，侵害人应当赔偿损失。

第四十五条 因产品存在缺陷造成损害要求赔偿的诉讼时效期间为二年，自当事人知道或者应当知道其权益受到损害时起计算。

因产品存在缺陷造成损害要求赔偿的请求权，在造成损害的缺陷产品交付最初消费者满十年丧失；但是，尚未超过明示的安全使用期的除外。

第四十六条 本法所称缺陷，是指产品存在危及人身、他人财产安全的不合理的危险；产品有保障人体健康和人身、财产安全的国家标准、行业标准的，是指不符合该标准。

第四十七条 因产品质量发生民事纠纷时，当事人可以通过协商或者调解解决。当事人不愿通过协商、调解解决或者协商、调解不成的，可以根据当事人各方的协议向仲裁机构申请仲裁；当事人各方没有达成仲裁协议或者仲裁协议无效的，可以直接向人民法院起诉。

第四十八条 仲裁机构或者人民法院可以委托本法第十九条规定的产品质量检验机构，对有关产品质量进行检验。

第五章　罚　　则

第四十九条 生产、销售不符合保障人体健康和人身、财产安全的国家标准、行业标准的产品的，责令停止生产、销售，没收违法生产、销售的产品，并处违法生产、销售产品（包括已售出和未售出的产品，下同）货值金额等值以上三倍以下的罚款；有违法所得的，并处没收违法所得；情节严重的，吊销营业执照；构成犯罪的，依法追究刑事责任。

第五十条 在产品中掺杂、掺假，以假充真，以次充好，或者以不合格产品冒充合格产品的，责令停止生产、销售，没收违法生产、销售的产品，并处违法生产、销售产品货值金额百分之五十以上三倍以下的罚款；有违法所得的，并处没收违法所得；情节严重的，吊销营业执照；构成犯罪的，依法追究刑事责任。

第五十一条 生产国家明令淘汰的产品的，销售国家明令淘汰并停止销售的产品的，责令停止生产、销售，没收违法生产、销售的产品，并处违法生产、销售产品货值金额等值以下的罚款；有违法所得的，并处没收违法所得；情节严重的，吊销营业执照。

第五十二条 销售失效、变质的产品的，责令停止销售，没收违法销售的产品，并处违法销售产品货值金额二倍以下的罚款；有违法所得的，并处没收违法所得；情节严重的，吊销营业执照；构成犯罪的，依法追究刑事责任。

第五十三条 伪造产品产地的，伪造或者冒用他人厂名、厂址的，伪造或者冒用认证标志等质量标志的，责令改正，没收违法生产、销售的产品，并处违法生产、销售产品货值金额等值以下的罚款；有违法所得的，并处没收违法所得；情节严重的，吊销营业执照。

第五十四条 产品标识不符合本法第二十七条规定的，责令改正；有包装的产品标识不符合本法第二十七条第（四）项、第（五）项规定，情节严重的，责令停止生产、销售，并处违法生产、销售产品货值金额百分之三十以下的罚款；有违法所得的，并处没收违法所得。

第五十五条 销售者销售本法第四十九条至第五十三条规定禁止销售的产品，有充分证据证明其不知道该产品为禁止销售的产品并如实说明其进货来源的，可以从轻或者减轻处罚。

第五十六条 拒绝接受依法进行的产品质量监督检查的，给予警告，责令改正；拒不改正的，责令停业整顿；情节特别严重的，吊销营业执照。

第五十七条 产品质量检验机构、认证机构伪造检验结果或者出具虚假证明的，责令改正，对单位处五万元以上十万元以下的罚款，对直接负责的主管人员和其他直接责任人员处一万元以上五万元以下的罚款；有违法所得的，并处没收违法所得；情节严重的，取消其检验资格、认证资格；构成犯罪的，依法追究刑事责任。

产品质量检验机构、认证机构出具的检验结果或者证明不实，造成损失的，应当承担相应的赔偿责任；造成重大损失的，撤销其检验资格、认证资格。

产品质量认证机构违反本法第二十一条第二款的规定，对不符合认证标准而使用认证标志的产品，未依法要求其改正或者取消其使用认证标志资格的，对因产品不符合认证标准给消费者造成的损失，与产品的生产者、销售者承担连带责任；情节严重的，撤销其认证资格。

第五十八条　社会团体、社会中介机构对产品质量作出承诺、保证，而该产品又不符合其承诺、保证的质量要求，给消费者造成损失的，与产品的生产者、销售者承担连带责任。

第五十九条　在广告中对产品质量作虚假宣传，欺骗和误导消费者的，依照《中华人民共和国广告法》的规定追究法律责任。

第六十条　对生产者专门用于生产本法第四十九条、第五十一条所列的产品或者以假充真的产品的原辅材料、包装物、生产工具，应当予以没收。

第六十一条　知道或者应当知道属于本法规定禁止生产、销售的产品而为其提供运输、保管、仓储等便利条件的，或者为以假充真的产品提供制假生产技术的，没收全部运输、保管、仓储或者提供制假生产技术的收入，并处违法收入百分之五十以上三倍以下的罚款；构成犯罪的，依法追究刑事责任。

第六十二条　服务业的经营者将本法第四十九条至第五十二条规定禁止销售的产品用于经营性服务的，责令停止使用；对知道或者应当知道所使用的产品属于本法规定禁止销售的产品的，按照违法使用的产品（包括已使用和尚未使用的产品）的货值金额，依照本法对销售者的处罚规定处罚。

第六十三条　隐匿、转移、变卖、损毁被产品质量监督部门或者工商行政管理部门查封、扣押的物品的，处被隐匿、转移、变卖、损毁物品货值金额等值以上三倍以下的罚款；有违法所得的，并处没收违法所得。

第六十四条　违反本法规定，应当承担民事赔偿责任和缴纳罚款、罚金，其财产不足以同时支付时，先承担民事赔偿责任。

第六十五条　各级人民政府工作人员和其他国家机关工作人员有下列情形之一的，依法给予行政处分；构成犯罪的，依法追究刑事责任：

（一）包庇、放纵产品生产、销售中违反本法规定行为的；

（二）向从事违反本法规定的生产、销售活动的当事人通风报信，帮助其逃避查处的；

（三）阻挠、干预产品质量监督部门或者工商行政管理部门依法对产品生产、销售中违反本法规定的行为进行查处，造成严重后果的。

第六十六条 产品质量监督部门在产品质量监督抽查中超过规定的数量索取样品或者向被检查人收取检验费用的，由上级产品质量监督部门或者监察机关责令退还；情节严重的，对直接负责的主管人员和其他直接责任人员依法给予行政处分。

第六十七条 产品质量监督部门或者其他国家机关违反本法第二十五条的规定，向社会推荐生产者的产品或者以监制、监销等方式参与产品经营活动的，由其上级机关或者监察机关责令改正，消除影响，有违法收入的予以没收；情节严重的，对直接负责的主管人员和其他直接责任人员依法给予行政处分。

产品质量检验机构有前款所列违法行为的，由产品质量监督部门责令改正，消除影响，有违法收入的予以没收，可以并处违法收入一倍以下的罚款；情节严重的，撤销其质量检验资格。

第六十八条 产品质量监督部门或者工商行政管理部门的工作人员滥用职权、玩忽职守、徇私舞弊，构成犯罪的，依法追究刑事责任；尚不构成犯罪的，依法给予行政处分。

第六十九条 以暴力、威胁方法阻碍产品质量监督部门或者工商行政管理部门的工作人员依法执行职务的，依法追究刑事责任；拒绝、阻碍未使用暴力、威胁方法的，由公安机关依照治安管理处罚法的规定处罚。

第七十条 本法规定的吊销营业执照的行政处罚由工商行政管理部门决定，本法第四十九条至第五十七条、第六十条至第六十三条规定的行政处罚由产品质量监督部门或者工商行政管理部门按照国务院规定的职权范围决定。法律、行政法规对行使行政处罚权的机关另有规定的，依照有关法律、行政法规的规定执行。

第七十一条 对依照本法规定没收的产品，依照国家有关规定进行销毁或者采取其他方式处理。

第七十二条 本法第四十九条至第五十四条、第六十二条、第六十三条所规定的货值金额以违法生产、销售产品的标价计算；没有标价的，按照同类产品的市场价格计算。

第六章　附　　则

第七十三条　军工产品质量监督管理办法，由国务院、中央军事委员会另行制定。

因核设施、核产品造成损害的赔偿责任，法律、行政法规另有规定的，依照其规定。

第七十四条　本法自1993年9月1日起施行。

中华人民共和国合同法（节录）

（1999年3月15日第九届全国人民代表大会第二次会议通过　1999年3月15日中华人民共和国主席令第15号公布　自1999年10月1日起施行）

……

第九条　当事人订立合同，应当具有相应的民事权利能力和民事行为能力。

当事人依法可以委托代理人订立合同。

……

第十一条　书面形式是指合同书、信件和数据电文（包括电报、电传、传真、电子数据交换和电子邮件）等可以有形地表现所载内容的形式。

第十二条　合同的内容由当事人约定，一般包括以下条款：

（一）当事人的名称或者姓名和住所；

（二）标的；

（三）数量；

（四）质量；

（五）价款或者报酬；

（六）履行期限、地点和方式；

（七）违约责任；

（八）解决争议的方法。

当事人可以参照各类合同的示范文本订立合同。

第十三条 当事人订立合同，采取要约、承诺方式。

第十四条 要约是希望和他人订立合同的意思表示，该意思表示应当符合下列规定：

（一）内容具体确定；

（二）表明经受要约人承诺，要约人即受该意思表示约束。

第十五条 要约邀请是希望他人向自己发出要约的意思表示。寄送的价目表、拍卖公告、招标公告、招股说明书、商业广告等为要约邀请。

商业广告的内容符合要约规定的，视为要约。

第十六条 要约到达受要约人时生效。

采用数据电文形式订立合同，收件人指定特定系统接收数据电文的，该数据电文进入该特定系统的时间，视为到达时间；未指定特定系统的，该数据电文进入收件人的任何系统的首次时间，视为到达时间。

第十七条 要约可以撤回。撤回要约的通知应当在要约到达受要约人之前或者与要约同时到达受要约人。

第十八条 要约可以撤销。撤销要约的通知应当在受要约人发出承诺通知之前到达受要约人。

第十九条 有下列情形之一的，要约不得撤销：

（一）要约人确定了承诺期限或者以其他形式明示要约不可撤销；

（二）受要约人有理由认为要约是不可撤销的，并已经为履行合同作了准备工作。

第二十条 有下列情形之一的，要约失效：

（一）拒绝要约的通知到达要约人；

（二）要约人依法撤销要约；

（三）承诺期限届满，受要约人未作出承诺；

（四）受要约人对要约的内容作出实质性变更。

第二十一条 承诺是受要约人同意要约的意思表示。

第二十二条 承诺应当以通知的方式作出，但根据交易习惯或者要约表明可以通过行为作出承诺的除外。

第二十三条 承诺应当在要约确定的期限内到达要约人。

要约没有确定承诺期限的，承诺应当依照下列规定到达：

（一）要约以对话方式作出的，应当即时作出承诺，但当事人另有约定的除外；

（二）要约以非对话方式作出的，承诺应当在合理期限内到达。

第二十四条 要约以信件或者电报作出的，承诺期限自信件载明的日期或者电报交发之日开始计算。信件未载明日期的，自投寄该信件的邮戳日期开始计算。要约以电话、传真等快速通讯方式作出的，承诺期限自要约到达受要约人时开始计算。

第二十五条 承诺生效时合同成立。

第二十六条 承诺通知到达要约人时生效。承诺不需要通知的，根据交易习惯或者要约的要求作出承诺的行为时生效。

采用数据电文形式订立合同的，承诺到达的时间适用本法第十六条第二款的规定。

第二十七条 承诺可以撤回。撤回承诺的通知应当在承诺通知到达要约人之前或者与承诺通知同时到达要约人。

第二十八条 受要约人超过承诺期限发出承诺的，除要约人及时通知受要约人该承诺有效的以外，为新要约。

……

第三十三条 当事人采用信件、数据电文等形式订立合同的，可以在合同成立之前要求签订确认书。签订确认书时合同成立。

第三十四条 承诺生效的地点为合同成立的地点。

采用数据电文形式订立合同的，收件人的主营业地为合同成立的地点；没有主营业地的，其经常居住地为合同成立的地点。当事人另有约定的，按照其约定。

……

一、电子商务交易

中华人民共和国电信条例

（2000 年 9 月 25 日中华人民共和国国务院令第 291 号公布　根据 2014 年 7 月 29 日《国务院关于修改部分行政法规的决定》第一次修订　根据 2016 年 2 月 6 日《国务院关于修改部分行政法规的决定》第二次修订）

第一章　总　　则

第一条　为了规范电信市场秩序，维护电信用户和电信业务经营者的合法权益，保障电信网络和信息的安全，促进电信业的健康发展，制定本条例。

第二条　在中华人民共和国境内从事电信活动或者与电信有关的活动，必须遵守本条例。

本条例所称电信，是指利用有线、无线的电磁系统或者光电系统，传送、发射或者接收语音、文字、数据、图像以及其他任何形式信息的活动。

第三条　国务院信息产业主管部门依照本条例的规定对全国电信业实施监督管理。

省、自治区、直辖市电信管理机构在国务院信息产业主管部门的领导下，依照本条例的规定对本行政区域内的电信业实施监督管理。

第四条　电信监督管理遵循政企分开、破除垄断、鼓励竞争、促进发展和公开、公平、公正的原则。

电信业务经营者应当依法经营，遵守商业道德，接受依法实施的监督检查。

第五条　电信业务经营者应当为电信用户提供迅速、准确、安全、方便和价格合理的电信服务。

第六条　电信网络和信息的安全受法律保护。任何组织或者个人不得利用电信网络从事危害国家安全、社会公共利益或者他人合法权益的活动。

第二章　电信市场

第一节　电信业务许可

第七条　国家对电信业务经营按照电信业务分类，实行许可制度。

经营电信业务，必须依照本条例的规定取得国务院信息产业主管部门或者省、自治区、直辖市电信管理机构颁发的电信业务经营许可证。

未取得电信业务经营许可证，任何组织或者个人不得从事电信业务经营活动。

第八条　电信业务分为基础电信业务和增值电信业务。

基础电信业务，是指提供公共网络基础设施、公共数据传送和基本话音通信服务的业务。增值电信业务，是指利用公共网络基础设施提供的电信与信息服务的业务。

电信业务分类的具体划分在本条例所附的《电信业务分类目录》中列出。国务院信息产业主管部门根据实际情况，可以对目录所列电信业务分类项目作局部调整，重新公布。

第九条　经营基础电信业务，须经国务院信息产业主管部门审查批准，取得《基础电信业务经营许可证》。

经营增值电信业务，业务覆盖范围在两个以上省、自治区、直辖市的，须经国务院信息产业主管部门审查批准，取得《跨地区增值电信业务经营许可证》；业务覆盖范围在一个省、自治区、直辖市行政区域内的，须经省、自治区、直辖市电信管理机构审查批准，取得《增值电信业务经营许可证》。

运用新技术试办《电信业务分类目录》未列出的新型电信业务的，应当向省、自治区、直辖市电信管理机构备案。

第十条　经营基础电信业务，应当具备下列条件：

（一）经营者为依法设立的专门从事基础电信业务的公司，且公司中国有股权或者股份不少于51%；

（二）有可行性研究报告和组网技术方案；

（三）有与从事经营活动相适应的资金和专业人员；

（四）有从事经营活动的场地及相应的资源；

（五）有为用户提供长期服务的信誉或者能力；

（六）国家规定的其他条件。

第十一条 申请经营基础电信业务，应当向国务院信息产业主管部门提出申请，并提交本条例第十条规定的相关文件。国务院信息产业主管部门应当自受理申请之日起180日内审查完毕，作出批准或者不予批准的决定。予以批准的，颁发《基础电信业务经营许可证》；不予批准的，应当书面通知申请人并说明理由。

第十二条 国务院信息产业主管部门审查经营基础电信业务的申请时，应当考虑国家安全、电信网络安全、电信资源可持续利用、环境保护和电信市场的竞争状况等因素。

颁发《基础电信业务经营许可证》，应当按照国家有关规定采用招标方式。

第十三条 经营增值电信业务，应当具备下列条件：

（一）经营者为依法设立的公司；

（二）有与开展经营活动相适应的资金和专业人员；

（三）有为用户提供长期服务的信誉或者能力；

（四）国家规定的其他条件。

第十四条 申请经营增值电信业务，应当根据本条例第九条第二款的规定，向国务院信息产业主管部门或者省、自治区、直辖市电信管理机构提出申请，并提交本条例第十三条规定的相关文件。申请经营的增值电信业务，按照国家有关规定须经有关主管部门审批的，还应当提交有关主管部门审核同意的文件。国务院信息产业主管部门或者省、自治区、直辖市电信管理机构应当自收到申请之日起60日内审查完毕，作出批准或者不予批准的决定。予以批准的，颁发《跨地区增值电信业务经营许可证》或者《增值电信业务经营许可证》；不予批准的，应当书面通知申请人并说明理由。

第十五条 电信业务经营者在经营过程中，变更经营主体、业务范围或者停止经营的，应当提前90日向原颁发许可证的机关提出申请，并办理相应手续；停止经营的，还应当按照国家有关规定做好善后工作。

第十六条 专用电信网运营单位在所在地区经营电信业务的，应当依照本条例规定的条件和程序提出申请，经批准，取得电信业务经营许可证。

第二节 电信网间互联

第十七条 电信网之间应当按照技术可行、经济合理、公平公正、相互配合的原则，实现互联互通。

主导的电信业务经营者不得拒绝其他电信业务经营者和专用网运营单位提出的互联互通要求。

前款所称主导的电信业务经营者，是指控制必要的基础电信设施并且在电信业务市场中占有较大份额，能够对其他电信业务经营者进入电信业务市场构成实质性影响的经营者。

主导的电信业务经营者由国务院信息产业主管部门确定。

第十八条 主导的电信业务经营者应当按照非歧视和透明化的原则，制定包括网间互联的程序、时限、非捆绑网络元素目录等内容的互联规程。互联规程应当报国务院信息产业主管部门审查同意。该互联规程对主导的电信业务经营者的互联互通活动具有约束力。

第十九条 公用电信网之间、公用电信网与专用电信网之间的网间互联，由网间互联双方按照国务院信息产业主管部门的网间互联管理规定进行互联协商，并订立网间互联协议。

第二十条 网间互联双方经协商未能达成网间互联协议的，自一方提出互联要求之日起60日内，任何一方均可以按照网间互联覆盖范围向国务院信息产业主管部门或者省、自治区、直辖市电信管理机构申请协调；收到申请的机关应当依照本条例第十七条第一款规定的原则进行协调，促使网间互联双方达成协议；自网间互联一方或者双方申请协调之日起45日内经协调仍不能达成协议的，由协调机关随机邀请电信技术专家和其他有关方面专家进行公开论证并提出网间互联方案。协调机关应当根据专家论证结论和提出的网间互联方案作出决定，强制实现互联互通。

第二十一条 网间互联双方必须在协议约定或者决定规定的时限内实现互联互通，遵守网间互联协议和国务院信息产业主管部门的相关规定，保障网间通信畅通，任何一方不得擅自中断互联互通。网间互联遇有通信技术障碍的，双方应当立即采取有效措施予以消除。网间互联双方在互联互通中发生争议的，依照本条例第二十条规定的程序和办法处理。

网间互联的通信质量应当符合国家有关标准。主导的电信业务经营者向其他电信业务经营者提供网间互联，服务质量不得低于本网内的同类业务及向其子公司或者分支机构提供的同类业务质量。

第二十二条 网间互联的费用结算与分摊应当执行国家有关规定，不得在规定标准之外加收费用。

网间互联的技术标准、费用结算办法和具体管理规定，由国务院信息产业主管部门制定。

第三节 电信资费

第二十三条 电信资费实行市场调节价。电信业务经营者应当统筹考虑生产经营成本、电信市场供求状况等因素，合理确定电信业务资费标准。

第二十四条 国家依法加强对电信业务经营者资费行为的监管，建立健全监管规则，维护消费者合法权益。

第二十五条 电信业务经营者应当根据国务院信息产业主管部门和省、自治区、直辖市电信管理机构的要求，提供准确、完备的业务成本数据及其他有关资料。

第四节 电信资源

第二十六条 国家对电信资源统一规划、集中管理、合理分配，实行有偿使用制度。

前款所称电信资源，是指无线电频率、卫星轨道位置、电信网码号等用于实现电信功能且有限的资源。

第二十七条 电信业务经营者占有、使用电信资源，应当缴纳电信资源费。具体收费办法由国务院信息产业主管部门会同国务院财政部门、价格主管部门制定，报国务院批准后公布施行。

第二十八条 电信资源的分配，应当考虑电信资源规划、用途和预期服务能力。

分配电信资源，可以采取指配的方式，也可以采用拍卖的方式。

取得电信资源使用权的，应当在规定的时限内启用所分配的资源，并达到规定的最低使用规模。未经国务院信息产业主管部门或者省、自治区、直辖市电信管理机构批准，不得擅自使用、转让、出租电信资源或者改变电信资源的用途。

第二十九条 电信资源使用者依法取得电信网码号资源后，主导的电信业务经营者和其他有关单位有义务采取必要的技术措施，配合电信资源使用者实现其电信网码号资源的功能。

法律、行政法规对电信资源管理另有特别规定的，从其规定。

第三章 电信服务

第三十条 电信业务经营者应当按照国家规定的电信服务标准向电信用户提供服务。电信业务经营者提供服务的种类、范围、资费标准和时限，应当向社会公布，并报省、自治区、直辖市电信管理机构备案。

电信用户有权自主选择使用依法开办的各类电信业务。

第三十一条 电信用户申请安装、移装电信终端设备的，电信业务经营者应当在其公布的时限内保证装机开通；由于电信业务经营者的原因逾期未能装机开通的，应当每日按照收取的安装费、移装费或者其他费用数额1%的比例，向电信用户支付违约金。

第三十二条 电信用户申告电信服务障碍的，电信业务经营者应当自接到申告之日起，城镇48小时、农村72小时内修复或者调通；不能按期修复或者调通的，应当及时通知电信用户，并免收障碍期间的月租费用。但是，属于电信终端设备的原因造成电信服务障碍的除外。

第三十三条 电信业务经营者应当为电信用户交费和查询提供方便。电信用户要求提供国内长途通信、国际通信、移动通信和信息服务等收费清单的，电信业务经营者应当免费提供。

电信用户出现异常的巨额电信费用时，电信业务经营者一经发现，应当尽可能迅速告知电信用户，并采取相应的措施。

前款所称巨额电信费用，是指突然出现超过电信用户此前3个月平均电信费用5倍以上的费用。

第三十四条 电信用户应当按照约定的时间和方式及时、足额地向电信业务经营者交纳电信费用；电信用户逾期不交纳电信费用的，电信业务经营者有权要求补交电信费用，并可以按照所欠费用每日加收3‰的违约金。

对超过收费约定期限30日仍不交纳电信费用的电信用户，电信业务经营者可以暂停向其提供电信服务。电信用户在电信业务经营者暂停服务60日内仍未补交电信费用和违约金的，电信业务经营者可以终止提供服务，并可以依法追缴欠费和违约金。

经营移动电信业务的经营者可以与电信用户约定交纳电信费用的期限、方式，不受前款规定期限的限制。

电信业务经营者应当在迟延交纳电信费用的电信用户补足电信费用、违约金后的48小时内，恢复暂停的电信服务。

第三十五条 电信业务经营者因工程施工、网络建设等原因，影响或者可能影响正常电信服务的，必须按照规定的时限及时告知用户，并向省、自治区、直辖市电信管理机构报告。

因前款原因中断电信服务的，电信业务经营者应当相应减免用户在电信服务中断期间的相关费用。

出现本条第一款规定的情形，电信业务经营者未及时告知用户的，应当赔偿由此给用户造成的损失。

第三十六条 经营本地电话业务和移动电话业务的电信业务经营者，应当免费向用户提供火警、匪警、医疗急救、交通事故报警等公益性电信服务并保障通信线路畅通。

第三十七条 电信业务经营者应当及时为需要通过中继线接入其电信网的集团用户，提供平等、合理的接入服务。

未经批准，电信业务经营者不得擅自中断接入服务。

第三十八条 电信业务经营者应当建立健全内部服务质量管理制度，并可以制定并公布施行高于国家规定的电信服务标准的企业标准。

电信业务经营者应当采取各种形式广泛听取电信用户意见，接受社会监督，不断提高电信服务质量。

第三十九条 电信业务经营者提供的电信服务达不到国家规定的电信服务标准或者其公布的企业标准的，或者电信用户对交纳电信费用持有异议的，电信用户有权要求电信业务经营者予以解决；电信业务经营者拒不解决或者电信用户对解决结果不满意的，电信用户有权向国务院信息产业主管部门或者省、自治区、直辖市电信管理机构或者其他有关部门申诉。收到申诉的机关必须对申诉及时处理，并自收到申诉之日起30日内向申诉者作出答复。

电信用户对交纳本地电话费用有异议的，电信业务经营者还应当应电信用户的要求免费提供本地电话收费依据，并有义务采取必要措施协助电信用户查找原因。

第四十条 电信业务经营者在电信服务中，不得有下列行为：

（一）以任何方式限定电信用户使用其指定的业务；

（二）限定电信用户购买其指定的电信终端设备或者拒绝电信用户使用自备的已经取得入网许可的电信终端设备；

（三）无正当理由拒绝、拖延或者中止对电信用户的电信服务；

（四）对电信用户不履行公开作出的承诺或者作容易引起误解的虚假宣传；

（五）以不正当手段刁难电信用户或者对投诉的电信用户打击报复。

第四十一条 电信业务经营者在电信业务经营活动中，不得有下列行为：

（一）以任何方式限制电信用户选择其他电信业务经营者依法开办的电信服务；

（二）对其经营的不同业务进行不合理的交叉补贴；

（三）以排挤竞争对手为目的，低于成本提供电信业务或者服务，进行不正当竞争。

第四十二条 国务院信息产业主管部门或者省、自治区、直辖市电信管理机构应当依据职权对电信业务经营者的电信服务质量和经营活动进行监督检查，并向社会公布监督抽查结果。

第四十三条 电信业务经营者必须按照国家有关规定履行相应的电信普遍服务义务。

国务院信息产业主管部门可以采取指定的或者招标的方式确定电信业务经营者具体承担电信普遍服务的义务。

电信普遍服务成本补偿管理办法，由国务院信息产业主管部门会同国务院财政部门、价格主管部门制定，报国务院批准后公布施行。

第四章 电信建设

第一节 电信设施建设

第四十四条 公用电信网、专用电信网、广播电视传输网的建设应当接受国务院信息产业主管部门的统筹规划和行业管理。

属于全国性信息网络工程或者国家规定限额以上建设项目的公用电信网、专用电信网、广播电视传输网建设，在按照国家基本建设项目审批程序报批前，应当征得国务院信息产业主管部门同意。

基础电信建设项目应当纳入地方各级人民政府城市建设总体规划和村镇、集镇建设总体规划。

第四十五条 城市建设和村镇、集镇建设应当配套设置电信设施。建筑物内的电信管线和配线设施以及建设项目用地范围内的电信管道，应当纳入建设项目的设计文件，并随建设项目同时施工与验收。所需经费应当纳入建设项目概算。

有关单位或者部门规划、建设道路、桥梁、隧道或者地下铁道等，应当事先通知省、自治区、直辖市电信管理机构和电信业务经营者，协商预留电信管线等事宜。

第四十六条 基础电信业务经营者可以在民用建筑物上附挂电信线路或者设置小型天线、移动通信基站等公用电信设施，但是应当事先通知建筑物产权人或者使用人，并按照省、自治区、直辖市人民政府规定的标准向该建筑物的产权人或者其他权利人支付使用费。

第四十七条 建设地下、水底等隐蔽电信设施和高空电信设施，应当按照国家有关规定设置标志。

基础电信业务经营者建设海底电信缆线，应当征得国务院信息产业主管部门同意，并征求有关部门意见后，依法办理有关手续。海底电信缆线由国务院有关部门在海图上标出。

第四十八条 任何单位或者个人不得擅自改动或者迁移他人的电信线路及其他电信设施；遇有特殊情况必须改动或者迁移的，应当征得该电信设施产权人同意，由提出改动或者迁移要求的单位或者个人承担改动或者迁移所需费用，并赔偿由此造成的经济损失。

第四十九条 从事施工、生产、种植树木等活动，不得危及电信线路或者其他电信设施的安全或者妨碍线路畅通；可能危及电信安全时，应当事先通知有关电信业务经营者，并由从事该活动的单位或者个人负责采取必要的安全防护措施。

违反前款规定，损害电信线路或者其他电信设施或者妨碍线路畅通的，应当恢复原状或者予以修复，并赔偿由此造成的经济损失。

第五十条 从事电信线路建设，应当与已建的电信线路保持必要的安全距离；难以避开或者必须穿越，或者需要使用已建电信管道的，应当与已建电信线路的产权人协商，并签订协议；经协商不能达成协议的，根据不同情况，由国务院信息产业主管部门或者省、自治区、直辖市电信管理机构协调解决。

第五十一条 任何组织或者个人不得阻止或者妨碍基础电信业务经营者依法从事电信设施建设和向电信用户提供公共电信服务；但是，国家规定禁止或者限制进入的区域除外。

第五十二条 执行特殊通信、应急通信和抢修、抢险任务的电信车辆，经公安交通管理机关批准，在保障交通安全畅通的前提下可以不受各种禁止机动车通行标志的限制。

第二节 电信设备进网

第五十三条 国家对电信终端设备、无线电通信设备和涉及网间互联的设备实行进网许可制度。

接入公用电信网的电信终端设备、无线电通信设备和涉及网间互联的设备，必须符合国家规定的标准并取得进网许可证。

实行进网许可制度的电信设备目录，由国务院信息产业主管部门会同国务院产品质量监督部门制定并公布施行。

第五十四条 办理电信设备进网许可证的，应当向国务院信息产业主管部门提出申请，并附送经国务院产品质量监督部门认可的电信设备检测机构出具的检测报告或者认证机构出具的产品质量认证证书。

国务院信息产业主管部门应当自收到电信设备进网许可申请之日起60日内，对申请及电信设备检测报告或者产品质量认证证书审查完毕。经审查合格的，颁发进网许可证；经审查不合格的，应当书面答复并说明理由。

第五十五条 电信设备生产企业必须保证获得进网许可的电信设备的质量稳定、可靠，不得降低产品质量和性能。

电信设备生产企业应当在其生产的获得进网许可的电信设备上粘贴进网许可标志。

国务院产品质量监督部门应当会同国务院信息产业主管部门对获得进网许可证的电信设备进行质量跟踪和监督抽查，公布抽查结果。

第五章 电信安全

第五十六条 任何组织或者个人不得利用电信网络制作、复制、发布、传播含有下列内容的信息：

（一）反对宪法所确定的基本原则的；

（二）危害国家安全，泄露国家秘密，颠覆国家政权，破坏国家统一的；

（三）损害国家荣誉和利益的；

（四）煽动民族仇恨、民族歧视，破坏民族团结的；

（五）破坏国家宗教政策，宣扬邪教和封建迷信的；

（六）散布谣言，扰乱社会秩序，破坏社会稳定的；

（七）散布淫秽、色情、赌博、暴力、凶杀、恐怖或者教唆犯罪的；

（八）侮辱或者诽谤他人，侵害他人合法权益的；

（九）含有法律、行政法规禁止的其他内容的。

第五十七条 任何组织或者个人不得有下列危害电信网络安全和信息安全的行为：

（一）对电信网的功能或者存储、处理、传输的数据和应用程序进行删除或者修改；

（二）利用电信网从事窃取或者破坏他人信息、损害他人合法权益的活动；

（三）故意制作、复制、传播计算机病毒或者以其他方式攻击他人电信网络等电信设施；

（四）危害电信网络安全和信息安全的其他行为。

第五十八条 任何组织或者个人不得有下列扰乱电信市场秩序的行为：

（一）采取租用电信国际专线、私设转接设备或者其他方法，擅自经营国际或者香港特别行政区、澳门特别行政区和台湾地区电信业务；

（二）盗接他人电信线路，复制他人电信码号，使用明知是盗接、复制的电信设施或者码号；

（三）伪造、变造电话卡及其他各种电信服务有价凭证；

（四）以虚假、冒用的身份证件办理入网手续并使用移动电话。

第五十九条 电信业务经营者应当按照国家有关电信安全的规定，建立健全内部安全保障制度，实行安全保障责任制。

第六十条 电信业务经营者在电信网络的设计、建设和运行中，应当做到与国家安全和电信网络安全的需求同步规划，同步建设，同步运行。

第六十一条 在公共信息服务中，电信业务经营者发现电信网络中传输的信息明显属于本条例第五十六条所列内容的，应当立即停止传输，保存有关记录，并向国家有关机关报告。

第六十二条 使用电信网络传输信息的内容及其后果由电信用户负责。

电信用户使用电信网络传输的信息属于国家秘密信息的，必须依照保守国家秘密法的规定采取保密措施。

第六十三条 在发生重大自然灾害等紧急情况下，经国务院批准，国务院信息产业主管部门可以调用各种电信设施，确保重要通信畅通。

第六十四条 在中华人民共和国境内从事国际通信业务，必须通过国务院信息产业主管部门批准设立的国际通信出入口局进行。

我国内地与香港特别行政区、澳门特别行政区和台湾地区之间的通信，参照前款规定办理。

第六十五条 电信用户依法使用电信的自由和通信秘密受法律保护。除因国家安全或者追查刑事犯罪的需要，由公安机关、国家安全机关或者人民检察院依照法律规定的程序对电信内容进行检查外，任何组织或者个人不得以任何理由对电信内容进行检查。

电信业务经营者及其工作人员不得擅自向他人提供电信用户使用电信网络所传输信息的内容。

第六章 罚 则

第六十六条 违反本条例第五十六条、第五十七条的规定，构成犯罪的，依法追究刑事责任；尚不构成犯罪的，由公安机关、国家安全机关依照有关法律、行政法规的规定予以处罚。

第六十七条 有本条例第五十八条第（二）、（三）、（四）项所列行为之一，扰乱电信市场秩序，构成犯罪的，依法追究刑事责任；尚不构成犯罪的，由国务院信息产业主管部门或者省、自治区、直辖市电信管理机构依据职权责令改正，没收违法所得，处违法所得3倍以上5倍以下罚款；没有违法所得或者违法所得不足 1 万元的，处 1 万元以上 10 万元以下罚款。

第六十八条 违反本条例的规定，伪造、冒用、转让电信业务经营许可证、电信设备进网许可证或者编造在电信设备上标注的进网许可证编号的，由国务院信息产业主管部门或者省、自治区、直辖市电信管理机构依据职权没收违法所得，处违法所得 3 倍以上 5 倍以下罚款；没有违法所得或者违法所得不足 1 万元的，处 1 万元以上 10 万元以下罚款。

第六十九条 违反本条例规定，有下列行为之一的，由国务院信息产业主管部门或者省、自治区、直辖市电信管理机构依据职权责令改正，没收违法所得，处违法所得 3 倍以上 5 倍以下罚款；没有违法所得或者违法所得不足 5 万元的，处 10 万元以上 100 万元以下罚款；情节严重的，责令停业整顿：

（一）违反本条例第七条第三款的规定或者有本条例第五十八条第（一）项所列行为，擅自经营电信业务的，或者超范围经营电信业务的；

（二）未通过国务院信息产业主管部门批准，设立国际通信出入口进行国际通信的；

（三）擅自使用、转让、出租电信资源或者改变电信资源用途的；

（四）擅自中断网间互联互通或者接入服务的；

（五）拒不履行普遍服务义务的。

第七十条 违反本条例的规定，有下列行为之一的，由国务院信息产业主管部门或者省、自治区、直辖市电信管理机构依据职权责令改正，没收违法所得，处违法所得 1 倍以上 3 倍以下罚款；没有违法所得或者违法所得不足 1 万元的，处 1 万元以上 10 万元以下罚款；情节严重的，责令停业整顿：

（一）在电信网间互联中违反规定加收费用的；

（二）遇有网间通信技术障碍，不采取有效措施予以消除的；

（三）擅自向他人提供电信用户使用电信网络所传输信息的内容的；

（四）拒不按照规定缴纳电信资源使用费的。

第七十一条 违反本条例第四十一条的规定，在电信业务经营活动中进行不正当竞争的，由国务院信息产业主管部门或者省、自治区、直辖市电信管理机构依据职权责令改正，处 10 万元以上 100 万元以下罚款；情节严重的，责令停业整顿。

第七十二条 违反本条例的规定，有下列行为之一的，由国务院信息产业主管部门或者省、自治区、直辖市电信管理机构依据职权责令改正，处 5 万元以上 50 万元以下罚款；情节严重的，责令停业整顿：

（一）拒绝其他电信业务经营者提出的互联互通要求的；

（二）拒不执行国务院信息产业主管部门或者省、自治区、直辖市电信管理机构依法作出的互联互通决定的；

（三）向其他电信业务经营者提供网间互联的服务质量低于本网及其子公司或者分支机构的。

第七十三条　违反本条例第三十三条第一款、第三十九条第二款的规定，电信业务经营者拒绝免费为电信用户提供国内长途通信、国际通信、移动通信和信息服务等收费清单，或者电信用户对交纳本地电话费用有异议并提出要求时，拒绝为电信用户免费提供本地电话收费依据的，由省、自治区、直辖市电信管理机构责令改正，并向电信用户赔礼道歉；拒不改正并赔礼道歉的，处以警告，并处5000元以上 5 万元以下的罚款。

第七十四条　违反本条例第四十条的规定，由省、自治区、直辖市电信管理机构责令改正，并向电信用户赔礼道歉，赔偿电信用户损失；拒不改正并赔礼道歉、赔偿损失的，处以警告，并处 1 万元以上 10 万元以下的罚款；情节严重的，责令停业整顿。

第七十五条　违反本条例的规定，有下列行为之一的，由省、自治区、直辖市电信管理机构责令改正，处 1 万元以上 10 万元以下的罚款：

（一）销售未取得进网许可的电信终端设备的；

（二）非法阻止或者妨碍电信业务经营者向电信用户提供公共电信服务的；

（三）擅自改动或者迁移他人的电信线路及其他电信设施的。

第七十六条　违反本条例的规定，获得电信设备进网许可证后降低产品质量和性能的，由产品质量监督部门依照有关法律、行政法规的规定予以处罚。

第七十七条　有本条例第五十六条、第五十七条和第五十八条所列禁止行为之一，情节严重的，由原发证机关吊销电信业务经营许可证。

国务院信息产业主管部门或者省、自治区、直辖市电信管理机构吊销电信业务经营许可证后，应当通知企业登记机关。

第七十八条　国务院信息产业主管部门或者省、自治区、直辖市电信管理机构工作人员玩忽职守、滥用职权、徇私舞弊，构成犯罪的，依法追究刑事责任；尚不构成犯罪的，依法给予行政处分。

第七章　附　　则

第七十九条　外国的组织或者个人在中华人民共和国境内投资与经营电信业务和香港特别行政区、澳门特别行政区与台湾地区的组织或者个人在内地投资与经营电信业务的具体办法，由国务院另行制定。

第八十条　本条例自公布之日起施行。

附：

电信业务分类目录

一、基础电信业务

（一）固定网络国内长途及本地电话业务；

（二）移动网络电话和数据业务；

（三）卫星通信及卫星移动通信业务；

（四）互联网及其他公共数据传送业务；

（五）带宽、波长、光纤、光缆、管道及其他网络元素出租、出售业务；

（六）网络承载、接入及网络外包等业务；

（七）国际通信基础设施、国际电信业务；

（八）无线寻呼业务；

（九）转售的基础电信业务。

第（八）、（九）项业务比照增值电信业务管理。

二、增值电信业务

（一）电子邮件；

（二）语音信箱；

（三）在线信息库存储和检索；

（四）电子数据交换；

（五）在线数据处理与交易处理；

（六）增值传真；

（七）互联网接入服务；

（八）互联网信息服务；

（九）可视电话会议服务。

互联网信息服务管理办法

（2000年9月25日中华人民共和国国务院令第292号公布　根据2011年1月8日《国务院关于废止和修改部分行政法规的决定》修正）

第一条　为了规范互联网信息服务活动，促进互联网信息服务健康有序发展，制定本办法。

第二条　在中华人民共和国境内从事互联网信息服务活动，必须遵守本办法。

本办法所称互联网信息服务，是指通过互联网向上网用户提供信息的服务活动。

第三条　互联网信息服务分为经营性和非经营性两类。

经营性互联网信息服务，是指通过互联网向上网用户有偿提供信息或者网页制作等服务活动。

非经营性互联网信息服务，是指通过互联网向上网用户无偿提供具有公开性、共享性信息的服务活动。

第四条　国家对经营性互联网信息服务实行许可制度；对非经营性互联网信息服务实行备案制度。

未取得许可或者未履行备案手续的，不得从事互联网信息服务。

第五条　从事新闻、出版、教育、医疗保健、药品和医疗器械等互联网信息服务，依照法律、行政法规以及国家有关规定须经有关主管部门审核同意，在申请经营许可或者履行备案手续前，应当依法经有关主管部门审核同意。

第六条　从事经营性互联网信息服务，除应当符合《中华人民共和国电信条例》规定的要求外，还应当具备下列条件：

（一）有业务发展计划及相关技术方案；

（二）有健全的网络与信息安全保障措施，包括网站安全保障措施、信息安全保密管理制度、用户信息安全管理制度；

（三）服务项目属于本办法第五条规定范围的，已取得有关主管部门同意的文件。

第七条 从事经营性互联网信息服务，应当向省、自治区、直辖市电信管理机构或者国务院信息产业主管部门申请办理互联网信息服务增值电信业务经营许可证（以下简称经营许可证）。

省、自治区、直辖市电信管理机构或者国务院信息产业主管部门应当自收到申请之日起60日内审查完毕，作出批准或者不予批准的决定。予以批准的，颁发经营许可证；不予批准的，应当书面通知申请人并说明理由。

申请人取得经营许可证后，应当持经营许可证向企业登记机关办理登记手续。

第八条 从事非经营性互联网信息服务，应当向省、自治区、直辖市电信管理机构或者国务院信息产业主管部门办理备案手续。办理备案时，应当提交下列材料：

（一）主办单位和网站负责人的基本情况；

（二）网站网址和服务项目；

（三）服务项目属于本办法第五条规定范围的，已取得有关主管部门的同意文件。

省、自治区、直辖市电信管理机构对备案材料齐全的，应当予以备案并编号。

第九条 从事互联网信息服务，拟开办电子公告服务的，应当在申请经营性互联网信息服务许可或者办理非经营性互联网信息服务备案时，按照国家有关规定提出专项申请或者专项备案。

第十条 省、自治区、直辖市电信管理机构和国务院信息产业主管部门应当公布取得经营许可证或者已履行备案手续的互联网信息服务提供者名单。

第十一条 互联网信息服务提供者应当按照经许可或者备案的项目提供服务，不得超出经许可或者备案的项目提供服务。

非经营性互联网信息服务提供者不得从事有偿服务。

互联网信息服务提供者变更服务项目、网站网址等事项的，应当提前30日向原审核、发证或者备案机关办理变更手续。

第十二条 互联网信息服务提供者应当在其网站主页的显著位置标明其经营许可证编号或者备案编号。

第十三条 互联网信息服务提供者应当向上网用户提供良好的服务，并保证所提供的信息内容合法。

第十四条 从事新闻、出版以及电子公告等服务项目的互联网信息服务提供者，应当记录提供的信息内容及其发布时间、互联网地址或者域名；互联网接入服务提供者应当记录上网用户的上网时间、用户账号、互联网地址或者域名、主叫电话号码等信息。

互联网信息服务提供者和互联网接入服务提供者的记录备份应当保存60日，并在国家有关机关依法查询时，予以提供。

第十五条 互联网信息服务提供者不得制作、复制、发布、传播含有下列内容的信息：

（一）反对宪法所确定的基本原则的；

（二）危害国家安全，泄露国家秘密，颠覆国家政权，破坏国家统一的；

（三）损害国家荣誉和利益的；

（四）煽动民族仇恨、民族歧视，破坏民族团结的；

（五）破坏国家宗教政策，宣扬邪教和封建迷信的；

（六）散布谣言，扰乱社会秩序，破坏社会稳定的；

（七）散布淫秽、色情、赌博、暴力、凶杀、恐怖或者教唆犯罪的；

（八）侮辱或者诽谤他人，侵害他人合法权益的；

（九）含有法律、行政法规禁止的其他内容的。

第十六条 互联网信息服务提供者发现其网站传输的信息明显属于本办法第十五条所列内容之一的，应当立即停止传输，保存有关记录，并向国家有关机关报告。

第十七条 经营性互联网信息服务提供者申请在境内境外上市或者同外商合资、合作，应当事先经国务院信息产业主管部门审查同意；其中，外商投资的比例应当符合有关法律、行政法规的规定。

第十八条 国务院信息产业主管部门和省、自治区、直辖市电信管理机构，依法对互联网信息服务实施监督管理。

新闻、出版、教育、卫生、药品监督管理、工商行政管理和公安、国家安全等有关主管部门，在各自职责范围内依法对互联网信息内容实施监督管理。

第十九条 违反本办法的规定，未取得经营许可证，擅自从事经营性互联网信息服务，或者超出许可的项目提供服务的，由省、自治区、直辖市电信管理机构责令限期改正，有违法所得的，没收违法所得，处违法所得3倍以上5倍以下的罚款；没有违法所得或者违法所得不足5万元的，处10万元以上100万元以下的罚款；情节严重的，责令关闭网站。

违反本办法的规定，未履行备案手续，擅自从事非经营性互联网信息服务，或者超出备案的项目提供服务的，由省、自治区、直辖市电信管理机构责令限期改正；拒不改正的，责令关闭网站。

第二十条 制作、复制、发布、传播本办法第十五条所列内容之一的信息，构成犯罪的，依法追究刑事责任；尚不构成犯罪的，由公安机关、国家安全机关依照《中华人民共和国治安管理处罚法》、《计算机信息网络国际联网安全保护管理办法》等有关法律、行政法规的规定予以处罚；对经营性互联网信息服务提供者，并由发证机关责令停业整顿直至吊销经营许可证，通知企业登记机关；对非经营性互联网信息服务提供者，并由备案机关责令暂时关闭网站直至关闭网站。

第二十一条 未履行本办法第十四条规定的义务的，由省、自治区、直辖市电信管理机构责令改正；情节严重的，责令停业整顿或者暂时关闭网站。

第二十二条 违反本办法的规定，未在其网站主页上标明其经营许可证编号或者备案编号的，由省、自治区、直辖市电信管理机构责令改正，处5000元以上5万元以下的罚款。

第二十三条 违反本办法第十六条规定的义务的，由省、自治区、直辖市电信管理机构责令改正；情节严重的，对经营性互联网信息服务提供者，并由发证机关吊销经营许可证，对非经营性互联网信息服务提供者，并由备案机关责令关闭网站。

第二十四条 互联网信息服务提供者在其业务活动中，违反其他法律、法规的，由新闻、出版、教育、卫生、药品监督管理和工商行政管理等有关主管部门依照有关法律、法规的规定处罚。

第二十五条 电信管理机构和其他有关主管部门及其工作人员，玩忽职守、滥用职权、徇私舞弊，疏于对互联网信息服务的监督管理，造成严重后果，构成犯罪的，依法追究刑事责任；尚不构成犯罪的，对直接负责的主管人员和其他直接责任人员依法给予降级、撤职直至开除的行政处分。

第二十六条 在本办法公布前从事互联网信息服务的，应当自本办法公布之日起60日内依照本办法的有关规定补办有关手续。

第二十七条 本办法自公布之日起施行。

国务院关于进一步扩大和升级信息消费持续释放内需潜力的指导意见（节录）

（2017年8月24日 国发〔2017〕40号）

……

一、总体要求

……

（四）重点领域。

生活类信息消费。创新发展满足人民群众生活需求的各类便民惠民服务新业态，重点发展面向社区生活的线上线下融合服务、面向文化娱乐的数字创意内容和服务、面向便捷出行的交通旅游服务。

公共服务类信息消费。推广高效、均等的在线公共服务，重点发展面向居家护理的智慧健康服务、面向便捷就医的在线医疗服务、面向学习培训的在线教育服务、面向利企便民的“互联网+政务服务”。

行业类信息消费。培育支撑行业信息化的新兴信息技术服务，重点发展面向垂直领域的电子商务平台服务，面向信息消费全过程的网络支付、现代物流、供应链管理等支撑服务，面向信息技术应用的综合系统集成服务。

新型信息产品消费。升级智能化、高端化、融合化信息产品，重点发展面向消费升级的中高端移动通信终端、可穿戴设备、数字家庭产品等新型信息产品，以及虚拟现实、增强现实、智能网联汽车、智能服务机器人等前沿信息产品。

二、提高信息消费供给水平

……

（十）扩大电子商务服务领域。鼓励电商、物流、商贸、邮政等社会资源合作构建农村购物网络平台。支持重点行业骨干企业建立在线采购、销售、服务平台，推动建设一批第三方工业电商服务平台。培育基于社交电子商务、移动电子商务及新技术驱动的新一代电子商务平台，建立完善新型平台生态体系。积极稳妥推进跨境电子商务发展。

……

四、优化信息消费发展环境

（十七）加强和改进监管。坚持包容审慎监管，加强分类指导，深入推进“放管服”改革，继续推进信息消费领域“证照分离”试点，进一步简化优化业务办理流程，推行清单管理制度，放宽新业态新模式市场准入。强化事中事后监管，积极应用大数据、云计算等新技术创新行业服务和管理方式，在信息消费领域推行“双随机、一公开”监管，完善守信联合激励和失信联合惩戒制度。严厉打击电信网络诈骗、制售假冒伪劣商品等违法违规行为，整顿和规范信息消费环境。深化电信体制改革，鼓励民间资本通过多种形式参与信息通信业投融资。做好自由贸易试验区电信领域开放试点，加大基础电信领域竞争性业务开放力度，适时在全国其他地区复制推广。

（十八）加快信用体系建设。健全用户身份及网站认证服务等信任机制，提升网络支付安全水平。结合全面实施统一社会信用代码制度，构建面向信息消费的企业信用体系，加强信息消费全流程信用管理。规范平台企业市场行为，加大对信息消费领域不正当竞争行为的惩戒力度，推动建立健全企业“黑名单”制度，将相关行政许可、行政处罚等信息纳入全国信用信息共享平台和国家企业信用信息公示系统，并依法依规在“信用中国”网站公示，营造公平诚信的信息消费市场环境。

（十九）加强个人信息和知识产权保护。贯彻落实网络安全法相关规定，加快建立健全个人信息保护法律法规体系和管理制度。严格落实企业加强个人信息保护的责任，全面规范个人信息采集、存储、使用等行为，防范个人信息泄露和滥用，加大对窃取、贩卖个人信息等行为的处罚力度。健全知识产权侵权查处机制，提升网络领域知识产权执法维权水平，加强网络文化知识产权保护。

（二十）提高信息消费安全性。加强网络信息安全相关技术攻关，为构建安全可靠的信息消费环境提供支撑保障。落实网络安全等级保护制度，深入推进互联网管理和网络信息安全保障体系建设，加强移动应用程序和应用商店网络安全管理，规范移动互联网信息传播。完善网络安全标准体系，建设标准验证平台，支持第三方专业机构开展安全评估和认证工作。做好网络购物等领域消费者权益保护工作，依法受理和处理消费者投诉举报，切实降低信息消费风险。

……

国务院关于印发“十三五”国家信息化规划的通知（节录）

（2016 年 12 月 27 日　国发〔2016〕73 号）

……

四、重大任务和重点工程

着力增强以信息基础设施体系为支撑、信息技术产业生态体系为牵引、数据资源体系为核心的国家信息化发展能力，着力提高信息化在驱动经济转型升级、推进国家治理体系和治理能力现代化、推动信息惠民、促进军民深度融合发展等重点领域的应用水平，着力优化支持网信企业全球化发展、网络空间治理、网络安全保障等的发展环境，加快推动我国信息化水平和安全支撑能力大幅提升。

……

（四）构筑融合创新的信息经济体系。

推进信息化和工业化深度融合。在推进实施“中国制造 2025”过程中，深化制造业与互联网融合发展，加快构建自动控制与感知技术、工业软硬件、工业云与智能服务平台、工业互联网等制造业新基础，建立完善智能制造标准体系，增强制造业自动化、数字化、智能化基础技术和产业支撑能力。组织实施“芯火”计划和传感器产业提升工程，加快传感器、过程控制芯片、可编程逻辑控制器等研发和产业化。加快计算机辅助设计仿真、制造执行系统、产品全生命周期管理等工业软件的研发和产业化，加强软件定义和支撑制造业的基础性作用。支持开展关键技术、网络、平台、应用环境的兼容适配、互联互通和互操作测试验证，推动工业软硬件与工业大数据平台、工业网络、工业信息安全系统、智能装备的集成应用。积极推进制造企业“双创”以及工业云、工业大数据、工业电子商务等服务平台建设和服务模式创新，全面提升行业系统解决方案能力。推动工业互联网研发应用，制定工业互联网总体体系架构方案，组织开展工业互联网关键资源管理平台和核心技术试验验证平台建设，加快形成工业互联网健康发展新生态。组织实施企业管理能力提升工程，加快信息化和工业化融合管理体系标准制定和应用推广。

专栏7　制造业与互联网融合发展应用与推广工程
培育一批制造企业“双创”平台。组织开展制造业与互联网融合发展试点示范，推动工业云、工业大数据、工业电子商务等技术的集成应用，培育众包研发、协同制造、精益管理、远程服务等新模式，发展面向制造环节的分享经济，促进供给与需求的精准匹配。 提升“双创”服务能力。培育一批支持制造业发展的“双创”示范基地。支持大型互联网企业、基础电信企业建设一批面向制造业中小企业的“双创”服务平台，鼓励大型制造企业开放“双创”平台聚集的各类资源，发展专业咨询、人才培训、检验检测、投融资等线上服务。 提升企业管理能力。加强两化融合管理体系标准制定和应用推广，推动业务流程再造和组织方式变革。依托中国两化融合服务平台，全面开展企业自评估、自诊断和自对标，建设全国两化融合发展数据地图。 强化核心技术研发及产业化。推动实施国家重点研发计划，加快推动自动控制与感知技术、核心工业软硬件、工业互联网、工业云与智能服务平台等新型基础设施和平台设施建设。支持建设信息物理系统监测验证平台，构建参考模型和综合技术标准体系。组织开展行业系统解决方案应用试点示范，培育一批系统解决方案供应商。 提高工业信息系统安全水平。开展工业企业信息安全保障试点示范，支持系统仿真测试、评估验证等关键共性技术平台建设，推动访问控制、追踪溯源、商业信息及隐私保护等核心技术产品产业化。建设国家工业信息安全保障中心，提升工业信息安全监测、评估、验证和应急处理能力。

推进农业信息化。实施“互联网＋现代农业”行动计划，着力构建现代农业产业体系、生产体系、经营体系。推动信息技术与农业生产管理、经营管理、市场流通、资源环境融合。推进种植、畜牧、兽医、渔业、种子、农机、农垦、农产品加工、动植物检验检疫、农村集体资产财物管理、农业资源环境保护、农村污水、农村能源，以及水利设施、水资源、节水灌溉、饮水保障等行业和领域的在线化、数据化。加快补齐农业信息化短板，全面加强农村信息化能力建设，建立空间化、智能化的新型农村统计信息综合服务

系统。着力发展精准农业、智慧农业，提高农业生产智能化、经营网络化、管理数据化、服务在线化水平，促进农业转型升级和农民持续增收，为加快农业现代化发展提供强大的创新动力。

专栏8　农业农村信息化工程
发展智慧农业。推进智能传感器、卫星导航、遥感、空间地理信息等技术应用，增强对农业生产环境的精准监测能力。组织实施农业物联网区域试验，开展农作物大田种植、设施农业、畜牧水产规模养殖等领域物联网技术应用试点。推进农机精准作业示范和北斗导航技术在农业生产中的应用。 发展农业农村电子商务。推进互联网技术在农业生产、加工、流通等各环节的应用与推广，促进农村和农产品现代市场体系建设，培育多元化农村电子商务市场主体。结合农产品现代流通体系建设，开展农业电子商务试点示范，支持农产品电子商务平台应用。 推动农业农村大数据应用。整合构建国家涉农大数据中心和国家农业云。打造农业走出去公共服务平台，开展全球农业数据调查分析系统建设，建立农业全产业链信息监测分析预警系统。建立国家农产品质量安全监管追溯管理信息平台，不断扩大信息化监管追溯覆盖面。建立农村集体资产监管平台，推动农村集体资产财务管理制度化、规范化、信息化，全面提升农业政务信息化能力和水平。 提升农业信息综合服务能力。大力推进信息进村入户，拓展“12316”的“三农”综合信息服务。推进农村社区信息化建设，开展农民手机应用技能培训，提升农民信息化应用能力，推动城乡信息服务均等化，缩小城乡数字鸿沟。建立水利大数据分析与应用服务工程，提升水利设施和水资源对农业生产及农村发展的支撑保障服务能力。开展农业信息经济示范区建设，完善现代农业信息服务体系。 增强农业信息化发展支撑能力。以应用为导向，推进农业信息基础设施智能化建设。推进农业信息化科技创新能力跨越，构建政产学研用紧密结合的农业信息化科技创新体系，有效支撑农业信息化产业发展。

发展电子商务。全方位规范电子商务市场竞争，加快电子商务模式、市场服务方式创新和科技水平提升，支持移动电商、社区电商、农村电商和跨境电商等新型电商模式发展，促进电子商务提质升级。大力推进“互联网+流通”，加强智慧流通基础设施建设，探索网络化定制、全渠道营销、服务到户等多种线上线下融合发展方式，推进电子商务与传统产业深度融合。健全电子商务要素配套服务产业链，大力发展电子商务人才和信息服务业、技术服务业、物流服务业，鼓励发展垂直类、专业类、行业类电子商务，进一步完善电子商务支撑体系，强化电子商务民生服务体系建设，扩大电子商务在医疗、健康、养老、家政服务等领域的应用。

培育发展新兴业态。推进“互联网+”行动，促进互联网深度广泛应用，带动生产模式和组织模式变革，形成网络化、智能化、服务化、协同化的产业发展形态。大力发展基于互联网的众创、众包、众扶和众筹，推进产业组织、商业模式、供应链创新。推动生产性服务业向专业化和价值链高端延伸，促进生活性服务业向精细化和高品质转变。鼓励企业利用互联网推动服务型制造发展，开展个性化定制、按需设计、众包设计等服务，创新生产制造和经营销售环节，提供网络化协同制造、全生命周期管理等业务。发展以开放、便捷、节约、绿色为特征的分享经济。推动宽带网络、移动互联网、物联网、云计算、大数据、三网融合等新一代信息技术融合发展，促进信息消费。积极规范发展互联网金融，促进金融信息服务业健康发展。逐步完善数字版权公共服务体系，促进数字内容产业健康发展。推动互联网在旅游各领域的融合与应用，培育智慧旅游、智慧休闲等创新业态。

专栏9 信息经济创新发展工程
设立信息经济示范区。深化信息技术在现代农业、先进制造、创新创业、金融等领域集成应用，依托现有新技术产业园区、创新园区，面向云计算、大数据、物联网、机器深度学习与新一代信息技术创新，探索形成一批示范效应强、带动效益好的国家级信息经济示范区。 发展分享经济。支持网约车、家庭旅馆借宿、办公场地短租和人人参与的在线知识技能互助等民生领域共享服务发展。探索建立分享经济网上信用平台。 发展电子商务。支持电子商务共性基础设施建设，加快构建电商诚信体系，促进重点领域电子商务创新和融合应用，推进农业、工业、服务业等领域的电子商务应用，大力培育电子商务服务业。推动实施电子商务综合通关提速工程和电子商务国际大通道建设工程。推动杭州等跨境电子商务综合试验区建设，稳步实施综合试验区扩围。 促进创业创新。完善中小企业公共服务平台网络，鼓励行业领军企业、高等院校、科研院所等依托互联网平台向全社会提供专业化创新创业服务，共助中小微企业和创业者成长。支持各类产业创新和商务合作平台发展，开展市场化、专业化、集成化、网络化的众创空间基地试点建设，加强创新创业项目的孵化培育和产业对接能力。 推进智慧物流。推动电子口岸、道路运输危险品监管平台和邮政业监管信息平台等公共信息平台建设。建立跨区域、跨行业的物流信息平台，形成开放、透明、共享的供应链协作模式。打造智能化的物流公共配送中心、中转分拨站，加强物流车辆的规范管理以及社区自提点、服务点的共建共享。 促进质量和品牌建设。实施质量提升行动，以信息化促进质量治理，推进国家质量基础能力建设，保障国民消费质量安全、国门生物安全和特种设备安全。建立国家宏观质量安全监测评价体系、国家质量信息公共服务体系和国家质量安全监测、分析、预警机制，提高国家质量公共服务信息化水平。

……

（十）健全网络安全保障体系。

强化网络安全顶层设计。制定实施国家网络空间安全战略。完善网络安全法律法规体系，推动出台网络安全法、密码法、个人信息保护法，研究制定未成年人网络保护条例。建立完善国家网络安全相关制度，健全完善国家网络与信息安全信息通报预警机制，健全网络安全标准体系。加强网络空间安全学科专业建设，创建一流网络安全学院。

构建关键信息基础设施安全保障体系。实施网络安全审查制度，防范重要信息技术产品和服务网络安全风险。建立国家关键信息基础设施目录，制定关于国家关键信息基础设施保护的指导性文件，进一步明确关键信息基础设施安全保护要求。落实国家信息安全等级保护制度，全力保障国家关键信息基础设施安全。加强金融、能源、水利、电力、通信、交通、地理信息等领域关键信息基础设施核心技术装备威胁感知和持续防御能力建设，增强网络安全防御能力和威慑能力。加强重要领域密码应用。

全天候全方位感知网络安全态势。加强网络安全态势感知、监测预警和应急处置能力建设。建立统一高效的网络安全风险报告机制、情报共享机制、研判处置机制，准确把握网络安全风险发生的规律、动向、趋势。建立政府和企业网络安全信息共享机制，加强网络安全大数据挖掘分析，更好感知网络安全态势，做好风险防范工作。完善网络安全检查、风险评估等制度。加快实施党政机关互联网安全接入工程，加强网站安全管理，加强涉密网络保密防护监管。

专栏15　网络安全监测预警和应急处置工程

网络安全信息共享。建立政府、行业、企业网络安全信息共享机制，制定国家网络安全信息共享指南，制定信息共享标准和规范，建设国家网络安全信息共享平台和网络安全威胁知识库，建立统一高效的网络安全风险报告机制、情况共享机制、研判处置机制。

网络安全态势感知。建立国家网络安全态势感知平台，利用大数据技术对网络安全态势信息进行关联分析、数据挖掘和可视化展示，绘制关键信息基础设施网络安全态势地图。建设工业互联网网络安全监测平台，感知工业互联网网络安全态势，为保障工业互联网安全提供有力支持。

重大网络安全事件应急指挥。建立国家重大网络安全事件应急指挥体系，建立政府部门协同、政企联动、全民参与的应急处置机制，研制分类分级网络安全事件应急处置预案。建立网络安全风险预警系统，提高网络安全事件的协同应对水平。

续 表

建设网络安全威胁监测处置平台。实现对国际出入口、境内骨干网络核心节点的网络安全威胁监测，提高对各类网络攻击威胁和安全事件的及时发现、有效处置和准确溯源能力。 建设互联网域名安全保障系统。加强对根及．cn 等重要顶级域名服务器异常事件的监测和应急处置，保障在根及重点顶级域服务系统异常状态下我国大陆境内域名服务体系的正常运行。

强化网络安全科技创新能力。实施国家信息安全专项，提高关键信息基础设施、重要信息系统和涉密信息系统安全保障能力及产业化支撑水平。实施国家网络空间安全重大科技项目，全面提升网络信息技术能力，构建国家网络空间安全技术体系。加快推进安全可靠信息技术产品创新研发、应用和推广，形成信息技术产品自主发展的生态链，推进党政机关电子公文系统安全可靠应用。建立有利于网络安全产业良性发展的市场环境，加快培育我国网络安全龙头企业。加强对新技术、新应用、新业务的网络安全保障和前瞻布局。

专栏 16　网络安全保障能力建设工程
关键信息基础设施安全防护。组织实施信息安全专项，建立关键信息基础设施安全防护平台，支持关键基础设施和重要信息系统，整体提升安全防御能力。强化安全监管、综合防护的技术手段支撑，提升我国域名体系的网络安全和应急处置能力。 网络安全审查能力建设。开展网络安全审查关键技术研究，统筹建立网络设备、大数据、云计算等重点实验室。 网络安全标准能力提升。加强我国网络安全标准专业队伍建设，建设网络安全标准验证和检测平台，重点构建基于芯片和操作系统的安全评测，完善网络安全标准信息共享和实施情况跟踪评估机制。 党政机关信息系统安全防护。完善党政机关互联网信息汇聚平台，扩建网络安全态势感知系统、失泄密监管系统和防窃密技术支持系统，推进基层党政机关网站向安全可靠云服务平台迁移的试点示范。

五、优先行动

……

（七）网络扶贫行动。

行动目标：到 2018 年，建立网络扶贫信息服务体系，试点地区基本实现网络覆盖、信息覆盖、服务覆盖；到 2020 年，完成对 832 个贫困县、12．8

万个贫困村的网络覆盖，电商服务通达乡镇，通过网络教育、网络文化、互联网医疗等帮助贫困地区群众提高文化素质、身体素质和就业能力。

实施网络覆盖工程。加快贫困地区互联网建设和应用步伐，鼓励电信企业积极承担社会责任，确保宽带进村入户与脱贫攻坚相向而行。加快推进贫困地区网络覆盖，深入落实提速降费，探索面向贫困户的网络资费优惠。加快安全可靠移动终端研发和生产应用，推动民族语言语音、视频技术和软件研发，降低少数民族使用移动终端和获取信息服务的语言障碍。

实施电商扶贫工程。鼓励电子商务企业面向农村地区推动特色农产品网上定制化销售、推动贫困地区农村特色产业发展，组织知名电商平台为贫困地区开设扶贫频道，建立贫困县名优特产品网络博览会。依托现有全国乡村旅游电商平台，发展“互联网+旅游”扶贫，推进网上“乡村旅游后备箱工程”、“一村一品”产业建设专项行动。扶持偏远、特困地区的支付服务网络建设。加快建设完善贫困地区产品质量管理、信用和物流服务体系。

实施网络扶智工程。充分应用信息技术推动远程教育，促进优质教育资源城乡共享。加强对县、乡、村各级工作人员的职业教育和技能培训，丰富网络专业知识。支持大学生村官、“三支一扶”人员等基层服务项目参加人员和大学生返乡开展网络创业创新，提高贫困地区群众就业创业能力。

实施扶贫信息服务工程。逐步推进省级以下各级各部门涉农信息平台的“一站式”整合，建立网络扶贫信息服务体系，充分利用全国集中的扶贫开发信息系统以及社会扶贫信息服务平台，促进跨部门扶贫开发信息共享，使脱贫攻坚服务随时随地四通八达，扶贫资源因人因事随需配置。

实施网络公益工程。加快推进网络扶贫移动应用程序（APP）开发使用，宣传国家扶贫开发政策，丰富信息内容服务，普及农业科技知识，涵盖社交、商务、交通、医疗、教育、法律援助等行业应用。依托中国互联网发展基金会、中国扶贫志愿服务促进会等成立网络公益扶贫联盟，广泛动员网信企业、广大网民参与网络扶贫行动。构筑贫困地区民生保障网络系统，建设社会救助综合信息化平台，提供个性化、针对性强的社会救助服务。

……

（九）网上丝绸之路建设行动。

行动目标：到2018年，形成与中东欧、东南亚、阿拉伯地区等有关国家的信息经济合作大通道，促进规制互认、设施互联、企业互信和产业互融；

到2020年，基本形成覆盖“一带一路”沿线国家和地区重点方向的信息经济合作大通道，信息经济合作应用范围和领域明显扩大。

建设网上丝绸之路经济合作试验区。充分发挥地方积极性，鼓励国内城市与“一带一路”重要节点城市开展点对点合作，在各自城市分别建立网上丝绸之路经济合作试验区，推动双方在信息基础设施、智慧城市、电子商务、远程医疗、“互联网+”等领域开展深度合作。

支持建立国际产业联盟。充分发挥企业的积极性，支持我国互联网企业、科研院所与国外互联网企业及相关机构发起建立国际产业联盟，形成网上丝绸之路的“软实力”，加速我国互联网企业与境外企业的合作进程，推动建立跨国互联网产业投融资平台，主导信息经济领域相关规范的研究制定，将我国互联网产业的比较优势转化为全球信息经济的主导优势。

鼓励支持企业国际拓展。鼓励网信企业以共建电子商务交易平台、物流信息服务平台、在线支付服务平台等多种形式，构建新型信息经济国际合作平台，拓展平台设计、人才培育、创意推广、供应链服务等各类信息技术服务的国际市场，带动国际商品流通、交通物流提质增效。

……

中华人民共和国国民经济和社会发展第十三个五年规划纲要（节录）

（2016年3月16日第十二届全国人民代表大会第四次会议批准）

……

第二十章 提高农业技术装备和信息化水平

健全现代农业科技创新推广体系，加快推进农业机械化，加强农业与信息技术融合，发展智慧农业，提高农业生产力水平。

第一节 提升农业技术装备水平

加强农业科技自主创新，加快生物育种、农机装备、绿色增产等技术攻关，推广高产优质适宜机械化品种和区域性标准化高产高效栽培模式，改善农业重点实验室创新条件。发展现代种业，开展良种重大科技攻关，实施新一轮品种更新换代行动计划，建设国家级育制种基地，培育壮大育繁推一体化的种业龙头企业。推进主要作物生产全程机械化，促进农机农艺融合。健全和激活基层农业技术推广网络。

第二节　推进农业信息化建设

推动信息技术与农业生产管理、经营管理、市场流通、资源环境等融合。实施农业物联网区域试验工程，推进农业物联网应用，提高农业智能化和精准化水平。推进农业大数据应用，增强农业综合信息服务能力。鼓励互联网企业建立产销衔接的农业服务平台，加快发展涉农电子商务。

……

第二十六章　发展现代互联网产业体系

实施“互联网＋”行动计划，促进互联网深度广泛应用，带动生产模式和组织方式变革，形成网络化、智能化、服务化、协同化的产业发展新形态。

第一节　夯实互联网应用基础

积极推进云计算和物联网发展。鼓励互联网骨干企业开放平台资源，加强行业云服务平台建设，支持行业信息系统向云平台迁移。推进物联网感知设施规划布局，发展物联网开环应用。推进信息物理系统关键技术研发和应用。建立“互联网＋”标准体系，加快互联网及其融合应用的基础共性标准和关键技术标准研制推广，增强国际标准制定中的话语权。

第二节　加快多领域互联网融合发展

组织实施“互联网＋”重大工程，加快推进基于互联网的商业模式、服务模式、管理模式及供应链、物流链等各类创新，培育“互联网＋”生态体系，形成网络化协同分工新格局。引导大型互联网企业向小微企业和创业团队开放创新资源，鼓励建立基于互联网的开放式创新联盟。促进“互联网

+”新业态创新，鼓励搭建资源开放共享平台，探索建立国家信息经济试点示范区，积极发展分享经济。推动互联网医疗、互联网教育、线上线下结合等新兴业态快速发展。放宽融合性产品和服务的市场准入限制。

第二十七章　实施国家大数据战略

把大数据作为基础性战略资源，全面实施促进大数据发展行动，加快推动数据资源共享开放和开发应用，助力产业转型升级和社会治理创新。

第一节　加快政府数据开放共享

全面推进重点领域大数据高效采集、有效整合，深化政府数据和社会数据关联分析、融合利用，提高宏观调控、市场监管、社会治理和公共服务精准性和有效性。依托政府数据统一共享交换平台，加快推进跨部门数据资源共享共用。加快建设国家政府数据统一开放平台，推动政府信息系统和公共数据互联开放共享。制定政府数据共享开放目录，依法推进数据资源向社会开放。统筹布局建设国家大数据平台、数据中心等基础设施。研究制定数据开放、保护等法律法规，制定政府信息资源管理办法。

第二节　促进大数据产业健康发展

深化大数据在各行业的创新应用，探索与传统产业协同发展新业态新模式，加快完善大数据产业链。加快海量数据采集、存储、清洗、分析发掘、可视化、安全与隐私保护等领域关键技术攻关。促进大数据软硬件产品发展。完善大数据产业公共服务支撑体系和生态体系，加强标准体系和质量技术基础建设。

第二十八章　强化信息安全保障

统筹网络安全和信息化发展，完善国家网络安全保障体系，强化重要信息系统和数据资源保护，提高网络治理能力，保障国家信息安全。

第一节　加强数据资源安全保护

建立大数据安全管理制度，实行数据资源分类分级管理，保障安全高效可信应用。实施大数据安全保障工程，加强数据资源在采集、存储、应用和开放等环节的安全保护，加强各类公共数据资源在公开共享等环节的安全评估与保护，建立互联网企业数据资源资产化和利用授信机制。加强个人数据保护，严厉打击非法泄露和出卖个人数据行为。

第二节　科学实施网络空间治理

完善网络空间治理，营造安全文明的网络环境。建立网络空间治理基础保障体系，完善网络安全法律法规，完善网络信息有效登记和网络实名认证。建立网络安全审查制度和标准体系，加强精细化网络空间管理，清理违法和不良信息，依法惩治网络违法犯罪行为。健全网络与信息突发安全事件应急机制。推动建立多边、民主、透明的国际互联网治理体系，积极参与国际网络空间安全规则制定、打击网络犯罪、网络安全技术和标准等领域的国际合作。

第三节　全面保障重要信息系统安全

建立关键信息基础设施保护制度，完善涉及国家安全重要信息系统的设计、建设和运行监督机制。集中力量突破信息管理、信息保护、安全审查和基础支撑关键技术，提高自主保障能力。加强关键信息基础设施核心技术装备威胁感知和持续防御能力建设。完善重要信息系统等级保护制度。健全重点行业、重点地区、重要信息系统条块融合的联动安全保障机制。积极发展信息安全产业。

专栏9　信息化重大工程

（一）宽带中国

建设高速大容量光通信传输系统，实施宽带乡村和中西部地区中小城市基础网络完善工程，扩容互联网国际出入口带宽。部署第四代移动通信（4G）及后续演进技术，在有需求的区域实现全面深度覆盖。

（二）物联网应用推广

建设物联网应用基础设施和服务平台，推进物联网重大应用示范工程建设。广泛开展物联网技术集成应用和模式创新，丰富物联网应用服务。

（三）云计算创新发展

支持公共云服务平台建设，布局云计算和大数据中心，提升云计算解决方案提供能力。推动制造、金融、民生、物流、医疗等重点行业云应用服务，不断完善云计算生态体系。

续 表

（四）“互联网＋”行动 推动“互联网＋”创业创新、协同制造、智慧能源、普惠金融、益民服务、高效物流、电子商务、便捷交通、绿色生态、人工智能以及电子税务、便民司法、教育培训、科普、地理信息、信用、文化旅游等行动，不断拓展融合领域。 （五）大数据应用 建设统一开放平台，逐步实现公共数据集开放，鼓励企业和公众发掘利用。推动政府治理、公共服务、产业发展、技术研发等领域大数据创新应用。推进贵州等大数据综合试验区建设。 （六）国家政务信息化 加快国家统一电子政务网络建设应用，完善审批监管、信用信息、公共资源交易、价格举报信息等平台。加快国家基础信息资源库建设应用。 （七）电子商务 支持电子商务基础设施建设，促进重点领域电子商务创新和融合应用。推动杭州等跨境电子商务综合试验区建设，打造电子商务国际大通道。 （八）网络安全保障 实施国家信息安全专项，提高关键信息基础设施、重要信息系统和涉密信息系统安全保障能力及产业化支撑水平。实施国家网络空间安全重大科技项目，突破核心芯片、基础软件、关键元器件及重点整机系统等关键技术，构建国家网络空间安全和保密技术保障体系。

……

第五十章　健全对外开放新体制

完善法治化、国际化、便利化的营商环境，健全有利于合作共赢、同国际投资贸易规则相适应的体制机制。

第一节　营造优良营商环境

营造公平竞争的市场环境、高效廉洁的政务环境、公正透明的法律政策环境和开放包容的人文环境。统一内外资法律法规，制定外资基础性法律，保护外资企业合法权益。提高自由贸易试验区建设质量，深化在服务业开放、金融开放和创新、投资贸易便利化、事中事后监管等方面的先行先试，在更大范围推广复制成功经验。对外资全面实行准入前国民待遇加负面清单管理制度。完善外商投资国家安全审查制度。创新外资监管服务方式。建立便利跨境电子商务等新型贸易方式的体制，全面推进国际贸易单一窗口、一站式作业、一体化通关和政府信息共享共用、口岸风险联防联控。健全服务贸易促进体系，发挥贸易投资促进机构、行业协会商会等的作用。加强知识产权保护和反垄断执法，深化执法国际合作。

……

第五十五章　推进两岸关系和平发展和祖国统一进程

坚持“九二共识”和一个中国原则，坚决反对“台独”。在坚持原则立场基础上，以互利共赢方式深化两岸经济合作，扩大两岸合作领域，增进两岸同胞福祉，巩固和推进两岸关系和平发展。

第一节　促进两岸经济融合发展

加强两岸宏观政策交流，拓展经济合作空间和共同利益。推动两岸产业优势互补、融合发展，鼓励两岸企业相互持股、合作创新、共创品牌、共拓市场。深化两岸金融合作，支持两岸资本市场开展多层次合作。推动两岸贸易投资扩大规模、提升层次。扩大对台湾服务业开放，加强两岸在农渔业、中小企业、电子商务等领域合作。推进海峡西岸经济区、中国（福建）自由贸易试验区建设，打造台商投资区、平潭综合实验区、福州新区、昆山深化两岸产业合作试验区等对台合作平台，深化厦门对台合作支点建设。鼓励长三角、珠三角、环渤海等台资企业聚集区发挥优势，支持台资企业转型升级，引导向中西部地区梯度转移。

……

第七十一章　完善社会信用体系

加快推进政务诚信、商务诚信、社会诚信和司法公信等重点领域信用建设，推进信用信息共享，健全激励惩戒机制，提高全社会诚信水平。

第一节　健全信用信息管理制度

全面实施统一社会信用代码制度。制定全国统一的信用信息采集和管理标准。依法推进信用信息在采集、共享、使用、公开等环节的分类管理，加强涉及个人隐私和商业秘密的信用信息保护。加快推动信用立法。

第二节 强化信用信息共建共享

建立信息披露和诚信档案制度，加快完善各类市场主体和社会成员信用记录。加强部门、行业和地方信用信息整合，建立企业信用信息归集机制，完善全国信用信息共享平台，建设国家企业信用信息公示系统。依法推进全社会信用信息资源开放共享。

第三节 健全守信激励和失信惩戒机制

建立守信奖励激励机制。在市场监管和公共服务过程中，对诚实守信者实行提供便利化服务等激励政策。健全多部门、跨地区、跨行业联动响应和联合惩戒机制，强化企业信用依法公示和监管，建立各行业失信黑名单制度和市场退出机制。

第四节 培育规范信用服务市场

建立公共和社会信用服务机构互为补充、信用信息基础服务和增值服务相辅相成的多层次信用服务组织体系。推动信用服务产品开发创新和广泛运用。支持征信、信用评级机构规范发展，提高服务质量和国际竞争力。健全征信和信用服务市场监管体系。

……

国务院关于积极推进“互联网＋”行动的指导意见（节录）

（2015 年 7 月 4 日　国发〔2015〕40 号）

……

二、重点行动

……

（七）“互联网+”高效物流。

加快建设跨行业、跨区域的物流信息服务平台，提高物流供需信息对接和使用效率。鼓励大数据、云计算在物流领域的应用，建设智能仓储体系，优化物流运作流程，提升物流仓储的自动化、智能化水平和运转效率，降低物流成本。（发展改革委、商务部、交通运输部、网信办等负责）

1. 构建物流信息共享互通体系。发挥互联网信息集聚优势，聚合各类物流信息资源，鼓励骨干物流企业和第三方机构搭建面向社会的物流信息服务平台，整合仓储、运输和配送信息，开展物流全程监测、预警，提高物流安全、环保和诚信水平，统筹优化社会物流资源配置。构建互通省际、下达市县、兼顾乡村的物流信息互联网络，建立各类可开放数据的对接机制，加快完善物流信息交换开放标准体系，在更广范围促进物流信息充分共享与互联互通。

2. 建设深度感知智能仓储系统。在各级仓储单元积极推广应用二维码、无线射频识别等物联网感知技术和大数据技术，实现仓储设施与货物的实时跟踪、网络化管理以及库存信息的高度共享，提高货物调度效率。鼓励应用智能化物流装备提升仓储、运输、分拣、包装等作业效率，提高各类复杂订单的出货处理能力，缓解货物囤积停滞瓶颈制约，提升仓储运管水平和效率。

3. 完善智能物流配送调配体系。加快推进货运车联网与物流园区、仓储设施、配送网点等信息互联，促进人员、货源、车源等信息高效匹配，有效降低货车空驶率，提高配送效率。鼓励发展社区自提柜、冷链储藏柜、代收服务点等新型社区化配送模式，结合构建物流信息互联网络，加快推进县到村的物流配送网络和村级配送网点建设，解决物流配送“最后一公里”问题。

（八）“互联网+”电子商务。

巩固和增强我国电子商务发展领先优势，大力发展农村电商、行业电商和跨境电商，进一步扩大电子商务发展空间。电子商务与其他产业的融合不断深化，网络化生产、流通、消费更加普及，标准规范、公共服务等支撑环境基本完善。（发展改革委、商务部、工业和信息化部、交通运输部、农业部、海关总署、税务总局、质检总局、网信办等负责）

1. 积极发展农村电子商务。开展电子商务进农村综合示范，支持新型农业经营主体和农产品、农资批发市场对接电商平台，积极发展以销定产模式。完善农村电子商务配送及综合服务网络，着力解决农副产品标准化、物流标准化、冷链仓储建设等关键问题，发展农产品个性化定制服务。开展生鲜农产品和农业生产资料电子商务试点，促进农业大宗商品电子商务发展。

2. 大力发展行业电子商务。鼓励能源、化工、钢铁、电子、轻纺、医药等行业企业，积极利用电子商务平台优化采购、分销体系，提升企业经营效率。推动各类专业市场线上转型，引导传统商贸流通企业与电子商务企业整合资源，积极向供应链协同平台转型。鼓励生产制造企业面向个性化、定制化消费需求深化电子商务应用，支持设备制造企业利用电子商务平台开展融资租赁服务，鼓励中小微企业扩大电子商务应用。按照市场化、专业化方向，大力推广电子招标投标。

3. 推动电子商务应用创新。鼓励企业利用电子商务平台的大数据资源，提升企业精准营销能力，激发市场消费需求。建立电子商务产品质量追溯机制，建设电子商务售后服务质量检测云平台，完善互联网质量信息公共服务体系，解决消费者维权难、退货难、产品责任追溯难等问题。加强互联网食品药品市场监测监管体系建设，积极探索处方药电子商务销售和监管模式创新。鼓励企业利用移动社交、新媒体等新渠道，发展社交电商、“粉丝”经济等网络营销新模式。

4. 加强电子商务国际合作。鼓励各类跨境电子商务服务商发展，完善跨境物流体系，拓展全球经贸合作。推进跨境电子商务通关、检验检疫、结汇等关键环节单一窗口综合服务体系建设。创新跨境权益保障机制，利用合格评定手段，推进国际互认。创新跨境电子商务管理，促进信息网络畅通、跨境物流便捷、支付及结汇无障碍、税收规范便利、市场及贸易规则互认互通。

……

国务院关于大力发展电子商务加快培育经济新动力的意见

（2015 年 5 月 7 日　国发〔2015〕24 号）

近年来我国电子商务发展迅猛，不仅创造了新的消费需求，引发了新的投资热潮，开辟了就业增收新渠道，为大众创业、万众创新提供了新空间，而且电子商务正加速与制造业融合，推动服务业转型升级，催生新兴业态，成为提供公共产品、公共服务的新力量，成为经济发展新的原动力。与此同时，电子商务发展面临管理方式不适应、诚信体系不健全、市场秩序不规范等问题，亟需采取措施予以解决。当前，我国已进入全面建成小康社会的决定性阶段，为减少束缚电子商务发展的机制体制障碍，进一步发挥电子商务在培育经济新动力，打造“双引擎”、实现“双目标”等方面的重要作用，现提出以下意见：

一、指导思想、基本原则和主要目标

（一）指导思想。全面贯彻党的十八大和十八届二中、三中、四中全会精神，按照党中央、国务院决策部署，坚持依靠改革推动科学发展，主动适应和引领经济发展新常态，着力解决电子商务发展中的深层次矛盾和重大问题，大力推进政策创新、管理创新和服务创新，加快建立开放、规范、诚信、安全的电子商务发展环境，进一步激发电子商务创新动力、创造潜力、创业活力，加速推动经济结构战略性调整，实现经济提质增效升级。

（二）基本原则。一是积极推动。主动作为、支持发展。积极协调解决电子商务发展中的各种矛盾与问题。在政府资源开放、网络安全保障、投融资支持、基础设施和诚信体系建设等方面加大服务力度。推进电子商务企业税费合理化，减轻企业负担。进一步释放电子商务发展潜力，提升电子商务创新发展水平。二是逐步规范。简政放权、放管结合。法无禁止的市场主体即可为，法未授权的政府部门不能为，最大限度减少对电子商务市场的行政干预。在放宽市场准入的同时，要在发展中逐步规范市场秩序，营造公平竞争的创业发展环境，进一步激发社会创业活力，拓宽电子商务创新发展领域。三是加强引导。把握趋势、因势利导。加强对电子商务发展中前瞻性、苗头性、倾向性问题的研究，及时在商业模式创新、关键技术研发、国际市场开拓等方面加大对企业的支持引导力度，引领电子商务向打造“双引擎”、实现“双目标”发展，进一步增强企业的创新动力，加速电子商务创新发展步伐。

（三）主要目标。到2020年，统一开放、竞争有序、诚信守法、安全可靠的电子商务大市场基本建成。电子商务与其他产业深度融合，成为促进创业、稳定就业、改善民生服务的重要平台，对工业化、信息化、城镇化、农业现代化同步发展起到关键性作用。

二、营造宽松发展环境

（四）降低准入门槛。全面清理电子商务领域现有前置审批事项，无法律法规依据的一律取消，严禁违法设定行政许可、增加行政许可条件和程序。（国务院审改办，有关部门按职责分工分别负责）进一步简化注册资本登记，深入推进电子商务领域由“先证后照”改为“先照后证”改革。（工商总局、中央编办）落实《注册资本登记制度改革方案》，放宽电子商务市场主体住所（经营场所）登记条件，完善相关管理措施。（省级人民政府）推进对快递企业设立非法人快递末端网点实施备案制管理。（邮政局）简化境内电子商务企业海外上市审批流程，鼓励电子商务领域的跨境人民币直接投资。（发展改革委、商务部、外汇局、证监会、人民银行）放开外商投资电子商务业务的外方持股比例限制。（工业和信息化部、发展改革委、商务部）探索建立能源、铁路、公共事业等行业电子商务服务的市场化机制。（有关部门按职责分工分别负责）

（五）合理降税减负。从事电子商务活动的企业，经认定为高新技术企业的，依法享受高新技术企业相关优惠政策，小微企业依法享受税收优惠政策。（科技部、财政部、税务总局）加快推进“营改增”，逐步将旅游电子商务、生活服务类电子商务等相关行业纳入“营改增”范围。（财政部、税务总局）

（六）加大金融服务支持。建立健全适应电子商务发展的多元化、多渠道投融资机制。（有关部门按职责分工分别负责）研究鼓励符合条件的互联网企业在境内上市等相关政策。（证监会）支持商业银行、担保存货管理机构及电子商务企业开展无形资产、动产质押等多种形式的融资服务。鼓励商业银行、商业保理机构、电子商务企业开展供应链金融、商业保理服务，进一步拓展电子商务企业融资渠道。（人民银行、商务部）引导和推动创业投资基金，加大对电子商务初创企业的支持。（发展改革委）

（七）维护公平竞争。规范电子商务市场竞争行为，促进建立开放、公平、健康的电子商务市场竞争秩序。研究制定电子商务产品质量监督管理办法，探索建立风险监测、网上抽查、源头追溯、属地查处的电子商务产品质量监督机制，完善部门间、区域间监管信息共享和职能衔接机制。依法打击网络虚假宣传、生产销售假冒伪劣产品、违反国家出口管制法规政策跨境销售两用品和技术、不正当竞争等违法行为，组织开展电子商务产品质量提升行动，促进合法、诚信经营。（工商总局、质检总局、公安部、商务部按职责分工分别负责）重点查处达成垄断协议和滥用市场支配地位的问题，通过经营者集中反垄断审查，防止排除、限制市场竞争的行为。（发展改革委、工商总局、商务部）加强电子商务领域知识产权保护，研究进一步加大网络商业方法领域发明专利保护力度。（工业和信息化部、商务部、海关总署、工商总局、新闻出版广电总局、知识产权局等部门按职责分工分别负责）进一步加大政府利用电子商务平台进行采购的力度。（财政部）各级政府部门不得通过行政命令指定为电子商务提供公共服务的供应商，不得滥用行政权力排除、限制电子商务的竞争。（有关部门按职责分工分别负责）

三、促进就业创业

（八）鼓励电子商务领域就业创业。把发展电子商务促进就业纳入各地就业发展规划和电子商务发展整体规划。建立电子商务就业和社会保障指标统计制度。经工商登记注册的网络商户从业人员，同等享受各项就业创业扶持政策。未进行工商登记注册的网络商户从业人员，可认定为灵活就业人员，享受灵活就业人员扶持政策，其中在网络平台实名注册、稳定经营且信誉良好的网络商户创业者，可按规定享受小额担保贷款及贴息政策。支持中小微企业应用电子商务、拓展业务领域，鼓励有条件的地区建设电子商务创业园区，指导各类创业孵化基地为电子商务创业人员提供场地支持和创业孵化服务。加强电子商务企业用工服务，完善电子商务人才供求信息对接机制。（人力资源社会保障部、工业和信息化部、商务部、统计局，地方各级人民政府）

（九）加强人才培养培训。支持学校、企业及社会组织合作办学，探索实训式电子商务人才培养与培训机制。推进国家电子商务专业技术人才知识更新工程，指导各类培训机构增加电子商务技能培训项目，支持电子商务企业开展岗前培训、技能提升培训和高技能人才培训，加快培养电子商务领域的高素质专门人才和技术技能人才。参加职业培训和职业技能鉴定的人员，以及组织职工培训的电子商务企业，可按规定享受职业培训补贴和职业技能鉴定补贴政策。鼓励有条件的职业院校、社会培训机构和电子商务企业开展网络创业培训。（人力资源社会保障部、商务部、教育部、财政部）

（十）保障从业人员劳动权益。规范电子商务企业特别是网络商户劳动用工，经工商登记注册取得营业执照的，应与招用的劳动者依法签订劳动合同；未进行工商登记注册的，也可参照劳动合同法相关规定与劳动者签订民事协议，明确双方的权利、责任和义务。按规定将网络从业人员纳入各项社会保险，对未进行工商登记注册的网络商户，其从业人员可按灵活就业人员参保缴费办法参加社会保险。符合条件的就业困难人员和高校毕业生，可享受灵活就业人员社会保险补贴政策。长期雇用5人及以上的网络商户，可在工商注册地进行社会保险登记，参加企业职工的各项社会保险。满足统筹地区社会保险优惠政策条件的网络商户，可享受社会保险优惠政策。（人力资源社会保障部）

四、推动转型升级

（十一）创新服务民生方式。积极拓展信息消费新渠道，创新移动电子商务应用，支持面向城乡居民社区提供日常消费、家政服务、远程缴费、健康医疗等商业和综合服务的电子商务平台发展。加快推动传统媒体与新兴媒体深度融合，提升文化企业网络服务能力，支持文化产品电子商务平台发展，规范网络文化市场。支持教育、会展、咨询、广告、餐饮、娱乐等服务企业深化电子商务应用。（有关部门按职责分工分别负责）鼓励支持旅游景点、酒店等开展线上营销，规范发展在线旅游预订市场，推动旅游在线服务模式创新。（旅游局、工商总局）加快建立全国12315互联网平台，完善网上交易在线投诉及售后维权机制，研究制定7天无理由退货实施细则，促进网络购物消费健康快速发展。（工商总局）

（十二）推动传统商贸流通企业发展电子商务。鼓励有条件的大型零售企业开办网上商城，积极利用移动互联网、地理位置服务、大数据等信息技术提升流通效率和服务质量。支持中小零售企业与电子商务平台优势互补，加强服务资源整合，促进线上交易与线下交易融合互动。（商务部）推动各类专业市场建设网上市场，通过线上线下融合，加速向网络化市场转型，研究完善能源、化工、钢铁、林业等行业电子商务平台规范发展的相关措施。（有关部门按职责分工分别负责）制定完善互联网食品药品经营监督管理办法，规范食品、保健食品、药品、化妆品、医疗器械网络经营行为，加强互联网食品药品市场监测监管体系建设，推动医药电子商务发展。（食品药品监管总局、卫生计生委、商务部）

（十三）积极发展农村电子商务。加强互联网与农业农村融合发展，引入产业链、价值链、供应链等现代管理理念和方式，研究制定促进农村电子商务发展的意见，出台支持政策措施。（商务部、农业部）加强鲜活农产品标准体系、动植物检疫体系、安全追溯体系、质量保障与安全监管体系建设，大力发展农产品冷链基础设施。（质检总局、发展改革委、商务部、农业部、食品药品监管总局）开展电子商务进农村综合示范，推动信息进村入户，利用“万村千乡”市场网络改善农村地区电子商务服务环境。（商务部、农业部）建设地理标志产品技术标准体系和产品质量保证体系，支持利用电子商务平台宣传和销售地理标志产品，鼓励电子商务平台服务“一村一品”，促进品牌农产品走出去。鼓励农业生产资料企业发展电子商务。（农业部、质检总局、工商总局）支持林业电子商务发展，逐步建立林产品交易诚信体系、林产品和林权交易服务体系。（林业局）

（十四）创新工业生产组织方式。支持生产制造企业深化物联网、云计算、大数据、三维（3D）设计及打印等信息技术在生产制造各环节的应用，建立与客户电子商务系统对接的网络制造管理系统，提高加工订单的响应速度及柔性制造能力；面向网络消费者个性化需求，建立网络化经营管理模式，发展“以销定产”及“个性化定制”生产方式。（工业和信息化部、科技部、商务部）鼓励电子商务企业大力开展品牌经营，优化配置研发、设计、生产、物流等优势资源，满足网络消费者需求。（商务部、工商总局、质检总局）鼓励创意服务，探索建立生产性创新服务平台，面向初创企业及创意群体提供设计、测试、生产、融资、运营等创新创业服务。（工业和信息化部、科技部）

（十五）推广金融服务新工具。建设完善移动金融安全可信公共服务平台，制定相关应用服务的政策措施，推动金融机构、电信运营商、银行卡清算机构、支付机构、电子商务企业等加强合作，实现移动金融在电子商务领域的规模化应用；推广应用具有硬件数字证书、采用国家密码行政主管部门规定算法的移动智能终端，保障移动电子商务交易的安全性和真实性；制定在线支付标准规范和制度，提升电子商务在线支付的安全性，满足电子商务交易及公共服务领域金融服务需求；鼓励商业银行与电子商务企业开展多元化金融服务合作，提升电子商务服务质量和效率。（人民银行、密码局、国家标准委）

（十六）规范网络化金融服务新产品。鼓励证券、保险、公募基金等企业和机构依法进行网络化创新，完善互联网保险产品审核和信息披露制度，探索建立适应互联网证券、保险、公募基金产品销售等互联网金融活动的新型监管方式。（人民银行、证监会、保监会）规范保险业电子商务平台建设，研究制定电子商务涉及的信用保证保险的相关扶持政策，鼓励发展小微企业信贷信用保险、个人消费履约保证保险等新业务，扩大信用保险保单融资范围。完善在线旅游服务企业投保办法。（保监会、银监会、旅游局按职责分工分别负责）

五、完善物流基础设施

（十七）支持物流配送终端及智慧物流平台建设。推动跨地区跨行业的智慧物流信息平台建设，鼓励在法律规定范围内发展共同配送等物流配送组织新模式。（交通运输部、商务部、邮政局、发展改革委）支持物流（快递）配送站、智能快件箱等物流设施建设，鼓励社区物业、村级信息服务站（点）、便利店等提供快件派送服务。支持快递服务网络向农村地区延伸。（地方各级人民政府，商务部、邮政局、农业部按职责分工分别负责）推进电子商务与物流快递协同发展。（财政部、商务部、邮政局）鼓励学校、快递企业、第三方主体因地制宜加强合作，通过设置智能快件箱或快件收发室、委托校园邮政局所代为投递、建立共同配送站点等方式，促进快递进校园。（地方各级人民政府，邮政局、商务部、教育部）根据执法需求，研究推动被监管人员生活物资电子商务和智能配送。（司法部）有条件的城市应将配套建设物流（快递）配送站、智能终端设施纳入城市社区发展规划，鼓励电子商务企业和物流（快递）企业对网络购物商品包装物进行回收和循环利用。（有关部门按职责分工分别负责）

（十八）规范物流配送车辆管理。各地区要按照有关规定，推动城市配送车辆的标准化、专业化发展；制定并实施城市配送用汽车、电动三轮车等车辆管理办法，强化城市配送运力需求管理，保障配送车辆的便利通行；鼓励采用清洁能源车辆开展物流（快递）配送业务，支持充电、加气等设施建设；合理规划物流（快递）配送车辆通行路线和货物装卸搬运地点。对物流（快递）配送车辆采取通行证管理的城市，应明确管理部门、公开准入条件、引入社会监督。（地方各级人民政府）

（十九）合理布局物流仓储设施。完善仓储建设标准体系，鼓励现代化仓储设施建设，加强偏远地区仓储设施建设。（住房城乡建设部、公安部、发展改革委、商务部、林业局）各地区要在城乡规划中合理规划布局物流仓储用地，在土地利用总体规划和年度供地计划中合理安排仓储建设用地，引导社会资本进行仓储设施投资建设或再利用，严禁擅自改变物流仓储用地性质。（地方各级人民政府）鼓励物流（快递）企业发展“仓配一体化”服务。（商务部、邮政局）

六、提升对外开放水平

（二十）加强电子商务国际合作。积极发起或参与多双边或区域关于电子商务规则的谈判和交流合作，研究建立我国与国际认可组织的互认机制，依托我国认证认可制度和体系，完善电子商务企业和商品的合格评定机制，提升国际组织和机构对我国电子商务企业和商品认证结果的认可程度，力争国际电子商务规制制定的主动权和跨境电子商务发展的话语权。（商务部、质检总局）

（二十一）提升跨境电子商务通关效率。积极推进跨境电子商务通关、检验检疫、结汇、缴进口税等关键环节“单一窗口”综合服务体系建设，简化与完善跨境电子商务货物返修与退运通关流程，提高通关效率。（海关总署、财政部、税务总局、质检总局、外汇局）探索建立跨境电子商务货物负面清单、风险监测制度，完善跨境电子商务货物通关与检验检疫监管模式，建立跨境电子商务及相关物流企业诚信分类管理制度，防止疫病疫情传入、外来有害生物入侵和物种资源流失。（海关总署、质检总局按职责分工分别负责）大力支持中国（杭州）跨境电子商务综合试验区先行先试，尽快形成可复制、可推广的经验，加快在全国范围推广。（商务部、发展改革委）

（二十二）推动电子商务走出去。抓紧研究制定促进跨境电子商务发展的指导意见。（商务部、发展改革委、海关总署、工业和信息化部、财政部、人民银行、税务总局、工商总局、质检总局、外汇局）鼓励国家政策性银行在业务范围内加大对电子商务企业境外投资并购的贷款支持，研究制定针对电子商务企业境外上市的规范管理政策。（人民银行、证监会、商务部、发展改革委、工业和信息化部）简化电子商务企业境外直接投资外汇登记手续，拓宽其境外直接投资外汇登记及变更登记业务办理渠道。（外汇局）支持电子商务企业建立海外营销渠道，创立自有品牌。各驻外机构应加大对电子商务企业走出去的服务力度。进一步开放面向港澳台地区的电子商务市场，推动设立海峡两岸电子商务经济合作实验区。鼓励发展面向“一带一路”沿线国家的电子商务合作，扩大跨境电子商务综合试点，建立政府、企业、专

家等各个层面的对话机制，发起和主导电子商务多边合作。（有关部门按职责分工分别负责）

七、构筑安全保障防线

（二十三）保障电子商务网络安全。电子商务企业要按照国家信息安全等级保护管理规范和技术标准相关要求，采用安全可控的信息设备和网络安全产品，建设完善网络安全防护体系、数据资源安全管理体系和网络安全应急处置体系，鼓励电子商务企业获得信息安全管理体系认证，提高自身信息安全管理水平。鼓励电子商务企业加强与网络安全专业服务机构、相关管理部门的合作，共享网络安全威胁预警信息，消除网络安全隐患，共同防范网络攻击破坏、窃取公民个人信息等违法犯罪活动。（公安部、国家认监委、工业和信息化部、密码局）

（二十四）确保电子商务交易安全。研究制定电子商务交易安全管理制度，明确电子商务交易各方的安全责任和义务。（工商总局、工业和信息化部、公安部）建立电子认证信任体系，促进电子认证机构数字证书交叉互认和数字证书应用的互联互通，推广数字证书在电子商务交易领域的应用。建立电子合同等电子交易凭证的规范管理机制，确保网络交易各方的合法权益。加强电子商务交易各方信息保护，保障电子商务消费者个人信息安全。（工业和信息化部、工商总局、密码局等有关部门按职责分工分别负责）

（二十五）预防和打击电子商务领域违法犯罪。电子商务企业要切实履行违禁品信息巡查清理、交易记录及日志留存、违法犯罪线索报告等责任和义务，加强对销售管制商品网络商户的资格审查和对异常交易、非法交易的监控，防范电子商务在线支付给违法犯罪活动提供洗钱等便利，并为打击网络违法犯罪提供技术支持。加强电子商务企业与相关管理部门的协作配合，建立跨机构合作机制，加大对制售假冒伪劣商品、网络盗窃、网络诈骗、网上非法交易等违法犯罪活动的打击力度。（公安部、工商总局、人民银行、银监会、工业和信息化部、商务部等有关部门按职责分工分别负责）

八、健全支撑体系

（二十六）健全法规标准体系。加快推进电子商务法立法进程，研究制定或适时修订相关法规，明确电子票据、电子合同、电子检验检疫报告和证书、各类电子交易凭证等的法律效力，作为处理相关业务的合法凭证。（有关部门按职责分工分别负责）制定适合电子商务特点的投诉管理制度，制定基于统一产品编码的电子商务交易产品质量信息发布规范，建立电子商务纠纷解决和产品质量担保责任机制。（工商总局、质检总局等部门按职责分工分别负责）逐步推行电子发票和电子会计档案，完善相关技术标准和规章制度。（税务总局、财政部、档案局、国家标准委）建立完善电子商务统计制度，扩大电子商务统计的覆盖面，增强统计的及时性、真实性。（统计局、商务部）统一线上线下的商品编码标识，完善电子商务标准规范体系，研究电子商务基础性关键标准，积极主导和参与制定电子商务国际标准。（国家标准委、商务部）

（二十七）加强信用体系建设。建立健全电子商务信用信息管理制度，推动电子商务企业信用信息公开。推进人口、法人、商标和产品质量等信息资源向电子商务企业和信用服务机构开放，逐步降低查询及利用成本。（工商总局、商务部、公安部、质检总局等部门按职责分工分别负责）促进电子商务信用信息与社会其他领域相关信息的交换共享，推动电子商务信用评价，建立健全电子商务领域失信行为联合惩戒机制。（发展改革委、人民银行、工商总局、质检总局、商务部）推动电子商务领域应用网络身份证，完善网店实名制，鼓励发展社会化的电子商务网站可信认证服务。（公安部、工商总局、质检总局）发展电子商务可信交易保障公共服务，完善电子商务信用服务保障制度，推动信用调查、信用评估、信用担保等第三方信用服务和产品在电子商务中的推广应用。（工商总局、质检总局）

（二十八）强化科技与教育支撑。开展电子商务基础理论、发展规律研究。加强电子商务领域云计算、大数据、物联网、智能交易等核心关键技术研究开发。实施网络定制服务、网络平台服务、网络交易服务、网络贸易服务、网络交易保障服务技术研发与应用示范工程。强化产学研结合的企业技术中心、工程技术中心、重点实验室建设。鼓励企业组建产学研协同创新联盟。探索建立电子商务学科体系，引导高等院校加强电子商务学科建设和人才培养，为电子商务发展提供更多的高层次复合型专门人才。（科技部、教育部、发展改革委、商务部）建立预防网络诈骗、保障交易安全、保护个人信息等相关知识的宣传与服务机制。（公安部、工商总局、质检总局）

（二十九）协调推动区域电子商务发展。各地区要把电子商务列入经济与社会发展规划，按照国家有关区域发展规划和对外经贸合作战略，立足城市产业发展特点和优势，引导各类电子商务业态和功能聚集，推动电子商务产业统筹协调、错位发展。推动国家电子商务示范城市、示范基地建设。（有关地方人民政府）依托国家电子商务示范城市，加快开展电子商务法规政策创新和试点示范工作，为国家制定电子商务相关法规和政策提供实践依据。加强对中西部和东北地区电子商务示范城市的支持与指导。（发展改革委、财政部、商务部、人民银行、海关总署、税务总局、工商总局、质检总局等部门按照职责分工分别负责）

各地区、各部门要认真落实本意见提出的各项任务，于2015年底前研究出台具体政策。发展改革委、中央网信办、商务部、工业和信息化部、财政部、人力资源社会保障部、人民银行、海关总署、税务总局、工商总局、质检总局等部门要完善电子商务跨部门协调工作机制，研究重大问题，加强指导和服务。有关社会机构要充分发挥自身监督作用，推动行业自律和服务创新。相关部门、社团组织及企业要解放思想，转变观念，密切协作，开拓创新，共同推动建立规范有序、社会共治、辐射全球的电子商务大市场，促进经济平稳健康发展。

国务院办公厅关于促进内贸流通健康发展的若干意见（节录）

（2014年11月16日　国办发〔2014〕51号）

……

一、推进现代流通方式发展

（一）规范促进电子商务发展。进一步拓展网络消费领域，加快推进中小城市电子商务发展，支持电子商务企业向农村延伸业务，推动居民生活服务、休闲娱乐、旅游、金融等领域电子商务应用。在保障数据管理安全的基础上，推进商务领域大数据公共信息服务平台建设。促进线上线下融合发展，推广“网订店取”、“网订店送”等新型配送模式。加快推进电子发票应用，完善电子会计凭证报销、登记入账及归档保管等配套措施。落实《注册资本登记制度改革方案》，完善市场主体住所（经营场所）管理。在控制风险基础上鼓励支付产品创新，营造商业银行和支付机构等支付服务主体平等竞争环境，促进网络支付健康发展。

（二）加快发展物流配送。加强物流标准化建设，加快推进以托盘标准化为突破口的物流标准化试点；加强物流信息化建设，打造一批跨区域物流综合信息服务平台；提高物流社会化水平，支持大型连锁零售企业向社会提供第三方物流服务，开展商贸物流城市共同配送试点，推广统一配送、共同配送等模式；提高物流专业化水平，支持电子商务与物流快递协同发展，大力发展冷链物流，支持农产品预冷、加工、储存、运输、配送等设施建设，形成若干重要农产品冷链物流集散中心。推动城市配送车辆统一标识管理，保障运送生鲜食品、主食制品、药品等车辆便利通行。允许符合标准的非机动快递车辆从事社区配送。支持商贸物流园区、仓储企业转型升级，经认定为高新技术企业的第三方物流和物流信息平台企业，依法享受高新技术企业相关优惠政策。

（三）大力发展连锁经营。以电子商务、信息化及物流配送为依托，推进发展直营连锁，规范发展特许连锁，引导发展自愿连锁。支持连锁经营企业建设直采基地和信息系统，提升自愿连锁服务机构联合采购、统一分销、共同配送能力，引导便利店等业态进社区、进农村，规范和拓展其代收费、代收货等便民服务功能。鼓励超市、便利店、机场等相关场所依法依规发展便民餐点。

……

三、深化流通领域改革创新

……

（八）增强中小商贸流通企业发展活力。加快推进中小商贸流通企业公共服务平台建设，整合利用社会服务力量，为中小商贸流通企业提供质优价惠的信息咨询、创业辅导、市场拓展、电子商务应用、特许经营推广、企业融资、品牌建设等服务，力争用三年时间初步形成覆盖全国的服务网络。落实小微企业融资支持政策，推动商业银行开发符合商贸流通行业特点的融资产品，在充分把控行业和产业链风险的基础上，发展商圈融资、供应链融资，完善小微商贸流通企业融资环境。

（九）推进内外贸融合发展。拓展国内商品市场对外贸易功能，借鉴国际贸易通行标准、规则和方式，在总结试点经验的基础上，适当扩大市场采购贸易方式的试点范围，打造一批布局合理、功能完善、管理规范、辐射面广的内外贸结合市场。鼓励具备条件的流通企业“走出去”，建立海外营销、物流及售后服务网络，鼓励外贸企业建立国内营销渠道，拓展国内市场，打造一批实力雄厚、竞争力强、内外贸一体化经营的跨国企业。

四、着力改善营商环境

（十）减少行政审批，减轻企业税费负担。加快推进行政审批制度改革，系统评估和清理涉及内贸流通领域的行政审批、备案等事项，最大限度取消和下放。对按照法律、行政法规和国家有关政策规定设立的涉企行政事业性收费、政府性基金和实施政府定价或指导价的经营服务性收费，实行目录清单管理，不断完善公示制度。加大对违规设立行政事业性收费的查处力度，坚决制止各类乱收费、乱罚款和摊派等行为。进一步推进工商用电同价。鼓励大型商贸企业参与电力直接交易。在有条件的地区开展试点，允许商业用户选择执行行业平均电价或峰谷分时电价。

（十一）创造公平竞争的市场环境。着力破除各类市场壁垒，不得滥用行政权力制定含有排除、限定竞争内容的规定，不得限定或者变相限定单位或者个人经营、购买、使用行政机关指定的经营者提供的商品，取消针对外地企业、产品和服务设定歧视性收费项目、实行歧视性收费标准或者规定歧视性价格等歧视性政策，落实跨地区经营企业总分支机构汇总纳税政策。抓紧研究完善零售商、供应商公平交易行为规范及相关制度，强化日常监管，健全举报投诉办理和违法行为曝光机制，严肃查处违法违规行为。充分发挥市场机制作用，建立和完善符合我国国情和现阶段发展要求的农产品价格和市场调控机制。建立维护全国市场统一开放、竞争有序的长效机制，推进法治化营商环境建设。

（十二）加大市场整治力度。集中开展重点商品、重点领域专项整治行动，完善网络商品的监督抽查、风险监测、源头追溯、质量担保、损害赔偿、联合办案等制度，依法惩治侵权假冒违法行为，促进电子商务健康发展，切实保护消费者合法权益。积极推进侵权假冒行政处罚案件信息公开，建立案件曝光平台。强化对农村市场和网络商品交易的监管。加强行政执法与刑事司法衔接，建立部门间、区域间信息共享和执法协作机制。

（十三）加快推进商务信用建设。建立和完善国内贸易企业信用信息记录和披露制度，依法发布失信企业“黑名单”，营造诚信文化氛围。推动建立健全覆盖线上网络和线下实体店消费的信用评价机制。支持第三方机构开展具有信誉搜索、同类对比等功能的综合评价；鼓励行业组织开展以信用记录为基础的第三方专业评价；引导企业开展商品质量、服务水平、购物环境等内容的消费体验评价。

……

国务院关于加快发展生产性服务业促进产业结构调整升级的指导意见（节录）

（2014年8月6日　国发〔2014〕26号）

……

三、主要任务

……

（七）电子商务。

深化大中型企业电子商务应用，促进大宗原材料网上交易、工业产品网上定制、上下游关联企业业务协同发展，创新组织结构和经营模式。引导小微企业依托第三方电子商务服务平台开展业务。抓紧研究制定鼓励电子商务创新发展的意见。深化电子商务服务集成创新。加快并规范集交易、电子认证、在线支付、物流、信用评估等服务于一体的第三方电子商务综合服务平台发展。加快推进适应电子合同、电子发票和电子签名发展的制度建设。建设开放式电子商务快递配送信息平台和社会化仓储设施网络，加快布局、规范建设快件处理中心和航空、陆运集散中心。鼓励对现有商业设施、邮政便民服务设施等的整合利用，加强共同配送末端网点建设，推动社区商业电子商务发展。深入推进国家电子商务示范城市、示范基地和示范企业建设，发展电子商务可信交易保障、交易纠纷处理等服务。建立健全促进电子商务发展的工作保障机制。加强网络基础设施建设和电子商务信用体系、统计监测体系建设，不断完善电子商务标准体系和快递服务质量评价体系。推进农村电子商务发展，积极培育农产品电子商务，鼓励网上购销对接等多种交易方式。支持面向跨境贸易的多语种电子商务平台建设、服务创新和应用推广。积极发展移动电子商务，推动移动电子商务应用向工业生产经营和生产性服务业领域延伸。

……

四、政策措施

从深化改革开放、完善财税政策、强化金融创新、有效供给土地、健全价格机制和加强基础工作等方面，为生产性服务业发展创造良好环境，最大限度地激发企业和市场活力。

（一）进一步扩大开放。

进一步放开生产性服务业领域市场准入，营造公平竞争环境，不得对社会资本设置歧视性障碍，鼓励社会资本以多种方式发展生产性服务业。进一步减少生产性服务业重点领域前置审批和资质认定项目，由先证后照改为先照后证，加快落实注册资本认缴登记制。允许社会资本参与应用型技术研发机构市场化改革。鼓励社会资本参与国家服务业综合改革试点。

引导外资企业来华设立生产性服务业企业、各类功能性总部和分支机构、研发中心、营运基地等。统一内外资法律法规，推进生产性服务业领域有序开放，放开建筑设计、会计审计、商贸物流、电子商务等服务业领域外资准入限制。加快研究制定服务业进一步扩大开放的政策措施，对已经明确的扩大开放要求，要抓紧落实配套措施。探索对外商投资实行准入前国民待遇加负面清单的管理模式。发挥中国（上海）自由贸易试验区在服务业领域先行先试的作用。加强与香港、澳门、台湾地区的服务业合作，加快推进深圳前海、珠海横琴、广州南沙与港澳地区，福建厦门、平潭和江苏昆山与台湾地区的服务业合作试点。

鼓励有条件的企业依托现有产品贸易优势，在境外设立分支机构，大力拓展生产性服务业发展空间。简化境外投资审批程序，进一步提高生产性服务业境外投资的便利化程度。鼓励企业利用电子商务开拓国际营销渠道，积极研究为符合条件的电子商务企业、快递企业提供便利通关措施。加快跨境电子商务通关试点建设。鼓励设立境外投资贸易服务机构，做好境外投资需求的规模、领域和国别研究，提供对外投资准确信息，为企业“走出去”提供咨询服务。

……

国务院办公厅关于加快电子商务发展的若干意见

（2005年1月8日 国办发〔2005〕2号）

电子商务是国民经济和社会信息化的重要组成部分。发展电子商务是以信息化带动工业化，转变经济增长方式，提高国民经济运行质量和效率，走新型工业化道路的重大举措，对实现全面建设小康社会的宏伟目标具有十分重要的意义。近年来，随着信息技术的发展和普及，我国电子商务快速发展，应用初见成效，促进了国民经济信息化的发展。但是，与发达国家相比，我国电子商务仍处在起步阶段，还存在着应用范围不广、水平不高等问题，促进电子商务发展的政策环境急需完善。为贯彻落实党的十六大提出的信息化发展战略和十六届三中全会关于加快发展电子商务的要求，经国务院同意，现就加快我国电子商务发展有关问题提出以下意见：

一、充分认识电子商务对国民经济和社会发展的重要作用

（一）推进电子商务是贯彻科学发展观的客观要求，有利于促进我国产业结构调整，推动经济增长方式由粗放型向集约型转变，提高国民经济运行质量和效率，形成国民经济发展的新动力，实现经济社会的全面协调可持续发展。

（二）加快电子商务发展是应对经济全球化挑战、把握发展主动权、提高国际竞争力的必然选择，有利于提高我国在全球范围内配置资源的能力，提升我国经济的国际地位。

（三）推广电子商务应用是完善我国社会主义市场经济体制的有效措施，将有力地促进商品和各种要素的流动，消除妨碍公平竞争的制约因素，降低交易成本，推动全国统一市场的形成与完善，更好地实现市场对资源的基础性配置作用。

二、加快电子商务发展的指导思想和基本原则

（四）加快电子商务发展的指导思想。按照科学发展观的要求，紧紧围绕转变经济增长方式、提高综合竞争力的中心任务，实行体制创新，着力营造电子商务发展的良好环境，积极推进企业信息化建设，推广电子商务应用，加速国民经济和社会信息化进程，实施跨越式发展战略，走中国特色的电子

商务发展道路。

（五）加快电子商务发展的基本原则。

政府推动与企业主导相结合。完善管理体制，优化政策环境，加强基础设施建设，提高服务质量，充分发挥企业在开展电子商务应用中的主体作用，建立政府与企业的良性互动机制，促进电子商务与电子政务协调发展。

营造环境与推广应用相结合。加强政策法规、信用服务、安全认证、标准规范、在线支付、现代物流等支撑体系建设，营造电子商务发展的良好环境，推广电子商务在国民经济各个领域的应用，以环境建设促进应用发展，以应用带动环境建设。

网络经济与实体经济相结合。把电子商务作为网络经济与实体经济相结合的实现形式，以技术创新推动管理创新和体制创新，改造传统业务流程，促进生产经营方式由粗放型向集约型转变。

重点推进与协调发展相结合。围绕电子商务发展的关键问题和关键环节，积极开展电子商务试点，推进国民经济重点领域的电子商务应用，探索多层次、多模式的中国特色电子商务发展道路，促进各类电子商务应用的协调发展。

加快发展与加强管理相结合。抓住电子商务发展的战略机遇，在大力推进电子商务应用的同时，建立有利于电子商务健康发展的管理体制，加强网络环境下的市场监管，规范在线交易行为，保障信息安全，维护电子商务活动的正常秩序。

三、完善政策法规环境，规范电子商务发展

（六）加强统筹规划和协调配合。加紧编制电子商务发展规划，明确电子商务发展的目标、任务和工作重点。建立健全相互协调、紧密配合的组织保障体系和工作机制。

（七）推动电子商务法律法规建设。认真贯彻实施《中华人民共和国电子签名法》，抓紧研究电子交易、信用管理、安全认证、在线支付、税收、市场准入、隐私权保护、信息资源管理等方面的法律法规问题，尽快提出制订相关法律法规的意见；根据电子商务健康有序发展的要求，抓紧研究并及时修订相关法律法规；加快制订在网上开展相关业务的管理办法；推动网络仲裁、网络公证等法律服务与保障体系建设；打击电子商务领域的非法经营以及危害国家安全、损害人民群众切身利益的违法犯罪活动，保障电子商务的正常秩序。

（八）研究制定鼓励电子商务发展的财税政策。有关部门应本着积极稳妥推进的原则，加快研究制定电子商务税费优惠政策，加强电子商务税费管理；加大对电子商务基础性和关键性领域研究开发的支持力度；采取积极措施，支持企业面向国际市场在线销售和采购，鼓励企业参与国际市场竞争。政府采购要积极应用电子商务。

（九）完善电子商务投融资机制。建立健全适应电子商务发展的多元化、多渠道投融资机制，研究制定促进金融业与电子商务相关企业互相支持、协同发展的相关政策。加强政府投入对企业和社会投入的带动作用，进一步强化企业在电子商务投资中的主体地位。

四、加快信用、认证、标准、支付和现代物流建设，形成有利于电子商务发展的支撑体系

（十）加快信用体系建设。加强政府监管、行业自律及部门间的协调与联合，鼓励企业积极参与，按照完善法规、特许经营、商业运作、专业服务的方向，建立科学、合理、权威、公正的信用服务机构；建立健全相关部门间信用信息资源的共享机制，建设在线信用信息服务平台，实现信用数据的动态采集、处理、交换；严格信用监督和失信惩戒机制，逐步形成既符合我国国情又与国际接轨的信用服务体系。

（十一）建立健全安全认证体系。按照有关法律规定，制订电子商务安全认证管理办法，进一步规范密钥、证书、认证机构的管理，注重责任体系建设，发展和采用具有自主知识产权的加密和认证技术；整合现有资源，完善安全认证基础设施，建立布局合理的安全认证体系，实现行业、地方等安全认证机构的交叉认证，为社会提供可靠的电子商务安全认证服务。

（十二）建立并完善电子商务国家标准体系。提高标准化意识，充分调动各方面积极性，抓紧完善电子商务的国家标准体系；鼓励以企业为主体，联合高校和科研机构研究制订电子商务关键技术标准和规范，参与国际标准的制订和修正，积极推进电子商务标准化进程。

（十三）推进在线支付体系建设。加紧制订在线支付业务规范和技术标准，研究风险防范措施，加强业务监督和风险控制；积极研究第三方支付服务的相关法规，引导商业银行、中国银联等机构建设安全、快捷、方便的在线支付平台，大力推广使用银行卡、网上银行等在线支付工具；进一步完善在线资金清算体系，推动在线支付业务规范化、标准化并与国际接轨。

（十四）发展现代物流体系。充分利用铁道、交通、民航、邮政、仓储、商业网点等现有物流资源，完善物流基础设施建设；广泛采用先进的物流技术与装备，优化业务流程，提升物流业信息化水平，提高现代物流基础设施与装备的使用效率和经济效益；发挥电子商务与现代物流的整合优势，大力发展第三方物流，有效支撑电子商务的广泛应用。

五、发挥企业的主体作用，大力推进电子商务应用

（十五）继续推进企业信息化建设。企业信息化是电子商务的基础，要不断提升企业信息化水平，促进业务流程和组织结构的重组与优化，实现资源的优化配置和高效应用，增强产、供、销协同运作能力，提高企业的市场反应能力、科学决策水平和经济效益。

（十六）重点推进骨干企业电子商务应用。要充分发挥骨干企业在采购、销售等方面的带动作用，以产业链为基础，以供应链管理为重点，整合上下游关联企业相关资源，实现企业间业务流程的融合和信息系统的互联互通，推进企业间的电子商务，提高企业群体的市场反应能力和综合竞争力。

（十七）推动行业电子商务应用。紧密结合行业特点，研究制订行业电子商务规范，切实做好重点行业电子商务试点示范，推广具有行业特点的电子商务经验，探索行业电子商务发展模式；建立行业信息资源共享和交换机制，促进行业内有序竞争与合作，提高行业的信息化及电子商务应用水平。

（十八）支持中小企业电子商务应用。提高中小企业对电子商务重要性的认识，扶持服务中小企业的第三方电子商务服务平台建设，解决中小企业在投资、人才等方面存在的问题，促进中小企业应用电子商务提高商务效率，降低交易成本，推进中小企业信息化。

（十九）促进面向消费者的电子商务应用。发展面向消费者的新型电子商务模式，创新服务内容，建立并完善企业、消费者在线交易的信用机制，扩大企业与消费者、消费者与消费者之间电子商务的应用规模。高度重视并积极推进移动电子商务的应用与发展。

六、提升电子商务技术和服务水平，推动相关产业发展

（二十）发展电子商务相关技术装备和软件。积极引进、消化、吸收国外先进适用的电子商务应用技术，鼓励技术创新，加快具有自主知识产权的电子商务硬件和软件产业化进程，提高电子商务平台软件、应用软件、终端设备等关键产品的自主开发能力和装备能力。

（二十一）推动电子商务服务体系建设。充分利用现有资源，发挥中介机构的作用，加强网络化、系统化、社会化的服务体系建设，开展电子商务工程技术研究、成果转化、咨询服务、工程监理等服务工作，逐步建立和完善电子商务统计和评价体系，推动电子商务服务业健康发展。

七、加强宣传教育工作，提高企业和公民的电子商务应用意识

（二十二）加大电子商务宣传力度。充分利用各种媒体，采用多种形式，加强电子商务的宣传、知识普及和安全教育工作，强化守法、诚信、自律观念的引导和宣传教育，提高社会各界对发展电子商务重要性的认识，增强企业和公民对电子商务的应用意识、信息安全意识。

（二十三）加强电子商务的教育培训和理论研究。高等院校要进一步完善电子商务相关学科建设，培养适应电子商务发展需要的各类专业技术人才和复合型人才，加强电子商务理论研究；改造和完善现有教育培训机构，多渠道强化电子商务继续教育和在职培训，提高各行业不同层次人员的电子商务应用能力。

八、加强交流合作，参与国际竞争

（二十四）加强国际交流与合作。积极参加有关电子商务的国际组织，参与国际电子商务重要规则、条约与示范法的研究和制定工作。密切跟踪研究国际电子商务发展的动态和趋势，加强技术合作，推动市场融合，不断提高我国电子商务的整体水平。

（二十五）积极参与国际竞争。企业要强化国际竞争意识，积极应用电子商务开拓国际市场，提高国际竞争能力。有关部门要提高服务意识和服务水平，发挥信息资源优势，为企业走向国际市场提供及时准确的信息和优质的服务。

发展电子商务是党中央、国务院作出的完善社会主义市场经济体制、加速国民经济和社会信息化进程、提高国民经济运行质量和效率的战略决策，各地区、各部门要充分认识发展电子商务的重要性和紧迫性，积极发挥职能作用，密切协同配合，制定并不断完善加快电子商务发展的具体政策措施，推进我国电子商务健康发展。

扩大和升级信息消费三年行动计划（2018—2020年）（节录）

（2018年8月10日　工业和信息化部、国家发展和改革委员会
工信部联信软〔2018〕140号）

……

三、主要行动

……

（二）信息技术服务能力提升行动

组织开展“企业上云”行动。面向行业企业开展宣传培训工作，推动云计算服务商与行业企业深入合作，利用云上的软件应用和数据服务提高企业管理效率，组织开展典型标杆应用案例遴选。推动中小企业业务向云端迁移，到2020年，实现中小企业应用云服务快速形成信息化能力，形成100个企业上云典型应用案例。

提升信息技术服务研发应用水平。推进新型智慧城市建设，支持云计算、大数据、物联网综合研发应用，加速提高居民生活信息消费便利化水平。组织开展区块链等新型技术应用试点。发布信息技术服务标准（ITSS）体系5.0版，持续开展贯标活动，支持企业以标准为引领加快提升综合集成服务能力，到2020年贯标企业超过2000家。

培育行业信息消费支撑服务。积极发展工业电子商务，深化制造业和互联网融合，建设一批有较强影响力和带动力的垂直电商平台。支持企业发展网络支付、现代物流、供应链管理等面向信息消费全过程的支撑服务。到2020年，实现重点行业骨干企业电子商务普及率达到60%。

推动信息消费领域“双创”发展。支持大型企业建立基于互联网的“双创”平台，培育信息消费融合发展新业态、新模式。建设一批国家中小企业公共服务示范平台，为中小企业提供信息、技术、创业、培训、融资等服务。公告一批国家小型微型企业创业创新示范基地，广泛吸引中小企业入驻，引导示范基地积极整合社会服务资源，提供多方面、多种形式的服务，助力信

息消费创新发展。

……

（四）信息消费环境优化行动

加强和改进行业监管。深入推进“放管服”改革，进一步简化行政审批，对信息消费领域新模式新业态采取鼓励创新、包容审慎的监管模式，营造行业健康发展环境。持续创新监管方式，加强信息通信行业信用体系建设，利用云计算、大数据等完善监管技术手段。夯实互联网基础资源管理，实行网站、域名实名联动管理，强化企业主体责任。

维护市场竞争秩序。完善以信用为核心的全流程市场监管体系，进一步规范互联网网络接入服务市场，加大骚扰电话防范和治理力度，维护信息通信市场秩序。优化市场竞争法律法规环境，规范市场主体竞争秩序，依法查处不正当竞争行为，加大知识产权保护力度，激发创新创业活力。

加强个人信息保护。落实《中华人民共和国网络安全法》相关规定，推动出台电信和互联网网络数据管理政策，规范网络数据收集、传输、存储和使用行为。建立完善数据与个人信息泄露公告和报告机制，加强行业个人信息保护监督执法，督促企业切实落实用户个人信息保护责任。

构建安全可靠的信息消费环境。深入推进网络综合治理，及时有效应对网络诈骗等新问题，纵深推进防范打击通讯信息诈骗工作，有效维护人民群众切身利益。加强监督检查，加大对电信和互联网企业服务和收费违规行为的处置和曝光力度，督促企业加强自律，解决好社会关注和用户反映强烈的热点难点问题，切实维护用户合法权益。

……

无证无照经营查处办法

（2017 年 8 月 23 日中华人民共和国国务院令第 684 号公布　自 2017 年 10 月 1 日起施行）

第一条　为了维护社会主义市场经济秩序，促进公平竞争，保护经营者和消费者的合法权益，制定本办法。

第二条　任何单位或者个人不得违反法律、法规、国务院决定的规定，从事无证无照经营。

第三条 下列经营活动，不属于无证无照经营：

（一）在县级以上地方人民政府指定的场所和时间，销售农副产品、日常生活用品，或者个人利用自己的技能从事依法无须取得许可的便民劳务活动；

（二）依照法律、行政法规、国务院决定的规定，从事无须取得许可或者办理注册登记的经营活动。

第四条 县级以上地方人民政府负责组织、协调本行政区域的无证无照经营查处工作，建立有关部门分工负责、协调配合的无证无照经营查处工作机制。

第五条 经营者未依法取得许可从事经营活动的，由法律、法规、国务院决定规定的部门予以查处；法律、法规、国务院决定没有规定或者规定不明确的，由省、自治区、直辖市人民政府确定的部门予以查处。

第六条 经营者未依法取得营业执照从事经营活动的，由履行工商行政管理职责的部门（以下称工商行政管理部门）予以查处。

第七条 经营者未依法取得许可且未依法取得营业执照从事经营活动的，依照本办法第五条的规定予以查处。

第八条 工商行政管理部门以及法律、法规、国务院决定规定的部门和省、自治区、直辖市人民政府确定的部门（以下统称查处部门）应当依法履行职责，密切协同配合，利用信息网络平台加强信息共享；发现不属于本部门查处职责的无证无照经营，应当及时通报有关部门。

第九条 任何单位或者个人有权向查处部门举报无证无照经营。

查处部门应当向社会公开受理举报的电话、信箱或者电子邮件地址，并安排人员受理举报，依法予以处理。对实名举报的，查处部门应当告知处理结果，并为举报人保密。

第十条 查处部门依法查处无证无照经营，应当坚持查处与引导相结合、处罚与教育相结合的原则，对具备办理证照的法定条件、经营者有继续经营意愿的，应当督促、引导其依法办理相应证照。

第十一条 县级以上人民政府工商行政管理部门对涉嫌无照经营进行查处，可以行使下列职权：

（一）责令停止相关经营活动；

（二）向与涉嫌无照经营有关的单位和个人调查了解有关情况；

（三）进入涉嫌从事无照经营的场所实施现场检查；

（四）查阅、复制与涉嫌无照经营有关的合同、票据、账簿以及其他有关资料。

对涉嫌从事无照经营的场所，可以予以查封；对涉嫌用于无照经营的工具、设备、原材料、产品（商品）等物品，可以予以查封、扣押。

对涉嫌无证经营进行查处，依照相关法律、法规的规定采取措施。

第十二条 从事无证经营的，由查处部门依照相关法律、法规的规定予以处罚。

第十三条 从事无照经营的，由工商行政管理部门依照相关法律、行政法规的规定予以处罚。法律、行政法规对无照经营的处罚没有明确规定的，由工商行政管理部门责令停止违法行为，没收违法所得，并处1万元以下的罚款。

第十四条 明知属于无照经营而为经营者提供经营场所，或者提供运输、保管、仓储等条件的，由工商行政管理部门责令停止违法行为，没收违法所得，可以处5000元以下的罚款。

第十五条 任何单位或者个人从事无证无照经营的，由查处部门记入信用记录，并依照相关法律、法规的规定予以公示。

第十六条 妨害查处部门查处无证无照经营，构成违反治安管理行为的，由公安机关依照《中华人民共和国治安管理处罚法》的规定予以处罚。

第十七条 查处部门及其工作人员滥用职权、玩忽职守、徇私舞弊的，对负有责任的领导人员和直接责任人员依法给予处分。

第十八条 违反本办法规定，构成犯罪的，依法追究刑事责任。

第十九条 本办法自2017年10月1日起施行。2003年1月6日国务院公布的《无照经营查处取缔办法》同时废止。

电信业务经营许可管理办法

（2017年7月3日工业和信息化部令第42号公布　自2017年9月1日起施行）

第一章　总　　则

第一条 为了加强电信业务经营许可管理，根据《中华人民共和国电信条例》及其他法律、行政法规的规定，制定本办法。

第二条 在中华人民共和国境内申请、审批、使用和管理电信业务经营许可证（以下简称经营许可证），适用本办法。

第三条 工业和信息化部和省、自治区、直辖市通信管理局（以下统称电信管理机构）是经营许可证的审批管理机构。

经营许可证审批管理应当遵循便民、高效、公开、公平、公正的原则。

工业和信息化部建立电信业务综合管理平台（以下简称管理平台），推进经营许可证的网上申请、审批和管理及相关信息公示、查询、共享，完善信用管理机制。

第四条 经营电信业务，应当依法取得电信管理机构颁发的经营许可证。

电信业务经营者在电信业务经营活动中，应当遵守经营许可证的规定，接受、配合电信管理机构的监督管理。

电信业务经营者按照经营许可证的规定经营电信业务受法律保护。

第二章 经营许可证的申请

第五条 经营基础电信业务，应当具备下列条件：

（一）经营者为依法设立的专门从事基础电信业务的公司，并且公司的国有股权或者股份不少于51%；

（二）有业务发展研究报告和组网技术方案；

（三）有与从事经营活动相适应的资金和专业人员；

（四）有从事经营活动的场地、设施及相应的资源；

（五）有为用户提供长期服务的信誉或者能力；

（六）在省、自治区、直辖市范围内经营的，注册资本最低限额为1亿元人民币；在全国或者跨省、自治区、直辖市范围经营的，注册资本最低限额为10亿元人民币；

（七）公司及其主要投资者和主要经营管理人员未被列入电信业务经营失信名单；

（八）国家规定的其他条件。

第六条 经营增值电信业务，应当具备下列条件：

（一）经营者为依法设立的公司；

（二）有与开展经营活动相适应的资金和专业人员；

（三）有为用户提供长期服务的信誉或者能力；

（四）在省、自治区、直辖市范围内经营的，注册资本最低限额为100万元人民币；在全国或者跨省、自治区、直辖市范围经营的，注册资本最低限额为1000万元人民币；

（五）有必要的场地、设施及技术方案；

（六）公司及其主要投资者和主要经营管理人员未被列入电信业务经营失信名单；

（七）国家规定的其他条件。

第七条 申请办理基础电信业务经营许可证的，应当向工业和信息化部提交下列申请材料：

（一）公司法定代表人签署的经营基础电信业务的书面申请，内容包括：申请经营电信业务的种类、业务覆盖范围、公司名称和联系方式等；

（二）公司营业执照副本及复印件；

（三）公司概况，包括公司基本情况，拟从事电信业务的机构设置和管理情况、技术力量和经营管理人员情况，与从事经营活动相适应的场地、设施等情况；

（四）公司章程、公司股权结构及股东的有关情况；

（五）业务发展研究报告，包括：经营电信业务的业务发展和实施计划、服务项目、业务覆盖范围、收费方案、预期服务质量、效益分析等；

（六）组网技术方案，包括：网络结构、网络规模、网络建设计划、网络互联方案、技术标准、电信设备的配置、电信资源使用方案等；

（七）为用户提供长期服务和质量保障的措施；

（八）网络与信息安全保障措施；

（九）证明公司信誉的有关材料；

（十）公司法定代表人签署的公司依法经营电信业务的承诺书。

第八条 申请办理增值电信业务经营许可证的，应当向电信管理机构提交下列申请材料：

（一）公司法定代表人签署的经营增值电信业务的书面申请，内容包括：申请经营电信业务的种类、业务覆盖范围、公司名称和联系方式等；

（二）公司营业执照副本及复印件；

（三）公司概况，包括：公司基本情况，拟从事电信业务的人员、场地和设施等情况；

（四）公司章程、公司股权结构及股东的有关情况；

（五）经营电信业务的业务发展和实施计划及技术方案；

（六）为用户提供长期服务和质量保障的措施；

（七）网络与信息安全保障措施；

（八）证明公司信誉的有关材料；

（九）公司法定代表人签署的公司依法经营电信业务的承诺书。

申请经营的电信业务依照法律、行政法规及国家有关规定须经有关主管部门事先审核同意的，应当提交有关主管部门审核同意的文件。

第三章 经营许可证的审批

第九条 经营许可证分为《基础电信业务经营许可证》和《增值电信业务经营许可证》两类。其中，《增值电信业务经营许可证》分为《跨地区增值电信业务经营许可证》和省、自治区、直辖市范围内的《增值电信业务经营许可证》。

《基础电信业务经营许可证》和《跨地区增值电信业务经营许可证》由工业和信息化部审批。省、自治区、直辖市范围内的《增值电信业务经营许可证》由省、自治区、直辖市通信管理局审批。

外商投资电信企业的经营许可证，由工业和信息化部根据《外商投资电信企业管理规定》审批。

第十条 工业和信息化部应当对申请经营基础电信业务的申请材料进行审查。申请材料齐全、符合法定形式的，应当向申请人出具受理申请通知书。申请材料不齐全或者不符合法定形式的，应当当场或者在五日内一次告知申请人需要补正的全部内容。

工业和信息化部受理申请之后，应当组织专家对第七条第五项、第六项、第八项申请材料进行评审，形成评审意见。

工业和信息化部应当自受理申请之日起180日内审查完毕，作出批准或者不予批准的决定。予以批准的，颁发《基础电信业务经营许可证》。不予批准的，应当书面通知申请人并说明理由。

第十一条 电信管理机构应当对申请经营增值电信业务的申请材料进行审查。申请材料齐全、符合法定形式的，应当向申请人出具受理申请通知书。申请材料不齐全或者不符合法定形式的，应当当场或者在五日内一次告知申请人需要补正的全部内容。

电信管理机构根据管理需要，可以组织专家对第八条第五项、第六项和第七项申请材料进行评审，形成评审意见。

电信管理机构应当自收到全部申请材料之日起60日内审查完毕，作出批准或者不予批准的决定。予以批准的，颁发《跨地区增值电信业务经营许可证》或者省、自治区、直辖市范围内的《增值电信业务经营许可证》。不予批准的，应当书面通知申请人并说明理由。

第十二条 电信管理机构需要对申请材料实质内容进行核实的，可以自行或者委托其他机构对申请人实地查验，申请人应当配合。

电信管理机构组织专家评审的，专家评审时间不计算在本办法第十条第三款和第十一条第三款规定的审查期限内。

第十三条 经营许可证由正文和附件组成。

经营许可证正文应当载明公司名称、法定代表人、业务种类（服务项目）、业务覆盖范围、有效期限、发证机关、发证日期、经营许可证编号等内容。

经营许可证附件可以规定特别事项，由电信管理机构对电信业务经营行为、电信业务经营者权利义务等作出特别要求。

经营许可证应当加盖发证机关印章。

工业和信息化部可以根据实际情况，调整经营许可证的内容，重新公布。

第十四条 《基础电信业务经营许可证》的有效期，根据电信业务种类分为5年、10年。

《跨地区增值电信业务经营许可证》和省、自治区、直辖市范围内的《增值电信业务经营许可证》的有效期为5年。

第十五条 经营许可证由公司法定代表人领取，或者由其委托的公司其他人员凭委托书领取。

第四章 经营许可证的使用

第十六条 电信业务经营者应当按照经营许可证所载明的电信业务种类，

在规定的业务覆盖范围内，按照经营许可证的规定经营电信业务。

电信业务经营者应当在公司主要经营场所、网站主页、业务宣传材料等显著位置标明其经营许可证编号。

第十七条 获准经营无线电通信业务的，应当按照国家无线电管理相关规定，持经营许可证向无线电管理机构申请取得无线电频率使用许可。

第十八条 电信业务经营者经发证机关批准，可以授权其持股比例（包括直接持有和间接持有）不少于51%并符合经营电信业务条件的公司经营其获准经营的电信业务。发证机关应当在电信业务经营者的经营许可证中载明该被授权公司的名称、法定代表人、业务种类、业务覆盖范围等内容。

获准跨地区经营基础电信业务的公司在一个地区不能授权两家或者两家以上公司经营同一项基础电信业务。

第十九条 任何单位和个人不得伪造、涂改、冒用和以任何方式转让经营许可证。

第五章 经营行为的规范

第二十条 基础电信业务经营者应当按照公开、平等的原则为取得经营许可证的电信业务经营者提供经营相关电信业务所需的电信服务和电信资源，不得为无经营许可证的单位或者个人提供用于经营电信业务的电信资源或者提供网络接入、业务接入服务。

第二十一条 电信业务经营者不得以任何方式实施不正当竞争。

第二十二条 为增值电信业务经营者提供网络接入、代理收费和业务合作的基础电信业务经营者，应当对相应增值电信业务的内容、收费、合作行为等进行规范、管理，并建立相应的发现、监督和处置制度及措施。

第二十三条 基础电信业务经营者调整与增值电信业务经营者之间的合作条件的，应当事先征求相关增值电信业务经营者的意见。

有关意见征求情况及记录应当留存，并在电信管理机构监督检查时予以提供。

第二十四条 提供接入服务的增值电信业务经营者应当遵守下列规定：

（一）应当租用取得相应经营许可证的基础电信业务经营者提供的电信服务或者电信资源从事业务经营活动，不得向其他从事接入服务的增值电信业务经营者转租所获得的电信服务或者电信资源；

（二）为用户办理接入服务手续时，应当要求用户提供真实身份信息并予以查验；

（三）不得为未依法取得经营许可证或者履行非经营性互联网信息服务备案手续的单位或者个人提供接入或者代收费等服务；

（四）按照电信管理机构的规定，建立相应的业务管理系统，并按要求实现同电信管理机构相应系统对接，定期报送有关业务管理信息；

（五）对所接入网站传播违法信息的行为进行监督，发现传播明显属于《中华人民共和国电信条例》第五十六条规定的信息的，应当立即停止接入和代收费等服务，保存有关记录，并向国家有关机关报告；

（六）按照电信管理机构的要求终止或者暂停对违法网站的接入服务。

第二十五条 电信管理机构建立电信业务市场监测制度。相关电信业务经营者应当按照规定向电信管理机构报送相应的监测信息。

第二十六条 电信业务经营者应当按照国家和电信管理机构的规定，明确相应的网络与信息安全管理机构和专职网络与信息安全管理人员，建立网络与信息安全保障、网络安全防护、违法信息监测处置、新业务安全评估、网络安全监测预警、突发事件应急处置、用户信息安全保护等制度，并具备相应的技术保障措施。

第六章 经营许可证的变更、撤销、吊销和注销

第二十七条 经营许可证有效期届满需要继续经营的，应当提前90日向原发证机关提出延续经营许可证的申请；不再继续经营的，应当提前90日向原发证机关报告，并做好善后工作。

未在前款规定期限内提出延续经营许可证的申请，或者在经营许可证有效期内未开通电信业务的，有效期届满不予延续。

第二十八条 电信业务经营者或者其授权经营电信业务的公司，遇有因合并或者分立、股东变化等导致经营主体需要变更的情形，或者业务范围需要变化的，应当自公司作出决定之日起30日内向原发证机关提出申请。

电信业务经营者变更经营主体、股东的，应当符合本办法第五条、第六条、第九条第三款的有关规定。

第二十九条 在经营许可证的有效期内，变更公司名称、法定代表人、注册资本的，应当在完成公司的工商变更登记手续之日起30日内向原发证机关申请办理电信业务经营许可证变更手续。

第三十条 在经营许可证的有效期内，电信业务经营者需要终止经营的，应当符合下列条件：

（一）终止经营基础电信业务的，应当符合电信管理机构确定的电信行业管理总体布局；

（二）有可行的用户妥善处理方案并已妥善处理用户善后问题。

第三十一条 在经营许可证的有效期内，电信业务经营者需要终止经营的，应当向原发证机关提交下列申请材料：

（一）公司法定代表人签署并加盖印章的终止经营电信业务书面申请，内容包括：公司名称、联系方式、经营许可证编号、申请终止经营的电信业务种类、业务覆盖范围等；

（二）公司股东会或者股东大会关于同意终止经营电信业务的决定；

（三）公司法定代表人签署的做好用户善后处理工作的承诺书；

（四）公司关于解决用户善后问题的情况说明，内容包括：用户处理方案、社会公示情况说明、用户意见汇总、实施计划等；

（五）公司的经营许可证原件、营业执照复印件。

原发证机关收到终止经营电信业务的申请后应当向社会公示，公示期为30日。自公示期结束60日内，原发证机关应当完成审查工作，作出予以批准或者不予批准的决定。对于符合终止经营电信业务条件的，原发证机关应当予以批准，收回并注销电信业务经营许可证或者注销相应的电信业务种类、业务覆盖范围；对于不符合终止经营电信业务条件的，原发证机关应当不予批准，书面通知申请人并说明理由。

第三十二条 有下列情形之一的，发证机关或者其上级机关可以撤销经营许可证：

（一）发证机关工作人员滥用职权、玩忽职守作出准予行政许可决定的；

（二）超越法定职权或者违反法定程序作出准予行政许可决定的；

（三）对不具备申请资格或者不符合申请条件的申请人准予行政许可的；

（四）依法可以撤销经营许可证的其他情形。

第三十三条 有下列情形之一的，发证机关应当注销经营许可证：

（一）电信业务经营者依法终止的；

（二）经营许可证有效期届满未延续的；

（三）电信业务经营者被有关机关依法处罚或者因不可抗力，导致电信业务经营许可事项无法实施的；

（四）经营许可证依法被撤销、吊销的；

（五）法律、法规规定应当注销经营许可证的其他情形。

第三十四条 发证机关吊销、撤销或者注销电信业务经营者的经营许可证后，应当向社会公布。

电信业务经营者被吊销、撤销或者注销经营许可证的，应当按照国家有关规定做好善后工作。

被吊销、撤销或者注销经营许可证的，应当将经营许可证交回原发证机关。

第七章 经营许可的监督检查

第三十五条 电信业务经营者应当在每年第一季度通过管理平台向发证机关报告下列信息：

（一）上一年度的电信业务经营情况；

（二）网络建设、业务发展、人员及机构变动情况；

（三）服务质量情况；

（四）网络与信息安全保障制度和措施执行情况；

（五）执行国家和电信管理机构有关规定及经营许可证特别事项的情况；

（六）发证机关要求报送的其他信息。

前款第一项至第三项规定的信息（涉及商业秘密的信息除外）应当向社会公示，第五项、第六项规定的信息由电信业务经营者选择是否向社会公示。

电信业务经营者应当对本条第一款规定的年报信息的真实性负责，不得弄虚作假或者隐瞒真实情况。

第三十六条 电信管理机构建立随机抽查机制，对电信业务经营者的年报信息、日常经营活动、执行国家和电信管理机构有关规定的情况等进行检查。

电信管理机构可以采取书面检查、实地核查、网络监测等方式，并可以委托第三方机构开展有关检查工作。

电信管理机构在抽查中发现电信业务经营者有违反电信管理规定的违法行为的，应当依法处理。

第三十七条 电信管理机构根据随机抽查、日常监督检查及行政处罚记录等情况，建立电信业务经营不良名单和电信业务经营失信名单。

电信业务经营不良名单和失信名单应当定期通过管理平台更新并向社会公示。

第三十八条 电信管理机构发现电信业务经营者未按照本办法第三十五条的规定报告年报信息的，应当要求其限期报告。电信业务经营者未按照电信管理机构要求的期限报告年报信息的，由电信管理机构列入电信业务经营不良名单。

依照前款规定列入电信业务经营不良名单的电信业务经营者，依照本办法规定履行报告年报信息义务的，经电信管理机构确认后移出。

第三十九条 获准跨地区经营电信业务的公司在有关省、自治区、直辖市设立、变更或者撤销分支机构的，应当自作出决定之日起30日内通过管理平台向原发证机关和当地电信管理机构报送有关信息。

省、自治区、直辖市通信管理局应当对跨地区电信业务经营者在当地开展电信业务的有关情况进行监督检查，并向工业和信息化部报告有关检查结果。

第四十条 电信管理机构开展监督检查，不得妨碍电信业务经营者正常的生产经营活动，不得收取任何费用。

电信管理机构开展监督检查时，应当记录监督检查的情况和处理结果，由监督检查人员签字后归档。

电信管理机构应当通过管理平台公示监督检查情况。

第四十一条 电信管理机构应当通过管理平台向社会公示电信业务经营者受到行政处罚的情况，并向相关基础电信业务经营者和提供接入服务的增值电信业务经营者通报。

第四十二条 电信业务经营者受到电信管理机构行政处罚的，由电信管理机构自作出行政处罚决定之日起30日内列入电信业务经营不良名单，但受到电信管理机构吊销经营许可证的处罚或者具有本办法规定直接列入电信业务经营失信名单情形的，直接列入失信名单。

列入电信业务经营不良名单的电信业务经营者，一年内未再次受到电信管理机构行政处罚的，由电信管理机构移出不良名单；三年内再次受到电信管理机构责令停业整顿、吊销经营许可证的处罚，或者具有工业和信息化部规定的其他情形的，由电信管理机构列入电信业务经营失信名单。

列入电信业务经营失信名单后，三年内未再次受到电信管理机构行政处罚的，由电信管理机构移出失信名单。

列入或者移出电信业务经营失信名单，应当同时将电信业务经营者的主要经营管理人员列入或者移出。

第四十三条 电信管理机构对列入电信业务经营不良名单和失信名单的电信业务经营者实施重点监管。

基础电信业务经营者和提供接入服务的增值电信业务经营者向其他增值电信业务经营者提供网络接入、代收费和业务合作时，应当把电信业务经营不良名单和失信名单作为重要考量因素。

第四十四条 任何单位或者个人发现电信业务经营者违反电信管理规定应当受到行政处罚的，可以向有关电信管理机构举报。

第八章 法律责任

第四十五条 隐瞒有关情况或者提供虚假材料申请电信业务经营许可的，电信管理机构不予受理或者不予行政许可，给予警告，申请人在一年内不得再次申请该行政许可。

以欺骗、贿赂等不正当手段取得电信业务经营许可的，电信管理机构撤销该行政许可，给予警告并直接列入电信业务经营失信名单，并视情节轻重处 5000 元以上 3 万元以下的罚款，申请人在三年内不得再次申请该行政许可；构成犯罪的，依法追究刑事责任。

第四十六条 违反本办法第十六条第一款、第二十八条第一款规定，擅自经营电信业务或者超范围经营电信业务的，依照《中华人民共和国电信条例》第六十九条规定予以处罚，其中情节严重、给予责令停业整顿处罚的，直接列入电信业务经营失信名单。

第四十七条 违反本办法第十九条规定的，依照《中华人民共和国电信条例》第六十八条规定予以处罚。

第四十八条 违反本办法第四条第二款、第二十条、第二十二条、第二十三条、第二十四条、第二十九条、第三十一条或者第三十五条第三款规定的，由电信管理机构责令改正，给予警告，可以并处5000元以上3万元以下的罚款。

《中华人民共和国网络安全法》《中华人民共和国电信条例》对前款规定的情形规定法律责任的，电信管理机构从其规定处理。

第四十九条 当事人对电信管理机构作出的行政许可、行政处罚决定不服的，可以依法申请行政复议或者提起行政诉讼。

当事人逾期不申请行政复议也不提起行政诉讼，又不履行行政处罚决定的，由作出行政处罚决定的电信管理机构申请人民法院强制执行，并列入电信业务经营失信名单。

第五十条 电信管理机构的工作人员在经营许可证管理工作中，玩忽职守、滥用职权、徇私舞弊，构成犯罪的，移交司法机关依法追究刑事责任；尚不构成犯罪的，由所在单位或者上级主管部门依法给予处分。

第九章 附 则

第五十一条 经营许可证由工业和信息化部统一印制。

第五十二条 电信管理机构可以参照本办法组织开展电信业务商用试验活动。

第五十三条 本办法自2017年9月1日起施行。2009年3月5日公布的《电信业务经营许可管理办法》（工业和信息化部令第5号）同时废止。

网络空间国际合作战略（节录）

（2017年3月1日 外交部、国家互联网信息办公室发布）

……

第三章 战略目标

五、促进数字经济合作

中国大力实施网络强国战略、国家信息化战略、国家大数据战略、“互联网+”行动计划，大力发展电子商务，着力推动互联网和实体经济深度融合发展，促进资源配置优化，促进全要素生产率提升，为推动创新发展、转变经济增长方式、调整经济结构发挥积极作用。

中国秉持公平、开放、竞争的市场理念，在自身发展的同时，坚持合作和普惠原则，促进世界范围内投资和贸易发展，推动全球数字经济发展。中国主张推动国际社会公平、自由贸易，反对贸易壁垒和贸易保护主义，促进建立开放、安全的数字经济环境，确保互联网为经济发展和创新服务。中国主张进一步推动实现公平合理普遍的互联网接入、互联网技术的普及化、互联网语言的多样性，加强中国同其他国家和地区在网络安全和信息技术方面的交流与合作，共同推进互联网技术的发展和创新，确保所有人都能平等分享数字红利，实现网络空间的可持续发展。

中国坚持以安全保发展，以发展促安全。要保持数字经济健康、强劲发展，既不能追求绝对安全阻碍发展的活力、限制开放互通、禁锢技术创新，也不能以市场自由化、贸易自由化为由，回避必要的安全监管措施。各国、各地区互联网发展水平和网络安全防护能力不同，应为广大发展中国家提升网络安全能力提供力所能及的援助，弥合发展中国家和发达国家间的“数字鸿沟”，实现数字经济互利共赢，补齐全球网络安全短板。

……

第四章　行动计划

七、推动数字经济发展和数字红利普惠共享

推动落实联合国信息社会世界峰会确定的建设以人为本、面向发展、包容性的信息社会目标，以此推进落实2030年可持续发展议程。

支持基于互联网的创新创业，促进工业、农业、服务业数字化转型。促进中小微企业信息化发展。促进信息通信技术领域投资。扩大宽带接入，提高宽带质量。提高公众的数字技能，提高数字包容性。增强在线交易的可用性、完整性、保密性和可靠性，发展可信、稳定和可靠的互联网应用。

支持向广大发展中国家提供网络安全能力建设援助，包括技术转让、关键信息基础设施建设和人员培训等，将“数字鸿沟”转化为数字机遇，让更多发展中国家和人民共享互联网带来的发展机遇。

推动制定完善的网络空间贸易规则，促进各国相关政策的有效协调。开展电子商务国际合作，提高通关、物流等便利化水平。保护知识产权，反对贸易保护主义，形成世界网络大市场，促进全球网络经济的繁荣发展。

加强互联网技术合作共享，推动各国在网络通信、移动互联网、云计算、物联网、大数据等领域的技术合作，共同解决互联网技术发展难题，共促新产业、新业态的发展。加强人才交流，联合培养创新型网络人才。

紧密结合"一带一路"建设，推动并支持中国的互联网企业联合制造、金融、信息通信等领域企业率先走出去，按照公平原则参与国际竞争，共同开拓国际市场，构建跨境产业链体系。鼓励中国企业积极参与他国能力建设，帮助发展中国家发展远程教育、远程医疗、电子商务等行业，促进这些国家的社会发展。

……

电子商务"十三五"发展规划

（2016 年 12 月 24 日 商务部、中共中央网络安全和信息化委员会办公室、国家发展和改革委员会 商电发〔2016〕482 号）

电子商务是网络化的新型经济活动，是推动"互联网＋"发展的重要力量，是新经济的主要组成部分。电子商务经济以其开放性、全球化、低成本、高效率的优势，广泛渗透到生产、流通、消费及民生等领域，在培育新业态、创造新需求、拓展新市场、促进传统产业转型升级、推动公共服务创新等方面的作用日渐凸显，成为国民经济和社会发展新动力，孕育全球经济合作新机遇。

本规划遵循中央建设网络强国目标及《国民经济和社会发展第十三个五年规划纲要》、《国家信息化发展战略纲要》要求，旨在贯彻落实《国务院关于大力发展电子商务加快培育经济新动力的意见》、《国务院关于积极推进"互联网＋"行动的指导意见》及《国务院办公厅关于深入实施"互联网＋流通"行动计划的意见》等文件精神，明确我国电子商务"十三五"发展目标、主要任务、专项行动与保障措施，以指导我国电子商务步入新的发展阶段。

一、发展现状与面临形势

（一）发展现状。

经过近20年积极推进和创新发展，“十二五”期间，我国电子商务交易规模从2011年的6万亿元增至2015年的21.8万亿元，已经成为全球规模最大、发展速度最快的电子商务市场。

电子商务经济成为经济增长新引擎。一是网购成为消费增长新力量。“十二五”期间，网络零售额从7500亿元猛增至3.88万亿元，其中实物商品网络零售额为3.24万亿元，在社会消费品零售总额中占比达10.8%。二是电子商务成为投资与创业新热点。“十二五”末，以实物商品、在线服务及数字产品交易为代表的互联网创业年投资额达153.62亿美元，占全国创业投资总额的28.5%。电子商务基础设施投资活跃，电子商务园区数量超过1000个，全国电子商务仓储超过4000万平方米。线上线下互动（O2O）、跨境电子商务、医疗健康、企业间电子商务交易（B2B）等成为投资与创业热点。三是跨境电子商务成为外贸增长新动力。跨境电子商务综合试验区建设取得阶段性成效，配套政策体系不断完善，交易规模快速增长，业务模式不断创新，成为新的外贸增长点。

电子商务“双创”催生规模化就业新领域。“十二五”末，全国开展在线销售的企业比例增至32.6%，电子商务服务业市场规模达到1.98万亿元，传统产业与新兴业态相关从业者达2690万人。电子商务已成为各类企业创新发展的重要领域，培养了大量电子商务创业及经理人才，创造了许多新兴工作岗位，成为全面促进就业的有力支撑。

“电商扶贫”开辟“脱贫攻坚”新途径。2015年《中共中央国务院关于打赢脱贫攻坚战的决定》将“电商扶贫”正式纳入了精准扶贫工程，提出加大“互联网+”扶贫力度，实施电商扶贫工程，加快贫困地区物流配送体系建设。2014-2015年，财政部、商务部在256个县开展电子商务进农村综合示范建设，其中国家扶贫开发重点县和集中连片贫困县103个，占比40.2%。电子商务企业积极探索电子商务村、产业扶贫、创业扶贫、用工扶贫等“电商扶贫”方式。

（二）面临形势。

全球电子商务进入全面发展和联动发展叠加的新时期，世界各国电子商务均表现出积极增长势头，跨境电子商务贸易与资本合作加速，我国电子商务进入规模发展和引领发展的双重机遇期。

国家重大战略为电子商务带来新机遇。围绕“一带一路”“大众创业万众创新”“供给侧结构性改革”“制造强国战略”“互联网+”“大数据”等国家重大战略举措，电子商务立足自身发展规律与优势，在构建“网上丝绸之路”、促进创新创业、推动传统产业转型升级等方面将进一步发挥积极作用。

新一轮科技革命为电子商务创造新场景。以大数据、云计算、虚拟现实、人工智能等为代表的新一代信息技术在全球范围内快速发展，将持续为电子商务创新发展提供支撑，创造精准匹配、交互式购物等用户体验，构建新的商业模式。以新一代移动通信网、下一代互联网为代表的网络技术将持续为电子商务扩展创新空间，大容量数字产品、三维位置服务、全息商品展示等应用领域酝酿新的突破。

经济与社会结构变革为电子商务拓展新空间。城乡二元结构调整为电子商务在农村发展提供广阔市场，电子商务将持续在平衡城乡消费差距、提升农村流通现代化水平、促进农产品商品化、助推农民增收等方面发挥积极作用。制造业转型升级为电子商务在工业领域发展提供创新载体，孕育形成互联网工厂、网络定制、创客平台等创新生产经营方式。流通方式创新和消费升级为电子商务提供融合发展机遇，电子商务进一步融入生活服务、医疗健康、交通旅游等领域；B2B交易服务正在优化重构产业链，整合提供交易撮合、物流加工、融资等供应链综合服务。

新经济快速发展对政府治理提出新挑战。电子商务经济区域发展不平衡问题日渐显现，迫切需要探索协调、共享发展途径。电子商务新市场主体之间及新旧市场主体间资源争夺日趋激烈，电子商务市场创新和现行法规之间碰撞日趋频繁，跨平台、跨区域违法违规行为日趋隐蔽，电子商务国际贸易规则、诚信体系建设、网络交易安全及隐私保护工作日趋艰巨。

二、指导思想、基本原则与发展目标

（一）指导思想。

全面贯彻党的十八大和十八届三中、四中、五中、六中全会精神，深入贯彻习近平总书记系列重要讲话精神，围绕统筹推进“五位一体”总体布局和协调推进“四个全面”战略布局，牢牢把握我国有望引领全球电子商务发展的历史性机遇，按照党中央、国务院战略决策和部署，坚持创新、协调、绿色、开放、共享发展理念，以适应经济发展新常态壮大电子商务新动能、围绕全面建成小康社会目标创新电子商务民生事业为主线，加快全面深化改革，持续推进政策环境创新和信息基础建设步伐，充分释放电子商务创新创业活力，提升电子商务竞争水平和服务品质，促进电子商务与农林业、工业和服务业深度融合，及时发展电子商务要素市场，积极推动电子商务国际合作，建设统一开放、竞争有序、诚信守法、安全可靠的电子商务市场，引导电子商务全面服务国民经济和社会发展。

（二）基本原则。

——发展和规范并举。坚持以新理念引领发展，激发电子商务市场活力，不断拓宽电子商务创新发展领域，积极营造宽松的电子商务创业环境，大力发展电子商务产业。坚持通过创新监管方式规范发展，加快建立开放、公平、诚信的电子商务市场秩序。

——竞争和协调并行。坚持推动市场公平竞争，防范和制止垄断行为及恶性竞争行为，最大限度减少对电子商务市场竞争的行政干预。坚持协调发展，促进电子商务与传统产业、线上与线下、城市与农村之间优势互补、一体化发展。

——开放和安全并重。坚持开放发展，鼓励电子商务企业积极参与国际市场竞争，加强对外交流、合作，形成物流便捷、标准互认、产能互补、市场共享的国际电子商务发展局面。坚持安全发展，建立健全电子商务交易保障机制，落实网络安全审查、风险评估等网络安全制度，妥善处理数据开放和信息共享风险，维护国家经济安全、社会安全和网络空间主权。

（三）发展目标。

电子商务全面融入国民经济各领域，发展壮大具有世界影响力的电子商务产业，推动形成全球协作的国际电子商务大市场。电子商务经济进入规模发展阶段，成为经济增长和新旧动能转换的关键动力。电子商务全面覆盖社会发展各领域，带动教育、医疗、文化、旅游等社会事业创新发展，电子商务成为促进就业、改善民生、惠及城乡的重要平台。

预计2020年，电子商务交易额同比“十二五”末翻一番，超过40万亿元，网络零售额达到10万亿元左右，电子商务相关从业者超过5000万人。

三、主要任务

（一）加快电子商务提质升级。

以“创新和开放”引领发展，全方位提升电子商务市场主体竞争层次，加快电子商务商业模式、科技水平及市场组织方式创新，推动电子商务进入新一轮高速发展阶段。

大力提升电子商务平台创新发展水平。充分发挥电子商务平台对于社会资源的协同利用作用，以平台经济为核心促进分享经济发展，提升社会资源配置效率，积极发展新经济。鼓励生产制造、流通消费、民生服务等各行业、领域电子商务平台创新发展。积极培育基于社交电子商务、移动电子商务及新技术驱动下的新一代电子商务平台，建立完善新型平台生态体系。鼓励电子商务平台注重内涵式发展，带动上下游产业链丰富品种、提升品质，培育品牌，全面提升竞争水平。

加快提升电子商务内外市场一体化水平。对内形成公平有序的统一市场，有效实施公平竞争审查制度，禁止行政机关滥用行政权力排除、限制电子商务市场竞争，预防和制止电子商务行业垄断行为，打击不正当竞争行为。对外形成规则相通的开放市场，积极发起或参与多双边及区域电子商务规则谈判和交流合作，建立与国际组织及主要贸易伙伴的交流合作机制，扩大电子商务领域的双向开放。

着力提升电子商务领域科技支撑能力。加大电子商务领域相关的科学基础理论、技术和产品研发投入，鼓励大数据、众智科学、区块链等现代服务科学与工程理论技术在电子商务领域开展创新应用，构建新一代电子商务平台。通过加强电子商务企业技术创新，系统开发与集成应用，构建技术优势，有机整合市场、产业、产品和服务，推动电子商务企业走出技术创新、服务创新、品牌创立之路。

（二）推进电子商务与传统产业深度融合。

以“协调和创新”引领发展，促进电子商务经营模式融入传统经济领域，开创线上线下互动融合的协调发展局面，加快形成网络化产业，全面带动传统产业转型升级。

电子商务促进农业转型升级。完善基础设施，打通双向流通渠道，促进农林产品、农林地区加工品进城，方便农资和消费品下乡，形成服务于现代农业发展的新型农村电子商务体系。加快农林产品商品化、品牌化进程，探索订单农业，加速发展精准农业，形成基于互联网的新型农业生产方式。依托电子商务发展休闲农业、乡村旅游，积极开发农林生态、乡土文化资源价值，促进一二三产业融合发展。

电子商务拉动制造业提档升级。支持制造企业与电子商务企业全面合作，整合线上线下交易资源，拓展销售渠道，打造制造、营销、物流等高效协同的生产流通一体化新生态。支持鼓励物流企业建立行业在线采购、销售、服务平台，探索生产及服务资源的平台化，积极培育工业电子商务新业态。发挥网络消费及采购需求的拉动作用，促进产品质量与设计水平提升，发展基于柔性制造的网络化定制服务。

电子商务加快商贸流通业创新发展。创新流通企业经营模式，拓展供应链综合服务增值空间，开创以交易为核心、多种交付服务为支撑的 B2B 电子商务创新发展局面。利用新技术加快形成多种消费场景，促进线上线下深度融合发展，推动商贸流通业进入数字化、智慧型发展阶段。

（三）发展电子商务要素市场。

以“创新、协调和共享”引领发展，进一步完善电子商务支撑体系，推动电子商务人才、技术、资本、土地等要素资源产业化，形成电子商务支撑体系与要素市场一体化发展的全新态势。

大力发展电子商务人才和信息服务市场。开展多层次的电子商务人才培训，积极培育电子商务人才市场，形成电子商务人才培养的产业化发展局面。通过电子商务提升市场信息采集效率，依托大数据提升信息分析及利用能力，形成丰富的信息及智库产品，壮大面向国民经济重点行业的电子商务信息服务产业。

大力发展电子商务技术服务市场。围绕电子商务大生态体系建设发展的技术应用需求，以云计算、大数据、物联网、虚拟现实、区块链、人工智能、机器人等各类新技术为重点，加大对相关技术领域的研发、创新、应用支持，发挥电子商务技术应用需求引导作用，打造电子商务技术服务产业。

大力发展电子商务产业载体及物流服务市场。提高土地资源使用效率，因地制宜地优化发展电子商务园区、众创空间、孵化器、海外园区及海外仓等产业服务载体，建立电子商务特征明显的专业载体平台。加快打通航空、铁路、水运等交通服务资源，优化电子商务基础设施布局和物流配送网点，统筹利用相关信息资源，创新仓储、运输及配送模式，加强智能冷链物流体系建设，大幅提高配送效率。解决“快递止于乡镇”“配送最后一公里”“大件及国际物流不通畅”等问题，建立适应电子商务发展的物流产业体系，增强物流对电子商务发展的支撑保障能力。

大力发展电子商务金融服务市场。鼓励电子商务平台与金融机构协作，盘活各类资本，依法合规开展融资服务创新。支持电子商务平台与上下游企业对接，促进电子商务与互联网金融协同、规范有序发展。促进互联网支付合规发展，以满足多样化电子商务支付场景需求为核心，鼓励各类支付服务机构创新安全便捷的电子支付工具，形成满足跨境电子商务、生活服务业、B2B 等各类需求的支付服务体系。

（四）完善电子商务民生服务体系。

以“共享和创新”引领发展，推动电子商务广泛应用于社会发展领域，创新开展“电商扶贫”和“便民服务”，使全体人民在电子商务快速发展中有更多的获得感。

积极开展电子商务精准扶贫。建立电子商务助力精准扶贫的带动机制，探索通过电子商务平台调动全社会扶贫力量，实现产品或项目资源的精准对接，带动产品增值和农民增收，助力脱贫攻坚。通过政府与电子商务平台企业联合开展电商扶贫就业行动，重点面向建档立卡贫困户收购产品或提供就业机会，精准解决贫困人群就业问题。充分发挥互联网在助推脱贫攻坚中的作用，深入实施网络扶贫行动。

积极培育电子商务便民服务。大力发展社区电子商务，依托移动电子商务、地理位置技术，形成服务各年龄层人群，覆盖居民“衣食住行娱”等生活服务所需的 O2O 便民服务体系。探索社区人力及服务资源的整合应用，创新资源组织模式，发展社区电子商务就业方式。

积极培育在线医疗健康及教育服务。通过合理开放医疗健康、教育服务资源，积极稳妥地发展面向医疗健康、教育服务资源的电子商务新兴服务业态，推动医院、学校等发展在线服务，拓展服务覆盖范围，满足人民群众多样化医疗健康及教育服务需求。

（五）优化电子商务治理环境。

以“绿色、创新和协调”引领发展，积极开展制度、模式和管理方式创新，优化电子商务市场秩序，应对电子商务自身面临的环境保护挑战。

健全法律法规及相应机制。以推动制定和颁布《电子商务法》为中心工作，健全电子商务法律法规，加强和完善现有法规体系中涉及电子商务的部门规章、规范性文件制定工作，形成保障电子商务市场健康有序发展的法规体系。加强法律服务和法治宣传，推动完善电子商务规制建设及调整修订，促进国际电子商务规则与标准协同。

建立新型监管体系。加快建立电子商务市场的网络化治理机制与技术保障体系，健全网络交易失信惩戒制度，依托全国信用信息共享平台，推动信用信息互联共享，完善政府与社会联动的电子商务平台治理机制。进一步完善“风险监测、网上抽查、源头追溯、属地查处、信用管理”电子商务产品质量监管机制。充分借助互联网、大数据等信息技术，掌控电子商务市场发展状况，及时发现和查处违法违规行为，建立适应电子商务市场规律的治理机制与监管体系。

推动绿色电子商务发展。探索建立有利于环境保护和可持续发展的电子商务法规、标准、制度和模式。促进电子商务物流绿色发展，降低车辆排放与能源消耗，全面提升节能环保示范的深度和广度，宣传倡导绿色包装、运输、仓储、快递理念。改善城市网购交付环境，鼓励发展绿色网购模式，化解网络消费新增的环保问题。依托电子商务促进再生资源的回收利用，发挥电子商务对“循环经济、低碳经济”的促进作用。

四、专项行动

围绕基础设施、新兴产业、要素市场、新秩序等4方面工作，部署17项重点行动。

（一）电子商务信息基础设施建设工作。

1. 电子商务综合管理平台建设行动。

优化政务信息系统，加快推动政务信息系统互联和公共数据共享，统筹推进电子商务相关政务管理平台建设，依托互联网技术支撑相关行政管理部门依法实施有效监管，提高电子商务综合管理水平和服务效率。

加快企业电子档案管理制度及平台建设。完善电子发票、电子会计档案等管理制度和规范标准，推进电子档案管理，形成电子发票信息库，建设国家及地方电子发票信息管理与服务平台。在符合国家法律法规前提下，实现各级平台互联共享，依托国家电子商务示范城市，面向各类电子商务交易与服务平台，发挥电子会计档案对电子商务的促进和保障作用。

推动建立统一的电子印章系统，形成一体化、传统印章和电子印章合二为一的公共服务平台，为各类电子商务市场主体电子合同在线签署、保障网络交易各方的合法权益提供有效支撑。建立电子合同标准规范及相关管理制度，建设电子合同公共服务平台，为各类电子商务市场主体提供规范化电子合同相关服务。

建设单一窗口平台。建立和完善电子商务海关、检验检疫、结算、税收等管理制度，加快推进形成跨部门共建、共管、共享机制，建设布局合理、互联互通的国际贸易“单一窗口”平台，带动综合服务体系建设，进一步优化跨境电子商务综合管理与服务。

建设电子商务产品质量监管监测平台。建立以统一社会信用代码制度为基础的电子商务市场主体实名制制度和规范，形成贯穿线上销售产品与线下生产企业的可追溯机制，提升电子商务产品质量监管能力和监管水平，保障消费者合法权益。

建立网络失信举报平台。加快建立全国 12315 互联网平台，完善网上交易在线投诉及售后维权机制。加强 12312、12315、12348、12301 等平台电子商务失信信息的整合、共享、推送，在“信用中国”网站和国家企业信用信息公示系统开通网络失信举报中心，畅通群众举报途径。

2. 电子商务公共信息服务平台建设行动。

进一步加强电子商务经济宏观统计监测平台建设。多渠道整合电子商务相关信息，探索对接电子商务龙头企业数据资源，建设电子商务经济运行监测平台，研究提出电子商务发展指数，定期发布电子商务发展形势报告，为政府制定相关政策提供决策参考。

进一步加强电子商务可信交易保障公共服务平台建设。整合政府部门及企事业单位信息资源，建设电子商务市场主体、客体信息库和共享服务平台，推进电子商务信用信息公示，提高电子商务交易的安全性和可信度；加强信息资源利用，积极发展电子商务征信服务。

3. 电子商务商业信息服务平台发展行动。

支持电子商务交易平台研发数据产品。支持企业依托大数据及统一编码技术，创新电子档案收集和利用方式，盘活电子商务交易平台海量交易数据信息，提供合法合规的数据信息产品，提高电子商务经营效率与水平。

发展电子商务产业信息服务。鼓励信息服务机构采集和分析电子商务相关产业领域市场信息，形成多种类型的在线智库产品，服务政府及企业电子商务决策。推动农资生产、经销企业与电商平台企业合作，依托国家农业数据中心、12316 三农综合信息服务平台和农技推广服务体系，提供农技和市场信息服务。

（二）新模式与新业态培育工作。

4. 线上线下融合发展行动。

支持制造业与电子商务融合发展。推动商业数据在产供销全流程的打通、共享使用，支持制造企业发展数据化、柔性化的生产方式，探索建立生产自动化、管理信息化、流程数据化和电子商务四层联动、线上线下融合的制造模式。引导传统制造企业发挥源头产品数据的优势，建立电子商务经销渠道，促进产品服务创新，积极探索网络化定制等生产经营方式，鼓励发展品质电商、品牌电商，进一步发挥电子商务引导生产、引领消费的积极作用。

支持商贸流通业与电子商务互动创新。鼓励B2B电子商务平台依法合规提供供应链综合服务，开辟流通服务增量空间。支持传统商贸流通企业发展分享经济、协同经济等新模式，建立由线上线下全渠道、体验式消费场景、供应链服务平台等构成的创新经营模式，促进专业市场和商贸零售企业转型升级发展。探索培育区域电子商务平台，通过独立发展或合作发展等多种方式，多层次差异化推动一线城市、制造业基地及农产品主产区电子商务发展，提升区域内生产与流通衔接效率，提高消费服务水平，促进区域电子商务的均衡发展。

支持电子商务服务民生。支持面向城乡居民提供社区消费、家政服务、远程缴费、健康医疗、教育培训等电子商务服务。支持文体、休闲类企业依托电子商务平台提升服务水平，创新数字内容产品，扩大服务覆盖范围。支持旅游景点、酒店等开展线上营销，规范发展在线旅游预订市场，推动旅游在线服务模式创新。

5. 跨境电子商务发展行动。

推进跨境电子商务综合试验区建设。加快建立适应跨境电子商务特点的政策、监管和数据标准等体系，提高贸易各环节便利化水平。鼓励设立海外仓储和展示中心，推进B2B业务创新发展。总结评估并复制推广各综合试验区经验，推动全国跨境电子商务持续健康发展。推动与“一带一路”沿线国家和地区开展电子商务合作。

积极参与电子商务国际规则制定。深入参与或发起跨境电子商务规则交流和谈判，积极发挥建设性推动作用。鼓励行业组织及企业参与电子商务国际标准、规范和规则体系建设。通过多双边对话，与各经济体建立互利共赢的合作机制，积极推进多双边及区域电子商务交流与合作，及时化解跨境电子商务进出口引发的贸易摩擦和纠纷。

完善跨境电子商务产业链。支持各地引导本地跨境电子商务产业向规模化、标准化、集群化、规范化方向发展。培育一批影响力较大的公共服务平台、竞争力较强的外贸综合服务平台和知名度较高的交易平台。支持跨境电子商务企业围绕技术、物流、服务创新商业模式，加强与境外企业合作，通过规范的海外仓、体验店等模式融入国外零售体系，逐步实现经营规范化、管理专业化、物流标准化和监管科学化。

6. 社交电子商务健康快速发展行动。

积极鼓励社交网络电子商务模式。鼓励社交网络发挥内容、创意及用户关系优势，建立链接电子商务的运营模式，支持健康规范的微商发展模式，为消费者提供个性化电子商务服务，刺激网络消费持续增长。

鼓励和规范社交网络营销创新。鼓励电子商务企业依托新兴的视频、流媒体、直播等多样化营销方式，开展粉丝互动，如实传递商品信息，建立健康和谐的社交网络营销方式。

7. 电子商务促进县域经济行动。

建立完善城乡电子商务服务体系。加大政府推动力度，引导电子商务龙头企业与本地企业合作，充分利用县乡村三级资源，积极培育多种类型、多种功能的县域电子商务经营合作主体，提供商品交易、人才培养、创业孵化等各类电子商务服务，形成县域电子商务服务带动城乡协调发展的局面。

提高城乡电子商务品牌及企业化经营意识。加大流通标准、安全追溯体系在电子商务领域的推广应用力度，依托电子商务助推“三品一标”建设、加速农林产品的商品化、品牌化和电商化进程，形成一批质量好、信誉佳的品牌商品，培育一批县域电子商务企业家。

支持连接城乡的电子商务基础设施建设。加大城乡之间仓储配送、冷链物流等和农林地区物流服务站基础设施投入力度，创新发展双向畅通的电子商务物流模式。推动城市金融机构下乡，为村民提供便捷的网银服务。推进“宽带乡村”工程建设，探索费率优惠政策，加强县域地区4G无线网络覆盖。

推动农资、休闲农业电商服务体系建设。充分利用信息进村入户平台、大型农业、农资电商平台、邮政、供销社等渠道，开展农资网上销售，建立农资电商配送和售后服务体系。加大城市郊区休闲农业资源开发利用，以接待服务规范、信用评价体系、地理信息系统和移动定位技术为支撑，建立统一的休闲农业线上推介、销售、服务平台和质量监管体系。

8. “电商扶贫”专项行动。

支持贫困地区依托电子商务对接大市场。加强贫困地区电子商务基础设施建设，组织企业与贫困户利用电子商务联动经营，开拓国内外市场，发展特色产业、特色旅游，助力精准扶贫。

支持扶贫项目依托电子商务对接扶贫力量。通过电子商务扶贫公益平台、社交网络及大型电子商务平台，推广贫困地区产品或项目，积极组织消费扶贫活动，充分发挥各类社会扶贫力量的积极作用。

支持依托电子商务平台就业创业实现就地脱贫。为符合条件的建档立卡贫困户开设网店提供小额信贷和创业担保贷款支持。加大各级政府部门对贫困者的帮扶力度，发挥电子商务平台积极性，组织开展电子商务培训，提供就业创业条件。

（三）电子商务要素市场发展工作。

9. 电子商务金融服务创新行动。

支持开展电子商务融资服务。鼓励电子商务企业与金融机构合作，为商户提供多样化的供应链融资服务，进一步拓展电子商务企业融资渠道。在依法合规的前提下，支持符合条件的电子商务企业通过设立金融机构、与金融机构合作等方式，规范开展消费信贷服务。

支持符合条件的电子商务企业融资及上市。在符合法律、法规相关规定的前提下，进一步简化电子商务企业融资审批流程，积极利用多层次资本市场和风险投资，支持符合条件的优秀电子商务企业在新三板、创业板、中小板和主板等市场挂牌上市。

支持电子支付场景创新。鼓励非银行支付机构线上线下融合，依法合规扩大商户合作类型，推动政务、交通、医疗、教育、零售等场景的电子支付应用。加强与海外支付机构合作，在保证真实贸易前提下，加快拓宽跨境电子支付服务的区域和范围。

10. 电子商务科技创新行动。

支持利用技术创新交易场景。支持电子商务企业积极利用虚拟现实、自动识别等技术，创造沉浸式购物体验，提供更为智能、便捷和安全的网购方式，提升客户服务水平。

支持利用技术提高运营效率。鼓励企业利用大数据、云计算、物联网、北斗导航、人工智能等技术，提升数据处理和分析能力，捕捉消费者个性化消费需求，改善企业运营效率和营销水平。支持建设各类电子商务公共服务云平台，为中小微企业提供商业基础技术应用服务。

11. 电子商务人才体系建设行动。

加强电子商务专业人才培养。鼓励校企合作，创新人才培养模式，积极发展企业新型学徒制、现代学徒制、订单式等培养模式，共建实用的电子商务人才培养体系。推动高校电子商务专业特色化，结合学科优势和当地电子商务特色，加快完善教材体系和内容更新，建立外部师资库，因地制宜办好电子商务学历教育。

支持建立多种形式的电子商务研究与培训基地。多层次多渠道提高各行业人员电子商务管理和应用能力，打造一批创新意识高，执行能力强的电子商务人才队伍。以国家电子商务示范城市、国家级电子商务示范基地、电子商务进农村综合示范县等为依托，在省、市、县、乡各级政府部门中，开展电子商务理论、实践学习与培训，培养一批把握趋势、懂业务、重实践的干部。

12. 电子商务产业载体发展行动。

科学发展电子商务产业园。吸引网商、服务商等经营主体入驻，完善园区的基础设施、公共配套服务，鼓励园区不断向产业链上下游纵深发展，形成资源集约、共享合作的电子商务发展生态圈。

鼓励发展电子商务创客空间。以双创孵化器、创客空间为依托，加快电商服务业主导产业的聚集，带动电商行业高端化发展和国际化发展，打造电子商务服务业新的增长极。

发展跨境及海外电子商务园区、海外仓设施。完善跨境电商综合配套服务体系和生态系统，鼓励电商行业建设跨境及海外电子商务园区或加入境外经贸产业园区，支持海外仓建设，增强产业集聚效应，打造完善的跨境电商产业链和生态链，形成覆盖全球、开放统一的电子商务大市场。

13. 电子商务物流体系建设行动。

支持社会化、信息化、智能化、国际化电子商务物流体系及平台建设。鼓励企业整合社会存量资源，大力发展分布式区域物流配送中心，积极探索城市共同配送、众包物流、社区自提等电子商务物流新模式。鼓励骨干快递企业拓展服务领域，健全仓储、冷链、运输、供应链管理等能力，加快向综合性快递物流运营商转型。支持应用新技术，实现库存前置、供应链协同，探索智能化仓储物流配送服务。围绕跨境电子商务对物流服务的迫切需求，加强国际港口、公路、铁路、水路等基础设施及物流资源的互联互通，打造国际电子商务物流协作体系。

逐步完善电子商务物流标准体系。加强重点标准制修订工作，鼓励实现物流公共数据平台供应链数据的标准化处理，探索物流数据开发、管理，推动建立统一标准机制。促进仓储、车辆、托盘、包装等物流设施设备的标准衔接。推广电子商务物流标准规范，指导行业协会开展贯标工作，进一步提高电子商务物流服务水平。

（四）电子商务新秩序创建工作。

14. 电子商务规制创新行动。

持续清理电子商务领域现有前置审批事项，严禁违法设定行政许可、增加行政许可条件和程序。贯彻实施《网络安全法》，推动出台《电子商务法》，积极促进《专利法》《著作权法》《反不正当竞争法》等法律的修订，加快电子商务监管的法制化进程，保障电子商务企业、消费者及相关方的合法权益。加强部门联合、地方联动，建立健全电子商务法规制度，完善电子商务标准体系建设，促进电子商务规范发展。

15. 电子商务市场治理行动。

推动跨部门、跨区域、跨国境的协同执法机制建设，坚持线上线下治理相结合，加大打击侵权假冒伪劣商品和侵犯知识产权行为的力度，深入开展电子商务领域各类知识产权执法专项行动。营造安全放心的电子商务消费环境，维护公平竞争的电子商务市场秩序。保护和促进电子商务市场充分竞争，发挥市场机制优化配置资源的作用，持续提升电子商务发展水平。遏制滥用市场支配地位，惩处恶性竞争，保障电子商务企业、消费者及相关方的合法权益。

16. 网络交易安全保障行动。

引导电子商务企业遵循国家相关网络安全标准，健全网络安全保障机制，同步规划、同步建立电子商务网络安全防护体系、数据资源安全管理体系和网络安全应急处置和灾备体系，推动建立电子商务网络安全认证、检测和风险评估服务体系，加强跨境网络交易数据安全评估与监管。引导电子商务领域的公共服务平台切实落实国家网络安全管理制度的各项要求。防范与化解网络交易安全风险，加强电子商务企业和相关管理部门的协作配合，探索“黑名单”共享机制，构建政府监管、行业自律、社会参与的多元化监管格局。加强保护用户隐私及合法权益，加大对网络违法犯罪的打击力度。

17. 绿色电子商务行动。

鼓励社区及机关单位设置包裹领取场所，建立快递配送车辆标准，推广新能源车辆使用，鼓励利用电子商务创新物流运输及交通出行方式，依托大数据及分享经济模式，减少车辆在途时间。支持电子商务平台建立长效机制，广泛开展环保消费活动，推动包装绿色化。支持电子商务包装标准化和分类回收利用，提高循环利用率。鼓励再生资源领域电子商务应用，开展面向工业废品废料、家庭可回收废旧物品的在线服务，支持形成区域性或全国性再生资源在线交易平台。

五、保障措施

（一）加强组织领导。

在促进电子商务发展部际综合协调工作组的统筹下，协调解决我国电子商务发展过程中出现的重大问题，协调政策资源和引导发展方向。在电子商务扶贫、跨境电子商务、电子商务市场治理、电子商务示范城市等重点领域建立健全电子商务部际协调机制，针对不同领域电子商务发展需求，加强政策资源协同。

（二）完善顶层设计。

推动电子商务列入各地区国民经济和社会发展规划，鼓励各地结合实际情况，按照国家有关政策精神出台本行业、本区域的电子商务发展规划，做好电子商务发展规划与其他规划的衔接与协同。完善电子商务统计监测体系，及时掌握电子商务发展的总体情况、发展趋势和主要问题，将电子商务统计作为相关政府部门的重点工作。成立电子商务专家咨询委员会，组织来自产学研及社会中介机构、专业媒体等长期从事电子商务相关研究的专业人士，深入电子商务一线，研判电子商务发展中出现的各类问题，为相关政府部门制定和实施相关政策提供咨询参考。

（三）推进试点示范。

深入推进跨境电子商务试验区、国家电子商务示范城市、国家电子商务示范基地、电子商务进农村综合示范、电子商务示范企业等试点工作，多层次、多领域组织试点示范，破解电子商务发展中遇到的困难和障碍。要及时总结试点经验和问题，加强宣传引导和横向交流，切实发挥试点示范的引导和带动效用。

（四）优化资金投入。

创新机制，优化资金投入，积极支持电子商务基础设施、公共服务、科技提升、创新创业、农村电子商务等方面的探索实践。在政府采购中逐步加大电子商务采购比重，积极采购各类电子商务服务。创新电子商务基础设施投入方式，鼓励社会资本成立电子商务专项发展基金，探索政府股权投资或政府和社会资本合作（PPP），开展以奖代补、贴息等多种方式支持电子商务公共服务及基础设施建设。

（五）建立监督机制。

加强政策执行工作监督，充分利用各级政府机构现有督办、审计、考核机制，加快简政放权步伐，加强电子商务监督考核工作。加强行业及市场自律，支持鼓励电子商务协会、商会及联盟组织建设，加强政府与电子商务协会、商会及联盟组织的政策沟通。建立政策制定和执行的行业评估机制。充分发挥舆论监督和社会监督作用，加强舆论引导，倡导良性的市场氛围。

（六）增进国际合作。

积极利用现有多双边及区域国际交流机制，发挥主动引领作用，深入推进国际电子商务规则谈判和政策协同，营造有利于电子商务发展的国际环境。务实开展电子商务国际交流合作，在“一带一路”和主要贸易伙伴国家或地区等重点范围积极搭建双边电子商务合作机制体系，推进“网上丝绸之路”经济合作试验区建设，倡导各方加强电子商务领域合作，推广中国在相关领域的成功做法和经验。引导电子商务企业、研究机构和行业组织参与国际电子商务产业合作与交流，支持设立国际性电子商务合作机构。

网络零售第三方平台交易规则制定程序规定（试行）

（2014 年 12 月 1 日商务部第 32 次部务会议审议通过　2014 年 12 月 24 日商务部令第 7 号公布　自 2015 年 4 月 1 日起施行）

第一条　为了促进网络零售的健康发展，保护依托第三方平台网络零售活动中各主体的合法权益，维护公共利益，加强公共信息服务，根据有关法律法规，制定本规定。

第二条 网络零售第三方平台经营者制定、修改、实施交易规则应当遵守本规定。

第三条 本规定所称交易规则，是指网络零售第三方平台经营者制定、修改、实施的适用于使用平台服务的不特定主体、涉及社会公共利益的公开规则。

本规定所称网络零售第三方平台经营者，是指为其他经营者进行网络零售提供虚拟经营场所及相关服务，且在中华人民共和国境内经营的法人及其他组织。

本规定所称网络零售，是指以互联网为媒介向消费者销售商品或提供经营性服务的行为。

第四条 网络零售第三方平台交易规则的制定、修改、实施应当遵循公开、公平、公正的原则，遵守法律、行政法规，尊重社会公德，不得扰乱社会经济秩序，损害社会公共利益。

第五条 商务部负责建设网络零售第三方平台交易规则备案系统，省、自治区、直辖市商务主管部门（以下称省级商务主管部门）负责网络零售第三方平台交易规则备案等日常管理。

第六条 网络零售第三方平台经营者制定、修改、实施的下列交易规则应按照本规定公示并备案：

（一）基本规则，指网络零售经营者和消费者在第三方平台注册的规则及关于交易成立、有效性和履行的基础性规则。

（二）责任及风险分担规则，指网络零售第三方平台经营者对网络零售经营者和消费者承担民事责任或者免除责任的规则及风险分担的规则。

（三）知识产权保护规则，指保护知识产权以及防止假冒伪劣商品的规则。

（四）信用评价规则，指网络零售第三方平台经营者为交易双方提供信用评价服务，以及收集、记录、披露交易双方信用情况的规则。

（五）消费者权益保护规则，指保护消费者知情权、合理退货权、获得赔偿权等合法权益，保护消费者个人信息及交易记录的规则。

（六）信息披露规则，指网络零售第三方平台经营者对网络零售经营者进行实名登记、审核其法定营业资格的规则。

（七）防范和制止违法信息规则，指网络零售第三方平台经营者防范和制止在其平台上发布违反国家法律法规规定的商品和服务信息、网络广告等规则。

（八）交易纠纷解决规则，指网络零售第三方平台经营者解决与网络零售经营者、消费者之间争议的机制及规则。

（九）交易规则适用的规定，指交易规则适用对象、范围和期限的规定。

（十）交易规则的修改规定，指交易规则变更、修改的程序和方式的规定。

（十一）其他必要的交易规则或与规则相关的措施。

第七条 网络零售第三方平台经营者制定或修改的交易规则，应当在网站主页面醒目位置公开征求意见，并应采取合理措施确保交易规则的利益相关方及时、充分知晓并表达意见，通过合理方式公开收到的意见及答复处理意见，征求意见的时间不得少于七日。

第八条 符合下列情形之一的交易规则，可以不公开征求意见：

（一）为符合法律法规要求修改的交易规则；

（二）根据省级人民政府有关部门要求，为保护消费者权益，需紧急采取措施的交易规则。

第九条 网络零售第三方平台经营者应在交易规则实施前七日在网站醒目位置予以公开，涉及商业秘密的除外。

第十条 网络零售第三方平台经营者制定、修改、实施的交易规则对网络零售经营者和消费者有重大影响的，应制定合理过渡措施。

第十一条 网络零售第三方平台经营者应当主动采取合理的方式保障利益相关方全面、方便地了解所实施的交易规则的内容，并提请其注意有关免除或限制网络零售第三方平台经营者或者利益相关方责任的内容。

网络零售第三方平台经营者应当按照利益相关方的要求，在收到申请之日起七日内以合理方式对交易规则作出说明。

第十二条 网络零售第三方平台经营者应在交易规则实施七日内自行登录网络零售第三方平台交易规则备案系统，提交本规定所列交易规则、征求的公众意见及意见答复处理情况。

第十三条 网络零售第三方平台经营者对其交易规则进行修改时，应按本规定第十二条的要求将修改部分重新备案。

第十四条 商务主管部门通过网络零售第三方平台交易规则备案系统免费提供已备案交易规则的公开查询服务。

第十五条 任何单位和个人可通过网络零售第三方平台交易规则备案系统向网络零售第三方平台经营者所在地省级商务主管部门举报违反本规定的交易规则。

省级商务主管部门确定举报内容属于本部门职责的应依法及时处理，不属于本部门职责的应及时移送相关部门。

第十六条 国家鼓励行业组织开展行业规范自律，对已备案的交易规则提出意见，建立与网络零售第三方平台经营者的互动机制，推进第三方平台交易规则的标准化与规范化。

第十七条 网络零售第三方平台经营者有下列情形之一的，根据举报，所在地省级商务主管部门可以向其提出行政指导建议书：

（一）未按本规定第十一条提醒利益相关方注意有关免除或者限制责任内容的；

（二）未按本规定备案交易规则的；

（三）备案信息不完整、不真实的。

第十八条 网络零售第三方平台经营者未按本规定制定、修改、实施交易规则的，由所在地省级商务主管部门依据职权责令限期改正，拒不改正的，处以警告，并向社会公布。

第十九条 网络零售第三方平台经营者制定、修改、实施交易规则损害社会公共利益，构成犯罪的，依法追究刑事责任。

第二十条 网络零售第三方平台经营者违反本规定第十二条、第十三条，未备案或提交虚假备案信息的，由所在地省级商务主管部门依据职权责令限期改正，拒不改正的，处以警告，并向社会公布。

第二十一条 商务主管部门及其工作人员违反本规定，拒不履行职责，依法给予处分；构成犯罪的，依法追究刑事责任。

第二十二条 本规定施行之日前已经实施的交易规则，网络零售第三方平台经营者应当在本规定施行之日起六十日内进行备案。

第二十三条 本规定自 2015 年 4 月 1 日起施行。

附件：行政指导建议书（范本）（略）

网络交易平台合同格式条款规范指引

（2014 年 7 月 30 日　国家工商行政管理总局　工商市字〔2014〕144 号）

第一章　总　　则

第一条　为规范网络交易平台合同格式条款，保护经营者和消费者的合法权益，促进网络经济持续健康发展，依据《中华人民共和国合同法》、《中华人民共和国消费者权益保护法》、《网络交易管理办法》等法律、法规和规章，制定本规范指引。

第二条　中华人民共和国境内设立的网络交易平台的经营者通过互联网（含移动互联网），以数据电文为载体，采用格式条款与平台内经营者或者消费者（以下称“合同相对人”）订立合同的，适用本规范指引。

第三条　本指引所称网络交易平台合同格式条款是网络交易平台经营者为了重复使用而预先拟定，并在订立合同时未与合同相对人协商的以下相关协议、规则或者条款：

（一）用户注册协议；

（二）商家入驻协议；

（三）平台交易规则；

（四）信息披露与审核制度；

（五）个人信息与商业秘密收集、保护制度；

（六）消费者权益保护制度；

（七）广告发布审核制度；

（八）交易安全保障与数据备份制度；

（九）争议解决机制；

（十）其他合同格式条款。

网络交易平台经营者以告示、通知、声明、须知、说明、凭证、单据等形式明确规定平台内经营者和消费者具体权利义务，符合前款规定的，依法视为合同格式条款。

第四条 工商行政管理机关在职权范围内，依法对利用合同格式条款侵害消费者合法权益的行为进行监督处理。

第五条 鼓励支持网络交易行业组织对本行业内合同格式条款的制定和使用进行规范，加强行业自律，促进行业规范发展。

第二章 合同格式条款的基本要求

第六条 网络交易平台经营者在经营活动中使用合同格式条款的，应当符合法律、法规和规章的规定，按照公平、公开和诚实信用的原则确定双方的权利与义务。

网络交易平台经营者修改合同格式条款的，应当遵循公开、连续、合理的原则，修改内容应当至少提前七日予以公示并通知合同相对人。

第七条 网络交易平台经营者应当在其网站主页面显著位置展示合同格式条款或者其电子链接，并从技术上保证平台内经营者或者消费者能够便利、完整地阅览和保存。

第八条 网络交易平台经营者应当在其网站主页面适当位置公示以下信息或者其电子链接：

（一）营业执照以及相关许可证；

（二）互联网信息服务许可或者备案信息；

（三）经营地址、邮政编码、电话号码、电子信箱等联系信息；

（四）法律、法规规定其他应披露的信息。

网络交易平台经营者应确保所披露的内容清晰、真实、全面、可被识别和易于获取。

第九条 网络交易平台经营者使用合同格式条款的，应当采用显著方式提请合同相对人注意与其有重大利害关系、对其权利可能造成影响的价款或者费用、履行期限和方式、安全注意事项和风险警示、售后服务、民事责任等内容。网络交易平台经营者应当按照合同相对人的要求对格式条款作出说明。鼓励网络交易平台经营者采取必要的技术手段和管理措施确保平台内经营者履行提示和说明义务。

前款所述显著方式是指，采用足以引起合同相对人注意的方式，包括：合理运用足以引起注意的文字、符号、字体等特别标识。不得以技术手段对合同格式条款设置不方便链接或者隐藏格式条款内容，不得仅以提示进一步阅读的方式履行提示义务。

网络交易平台经营者违反合同法第三十九条第一款关于提示和说明义务的规定，导致对方没有注意免除或者限制责任的条款，合同相对人依法可以向人民法院提出撤销该合同格式条款的申请。

网络交易平台经营者使用的合同格式条款，属于《消费者权益保护法》第二十六条第二款和《最高人民法院关于适用 <中华人民共和国合同法> 若干问题的解释（二）》第十条规定情形的，其内容无效。

第十条　网络交易平台经营者不得在合同格式条款中免除或者减轻自己的下列责任：

（一）造成消费者人身损害的责任；

（二）因故意或者重大过失造成消费者财产损失的责任；

（三）对平台内经营者提供商品或者服务依法应当承担的连带责任；

（四）对收集的消费者个人信息和经营者商业秘密的信息安全责任；

（五）依法应当承担的违约责任和其他责任。

第十一条　网络交易平台经营者不得有下列利用合同格式条款加重平台内经营者或者消费者责任的行为：

（一）使消费者承担违约金或者损害赔偿明显超过法定数额或者合理数额；

（二）使平台内经营者或者消费者承担依法应由网络交易平台经营者承担的责任；

（三）合同附终止期限的，擅自延长平台内经营者或者消费者履行合同的期限；

（四）使平台内经营者或者消费者承担在不确定期限内履行合同的责任；

（五）违法加重平台内经营者或消费者其他责任的行为。

第十二条　网络交易平台经营者不得在合同格式条款中排除或者限制平台内经营者或者消费者的下列权利：

（一）依法变更、撤销或者解除合同的权利；

（二）依法中止履行或者终止履行合同的权利；

（三）依法请求继续履行、采取补救措施、支付违约金或者损害赔偿的权利；

（四）就合同争议提起诉讼、仲裁或者其他救济途径的权利；

（五）请求解释格式条款的权利；

（六）平台内经营者或消费者依法享有的其他权利。

第十三条 对网络交易平台经营者提供的合同格式条款内容理解发生争议的，应当按照通常理解予以解释；对相应内容有两种以上解释的，应当作出不利于网络交易平台经营者的解释。格式条款与非格式条款不一致的，应当采用非格式条款。

第三章 合同格式条款的履行与救济

第十四条 网络交易平台合同格式条款可以包含当事各方约定的争议处理解决方式。对于小额和简单的消费争议，鼓励当事各方采用网络消费争议解决机制快速处理。

第十五条 支持消费者协会、网络交易行业协会或者其他消费者组织通过座谈会、问卷调查、点评等方式收集消费者对网络交易平台合同格式条款的意见，发现合同格式条款违反法律、法规和规章规定的，可以向相关主管部门提出。

认为网络交易平台合同格式条款损害消费者权益或者存在违法情形的，可以向相关主管部门投诉和举报。

第十六条 消费者因网络交易平台合同格式条款与网络交易平台经营者发生纠纷，向人民法院提起诉讼的，消费者协会或者其他消费者组织可以依法支持消费者提起诉讼。

第十七条 鼓励、引导网络交易平台经营者采用网络交易合同示范文本，或者参照合同示范文本制定合同格式条款。

第四章 附 则

第十八条 本规范指引所称网络交易平台是指第三方交易平台，即在网络商品交易活动中为交易双方或者多方提供网页空间、虚拟经营场所、交易规则、交易撮合、信息发布等服务，供交易双方或者多方独立开展交易活动的信息网络系统。

第十九条 网络商品经营者，通过互联网（含移动互联网），以数据电文为载体，采用格式条款与消费者订立合同的，参照适用本规范指引。

第二十条 本指引由国家工商行政管理总局负责解释。

第二十一条 国家工商行政管理总局将根据网络经济发展情况，适时发布相关领域合同格式条款规范指引。

第二十二条 本规范指引自发布之日起实施。

网络交易平台经营者履行社会责任指引

（2014年5月28日 国家工商行政管理总局 工商市字〔2014〕106号）

第一章 总 则

第一条 为规范网络商品交易及有关服务行为，引导网络交易平台经营者积极履行社会责任，保护消费者和经营者的合法权益，促进网络经济持续健康发展，依据《消费者权益保护法》、《产品质量法》、《反不正当竞争法》、《合同法》、《商标法》、《广告法》、《侵权责任法》、《网络交易管理办法》等法律法规和规章，制定本指引。

第二条 网络交易平台（即第三方交易平台），是指在网络商品交易活动中为交易双方或多方提供网页空间、虚拟经营场所、交易规则、交易撮合、信息发布等服务，供交易双方或者多方独立开展交易活动的信息网络系统。

网络交易平台经营者（即第三方交易平台经营者），是指从事网络交易平台运营并为交易双方或多方提供服务的企业法人。

网络交易平台内经营者（简称平台内经营者），是指在网络交易平台内从事网络商品交易及有关服务的法人、其他经济组织、个体工商户或自然人。

第三条 本指引所称社会责任是指网络交易平台经营者在经济活动中，对平台内经营者、消费者、企业员工、政府、社会等利益相关者所承担的责任和义务，包括法律社会责任、经济社会责任和道德社会责任。

第四条 网络交易平台经营者履行社会责任应坚持以人为本，统筹兼顾，积极实践，成为依法经营、诚实守信的表率，服务至上、消费者至上的表率，节约资源、保护环境的表率，维护职工权益、热心公益事业的表率。

第五条 网络交易平台经营者要坚持履行社会责任与诚信守法经营相结合，认真遵守法律法规和规章，遵守社会公德和商业道德，严格自律，自觉接受政府相关部门和社会公众的监督。

第六条 网络交易平台经营者要坚持履行社会责任与促进网络经济发展相结合，把履行社会责任作为建立现代企业制度和促进网络经济发展的重要内容，加快改革创新，转变发展方式，为促进网络经济持续健康发展作出积极贡献。

第七条 网络交易平台经营者要坚持履行社会责任与构建和谐社会相结合，把妥善解决消费纠纷、有效保护平台内经营者和消费者合法权益作为工作重点，以实际行动赢得消费者和全社会的信赖和支持，实现企业与消费者、企业与社会的和谐发展。

第二章 履行社会责任的主要内容

第八条 经营者设立网络交易平台应遵守《中华人民共和国电子签名法》、《中华人民共和国电信条例》、《互联网信息服务管理办法》、《网络交易管理办法》等法律法规和规章。

第九条 网络交易平台经营者应在其网站主页面显著位置公开营业执照登载的信息或其营业执照的电子链接标识。

第十条 网络交易平台经营者应采取必要的技术手段和管理措施以保障交易平台的正常运行，提供安全可靠的交易环境和交易服务，维护良好的交易秩序。

第十一条 网络交易平台经营者应建立健全平台内交易规则、交易安全保障、消费者权益保护、不良信息处理等管理制度，各项管理制度应以显著的方式提请平台内经营者和消费者注意，方便用户阅览和保存。

第十二条 网络交易平台经营者订立、履行合同，应遵守法律法规和规章的有关规定，尊重社会公德，不得扰乱社会经济秩序，损害社会公共利益。

网络交易平台经营者与他人订立合同，不仅应考虑自身的商业利益和发展战略，更应兼顾社会责任，建立规则应遵循公平透明、平等协商的原则，合理引入多元化社会主体的参与，充分考虑各方利益主体的诉求。

第十三条 网络交易平台经营者应与平台内经营者签订服务合同，合同应明确双方的权利义务、违约责任、争议解决、平台准入和退出、商品质量安全保障、消费者权益保护、不良信息处理等内容。

网络交易平台经营者应与消费者签订服务合同，合同应明确双方的权利义务、违约责任、争议解决、个人信息保护、交易安全保障等内容。

网络交易平台经营者不得以格式条款、通知、声明、公告等方式，作出排除或者限制相对人权利、减轻或者免除自身责任、加重相对人责任等不公平、不合理的规定，不得利用格式条款并借助技术手段强制交易。

第十四条 网络交易平台经营者应对进驻平台的经营者进行审查和登记，建立登记档案并定期核实更新，记载的信息应真实、全面。平台内经营者信息从经营者在平台注销之日起保存不少于两年。

网络交易平台经营者对于法人、其他经济组织或者个体工商户，应在其从事经营活动的主页面醒目位置公开营业执照登载的信息或者其营业执照的电子链接标识；对于自然人，应在其从事经营活动的主页面醒目位置加载证明个人身份信息真实合法的标识，同时标明经营地址、电话邮箱等有效联系方式。

第十五条 网络交易平台经营者收集、使用平台内经营者和消费者相关信息，应遵循合法、正当、必要的原则，明示收集、使用信息的目的、方式和范围，并经被收集者同意。经营者收集、使用相关信息，应公开其收集、使用规则，不得违反法律、法规的规定和双方的约定收集、使用信息。

网络交易平台经营者及其工作人员对其收集的相关信息必须严格保密，不得泄露、出售或者非法向他人提供。经营者应采取技术措施和其他必要措施，确保信息安全，防止信息泄露、丢失。在发生或者可能发生信息泄露、丢失的情况时，应立即采取补救措施。

未经平台外经营者主动申请或同意，网络交易平台经营者不得擅自将其作为平台内经营者或以其名义发布相关信息。网络交易平台经营者未经消费者同意或者请求，或者消费者明确表示拒绝的，不得向其发送商业性消息。

第十六条 网络交易平台经营者应通过适当方式要求平台内经营者严格遵守《消费者权益保护法》、《产品质量法》、《反不正当竞争法》、《合同法》、《商标法》、《广告法》、《侵权责任法》、《网络交易管理办法》等法律法规和规章。

第十七条 网络交易平台经营者应建立信息检查和不良信息处理制度，对于发现有违反法律法规和规章的行为，应向有关部门报告，并及时采取措施制止，必要时可以停止对其提供网络交易平台服务。同时，网络交易平台经营者还应积极配合监管部门依法查处相关违法违规行为。

网络交易平台经营者应采取技术手段屏蔽侵犯知识产权和制售假冒伪劣等违法商品信息，及时排查隐患，处理违法违规行为，发现苗头性、倾向性、危害性严重的问题及时上报。

第十八条 平台内经营者实施商标侵权等侵权行为的，被侵权人要求网络交易平台经营者采取删除、屏蔽、断开链接等必要措施，网络交易平台经营者接到通知后未及时采取必要措施的，对损害的扩大部分与平台内经营者承担连带责任。

网络交易平台经营者明知或者应知平台内经营者利用其平台侵害消费者和其他经营者合法权益，未采取必要措施的，依法与平台内经营者承担连带责任。

第十九条 网络交易平台经营者应建立消费纠纷和解和消费维权自律制度。消费者在平台内购买商品或者接受服务，发生消费纠纷或者其合法权益受到损害时，消费者要求网络交易平台经营者调解的，网络交易平台经营者应调解。消费者通过投诉、诉讼、仲裁或其他方式解决争议的，网络交易平台经营者应予以协助。

发生侵害消费者合法权益的情形时，网络交易平台经营者应向消费者提供平台内经营者的真实名称、地址和有效联系方式；不能提供的，消费者可以向网络交易平台经营者要求赔偿。网络交易平台经营者赔偿后，有权向平台内经营者追偿。

第二十条 网络交易平台经营者应采取相关措施确保网络交易数据和资料的完整性和安全性，并应保证原始数据的真实性。网络交易数据和资料从交易完成之日起保存不少于两年。

第二十一条 网络交易平台经营者在经营活动中，应遵守《反不正当竞争法》、《网络交易管理办法》等法律法规和规章，不得虚假宣传、侵犯商业秘密、损害竞争对手的商业信誉，不得利用网络技术手段或者载体等方式，擅自使用、仿冒知名网站的域名、名称、标识，造成与他人知名网站相混淆；不得擅自使用、伪造政府部门或者社会团体电子标识。

第二十二条 团购网站经营者作为提供网络交易平台服务的经营者，应切实保障团购商品（服务）质量，考查确认商品库存、发货速度、物流体系、服务细则等关键因素，防止出现虚高报价。

第二十三条　鼓励网络交易平台经营者建立健全先行赔付制度，一旦发生消费纠纷，消费者与平台内经营者协商无果的，由网络交易平台经营者先行赔偿，确保消费者安全放心消费。

鼓励网络交易平台经营者建立健全对平台内经营者的信用评价实施办法，公平、公正、透明地开展信用信息的征集、评价、公示，完善行业自律机制，促进诚信经营。

鼓励网络交易平台经营者建立健全消费者权益保护公示制度，定期公示消费者纠纷处理情况、保护消费者权益相关措施、加强对平台内经营者管理的相关措施等。

第二十四条　网络交易平台经营者拟终止提供网络交易平台服务的，应至少提前三个月在其网站主页面醒目位置予以公示并通知相关经营者和消费者，采取必要措施保障相关经营者和消费者的合法权益。

第二十五条　网络交易平台经营者应建立和完善技术创新机制，加大研究开发力度，提高自主创新能力，切实提高产品质量和服务水平，推动电子商务产业健康发展。

第二十六条　网络交易平台经营者应强化知识产权意识，实施知识产权战略，实现技术创新与知识产权的良性互动。

第二十七条　网络交易平台经营者应遵循按劳分配、同工同酬原则，构建合理的激励约束机制，保障员工各项合法权益。

第二十八条　网络交易平台经营者应坚持可持续发展战略，重视环境和生态保护，合理利用和开发资源，通过科技创新和管理创新，提高资源利用率。

第二十九条　网络交易平台经营者应积极参与社会公益事业和社区建设，鼓励职工志愿服务社会。热心参与慈善、捐助等社会公益事业，关心支持教育、文化、卫生等公共福利事业。

第三章　履行社会责任的保障措施

第三十条　网络交易平台经营者应不断完善工作机制，把履行社会责任融入企业发展战略，把履行社会责任纳入每年工作的总体规划，努力实现企业履行社会责任与日常经营的有机结合。

第三十一条 网络交易平台经营者应加强宣传和教育培训力度，普及相关法律法规，提高员工的法律意识和社会责任意识，努力形成履行社会责任的企业价值观和企业文化。

第三十二条 网络交易平台经营者应建立和完善企业社会责任指标统计和考核体系，主动接受新闻媒体、消费者、经营者、政府和社会的广泛监督，及时了解和回应相关意见和建议，不断改进工作。

第三十三条 网络交易平台经营者应定期发布社会责任报告，公布企业履行社会责任的措施、成效、规划等，努力营造良好的工作氛围。

第四章 附　　则

第三十四条 本指引由国家工商行政管理总局负责解释。

第三十五条 本指引自发布之日起施行。

网络交易管理办法

（2014年1月26日国家工商行政管理总局令第60号公布　自2014年3月15日起施行）

第一章 总　　则

第一条 为规范网络商品交易及有关服务，保护消费者和经营者的合法权益，促进网络经济持续健康发展，依据《消费者权益保护法》、《产品质量法》、《反不正当竞争法》、《合同法》、《商标法》、《广告法》、《侵权责任法》和《电子签名法》等法律、法规，制定本办法。

第二条 在中华人民共和国境内从事网络商品交易及有关服务，应当遵守中华人民共和国法律、法规和本办法的规定。

第三条 本办法所称网络商品交易，是指通过互联网（含移动互联网）销售商品或者提供服务的经营活动。

本办法所称有关服务，是指为网络商品交易提供第三方交易平台、宣传推广、信用评价、支付结算、物流、快递、网络接入、服务器托管、虚拟空间租用、网站网页设计制作等营利性服务。

第四条　从事网络商品交易及有关服务应当遵循自愿、公平、诚实信用的原则，遵守商业道德和公序良俗。

第五条　鼓励支持网络商品经营者、有关服务经营者创新经营模式，提升服务水平，推动网络经济发展。

第六条　鼓励支持网络商品经营者、有关服务经营者成立行业组织，建立行业公约，推动行业信用建设，加强行业自律，促进行业规范发展。

第二章　网络商品经营者和有关服务经营者的义务

第一节　一般性规定

第七条　从事网络商品交易及有关服务的经营者，应当依法办理工商登记。

从事网络商品交易的自然人，应当通过第三方交易平台开展经营活动，并向第三方交易平台提交其姓名、地址、有效身份证明、有效联系方式等真实身份信息。具备登记注册条件的，依法办理工商登记。

从事网络商品交易及有关服务的经营者销售的商品或者提供的服务属于法律、行政法规或者国务院决定规定应当取得行政许可的，应当依法取得有关许可。

第八条　已经工商行政管理部门登记注册并领取营业执照的法人、其他经济组织或者个体工商户，从事网络商品交易及有关服务的，应当在其网站首页或者从事经营活动的主页面醒目位置公开营业执照登载的信息或者其营业执照的电子链接标识。

第九条　网上交易的商品或者服务应当符合法律、法规、规章的规定。法律、法规禁止交易的商品或者服务，经营者不得在网上进行交易。

第十条　网络商品经营者向消费者销售商品或者提供服务，应当遵守《消费者权益保护法》和《产品质量法》等法律、法规、规章的规定，不得损害消费者合法权益。

第十一条　网络商品经营者向消费者销售商品或者提供服务，应当向消费者提供经营地址、联系方式、商品或者服务的数量和质量、价款或者费用、履行期限和方式、支付形式、退换货方式、安全注意事项和风险警示、售后服务、民事责任等信息，采取安全保障措施确保交易安全可靠，并按照承诺提供商品或者服务。

第十二条 网络商品经营者销售商品或者提供服务，应当保证商品或者服务的完整性，不得将商品或者服务不合理拆分出售，不得确定最低消费标准或者另行收取不合理的费用。

第十三条 网络商品经营者销售商品或者提供服务，应当按照国家有关规定或者商业惯例向消费者出具发票等购货凭证或者服务单据；征得消费者同意的，可以以电子化形式出具。电子化的购货凭证或者服务单据，可以作为处理消费投诉的依据。

消费者索要发票等购货凭证或者服务单据的，网络商品经营者必须出具。

第十四条 网络商品经营者、有关服务经营者提供的商品或者服务信息应当真实准确，不得作虚假宣传和虚假表示。

第十五条 网络商品经营者、有关服务经营者销售商品或者提供服务，应当遵守《商标法》、《企业名称登记管理规定》等法律、法规、规章的规定，不得侵犯他人的注册商标专用权、企业名称权等权利。

第十六条 网络商品经营者销售商品，消费者有权自收到商品之日起七日内退货，且无需说明理由，但下列商品除外：

（一）消费者定作的；

（二）鲜活易腐的；

（三）在线下载或者消费者拆封的音像制品、计算机软件等数字化商品；

（四）交付的报纸、期刊。

除前款所列商品外，其他根据商品性质并经消费者在购买时确认不宜退货的商品，不适用无理由退货。

消费者退货的商品应当完好。网络商品经营者应当自收到退回商品之日起七日内返还消费者支付的商品价款。退回商品的运费由消费者承担；网络商品经营者和消费者另有约定的，按照约定。

第十七条 网络商品经营者、有关服务经营者在经营活动中使用合同格式条款的，应当符合法律、法规、规章的规定，按照公平原则确定交易双方的权利与义务，采用显著的方式提请消费者注意与消费者有重大利害关系的条款，并按照消费者的要求予以说明。

网络商品经营者、有关服务经营者不得以合同格式条款等方式作出排除或者限制消费者权利、减轻或者免除经营者责任、加重消费者责任等对消费者不公平、不合理的规定，不得利用合同格式条款并借助技术手段强制交易。

第十八条 网络商品经营者、有关服务经营者在经营活动中收集、使用消费者或者经营者信息，应当遵循合法、正当、必要的原则，明示收集、使用信息的目的、方式和范围，并经被收集者同意。网络商品经营者、有关服务经营者收集、使用消费者或者经营者信息，应当公开其收集、使用规则，不得违反法律、法规的规定和双方的约定收集、使用信息。

网络商品经营者、有关服务经营者及其工作人员对收集的消费者个人信息或者经营者商业秘密的数据信息必须严格保密，不得泄露、出售或者非法向他人提供。网络商品经营者、有关服务经营者应当采取技术措施和其他必要措施，确保信息安全，防止信息泄露、丢失。在发生或者可能发生信息泄露、丢失的情况时，应当立即采取补救措施。

网络商品经营者、有关服务经营者未经消费者同意或者请求，或者消费者明确表示拒绝的，不得向其发送商业性电子信息。

第十九条 网络商品经营者、有关服务经营者销售商品或者服务，应当遵守《反不正当竞争法》等法律的规定，不得以不正当竞争方式损害其他经营者的合法权益、扰乱社会经济秩序。同时，不得利用网络技术手段或者载体等方式，从事下列不正当竞争行为：

（一）擅自使用知名网站特有的域名、名称、标识或者使用与知名网站近似的域名、名称、标识，与他人知名网站相混淆，造成消费者误认；

（二）擅自使用、伪造政府部门或者社会团体电子标识，进行引人误解的虚假宣传；

（三）以虚拟物品为奖品进行抽奖式的有奖销售，虚拟物品在网络市场约定金额超过法律法规允许的限额；

（四）以虚构交易、删除不利评价等形式，为自己或他人提升商业信誉；

（五）以交易达成后违背事实的恶意评价损害竞争对手的商业信誉；

（六）法律、法规规定的其他不正当竞争行为。

第二十条 网络商品经营者、有关服务经营者不得对竞争对手的网站或者网页进行非法技术攻击，造成竞争对手无法正常经营。

第二十一条 网络商品经营者、有关服务经营者应当按照国家工商行政管理总局的规定向所在地工商行政管理部门报送经营统计资料。

第二节 第三方交易平台经营者的特别规定

第二十二条 第三方交易平台经营者应当是经工商行政管理部门登记注册并领取营业执照的企业法人。

前款所称第三方交易平台，是指在网络商品交易活动中为交易双方或者多方提供网页空间、虚拟经营场所、交易规则、交易撮合、信息发布等服务，供交易双方或者多方独立开展交易活动的信息网络系统。

第二十三条 第三方交易平台经营者应当对申请进入平台销售商品或者提供服务的法人、其他经济组织或者个体工商户的经营主体身份进行审查和登记，建立登记档案并定期核实更新，在其从事经营活动的主页面醒目位置公开营业执照登载的信息或者其营业执照的电子链接标识。

第三方交易平台经营者应当对尚不具备工商登记注册条件、申请进入平台销售商品或者提供服务的自然人的真实身份信息进行审查和登记，建立登记档案并定期核实更新，核发证明个人身份信息真实合法的标记，加载在其从事经营活动的主页面醒目位置。

第三方交易平台经营者在审查和登记时，应当使对方知悉并同意登记协议，提请对方注意义务和责任条款。

第二十四条 第三方交易平台经营者应当与申请进入平台销售商品或者提供服务的经营者订立协议，明确双方在平台进入和退出、商品和服务质量安全保障、消费者权益保护等方面的权利、义务和责任。

第三方交易平台经营者修改其与平台内经营者的协议、交易规则，应当遵循公开、连续、合理的原则，修改内容应当至少提前七日予以公示并通知相关经营者。平台内经营者不接受协议或者规则修改内容、申请退出平台的，第三方交易平台经营者应当允许其退出，并根据原协议或者交易规则承担相关责任。

第二十五条 第三方交易平台经营者应当建立平台内交易规则、交易安全保障、消费者权益保护、不良信息处理等管理制度。各项管理制度应当在其网站显示，并从技术上保证用户能够便利、完整地阅览和保存。

第三方交易平台经营者应当采取必要的技术手段和管理措施保证平台的

正常运行，提供必要、可靠的交易环境和交易服务，维护网络交易秩序。

第二十六条 第三方交易平台经营者应当对通过平台销售商品或者提供服务的经营者及其发布的商品和服务信息建立检查监控制度，发现有违反工商行政管理法律、法规、规章的行为的，应当向平台经营者所在地工商行政管理部门报告，并及时采取措施制止，必要时可以停止对其提供第三方交易平台服务。

工商行政管理部门发现平台内有违反工商行政管理法律、法规、规章的行为，依法要求第三方交易平台经营者采取措施制止的，第三方交易平台经营者应当予以配合。

第二十七条 第三方交易平台经营者应当采取必要手段保护注册商标专用权、企业名称权等权利，对权利人有证据证明平台内的经营者实施侵犯其注册商标专用权、企业名称权等权利的行为或者实施损害其合法权益的其他不正当竞争行为的，应当依照《侵权责任法》采取必要措施。

第二十八条 第三方交易平台经营者应当建立消费纠纷和解和消费维权自律制度。消费者在平台内购买商品或者接受服务，发生消费纠纷或者其合法权益受到损害时，消费者要求平台调解的，平台应当调解；消费者通过其他渠道维权的，平台应当向消费者提供经营者的真实的网站登记信息，积极协助消费者维护自身合法权益。

第二十九条 第三方交易平台经营者在平台上开展商品或者服务自营业务的，应当以显著方式对自营部分和平台内其他经营者经营部分进行区分和标记，避免消费者产生误解。

第三十条 第三方交易平台经营者应当审查、记录、保存在其平台上发布的商品和服务信息内容及其发布时间。平台内经营者的营业执照或者个人真实身份信息记录保存时间从经营者在平台的登记注销之日起不少于两年，交易记录等其他信息记录备份保存时间从交易完成之日起不少于两年。

第三方交易平台经营者应当采取电子签名、数据备份、故障恢复等技术手段确保网络交易数据和资料的完整性和安全性，并应当保证原始数据的真实性。

第三十一条 第三方交易平台经营者拟终止提供第三方交易平台服务的，应当至少提前三个月在其网站主页面醒目位置予以公示并通知相关经营者和消费者，采取必要措施保障相关经营者和消费者的合法权益。

第三十二条 鼓励第三方交易平台经营者为交易当事人提供公平、公正的信用评价服务，对经营者的信用情况客观、公正地进行采集与记录，建立信用评价体系、信用披露制度以警示交易风险。

第三十三条 鼓励第三方交易平台经营者设立消费者权益保证金。消费者权益保证金应当用于对消费者权益的保障，不得挪作他用，使用情况应当定期公开。

第三方交易平台经营者与平台内的经营者协议设立消费者权益保证金的，双方应当就消费者权益保证金提取数额、管理、使用和退还办法等作出明确约定。

第三十四条 第三方交易平台经营者应当积极协助工商行政管理部门查处网上违法经营行为，提供在其平台内涉嫌违法经营的经营者的登记信息、交易数据等资料，不得隐瞒真实情况。

第三节 其他有关服务经营者的特别规定

第三十五条 为网络商品交易提供网络接入、服务器托管、虚拟空间租用、网站网页设计制作等服务的有关服务经营者，应当要求申请者提供经营资格证明和个人真实身份信息，签订服务合同，依法记录其上网信息。申请者营业执照或者个人真实身份信息等信息记录备份保存时间自服务合同终止或者履行完毕之日起不少于两年。

第三十六条 为网络商品交易提供信用评价服务的有关服务经营者，应当通过合法途径采集信用信息，坚持中立、公正、客观原则，不得任意调整用户的信用级别或者相关信息，不得将收集的信用信息用于任何非法用途。

第三十七条 为网络商品交易提供宣传推广服务应当符合相关法律、法规、规章的规定。

通过博客、微博等网络社交载体提供宣传推广服务、评论商品或者服务并因此取得酬劳的，应当如实披露其性质，避免消费者产生误解。

第三十八条 为网络商品交易提供网络接入、支付结算、物流、快递等服务的有关服务经营者，应当积极协助工商行政管理部门查处网络商品交易相关违法行为，提供涉嫌违法经营的网络商品经营者的登记信息、联系方式、地址等相关数据资料，不得隐瞒真实情况。

第三章 网络商品交易及有关服务监督管理

第三十九条 网络商品交易及有关服务的监督管理由县级以上工商行政管理部门负责。

第四十条 县级以上工商行政管理部门应当建立网络商品交易及有关服务信用档案，记录日常监督检查结果、违法行为查处等情况。根据信用档案的记录，对网络商品经营者、有关服务经营者实施信用分类监管。

第四十一条 网络商品交易及有关服务违法行为由发生违法行为的经营者住所所在地县级以上工商行政管理部门管辖。对于其中通过第三方交易平台开展经营活动的经营者，其违法行为由第三方交易平台经营者住所所在地县级以上工商行政管理部门管辖。第三方交易平台经营者住所所在地县级以上工商行政管理部门管辖异地违法行为人有困难的，可以将违法行为人的违法情况移交违法行为人所在地县级以上工商行政管理部门处理。

两个以上工商行政管理部门因网络商品交易及有关服务违法行为的管辖权发生争议的，应当报请共同的上一级工商行政管理部门指定管辖。

对于全国范围内有重大影响、严重侵害消费者权益、引发群体投诉或者案情复杂的网络商品交易及有关服务违法行为，由国家工商行政管理总局负责查处或者指定省级工商行政管理局负责查处。

第四十二条 网络商品交易及有关服务活动中的消费者向工商行政管理部门投诉的，依照《工商行政管理部门处理消费者投诉办法》处理。

第四十三条 县级以上工商行政管理部门对涉嫌违法的网络商品交易及有关服务行为进行查处时，可以行使下列职权：

（一）询问有关当事人，调查其涉嫌从事违法网络商品交易及有关服务行为的相关情况；

（二）查阅、复制当事人的交易数据、合同、票据、账簿以及其他相关数据资料；

（三）依照法律、法规的规定，查封、扣押用于从事违法网络商品交易及有关服务行为的商品、工具、设备等物品，查封用于从事违法网络商品交易及有关服务行为的经营场所；

（四）法律、法规规定可以采取的其他措施。

工商行政管理部门依法行使前款规定的职权时，当事人应当予以协助、配合，不得拒绝、阻挠。

第四十四条 工商行政管理部门对网络商品交易及有关服务活动的技术监测记录资料，可以作为对违法的网络商品经营者、有关服务经营者实施行政处罚或者采取行政措施的电子数据证据。

第四十五条 在网络商品交易及有关服务活动中违反工商行政管理法律法规规定，情节严重，需要采取措施制止违法网站继续从事违法活动的，工商行政管理部门可以依照有关规定，提请网站许可或者备案地通信管理部门依法责令暂时屏蔽或者停止该违法网站接入服务。

第四十六条 工商行政管理部门对网站违法行为作出行政处罚后，需要关闭该违法网站的，可以依照有关规定，提请网站许可或者备案地通信管理部门依法关闭该违法网站。

第四十七条 工商行政管理部门在对网络商品交易及有关服务活动的监督管理中发现应当由其他部门查处的违法行为的，应当依法移交相关部门。

第四十八条 县级以上工商行政管理部门应当建立网络商品交易及有关服务监管工作责任制度，依法履行职责。

第四章 法律责任

第四十九条 对于违反本办法的行为，法律、法规另有规定的，从其规定。

第五十条 违反本办法第七条第二款、第二十三条、第二十五条、第二十六条第二款、第二十九条、第三十条、第三十四条、第三十五条、第三十六条、第三十八条规定的，予以警告，责令改正，拒不改正的，处以一万元以上三万元以下的罚款。

第五十一条 违反本办法第八条、第二十一条规定的，予以警告，责令改正，拒不改正的，处以一万元以下的罚款。

第五十二条 违反本办法第十七条规定的，按照《合同违法行为监督处理办法》的有关规定处罚。

第五十三条 违反本办法第十九条第（一）项规定的，按照《反不正当竞争法》第二十一条的规定处罚；违反本办法第十九条第（二）项、第

（四）项规定的，按照《反不正当竞争法》第二十四条的规定处罚；违反本办法第十九条第（三）项规定的，按照《反不正当竞争法》第二十六条的规定处罚；违反本办法第十九条第（五）项规定的，予以警告，责令改正，并处一万元以上三万元以下的罚款。

第五十四条 违反本办法第二十条规定的，予以警告，责令改正，并处一万元以上三万元以下的罚款。

第五章 附 则

第五十五条 通过第三方交易平台发布商品或者营利性服务信息、但交易过程不直接通过平台完成的经营活动，参照适用本办法关于网络商品交易的管理规定。

第五十六条 本办法由国家工商行政管理总局负责解释。

第五十七条 省级工商行政管理部门可以依据本办法的规定制定网络商品交易及有关服务监管实施指导意见。

第五十八条 本办法自2014年3月15日起施行。国家工商行政管理总局2010年5月31日发布的《网络商品交易及有关服务行为管理暂行办法》同时废止。

商务部关于促进电子商务规范发展的意见

（2007年12月13日 商改发〔2007〕490号）

各省、自治区、直辖市、计划单列市及新疆生产建设兵团商务主管部门：

为进一步贯彻落实《国务院关于促进流通业发展的若干意见》（国发〔2005〕19号）和《国务院办公厅关于加快电子商务发展的若干意见》（国办发〔2005〕2号），结合我国电子商务发展的新情况，现就促进电子商务规范发展提出以下意见：

一、充分认识促进电子商务规范发展的重要意义

近年来，随着信息技术的进步和互联网的普及，我国电子商务持续快速发展，在繁荣国内市场、扩大居民消费、降低物流成本、提高流通效率等方面发挥着日益重要的作用。同时，我国电子商务发展还处于起步阶段，整体应用水平比较低，交易环境有待改善，社会公众对电子商务的认知度和认可度有待提高，电子商务信息披露、资金支付和商品交付等行为还有待规范。因此，促进电子商务规范发展，引导交易参与方规范各类市场行为，是防范市场风险、化解交易矛盾、促进电子商务健康发展的客观需要，也是贯彻落实科学发展观、构建社会主义和谐社会的必然要求。

二、规范电子商务信息传播行为，优化网络交易环境

规范网络交易各方的信息发布和传递行为，提高各类商务信息的合法性、安全性、真实性、完整性、时效性和便捷性。

（一）规范电子商务信息发布内容。提倡在线交易的真实身份，引导交易各方如实发布商品及服务信息，保存交易记录信息，并对难以确认和不可预测的风险信息予以声明。防范和制止交易各方在线发布危险化学品、枪支、毒品等违禁品以及色情等非法服务的交易信息。

（二）规范电子商务信息传播方式。引导企业合法地运用网络服务器平台、电子邮件、网络广告、搜索引擎推广等方式发布和传递商务信息。防范和制止恶意链接、干扰性邮件、隐性网络广告等不当宣传方式。

（三）维护交易信息安全。引导电子商务企业建立健全网络与信息安全保障制度，采取有效的网站安全保障措施、企业信息保密措施和用户信息安全措施，防范和制止利用互联网盗取商业秘密和提供用户信息给第三方以牟取利益的行为。

（四）保障信息的有效传播。鼓励电子商务企业提供形式便捷、更新迅速的信息服务，防范和制止阻碍消费者查询商品信息和自由选择商品的行为，保障商家和客户之间信息交流的及时顺畅。

（五）打击电子商务领域的欺诈行为。协同有关部门打击电子商务活动中存在的虚假宣传、质量欺诈等行为。借助各类渠道、资源和力量，防范和制止利用网络发布虚假或不完整信息、欺骗或误导消费者的行为，保障商品（服务）的质量、性能、规格、价格等交易信息的真实准确。

三、规范电子商务交易行为，促进网络市场和谐有序

提倡合法规范、公平公正的网上营销、电子签约和售后服务等行为，防范和化解电子商务中的各类交易纠纷。

（一）规范用户注册和会员发展行为。引导电子商务企业以合法、公开、透明的方式吸引用户注册、发展会员，防范和制止以收取高额费用或购买商品为前提条件的发展会员行为，杜绝以互联网为隐蔽手段的传销行为。鼓励第三方交易平台的提供者以实名注册为条件提供网上店铺开设服务，建立交易安全保障与备份制度，发现并及时警示交易风险。

（二）规范各类网上促销行为。引导电子商务企业在开展网上促销活动时将促销方式、规则、期限、商品范围以及相关限制性条件等促销内容在网站上公开发布。防范和制止在网上折价促销、网上赠品促销、积分促销、网上点击抽奖、网上联合促销等活动中出现的虚构原价、实物不符、拖延发放赠品和幕后操作等现象。

（三）规范电子签约行为。引导电子商务企业制定合法公正的用户协议，确定与用户之间的权利与义务，并保证用户在接受协议前能够便利完整地阅知其内容。防范和制止以欺诈、恶意串通等不法手段促成协议签订的行为。提倡企业在修改用户协议时，提前以有效方式通知用户，并注明修改原因和变动内容。

（四）规范网上拍卖经营行为。规范网上拍卖方以及交易平台服务提供方的经营行为，引导经营者遵守《拍卖法》及相关法律法规，准确、清晰、完整地表述拍卖标的，制定公平合理的网上拍卖规则条款。

（五）规范电子商务售后服务行为。引导电子商务企业建立健全、公开发布并严格执行售后服务和换货退货制度。防范和制止企业逃避售后责任、拖延换货和拒不受理退货的行为，维护网上购物消费者的合法权益。

四、规范电子支付行为，保障资金流动安全

提倡合法规范、稳妥安全的电子支付，防范电子商务的资金结算和流转风险。

（一）规范交易方之间的电子支付行为。增强交易参与方的支付安全意识，规范网上支付、电话支付、移动支付等电子支付行为。引导企业采取有效的技术和管理措施，保障支付密码和财务数据安全，形成可靠、便捷的在线资金结算体系，降低结算成本和支付费用，提高资金周转效率。

（二）规范第三方电子支付服务行为。加强行业自律，倡导合法运营，防范电子支付交易服务风险。引导电子支付行业规范运营管理，建立商家信用记录、交易数据保存、内部信息加密和业务流程监管制度，采取有效的争议和差错处理方式，形成支付安全的技术和体制保障。引导第三方电子支付服务机构提高行业信誉，谨慎稳健运营，防止盲目扩张和无序竞争，确保用户资金安全。

（三）防范电子支付金融风险。规范电子支付非银行金融服务，防范网上非法金融交易活动。加强对沉淀资金的流动性管理，防范和制止以电子支付为手段的恶意占压资金、非法套现和转移资金以及非法融资行为。协同金融、公安、工商等有关部门研究电子支付中虚拟货币的合法性、安全性和统一市场问题，规范虚拟货币的流通秩序。

五、规范电子商务商品配送行为，健全物流支撑体系

规范和改善电子商务企业的商品配送行为，提高物流服务的准确性和及时性。

（一）规范商品配送行为。提倡电子商务企业通过网站信息查询、邮件提醒、电话通知等有效方式，实时通告配送信息，明确交货方式和时间。引导电子商务企业严格遵守商品订单和交易协议，防范和制止配送延误、实物不符、额外收取运费等行为。提倡电子商务企业在因不可预知和控制的情况影响商品送达时，及时主动与购买方协商补救方式，保障消费者的知情权和选择权。

（二）提高商品配送能力。建立和完善适应电子商务需要的物流配送体系，促进物流配送信息系统与电子商务的结合，充分发挥信息技术优势，挖掘社会储运资源潜力，提高物流信息采集、分析、整合、调度的效率和物流运输的实载率。引导与鼓励企业开展第三方物流服务平台建设，逐步建立面向网上商户的社会化、专业化的物流配送机构，形成覆盖各行业的物流配送网络体系，提高响应能力和配送效率。

六、促进电子商务规范发展的保障措施

（一）面向社会公众加强宣传引导。积极利用各种渠道，充分发挥主流媒体的舆论宣传导向作用，形成有效的电子商务宣传引导机制。组织开展各种形式的电子商务宣传普及活动，进一步提高公众对电子商务的认知水平，增强参与意识和风险防范意识。对电子商务领域出现的不法企业和行为，依法及时予以取缔和曝光。

（二）推动电子商务法律和政策体系建设。针对信息技术手段与传统流通方式相结合的新形势、新特点、新问题，推动《电子签名法》、《合同法》、《互联网信息服务管理办法》等有关法律法规和《商务部关于网上交易的指导意见（暂行）》等政策措施在电子商务领域的贯彻落实，优化电子商务发展的法制和政策环境。

（三）建立健全电子商务标准体系。组织和支持行业协会、企业、科研机构研究制订各类电子商务技术标准、经营管理和服务规范，建立健全电子商务国家标准和行业标准体系。引导企业增强标准化意识，积极进行电子商务技术和管理的标准化建设。

（四）加快电子商务信用体系建设。政府监管、行业自律、群众监督相结合，建立健全电子商务信用体系。鼓励企业和行业协会积极参与，建立科学、合理、权威、公正的信用服务机构。将电子商务交易双方信用信息纳入商务领域信用信息系统，逐步建立全国统一的电子商务信用信息资源共享机制，实现信用数据的动态采集、处理和交换，形成有效的企业与个人信用监督约束机制。

七、加强组织领导

（一）建立健全组织机构和工作机制。地方各级商务主管部门要建立促进电子商务规范发展的组织保障体系和工作机制，明确职责分工，落实目标任务。紧密结合地方和行业实际，研究制定促进本地区电子商务规范发展的实施方案和配套措施。制订电子商务统计分析标准，建立电子商务应用绩效调研机制和重点企业联系机制，加强对电子商务企业的促进扶持和规范引导，确保各项措施落到实处，促进我国电子商务又好又快地发展。

（二）发挥骨干企业的示范引导作用。推动电子商务骨干企业的发展，带动整个行业的规范发展。开展电子商务规范化水平的测评工作，针对具有显著代表性的骨干企业，研究整理成熟运作模式和优秀解决方案，交流推广发展电子商务的好经验、好做法。

（三）推进中小电子商务企业规范发展。提高中小电子商务企业规范发展意识，鼓励企业之间公平竞争，促进中小电子商务企业提高管理水平、规范市场行为。鼓励中小电子商务企业发展社区便民服务，提高社区商业服务网络化和信息化水平。

（四）重视和发挥中介组织作用。充分发挥电子商务中介组织、行业协会的作用，加强行业自律，做好信息服务和政策引导，帮助电子商务企业解决实际困难和问题，促进我国电子商务健康发展。

（五）加强电子商务人才培养。加强与有关院校和科研机构的合作，促进电子商务理论研究，搞好学科体系建设。鼓励企业培养适应电子商务研究开发、应用推广需要的技术和管理人才。积极开展电子商务国内培训和国际交流，提高管理人员素质，建立健全专业化电子商务管理人才队伍。

商务部关于网上交易的指导意见（暂行）

（2007年3月6日　中华人民共和国商务部2007年第19号公告）

网上交易是信息技术与经济发展相结合的产物，是一种新的交易方式，是电子商务的一种重要模式。鼓励开展网上交易有助于提高交易效率，降低交易成本，拉动消费，促进商品和各种生产要素的自由流动，为促进国民经济又好又快发展提供服务。

当前，网上交易正在我国城乡市场普及，发展速度快，社会潜力大。为贯彻落实国务院办公厅《关于加快电子商务发展的若干意见》，维护网上交易参与方的合法权益，促进网上交易健康有序发展，特提出以下指导意见。

一、网上交易及其参与方

（一）网上交易

网上交易是买卖双方利用互联网进行的商品或服务交易。常见的网上交易主要有：企业间交易、企业和消费者间交易、个人间交易、企业和政府间交易等。

（二）网上交易参与方

网上交易参与方包括网上交易的交易方和网上交易服务提供者。

1. 网上交易的交易方，具体指：

（1）卖方，利用互联网出售商品或服务。

（2）买方，利用互联网购买或获得商品或服务。

现行法律制度规定从事商品和服务交易须具备相应资格的，交易方应当符合其规定。

2. 网上交易服务提供者，根据其服务内容可以分为：

（1）网上交易平台服务提供者，从事网上交易平台运营并为买卖双方提供交易服务。网上交易平台是平台服务提供者为开展网上交易提供的计算机信息系统，该系统包括互联网、计算机、相关硬件和软件等。

（2）网上交易辅助服务提供者，为优化网上交易环境和促进网上交易，为买卖双方提供身份认证、信用评估、网络广告发布、网络营销、网上支付、物流配送、交易保险等辅助服务。

生产企业自主开发网上交易平台，开展采购和销售活动，也可视为网上交易服务提供者。

网上交易平台服务提供者可以同时提供网上交易辅助服务。

二、网上交易的基本原则

（一）遵守国家法律法规

网上交易具有特殊性，可以利用互联网和信息技术订立合同和履行合同，但网上交易的参与各方必须遵守国家相关法律法规，遵守国家信息安全等级保护制度的相关规定和标准。

（二）遵守互联网技术规范和安全规范

网上交易以互联网环境为基础。为保证交易的正常进行，网上交易参与各方，特别是网上交易服务提供者，必须遵守国家制定的互联网技术规范和安全规范。

（三）诚实守信，严格自律

网上交易各参与方必须遵守诚实守信的基本原则，严格自律，健康有序地开展网上交易，不得利用网上交易从事违法犯罪活动。

三、网上交易参与方规范行为

（一）网上交易的交易方

1. 认识网上交易的特点

网上交易通过现代信息技术和互联网进行信息交流、洽谈、签订合同乃至履行，效率高，成本低。但交易方在了解对方真实身份、信用情况、履约能力等方面有一定难度，存在一定的违约和欺诈风险。交易方应认识网上交易的特点，谨慎交易，积极防范风险。

2. 了解交易相对方的真实身份

交易各方在交易前要尽可能多的了解对方的真实身份、信用状况、履约能力等交易信息，可以要求对方告知或向交易服务提供者询问，必要时也可以向有关管理、服务机构查询。

交易各方应在适当的时间将自身与交易有关的真实信息告知对方，如：营业执照和特殊业务许可证照的有关信息，实体经营地址和真实有效的联系方式。

如果一方拒绝提供基本身份信息，另一方要谨慎对待，慎重交易，警惕和防范利用网上交易进行欺诈的行为。

3. 遵守合同订立的各项要求

交易各方采用电子邮件、网上交流等方式订立合同，应当遵守合同法、电子签名法的有关规定，注意下列事项：

（1）与数据电文确认收讫有关的事项；

（2）以数据电文形式发送的要约的撤回、撤销和失效以及承诺的撤回；

（3）自动交易系统形成的文件的法律效力；

（4）价款的支付，标的物和有关单据、凭证的交付；

（5）管辖法院或仲裁机构的选择，准据法的确定；

（6）法律、法规规定的其他事项。

交易方采用格式合同的，制定合同的一方应遵守法律、法规关于格式合同的规定，并注意适应网络特点，相对方要仔细阅读合同条款，谨慎操作。

4. 依法使用电子签名

交易各方通过电子签名签订合同的，要遵守电子签名的法律规定，使用可靠的电子签名，选择依法设立的电子认证服务提供者提供的认证服务。

5. 注意支付安全

交易各方选择网上支付方式的，要通过安全可靠的支付平台进行，及时保存支付信息，增强网上支付的安全意识。交易各方进行网下支付的，要充分考虑货到付款、预付货款等方式的特点，注意资金的使用安全。

6. 依法发布广告，防范违法广告

交易各方发布的网络广告要真实合法。浏览广告的一方要增强警惕性和鉴别能力，注意识别并防范以新闻或论坛讨论等形式出现的虚假违法广告。

7. 注意保护知识产权

交易各方要尊重知识产权，依法交易含有知识产权的商品或服务，不得利用网上交易侵犯他人知识产权。

8. 保存网上交易记录

交易各方可以自行保存各类交易记录，以作为纠纷处理时的证据。大宗商品、贵重商品与重要服务的交易，可以生成必要的书面文件或采取其它合理措施留存交易记录。

（二）网上交易服务提供者

1. 具备合法的主体资格

服务提供者提供网上交易相关服务，应遵守国家有关法律规定；需要办理相关审批和登记注册手续的，应依法办理；需要具备一定物质条件的，包括资金、设备、技术管理人员等，应符合要求的条件。

2. 规范服务，完善制度

服务提供者应提供规范化的网上交易服务，建立和完善各项规章制度，如：

（1）用户注册制度，

（2）平台交易规则，

（3）信息披露与审核制度，

（4）隐私权与商业秘密保护制度，

（5）消费者权益保护制度，

（6）广告发布审核制度，

（7）交易安全保障与数据备份制度，

（8）争议解决机制

（9）不良信息及垃圾邮件举报处理机制，

（10）法律、法规规定的其他制度。

3. 信息披露

服务提供者应以合理方式向用户公示各项协议、规章制度和其他重要信息，提醒用户注意与其自身合法权益有密切关系的内容，从技术上保证用户能够便利、完整的阅读和保存。

4. 维护交易秩序

服务提供者应采取合理措施，保证网上交易平台的正常运行，提供安全可靠的交易环境和公平、公正、公开的交易服务，维护交易秩序，建立并完善网上交易的信用评价体系和交易风险警示机制。

5. 维护用户利益，保护消费者权益

服务提供者应采取合理措施保护用户的注册信息、隐私和商业秘密。交易各方发生争议时，应依照法律和约定协商解决或协助有关部门处理。

服务提供者应尊重和保护消费者的合法权益，尽可能为消费者提供必要的卖方信用信息查询服务，方便消费者选择可靠的卖方。

网上支付服务的提供者应根据网上交易的特点，采取合理措施保障交易资金的安全，保障使用人的身份信息和账号信息的安全。

6. 保存交易记录，保证数据安全

服务提供者应特别注意保存网上交易的各类记录和资料，采取相应的技术手段保证上述资料的完整性、准确性和安全性。

7. 监督平台信息

服务提供者应注意监督用户发布的商品信息、公开论坛和用户反馈栏中的信息，依法删除违反国家规定的信息，减少垃圾邮件的传播。

8. 维护系统安全

服务提供者应按照国家信息安全等级保护制度的有关规定和要求建设、运行、维护网上交易平台系统和辅助服务系统，落实互联网安全保护技术措施，提高网上交易的安全性。

四、网上交易促进

（一）加强网上交易的环境建设

各级商务主管部门要建立范围广、层次高的电子商务工作体系，完善电子商务发展的政策环境、法制环境和促进机制。

鼓励企业通过技术引进和自主创新，不断发展网上交易技术，构建有利于网上交易发展的技术支撑体系。

鼓励行业协会、交易社区建设有利于网上交易的各类机制，包括预警、欺诈投诉、争议处理、信用评估、行业与交易社区联动机制等。

鼓励企业、行业协会等参与、协助相关主管部门研究、规范网上银行和第三方支付平台的行为，规范物流配送行为，促进电子签名应用，提高网上支付的安全性和物流配送的准确性。

鼓励企业、行业协会等参与制定网上交易的标准和规范，参与建设网上交易的安全认证体系、信用体系、网络仲裁和网络公证体系等。

（二）促进全国网上交易的协调发展

各级商务主管部门要引导网上交易发达地区与不发达地区的合作，特别注意促进中西部地区网上交易的发展。

各级商务主管部门要引导城市网上交易向农村扩展，提高农产品网上交易的比例。

各级商务主管部门要扶持第三方网上交易平台建设，引导中小企业通过网上交易走出国门，参与国际竞争。

（三）参与电子商务的国际交流与合作

鼓励企业、行业协会参加电子商务国际组织，参与电子商务国际交流与合作。

鼓励大专院校、研究机构参与电子商务相关国际规则、条约和示范法的研究和制定。

（四）倡导网上交易理论研究和案例研究

鼓励大专院校、研究机构开展网上交易模式、交易平台建设、交易主体行为分析、网上营销、网络广告、网上支付、物流配送、交易安全、纠纷解决、统计标准等方面的理论研究，为促进网上交易发展提供必要的理论基础。

鼓励企业、行业协会等与政府相关部门、大专院校、研究机构合作，总结网上交易的经验教训，形成具有推广价值的网上交易模式和操作规程。

电子商务相关法律及决定

二、电子支付

海关总署关于规范跨境电子商务支付企业登记管理的公告

（2018 年 4 月 13 日　海关总署公告 2018 年第 27 号）

为进一步规范海关跨境电子商务监管工作，现将验核跨境电子商务支付企业资质有关事项公告如下：

一、自本公告发布之日起，跨境电子商务支付企业在向海关办理注册登记或信息登记手续时，应当提交相关资质证书。其中，提供跨境电子商务支付服务的银行机构提交中国银保监会或者原中国银监会颁发的《金融许可证》复印件；非银行支付机构提交中国人民银行颁发的《支付业务许可证》复印件，支付业务范围应当包括“互联网支付”。

企业按照前款规定提交复印件的，应当同时向海关交验原件。

二、跨境电子商务支付企业向海关办理注册登记手续的，按照《中华人民共和国海关报关单位注册登记管理规定》（海关总署令第 221 号）提交相关材料，同时提交相关资质证书；跨境电子商务支付企业向海关办理信息登记手续的，按照海关总署 2016 年第 26 号公告规定提交相关材料，同时提交相关资质证书。

三、在本公告发布之日前已经办理海关注册登记或信息登记的跨境电子商务支付企业，应当于 2018 年 5 月 31 日前向所在地海关补充提交相关资质证书，没有补充提交的，其海关跨境电子商务支付企业信息不再有效。

特此公告。

条码支付业务规范（试行）

（2017年12月25日 中国人民银行 银发〔2017〕296号）

第一章 总 则

第一条 为规范条码（二维码）支付（以下简称条码支付）业务，保护消费者合法权益，促进条码支付业务健康发展，根据《电子支付指引（第一号）》（中国人民银行公告〔2005〕第23号公布）、《非金融机构支付服务管理办法》（中国人民银行令〔2010〕第2号公布）、《银行卡收单业务管理办法》（中国人民银行公告〔2013〕第9号公布）、《非银行支付机构网络支付业务管理办法》（中国人民银行公告〔2015〕第43号公布）等规定，制定本规范。

第二条 本规范所称条码支付业务是指银行业金融机构（以下简称银行）、非银行支付机构（以下简称支付机构）应用条码技术，实现收付款人之间货币资金转移的业务活动。

条码支付业务包括付款扫码和收款扫码。付款扫码是指付款人通过移动终端识读收款人展示的条码完成支付的行为。收款扫码是指收款人通过识读付款人移动终端展示的条码完成支付的行为。

第三条 银行、支付机构开展条码支付业务应遵循本规范。

第四条 支付机构开展条码支付业务，应按规定取得相应的业务许可，并按相应管理办法规范开展业务。

第五条 支付机构不得基于条码技术，从事或变相从事证券、保险、信贷、融资、理财、担保、信托、货币兑换、现金存取等业务。

第六条 银行、支付机构开展条码支付业务应遵守客户实名制管理规定；遵守反洗钱法律法规要求，履行反洗钱和反恐怖融资义务；依法维护客户及相关主体的合法权益。

第七条 银行、支付机构应自觉遵守商业道德，不得以任何形式诋毁其他市场主体的商业信誉，不得采用不正当竞争手段排挤竞争对手、损害其他市场主体利益，破坏市场公平竞争秩序。

第八条 银行、支付机构应遵守中国人民银行发布的相关技术标准与规范要求，保证条码支付业务的交易安全和信息安全。

第二章 条码生成和受理

第九条 银行、支付机构开展条码支付业务，应将客户用于生成条码的银行账户或支付账户、身份证件号码、手机号码进行关联管理。

第十条 银行、支付机构开展条码支付业务，可以组合选用下列三种要素，对客户条码支付交易进行验证：

（一）仅客户本人知悉的要素，如静态密码等；

（二）仅客户本人持有并特有的，不可复制或者不可重复利用的要素，如经过安全认证的数字证书、电子签名，以及通过安全渠道生成和传输的一次性密码等；

（三）客户本人生物特征要素，如指纹等。

银行、支付机构应当确保采用的要素相互独立，部分要素的损坏或者泄露不应导致其他要素损坏或者泄露。

第十一条 采用数字证书、电子签名作为验证要素的，数字证书及生成电子签名的过程应符合相关规定，应确保数字证书的唯一性、完整性及交易的不可抵赖性。

采用一次性密码作为验证要素的，应当切实防范一次性密码获取端与支付指令发起端为相同物理设备而带来的风险，并将一次性密码有效期严格限制在最短的必要时间内。

采用客户本人生物特征作为验证要素的，应当符合国家、金融行业标准和相关信息安全管理要求，防止被非法存储、复制或重放。

第十二条 银行、支付机构应根据《条码支付安全技术规范（试行）》（银办发〔2017〕242 号）关于风险防范能力的分级，对个人客户的条码支付业务进行限额管理：

（一）风险防范能力达到 A 级，即采用包括数字证书或电子签名在内的两类（含）以上有效要素对交易进行验证的，可与客户通过协议自主约定单日累计限额；

（二）风险防范能力达到 B 级，即采用不包括数字证书、电子签名在内的两类（含）以上有效要素对交易进行验证的，同一客户单个银行账户或所有支付账户单日累计交易金额应不超过5000元；

（三）风险防范能力达到C级，即采用不足两类要素对交易进行验证的，同一客户单个银行账户或所有支付账户单日累计交易金额应不超过1000元；

（四）风险防范能力达到D级，即使用静态条码的，同一客户单个银行账户或所有支付账户单日累计交易金额应不超过500元。

第十三条 支付机构向客户开户银行发送支付指令，扣划客户银行账户资金的，同一客户全部银行账户合计日累计交易限额执行第十二条的规定。

第十四条 银行、支付机构提供付款扫码服务的，应具备差异化的风控措施和完善的客户权益受损解决机制，在条码生成、识读、支付等核心业务流程中明确提示客户支付风险，切实防范不法分子通过在条码中植入木马、病毒等方式造成客户信息泄露和资金损失。

第十五条 银行、支付机构提供收款扫码服务的，应使用动态条码，设置条码有效期、使用次数等方式，防止条码被重复使用导致重复扣款，确保条码真实有效。

第十六条 银行、支付机构开展条码支付业务所涉及的业务系统、客户端软件、受理终端（网络支付接口）等，应当持续符合监管部门及行业标准要求，确保条码生成和识读过程的安全性、真实性和完整性。

第十七条 银行、支付机构应按照中国人民银行相关规定强化支付敏感信息内控管理和安全防护，强化交易密码保护机制；通过支付标记化技术应用等手段，从源头控制信息泄露和欺诈交易风险。

第十八条 银行、支付机构应指定专人操作与维护条码生成相关系统。条码信息仅限包含当次支付相关信息，不应包含任何与客户及其账户相关的支付敏感信息。

特约商户展示的条码，仅限包含与当次支付有关的特约商户、商品（服务）或商品（服务）订单等信息。

移动终端展示的条码，不得包含未经加密处理的客户本人账户信息。

第十九条 银行、支付机构应确保条码支付交易经客户确认或授权后发起，支付指令应真实、完整、有效。

移动终端完成条码扫描后，应正确、完整显示扫码内容，供客户确认。

特约商户受理终端完成条码扫描后，应仅显示扫码结果并提示下一步操作，不得显示付款人的支付敏感信息。

第二十条 银行、支付机构应根据条码支付的真实场景，按规定正确选用交易类型，准确标识交易信息并完整发送，确保交易信息的完整性、真实性和可追溯性。

交易信息至少应包括：直接提供商品或服务的特约商户名称、类别和代码，受理终端（网络支付接口）类型和代码，交易时间和地点（网络特约商户的网络地址），交易金额，交易类型和渠道，交易发起方式等。网络特约商户的交易信息还应当包括订单号和网络交易平台名称。

银行、支付机构应在支付交易报文中通过特定域标识该交易为条码支付交易，以供报文接收方正确识别并进行授权处理。

第二十一条 支付交易完成后，特约商户受理终端和移动终端应显示支付结果；支付失败的，特约商户受理终端和移动终端还应显示失败原因。

第三章 特约商户管理

第二十二条 银行、支付机构拓展条码支付特约商户，应遵循“了解你的客户”原则，确保所拓展的是依法设立、合法经营的特约商户。

第二十三条 中国支付清算协会、清算机构应将条码支付特约商户纳入特约商户信息管理系统及黑名单管理机制。银行、支付机构拓展特约商户时，应进行查询确认，如商户及其法定代表人或负责人在特约商户信息管理系统中存在不良信息记录的，应谨慎为该商户提供条码支付服务；不得将已纳入黑名单的单位和个人，以及由纳入黑名单个人担任法定代表人或者负责人的单位拓展为特约商户，已经拓展为特约商户的，应当自该特约商户被列入黑名单之日起10日内予以清退。

第二十四条 银行、支付机构拓展特约商户应落实实名制规定，严格审核特约商户的营业执照等证明文件，以及法定代表人或负责人的有效身份证件等申请材料，确认申请材料的真实性、完整性、有效性，并留存申请材料的影印件或复印件。

对依据法律法规和相关监管规定免于办理工商注册登记的实体特约商户（小微商户），收单机构在遵循“了解你的客户”原则的前提下，可以通过审核商户主要负责人身份证明文件和辅助证明材料为其提供条码支付收单服务。

辅助证明材料包括但不限于营业场所租赁协议或者产权证明、集中经营场所管理方出具的证明文件等能够反映小微商户真实、合法从事商品或服务交易活动的材料。

以同一个身份证件在同一家收单机构办理的全部小微商户基于信用卡的条码支付收款金额日累计不超过1000元、月累计不超过1万元。银行、支付机构应当结合小微商户风险等级动态调整交易卡种、交易限额、结算周期等，强化对小微商户的交易监测。

第二十五条　银行、支付机构应与特约商户签订条码支付受理协议，就银行结算账户的设置和变更、资金结算周期、结算手续费标准、差错和争议处理等条码支付服务相关事项进行约定，明确双方的权利、义务和违约责任。

第二十六条　银行、支付机构在条码支付受理协议中，应要求特约商户基于真实的商品或服务交易背景受理条码支付；按规定使用受理终端或网络支付接口、银行结算账户，不得利用其从事或协助他人从事非法活动；妥善处理交易数据信息、保存交易凭证，保障交易信息安全；不得向客户收取或变相收取附加费用，或降低服务水平。

第二十七条　银行、支付机构应建立特约商户信息管理系统，记录特约商户名称和经营地址、特约商户身份资料信息、特约商户类别、结算手续费标准、银行结算账户信息、开通的交易类型和开通时间、受理终端（网络交易接口）类型和安装地址等信息，并及时进行更新。

银行、支付机构应按规定向中国支付清算协会和清算机构特约商户信息管理系统报送特约商户基本信息。

第二十八条　银行、支付机构应建立特约商户检查制度，明确检查频率、检查内容、检查记录等管理要求，落实检查责任。

第二十九条　银行、支付机构应当对实体特约商户条码收单业务进行本地化经营和管理，通过在特约商户及其分支机构所在省（区、市）辖内的收单机构或其分支机构提供收单服务，不得跨省（区、市）开展条码收单业务。

第三十条　银行、支付机构应按照《中国人民银行关于加强银行卡收单业务外包管理的通知》（银发〔2015〕199号）相关要求审慎选择外包服务机构，严格规范与外包服务机构的业务合作，强化收单外包业务的风险管理责任。银行、支付机构作为条码支付收单业务主体的管理责任和风险承担责任不因外包关系而转移。

银行、支付机构不得将特约商户资质审核、受理协议签订、资金结算、交易处理、风险监测、受理终端主密钥生成和管理、网络支付接口管理、差错和争议处理工作交由外包服务机构办理。银行、支付机构与外包服务机构系统对接开展业务的，应确保外包服务机构无法获取或者接触支付敏感信息、不得从事或者变相从事特约商户资金结算。

第三十一条 银行、支付机构应尊重特约商户的自主选择权，不得干涉或变相干涉特约商户与其他机构的合作。

第三十二条 银行、支付机构开展条码支付业务应参照银行卡刷卡手续费定价标准科学合理定价，不得采用交叉补贴、低于成本价格倾销等不正当手段排挤竞争对手，扰乱市场秩序。

第四章 风险管理

第三十三条 银行、支付机构应建立全面风险管理体系和内部控制机制，提升风险识别能力，采取有效措施防范风险，及时发现、处理可疑交易信息及风险事件。

第三十四条 银行、支付机构开展条码支付业务，应当评估业务相关的洗钱和恐怖融资风险，采取与风险水平相适应的管控措施。

第三十五条 银行、支付机构应建立特约商户风险评级制度，综合考虑特约商户的区域和行业特征、经营规模、财务和资信状况等因素，对特约商户进行风险评级。

第三十六条 银行、支付机构应结合特约商户风险等级及交易类型等因素，设置或与其约定单笔及日累计交易限额。

第三十七条 银行、支付机构对风险等级较高的特约商户，应通过强化交易监测、建立特约商户风险准备金、延迟清算等风险管理措施，防范交易风险。

第三十八条 银行、支付机构应建立特约商户检查、评估制度，根据特约商户的风险等级，制定不同的检查、评估频率和方式，并保留相关记录。

第三十九条 银行、支付机构应制定突发事件应急预案，建立灾难备份系统，确保条码支付业务的连续性和业务系统安全运行。

第四十条　银行、支付机构应能够有效识别本机构发行的客户端程序和特约商户受理终端，能够确保条码生成和识读过程的安全性。

第四十一条　银行、支付机构应确保客户身份或账户信息安全，防止泄露，并根据收付款不同业务场景设置条码有效性和使用次数。

第四十二条　银行、支付机构应建立条码支付交易风险监测体系，及时发现可疑交易，并采取阻断交易、联系客户核实交易等方式防范交易风险。

第四十三条　银行、支付机构发现特约商户发生疑似套现、洗钱、恐怖融资、欺诈、留存或泄露账户信息等风险事件的，应对特约商户采取延迟资金结算、暂停交易、冻结账户等措施，并承担因未采取措施导致的风险损失责任；发现涉嫌违法犯罪活动的，应及时向公安机关报案。

第四十四条　银行、支付机构应持续完善客户服务体系，及时受理和解决条码支付业务中的客户咨询、查询和投诉等问题，自觉维护客户的合法权益。

第四十五条　银行、支付机构应充分披露条码支付业务产品类型、办理流程、操作规程、收费标准等信息，明确业务风险点及相关责任承担机制、风险损失赔付方式及操作方式。

第四十六条　银行、支付机构应开展对客户的条码支付安全教育，提升其风险防范意识和应对能力。

第四十七条　银行、支付机构应向中国支付清算协会、清算机构风险信息管理系统报送其条码支付特约商户风险信息。

银行、支付机构或其外包服务机构、条码支付特约商户发生涉嫌重大支付违法犯罪案件或重大风险事件的，应当于2个工作日内向中国人民银行或其分支机构报告。

第五章　附　　则

第四十八条　采取自定义符号、图形、图像等作为信息载体传递交易信息用于支付服务的，参照本规范进行管理。

第四十九条　本规范相关用语含义如下：

移动终端，指客户使用的、具有移动通讯功能，用于展示或识读条码，完成支付的终端设备。如手机、平板电脑等。

特约商户受理终端，指具有条码展示或识读等功能，参与条码支付完成销售收款的特约商户端专用设备。包括具有条码展示功能的显码设备；识读条码并且向后台系统发起支付指令的专用设备，包括但不限于带扫码装置的收银系统、销售点终端（POS）、自助终端等。

支付敏感信息，是指一旦遭到泄露或修改，会对标识的信息主体的信息安全和资金安全造成危害的信息。包括但不限于支付密码、银行卡密码、验证码、卡片有效期、生物特征以及未获客户授权的金融信息。

第五十条 本规范自2018年4月1日起实施。

非银行支付机构网络支付业务管理办法

（2015年12月28日　中国人民银行公告〔2015〕第43号）

第一章　总　　则

第一条 为规范非银行支付机构（以下简称支付机构）网络支付业务，防范支付风险，保护当事人合法权益，根据《中华人民共和国中国人民银行法》、《非金融机构支付服务管理办法》（中国人民银行令〔2010〕第2号发布）等规定，制定本办法。

第二条 支付机构从事网络支付业务，适用本办法。

本办法所称支付机构是指依法取得《支付业务许可证》，获准办理互联网支付、移动电话支付、固定电话支付、数字电视支付等网络支付业务的非银行机构。

本办法所称网络支付业务，是指收款人或付款人通过计算机、移动终端等电子设备，依托公共网络信息系统远程发起支付指令，且付款人电子设备不与收款人特定专属设备交互，由支付机构为收付款人提供货币资金转移服务的活动。

本办法所称收款人特定专属设备，是指专门用于交易收款，在交易过程中与支付机构业务系统交互并参与生成、传输、处理支付指令的电子设备。

第三条 支付机构应当遵循主要服务电子商务发展和为社会提供小额、快捷、便民小微支付服务的宗旨，基于客户的银行账户或者按照本办法规定为客户开立支付账户提供网络支付服务。

本办法所称支付账户，是指获得互联网支付业务许可的支付机构，根据客户的真实意愿为其开立的，用于记录预付交易资金余额、客户凭以发起支付指令、反映交易明细信息的电子簿记。

支付账户不得透支，不得出借、出租、出售，不得利用支付账户从事或者协助他人从事非法活动。

第四条 支付机构基于银行卡为客户提供网络支付服务的，应当执行银行卡业务相关监管规定和银行卡行业规范。

支付机构对特约商户的拓展与管理、业务与风险管理应当执行《银行卡收单业务管理办法》（中国人民银行公告〔2013〕第9号公布）等相关规定。

支付机构网络支付服务涉及跨境人民币结算和外汇支付的，应当执行中国人民银行、国家外汇管理局相关规定。

支付机构应当依法维护当事人合法权益，遵守反洗钱和反恐怖融资相关规定，履行反洗钱和反恐怖融资义务。

第五条 支付机构依照中国人民银行有关规定接受分类评价，并执行相应的分类监管措施。

第二章 客户管理

第六条 支付机构应当遵循“了解你的客户”原则，建立健全客户身份识别机制。支付机构为客户开立支付账户的，应当对客户实行实名制管理，登记并采取有效措施验证客户身份基本信息，按规定核对有效身份证件并留存有效身份证件复印件或者影印件，建立客户唯一识别编码，并在与客户业务关系存续期间采取持续的身份识别措施，确保有效核实客户身份及其真实意愿，不得开立匿名、假名支付账户。

第七条 支付机构应当与客户签订服务协议，约定双方责任、权利和义务，至少明确业务规则（包括但不限于业务功能和流程、身份识别和交易验证方式、资金结算方式等），收费项目和标准，查询、差错争议及投诉等服务流程和规则，业务风险和非法活动防范及处置措施，客户损失责任划分和赔付规则等内容。

支付机构为客户开立支付账户的，还应在服务协议中以显著方式告知客户，并采取有效方式确认客户充分知晓并清晰理解下列内容："支付账户所记录的资金余额不同于客户本人的银行存款，不受《存款保险条例》保护，其实质为客户委托支付机构保管的、所有权归属于客户的预付价值。该预付价值对应的货币资金虽然属于客户，但不以客户本人名义存放在银行，而是以支付机构名义存放在银行，并且由支付机构向银行发起资金调拨指令。"

支付机构应当确保协议内容清晰、易懂，并以显著方式提示客户注意与其有重大利害关系的事项。

第八条 获得互联网支付业务许可的支付机构，经客户主动提出申请，可为其开立支付账户；仅获得移动电话支付、固定电话支付、数字电视支付业务许可的支付机构，不得为客户开立支付账户。

支付机构不得为金融机构，以及从事信贷、融资、理财、担保、信托、货币兑换等金融业务的其他机构开立支付账户。

第三章 业务管理

第九条 支付机构不得经营或者变相经营证券、保险、信贷、融资、理财、担保、信托、货币兑换、现金存取等业务。

第十条 支付机构向客户开户银行发送支付指令，扣划客户银行账户资金的，支付机构和银行应当执行下列要求：

（一）支付机构应当事先或在首笔交易时自主识别客户身份并分别取得客户和银行的协议授权，同意其向客户的银行账户发起支付指令扣划资金；

（二）银行应当事先或在首笔交易时自主识别客户身份并与客户直接签订授权协议，明确约定扣款适用范围和交易验证方式，设立与客户风险承受能力相匹配的单笔和单日累计交易限额，承诺无条件全额承担此类交易的风险损失先行赔付责任；

（三）除单笔金额不超过200元的小额支付业务，公共事业缴费、税费缴纳、信用卡还款等收款人固定并且定期发生的支付业务，以及符合第三十七条规定的情形以外，支付机构不得代替银行进行交易验证。

第十一条 支付机构应根据客户身份对同一客户在本机构开立的所有支付账户进行关联管理，并按照下列要求对个人支付账户进行分类管理：

（一）对于以非面对面方式通过至少一个合法安全的外部渠道进行身份

基本信息验证，且为首次在本机构开立支付账户的个人客户，支付机构可以为其开立Ⅰ类支付账户，账户余额仅可用于消费和转账，余额付款交易自账户开立起累计不超过 1000 元（包括支付账户向客户本人同名银行账户转账）；

（二）对于支付机构自主或委托合作机构以面对面方式核实身份的个人客户，或以非面对面方式通过至少三个合法安全的外部渠道进行身份基本信息多重交叉验证的个人客户，支付机构可以为其开立Ⅱ类支付账户，账户余额仅可用于消费和转账，其所有支付账户的余额付款交易年累计不超过 10 万元（不包括支付账户向客户本人同名银行账户转账）；

（三）对于支付机构自主或委托合作机构以面对面方式核实身份的个人客户，或以非面对面方式通过至少五个合法安全的外部渠道进行身份基本信息多重交叉验证的个人客户，支付机构可以为其开立Ⅲ类支付账户，账户余额可以用于消费、转账以及购买投资理财等金融类产品，其所有支付账户的余额付款交易年累计不超过 20 万元（不包括支付账户向客户本人同名银行账户转账）。

客户身份基本信息外部验证渠道包括但不限于政府部门数据库、商业银行信息系统、商业化数据库等。其中，通过商业银行验证个人客户身份基本信息的，应为Ⅰ类银行账户或信用卡。

第十二条 支付机构办理银行账户与支付账户之间转账业务的，相关银行账户与支付账户应属于同一客户。

支付机构应按照与客户的约定及时办理支付账户向客户本人银行账户转账业务，不得对Ⅱ类、Ⅲ类支付账户向客户本人银行账户转账设置限额。

第十三条 支付机构为客户办理本机构发行的预付卡向支付账户转账的，应当按照《支付机构预付卡业务管理办法》（中国人民银行公告〔2012〕第 12 号公布）相关规定对预付卡转账至支付账户的余额单独管理，仅限其用于消费，不得通过转账、购买投资理财等金融类产品等形式进行套现或者变相套现。

第十四条 支付机构应当确保交易信息的真实性、完整性、可追溯性以及在支付全流程中的一致性，不得篡改或者隐匿交易信息。交易信息包括但不限于下列内容：

（一）交易渠道、交易终端或接口类型、交易类型、交易金额、交易时间，以及直接向客户提供商品或者服务的特约商户名称、编码和按照国家与金融行业标准设置的商户类别码；

（二）收付款客户名称，收付款支付账户账号或者银行账户的开户银行名称及账号；

（三）付款客户的身份验证和交易授权信息；

（四）有效追溯交易的标识；

（五）单位客户单笔超过5万元的转账业务的付款用途和事由。

第十五条 因交易取消（撤销）、退货、交易不成功或者投资理财等金融类产品赎回等原因需划回资金的，相应款项应当划回原扣款账户。

第十六条 对于客户的网络支付业务操作行为，支付机构应当在确认客户身份及真实意愿后及时办理，并在操作生效之日起至少五年内，真实、完整保存操作记录。

客户操作行为包括但不限于登录和注销登录、身份识别和交易验证、变更身份信息和联系方式、调整业务功能、调整交易限额、变更资金收付方式，以及变更或挂失密码、数字证书、电子签名等。

第四章 风险管理与客户权益保护

第十七条 支付机构应当综合客户类型、身份核实方式、交易行为特征、资信状况等因素，建立客户风险评级管理制度和机制，并动态调整客户风险评级及相关风险控制措施。

支付机构应当根据客户风险评级、交易验证方式、交易渠道、交易终端或接口类型、交易类型、交易金额、交易时间、商户类别等因素，建立交易风险管理制度和交易监测系统，对疑似欺诈、套现、洗钱、非法融资、恐怖融资等交易，及时采取调查核实、延迟结算、终止服务等措施。

第十八条 支付机构应当向客户充分提示网络支付业务的潜在风险，及时揭示不法分子新型作案手段，对客户进行必要的安全教育，并对高风险业务在操作前、操作中进行风险警示。

支付机构为客户购买合作机构的金融类产品提供网络支付服务的，应当确保合作机构为取得相应经营资质并依法开展业务的机构，并在首次购买时向客户展示合作机构信息和产品信息，充分提示相关责任、权利、义务及潜在风险，协助客户与合作机构完成协议签订。

第十九条 支付机构应当建立健全风险准备金制度和交易赔付制度，并对不能有效证明因客户原因导致的资金损失及时先行全额赔付，保障客户合法权益。

支付机构应于每年1月31日前，将前一年度发生的风险事件、客户风险损失发生和赔付等情况在网站对外公告。支付机构应在年度监管报告中如实反映上述内容和风险准备金计提、使用及结余等情况。

第二十条 支付机构应当依照中国人民银行有关客户信息保护的规定，制定有效的客户信息保护措施和风险控制机制，履行客户信息保护责任。

支付机构不得存储客户银行卡的磁道信息或芯片信息、验证码、密码等敏感信息，原则上不得存储银行卡有效期。因特殊业务需要，支付机构确需存储客户银行卡有效期的，应当取得客户和开户银行的授权，以加密形式存储。

支付机构应当以“最小化”原则采集、使用、存储和传输客户信息，并告知客户相关信息的使用目的和范围。支付机构不得向其他机构或个人提供客户信息，法律法规另有规定，以及经客户本人逐项确认并授权的除外。

第二十一条 支付机构应当通过协议约定禁止特约商户存储客户银行卡的磁道信息或芯片信息、验证码、有效期、密码等敏感信息，并采取定期检查、技术监测等必要监督措施。

特约商户违反协议约定存储上述敏感信息的，支付机构应当立即暂停或者终止为其提供网络支付服务，采取有效措施删除敏感信息、防止信息泄露，并依法承担因相关信息泄露造成的损失和责任。

第二十二条 支付机构可以组合选用下列三类要素，对客户使用支付账户余额付款的交易进行验证：

（一）仅客户本人知悉的要素，如静态密码等；

（二）仅客户本人持有并特有的，不可复制或者不可重复利用的要素，如经过安全认证的数字证书、电子签名，以及通过安全渠道生成和传输的一次性密码等；

（三）客户本人生理特征要素，如指纹等。

支付机构应当确保采用的要素相互独立，部分要素的损坏或者泄露不应导致其他要素损坏或者泄露。

第二十三条 支付机构采用数字证书、电子签名作为验证要素的，数字证书及生成电子签名的过程应符合《中华人民共和国电子签名法》、《金融电子认证规范》（JR/T0118－2015）等有关规定，确保数字证书的唯一性、完整性及交易的不可抵赖性。

支付机构采用一次性密码作为验证要素的，应当切实防范一次性密码获取端与支付指令发起端为相同物理设备而带来的风险，并将一次性密码有效期严格限制在最短的必要时间内。

支付机构采用客户本人生理特征作为验证要素的，应当符合国家、金融行业标准和相关信息安全管理要求，防止被非法存储、复制或重放。

第二十四条 支付机构应根据交易验证方式的安全级别，按照下列要求对个人客户使用支付账户余额付款的交易进行限额管理：

（一）支付机构采用包括数字证书或电子签名在内的两类（含）以上有效要素进行验证的交易，单日累计限额由支付机构与客户通过协议自主约定；

（二）支付机构采用不包括数字证书、电子签名在内的两类（含）以上有效要素进行验证的交易，单个客户所有支付账户单日累计金额应不超过5000元（不包括支付账户向客户本人同名银行账户转账）；

（三）支付机构采用不足两类有效要素进行验证的交易，单个客户所有支付账户单日累计金额应不超过1000元（不包括支付账户向客户本人同名银行账户转账），且支付机构应当承诺无条件全额承担此类交易的风险损失赔付责任。

第二十五条 支付机构网络支付业务相关系统设施和技术，应当持续符合国家、金融行业标准和相关信息安全管理要求。如未符合相关标准和要求，或者尚未形成国家、金融行业标准，支付机构应当无条件全额承担客户直接风险损失的先行赔付责任。

第二十六条 支付机构应当在境内拥有安全、规范的网络支付业务处理系统及其备份系统，制定突发事件应急预案，保障系统安全性和业务连续性。

支付机构为境内交易提供服务的，应当通过境内业务处理系统完成交易处理，并在境内完成资金结算。

第二十七条 支付机构应当采取有效措施，确保客户在执行支付指令前可对收付款客户名称和账号、交易金额等交易信息进行确认，并在支付指令完成后及时将结果通知客户。

因交易超时、无响应或者系统故障导致支付指令无法正常处理的，支付机构应当及时提示客户；因客户原因造成支付指令未执行、未适当执行、延迟执行的，支付机构应当主动通知客户更改或者协助客户采取补救措施。

第二十八条 支付机构应当通过具有合法独立域名的网站和统一的服务电话等渠道，为客户免费提供至少最近一年以内交易信息查询服务，并建立健全差错争议和纠纷投诉处理制度，配备专业部门和人员据实、准确、及时处理交易差错和客户投诉。支付机构应当告知客户相关服务的正确获取途径，指导客户有效辨识服务渠道的真实性。

支付机构应当于每年1月31日前，将前一年度发生的客户投诉数量和类型、处理完毕的投诉占比、投诉处理速度等情况在网站对外公告。

第二十九条 支付机构应当充分尊重客户自主选择权，不得强迫客户使用本机构提供的支付服务，不得阻碍客户使用其他机构提供的支付服务。

支付机构应当公平展示客户可选用的各种资金收付方式，不得以任何形式诱导、强迫客户开立支付账户或者通过支付账户办理资金收付，不得附加不合理条件。

第三十条 支付机构因系统升级、调试等原因，需暂停网络支付服务的，应当至少提前5个工作日予以公告。

支付机构变更协议条款、提高服务收费标准或者新设收费项目的，应当于实施之前在网站等服务渠道以显著方式连续公示30日，并于客户首次办理相关业务前确认客户知悉且接受拟调整的全部详细内容。

第五章 监督管理

第三十一条 支付机构提供网络支付创新产品或者服务、停止提供产品或者服务、与境外机构合作在境内开展网络支付业务的，应当至少提前30日向法人所在地中国人民银行分支机构报告。

支付机构发生重大风险事件的，应当及时向法人所在地中国人民银行分支机构报告；发现涉嫌违法犯罪的，同时报告公安机关。

第三十二条 中国人民银行可以结合支付机构的企业资质、风险管控特别是客户备付金管理等因素，确立支付机构分类监管指标体系，建立持续分类评价工作机制，并对支付机构实施动态分类管理。具体办法由中国人民银行另行制定。

第三十三条 评定为“A”类且Ⅱ类、Ⅲ类支付账户实名比例超过95%的支付机构，可以采用能够切实落实实名制要求的其他客户身份核实方法，经法人所在地中国人民银行分支机构评估认可并向中国人民银行备案后实施。

第三十四条 评定为“A”类且Ⅱ类、Ⅲ类支付账户实名比例超过95%的支付机构，可以对从事电子商务经营活动、不具备工商登记注册条件且相关法律法规允许不进行工商登记注册的个人客户（以下简称个人卖家）参照单位客户管理，但应建立持续监测电子商务经营活动、对个人卖家实施动态管理的有效机制，并向法人所在地中国人民银行分支机构备案。

支付机构参照单位客户管理的个人卖家，应至少符合下列条件：

（一）相关电子商务交易平台已依照相关法律法规对其真实身份信息进行审查和登记，与其签订登记协议，建立登记档案并定期核实更新，核发证明个人身份信息真实合法的标记，加载在其从事电子商务经营活动的主页面醒目位置；

（二）支付机构已按照开立Ⅲ类个人支付账户的标准对其完成身份核实；

（三）持续从事电子商务经营活动满6个月，且期间使用支付账户收取的经营收入累计超过20万元。

第三十五条 评定为“A”类且Ⅱ类、Ⅲ类支付账户实名比例超过95%的支付机构，对于已经实名确认、达到实名制管理要求的支付账户，在办理第十二条第一款所述转账业务时，相关银行账户与支付账户可以不属于同一客户。但支付机构应在交易中向银行准确、完整发送交易渠道、交易终端或接口类型、交易类型、收付款客户名称和账号等交易信息。

第三十六条 评定为“A”类且Ⅱ类、Ⅲ类支付账户实名比例超过95%的支付机构，可以将达到实名制管理要求的Ⅱ类、Ⅲ类支付账户的余额付款单日累计限额，提高至第二十四条规定的2倍。

评定为“B”类及以上，且Ⅱ类、Ⅲ类支付账户实名比例超过90%的支付机构，可以将达到实名制管理要求的Ⅱ类、Ⅲ类支付账户的余额付款单日累计限额，提高至第二十四条规定的1.5倍。

第三十七条 评定为“A”类的支付机构按照第十条规定办理相关业务时，可以与银行根据业务需要，通过协议自主约定由支付机构代替进行交易验证的情形，但支付机构应在交易中向银行完整、准确发送交易渠道、交易终端或接口类型、交易类型、商户名称、商户编码、商户类别码、收付款客户名称和账号等交易信息；银行应核实支付机构验证手段或渠道的安全性，且对客户资金安全的管理责任不因支付机构代替验证而转移。

第三十八条　对于评定为“C”类及以下、支付账户实名比例较低、对零售支付体系或社会公众非现金支付信心产生重大影响的支付机构，中国人民银行及其分支机构可以在第十九条、第二十八条等规定的基础上适度提高公开披露相关信息的要求，并加强非现场监管和现场检查。

第三十九条　中国人民银行及其分支机构对照上述分类管理措施相应条件，动态确定支付机构适用的监管规定并持续监管。支付机构分类评定结果和支付账户实名比例不符合上述分类管理措施相应条件的，应严格按照第十条、第十一条、第十二条及第二十四条等相关规定执行。

中国人民银行及其分支机构可以根据社会经济发展情况和支付机构分类管理需要，对支付机构网络支付业务范围、模式、功能、限额及业务创新等相关管理措施进行适时调整。

第四十条　支付机构应当加入中国支付清算协会，接受行业自律组织管理。

中国支付清算协会应当根据本办法制定网络支付业务行业自律规范，建立自律审查机制，向中国人民银行备案后组织实施。自律规范应包括支付机构与客户签订协议的范本，明确协议应记载和不得记载事项，还应包括支付机构披露有关信息的具体内容和标准格式。

中国支付清算协会应当建立信用承诺制度，要求支付机构以标准格式向社会公开承诺依法合规开展网络支付业务、保障客户信息安全和资金安全、维护客户合法权益、如违法违规自愿接受约束和处罚。

第六章　法律责任

第四十一条　支付机构从事网络支付业务有下列情形之一的，中国人民银行及其分支机构依据《非金融机构支付服务管理办法》第四十二条的规定进行处理：

（一）未按规定建立客户实名制管理、支付账户开立与使用、差错争议和纠纷投诉处理、风险准备金和交易赔付、应急预案等管理制度的；

（二）未按规定建立客户风险评级管理、支付账户功能与限额管理、客户支付指令验证管理、交易和信息安全管理、交易监测系统等风险控制机制的，未按规定对支付业务采取有效风险控制措施的；

（三）未按规定进行风险提示、公开披露相关信息的；

（四）未按规定履行报告义务的。

第四十二条 支付机构从事网络支付业务有下列情形之一的，中国人民银行及其分支机构依据《非金融机构支付服务管理办法》第四十三条的规定进行处理；情节严重的，中国人民银行及其分支机构依据《中华人民共和国中国人民银行法》第四十六条的规定进行处理：

（一）不符合支付机构支付业务系统设施有关要求的；

（二）不符合国家、金融行业标准和相关信息安全管理要求的，采用数字证书、电子签名不符合《中华人民共和国电子签名法》、《金融电子认证规范》等规定的；

（三）为非法交易、虚假交易提供支付服务，发现客户疑似或者涉嫌违法违规行为未按规定采取有效措施的；

（四）未按规定采取客户支付指令验证措施的；

（五）未真实、完整、准确反映网络支付交易信息，篡改或者隐匿交易信息的；

（六）未按规定处理客户信息，或者未履行客户信息保密义务，造成信息泄露隐患或者导致信息泄露的；

（七）妨碍客户自主选择支付服务提供主体或资金收付方式的；

（八）公开披露虚假信息的；

（九）违规开立支付账户，或擅自经营金融业务活动的。

第四十三条 支付机构违反反洗钱和反恐怖融资规定的，依据国家有关法律法规进行处理。

第七章 附 则

第四十四条 本办法相关用语含义如下：

单位客户，是指接受支付机构支付服务的法人、其他组织或者个体工商户。

个人客户，是指接受支付机构支付服务的自然人。

单位客户的身份基本信息，包括客户的名称、地址、经营范围、统一社会信用代码或组织机构代码；可证明该客户依法设立或者可依法开展经营、社会活动的执照、证件或者文件的名称、号码和有效期限；法定代表人（负责人）或授权办理业务人员的姓名、有效身份证件的种类、号码和有效期限。

个人客户的身份基本信息，包括客户的姓名、国籍、性别、职业、住址、联系方式以及客户有效身份证件的种类、号码和有效期限。

法人和其他组织客户的有效身份证件，是指政府有权机关颁发的能够证明其合法真实身份的证件或文件，包括但不限于营业执照、事业单位法人证书、税务登记证、组织机构代码证；个体工商户的有效身份证件，包括营业执照、经营者或授权经办人员的有效身份证件。

个人客户的有效身份证件，包括：在中国境内已登记常住户口的中国公民为居民身份证，不满十六周岁的，为居民身份证或户口簿；香港、澳门特别行政区居民为港澳居民往来内地通行证；台湾地区居民为台湾居民来往大陆通行证；定居国外的中国公民为中国护照；外国公民为护照或者外国人永久居留证（外国边民，按照边贸结算的有关规定办理）；法律、行政法规规定的其他身份证明文件。

客户本人，是指客户本单位（单位客户）或者本人（个人客户）。

第四十五条　本办法由中国人民银行负责解释和修订。

第四十六条　本办法自 2016 年 7 月 1 日起施行。

国家外汇管理局关于开展支付机构跨境外汇支付业务试点的通知

（2015 年 1 月 29 日　汇发〔2015〕7 号）

人民银行支付结算司，国家外汇管理局各省、自治区、直辖市分局、外汇管理部，深圳、大连、青岛、厦门、宁波分局，各中资外汇指定银行：

为积极支持跨境电子商务发展，防范互联网渠道外汇支付风险，国家外汇管理局在总结前期经验的基础上，制定了《支付机构跨境外汇支付业务试点指导意见》（以下简称《指导意见》，见附件），在全国范围内开展支付机构跨境外汇支付业务试点，现印发执行。

国家外汇管理局分局、外汇管理部（以下简称分局）应当依据《指导意见》，选择有实际需求、经营合规且业务和技术条件成熟的支付机构参与跨境外汇支付业务试点，并为其办理“贸易外汇收支企业名录”登记手续。对于试点业务的开办，各分局应按照审慎原则严格审核，视情通过事前征询、事后告知等方式加强与当地人民银行分支机构支付结算管理部门的沟通，提高审核质量。

各分局收到本通知后，应及时转发辖内中心支局（支局）、地方性商业银行及外资银行。各中资外汇指定银行收到本通知后，应及时转发下属分支机构。政策执行中如遇问题，请及时向国家外汇管理局经常项目管理司反馈。

特此通知。

支付机构跨境外汇支付业务试点指导意见

（2015 年 1 月 20 日国家外汇管理局汇发〔2015〕7 号发布　自 2015 年 1 月 20 日实施）

第一章　总　　则

第一条　为便利境内机构、个人通过互联网进行电子商务交易，规范支付机构跨境外汇支付业务，防范互联网渠道跨境资金流动风险，根据《中华人民共和国外汇管理条例》及《非金融机构支付服务管理办法》等有关规定，制定本指导意见。

第二条　支付机构跨境外汇支付业务是指支付机构通过银行为电子商务（货物贸易或服务贸易）交易双方提供跨境互联网支付所涉的外汇资金集中收付及相关结售汇服务。

第三条　支付机构开展跨境外汇支付业务应当接受国家外汇管理局及其分支机构（以下简称外汇局）的监督和管理，并按规定及时报送相关业务数据。

银行为支付机构办理业务，应合理尽责、严格审核支付机构主体资质和业务范围，对于存在异常的交易应予以拒办，并确保及时准确地录入相关数据信息。

境内机构和个人不得以虚构交易获取或转移外汇资金，不得以分拆等方式逃避外汇监管。从事跨境电子商务的主体还应遵守国家其他有关部门的法律法规。

第二章 试点业务申请

第四条 支付机构办理“贸易外汇收支企业名录”登记后可试点开办跨境外汇支付业务。支付机构申请“贸易外汇收支企业名录”登记，应符合下述条件：

（一）具有人民银行颁发的《支付业务许可证》，许可业务范围应包括互联网支付；

（二）近2年内无重大违反人民币及外汇管理规定行为；

（三）有完备的组织机构设路、业务流程规定、风险管理制度；

（四）具备采集并保留交易信息数据的技术条件，并能保障交易的真实性、安全性。

第五条 支付机构申请“贸易外汇收支企业名录”登记应向注册地外汇局提交以下材料：

（一）书面申请，载明申请人名称、注册地、注册资本、股权结构、组织机构设路、已开展的支付业务和拟申请开展的跨境外汇支付业务种类及范围等；

（二）业务运营方案，包含业务办理流程（按业务种类，详细列明交易、汇兑和支付的完整流程）、客户实名制管理、交易真实性审核、国际收支统计申报、数据采集报送、系统建设、系统与银行数据接口、系统应急预案、外汇备付金账户管理、与所开展业务相对应的风险控制、内部操作规程及合规管理等内容；

（三）《支付业务许可证》、企业法人营业执照、组织机构代码证副本及复印件；

（四）银行合作协议；

（五）外汇局要求提供的其他材料。

第六条 外汇局分局、外汇管理部（以下简称分局）应根据本指导意见对支付机构的申请材料进行审核，在20个工作日内对符合条件的支付机构出具正式书面文件，同时抄报国家外汇管理局，并为开办货物贸易跨境外汇支付业务的支付机构办理“贸易外汇收支企业名录”登记。

本指导意见实施前已开办试点业务的支付机构，无需再行申请。由注册地分局统一办理“贸易外汇收支企业名录”登记。

试点期间，支付机构业务范围、外汇备付金开户行等发生变更的，应凭新增业务的运营方案或银行合作协议等到注册地分局事前备案。

第三章　业务管理

第七条　支付机构应严格审核参与跨境外汇支付业务客户身份信息的真实性，并留存相关信息5年备查。个人客户留存信息包括但不限于姓名、国籍以及有效身份证件号码等；机构客户留存信息包括但不限于名称、组织机构代码等。

支付机构自主发展境外特约商户，应按照“了解你的客户”、“了解你的业务”及“尽职审查”原则保证境外特约商户的真实性、合法性。

第八条　跨境外汇支付业务应当具有真实合法的货物贸易、服务贸易交易背景。支付机构不得为以下交易活动提供跨境外汇支付服务：不符合国家进出口管理规定的货物、服务贸易；不具有市场普遍认可对价的商品交易，以及定价机制不清晰、存在风险隐患的无形商品交易；可能危害国家、社会安全，损害社会公共利益的项目或经营活动；法律法规及人民银行、外汇局规章制度明确禁止的项目。

第九条　支付机构参与跨境外汇支付业务试点，除另有规定外单笔交易金额不得超过等值5万美元。对于交易完成情况核查不充分或未按规定对相关商户执行货物贸易名录企业分类管理等的支付机构，外汇局可将其单笔交易限额下调至等值1万美元。

第十条　支付机构可集中为客户办理收付汇和结售汇业务，并按照本指导意见要求实现交易信息的逐笔还原。支付机构应在收到资金之日（T）后的第一个工作日（T+1）内完成结售汇业务办理。在满足交易信息逐笔还原要求的情况下，支付机构可以办理轧差结算。

第十一条　支付机构在提供跨境外汇支付服务时，应允许客户用人民币或自有外汇进行支付。客户向支付机构划转外汇时，银行应要求其提供包含有交易金额、支付机构名称等信息的网上交易真实性证明材料，经核对支付机构账户名称和金额后办理，并在交易附言中注明“跨境外汇互联网支付划转”字样。

第十二条 支付机构为客户提供结售汇服务时，应按照银行提供的汇率标价，不得自行变动汇率价格。支付机构应就手续费、交易退款涉及的汇兑损益分担等，与客户事先达成协议。

第四章 账户管理

第十三条 支付机构应将客户外汇备付金账户资金与自有外汇资金严格区分，不得混用。支付机构自有外汇资金账户的开立、使用应遵循现行机构外汇管理规定。

第十四条 支付机构应凭注册地外汇局出具的“贸易外汇收支企业名录”登记书面文件，按照现行外汇账户管理有关规定，在银行开立外汇备付金账户，账户名称结尾标注“PIA”（PaymentInstitute Account）。

支付机构为客户办理结售汇及跨境收付业务均应通过外汇备付金账户进行。备付金账户管理同时应符合中国人民银行备付金账户管理规定。

第十五条 外汇备付金账户的收入范围为接受同名外汇备付金账户外汇划转、境内付款方外汇划转或购汇转入、境外付款方外汇汇入，以及因交易失败等原因由原路、原币种退回的外汇资金；支出范围为向同名外汇备付金账户划转外汇、向境内收款方划转外汇，结汇转入人民币备付金账户或收款方人民币账户、汇出至境外收款方，以及因交易失败等原因产生的原路、原币种退出的外汇资金。

外汇备付金账户不得提取或存入现钞，不得在无交易情况下预收、预存。此外，因经营损益原因，支付机构外汇备付金账户可与其自有外汇账户按规定进行外汇划转。

第十六条 支付机构应选择具备客户备付金存管资质的商业银行开立外汇备付金账户。其中，外汇备付金存管银行应与人民币备付金存管银行一致，外汇备付金合作银行可根据需要自主选择。

第十七条 支付机构外汇备付金账户纳入外汇账户管理信息系统管理，

并归入“支付机构外汇备付金账户（1603）”项下，银行应将数据及时填报并报送外汇局。

第五章 信息采集

第十八条 支付机构应当根据本指导意见要求报送相关业务数据和信息，并保证数据准确性、完整性和一致性。

银行应按照国际收支申报及结售汇信息报送相关规定，依据支付机构提供数据进行相关信息报送。除逐笔还原信息外，其他交易按照银行实际业务发生信息准确报送。涉及轧差的交易信息，也应进行还原报送，具体报送要求按照本指导意见第二十条、第二十一条、第二十二条执行。

第十九条 支付机构办理跨境外汇支付业务时，应掌握真实交易信息，按照完整性、可追溯性原则采集逐笔交易的明细数据，并留存备查。

货物贸易项下明细数据原则上应包括标的物名称、数量、交易币种、金额、交易双方及国别和订单时间等；服务贸易项下明细数据原则上应包括服务种类、具体交易信息（如机票项下航班及时间，住宿项下入住酒店名称、时间，留学项下入学通知书等）、数量、交易币种、金额、交易双方及所在地、订单时间等。

第二十条 支付机构应按现行涉外收支数据申报的规定，对两类数据进行国际收支统计申报：一类是集中收付款或轧差净额结算时支付机构的实际收付款数据（以下简称实际收付款数据）；另一类是逐笔还原集中收付或轧差净额结算前的原始收付款数据（以下简称还原数据）。

对于实际收付款数据申报，支付机构应按照银行实际业务发生信息进行国际收支统计间接申报，银行应将实际收付款信息交易编码记为“999999”，申报主体为支付机构。对于因轧差净额结算造成实际收付款为零的，支付机构应虚拟一笔结算为零的申报数据，收付款人名称均为该支付机构，交易编码标记为“999998”，国别为“中国”，其他必输项可视情况填报或填写“N/A”（大写英文字母）。

对于还原数据的申报，支付机构应在申报实际收付款数据的当日，根据全收全支原则，提供逐笔还原数据信息，通过银行对实际用汇客户的跨境收支进行还原申报。其中，还原的客户单笔交易金额低于国际收支免申报限额

电子支付

的，支付机构应按照实际交易性质，将交易性质相同（即同一交易编码）的逐笔交易数据合并为一笔，并以支付机构名义对按实际交易性质分类合并后的还原数据进行逐笔申报。还原的客户单笔交易金额高于国际收支免申报限额（含）的，支付机构应以客户的名义，逐笔申报还原数据。

第二十一条　支付机构集中提供或填报还原数据的基础信息和申报信息，提供或填报方式由银行与支付机构协商确定，可不填报纸质申报单。

境内银行应按实际交易性质填报交易编码和交易附言，按照实际收付发生的日期编制申报号码，并将还原数据“银行业务编号”填写为所对应的集中收付数据的申报号码，以便建立实际收付款数据与还原数据间的对应关系。

境内银行应在支付机构实际对外收付款之日（T）后的第1个工作日（T+1）中午12：00前，完成还原数据基础信息的报送工作；第5个工作日（T+5）中午12：00前，完成还原数据申报信息的报送工作。

第二十二条　支付机构应按现行结售汇管理规定，在规定时间提供通过银行办理的逐笔购汇或结汇信息，银行应按照现行规定报送结售汇统计报表。个人项下结售汇业务，银行应根据支付机构的数据，在办理结售汇之日（T）后的第5个工作日（T+5）内对于单笔金额等值500美元（含）以下的区分币种和交易性质汇总后以支付机构名义逐笔录入个人结售汇业务的管理系统，对于单笔金额等值500美元以上的逐笔录入个人结售汇业务的管理系统。支付机构跨境外汇支付业务项下的个人结售汇不计入个人年度结售汇总额。

第二十三条　支付机构应通过表单系统于每月10日前向注册地外汇局报送客户跨境外汇支付业务金额、笔数等总量报告，并对每月累计收付汇总额超过等值20万美元的客户交易情况报送累计高额收支交易情况报告，业务开展中如发现异常或高风险交易应随时向外汇局报告。

支付机构应按照注册地分局的要求报送年度试点总结报告。

第六章　监督核查

第二十四条　分局应审慎监管试点业务，依据本指导意见及相关外汇管理法规对辖内支付机构外汇支付业务进行非现场核查和现场核查。注册地分局对支付机构负主要核查职责。支付机构及其开户银行有义务配合外汇局的监督管理工作。

第二十五条 分局对于日常监测工作中发现的异常交易，可责成支付机构进行自查。支付机构应按照分局要求及时完成自查工作，并报送自查报告。

第二十六条 分局根据辖内外汇支付业务总量、各支付机构业务量占比和业务特点，自主安排对辖内支付机构的现场核查或检查。现场核查的内容应包括但不限于支付机构的主体信息审核、交易真实性审核、信息采集留存以及业务发生范围等。

第二十七条 支付机构办理跨境外汇支付业务，真实性审核、信息采集留存等不符合要求的，外汇局有权调整其业务范围、交易限额或者暂停其办理跨境外汇支付业务资格。支付机构整改后，需经注册地分局重新核准恢复办理试点业务。

第二十八条 对违反本办法相关规定办理外汇支付业务的支付机构，外汇局依据《中华人民共和国外汇管理条例》等法律法规予以处罚，情节严重的取消其外汇支付业务办理资格。

第二十九条 本通知自下发之日起实行，《国家外汇管理局综合司关于开展支付机构跨境电子商务外汇支付业务试点的通知》（汇综发〔2013〕5号）同时废止。

第三十条 本指导意见由国家外汇管理局负责解释。

非金融机构支付服务管理办法

（2010年6月14日中国人民银行令〔2010〕第2号公布 自2010年9月1日起施行）

第一章 总 则

第一条 为促进支付服务市场健康发展，规范非金融机构支付服务行为，防范支付风险，保护当事人的合法权益，根据《中华人民共和国中国人民银行法》等法律法规，制定本办法。

第二条 本办法所称非金融机构支付服务，是指非金融机构在收付款人之间作为中介机构提供下列部分或全部货币资金转移服务：

（一）网络支付；

（二）预付卡的发行与受理；

（三）银行卡收单；

（四）中国人民银行确定的其他支付服务。

本办法所称网络支付，是指依托公共网络或专用网络在收付款人之间转移货币资金的行为，包括货币汇兑、互联网支付、移动电话支付、固定电话支付、数字电视支付等。

本办法所称预付卡，是指以营利为目的发行的、在发行机构之外购买商品或服务的预付价值，包括采取磁条、芯片等技术以卡片、密码等形式发行的预付卡。

本办法所称银行卡收单，是指通过销售点（POS）终端等为银行卡特约商户代收货币资金的行为。

第三条 非金融机构提供支付服务，应当依据本办法规定取得《支付业务许可证》，成为支付机构。

支付机构依法接受中国人民银行的监督管理。

未经中国人民银行批准，任何非金融机构和个人不得从事或变相从事支付业务。

第四条 支付机构之间的货币资金转移应当委托银行业金融机构办理，不得通过支付机构相互存放货币资金或委托其他支付机构等形式办理。

支付机构不得办理银行业金融机构之间的货币资金转移，经特别许可的除外。

第五条 支付机构应当遵循安全、效率、诚信和公平竞争的原则，不得损害国家利益、社会公共利益和客户合法权益。

第六条 支付机构应当遵守反洗钱的有关规定，履行反洗钱义务。

第二章 申请与许可

第七条 中国人民银行负责《支付业务许可证》的颁发和管理。

申请《支付业务许可证》的，需经所在地中国人民银行分支机构审查后，报中国人民银行批准。

本办法所称中国人民银行分支机构，是指中国人民银行副省级城市中心支行以上的分支机构。

第八条 《支付业务许可证》的申请人应当具备下列条件：

（一）在中华人民共和国境内依法设立的有限责任公司或股份有限公司，且为非金融机构法人；

（二）有符合本办法规定的注册资本最低限额；

（三）有符合本办法规定的出资人；

（四）有5名以上熟悉支付业务的高级管理人员；

（五）有符合要求的反洗钱措施；

（六）有符合要求的支付业务设施；

（七）有健全的组织机构、内部控制制度和风险管理措施；

（八）有符合要求的营业场所和安全保障措施；

（九）申请人及其高级管理人员最近3年内未因利用支付业务实施违法犯罪活动或为违法犯罪活动办理支付业务等受过处罚。

第九条 申请人拟在全国范围内从事支付业务的，其注册资本最低限额为1亿元人民币；拟在省（自治区、直辖市）范围内从事支付业务的，其注册资本最低限额为3千万元人民币。注册资本最低限额为实缴货币资本。

本办法所称在全国范围内从事支付业务，包括申请人跨省（自治区、直辖市）设立分支机构从事支付业务，或客户可跨省（自治区、直辖市）办理支付业务的情形。

中国人民银行根据国家有关法律法规和政策规定，调整申请人的注册资本最低限额。

外商投资支付机构的业务范围、境外出资人的资格条件和出资比例等，由中国人民银行另行规定，报国务院批准。

第十条 申请人的主要出资人应当符合以下条件：

（一）为依法设立的有限责任公司或股份有限公司；

（二）截至申请日，连续为金融机构提供信息处理支持服务2年以上，或连续为电子商务活动提供信息处理支持服务2年以上；

（三）截至申请日，连续盈利2年以上；

（四）最近3年内未因利用支付业务实施违法犯罪活动或为违法犯罪活动办理支付业务等受过处罚。

本办法所称主要出资人，包括拥有申请人实际控制权的出资人和持有申请人10%以上股权的出资人。

第十一条 申请人应当向所在地中国人民银行分支机构提交下列文件、资料：

（一）书面申请，载明申请人的名称、住所、注册资本、组织机构设置、拟申请支付业务等；

（二）公司营业执照（副本）复印件；

（三）公司章程；

（四）验资证明；

（五）经会计师事务所审计的财务会计报告；

（六）支付业务可行性研究报告；

（七）反洗钱措施验收材料；

（八）技术安全检测认证证明；

（九）高级管理人员的履历材料；

（十）申请人及其高级管理人员的无犯罪记录证明材料；

（十一）主要出资人的相关材料；

（十二）申请资料真实性声明。

第十二条 申请人应当在收到受理通知后按规定公告下列事项：

（一）申请人的注册资本及股权结构；

（二）主要出资人的名单、持股比例及其财务状况；

（三）拟申请的支付业务；

（四）申请人的营业场所；

（五）支付业务设施的技术安全检测认证证明。

第十三条 中国人民银行分支机构依法受理符合要求的各项申请，并将初审意见和申请资料报送中国人民银行。中国人民银行审查批准的，依法颁发《支付业务许可证》，并予以公告。

《支付业务许可证》自颁发之日起，有效期5年。支付机构拟于《支付业务许可证》期满后继续从事支付业务的，应当在期满前6个月内向所在地中国人民银行分支机构提出续展申请。中国人民银行准予续展的，每次续展的有效期为5年。

第十四条 支付机构变更下列事项之一的，应当在向公司登记机关申请变更登记前报中国人民银行同意：

（一）变更公司名称、注册资本或组织形式；

（二）变更主要出资人；

（三）合并或分立；

（四）调整业务类型或改变业务覆盖范围。

第十五条 支付机构申请终止支付业务的，应当向所在地中国人民银行分支机构提交下列文件、资料：

（一）公司法定代表人签署的书面申请，载明公司名称、支付业务开展情况、拟终止支付业务及终止原因等；

（二）公司营业执照（副本）复印件；

（三）《支付业务许可证》复印件；

（四）客户合法权益保障方案；

（五）支付业务信息处理方案。

准予终止的，支付机构应当按照中国人民银行的批复完成终止工作，交回《支付业务许可证》。

第十六条 本章对许可程序未作规定的事项，适用《中国人民银行行政许可实施办法》（中国人民银行令〔2004〕第3号）。

第三章 监督与管理

第十七条 支付机构应当按照《支付业务许可证》核准的业务范围从事经营活动，不得从事核准范围之外的业务，不得将业务外包。

支付机构不得转让、出租、出借《支付业务许可证》。

第十八条 支付机构应当按照审慎经营的要求，制订支付业务办法及客户权益保障措施，建立健全风险管理和内部控制制度，并报所在地中国人民银行分支机构备案。

第十九条 支付机构应当确定支付业务的收费项目和收费标准，并报所在地中国人民银行分支机构备案。

支付机构应当公开披露其支付业务的收费项目和收费标准。

第二十条 支付机构应当按规定向所在地中国人民银行分支机构报送支付业务统计报表和财务会计报告等资料。

第二十一条 支付机构应当制定支付服务协议，明确其与客户的权利和义务、纠纷处理原则、违约责任等事项。

支付机构应当公开披露支付服务协议的格式条款，并报所在地中国人民银行分支机构备案。

第二十二条 支付机构的分公司从事支付业务的，支付机构及其分公司应当分别到所在地中国人民银行分支机构备案。

支付机构的分公司终止支付业务的，比照前款办理。

第二十三条 支付机构接受客户备付金时，只能按收取的支付服务费向客户开具发票，不得按接受的客户备付金金额开具发票。

第二十四条 支付机构接受的客户备付金不属于支付机构的自有财产。

支付机构只能根据客户发起的支付指令转移备付金。禁止支付机构以任何形式挪用客户备付金。

第二十五条 支付机构应当在客户发起的支付指令中记载下列事项：

（一）付款人名称；

（二）确定的金额；

（三）收款人名称；

（四）付款人的开户银行名称或支付机构名称；

（五）收款人的开户银行名称或支付机构名称；

（六）支付指令的发起日期。

客户通过银行结算账户进行支付的，支付机构还应当记载相应的银行结算账号。客户通过非银行结算账户进行支付的，支付机构还应当记载客户有效身份证件上的名称和号码。

第二十六条 支付机构接受客户备付金的，应当在商业银行开立备付金专用存款账户存放备付金。中国人民银行另有规定的除外。

支付机构只能选择一家商业银行作为备付金存管银行，且在该商业银行的一个分支机构只能开立一个备付金专用存款账户。

支付机构应当与商业银行的法人机构或授权的分支机构签订备付金存管协议，明确双方的权利、义务和责任。

支付机构应当向所在地中国人民银行分支机构报送备付金存管协议和备付金专用存款账户的信息资料。

第二十七条 支付机构的分公司不得以自己的名义开立备付金专用存款账户，只能将接受的备付金存放在支付机构开立的备付金专用存款账户。

第二十八条 支付机构调整不同备付金专用存款账户头寸的，由备付金存管银行的法人机构对支付机构拟调整的备付金专用存款账户的余额情况进行复核，并将复核意见告知支付机构及有关备付金存管银行。

支付机构应当持备付金存管银行的法人机构出具的复核意见办理有关备付金专用存款账户的头寸调拨。

第二十九条 备付金存管银行应当对存放在本机构的客户备付金的使用情况进行监督，并按规定向备付金存管银行所在地中国人民银行分支机构及备付金存管银行的法人机构报送客户备付金的存管或使用情况等信息资料。

对支付机构违反第二十五条至第二十八条相关规定使用客户备付金的申请或指令，备付金存管银行应当予以拒绝；发现客户备付金被违法使用或有其他异常情况的，应当立即向备付金存管银行所在地中国人民银行分支机构及备付金存管银行的法人机构报告。

第三十条 支付机构的实缴货币资本与客户备付金日均余额的比例，不得低于10%。

本办法所称客户备付金日均余额，是指备付金存管银行的法人机构根据最近90日内支付机构每日日终的客户备付金总量计算的平均值。

第三十一条 支付机构应当按规定核对客户的有效身份证件或其他有效身份证明文件，并登记客户身份基本信息。

支付机构明知或应知客户利用其支付业务实施违法犯罪活动的，应当停止为其办理支付业务。

第三十二条 支付机构应当具备必要的技术手段，确保支付指令的完整性、一致性和不可抵赖性，支付业务处理的及时性、准确性和支付业务的安全性；具备灾难恢复处理能力和应急处理能力，确保支付业务的连续性。

第三十三条 支付机构应当依法保守客户的商业秘密，不得对外泄露。法律法规另有规定的除外。

第三十四条 支付机构应当按规定妥善保管客户身份基本信息、支付业务信息、会计档案等资料。

第三十五条 支付机构应当接受中国人民银行及其分支机构定期或不定期的现场检查和非现场检查，如实提供有关资料，不得拒绝、阻挠、逃避检查，不得谎报、隐匿、销毁相关证据材料。

第三十六条 中国人民银行及其分支机构依据法律、行政法规、中国人民银行的有关规定对支付机构的公司治理、业务活动、内部控制、风险状况、反洗钱工作等进行定期或不定期现场检查和非现场检查。

中国人民银行及其分支机构依法对支付机构进行现场检查，适用《中国人民银行执法检查程序规定》（中国人民银行令〔2010〕第1号发布）。

第三十七条 中国人民银行及其分支机构可以采取下列措施对支付机构进行现场检查：

（一）询问支付机构的工作人员，要求其对被检查事项作出解释、说明；

（二）查阅、复制与被检查事项有关的文件、资料，对可能被转移、藏匿或毁损的文件、资料予以封存；

（三）检查支付机构的客户备付金专用存款账户及相关账户；

（四）检查支付业务设施及相关设施。

第三十八条 支付机构有下列情形之一的，中国人民银行及其分支机构有权责令其停止办理部分或全部支付业务：

（一）累计亏损超过其实缴货币资本的50%；

（二）有重大经营风险；

（三）有重大违法违规行为。

第三十九条 支付机构因解散、依法被撤销或被宣告破产而终止的，其清算事宜按照国家有关法律规定办理。

第四章 罚 则

第四十条 中国人民银行及其分支机构的工作人员有下列情形之一的，依法给予行政处分；构成犯罪的，依法追究刑事责任：

（一）违反规定审查批准《支付业务许可证》的申请、变更、终止等事项的；

（二）违反规定对支付机构进行检查的；

（三）泄露知悉的国家秘密或商业秘密的；

（四）滥用职权、玩忽职守的其他行为。

第四十一条 商业银行有下列情形之一的，中国人民银行及其分支机构责令其限期改正，并给予警告或处1万元以上3万元以下罚款；情节严重的，中国人民银行责令其暂停或终止客户备付金存管业务：

（一）未按规定报送客户备付金的存管或使用情况等信息资料的；

（二）未按规定对支付机构调整备付金专用存款账户头寸的行为进行复核的；

（三）未对支付机构违反规定使用客户备付金的申请或指令予以拒绝的。

第四十二条 支付机构有下列情形之一的，中国人民银行分支机构责令其限期改正，并给予警告或处1万元以上3万元以下罚款：

（一）未按规定建立有关制度办法或风险管理措施的；

（二）未按规定办理相关备案手续的；

（三）未按规定公开披露相关事项的；

（四）未按规定报送或保管相关资料的；

（五）未按规定办理相关变更事项的；

（六）未按规定向客户开具发票的；

（七）未按规定保守客户商业秘密的。

第四十三条 支付机构有下列情形之一的，中国人民银行分支机构责令其限期改正，并处3万元罚款；情节严重的，中国人民银行注销其《支付业务许可证》；涉嫌犯罪的，依法移送公安机关立案侦查；构成犯罪的，依法追究刑事责任：

（一）转让、出租、出借《支付业务许可证》的；

（二）超出核准业务范围或将业务外包的；

（三）未按规定存放或使用客户备付金的；

（四）未遵守实缴货币资本与客户备付金比例管理规定的；

（五）无正当理由中断或终止支付业务的；

（六）拒绝或阻碍相关检查监督的；

（七）其他危及支付机构稳健运行、损害客户合法权益或危害支付服务市场的违法违规行为。

第四十四条 支付机构未按规定履行反洗钱义务的，中国人民银行及其分支机构依据国家有关反洗钱法律法规等进行处罚；情节严重的，中国人民银行注销其《支付业务许可证》。

第四十五条 支付机构超出《支付业务许可证》有效期限继续从事支付业务的，中国人民银行及其分支机构责令其终止支付业务；涉嫌犯罪的，依法移送公安机关立案侦查；构成犯罪的，依法追究刑事责任。

第四十六条 以欺骗等不正当手段申请《支付业务许可证》但未获批准

的，申请人及持有其5%以上股权的出资人3年内不得再次申请或参与申请《支付业务许可证》。

以欺骗等不正当手段申请《支付业务许可证》且已获批准的，由中国人民银行及其分支机构责令其终止支付业务，注销其《支付业务许可证》；涉嫌犯罪的，依法移送公安机关立案侦查；构成犯罪的，依法追究刑事责任；申请人及持有其5%以上股权的出资人不得再次申请或参与申请《支付业务许可证》。

第四十七条 任何非金融机构和个人未经中国人民银行批准擅自从事或变相从事支付业务的，中国人民银行及其分支机构责令其终止支付业务；涉嫌犯罪的，依法移送公安机关立案侦查；构成犯罪的，依法追究刑事责任。

第五章 附 则

第四十八条 本办法实施前已经从事支付业务的非金融机构，应当在本办法实施之日起1年内申请取得《支付业务许可证》。逾期未取得的，不得继续从事支付业务。

第四十九条 本办法由中国人民银行负责解释。

第五十条 本办法自2010年9月1日起施行。

电子银行业务管理办法

（2006年1月26日中国银行业监督管理委员会令第5号公布 自2006年3月1日起施行）

第一章 总 则

第一条 为加强电子银行业务的风险管理，保障客户及银行的合法权益，促进电子银行业务的健康有序发展，根据《中华人民共和国银行业监督管理法》、《中华人民共和国商业银行法》和《中华人民共和国外资金融机构管理条例》等法律法规，制定本办法。

第二条 本办法所称电子银行业务，是指商业银行等银行业金融机构利用面向社会公众开放的通讯通道或开放型公众网络，以及银行为特定自助服务设施或客户建立的专用网络，向客户提供的银行服务。

电子银行业务包括利用计算机和互联网开展的银行业务（以下简称网上银行业务），利用电话等声讯设备和电信网络开展的银行业务（以下简称电话银行业务），利用移动电话和无线网络开展的银行业务（以下简称手机银行业务），以及其他利用电子服务设备和网络，由客户通过自助服务方式完成金融交易的银行业务。

第三条 银行业金融机构和依据《中华人民共和国外资金融机构管理条例》设立的外资金融机构（以下通称为金融机构），应当按照本办法的规定开展电子银行业务。

在中华人民共和国境内设立的金融资产管理公司、信托投资公司、财务公司、金融租赁公司以及经中国银行业监督管理委员会（以下简称中国银监会）批准设立的其他金融机构，开办具有电子银行性质的电子金融业务，适用本办法对金融机构开展电子银行业务的有关规定。

第四条 经中国银监会批准，金融机构可以在中华人民共和国境内开办电子银行业务，向中华人民共和国境内企业、居民等客户提供电子银行服务，也可按照本办法的有关规定开展跨境电子银行服务。

第五条 金融机构应当按照合理规划、统一管理、保障系统安全运行的原则，开展电子银行业务，保证电子银行业务的健康、有序发展。

第六条 金融机构应根据电子银行业务特性，建立健全电子银行业务风险管理体系和内部控制体系，设立相应的管理机构，明确电子银行业务管理的责任，有效地识别、评估、监测和控制电子银行业务风险。

第七条 中国银监会负责对电子银行业务实施监督管理。

第二章 申请与变更

第八条 金融机构在中华人民共和国境内开办电子银行业务，应当依照本办法的有关规定，向中国银监会申请或报告。

第九条 金融机构开办电子银行业务，应当具备下列条件：

（一）金融机构的经营活动正常，建立了较为完善的风险管理体系和内部控制制度，在申请开办电子银行业务的前一年内，金融机构的主要信息管理系统和业务处理系统没有发生过重大事故；

（二）制定了电子银行业务的总体发展战略、发展规划和电子银行安全策略，建立了电子银行业务风险管理的组织体系和制度体系；

（三）按照电子银行业务发展规划和安全策略，建立了电子银行业务运营的基础设施和系统，并对相关设施和系统进行了必要的安全检测和业务测试；

（四）对电子银行业务风险管理情况和业务运营设施与系统等，进行了符合监管要求的安全评估；

（五）建立了明确的电子银行业务管理部门，配备了合格的管理人员和技术人员；

（六）中国银监会要求的其他条件。

第十条 金融机构开办以互联网为媒介的网上银行业务、手机银行业务等电子银行业务，除应具备第九条所列条件外，还应具备以下条件：

（一）电子银行基础设施设备能够保障电子银行的正常运行；

（二）电子银行系统具备必要的业务处理能力，能够满足客户适时业务处理的需要；

（三）建立了有效的外部攻击侦测机制；

（四）中资银行业金融机构的电子银行业务运营系统和业务处理服务器设置在中华人民共和国境内；

（五）外资金融机构的电子银行业务运营系统和业务处理服务器可以设置在中华人民共和国境内或境外。设置在境外时，应在中华人民共和国境内设置可以记录和保存业务交易数据的设施设备，能够满足金融监管部门现场检查的要求，在出现法律纠纷时，能够满足中国司法机构调查取证的要求。

第十一条 外资金融机构开办电子银行业务，除应具备第九条、第十条所列条件外，还应当按照法律、行政法规的有关规定，在中华人民共和国境内设有营业性机构，其所在国家（地区）监管当局具备对电子银行业务进行监管的法律框架和监管能力。

第十二条 金融机构申请开办电子银行业务，根据电子银行业务的不同类型，分别适用审批制和报告制。

（一）利用互联网等开放性网络或无线网络开办的电子银行业务，包括网上银行、手机银行和利用掌上电脑等个人数据辅助设备开办的电子银行业务，适用审批制；

（二）利用境内或地区性电信网络、有线网络等开办的电子银行业务，适用报告制；

（三）利用银行为特定自助服务设施或与客户建立的专用网络开办的电子银行业务，法律法规和行政规章另有规定的遵照其规定，没有规定的适用报告制。

金融机构开办电子银行业务后，与其特定客户建立直接网络连接提供相关服务，属于电子银行日常服务，不属于开办电子银行业务申请的类型。

第十三条 金融机构申请开办需要审批的电子银行业务之前，应先就拟申请的业务与中国银监会进行沟通，说明拟申请的电子银行业务系统和基础设施设计、建设方案，以及基本业务运营模式等，并根据沟通情况，对有关方案进行调整。

进行监管沟通后，金融机构应根据调整完善后的方案开展电子银行系统建设，并应在申请前完成对相关系统的内部测试工作。

内部测试对象仅限于金融机构内部人员、外包机构相关工作人员和相关机构的工作人员，不得扩展到一般客户。

第十四条 金融机构申请开办电子银行业务时，可以在一个申请报告中同时申请不同类型的电子银行业务，但在申请中应注明所申请的电子银行业务类型。

第十五条 金融机构向中国银监会或其派出机构申请开办电子银行业务，应提交以下文件、资料（一式三份）：

（一）由金融机构法定代表人签署的开办电子银行业务的申请报告；

（二）拟申请的电子银行业务类型及拟开展的业务种类；

（三）电子银行业务发展规划；

（四）电子银行业务运营设施与技术系统介绍；

（五）电子银行业务系统测试报告；

（六）电子银行安全评估报告；

（七）电子银行业务运行应急计划和业务连续性计划；

（八）电子银行业务风险管理体系及相应的规章制度；

（九）电子银行业务的管理部门、管理职责，以及主要负责人介绍；

（十）申请单位联系人以及联系电话、传真、电子邮件信箱等联系方式；

（十一）中国银监会要求提供的其他文件和资料。

第十六条 中国银监会或其派出机构在收到金融机构的有关申请材料后，根据监管需要，要求商业银行补充材料时，应一次性将有关要求告知金融机构。

金融机构应根据中国银监会或其派出机构的要求，重新编制和装订申请材料，并更正材料递交日期。

第十七条 中国银监会或其派出机构在收到金融机构申请开办需要审批的电子银行业务完整申请材料 3 个月内，作出批准或者不批准的书面决定；决定不批准的，应当说明理由。

第十八条 金融机构在一份申请报告中申请了多个类型的电子银行业务时，中国银监会或其派出机构可以根据有关规定和要求批准全部或部分电子银行业务类型的申请。

对于中国银监会或其派出机构未批准的电子银行业务类型，金融机构可按有关规定重新申请。

第十九条 金融机构开办适用于报告制的电子银行业务类型，不需申请，但应参照第十五条的有关规定，在开办电子银行业务之前 1 个月，将相关材料报送中国银监会或其派出机构。

第二十条 金融机构开办电子银行业务后，可以利用电子银行平台进行传统银行产品和服务的宣传、销售，也可以根据电子银行业务的特点开发新的业务类型。

金融机构利用电子银行平台宣传有关银行产品或服务时，应当遵守相关法律法规和业务管理规章的有关规定。利用电子银行平台销售有关银行产品或服务时，应认真分析选择适应电子银行销售的产品，不得利用电子银行销售需要对客户进行当面评估后才能销售的，或者需要客户当面确认才能销售的银行产品，法律法规和行政规章另有规定的除外。

第二十一条 金融机构根据业务发展需要，增加或变更电子银行业务类型，适用审批制或报告制。

第二十二条 金融机构增加或者变更以下电子银行业务类型，适用审批制：

（一）有关法律法规和行政规章规定需要审批但金融机构尚未申请批准，并准备利用电子银行开办的；

（二）金融机构将已获批准的业务应用于电子银行时，需要与证券业、保险业相关机构进行直接实时数据交换才能实施的；

（三）金融机构之间通过互联电子银行平台联合开展的；

（四）提供跨境电子银行服务的。

第二十三条 金融机构增加或变更需要审批的电子银行业务类型，应向中国银监会或其派出机构报送以下文件和资料（一式三份）：

（一）由金融机构法定代表人签署的增加或变更业务类型的申请；

（二）拟增加或变更业务类型的定义和操作流程；

（三）拟增加或变更业务类型的风险特征和防范措施；

（四）有关管理规章制度；

（五）申请单位联系人以及联系电话、传真、电子邮件信箱等联系方式；

（六）中国银监会要求提供的其他文件和资料。

第二十四条 业务经营活动不受地域限制的银行业金融机构（以下简称全国性金融机构），申请开办电子银行业务或增加、变更需要审批的电子银行业务类型，应由其总行（公司）统一向中国银监会申请。

按照有关规定只能在某一城市或地区内从事业务经营活动的银行业金融机构（以下简称地区性金融机构），申请开办电子银行业务或增加、变更需要审批的电子银行业务类型，应由其法人机构向所在地中国银监会派出机构申请。

外资金融机构申请开办电子银行业务或增加、变更需要审批的电子银行业务类型，应由其总行（公司）或在中华人民共和国境内的主报告行向中国银监会申请。

第二十五条 中国银监会或其派出机构在收到金融机构增加或变更需要审批的电子银行业务类型完整申请材料 3 个月内，做出批准或者不批准的书面决定；决定不批准的，应当说明理由。

第二十六条 其他电子银行业务类型适用报告制，金融机构增加或变更时不需申请，但应在开办该业务类型前 1 个月内，参照第二十三条的有关规定，将有关材料报送中国银监会或其派出机构。

第二十七条 已经实现业务数据集中处理和系统整合（以下简称数据集中处理）的银行业金融机构，获准开办电子银行业务后，可以授权其分支机构开办部分或全部电子银行业务。其分支机构在开办相关业务之前，应向所在地中国银监会派出机构报告。

未实现数据集中处理的银行业金融机构，如果其分支机构的电子银行业务处理系统独立于总部，该分支机构开办电子银行业务按照地区性金融机构开办电子银行业务的情形管理，应持其总行授权文件，按照有关规定向所在地中国银监会派出机构申请或报告。其他分支机构只需持其总行授权文件，在开办相关业务之前，向所在地中国银监会派出机构报告。

外资金融机构获准开办电子银行业务后，其境内分支机构开办电子银行业务，应持其总行（公司）授权文件向所在地中国银监会派出机构报告。

第二十八条 已开办电子银行业务的金融机构按计划决定终止全部电子银行服务或部分类型的电子银行服务时，应提前 3 个月就终止电子银行服务的原因及相关问题处置方案等，报告中国银监会，并同时予以公告。

金融机构按计划决定停办部分电子银行业务类型时，应于停办该业务前 1 个月内向中国银监会报告，并予以公告。

金融机构终止电子银行服务或停办部分业务类型，必须采取有效的措施保护客户的合法权益，并针对可能出现的问题制定有效的处置方案。

第二十九条 金融机构终止电子银行服务或停办部分业务类型后，需要重新开办电子银行业务或者重新开展已停办的业务类型时，应按照相关规定重新申请或办理。

第三十条 金融机构因电子银行系统升级、调试等原因，需要按计划暂时停止电子银行服务的，应选择适当的时间，尽可能减少对客户的影响，并至少提前 3 天在其网站上予以公告。

受突发事件或偶然因素影响非计划暂停电子银行服务，在正常工作时间内超过 4 个小时或者在正常工作时间外超过 8 个小时的，金融机构应在暂停服务后 24 小时内将有关情况报告中国银监会，并应在事故处理基本结束后 3 日内，将事故原因、影响、补救措施及处理情况等，报告中国银监会。

第三章 风险管理

第三十一条 金融机构应当将电子银行业务风险管理纳入本机构风险管理的总体框架之中，并应根据电子银行业务的运营特点，建立健全电子银行风险管理体系和电子银行安全、稳健运营的内部控制体系。

第三十二条 金融机构的电子银行风险管理体系和内部控制体系应当具有清晰的管理架构、完善的规章制度和严格的内部授权控制机制，能够对电子银行业务面临的战略风险、运营风险、法律风险、声誉风险、信用风险、市场风险等实施有效的识别、评估、监测和控制。

第三十三条 金融机构针对传统业务风险制定的审慎性风险管理原则和措施等，同样适用于电子银行业务，但金融机构应根据电子银行业务环境和运行方式的变化，对原有风险管理制度、规则和程序进行必要的和适当的修正。

第三十四条 金融机构的董事会和高级管理层应根据本机构的总体发展战略和实际经营情况，制订电子银行发展战略和可行的经营投资战略，对电子银行的经营进行持续性的综合效益分析，科学评估电子银行业务对金融机构总体风险的影响。

第三十五条 在制定电子银行发展战略时，金融机构应加强电子银行业务的知识产权保护工作。

第三十六条 金融机构应当针对电子银行不同系统、风险设施、信息和其他资源的重要性及其对电子银行安全的影响进行评估分类，制定适当的安全策略，建立健全风险控制程序和安全操作规程，采取相应的安全管理措施。

对各类安全控制措施应定期检查、测试，并根据实际情况适时调整，保证安全措施的持续有效和及时更新。

第三十七条 金融机构应当保障电子银行运营设施设备，以及安全控制设施设备的安全，对电子银行的重要设施设备和数据，采取适当的保护措施。

（一）有形场所的物理安全控制，必须符合国家有关法律法规和安全标准的要求，对尚没有统一安全标准的有形场所的安全控制，金融机构应确保其制定的安全制度有效地覆盖可能面临的主要风险；

（二）以开放型网络为媒介的电子银行系统，应合理设置和使用防火墙、防病毒软件等安全产品与技术，确保电子银行有足够的反攻击能力、防病毒能力和入侵防护能力；

（三）对重要设施设备的接触、检查、维修和应急处理，应有明确的权限界定、责任划分和操作流程，并建立日志文件管理制度，如实记录并妥善保管相关记录；

（四）对重要技术参数，应严格控制接触权限，并建立相应的技术参数调整与变更机制，并保证在更换关键人员后，能够有效防止有关技术参数的泄漏；

（五）对电子银行管理的关键岗位和关键人员，应实行轮岗和强制性休假制度，建立严格的内部监督管理制度。

第三十八条 金融机构应采用适当的加密技术和措施，保证电子交易数据传输的安全性与保密性，以及所传输交易数据的完整性、真实性和不可否认性。

金融机构采用的数据加密技术应符合国家有关规定，并根据电子银行业务的安全性需要和科技信息技术的发展，定期检查和评估所使用的加密技术和算法的强度，对加密方式进行适时调整。

第三十九条 金融机构应当与客户签订电子银行服务协议或合同，明确双方的权利与义务。

在电子银行服务协议中，金融机构应向客户充分揭示利用电子银行进行交易可能面临的风险，金融机构已经采取的风险控制措施和客户应采取的风险控制措施，以及相关风险的责任承担。

第四十条 金融机构应采取适当的措施和采用适当的技术，识别与验证使用电子银行服务客户的真实、有效身份，并应依照与客户签订的有关协议对客户作业权限、资金转移或交易限额等实施有效管理。

第四十一条 金融机构应当建立相应的机制，搜索、监测和处理假冒或有意设置类似于金融机构的电话、网站、短信号码等信息骗取客户资料的活动。

金融机构发现假冒电子银行的非法活动后，应向公安部门报案，并向中国银监会报告。同时，金融机构应及时在其网站、电话语音提示系统或短信平台上，提醒客户注意。

第四十二条 金融机构应尽可能使用统一的电子银行服务电话、域名、短信号码等，并应在与客户签订的协议中明确客户启动电子银行业务的合法途径、意外事件的处理办法，以及联系方式等。

已实现数据集中处理的银行业金融机构开展网上银行类业务，总行（公司）与其分支机构应使用统一的域名；未实现数据集中处理的银行业金融机构开展网上银行类业务时，应由总行（公司）设置统一的接入站点，在其主页内设置其分支机构网站链接。

第四十三条 金融机构应建立电子银行入侵侦测与入侵保护系统，实时监控电子银行的运行情况，定期对电子银行系统进行漏洞扫描，并建立对非法入侵的甄别、处理和报告机制。

第四十四条 金融机构开展电子银行业务，需要对客户信息和交易信息等使用电子签名或电子认证时，应遵照国家有关法律法规的规定。

金融机构使用第三方认证系统，应对第三方认证机构进行定期评估，保证有关认证安全可靠和具有公信力。

第四十五条 金融机构应定期评估可供客户使用的电子银行资源充足情况，采取必要的措施保障线路接入通畅，保证客户对电子银行服务的可用性。

第四十六条 金融机构应制定电子银行业务连续性计划，保证电子银行业务的连续正常运营。

金融机构电子银行业务连续性计划应充分考虑第三方服务供应商对业务连续性的影响，并应采取适当的预防措施。

第四十七条 金融机构应制定电子银行应急计划和事故处理预案，并定期对这些计划和预案进行测试，以管理、控制和减少意外事件造成的危害。

第四十八条 金融机构应定期对电子银行关键设备和系统进行检测，并详细记录检测情况。

第四十九条 金融机构应明确电子银行管理、运营等各个环节的主要权限、职责和相互监督方式，有效隔离电子银行应用系统、验证系统、业务处理系统和数据库管理系统之间的风险。

第五十条 金融机构应建立健全电子银行业务的内部审计制度，定期对电子银行业务进行审计。

第五十一条 金融机构应采取适当的方法和技术，记录并妥善保存电子银行业务数据，电子银行业务数据的保存期限应符合法律法规的有关要求。

第五十二条 金融机构应采取适当措施，保证电子银行业务符合相关法律法规对客户信息和隐私保护的规定。

第五十三条 金融机构应针对电子银行业务发展与管理的实际情况，制订多层次的培训计划，对电子银行管理人员和业务人员进行持续培训。

第四章 数据交换与转移管理

第五十四条 电子银行业务的数据交换与转移，是指金融机构根据业务发展和管理的需要，利用电子银行平台与外部组织或机构相互交换电子银行业务信息和数据，或者将有关电子银行业务数据转移至外部组织或机构的活动。

第五十五条 金融机构根据业务发展需要，可以与其他开展电子银行业务的金融机构建立电子银行系统数据交换机制，实现电子银行业务平台的直接连接，进行境内实时信息交换和跨行资金转移。

第五十六条 建立电子银行业务数据交换机制的金融机构，或者电子银行平台实现相互连接的金融机构，应当建立联合风险管理委员会，负责协调跨行间的业务风险管理与控制。

所有参加数据交换或电子银行平台连接的金融机构都应参加联合风险管理委员会，共同制定并遵守联合风险管理委员会的规章制度和工作规程。

联合风险管理委员会的规章制度、工作规程、会议纪要和有关决议等，应抄报中国银监会。

第五十七条 金融机构根据业务发展或管理的需要，可以与非银行业金融机构直接交换或转移部分电子银行业务数据。

金融机构向非银行业金融机构交换或转移部分电子银行业务数据时，应签订数据交换（转移）用途与范围明确、管理职责清晰的书面协议，并明确各方的数据保密责任。

第五十八条 金融机构在确保电子银行业务数据安全并被恰当使用的情况下，可以向非金融机构转移部分电子银行业务数据。

（一）金融机构由于业务外包、系统测试（调试）、数据恢复与救援等为维护电子银行正常安全运营的需要而向非金融机构转移电子银行业务数据的，应当事先签订书面保密合同，并指派专人负责监督有关数据的使用、保管、传递和销毁；

（二）金融机构由于业务拓展、业务合作等需要向非金融机构转移电子银行业务数据的，除应签订书面保密合同和指定专人监督外，还应建立对数据接收方的定期检查制度，一旦发现数据接收方不当使用、保管或传递电子银行业务数据，应立即停止相关数据转移，并应采取必要的措施预防电子银行客户的合法权益受到损害，法律法规另有规定的除外；

（三）金融机构不得向无业务往来的非金融机构转移电子银行业务数据，不得出售电子银行业务数据，不得损害客户权益利用电子银行业务数据谋取利益。

第五十九条 金融机构可以为电子商务经营者提供网上支付平台。为电子商务提供网上支付平台时，金融机构应严格审查合作对象，签订书面合作协议，建立有效监督机制，防范不法机构或人员利用电子银行支付平台从事违法资金转移或其他非法活动。

第六十条 外资金融机构因业务或管理需要确需向境外总行（公司）转移有关电子银行业务数据的，应遵守有关法律法规的规定，采取必要的措施保护客户的合法权益，并遵守有关数据交换和转移的规定。

第六十一条 未经电子银行业务数据转出机构的允许，数据接收机构不得将有关电子银行业务数据向第三方转移。法律法规另有规定的除外。

第五章 业务外包管理

第六十二条 电子银行业务外包，是指金融机构将电子银行部分系统的开发、建设，电子银行业务的部分服务与技术支持，电子银行系统的维护等专业化程度较高的业务工作，委托给外部专业机构承担的活动。

第六十三条 金融机构在进行电子银行业务外包时，应根据实际需要，合理确定外包的原则和范围，认真分析和评估业务外包存在的潜在风险，建立健全有关规章制度，制定相应的风险防范措施。

第六十四条 金融机构在选择电子银行业务外包服务供应商时，应充分审查、评估外包服务供应商的经营状况、财务状况和实际风险控制与责任承担能力，进行必要的尽职调查。

第六十五条 金融机构应当与外包服务供应商签订书面合同，明确双方的权利、义务。

在合同中，应明确规定外包服务供应商的保密义务、保密责任。

第六十六条 金融机构应充分认识外包服务供应商对电子银行业务风险控制的影响，并将其纳入总体安全策略之中。

第六十七条 金融机构应建立完整的业务外包风险评估与监测程序，审慎管理业务外包产生的风险。

第六十八条 电子银行业务外包风险的管理应当符合金融机构的风险管理标准，并应建立针对电子银行业务外包风险的应急计划。

第六十九条 金融机构应与外包服务供应商建立有效的联络、沟通和信息交流机制，并应制定在意外情况下能够实现外包服务供应商顺利变更，保证外包服务不间断的应急预案。

第七十条 金融机构对电子银行业务处理系统、授权管理系统、数据备份系统的总体设计开发，以及其他涉及机密数据管理与传递环节的系统进行外包时，应经过金融机构董事会或者法人代表批准，并应在业务外包实施前向中国银监会报告。

第六章 跨境业务活动管理

第七十一条 电子银行的跨境业务活动，是指开办电子银行业务的金融机构利用境内的电子银行系统，向境外居民或企业提供的电子银行服务活动。

金融机构的境内客户在境外使用电子银行服务，不属于跨境业务活动。

第七十二条 金融机构提供跨境电子银行服务，除应遵守中国法律法规和外汇管理政策等规定外，还应遵守境外居民所在国家（地区）的法律规定。

境外电子银行监管部门对跨境电子银行业务要求审批的，金融机构在提供跨境业务活动之前，应获得境外电子银行监管部门的批准。

第七十三条 金融机构开展跨境电子银行业务，除应按照第二章的有关规定向中国银监会申请外，还应当向中国银监会提供以下文件资料：

（一）跨境电子银行服务的国家（地区），以及该国（地区）对电子银行业务管理的法律规定；

（二）跨境电子银行服务的主要对象及服务内容；

（三）未来三年跨境电子银行业务发展规模、客户规模的分析预测；

（四）跨境电子银行业务法律与合规性分析。

第七十四条 金融机构向客户提供跨境电子银行服务，必须签订相关服务协议。

金融机构与客户的服务协议文本，应当使用中文和客户所在国家或地区（或客户同意的其他国语言）两种文字，两种文字的文本应具有同等法律效力。

第七章 监督管理

第七十五条 中国银监会依法对电子银行业务实施非现场监管、现场检查和安全监测，对电子银行安全评估实施管理，并对电子银行的行业自律组织进行指导和监督。

第七十六条 开展电子银行业务的金融机构应当建立电子银行业务统计体系，并按照相关规定向中国银监会报送统计数据。

商业银行向中国银监会报送的电子银行业务统计数据、报送办法等，由中国银监会另行制定。

第七十七条 金融机构应定期对电子银行业务发展与管理情况进行自我评估，并应每年编制《电子银行年度评估报告》。

第七十八条 金融机构的《电子银行年度评估报告》应至少包括以下几方面内容：

（一）本年度电子银行业务的发展计划与实际发展情况，以及对本年度电子银行发展状况的分析评价；

（二）本年度电子银行业务经营效益的分析、比较与评价，以及主要业务收入和主要业务的服务价格；

（三）电子银行业务风险管理状况的分析与评估，以及本年度电子银行面临的主要风险；

（四）其他需要说明的重要事项。

第七十九条 金融机构的《电子银行年度评估报告》（一式两份）应于下一年度的 3 月底之前报送中国银监会。

第八十条 金融机构应当建立电子银行业务重大安全事故和风险事件的报告制度，并保持与监管部门的经常性沟通。

对于电子银行系统被恶意攻破并已出现客户或银行损失，电子银行被病毒感染并导致机密资料外泄，以及可能会引发其他金融机构电子银行系统风险的事件，金融机构应在事件发生后 48 小时内向中国银监会报告。

第八十一条 中国银监会根据监管的需要，可以依法对金融机构的电子银行业务实施现场检查，也可以聘请外部专业机构对电子银行业务系统进行安全漏洞扫描、攻击测试等检查。

第八十二条 中国银监会对电子银行业务实施现场检查时，除应按照现场检查的有关规定组成检查组并进行相关业务培训外，还应邀请被检查机构的电子银行业务管理和技术人员介绍其电子银行系统架构、运营管理模式以及关键设备接触要求。

检查人员在实施现场检查过程中，应当遵守被检查机构电子银行安全管理的有关规定。

第八十三条 金融机构的总行（公司），以及已实现数据集中处理的金融机构分支机构电子银行业务的现场检查，由中国银监会负责；未实现数据集中处理的金融机构的分支机构，外资金融机构的分支机构，以及地区性金融机构电子银行业务的现场检查，由所在地银监局负责。

第八十四条 中国银监会聘用外部专业机构对金融机构电子银行系统进行检查时，应与被委托机构签订书面合同和保密协议，明确规定被委托机构可以使用的技术手段和使用方式，并指派专人全程参与并监督外部机构的监测测试活动。

银监局与拟聘用的外部专业机构签订合同之前，应报请银监会批准。

第八十五条 电子银行安全评估是金融机构开办或持续经营电子银行业务的必要条件，也是金融机构电子银行业务风险管理与监管的重要手段。

金融机构应按照中国银监会的有关规定，定期对电子银行系统进行安全评估，并将其作为电子银行风险管理的重要组成部分。

第八十六条 金融机构电子银行安全评估工作，应当由符合一定资质条件、具备相应评估能力的评估机构实施。

中国银监会负责制定评估机构开展电子银行安全评估业务的资质条件和电子银行安全评估的相关制度，并负责对评估机构参与电子银行安全评估的业务资质进行认定。

第八十七条 中国银监会对评估机构电子银行安全评估业务资质的认定，不作为评估机构开展电子银行安全评估业务的必要条件。

电子银行安全评估机构开展电子银行安全评估业务，如需中国银监会对其资质进行专业认定，应按照有关规定申请办理。

第八十八条 金融机构聘请未经中国银监会认定的安全评估机构实施电子银行安全评估时，应按照中国银监会制定的有关条件和标准选择评估机构，并应于签订评估协议前4周将拟聘用机构的有关情况报中国银监会。

第八章 法律责任

第八十九条 金融机构在提供电子银行服务时，因电子银行系统存在安全隐患、金融机构内部违规操作和其他非客户原因等造成损失的，金融机构应当承担相应责任。

因客户有意泄漏交易密码，或者未按照服务协议尽到应尽的安全防范与保密义务造成损失的，金融机构可以根据服务协议的约定免于承担相应责任，但法律法规另有规定的除外。

第九十条 金融机构未经批准擅自开办电子银行业务，或者未经批准增加或变更需要审批的电子银行业务类型，造成客户损失的，金融机构应承担全部责任。法律法规明确规定应由客户承担的责任除外。

第九十一条 金融机构已经按照有关法律法规和行政规章的要求，尽到了电子银行风险管理和安全管理的相应职责，但因其他金融机构或者其他金融机构的外包服务商失职等原因，造成客户损失的，由其他金融机构承担相应责任，但提供电子银行服务的金融机构有义务协助其客户处理有关事宜。

第九十二条 金融机构开展电子银行业务违反审慎经营规则但尚不构成违法违规，并导致电子银行系统存在较大安全隐患的，中国银监会将责令限期改正；逾期未改正，或者其安全隐患在短时间难以解决的，中国银监会可以区别情形，采取下列措施：

（一）暂停批准增加新的电子银行业务类型；

（二）责令金融机构限制发展新的电子银行客户；

（三）责令调整电子银行管理部门负责人。

第九十三条 金融机构在开展电子银行业务过程中，违反有关法律法规和行政规章的，中国银监会将依据有关法律法规和行政规章的规定予以处罚。

第九章 附 则

第九十四条 金融机构利用为特定自助服务设施或客户建立的专用网络提供电子银行业务，有相关业务管理规定的，遵照其规定，但网络安全、技术风险等管理应参照本办法的有关规定执行；没有相关业务规定的，遵照本办法。

第九十五条 本办法实施前，经监管部门批准已经开办网上银行业务的金融机构，其已开办的电子银行业务不需再行审批，但应于本办法实施后1个月内将已开办的电子银行业务类型、开办时间、审批文件等相关材料报中国银监会。

本办法实施后，上述机构开办尚未开办的电子银行业务类型，应按本办法的有关规定进行申请或报告。

第九十六条　本办法实施前，已经开办网上银行业务但尚未报批或已经申请但尚未获得监管部门批准的金融机构，其开办的网上银行、手机银行，以及其他以互联网或无线网络为媒介的电子银行业务，应在本办法实施后6个月内按本办法提交有关申请；已经递交申请材料的，应按照本办法的要求补充有关材料。

上述机构已经开办适用于报告制的电子银行业务，应于本办法实施后1个月内将已开办的电子银行业务类型、开办时间等报中国银监会。

上述机构新开办其他电子银行业务，应遵照本办法的规定。

第九十七条　本办法实施前，未开办网上银行业务但已开办电话银行业务的金融机构，应于本办法实施后1个月内将已开办的电子银行业务类型、开办时间等报中国银监会。

上述机构新开办其他电子银行业务，应遵照本办法的规定。

第九十八条　本办法由中国银监会负责解释。

第九十九条　本办法自2006年3月1日起施行。

电子支付指引（第一号）

（2005年10月26日　中国人民银行公告〔2005〕第23号）

第一章　总　　则

第一条　为规范和引导电子支付的健康发展，保障当事人的合法权益，防范支付风险，确保银行和客户资金的安全，制定本指引。

第二条　电子支付是指单位、个人（以下简称客户）直接或授权他人通过电子终端发出支付指令，实现货币支付与资金转移的行为。

电子支付的类型按电子支付指令发起方式分为网上支付、电话支付、移动支付、销售点终端交易、自动柜员机交易和其他电子支付。

境内银行业金融机构（以下简称银行）开展电子支付业务，适用本指引。

第三条 银行开展电子支付业务应当遵守国家有关法律、行政法规的规定，不得损害客户和社会公共利益。

银行与其他机构合作开展电子支付业务的，其合作机构的资质要求应符合有关法规制度的规定，银行要根据公平交易的原则，签订书面协议并建立相应的监督机制。

第四条 客户办理电子支付业务应在银行开立银行结算账户（以下简称账户），账户的开立和使用应符合《人民币银行结算账户管理办法》、《境内外汇账户管理规定》等规定。

第五条 电子支付指令与纸质支付凭证可以相互转换，二者具有同等效力。

第六条 本指引下列用语的含义为：

（一）“发起行”，是指接受客户委托发出电子支付指令的银行。

（二）“接收行”，是指电子支付指令接收人的开户银行；接收人未在银行开立账户的，指电子支付指令确定的资金汇入银行。

（三）“电子终端”，是指客户可用以发起电子支付指令的计算机、电话、销售点终端、自动柜员机、移动通讯工具或其他电子设备。

第二章 电子支付业务的申请

第七条 银行应根据审慎性原则，确定办理电子支付业务客户的条件。

第八条 办理电子支付业务的银行应公开披露以下信息：

（一）银行名称、营业地址及联系方式；

（二）客户办理电子支付业务的条件；

（三）所提供的电子支付业务品种、操作程序和收费标准等；

（四）电子支付交易品种可能存在的全部风险，包括该品种的操作风险、未采取的安全措施、无法采取安全措施的安全漏洞等；

（五）客户使用电子支付交易品种可能产生的风险；

（六）提醒客户妥善保管、使用或授权他人使用电子支付交易存取工具（如卡、密码、密钥、电子签名制作数据等）的警示性信息；

（七）争议及差错处理方式。

第九条 银行应认真审核客户申请办理电子支付业务的基本资料，并以书面或电子方式与客户签订协议。

银行应按会计档案的管理要求妥善保存客户的申请资料，保存期限至该客户撤销电子支付业务后5年。

第十条 银行为客户办理电子支付业务，应根据客户性质、电子支付类型、支付金额等，与客户约定适当的认证方式，如密码、密钥、数字证书、电子签名等。

认证方式的约定和使用应遵循《中华人民共和国电子签名法》等法律法规的规定。

第十一条 银行要求客户提供有关资料信息时，应告知客户所提供信息的使用目的和范围、安全保护措施、以及客户未提供或未真实提供相关资料信息的后果。

第十二条 客户可以在其已开立的银行结算账户中指定办理电子支付业务的账户。该账户也可用于办理其他支付结算业务。

客户未指定的银行结算账户不得办理电子支付业务。

第十三条 客户与银行签订的电子支付协议应包括以下内容：

（一）客户指定办理电子支付业务的账户名称和账号；

（二）客户应保证办理电子支付业务账户的支付能力；

（三）双方约定的电子支付类型、交易规则、认证方式等；

（四）银行对客户提供的申请资料和其他信息的保密义务；

（五）银行根据客户要求提供交易记录的时间和方式；

（六）争议、差错处理和损害赔偿责任。

第十四条 有以下情形之一的，客户应及时向银行提出电子或书面申请：

（一）终止电子支付协议的；

（二）客户基本资料发生变更的；

（三）约定的认证方式需要变更的；

（四）有关电子支付业务资料、存取工具被盗或遗失的；

（五）客户与银行约定的其他情形。

第十五条 客户利用电子支付方式从事违反国家法律法规活动的，银行应按照有权部门的要求停止为其办理电子支付业务。

第三章 电子支付指令的发起和接收

第十六条 客户应按照其与发起行的协议规定，发起电子支付指令。

第十七条 电子支付指令的发起行应建立必要的安全程序，对客户身份和电子支付指令进行确认，并形成日志文件等记录，保存至交易后5年。

第十八条 发起行应采取有效措施，在客户发出电子支付指令前，提示客户对指令的准确性和完整性进行确认。

第十九条 发起行应确保正确执行客户的电子支付指令，对电子支付指令进行确认后，应能够向客户提供纸质或电子交易回单。

发起行执行通过安全程序的电子支付指令后，客户不得要求变更或撤销电子支付指令。

第二十条 发起行、接收行应确保电子支付指令传递的可跟踪稽核和不可篡改。

第二十一条 发起行、接收行之间应按照协议规定及时发送、接收和执行电子支付指令，并回复确认。

第二十二条 电子支付指令需转换为纸质支付凭证的，其纸质支付凭证必须记载以下事项（具体格式由银行确定）：

（一）付款人开户行名称和签章；

（二）付款人名称、账号；

（三）接收行名称；

（四）收款人名称、账号；

（五）大写金额和小写金额；

（六）发起日期和交易序列号。

第四章 安全控制

第二十三条 银行开展电子支付业务采用的信息安全标准、技术标准、业务标准等应当符合有关规定。

第二十四条 银行应针对与电子支付业务活动相关的风险，建立有效的管理制度。

第二十五条 银行应根据审慎性原则并针对不同客户，在电子支付类型、单笔支付金额和每日累计支付金额等方面做出合理限制。

银行通过互联网为个人客户办理电子支付业务，除采用数字证书、电子签名等安全认证方式外，单笔金额不应超过1000元人民币，每日累计金额不应超过5000元人民币。

银行为客户办理电子支付业务，单位客户从其银行结算账户支付给个人银行结算账户的款项，其单笔金额不得超过5万元人民币，但银行与客户通过协议约定，能够事先提供有效付款依据的除外。

银行应在客户的信用卡授信额度内，设定用于网上支付交易的额度供客户选择，但该额度不得超过信用卡的预借现金额度。

第二十六条 银行应确保电子支付业务处理系统的安全性，保证重要交易数据的不可抵赖性、数据存储的完整性、客户身份的真实性，并妥善管理在电子支付业务处理系统中使用的密码、密钥等认证数据。

第二十七条 银行使用客户资料、交易记录等，不得超出法律法规许可和客户授权的范围。

银行应依法对客户的资料信息、交易记录等保密。除国家法律、行政法规另有规定外，银行应当拒绝除客户本人以外的任何单位或个人的查询。

第二十八条 银行应与客户约定，及时或定期向客户提供交易记录、资金余额和账户状态等信息。

第二十九条 银行应采取必要措施保护电子支付交易数据的完整性和可靠性：

（一）制定相应的风险控制策略，防止电子支付业务处理系统发生有意或无意的危害数据完整性和可靠性的变化，并具备有效的业务容量、业务连续性计划和应急计划；

（二）保证电子支付交易与数据记录程序的设计发生擅自变更时能被有效侦测；

（三）有效防止电子支付交易数据在传送、处理、存储、使用和修改过程中被篡改，任何对电子支付交易数据的篡改能通过交易处理、监测和数据记录功能被侦测；

（四）按照会计档案管理的要求，对电子支付交易数据，以纸介质或磁性介质的方式进行妥善保存，保存期限为5年，并方便调阅。

第三十条 银行应采取必要措施为电子支付交易数据保密：

（一）对电子支付交易数据的访问须经合理授权和确认；

（二）电子支付交易数据须以安全方式保存，并防止其在公共、私人或内部网络上传输时被擅自查看或非法截取；

（三）第三方获取电子支付交易数据必须符合有关法律法规的规定以及银行关于数据使用和保护的标准与控制制度；

（四）对电子支付交易数据的访问均须登记，并确保该登记不被篡改。

第三十一条 银行应确保对电子支付业务处理系统的操作人员、管理人员以及系统服务商有合理的授权控制：

（一）确保进入电子支付业务账户或敏感系统所需的认证数据免遭篡改和破坏。对此类篡改都应是可侦测的，而且审计监督应能恰当地反映出这些篡改的企图。

（二）对认证数据进行的任何查询、添加、删除或更改都应得到必要授权，并具有不可篡改的日志记录。

第三十二条 银行应采取有效措施保证电子支付业务处理系统中的职责分离：

（一）对电子支付业务处理系统进行测试，确保职责分离；

（二）开发和管理经营电子支付业务处理系统的人员维持分离状态；

（三）交易程序和内控制度的设计确保任何单个的雇员和外部服务供应商都无法独立完成一项交易。

第三十三条 银行可以根据有关规定将其部分电子支付业务外包给合法的专业化服务机构，但银行对客户的义务及相应责任不因外包关系的确立而转移。

银行应与开展电子支付业务相关的专业化服务机构签订协议，并确立一套综合性、持续性的程序，以管理其外包关系。

第三十四条 银行采用数字证书或电子签名方式进行客户身份认证和交易授权的，提倡由合法的第三方认证机构提供认证服务。如客户因依据该认证服务进行交易遭受损失，认证服务机构不能证明自己无过错，应依法承担相应责任。

第三十五条 境内发生的人民币电子支付交易信息处理及资金清算应在境内完成。

第三十六条 银行的电子支付业务处理系统应保证对电子支付交易信息进行完整的记录和按有关法律法规进行披露。

第三十七条 银行应建立电子支付业务运作重大事项报告制度，及时向监管部门报告电子支付业务经营过程中发生的危及安全的事项。

第五章 差错处理

第三十八条 电子支付业务的差错处理应遵守据实、准确和及时的原则。

第三十九条 银行应指定相应部门和业务人员负责电子支付业务的差错处理工作，并明确权限和职责。

第四十条 银行应妥善保管电子支付业务的交易记录，对电子支付业务的差错应详细备案登记，记录内容应包括差错时间、差错内容与处理部门及人员姓名、客户资料、差错影响或损失、差错原因、处理结果等。

第四十一条 由于银行保管、使用不当，导致客户资料信息被泄露或篡改的，银行应采取有效措施防止因此造成客户损失，并及时通知和协助客户补救。

第四十二条 因银行自身系统、内控制度或为其提供服务的第三方服务机构的原因，造成电子支付指令无法按约定时间传递、传递不完整或被篡改，并造成客户损失的，银行应按约定予以赔偿。

因第三方服务机构的原因造成客户损失的，银行应予赔偿，再根据与第三方服务机构的协议进行追偿。

第四十三条 接收行由于自身系统或内控制度等原因对电子支付指令未执行、未适当执行或迟延执行致使客户款项未准确入账的，应及时纠正。

第四十四条 客户应妥善保管、使用电子支付交易存取工具。有关电子支付业务资料、存取工具被盗或遗失，应按约定方式和程序及时通知银行。

第四十五条 非资金所有人盗取他人存取工具发出电子支付指令，并且其身份认证和交易授权通过发起行的安全程序的，发起行应积极配合客户查找原因，尽量减少客户损失。

第四十六条 客户发现自身未按规定操作，或由于自身其他原因造成电子支付指令未执行、未适当执行、延迟执行的，应在协议约定的时间内，按照约定程序和方式通知银行。银行应积极调查并告知客户调查结果。

银行发现因客户原因造成电子支付指令未执行、未适当执行、延迟执行的，应主动通知客户改正或配合客户采取补救措施。

第四十七条 因不可抗力造成电子支付指令未执行、未适当执行、延迟执行的，银行应当采取积极措施防止损失扩大。

第六章 附 则

第四十八条 本指引由中国人民银行负责解释和修改。

第四十九条 本指引自发布之日起施行。

电子商务相关法律及决定

三、快递物流

快递暂行条例

（2018 年 2 月 7 日国务院第 198 次常务会议通过　2018 年 3 月 2 日中华人民共和国国务院令第 697 号公布　自 2018 年 5 月 1 日起施行）

第一章　总　　则

第一条　为促进快递业健康发展，保障快递安全，保护快递用户合法权益，加强对快递业的监督管理，根据《中华人民共和国邮政法》和其他有关法律，制定本条例。

第二条　在中华人民共和国境内从事快递业务经营、接受快递服务以及对快递业实施监督管理，适用本条例。

第三条　地方各级人民政府应当创造良好的快递业营商环境，支持经营快递业务的企业创新商业模式和服务方式，引导经营快递业务的企业加强服务质量管理、健全规章制度、完善安全保障措施，为用户提供迅速、准确、安全、方便的快递服务。

地方各级人民政府应当确保政府相关行为符合公平竞争要求和相关法律法规，维护快递业竞争秩序，不得出台违反公平竞争、可能造成地区封锁和行业垄断的政策措施。

第四条　任何单位或者个人不得利用信件、包裹、印刷品以及其他寄递物品（以下统称快件）从事危害国家安全、社会公共利益或者他人合法权益的活动。

除有关部门依照法律对快件进行检查外，任何单位或者个人不得非法检查他人快件。任何单位或者个人不得私自开拆、隐匿、毁弃、倒卖他人快件。

第五条　国务院邮政管理部门负责对全国快递业实施监督管理。国务院公安、国家安全、海关、工商行政管理、出入境检验检疫等有关部门在各自职责范围内负责相关的快递监督管理工作。

省、自治区、直辖市邮政管理机构和按照国务院规定设立的省级以下邮政管理机构负责对本辖区的快递业实施监督管理。县级以上地方人民政府有关部门在各自职责范围内负责相关的快递监督管理工作。

第六条 国务院邮政管理部门和省、自治区、直辖市邮政管理机构以及省级以下邮政管理机构（以下统称邮政管理部门）应当与公安、国家安全、海关、工商行政管理、出入境检验检疫等有关部门相互配合，建立健全快递安全监管机制，加强对快递业安全运行的监测预警，收集、共享与快递业安全运行有关的信息，依法处理影响快递业安全运行的事件。

第七条 依法成立的快递行业组织应当保护企业合法权益，加强行业自律，促进企业守法、诚信、安全经营，督促企业落实安全生产主体责任，引导企业不断提高快递服务质量和水平。

第八条 国家加强快递业诚信体系建设，建立健全快递业信用记录、信息公开、信用评价制度，依法实施联合惩戒措施，提高快递业信用水平。

第九条 国家鼓励经营快递业务的企业和寄件人使用可降解、可重复利用的环保包装材料，鼓励经营快递业务的企业采取措施回收快件包装材料，实现包装材料的减量化利用和再利用。

第二章 发展保障

第十条 国务院邮政管理部门应当制定快递业发展规划，促进快递业健康发展。

县级以上地方人民政府应当将快递业发展纳入本级国民经济和社会发展规划，在城乡规划和土地利用总体规划中统筹考虑快件大型集散、分拣等基础设施用地的需要。

县级以上地方人民政府建立健全促进快递业健康发展的政策措施，完善相关配套规定，依法保障经营快递业务的企业及其从业人员的合法权益。

第十一条 国家支持和鼓励经营快递业务的企业在农村、偏远地区发展快递服务网络，完善快递末端网点布局。

第十二条 国家鼓励和引导经营快递业务的企业采用先进技术，促进自动化分拣设备、机械化装卸设备、智能末端服务设施、快递电子运单以及快件信息化管理系统等的推广应用。

第十三条 县级以上地方人民政府公安、交通运输等部门和邮政管理部门应当加强协调配合，建立健全快递运输保障机制，依法保障快递服务车辆通行和临时停靠的权利，不得禁止快递服务车辆依法通行。

邮政管理部门会同县级以上地方人民政府公安等部门，依法规范快递服务车辆的管理和使用，对快递专用电动三轮车的行驶时速、装载质量等作出规定，并对快递服务车辆加强统一编号和标识管理。经营快递业务的企业应当对其从业人员加强道路交通安全培训。

快递从业人员应当遵守道路交通安全法律法规的规定，按照操作规范安全、文明驾驶车辆。快递从业人员因执行工作任务造成他人损害的，由快递从业人员所属的经营快递业务的企业依照民事侵权责任相关法律的规定承担侵权责任。

第十四条 企业事业单位、住宅小区管理单位应当根据实际情况，采取与经营快递业务的企业签订合同、设置快件收寄投递专门场所等方式，为开展快递服务提供必要的便利。鼓励多个经营快递业务的企业共享末端服务设施，为用户提供便捷的快递末端服务。

第十五条 国家鼓励快递业与制造业、农业、商贸业等行业建立协同发展机制，推动快递业与电子商务融合发展，加强信息沟通，共享设施和网络资源。

国家引导和推动快递业与铁路、公路、水路、民航等行业的标准对接，支持在大型车站、码头、机场等交通枢纽配套建设快件运输通道和接驳场所。

第十六条 国家鼓励经营快递业务的企业依法开展进出境快递业务，支持在重点口岸建设进出境快件处理中心、在境外依法开办快递服务机构并设置快件处理场所。

海关、出入境检验检疫、邮政管理等部门应当建立协作机制，完善进出境快件管理，推动实现快件便捷通关。

第三章 经营主体

第十七条 经营快递业务，应当依法取得快递业务经营许可。邮政管理部门应当根据《中华人民共和国邮政法》第五十二条、第五十三条规定的条件和程序核定经营许可的业务范围和地域范围，向社会公布取得快递业务经营许可的企业名单，并及时更新。

第十八条 经营快递业务的企业及其分支机构可以根据业务需要开办快

递末端网点，并应当自开办之日起20日内向所在地邮政管理部门备案。快递末端网点无需办理营业执照。

第十九条 两个以上经营快递业务的企业可以使用统一的商标、字号或者快递运单经营快递业务。

前款规定的经营快递业务的企业应当签订书面协议明确各自的权利义务，遵守共同的服务约定，在服务质量、安全保障、业务流程等方面实行统一管理，为用户提供统一的快件跟踪查询和投诉处理服务。

用户的合法权益因快件延误、丢失、损毁或者内件短少而受到损害的，用户可以要求该商标、字号或者快递运单所属企业赔偿，也可以要求实际提供快递服务的企业赔偿。

第二十条 经营快递业务的企业应当依法保护其从业人员的合法权益。

经营快递业务的企业应当对其从业人员加强职业操守、服务规范、作业规范、安全生产、车辆安全驾驶等方面的教育和培训。

第四章 快递服务

第二十一条 经营快递业务的企业在寄件人填写快递运单前，应当提醒其阅读快递服务合同条款、遵守禁止寄递和限制寄递物品的有关规定，告知相关保价规则和保险服务项目。

寄件人交寄贵重物品的，应当事先声明；经营快递业务的企业可以要求寄件人对贵重物品予以保价。

第二十二条 寄件人交寄快件，应当如实提供以下事项：

（一）寄件人姓名、地址、联系电话；

（二）收件人姓名（名称）、地址、联系电话；

（三）寄递物品的名称、性质、数量。

除信件和已签订安全协议用户交寄的快件外，经营快递业务的企业收寄快件，应当对寄件人身份进行查验，并登记身份信息，但不得在快递运单上记录除姓名（名称）、地址、联系电话以外的用户身份信息。寄件人拒绝提供身份信息或者提供身份信息不实的，经营快递业务的企业不得收寄。

第二十三条 国家鼓励经营快递业务的企业在节假日期间根据业务量变化实际情况，为用户提供正常的快递服务。

第二十四条 经营快递业务的企业应当规范操作，防止造成快件损毁。

法律法规对食品、药品等特定物品的运输有特殊规定的，寄件人、经营快递业务的企业应当遵守相关规定。

第二十五条 经营快递业务的企业应当将快件投递到约定的收件地址、收件人或者收件人指定的代收人，并告知收件人或者代收人当面验收。收件人或者代收人有权当面验收。

第二十六条 快件无法投递的，经营快递业务的企业应当退回寄件人或者根据寄件人的要求进行处理；属于进出境快件的，经营快递业务的企业应当依法办理海关和检验检疫手续。

快件无法投递又无法退回的，依照下列规定处理：

（一）属于信件，自确认无法退回之日起超过6个月无人认领的，由经营快递业务的企业在所在地邮政管理部门的监督下销毁；

（二）属于信件以外其他快件的，经营快递业务的企业应当登记，并按照国务院邮政管理部门的规定处理；

（三）属于进境快件的，交由海关依法处理；其中有依法应当实施检疫的物品的，由出入境检验检疫部门依法处理。

第二十七条 快件延误、丢失、损毁或者内件短少的，对保价的快件，应当按照经营快递业务的企业与寄件人约定的保价规则确定赔偿责任；对未保价的快件，依照民事法律的有关规定确定赔偿责任。

国家鼓励保险公司开发快件损失赔偿责任险种，鼓励经营快递业务的企业投保。

第二十八条 经营快递业务的企业应当实行快件寄递全程信息化管理，公布联系方式，保证与用户的联络畅通，向用户提供业务咨询、快件查询等服务。用户对快递服务质量不满意的，可以向经营快递业务的企业投诉，经营快递业务的企业应当自接到投诉之日起7日内予以处理并告知用户。

第二十九条 经营快递业务的企业停止经营的，应当提前10日向社会公告，书面告知邮政管理部门，交回快递业务经营许可证，并依法妥善处理尚未投递的快件。

经营快递业务的企业或者其分支机构因不可抗力或者其他特殊原因暂停快递服务的，应当及时向邮政管理部门报告，向社会公告暂停服务的原因和期限，并依法妥善处理尚未投递的快件。

第五章 快递安全

第三十条 寄件人交寄快件和经营快递业务的企业收寄快件应当遵守《中华人民共和国邮政法》第二十四条关于禁止寄递或者限制寄递物品的规定。

禁止寄递物品的目录及管理办法，由国务院邮政管理部门会同国务院有关部门制定并公布。

第三十一条 经营快递业务的企业收寄快件，应当依照《中华人民共和国邮政法》的规定验视内件，并作出验视标识。寄件人拒绝验视的，经营快递业务的企业不得收寄。

经营快递业务的企业受寄件人委托，长期、批量提供快递服务的，应当与寄件人签订安全协议，明确双方的安全保障义务。

第三十二条 经营快递业务的企业可以自行或者委托第三方企业对快件进行安全检查，并对经过安全检查的快件作出安全检查标识。经营快递业务的企业委托第三方企业对快件进行安全检查的，不免除委托方对快件安全承担的责任。

经营快递业务的企业或者接受委托的第三方企业应当使用符合强制性国家标准的安全检查设备，并加强对安全检查人员的背景审查和技术培训；经营快递业务的企业或者接受委托的第三方企业对安全检查人员进行背景审查，公安机关等相关部门应当予以配合。

第三十三条 经营快递业务的企业发现寄件人交寄禁止寄递物品的，应当拒绝收寄；发现已经收寄的快件中有疑似禁止寄递物品的，应当立即停止分拣、运输、投递。对快件中依法应当没收、销毁或者可能涉及违法犯罪的物品，经营快递业务的企业应当立即向有关部门报告并配合调查处理；对其他禁止寄递物品以及限制寄递物品，经营快递业务的企业应当按照法律、行政法规或者国务院和国务院有关主管部门的规定处理。

第三十四条 经营快递业务的企业应当建立快递运单及电子数据管理制度，妥善保管用户信息等电子数据，定期销毁快递运单，采取有效技术手段保证用户信息安全。具体办法由国务院邮政管理部门会同国务院有关部门制定。

经营快递业务的企业及其从业人员不得出售、泄露或者非法提供快递服务过程中知悉的用户信息。发生或者可能发生用户信息泄露的，经营快递业务的企业应当立即采取补救措施，并向所在地邮政管理部门报告。

第三十五条 经营快递业务的企业应当依法建立健全安全生产责任制，确保快递服务安全。

经营快递业务的企业应当依法制定突发事件应急预案，定期开展突发事件应急演练；发生突发事件的，应当按照应急预案及时、妥善处理，并立即向所在地邮政管理部门报告。

第六章 监督检查

第三十六条 邮政管理部门应当加强对快递业的监督检查。监督检查应当以下列事项为重点：

（一）从事快递活动的企业是否依法取得快递业务经营许可；

（二）经营快递业务的企业的安全管理制度是否健全并有效实施；

（三）经营快递业务的企业是否妥善处理用户的投诉、保护用户合法权益。

第三十七条 邮政管理部门应当建立和完善以随机抽查为重点的日常监督检查制度，公布抽查事项目录，明确抽查的依据、频次、方式、内容和程序，随机抽取被检查企业，随机选派检查人员。抽查情况和查处结果应当及时向社会公布。

邮政管理部门应当充分利用计算机网络等先进技术手段，加强对快递业务活动的日常监督检查，提高快递业管理水平。

第三十八条 邮政管理部门依法履行职责，有权采取《中华人民共和国邮政法》第六十一条规定的监督检查措施。邮政管理部门实施现场检查，有权查阅经营快递业务的企业管理快递业务的电子数据。

国家安全机关、公安机关为维护国家安全和侦查犯罪活动的需要依法开展执法活动，经营快递业务的企业应当提供技术支持和协助。

《中华人民共和国邮政法》第十一条规定的处理场所，包括快件处理场地、设施、设备。

第三十九条 邮政管理部门应当向社会公布本部门的联系方式，方便公众举报违法行为。

邮政管理部门接到举报的，应当及时依法调查处理，并为举报人保密。对实名举报的，邮政管理部门应当将处理结果告知举报人。

第七章　法律责任

第四十条　未取得快递业务经营许可从事快递活动的，由邮政管理部门依照《中华人民共和国邮政法》的规定予以处罚。

经营快递业务的企业或者其分支机构有下列行为之一的，由邮政管理部门责令改正，可以处1万元以下的罚款；情节严重的，处1万元以上5万元以下的罚款，并可以责令停业整顿：

（一）开办快递末端网点未向所在地邮政管理部门备案；

（二）停止经营快递业务，未提前10日向社会公告，未书面告知邮政管理部门并交回快递业务经营许可证，或者未依法妥善处理尚未投递的快件；

（三）因不可抗力或者其他特殊原因暂停快递服务，未及时向邮政管理部门报告并向社会公告暂停服务的原因和期限，或者未依法妥善处理尚未投递的快件。

第四十一条　两个以上经营快递业务的企业使用统一的商标、字号或者快递运单经营快递业务，未遵守共同的服务约定，在服务质量、安全保障、业务流程等方面未实行统一管理，或者未向用户提供统一的快件跟踪查询和投诉处理服务的，由邮政管理部门责令改正，处1万元以上5万元以下的罚款；情节严重的，处5万元以上10万元以下的罚款，并可以责令停业整顿。

第四十二条　冒领、私自开拆、隐匿、毁弃、倒卖或者非法检查他人快件，尚不构成犯罪的，依法给予治安管理处罚。

经营快递业务的企业有前款规定行为，或者非法扣留快件的，由邮政管理部门责令改正，没收违法所得，并处5万元以上10万元以下的罚款；情节严重的，并处10万元以上20万元以下的罚款，并可以责令停业整顿直至吊销其快递业务经营许可证。

第四十三条　经营快递业务的企业有下列情形之一的，由邮政管理部门依照《中华人民共和国邮政法》、《中华人民共和国反恐怖主义法》的规定予以处罚：

（一）不建立或者不执行收寄验视制度；

（二）违反法律、行政法规以及国务院和国务院有关部门关于禁止寄递或者限制寄递物品的规定；

（三）收寄快件未查验寄件人身份并登记身份信息，或者发现寄件人提供身份信息不实仍予收寄；

（四）未按照规定对快件进行安全检查。

寄件人在快件中夹带禁止寄递的物品，尚不构成犯罪的，依法给予治安管理处罚。

第四十四条 经营快递业务的企业有下列行为之一的，由邮政管理部门责令改正，没收违法所得，并处 1 万元以上 5 万元以下的罚款；情节严重的，并处 5 万元以上 10 万元以下的罚款，并可以责令停业整顿直至吊销其快递业务经营许可证：

（一）未按照规定建立快递运单及电子数据管理制度；

（二）未定期销毁快递运单；

（三）出售、泄露或者非法提供快递服务过程中知悉的用户信息；

（四）发生或者可能发生用户信息泄露的情况，未立即采取补救措施，或者未向所在地邮政管理部门报告。

第四十五条 经营快递业务的企业及其从业人员在经营活动中有危害国家安全行为的，依法追究法律责任；对经营快递业务的企业，由邮政管理部门吊销其快递业务经营许可证。

第四十六条 邮政管理部门和其他有关部门的工作人员在监督管理工作中滥用职权、玩忽职守、徇私舞弊的，依法给予处分。

第四十七条 违反本条例规定，构成犯罪的，依法追究刑事责任；造成人身、财产或者其他损害的，依法承担赔偿责任。

第八章 附　　则

第四十八条 本条例自 2018 年 5 月 1 日起施行。

国务院办公厅关于推进电子商务与快递物流协同发展的意见

（2018 年 1 月 23 日　国办发〔2018〕1 号）

近年来，我国电子商务与快递物流协同发展不断加深，推进了快递物流转型升级、提质增效，促进了电子商务快速发展。但是，电子商务与快递物流协同发展仍面临政策法规体系不完善、发展不协调、衔接不顺畅等问题。为全面贯彻党的十九大精神，深入贯彻落实习近平新时代中国特色社会主义思想，落实新发展理念，深入实施“互联网＋流通”行动计划，提高电子商务与快递物流协同发展水平，经国务院同意，现提出以下意见。

一、强化制度创新，优化协同发展政策法规环境

（一）深化“放管服”改革。简化快递业务经营许可程序，改革快递企业年度报告制度，实施快递末端网点备案管理。优化完善快递业务经营许可管理信息系统，实现许可备案事项网上统一办理。加强事中事后监管，全面推行“双随机、一公开”监管。（国家邮政局负责）

（二）创新产业支持政策。创新价格监管方式，引导电子商务平台逐步实现商品定价与快递服务定价相分离，促进快递企业发展面向消费者的增值服务。（国家发展改革委、商务部、国家邮政局负责）创新公共服务设施管理方式，明确智能快件箱、快递末端综合服务场所的公共属性，为专业化、公共化、平台化、集约化的快递末端网点提供用地保障等配套政策。（国土资源部、住房城乡建设部、国家邮政局负责）

（三）健全企业间数据共享制度。完善电子商务与快递物流数据保护、开放共享规则，建立数据中断等风险评估、提前通知和事先报告制度。在确保消费者个人信息安全的前提下，鼓励和引导电子商务平台与快递物流企业之间开展数据交换共享，共同提升配送效率。（商务部、国家邮政局会同相关部门负责）

（四）健全协同共治管理模式。发挥行业协会自律作用，推动出台行业自律公约，强化企业主体责任，鼓励签署自律承诺书，促进行业健康发展。

引导电子商务、物流和快递等平台型企业健全平台服务协议、交易规则和信用评价制度，切实维护公平竞争秩序，保护消费者权益；鼓励开放数据、技术等资源，赋能上下游中小微企业，实现行业间、企业间开放合作、互利共赢。（商务部、交通运输部、国家邮政局会同相关部门负责）

二、强化规划引领，完善电子商务快递物流基础设施

（五）加强规划协同引领。综合考虑地域区位、功能定位、发展水平等因素，统筹规划电子商务与快递物流发展。针对电子商务全渠道、多平台、线上线下融合等特点，科学引导快递物流基础设施建设，构建适应电子商务发展的快递物流服务体系。快递物流相关仓储、分拨、配送等设施用地须符合土地利用总体规划并纳入城乡规划，将智能快件箱、快递末端综合服务场所纳入公共服务设施相关规划。加强相关规划间的有效衔接和统一管理。（各省级人民政府、国土资源部、住房城乡建设部负责）

（六）保障基础设施建设用地。落实好现有相关用地政策，保障电子商务快递物流基础设施建设用地。在不改变用地主体、规划条件的前提下，利用存量房产和土地资源建设电子商务快递物流项目的，可在5年内保持土地原用途和权利类型不变，5年期满后需办理相关用地手续的，可采取协议方式办理。（各省级人民政府、国土资源部负责）

（七）加强基础设施网络建设。引导快递物流企业依托全国性及区域性物流节点城市、国家电子商务示范城市、快递示范城市，完善优化快递物流网络布局，加强快件处理中心、航空及陆运集散中心和基层网点等网络节点建设，构建层级合理、规模适当、匹配需求的电子商务快递物流网络。优化农村快递资源配置，健全以县级物流配送中心、乡镇配送节点、村级公共服务点为支撑的农村配送网络。（国家发展改革委、商务部、国家邮政局负责）

（八）推进园区建设与升级。推动电子商务园区与快递物流园区发展，形成产业集聚效应，提高区域辐射能力。引导国家电子商务示范基地、电子商务产业园区与快递物流园区融合发展。鼓励传统物流园区适应电子商务和快递业发展需求转型升级，提升仓储、运输、配送、信息等综合管理和服务水平。（各省级人民政府、国家发展改革委、商务部、国家邮政局负责）

三、强化规范运营，优化电子商务配送通行管理

（九）推动配送车辆规范运营。鼓励各地对快递服务车辆实施统一编号和标识管理，加强对快递服务车辆驾驶人交通安全教育。支持快递企业为快递服务车辆统一购买交通意外险。规范快递服务车辆运营管理。（各省级人民政府负责）引导企业使用符合标准的配送车型，推动配送车辆标准化、厢式化。（国家邮政局、交通运输部、工业和信息化部、国家标准委、各省级人民政府负责）

（十）便利配送车辆通行。指导各地完善城市配送车辆通行管理政策，合理确定通行区域和时段，对快递服务车辆等城市配送车辆给予通行便利。推动各地完善商业区、居住区、高等院校等区域停靠、装卸、充电等设施，推广分时停车、错时停车，进一步提高停车设施利用率。（各省级人民政府、交通运输部、国家邮政局、公安部负责）

四、强化服务创新，提升快递末端服务能力

（十一）推广智能投递设施。鼓励将推广智能快件箱纳入便民服务、民生工程等项目，加快社区、高等院校、商务中心、地铁站周边等末端节点布局。支持传统信报箱改造，推动邮政普遍服务与快递服务一体化、智能化。（国家邮政局、各省级人民政府负责）

（十二）鼓励快递末端集约化服务。鼓励快递企业开展投递服务合作，建设快递末端综合服务场所，开展联收联投。促进快递末端配送、服务资源有效组织和统筹利用，鼓励快递物流企业、电子商务企业与连锁商业机构、便利店、物业服务企业、高等院校开展合作，提供集约化配送、网订店取等多样化、个性化服务。（国家邮政局会同相关部门负责）

五、强化标准化智能化，提高协同运行效率

（十三）提高科技应用水平。鼓励快递物流企业采用先进适用技术和装备，提升快递物流装备自动化、专业化水平。（工业和信息化部、国家发展改革委、国家邮政局负责）加强大数据、云计算、机器人等现代信息技术和装备在电子商务与快递物流领域应用，大力推进库存前置、智能分仓、科学配载、线路优化，努力实现信息协同化、服务智能化。（国家发展改革委、商务部、国家邮政局会同相关部门负责）

（十四）鼓励信息互联互通。加强快递物流标准体系建设，推动建立电子商务与快递物流各环节数据接口标准，推进设施设备、作业流程、信息交换一体化。（国家标准委、国家发展改革委、工业和信息化部、商务部、国家邮政局负责）引导电子商务企业与快递物流企业加强系统互联和业务联动，共同提高信息系统安全防护水平。（商务部、国家邮政局负责）鼓励建

设快递物流信息综合服务平台，优化资源配置，实现供需信息实时共享和智能匹配。（国家邮政局负责）

（十五）推动供应链协同。鼓励仓储、快递、第三方技术服务企业发展智能仓储，延伸服务链条，优化电子商务企业供应链管理。发展仓配一体化服务，鼓励企业集成应用各类信息技术，整合共享上下游资源，促进商流、物流、信息流、资金流等无缝衔接和高效流动，提高电子商务企业与快递物流企业供应链协同效率。（国家发展改革委、商务部、国家邮政局负责）

六、强化绿色理念，发展绿色生态链

（十六）促进资源集约。鼓励电子商务企业与快递物流企业开展供应链绿色流程再造，提高资源复用率，降低企业成本。加强能源管理，建立绿色节能低碳运营管理流程和机制，在仓库、分拨中心、数据中心、管理中心等场所推广应用节水、节电、节能等新技术新设备，提高能源利用效率。（国家发展改革委、环境保护部、工业和信息化部负责）

（十七）推广绿色包装。制定实施电子商务绿色包装、减量包装标准，推广应用绿色包装技术和材料，推进快递物流包装物减量化。（商务部、国家邮政局、国家标准委负责）开展绿色包装试点示范，培育绿色发展典型企业，加强政策支持和宣传推广。（国家发展改革委会同相关部门负责）鼓励电子商务平台开展绿色消费活动，提供绿色包装物选择，依不同包装物分类定价，建立积分反馈、绿色信用等机制引导消费者使用绿色包装或减量包装。（商务部会同相关部门负责）探索包装回收和循环利用，建立包装生产者、使用者和消费者等多方协同回收利用体系。（国家发展改革委、环境保护部、商务部、国家邮政局负责）建立健全快递包装生产者责任延伸制度。（国家发展改革委、环境保护部、国家邮政局负责）

（十八）推动绿色运输与配送。加快调整运输结构，逐步提高铁路等清洁运输方式在快递物流领域的应用比例。鼓励企业综合运用电子商务交易、物流配送等信息，优化调度，减少车辆空载和在途时间。（国家邮政局、交通运输部负责）鼓励快递物流领域加快推广使用新能源汽车和满足更高排放标准的燃油汽车，逐步提高新能源汽车使用比例。（各省级人民政府负责）

各地区、各有关部门要充分认识推进电子商务与快递物流协同发展的重要意义，强化组织领导和统筹协调，结合本地区、本部门、本系统实际，落实本意见明确的各项政策措施，加强对新兴服务业态的研究和相关政策储备。

各地区要制定具体实施方案，明确任务分工，落实工作责任。商务部、国家邮政局要会同有关部门加强工作指导和监督检查，确保各项措施落实到位。

国务院办公厅关于加快发展冷链物流保障食品安全促进消费升级的意见（节录）

（2017 年 4 月 21 日　国办发〔2017〕29 号）

随着我国经济社会发展和人民群众生活水平不断提高，冷链物流需求日趋旺盛，市场规模不断扩大，冷链物流行业实现了较快发展。但由于起步较晚、基础薄弱，冷链物流行业还存在标准体系不完善、基础设施相对落后、专业化水平不高、有效监管不足等问题。为推动冷链物流行业健康规范发展，保障生鲜农产品和食品消费安全，根据食品安全法、农产品质量安全法和《物流业发展中长期规划（2014 — 2020 年）》等，经国务院同意，提出以下意见。

一、总体要求

（一）指导思想。全面贯彻党的十八大和十八届三中、四中、五中、六中全会精神，深入贯彻习近平总书记系列重要讲话精神，认真落实党中央、国务院决策部署，紧紧围绕统筹推进“五位一体”总体布局和协调推进“四个全面”战略布局，牢固树立和贯彻落实创新、协调、绿色、开放、共享的发展理念，深入推进供给侧结构性改革，充分发挥市场在资源配置中的决定性作用，以体制机制创新为动力，以先进技术和管理手段应用为支撑，以规范有效监管为保障，着力构建符合我国国情的“全链条、网络化、严标准、可追溯、新模式、高效率”的现代化冷链物流体系，满足居民消费升级需要，促进农民增收，保障食品消费安全。

（二）基本原则。

市场为主，政府引导。强化企业市场主体地位，激发市场活力和企业创新动力。发挥政府部门在规划、标准、政策等方面的引导、扶持和监管作用，为冷链物流行业发展创造良好环境。

问题导向，补齐短板。聚焦农产品产地“最先一公里”和城市配送“最后一公里”等突出问题，抓两头、带中间，因地制宜、分类指导，形成贯通一、二、三产业的冷链物流产业体系。

创新驱动，提高效率。大力推广现代冷链物流理念，深入推进大众创业、万众创新，鼓励企业利用现代信息手段，创新经营模式，发展供应链等新型产业组织形态，全面提高冷链物流行业运行效率和服务水平。

完善标准，规范发展。加快完善冷链物流标准和服务规范体系，制修订一批冷链物流强制性标准。加强守信联合激励和失信联合惩戒，推动企业优胜劣汰，促进行业健康有序发展。

（三）发展目标。到2020年，初步形成布局合理、覆盖广泛、衔接顺畅的冷链基础设施网络，基本建立“全程温控、标准健全、绿色安全、应用广泛”的冷链物流服务体系，培育一批具有核心竞争力、综合服务能力强的冷链物流企业，冷链物流信息化、标准化水平大幅提升，普遍实现冷链服务全程可视、可追溯，生鲜农产品和易腐食品冷链流通率、冷藏运输率显著提高，腐损率明显降低，食品质量安全得到有效保障。

……

国务院办公厅关于深入实施“互联网+流通”行动计划的意见

（2016年4月21日　国办发〔2016〕24号）

“互联网+流通”正在成为大众创业、万众创新最具活力的领域，成为经济社会实现创新、协调、绿色、开放、共享发展的重要途径。实施“互联网+流通”行动计划，有利于推进流通创新发展，推动实体商业转型升级，拓展消费新领域，促进创业就业，增强经济发展新动能。为贯彻落实国务院决策部署，深入实施“互联网+流通”行动计划，进一步推进线上线下融合发展，从供需两端发力，实现稳增长、扩消费、强优势、补短板、降成本、提效益，经国务院同意，现提出以下意见：

一、加快推动流通转型升级。以满足消费者需求为中心，积极开展全渠道经营，支持企业突出商品和服务特色，充分应用移动互联网、物联网、大数据等信息技术，在营销、支付、售后服务等方面线上线下互动，全方位、全天候满足消费需求，降低消费成本。（商务部、国家发展改革委、新闻出版广电总局，地方各级人民政府）大力发展体验消费，引导有条件的企业利用现有商业设施改造发展消费体验示范中心，合理布局购物、餐饮、休闲、娱乐、文化、培训、体育、保健等体验式消费业态，增强实体店体验式、全程式服务能力。（商务部、文化部、新闻出版广电总局、体育总局，地方各级人民政府）着力提高供应链管理控制能力，鼓励百货等零售业态积极发展"买手制"，不断提高自营和自主品牌商品比例，通过发展连锁经营、采购联盟等多种组织形式降本增效，提高利用信息化、网络化、智能化技术实现转型升级的能力。（商务部、国家发展改革委，地方各级人民政府）增强老字号等传统品牌影响力，积极运用互联网，创新生产工艺和商业模式，弘扬民族、技艺等优秀传统文化，开展知名品牌示范区创建工作，线上线下互动传播中国品牌。（商务部、工业和信息化部、文化部、质检总局，地方各级人民政府）推动商品交易市场利用互联网创新商业模式，拓展服务功能，加快平台化发展，以转型升级实现市场结构优化、提质增效，带动产业优化重组，发挥好引导生产、促进消费的作用。（商务部、国家发展改革委、国土资源部，地方各级人民政府）

二、积极推进流通创新发展。鼓励发展分享经济新模式，密切跟踪借鉴国外分享经济发展新特点新趋势，结合部门和地方实际创新政府管理和服务，激发市场主体创业创新活力，鼓励包容企业利用互联网平台优化社会闲置资源配置，拓展产品和服务消费新空间新领域，扩大社会灵活就业。（中央网信办、国家发展改革委、工业和信息化部、人力资源社会保障部、商务部、工商总局、国家旅游局、国家邮政局等有关部门，地方各级人民政府）支持发展协同经济新模式，通过众创、众包、众扶等多种具体形式，围绕产业链、供应链、服务链建立上下游企业、创业者之间的垂直纵深与横向一体化协作关系，提升社会化协作水平和资源优化配置能力。（国家发展改革委、科技部、工业和信息化部、商务部、新闻出版广电总局，地方各级人民政府）大力发展流通创新基地，为中小企业应用互联网创业创新提供集群注册、办公场地、基础通信、运营指导、人才培训、渠道推广、信贷融资等软硬件一体化支撑服务。（商务部、科技部、人力资源社会保障部、工商总局，地方各级人民政府）

三、加强智慧流通基础设施建设。加大对物流基地建设、冷链系统建设等的政策性扶持力度，科学规划和布局物流基地、分拨中心、公共配送中心、末端配送网点，加大流通基础设施投入，支持建设农产品流通全程冷链系统，重点加强全国重点农业产区冷库建设。加大农村宽带建设投入，加快提速降费进程，努力消除城乡“数字鸿沟”。加大流通基础设施信息化改造力度，充分利用物联网等新技术，推动智慧物流配送体系建设，提高冷链设施的利用率。科学发展多层次物流公共信息服务平台，整合各类物流资源，提高物流效率，降低物流成本。（国家发展改革委、商务部、工业和信息化部、财政部、国土资源部、住房城乡建设部、交通运输部、农业部、国务院国资委、质检总局、新闻出版广电总局、国家邮政局，地方各级人民政府）推进电子商务与物流快递协同发展，及时总结协同发展试点成果，形成可复制、可推广的制度、做法和经验，着力解决快递运营车辆规范通行、末端配送、电子商务快递从业人员基本技能培训等难题，补齐电子商务物流发展短板。（商务部、国家邮政局，试点城市人民政府）

四、鼓励拓展智能消费新领域。鼓励具备条件的城市探索构建线上线下融合发展的体验式智慧商圈，促进商圈内不同经营模式和业态优势互补、信息互联互通、消费客户资源共享，抱团向主动服务、智能服务、立体服务和个性化服务转变，提高商圈内资源整合能力和消费集聚水平。（商务部、国家发展改革委、科技部、工业和信息化部、国土资源部、环境保护部、住房城乡建设部，地方各级人民政府）加快实施特色商业街区示范建设工程，发掘地方资源禀赋优势，提高产品和服务特色化、差异化、精准化、数字化营销推广能力，振兴城镇商业。（商务部、住房城乡建设部、国家旅游局，地方各级人民政府）拓展智能消费领域，积极开发虚拟现实、现实增强等人工智能新技术新服务，大力推广可穿戴、生活服务机器人等智能化产品，提高智能化产品和服务的供给能力与水平。（国家发展改革委、工业和信息化部、科技部，地方各级人民政府）

五、大力发展绿色流通和消费。推广绿色商品，限制高耗能、高污染、高环境风险、过度包装产品进入流通和消费环节。开展绿色商场示范活动，大力宣传贯彻绿色商场国家标准、行业标准，创建一批集门店节能改造、节能产品销售和废弃物回收于一体的绿色商场。推动仓储配送与包装绿色化发展，提高商贸物流绿色化发展水平。推动“互联网＋回收”模式创新，利用大数据、云计算等技术优化逆向物流网点布局，鼓励在线回收，加强生活垃圾分类回收和再生资源回收有机衔接。开展“绿色产品进商场、绿色消费进社区、绿色回收进校园”主题宣传活动，推动形成崇尚节俭、科学、绿色的消费理念和生活方式。（商务部、国家发展改革委、教育部、工业和信息化部、国土资源部、环境保护部、住房城乡建设部、质检总局、新闻出版广电总局、供销合作总社，地方各级人民政府）

六、深入推进农村电子商务。坚持市场运作，充分发挥各类市场主体参与农村电子商务发展的动力和创造力。促进农产品网络销售，以市场需求为导向，鼓励供销合作社等各类市场主体拓展适合网络销售的农产品、农业生产资料、休闲农业等产品和服务，引导电子商务企业与新型农业经营主体、农产品批发市场、连锁超市等建立多种形式的联营协作关系，拓宽农产品进城渠道，突破农产品冷链运输瓶颈，促进农民增收，丰富城市供应。畅通农产品流通，切实降低农产品网上销售的平台使用、市场推广等费用，提高农村互联网和信息化技术应用能力。鼓励电子商务企业拓展农村消费市场，针对农村消费习惯、消费能力、消费需求特点，从供给端提高商品和服务的结构化匹配能力，带动工业品下乡，方便农民消费。鼓励邮政企业等各类市场主体整合农村物流资源，建设改造农村物流公共服务中心和村级网点，切实解决好农产品进城“最初一公里”和工业品下乡“最后一公里”问题。（商务部、国家发展改革委、工业和信息化部、财政部、交通运输部、农业部、质检总局、国家旅游局、国家邮政局、供销合作总社、中国邮政集团公司，地方各级人民政府）

七、积极促进电子商务进社区。大力发展社区电子商务，鼓励发展社区购物服务应用软件，加强电子商务企业与社区商业网点融合互动，开展物流分拨、快件自取、电子缴费等服务，提高社区商业的信息化、标准化、规范化、集约化水平，提升社区居民生活品质。（商务部、国土资源部、住房城乡建设部、质检总局，地方各级人民政府）完善“一站式”便民服务消费功能，支持老旧小区利用闲置房间、地下空间等打造多层次、多形式的便民服务点，将零散的社区服务资源进行线上线下整合，统筹建设和改造餐饮、住宿、家政、洗染、美容美发、维修、物流、金融、文化、娱乐、休闲等生活服务网点，让门店多起来，提高城市居民生活的便利性和城市发展竞争力。（商务部、国土资源部、住房城乡建设部、文化部、新闻出版广电总局，地

方各级人民政府）

八、加快完善流通保障制度。组织开展道路货运无车承运人试点工作，允许试点范围内无车承运人开展运输业务。（交通运输部、国家发展改革委）按照新修订的《高新技术企业认定管理办法》，落实“互联网+流通”企业的申报认定工作。（科技部、财政部、税务总局，地方各级人民政府）推进工商用电同价，允许大型商贸企业参与电力直接交易，开展商业用户自主选择执行商业行业平均电价或峰谷分时电价试点。（国家发展改革委、商务部）发挥政府、行业协会作用，科学规划，合理布局，盘活存量，优化增量，鼓励各地采取先买后租、先建后租等多种有力措施，引导降低实体店铺租金，保障社区菜市场、社区食堂等惠民便民服务设施低成本供给，引导线上企业到线下开设实体店，推动线上线下融合发展。阶段性适当降低困难流通企业住房公积金缴存比例。（住房城乡建设部、财政部、商务部、人民银行，地方各级人民政府）

九、发挥财政资金引导带动作用。积极推进“互联网+流通”行动，着力降低流通成本，提高流通效率，扩大有效供给，鼓励有条件的地方设立“互联网+流通”发展基金，引导社会资本、境外资本加大对流通领域互联网等信息技术应用的投入。（地方各级人民政府）

十、增强流通领域公共服务支撑能力。鼓励整合建设商务公共服务云平台，对接相关部门服务资源，为流通领域提供政策与基础信息服务，为中小微企业提供商业通用技术应用服务。加快建立健全电子商务统计监测体系，建设真实准确的企业、商品、订单、合同、发票、物流运单等电子商务基础信息库，支撑电子商务市场高效规范运行。（商务部、国家统计局、工业和信息化部、工商总局、质检总局、国家邮政局，地方各级人民政府）加大教育培训结构调整力度，加强电子商务人才继续教育，提高线上线下互动实战能力，培养既懂流通又懂创意创新和网络运营的复合型人才。指导支持各类电子商务创新创意创业大赛，对接行业机构、投融资机构，发现优秀的创业创新项目和创业创新人才。（商务部、教育部）

十一、健全流通法规标准体系。抓紧研究商品流通、电子商务等方面的立法，研究建立流通设施建设、商品流通保障、流通秩序维护等基本制度，解决流通发展中的体制机制问题。（商务部、国家发展改革委、农业部、国务院法制办）研究梳理现行法律法规中与互联网在流通领域创新应用和管理不相适应的内容，加快修订完善，推动线上线下规则统一。（有关部门按职责分工分别负责）健全批发、零售、物流、生活服务、商务服务领域标准体系，加强适应电子商务发展需要的农产品生产、采摘、检验检疫、分拣、分级、包装、配送和“互联网+回收”等标准体系建设，加大标准贯彻实施力度，引导企业规范化发展。（商务部、国家发展改革委、农业部、质检总局）

十二、营造诚信经营公平竞争环境。适应“互联网+流通”发展需要，不断创新监管手段，采取合理的监管方式，加强事中事后监管，加大对侵权假冒、无证无照经营、虚假交易等行为的打击力度，保障群众买到质优价廉的商品，放心消费、安全消费。鼓励平台型服务企业利用技术手段加强对违法违规行为的监测、识别和防范，主动与执法部门建立联防联控机制；严厉打击平台型服务企业包庇、纵容违法违规经营行为，营造保障“互联网+流通”行动计划顺利实施的法治化营商环境。（商务部、工商总局、质检总局、食品药品监管总局）推进商务信用体系建设，结合“三证合一、一照一码”登记制度改革，充分利用全国信用信息共享平台和企业信用信息公示系统，健全政府部门信用信息共享机制，并通过“信用中国”网站向社会提供服务，建立基于消费者交易评价和社会公众综合评价的市场化企业信用信息采集、共享与使用机制，不断优化评价标准和方法，形成多方参与、标准统一的商务诚信体系。（商务部、国家发展改革委、工业和信息化部、人民银行、工商总局、质检总局）

各地区、各部门要加强组织领导和贯彻实施，既要切实发挥好市场在资源配置中的决定性作用，也要发挥好政府的引导调控作用；既要立足当前，也要惠及长远。各地区要结合本地实际制定具体实施方案，明确工作分工，落实工作责任。商务部要会同有关部门建立工作联系机制，加强统筹协调、业务指导和督促检查，重大问题和情况及时报告国务院。

国务院关于促进快递业发展的若干意见

（2015年10月26日　国发〔2015〕61号）

快递业是现代服务业的重要组成部分，是推动流通方式转型、促进消费升级的现代化先导性产业。近年来，我国快递业发展迅速，企业数量大幅增加，业务规模持续扩大，服务水平不断提升，在降低流通成本、支撑电子商务、服务生产生活、扩大就业渠道等方面发挥了积极作用。但与此同时，快递业发展方式粗放、基础设施滞后、安全隐患较多、国际竞争力不强等问题仍较为突出。为促进快递业健康发展，进一步搞活流通、拉动内需，服务大众创业、万众创新，培育现代服务业新增长点，更好发挥快递业对稳增长、促改革、调结构、惠民生的作用，现提出以下意见。

一、总体要求

（一）指导思想。以解决制约快递业发展的突出问题为导向，以“互联网+”快递为发展方向，培育壮大市场主体，融入并衔接综合交通体系，扩展服务网络惠及范围，保障寄递渠道安全，促进行业转型升级和提质增效，不断满足人民群众日益增长的寄递需求，更好服务于国民经济和社会发展。

（二）基本原则。

市场主导。遵循市场发展规律，进一步开放国内快递市场，用市场化手段引导快递企业整合提升，鼓励企业持续提高服务能力和服务质量。进一步简政放权，发挥法律法规、规划、标准的规范引导作用，形成有利于快递业发展的市场环境。

安全为基。进一步强化安全生产红线意识，加强寄递安全制度体系建设，落实企业主体责任，夯实快递业安全基础。依靠科技手段创新管理方式、提升监管能力，保障寄递渠道安全。

创新驱动。鼓励不同所有制资本在快递领域交叉持股、相互融合，激发市场主体活力和创造力。支持快递企业加快推广应用现代信息技术，不断创新商业模式、服务形式和管理方式。

协同发展。推动快递业加快融入生产、流通和消费环节，充分发挥服务电子商务的主渠道作用，联通线上线下，实现与先进制造业、现代农业、信息技术等产业协同发展。

（三）发展目标。到 2020 年，基本建成普惠城乡、技术先进、服务优质、安全高效、绿色节能的快递服务体系，形成覆盖全国、联通国际的服务网络。

——产业规模跃上新台阶。快递市场规模稳居世界首位，基本实现乡乡有网点、村村通快递，快递年业务量达到 500 亿件，年业务收入达到 8000 亿元。

——企业实力明显增强。快递企业自主航空运输能力大幅提升，建设一批辐射国内外的航空快递货运枢纽，积极引导培育形成具有国际竞争力的大型骨干快递企业。

——服务水平大幅提升。寄递服务产品体系更加丰富，国内重点城市间实现48小时送达，国际快递服务通达范围更广、速度更快，服务满意度稳步提高。

——综合效益更加显著。年均新增就业岗位约20万个，全年支撑网络零售交易额突破10万亿元，日均服务用户2．7亿人次以上，有效降低商品流通成本。

二、重点任务

（四）培育壮大快递企业。鼓励各类资本依法进入快递领域，支持快递企业兼并重组、上市融资，整合中小企业，优化资源配置，实现强强联合、优势互补，加快形成若干家具有国际竞争力的企业集团，鼓励“走出去”参与国际竞争。大力提升快递服务质量，实施品牌战略，建立健全行业安全和服务标准体系，加强服务质量监测，降低快件延误率、损毁率、丢失率和投诉率，引导快递企业从价格竞争向服务竞争转变。积极推广快递保险业务，保障用户权益。支持骨干企业建设工程技术中心，开展智能终端、自动分拣、机械化装卸、冷链快递等技术装备的研发应用。

（五）推进“互联网＋”快递。鼓励快递企业充分利用移动互联、物联网、大数据、云计算等信息技术，优化服务网络布局，提升运营管理效率，拓展协同发展空间，推动服务模式变革，加快向综合性快递物流运营商转型。引导快递企业与电子商务企业深度合作，促进线上线下互动创新，共同发展体验经济、社区经济、逆向物流等便民利商新业态。积极参与涉农电子商务平台建设，构建农产品快递网络，服务产地直销、订单生产等农业生产新模式。发挥供应链管理优势，积极融入智能制造、个性化定制等制造业新领域。支持快递企业完善信息化运营平台，发展代收货款等业务。

（六）构建完善服务网络。实施快递“向下、向西、向外”工程，建设快递专业类物流园区、快件集散中心和快递末端服务平台，完善农村、西部地区服务网络，构建覆盖国内外的快件寄递体系。支持快递企业加强与农业、供销、商贸企业的合作，打造“工业品下乡”和“农产品进城”双向流通渠道，下沉带动农村消费。鼓励快递企业发展跨境电商快递业务，加大对快递企业“走出去”的服务力度，在重点口岸城市建设国际快件处理中心，探索建立“海外仓”。鼓励传统邮政业进一步加快转型发展，支持邮政企业和快递企业创新合作模式，充分利用现有邮政网点优势，提高邮政基础设施利用效率。

（七）衔接综合交通体系。实施快递“上车、上船、上飞机”工程，加强与铁路、公路、水路、民航等运输企业合作，制定并实施快递设施通用标准，强化运输保障能力。在铁路枢纽配套建设快件运输通道和接驳场所，建立健全利用中欧班列运输邮（快）件机制。稳妥推进公路客运班车代运快件试点和快件甩挂运输方式，因地制宜发展快件水路运输，大力推动快件航空运输。在交通运输领域，完善快件处理设施和绿色通道，辐射带动电子商务等相关产业集聚。鼓励快递企业组建航空货运公司，在国际航线、航班时刻、货机购置等方面给予政策支持。

（八）加强行业安全监管。实施寄递渠道安全监管“绿盾”工程，全面推进快递企业安全生产标准化建设，落实邮政业安全生产设备配置规范等强制性标准，明确收寄、分拣、运输、投递等环节的安全要求。落实快递企业和寄件人安全责任，完善从业人员安全教育培训制度，筑牢寄递渠道安全基础。强化安全检查措施，严格执行收寄验视制度，加强对进出境快件的检疫监管，从源头防范禁寄物品流入寄递渠道。积极利用信息技术提升安全监管能力，完善快递业安全监管信息平台，健全信息采集标准和共享机制，实现快件信息溯源追查，依法严格保护个人信息安全。落实寄递渠道安全管理工作机制，加强跨部门、跨区域协作配合，提升安全监管与应急处置能力。

三、政策措施

（九）深入推进简政放权。深化快递行业商事制度改革，探索对快递企业实行同一工商登记机关管辖范围内“一照多址”模式。简化快递业务经营许可程序，改革快递企业年度报告制度，精简企业分支机构、末端网点备案手续。发挥电子口岸、国际陆港等“一站式”通关平台优势，扩大电子商务出口快件清单核放、汇总申报通关模式的适用地域范围，实现进出境快件便捷通关。

（十）优化快递市场环境。充实监管力量，创新监管方式，强化事中事后监管，全面提升市场监管能力。建立健全用户申诉与执法联动机制，依法查处违法违规行为，规范市场经营秩序。发挥行业自律和社会监督作用，利用企业信用信息公示系统和行业监管信息系统，建立违法失信主体“黑名单”及联合惩戒制度，营造诚实守信的市场环境。

（十一）健全法规规划体系。加快制定快递条例和相关法规规章，提高快递业法治化、标准化水平。编制快递业发展“十三五”规划和重点区域规划，与综合交通运输、物流业、现代服务业、电子商务、物流园区等专项规划做好衔接。有关方面要将发展快递业纳入国民经济和社会发展规划，在城乡规划、土地利用规划、公共服务设施规划中合理安排快递基础设施的布局建设。

（十二）加大政策支持力度。中央预算内投资通过投资补助和贴息等方式，支持农村和西部地区公益性、基础性快递基础设施建设，各级财政专项资金要将符合条件的企业和项目纳入支持范围。快递企业可按现行规定申请执行省（区、市）内跨地区经营总分支机构增值税汇总缴纳政策，依法享受企业所得税优惠政策。各地区要在土地利用总体规划和年度用地计划中统筹安排快递专业类物流园区、快件集散中心等设施用地，研究将智能快件箱等快递服务设施纳入公共服务设施规划。鼓励金融机构创新服务方式，开展适应快递业特点的抵押贷款、融资租赁等业务。快递企业用电、用气、用热价格按照不高于一般工业标准执行。

（十三）改进快递车辆管理。制定快递专用机动车辆系列标准，及时发布和修订车辆生产企业和产品公告。各地要规范快递车辆管理，逐步统一标志，对快递专用车辆城市通行和临时停靠作业提供便利。研究出台快递专用电动三轮车国家标准以及生产、使用、管理规定。各地可结合实际制定快递专用电动三轮车用于城市收投服务的管理办法，解决“最后一公里”通行难问题。

（十四）建设专业人才队伍。引导高等学校加强物流管理、物流工程等专业建设，支持职业院校开设快递相关专业。探索学校、科研机构、行业协会和企业联合培养人才模式，建立一批快递人才培训基地。实施快递人才素质提升工程，建立健全人才评价制度，落实就业创业和人才引进政策。支持快递企业组织从业人员参加相关职业培训和职业技能鉴定，对符合条件的企业和人员可按规定给予补贴。

四、组织实施

各地区、各有关部门要充分认识促进快递业健康发展的重要意义，加强组织领导，健全工作机制，强化协同联动，加大支持力度，为快递业发展营造良好环境。各地区要根据本意见，结合本地区实际情况研究出台有针对性的支持措施并认真抓好落实。各有关部门要各负其责，按照职责分工抓紧制定相关配套措施。交通运输部、发展改革委、邮政局会同有关部门负责对本意见落实工作的统筹协调、跟踪了解、督促检查。

禁止寄递物品管理规定

（2016 年 12 月 6 日　国家邮政局、公安部、国家安全部　国邮发〔2016〕107 号）

第一条　为加强邮政行业安全管理，防止禁止寄递物品进入寄递渠道，妥善处置进入寄递渠道的违禁物品，维护寄递渠道安全畅通，促进邮政业健康发展，依据《中华人民共和国邮政法》《中华人民共和国反恐怖主义法》以及《邮政行业安全监督管理办法》等法律、行政法规和相关规定，制定本规定。

第二条　在中华人民共和国境内提供和使用寄递服务活动，以及相关监督管理工作适用本规定。

法律、行政法规以及国务院和国务院有关部门对禁止进出境物品另有规定的，适用其规定。

第三条　本规定所称禁止寄递物品（以下简称禁寄物品），主要包括：

（一）危害国家安全、扰乱社会秩序、破坏社会稳定的各类物品；

（二）危及寄递安全的爆炸性、易燃性、腐蚀性、毒害性、感染性、放射性等各类物品；

（三）法律、行政法规以及国务院和国务院有关部门规定禁止寄递的其他物品。

具体禁寄物品详见附录《禁止寄递物品指导目录》。

第四条　邮政管理部门应当监督指导提供寄递服务的企业（以下简称寄递企业）落实收寄验视制度，督促企业加强寄递安全管理；监督指导寄递企业加强对从业人员的安全教育和培训；依法对寄递企业实施安全监督检查，查处违法收寄禁寄物品行为。

第五条 用户交寄邮件、快件应当遵守法律、行政法规以及国务院和国务院有关部门关于禁寄物品的规定，不得交寄禁寄物品，不得在邮件、快件内夹带禁寄物品，不得将禁寄物品匿报或者谎报为其他物品交寄。

第六条 寄递企业应当在其营业场所公示并以其他方式向社会公布本规定及相关指导目录。

第七条 寄递企业应当建立健全安全教育培训制度，强化从业人员对禁寄物品的防范意识、辨识知识和处置能力。未经安全教育和培训的从业人员不得上岗作业。

第八条 寄递企业应当严格执行收寄验视制度，依法当场验视用户交寄的物品是否属于禁寄物品，以及物品的名称、性质、数量等是否与寄递详情单所填写的内容一致，防止禁寄物品进入寄递渠道。

第九条 寄递企业应当建立健全安全检查制度，配备符合国家标准或者行业标准的安全检查设备，安排具备专业技术和技能的人员对邮件、快件进行安全检查。

第十条 寄递企业应当制定禁寄物品处置预案，根据情况变化及时修订，并向邮政管理部门备案。寄递过程中发现禁寄物品的，应当按照预案规定妥善处置。

第十一条 寄递企业完成收寄后发现禁寄物品或者疑似禁寄物品的，应当停止发运，立即报告事发地邮政管理部门，并按下列规定处理：

（一）发现各类枪支（含仿制品、主要零部件）、弹药、管制器具等物品的，应当立即报告公安机关；

（二）发现各类毒品、易制毒化学品的，应当立即报告公安机关；

（三）发现各类爆炸品、易燃易爆等危险物品的，应当立即疏散人员、隔离现场，同时报告公安机关；

（四）发现各类放射性、毒害性、腐蚀性、感染性等危险物品的，应当立即疏散人员、隔离现场，同时视情况报告公安、环境保护、卫生防疫、安全生产监督管理等部门；

（五）发现各类危害国家安全和社会稳定的非法出版物、印刷品、音像制品等宣传品的，应当及时报告国家安全、公安、新闻出版等部门；

（六）发现各类伪造或者变造的货币、证件、印章以及假冒侵权等物品的，应当及时报告公安、工商行政管理等部门；

（七）发现各类禁止寄递的珍贵、濒危野生动物及其制品的，应当及时报告公安、野生动物行政主管等部门；

（八）发现各类禁止进出境物品的，应当及时报告海关、国家安全、出入境检验检疫等部门；

（九）发现使用非机要渠道寄递涉及国家秘密的文件、资料及其他物品的，应当及时报告国家安全机关；

（十）发现各类间谍专用器材或者疑似间谍专用器材的，应当及时报告国家安全机关；

（十一）发现其他禁寄物品或者疑似禁寄物品的，应当依法报告相关政府部门处理。

第十二条 邮政管理部门接到寄递企业发现禁寄物品的报告后，应当按规定向上级部门报告，并视情况联合公安、国家安全、卫生防疫、海关、检验检疫、新闻出版、工商行政管理、安全生产监督管理、野生动物行政主管等部门相互配合、依法处置。

第十三条 禁寄物品指导目录由国务院邮政管理部门会同有关部门确定、公布，并适时调整。

第十四条 对及时发现、报告禁寄物品，维护国家安全、公共安全和人民生命财产安全，或者有效避免、减少寄递安全事故的单位和个人，邮政管理等部门可依法给予表彰。

第十五条 寄递企业违法收寄禁寄物品的，邮政管理部门依照《中华人民共和国邮政法》《中华人民共和国反恐怖主义法》等法律、行政法规的规定予以处罚。

第十六条 用户违反本规定，在邮件、快件内夹带禁寄物品，将禁寄物品匿报或者谎报为其他物品交寄，造成人身伤害或者财产损失的，依法承担赔偿责任；构成犯罪的，依法追究刑事责任；尚不构成犯罪的，依照《中华人民共和国治安管理处罚法》及有关法律、行政法规的规定处罚。

第十七条 本规定自发布之日起施行。国家邮政局 2007 年 11 月 6 日发布的《禁寄物品指导目录及处理办法（试行）》（国邮发〔2007〕152 号）同时废止。

附录

禁止寄递物品指导目录

一、枪支（含仿制品、主要零部件）弹药

1. 枪支（含仿制品、主要零部件）：如手枪、步枪、冲锋枪、防暴枪、气枪、猎枪、运动枪、麻醉注射枪、钢珠枪、催泪枪等。

2. 弹药（含仿制品）：如子弹、炸弹、手榴弹、火箭弹、照明弹、燃烧弹、烟幕（雾）弹、信号弹、催泪弹、毒气弹、地雷、手雷、炮弹、火药等。

二、管制器具

1. 管制刀具：如匕首、三棱刮刀、带有自锁装置的弹簧刀（跳刀）、其他相类似的单刃、双刃、三棱尖刀等。

2. 其他：如弩、催泪器、催泪枪、电击器等。

三、爆炸物品

1. 爆破器材：如炸药、雷管、导火索、导爆索、爆破剂等。

2. 烟花爆竹：如烟花、鞭炮、摔炮、拉炮、砸炮、彩药弹等烟花爆竹及黑火药、烟火药、发令纸、引火线等。

3. 其他：如推进剂、发射药、硝化棉、电点火头等。

四、压缩和液化气体及其容器

1. 易燃气体：如氢气、甲烷、乙烷、丁烷、天然气、液化石油气、乙烯、丙烯、乙炔、打火机等。

2. 有毒气体：如一氧化碳、一氧化氮、氯气等。

3. 易爆或者窒息、助燃气体：如压缩氧气、氮气、氦气、氖气、气雾剂等。

五、易燃液体

如汽油、柴油、煤油、桐油、丙酮、乙醚、油漆、生漆、苯、酒精、松香油等。

六、易燃固体、自燃物质、遇水易燃物质

1. 易燃固体：如红磷、硫磺、铝粉、闪光粉、固体酒精、火柴、活性炭等。

2. 自燃物质：如黄磷、白磷、硝化纤维（含胶片）、钛粉等。

3. 遇水易燃物质：如金属钠、钾、锂、锌粉、镁粉、碳化钙（电石）、氰化钠、氰化钾等。

七、氧化剂和过氧化物

如高锰酸盐、高氯酸盐、氧化氢、过氧化钠、过氧化钾、过氧化铅、氯酸盐、溴酸盐、硝酸盐、双氧水等。

八、毒性物质

如砷、砒霜、汞化物、铊化物、氰化物、硒粉、苯酚、汞、剧毒农药等。

九、生化制品、传染性、感染性物质

如病菌、炭疽、寄生虫、排泄物、医疗废弃物、尸骨、动物器官、肢体、未经硝制的兽皮、未经药制的兽骨等。

十、放射性物质

如铀、钴、镭、钚等。

十一、腐蚀性物质

如硫酸、硝酸、盐酸、蓄电池、氢氧化钠、氢氧化钾等。

十二、毒品及吸毒工具、非正当用途麻醉药品和精神药品、非正当用途的易制毒化学品

1. 毒品、麻醉药品和精神药品：如鸦片（包括罂粟壳、花、苞、叶）、吗啡、海洛因、可卡因、大麻、甲基苯丙胺（冰毒）、氯胺酮、甲卡西酮、苯丙胺、安钠咖等。

2. 易制毒化学品：如胡椒醛、黄樟素、黄樟油、麻黄素、伪麻黄素、羟亚胺、邻酮、苯乙酸、溴代苯丙酮、醋酸酐、甲苯、丙酮等。

3. 吸毒工具：如冰壶等。

十三、非法出版物、印刷品、音像制品等宣传品

如含有反动、煽动民族仇恨、破坏国家统一、破坏社会稳定、宣扬邪教、宗教极端思想、淫秽等内容的图书、刊物、图片、照片、音像制品等。

十四、间谍专用器材

如暗藏式窃听器材、窃照器材、突发式收发报机、一次性密码本、密写工具、用于获取情报的电子监听和截收器材等。

十五、非法伪造物品

如伪造或者变造的货币、证件、公章等。

十六、侵犯知识产权和假冒伪劣物品

1. 侵犯知识产权：如侵犯专利权、商标权、著作权的图书、音像制品等。

2. 假冒伪劣：如假冒伪劣的食品、药品、儿童用品、电子产品、化妆品、纺织品等。

十七、濒危野生动物及其制品

如象牙、虎骨、犀牛角及其制品等。

十八、禁止进出境物品

如有碍人畜健康的、来自疫区的以及其他能传播疾病的食品、药品或者其他物品；内容涉及国家秘密的文件、资料及其他物品。

十九、其他物品

《危险化学品目录》《民用爆炸物品品名表》《易制爆危险化学品名录》《易制毒化学品的分类和品种目录》《中华人民共和国禁止进出境物品表》载明的物品和《人间传染的病原微生物名录》载明的第一、二类病原微生物等，以及法律、行政法规、国务院和国务院有关部门规定禁止寄递的其他物品。

国家邮政局关于推动邮政业服务农村电子商务发展的指导意见

（2016 年 11 月 22 日）

各省、自治区、直辖市邮政管理局，中国邮政集团公司、各快递企业：

邮政业是打通农村电子商务“最初一公里”和“最后一公里”的主渠道，具有重要的先导性和基础性作用。发展邮政业服务农村电商，是贯彻“四个全面”战略布局，落实五大发展理念，深化邮政业供给侧结构性改革的重要举措，是提升邮政业供给有效性和适应性，转变邮政业发展方式，推动行业转型升级的必然要求。为全面贯彻党的十八大和十八届三中、四中、五中、六中全会精神，落实《国务院关于促进快递业发展的若干意见》、《国务院办公厅关于促进农村电子商务加快发展的指导意见》等文件要求，推进邮政业服务农村电子商务发展，现提出以下意见。

一、加强农村地区末端网络建设

（一）加快实现村村直接通邮。按照中央有关要求，依照相关法律法规规定，以满足人民群众需求、符合客观现实条件、具备经济合理性为原则，制定建制村直接通邮统一标准。建立建制村通邮情况台帐，确定各地区直接通邮的具体方式、标准和进度要求，明确各方责任，争取地方支持，逐步实现频次稳定、安全便捷、邮件投递到村的邮政服务。

（二）补齐农村地区快递短板。深入实施“快递下乡”工程，基本实现“乡乡有网点、村村通快递”。鼓励快递企业在乡镇直接设立快递网点。支持快递企业开展员工返乡设点。引导快递企业与第三方合作，或多家快递企业之间合作，在业务量较小的乡镇建立合作网点。支持农村地区发展快递服务众包众筹模式，规范引导农村淘宝等电商企业的农村线下服务点从事快递服务，完善农村末端快递服务网络。

（三）促进农村邮政快递合作。完善农村地区邮政快递合作模式，支持邮政企业为快递企业代理投递农村地区快件，鼓励邮政企业将农村邮政网点建设成平台开放的“快递超市”。支持邮政企业和快递企业（以下统称“寄递企业”）合作承接农村电商的物流项目。鼓励寄递企业在农村电商业务量较大的地区互相开放自提网点。

二、优化农村网络组织运行体系

（四）提升仓储分拣能力。支持寄递企业对地市和县级仓储配送中心进行升级改造，形成市县运营节点，促进城乡有效联动。引导寄递企业参与物流园区建设，加强与大型农产品、农资、农村消费品集散中心的有效对接。支持寄递企业利用农村客运站、货运站等交通基础设施建立仓储分拨中心。完善乡镇邮政网点的服务功能，打造上接县、下联村的中转节点，支撑农村电商的仓储配送。

（五）完善运输配送体系。健全寄递企业县级节点与上下游的运输组织网络，实现农村寄递网络与干线运输网络的有效衔接。鼓励寄递企业在业务流量稳定、流向集中的农村地区，加快推广定时、定点、定线的邮件快件班线模式，开展市县至乡镇、沿途行政村的双向运输配送服务，提高农村邮件快件寄递时效。鼓励寄递企业之间整合资源，合作开发运输线路或委托第三方运输。鼓励农村客运班车代运邮件快件。

（六）提高末端服务质量。鼓励寄递企业加大对农村运输和投递环节的投入，缩短农村地区邮件快件寄递时限，提高邮件末端投递水平。完善村邮站运行机制，加强村邮站的业务培训、技术支撑和质量监督。鼓励村邮站丰富功能，发展综合便民服务的同时，叠加邮件快件的接转投递及自提服务功能。鼓励快递企业提高农村收派件补贴，提高农村快递网点运营水平。

三、创建服务农村电商的知名品牌

（七）搭建农民脱贫创业平台。推动寄递企业发挥“邮政在乡”“快递下乡”优势，采取精准手段和连带方式，降低贫困地区创业成本，帮助贫困地区农民增收。鼓励寄递企业聚焦农产品进城，服务农业合作社、小微企业和农村散户，提供平台销售与寄递服务；联系地方商务部门、农业部门，自主开发地方特色农产品。支持寄递企业开展农村公益性活动。鼓励邮政企业开展关爱贫困地区小学生的“爱心包裹”项目，开展帮助贫困母亲的“母亲邮包”项目等活动。

（八）发展“互联网＋”农村寄递。鼓励寄递企业利用移动互联、物联网、大数据、云计算等信息技术，推动服务模式变革。引导寄递企业与涉农电商平台对接，在电商、金融、运输、寄递等领域开展合作，协力推动农村电商物流基础设施建设。鼓励寄递企业与电商企业的农村服务站点开展业务合作与设施共建，逐步形成包容开放、融合共享的“互联网＋”农村寄递体系。

（九）打造农村电商自有品牌。鼓励寄递企业设置自有农村电商平台，开设特色农产品网上销售频道。推动企业品牌和农产品品牌统一开发、统一建设，将农产品品牌由地域品牌向企业品牌转化。支持邮政企业依托邮乐网、邮掌柜、便民服务站和分销渠道资源，完善线上线下一体化的邮政农村电商服务体系。引导寄递企业重视品牌效应，拓展品牌内涵、提高服务质量，提升竞争能力，逐步形成各具特色、差异竞争的农村电商自有品牌。

四、完善邮政业服务农村电商模式

（十）发挥区域优势开展“农产品＋大同城寄递”。支持寄递企业结合自身区域优势，完善“农产品＋大同城寄递”模式，采取就近原则，立足便民惠农，通过网点广告、电商网站、微信公众号等形式销售寄递本地农产品，培育区域消费市场，服务当地农业发展。引导寄递企业与当地农村合作社、供销社等专业机构合作，提供定制化服务，支持当地农产品输出。对于集中生产的农产品，批量进城。对于散户生产的农产品，整合进城。

（十一）发挥渠道优势拓展快递服务现代农业项目。支持寄递企业与大型农业生产企业合作，试点开展快递服务现代农业示范项目，入驻现代农业示范区、农产品加工基地、农产品物流商贸基地，参与推动农产品规模化生产，提供“一体化”“一站式”服务。完善“现代农业+快递”模式，推动形成“一市一品”、“一县一品”，增强服务地方经济发展的针对性和操作性，提升快递服务专业化、标准化、规模化水平。

（十二）利用速度优势开发特色农产品的原产地直供。支持寄递企业以原产地特色农产品为主要切入点，形成“一头对接农户，一头对接用户”的直供模式。推动寄递企业逐步形成一套适合“原产地”特色的策划、采购、销售、寄递流程，采取差异化寄递服务模式，生鲜农产品区域内限时寄递，干货农产品全网寄递。引导寄递企业以项目运作模式发展农产品冷链物流，大力发展常温和冰鲜农产品的直达寄递服务。

（十三）利用金融业务优势开发农村普惠金融特色产品。鼓励邮政企业在服务农村电商过程中为农民提供便民汇款、小额贷款、代收货款、便捷支付等邮政金融服务。支持邮政企业在补白网点开办代理金融业务，提高农村地区邮政金融服务覆盖率。鼓励邮政储蓄银行开发符合贫困地区发展特点的普惠金融特色产品，为农民提供小额贷款优惠政策。支持邮政储蓄银行试点开发农村地区土地流转经营权抵押贷款业务。

（十四）利用网点优势开展农村电商代购批销。鼓励寄递企业在农村网点开展便民代购服务，为农村用户创造网上购物的实惠与便利。鼓励寄递企业结合农村网点建设，建立批销商品体系，通过大数据引领，加快引入适合渠道批销的高频消费商品。鼓励邮政企业对“邮掌柜”系统的批销功能进行优化，完善订单结算等功能模块，提高村邮站、“邮掌柜”加盟店等农村服务点的积极性。

五、强化科技和信息应用支撑

（十五）提高运输配送装备的专业化水平。推广适合农村运输的经济适用车辆、标准化运载单元和专业化装卸设备，鼓励寄递企业根据实际需求使用电动车辆以及清洁燃料车型，加快淘汰安全隐患大、能耗排放高的老旧车辆，提升农村运输和配送的安全性、经济性。引导寄递企业评估现有网络环节和节点的操作能力，根据冷链物流发展需要增加多温层节能冷库、末端网点冷链设施和专业冷藏车辆。

（十六）推广应用绿色环保的农产品包装。引导寄递企业改进农产品的运输包装，在材料选择、包装设计等方面充分考虑绿色环保需要、农副产品特性和销售市场特点，促进包装与农产品特性、营销、品牌的有机结合。推广可折叠式、嵌套式包装箱，降低回收成本，提升回收效率。督促寄递企业按照国家食品安全相关要求，采购符合相关等级的食品包装材料。

（十七）推动信息整合和升级改造。鼓励寄递企业推进农村网点设备标准化，配备 PDA 手持终端，纳入信息化系统统一管理，实现基层网络节点的信息整合和升级改造，完善邮件快件信息跟踪。鼓励寄递企业与交通、农业、供销等行业电商信息系统实现对接，逐步建立农村电商供求信息共享机制，共同搭建农村物流信息平台。

六、加大政策保障支持力度

（十八）完善政策保障措施。加强与地方发改、财政、国土、商务、交通、农业、供销等部门的工作对接，争取地方在规划、财政、土地、项目、金融等方面给予支持。积极推动将寄递服务纳入地方政府农村电商项目。支持寄递企业参与“信息进村入户工程”建设，把符合条件的农村网点改造为益农信息社。推进各方扶持政策对邮政业的细化和落实。

（十九）争取财政资金支持。积极争取各级人民政府对农村电商寄递服务的财政投入，争取各地“电子商务进农村”综合示范资金、农村电商发展基金、“农产品进城”时效配送补贴等资金支持，争取地方政府对寄递企业的电商仓储配送中心建设、农村电商服务站建设、农村寄递网点建设、设施装备改造、信息系统建设、组织模式创新等项目给予资金扶持。争取建立交通、农业、供销等对农村电商寄递的资金支持渠道。

（二十）提升政府服务水平。深化“放管服”改革，依法完善农村地区快递网点末端管理机制，探索对农村快递服务公众满意度、快递时限准时率开展调查。加强安全监管，落实属地管理，督促寄递企业切实履行安全主体责任，保障寄递渠道安全畅通。支持寄递企业根据业务发展实际，制定适合农产品寄递的包装、运输等企业标准，参与行业标准体系建设。搭建与相关行业交流平台，推动人才培训、市场营销、质量监控等方面的交流合作。

邮政企业、快递企业要根据本意见，坚持市场主导、政府引导原则，充分发挥企业主观能动性，主动对接邮政管理部门，形成政企合力，因地制宜选择服务农村电商的推进路径和发展模式。各级邮政管理部门要统一思想、提高认识，以高度的政治责任感和历史使命感，把邮政业服务农村电商发展和全面建成与小康社会相适应的现代邮政业相结合，切实履行推进邮政业服务农村电商发展的工作责任，为农业升级、农村发展、农民增收做出贡献。要加强宣传、营造环境，提升邮政业服务农村电商的社会认知；总结经验、树立典型，对当地服务农村电商取得良好效果的典型企业、典型项目给予表彰。要结合实际制定本地区实施意见，加强统筹协调、细化目标任务、强化督促落实，确保邮政业服务农村电商工作顺利推进，取得实效。

“互联网+”高效物流实施意见（节录）

（2016年7月29日　国家发展和改革委员会　发改经贸〔2016〕1647号）

物流业是现代服务业的重要组成部分，也是当前经济和社会发展中的突出短板。发展“互联网+”高效物流，是适度扩大总需求、推进结构性改革尤其是供给侧结构性改革的重要举措，对有效降低企业成本、便利群众生活、促进就业、提高全要素生产率具有重要意义。为深入贯彻落实《国务院关于积极推进“互联网+”行动的指导意见》（国发〔2015〕40号），大力推进“互联网+”高效物流发展，提高全社会物流质量、效率和安全水平，经国务院同意，提出以下实施意见。

一、总体要求

（一）指导思想。

全面贯彻党的十八大和十八届三中、四中、五中全会精神，牢固树立和贯彻落实创新、协调、绿色、开放、共享的新发展理念，深入推进供给侧结构性改革，顺应物流领域科技与产业发展的新趋势，加快完善物流业相关政策法规和标准规范，推动大数据、云计算、物联网等先进信息技术与物流活动深度融合，推进“互联网+”高效物流与大众创业万众创新紧密结合，创新物流资源配置方式，大力发展商业新模式、经营新业态，提升物流业信息化、标准化、组织化、智能化水平，实现物流业转型升级，为国民经济提质增效提供有力支撑。

（二）基本原则。

——深化改革，激发活力。着力打破制约“互联网+”物流发展的体制机制障碍，加快调整完善政策法规，统一相关行业标准，创新制度供给，最大限度地释放企业创新发展的内生动力，增强市场活力。

——互联互通，开放共享。推动政府物流数据信息向社会公开，完善信息交换开放标准体系，促进企业间物流信息以及企业商业信息与政府公共服务信息的开放对接，实现物流信息互联互通与充分共享。

——市场主导，政府引导。充分发挥市场在物流资源配置中的决定性作用，强化企业主体地位，激发企业活力和创造力。深入推进简政放权、放管结合、优化服务改革，加快转变政府职能、提高效能，为物流新模式、新业态发展营造良好的制度环境。

——技术引领，创新发展。以先进信息技术为依托，优化物流企业业务流程，创新物流活动组织方式，发挥新技术引领的经营管理创新在物流业转型升级中的关键作用。

（三）发展目标。

先进信息技术在物流领域广泛应用，仓储、运输、配送等环节智能化水平显著提升，物流组织方式不断优化创新；基于互联网的物流新技术、新模式、新业态成为行业发展新动力，与“互联网+”高效物流发展相适应的行业管理政策体系基本建立；形成以互联网为依托，开放共享、合作共赢、高效便捷、绿色安全的智慧物流生态体系，物流效率效益大幅提高。

二、主要任务

（四）构建物流信息互联共享体系。

推动传统物流活动向信息化、数据化方向发展，促进物流相关信息特别是政府部门信息的开放共享，夯实“互联网+”高效物流发展的信息基础，形成互联网融合创新与物流效率提升的良性互动。

——引导物流活动数据化。加快物流企业信息化建设，通过电子化、数据化方式采集物流交易和物流活动信息，推广应用电子面单、电子合同等数据化物流活动信息载体，为“互联网+”高效物流发展创造基础条件，促进物流活动和物流交易传统模式革新。

——加强物流信息标准化。加快物流技术、装备、流程、服务、安全等标准制修订工作，建立健全物流数据采集、管理、开放、应用等相关标准规范，重点完善包装、托盘、周转箱、货品编码等标准。加强基础共性标准、关键技术标准和重点应用标准研究，制修订一批行业急需的企业间物流信息交互标准以及物流公共信息平台应用开发、通用接口、数据传输等标准，并加强推广应用。

——推动物流数据开放化。研究制定政府物流数据开放目录，规范数据开放的具体方式、内容、对象等。促进公安、海关、质检、港口、铁路、路政、工商、税务等部门信息共享，推动公路、铁路、水运、航空等不同交通运输方式之间的信息衔接。引导行业协会、公共服务和科研机构等采集和分析物流运行数据，支持公共服务机构、大型企业针对社会化物流需求提供基于物联网、云计算、大数据的各类应用服务。探索制定物流数据商业化服务规则。

——促进物流信息平台协同化。加快推进国家交通运输物流公共信息平台建设与应用，加强综合运输信息以及物流资源交易、车货匹配、安全监管等信息平台建设，推动平台之间数据对接、信息互联，促进互通省际、下达市县、兼顾乡村的物流信息共享，实现物流活动全程监测预警、实时跟踪查询。鼓励物流龙头企业搭建面向中小物流企业的物流信息服务平台，促进货源、车（船）源和物流服务等信息的高效匹配，有效降低运输载具空驶率，为优化社会物流资源配置提供平台支撑。

专栏1　物流信息互联互通工程

1. 物流大数据信息集成工程。依托国家交通运输物流公共信息平台，按照开放、公益的原则，综合政府、企业与社会各类基础和专用信息，形成物流大数据中心，实现物流信息资源的互联共享，并加强对数据的挖掘应用。

负责单位：发展改革委、交通运输部、网信办、海关总署等。

目标及完成时限：2016 年底，完成物流大数据中心相关信息集成系统设计调整，2017 年底试运行，开展数据汇集分析工作。

2. 互联交换标准推广工程。完善综合运输信息互联交换标准体系，依托国家交通运输物流公共信息平台，建设铁路、水路、公路、航空、邮政等物流信息交换节点，拓展与东北亚、东盟、欧盟国家（地区）港口的物流信息共享交换。

负责单位：交通运输部、发展改革委、海关总署、铁路局、民航局、邮政局、中国铁路总公司。

目标及完成时限：到 2018 年底，初步构建起多种运输方式间信息互联交换标准体系，物流信息互联交换基础网络基本建成，实现充分有效的互联互通。

3. 水路便利运输电子口岸信息平台工程。依托电子口岸平台，构建服务于对外开放港口海关、检验检疫和边检机关，以及相关企业的分布式港航信息交换共享体系，按统一标准对接融入口岸国际贸易“单一窗口”、“三互”（监管互认、执法互助、信息互换）体系；建立覆盖所有对外开放港口的港航综合信息服务平台、电子联检服务平台，提高各单位业务协同服务效率。

负责单位：交通运输部、海关总署、质检总局、公安部。

目标及完成时限：到2018年，基本建成服务于对外开放港口的分布式港航信息交换共享体系，有效支撑口岸监管部门联合执法，提高协同服务效率；初步建成港航综合信息服务平台，面向港航企业、航运船舶提供准确权威的进出港相关信息服务。

……

快递业务经营许可管理办法

（2009年9月1日交通运输部令2009年第12号公布　根据2013年4月12日交通运输部《关于修改〈快递业务经营许可管理办法〉的决定》第一次修订　根据2015年6月24日交通运输部《关于修改〈快递业务经营许可管理办法〉的决定》第二次修订）

第一章　总　　则

第一条　为规范快递业务经营许可管理，促进快递行业健康发展，根据《中华人民共和国邮政法》、《中华人民共和国行政许可法》及其他有关法律、行政法规的规定，制定本办法。

第二条　快递业务经营许可的申请、审批和监督管理，适用本办法。

第三条　国务院邮政管理部门和省、自治区、直辖市邮政管理机构以及按照国务院规定设立的省级以下邮政管理机构（以下统称邮政管理部门）负责快递业务经营许可的管理工作。

第四条　快递业务经营许可管理，应当遵循公开、公平、公正以及便利高效的原则。

第五条　经营快递业务，应当依法取得邮政管理部门颁发的《快递业务经营许可证》，并接受邮政管理部门及其他有关部门的监督管理；未经许可，任何单位和个人不得经营快递业务。

第二章 许可条件

第六条 申请经营快递业务，应当符合《中华人民共和国邮政法》第五十二条的规定，具备下列条件：

（一）符合企业法人条件；

（二）在省、自治区、直辖市范围内经营的，注册资本不低于人民币五十万元，跨省、自治区、直辖市经营的，注册资本不低于人民币一百万元，经营国际快递业务的，注册资本不低于人民币二百万元；

（三）有本办法第七条、第八条、第九条规定的与申请经营的地域范围相适应的服务能力；

（四）有严格的服务质量管理制度，包括服务承诺、服务项目、服务价格、服务地域、赔偿办法、投诉受理办法等，有完备的业务操作规范，包括收寄验视、分拣运输、派送投递、业务查询等制度；

（五）有健全的安全保障制度和措施，包括保障寄递安全、快递服务人员和用户人身安全、用户信息安全的制度，符合国家标准的各项安全措施，开办代收货款业务的，应当以自营方式提供代收货款服务，具备完善的风险控制措施和资金结算系统，并明确与委托方和收件人之间的权利、义务；

（六）法律、行政法规规定的其他条件。

第七条 申请在省、自治区、直辖市范围内经营快递业务的，应当具备以下服务能力：

（一）具备在省、自治区、直辖市范围内经营快递业务的网络和运递能力；

（二）经营同城快递业务的，须提供寄递快件（邮件）的电话查询服务，经营省内异地快递业务的，除提供上述电话查询服务外，还应当有提供寄递快件（邮件）跟踪查询的信息网络；

（三）有符合《快递业务员国家职业技能标准》并通过资格认定的快递业务员，经营同城快递业务的，快递业务员中具备初级以上资格的不低于30%，经营省内异地快递业务的，快递业务员中具备初级以上资格的不低于40%。

第八条 申请跨省、自治区、直辖市经营快递业务的，应当具备以下服务能力：

（一）具备与申请经营地域范围相适应的网络和运递能力；

（二）有封闭的、面积适宜的快件（邮件）处理场所，符合国务院邮政管理部门及国家安全机关依法履行职责的要求，并配备相应的处理设备、监控设备和消防设施；

（三）有统一的计算机管理系统，有可提供寄递快件（邮件）跟踪查询的信息网络，并配置符合规定的数据接口，能够根据要求向邮政管理部门提供寄递快件（邮件）的有关数据；

（四）有符合《快递业务员国家职业技能标准》并通过资格认定的快递业务员，企业及其各分支机构快递业务员中，具备初级以上资格的均不低于40%。

第九条 申请经营国际快递业务的，应当具备以下服务能力：

（一）具备经营国际快递业务的网络和运递能力；

（二）有封闭的、面积适宜的快件（邮件）处理场所，符合国务院邮政管理部门及国家安全机关、海关依法履行职责的要求，并配备相应的处理设备、监控设备和消防设施；

（三）有统一的计算机管理系统，有可提供寄递快件（邮件）跟踪查询的信息网络，并配置符合规定的数据接口，能够根据要求向邮政管理部门和有关部门提供寄递快件（邮件）的报关数据；

（四）有符合《快递业务员国家职业技能标准》并通过资格认定的快递业务员，企业及其各分支机构快递业务员中，具备初级以上资格的均不低于50%；

（五）有获得专业资格的报关、报检、报验人员。

第十条 外商不得投资经营信件的国内快递业务。

国内快递业务，是指从收寄到投递的全过程均发生在中华人民共和国境内的快递业务。

邮政企业以外的经营快递业务的企业（以下称快递企业），不得经营由邮政企业专营的信件寄递业务，不得寄递国家机关公文。

第三章 审批程序

第十一条 申请快递业务经营许可，在省、自治区、直辖市范围内经营的，应当向所在地省、自治区、直辖市邮政管理机构提出申请；跨省、自治区、直辖市经营或者经营国际快递业务的，应当向国务院邮政管理部门提出申请。

第十二条　申请快递业务经营许可，应当向邮政管理部门提交下列申请材料：

（一）快递业务经营许可申请书；

（二）工商行政管理部门出具的企业名称预核准通知书或者企业法人营业执照；

（三）场地使用证明以及本办法第六、七、八、九条规定条件的相关材料；

（四）法律、行政法规规定的其他材料。

第十三条　邮政管理部门应当自受理之日起四十五日内对申请材料审查核实，作出批准或者不予批准的决定。予以批准的，颁发《快递业务经营许可证》；不予批准的，书面通知申请人并说明理由。

邮政管理部门审查快递业务经营许可的申请，应当考虑国家安全等因素，并征求有关部门的意见。

第十四条　申请人凭《快递业务经营许可证》向工商行政管理部门办理设立或者变更登记。

第十五条　取得快递业务经营许可的企业设立分公司、营业部等非法人分支机构，凭企业法人快递业务经营许可证（副本）及所附分支机构名录，到分支机构所在地工商行政管理部门办理注册登记。企业分支机构取得营业执照之日起二十日内到所在地省级以下邮政管理机构办理备案手续。

经营快递业务的企业合并、分立或者撤销分支机构的，应当向邮政管理部门备案。

第十六条　《中华人民共和国邮政法》公布前按照国家有关规定，经国务院对外贸易主管部门批准或者备案，并向工商行政管理部门依法办理登记后经营国际快递业务的国际货物运输代理企业，依照《中华人民共和国邮政法》第八十五条规定领取《快递业务经营许可证》的，应当向国务院邮政管理部门提交下列材料：

（一）《快递业务经营许可证》领取申请书；

（二）国务院对外贸易主管部门批准或备案文件；

（三）工商行政管理部门依法颁发的营业执照；

（四）分支机构名录。

第四章　许可证管理

第十七条　经营快递业务的企业，应当按照《快递业务经营许可证》的许可范围和有效期限经营快递业务。

《快递业务经营许可证》的有效期限为五年。

经营快递业务的企业，应当在《快递业务经营许可证》有效期届满三十日前向颁发许可证的邮政管理部门提出申请，换领许可证。

第十八条　《快递业务经营许可证》管理实行年度报告制度。经营快递业务的企业应当在每年四月三十日前向颁发《快递业务经营许可证》的邮政管理部门提交下列材料：

（一）年度报告书，包括年度经营情况、遵守法律法规情况等；

（二）《快递业务经营许可证》副本原件；

（三）企业法人营业执照复印件。

第十九条　《快递业务经营许可证》企业名称、企业类型、股权关系、注册资本、经营范围、经营地域和分支机构等事项发生变更的，应当报邮政管理部门办理变更手续，并换领许可证。

第二十条　快递企业在《快递业务经营许可证》有效期内停止经营的，应当提前书面告知颁发许可证的邮政管理部门，交回《快递业务经营许可证》，并按邮政管理部门规定妥善处理未投递的快件。

第二十一条　遇有下列情形之一的，邮政管理部门应当依法办理快递业务经营许可的注销手续：

（一）《快递业务经营许可证》有效期届满未延续的；

（二）企业法人资格依法终止的；

（三）申请人自取得《快递业务经营许可证》后无正当理由超过六个月未经营快递业务的，或者自行连续停业六个月以上的；

（四）《快递业务经营许可证》有效期内停止经营的；

（五）快递业务经营许可依法被撤销、撤回的，或者《快递业务经营许可证》被依法吊销的；

（六）法律、行政法规规定的其他情形。

第二十二条　邮政管理部门应当对《快递业务经营许可证》的颁发、变更、注销等事项向社会公告。

第二十三条 《快递业务经营许可证》由国务院邮政管理部门统一印制。

任何组织和个人不得伪造、涂改、冒用、租借、买卖和转让《快递业务经营许可证》。

第五章 监督检查

第二十四条 邮政管理部门依法对取得《快递业务经营许可证》的企业进行监督检查，被检查企业应当接受和配合监督检查。

第二十五条 监督检查的主要内容：

（一）经营快递业务的企业名称、法定代表人（负责人）、经营地址、经营范围、经营地域、经营期限等重要事项，应当与《快递业务经营许可证》登记事项相符合；

（二）《快递业务经营许可证》变更、延续、注销等手续的执行和办理情况；

（三）经营快递业务的企业应当持续符合颁发《快递业务经营许可证》的条件；

（四）法律、行政法规规定的其他内容。

第二十六条 邮政管理部门进行监督检查时，监督检查人员不得少于二人，并应当出示执法证件；应当记录监督检查的情况和处理结果，由监督检查人员签字后归档。

第二十七条 邮政管理部门进行监督检查时，不得妨碍经营快递业务的企业正常的生产经营活动，不得收取任何费用。

第二十八条 公民、企业和其他组织发现邮政管理部门的工作人员在实施行政许可和监督检查过程中有违法行为，有权向邮政管理部门举报，接到举报的邮政管理部门应当及时核实、处理。

第六章 法律责任

第二十九条 违反本办法第五条、第十七条第一款规定的，依照《中华人民共和国邮政法》第七十二条规定予以处罚。

第三十条 申请快递业务经营许可时，申请人隐瞒真实情况，弄虚作假，骗取经营许可的，由邮政管理部门依法撤销经营许可，并可处以一万元以上三万元以下的罚款。

伪造、涂改、冒用、租借、买卖和转让《快递业务经营许可证》的，邮政管理部门可处以一万元以上三万元以下罚款，构成犯罪的，依法追究刑事责任。

第三十一条 快递企业设立分支机构、合并、分立，未向邮政管理部门备案的，依照《中华人民共和国邮政法》第七十三条规定予以处罚。

除前款规定外，经营快递业务的企业，未按本办法规定办理备案、变更手续，或者未按期提交年度报告书的，由邮政管理部门责令改正，并可处以一万元以下的罚款；办理备案和变更手续、提交年度报告书，隐瞒真实情况、弄虚作假的，由邮政管理部门责令改正，并可处以一万元以上三万元以下的罚款。

第三十二条 快递企业停止经营快递业务，未书面告知邮政管理部门并交回《快递业务经营许可证》，或者未按照国务院邮政管理部门的规定妥善处理尚未投递的快件的，依照《中华人民共和国邮政法》第七十三条规定予以处罚。

第三十三条 违反本办法第二十四条规定，依照《中华人民共和国邮政法》第七十七条规定予以处罚。

第三十四条 经营快递业务的企业对邮政管理部门根据本办法作出的具体行政行为不服的，可以依法申请行政复议，也可以向人民法院提起行政诉讼。

经营快递业务的企业逾期不履行行政处罚决定的，由作出行政处罚决定的邮政管理部门申请人民法院强制执行。

第三十五条 邮政管理部门工作人员在快递业务经营许可管理工作中滥用职权、玩忽职守、徇私舞弊的，由主管机关或者监察机关给予行政处分；涉嫌构成犯罪的，由司法机关追究刑事责任。

第七章　附　　则

第三十六条 除本办法第十六条规定的企业外，《中华人民共和国邮政法》公布前依法向工商行政管理部门办理登记后经营快递业务的企业，不具备经营快递业务的条件的，应当自本办法实施之日起一年内达到经营快递业务的条件，并依法取得快递业务经营许可，逾期不能取得快递业务经营许可的，不得继续经营快递业务。

第三十七条 本办法自2009年10月1日起施行。

寄递服务用户个人信息安全管理规定

（2014年3月19日 国家邮政局 国邮发〔2014〕52号）

第一章 总 则

第一条 为加强邮政行业寄递服务用户个人信息安全管理，保护用户合法权益，维护邮政通信与信息安全，促进邮政行业健康发展，根据《中华人民共和国邮政法》、《全国人大常委会关于加强网络信息保护的规定》、《邮政行业安全监督管理办法》等法律、行政法规和有关规定，制定本规定。

第二条 在中华人民共和国境内经营和使用寄递服务涉及用户个人信息安全的活动以及相关监督管理工作，适用本规定。

第三条 本规定所称寄递服务用户个人信息（以下简称寄递用户信息），是指用户在使用寄递服务过程中的个人信息，包括寄（收）件人的姓名、地址、身份证件号码、电话号码、单位名称，以及寄递详情单号、时间、物品明细等内容。

第四条 寄递用户信息安全监督管理坚持安全第一、预防为主、综合治理的方针，保障用户个人信息安全。

第五条 国务院邮政管理部门负责全国邮政行业寄递用户信息安全监督管理工作。

省、自治区、直辖市邮政管理机构负责本行政区域内的邮政行业寄递用户信息安全监督管理工作。

按照国务院规定设立的省级以下邮政管理机构负责本辖区的邮政行业寄递用户信息安全监督管理工作。

国务院邮政管理部门和省、自治区、直辖市邮政管理机构以及省级以下邮政管理机构，统称为邮政管理部门。

第六条 邮政管理部门应当与有关部门相互配合，健全寄递用户信息安全保障机制，维护寄递用户信息安全。

第七条 邮政企业、快递企业及其从业人员应当遵守国家有关信息安全管理的规定及本规定，防止寄递用户信息泄露、丢失。

第二章 一般规定

第八条 邮政企业、快递企业应当建立健全寄递用户信息安全保障制度和措施，明确企业内部各部门、岗位的安全责任，加强寄递用户信息安全管理和安全责任考核。

第九条 以加盟方式经营快递业务企业应当在加盟协议中订立寄递用户信息安全保障条款，明确被加盟人与加盟人的安全责任。加盟人发生信息安全事故时，被加盟人应当依法承担相应安全管理责任。

第十条 邮政企业、快递企业应当与其从业人员签订寄递用户信息保密协议，明确保密义务和违约责任。

第十一条 邮政企业、快递企业应当组织从业人员进行寄递用户信息安全保护相关知识、技能培训，加强职业道德教育，不断提高从业人员的法制观念和责任意识。

第十二条 邮政企业、快递企业应当建立寄递用户信息安全投诉处理机制，公布有效联系方式，接受并及时处理有关投诉。

第十三条 邮政企业、快递企业受网络购物、电视购物和邮购等经营者委托提供寄递服务的，在与委托方签订协议时，应当订立寄递用户信息安全保障条款，明确信息使用范围和方式、信息交换安全保护措施、信息泄露责任划分等内容。

第十四条 邮政企业、快递企业委托第三方录入寄递用户信息的，应当确认其具有信息安全保障能力，并订立信息安全保障条款，明确责任划分。第三方发生信息安全事故导致寄递用户信息泄露、丢失的，邮政企业、快递企业应当依法承担相应责任。

第十五条 未经法律明确授权或者用户书面同意，邮政企业、快递企业及其从业人员不得将其掌握的寄递用户信息提供给任何单位或者个人。

第十六条 公安机关、国家安全机关或者检察机关的工作人员依照法律规定程序调阅、检查寄递详情单实物及电子信息档案，邮政企业、快递企业应当配合，并对有关情况予以保密。

第十七条 邮政企业、快递企业应当建立寄递用户信息安全应急处置机制。对于突发的寄递用户信息安全事故，应当立即采取补救措施，按照规定报告邮政管理部门，并配合邮政管理部门和相关部门的调查处理工作，不得迟报、漏报、谎报、瞒报。

第三章 寄递详情单实物信息安全管理

第十八条 邮政企业、快递企业应当加强寄递详情单管理，对空白寄递详情单发放情况进行登记，对号段进行全程跟踪，形成跟踪记录。

第十九条 邮政企业、快递企业应当加强营业场所、处理场所管理，严禁无关人员进出邮件（快件）处理、存放场地，严禁无关人员接触、翻阅邮件（快件），防止寄递详情单实物信息（以下简称实物信息）在处理过程中泄露。

第二十条 邮政企业、快递企业应当优化寄递处理流程，减少接触实物信息的处理环节和操作人员。

第二十一条 邮政企业、快递企业应当采用有效技术手段，防止实物信息在寄递过程中泄露。

第二十二条 邮政企业、快递企业应当配备符合国家标准的安全监控设备，安排具有专门技术和技能的人员，对收寄、分拣、运输、投递等环节的实物信息处理进行安全监控。

第二十三条 邮政企业、快递企业应当建立健全寄递详情单实物档案管理制度，实行集中封闭管理，确定集中存放地，及时回收寄递详情单妥善保管。设立、变更集中存放地，应当及时报告所在地邮政管理部门。

第二十四条 邮政企业、快递企业应当对寄递详情单实物档案集中存放地设专人管理，采取必要的安全防护措施，确保存储安全。

第二十五条 邮政企业、快递企业应当建立并严格执行寄递详情单实物档案查询管理制度。内部人员因工作需要查阅档案时，应当确保档案完整无损，并做好查阅登记，不得私自携带离开存放地。

第二十六条 寄递详情单实物档案应当按照国家相关标准规定的期限保

存。保存期满后，由企业进行集中销毁，做好销毁记录，严禁丢弃或者贩卖。

第二十七条 邮政企业、快递企业应当对实物信息安全保障情况进行定期自查，记录自查情况，及时消除自查中发现的信息安全隐患。

第四章 寄递详情单电子信息安全管理

第二十八条 邮政企业、快递企业应当按照国家规定，加强寄递服务用户信息相关信息系统和网络设施的安全管理。

第二十九条 邮政企业、快递企业信息系统的网络架构应当符合国家信息安全管理规定，合理划分安全区域，实现各安全区域之间有效隔离，并具有防范、监控和阻断来自内部和外部网络攻击破坏的能力。

第三十条 邮政企业、快递企业应当配备必要的防病毒软件、硬件，确保信息系统和网络具有防范计算机病毒的能力，防止恶意代码破坏信息系统和网络，避免信息泄露或者被篡改。

第三十一条 邮政企业、快递企业构建信息系统和网络，应当避免使用信息系统和网络供应商提供的默认密码、安全参数，并对通过开放公共网络传输的寄递用户信息采取加密措施，严格审查并监控对信息系统、网络设备的远程访问。

第三十二条 邮政企业、快递企业在采购计算机软件、硬件产品或者技术服务时，应当与供应商签订保密协议，明确其安全责任，以及在发生信息安全事件时配合邮政管理部门和相关部门调查的义务。

第三十三条 邮政企业、快递企业应当建立信息系统安全内部审计制度，定期开展内部审计，对发现的问题及时整改。

第三十四条 邮政企业、快递企业应当加强信息系统及网络的权限管理，基于权限最小化和权限分离原则，向从业人员分配满足工作需要的最小操作权限和可访问的最小信息范围。

邮政企业、快递企业应当加强对信息系统和数据库的管理，使网络管理人员仅具有进行信息系统、数据库、网络运行维护和优化的权限。网络管理人员的维护操作须经安全管理员授权，并受到安全审计员的监控和审计。

第三十五条 邮政企业、快递企业应当加强信息系统密码管理，使用高安全级别密码策略，定期更换密码，禁止将密码透露给无关人员。

第三十六条 邮政企业、快递企业应当加强寄递用户电子信息的存储安全管理，包括：

（一）使用独立物理区域存储寄递用户信息，禁止非授权人员进出该区域；

（二）采用加密方式存储寄递用户信息；

（三）确保安全使用、保管和处置存有寄递用户信息的计算机、移动设备和移动存储介质。明确管理数据存储设备、介质的负责人，建立设备、介质使用和借用登记制度，限制设备输出接口的使用。存储设备和介质报废的，应当及时删除其中的寄递用户信息数据，并销毁硬件。

第三十七条 邮政企业、快递企业应当加强寄递用户信息的应用安全管理，对所有批量导出、复制、销毁用户个人信息的操作进行审查，并采取防泄密措施，同时记录进行操作的人员、时间、地点和事项，留作信息安全审计依据。

第三十八条 邮政企业、快递企业应当加强对离岗人员的信息安全审计，及时删除或者禁用离岗人员系统账户。

第三十九条 邮政企业、快递企业应当制定本企业与市场相关主体的信息系统安全互联技术规则，对存储寄递服务信息的信息系统实行接入审查，定期进行安全风险评估。

第五章 监督管理

第四十条 邮政管理部门依法履行下列职责：

（一）制定保障寄递用户信息安全的政策、制度和相关标准，并监督实施；

（二）监督、指导邮政企业、快递企业落实信息安全责任制，督促企业加强寄递用户信息安全管理；

（三）对寄递用户信息安全进行监测、预警和应急管理；

（四）监督、指导邮政企业、快递企业开展寄递用户信息安全宣传教育和培训；

（五）依法对邮政企业、快递企业实施寄递用户信息安全监督检查；

（六）组织调查或者参与调查寄递用户信息安全事故，依法查处违反寄递用户信息安全管理规定的行为；

（七）法律、行政法规和规章规定的其他职责。

第四十一条 邮政管理部门应当加强邮政行业寄递用户信息安全管理制度和知识的宣传，强化邮政企业、快递企业及其从业人员的信息安全管理意识，提高用户对个人信息安全保护的认识。

第四十二条 邮政管理部门应当加强邮政行业寄递用户信息安全运行的监测预警，建立信息管理体系，收集、分析与信息安全有关的各类信息。

下级邮政管理部门应当及时向上一级邮政管理部门报告邮政行业寄递用户信息安全情况，并根据需要通报工业和信息化、通信管理、公安、国家安全、商务和工商行政管理等相关部门。

第四十三条 邮政管理部门应当对邮政企业、快递企业建立和执行寄递用户信息安全管理制度，规范从业人员信息安全保护行为，防范信息安全风险等情况进行检查。

第四十四条 邮政管理部门发现邮政企业、快递企业存在违反寄递用户信息安全管理规定，妨害或者可能妨害寄递用户信息安全的，应当依法进行调查处理。违法行为涉及其他部门管理职权的，邮政管理部门应当会同有关部门对涉案邮政企业、快递企业进行调查处理。

第四十五条 邮政管理部门应当加强对邮政企业、快递企业及其从业人员遵守本规定情况的监督检查。

第四十六条 邮政企业、快递企业拒不配合寄递用户信息安全监督检查的，依照《中华人民共和国邮政法》第七十七条的规定予以处罚。

第四十七条 邮政企业、快递企业及其从业人员因泄露寄递用户信息对用户造成损失的，应当依法予以赔偿。

第四十八条 邮政企业、快递企业及其从业人员违法提供寄递用户信息，尚未构成犯罪的，依照《中华人民共和国邮政法》第七十六条的规定予以处罚。构成犯罪的，移送司法机关追究刑事责任。

第四十九条 任何单位和个人有权向邮政管理部门举报违反本规定的行为。邮政管理部门接到举报后，应当依法及时处理。

第五十条 邮政管理部门可以在行业内通报邮政企业、快递企业违反寄递用户信息安全管理规定行为、信息安全事件，以及对有关责任人员进行处理的情况。必要时可以向社会公布上述信息，但涉及国家秘密、商业秘密和个人隐私的除外。

第五十一条 邮政管理部门及其工作人员对在履行职责过程中知悉的寄递用户信息应当保密，不得泄露、篡改或者损毁，不得出售或者非法向他人提供。

第五十二条 邮政管理部门工作人员在寄递用户信息安全监督管理工作中滥用职权、玩忽职守、徇私舞弊，依照《邮政行业安全监督管理办法》第五十五条的规定予以处理。

第六章 附 则

第五十三条 本规定自发布之日起施行。

邮政行业安全监督管理办法

（2011 年 1 月 4 日交通运输部令 2011 年第 2 号公布 根据 2013 年 4 月 12 日交通运输部《关于修改〈邮政行业安全监督管理办法〉的决定》修订）

第一章 总 则

第一条 为加强邮政行业安全监督管理，维护邮政通信与信息安全，保护用户合法权益，促进邮政行业健康发展，根据《中华人民共和国邮政法》及有关法律、行政法规，制定本办法。

第二条 在中华人民共和国境内管理、经营和使用邮政服务、快递业务及与此相关的安全活动，适用本办法。

第三条 邮政行业安全监督管理坚持安全第一、预防为主、综合治理的方针，保障寄递渠道畅通和邮件、快件寄递安全，确保邮政企业、快递企业生产安全和邮政行业从业人员人身安全。

第四条 国务院邮政管理部门负责全国的邮政行业安全监督管理工作。

省、自治区、直辖市邮政管理机构负责本行政区域内的邮政行业安全监督管理工作。

按照国务院规定设立的省级以下邮政管理机构负责本辖区的邮政行业安

全监督管理工作。

国务院邮政管理部门和省、自治区、直辖市邮政管理机构以及省级以下邮政管理机构，统称为邮政管理部门。

第五条 邮政管理部门应当与有关部门相互配合，健全邮政安全保障机制，加强对邮政通信与信息安全的监督管理。

第六条 邮政企业、快递企业应当遵守国家有关安全管理的规定，不得危害国家安全、公共安全和公民、法人、其他组织的合法权益。

第七条 用户交寄邮件、快件应当遵守国家关于禁止寄递或者限制寄递物品的规定，不得通过寄递渠道危害国家安全、公共安全和公民、法人、其他组织的合法权益。

第八条 任何公民、法人或者其他组织不得隐匿、毁弃、非法开拆邮件、快件，不得损毁邮政与快递服务设施或者影响邮政与快递服务设施的正常使用。

有关公民、法人或者其他组织应当配合邮政管理部门实施邮政行业安全监督管理工作。

第二章 通信与信息安全

第九条 邮政企业、快递企业应当提示用户如实填写寄递详情单，包括寄件人、收件人名址和寄递物品的名称、类别、数量等，并核对寄件人和收件人信息，准确注明邮件、快件的重量、资费。国务院邮政管理部门规定寄件人出具身份证明的，邮政企业、快递企业应当要求用户出示有效身份证件。

邮政企业、快递企业应当在用户在场的情况下，当面验视交寄物品，检查是否属于国家禁止或限制寄递的物品，以及物品的名称、类别、数量等是否与寄递详情单所填写的内容一致。依照国家规定需要用户提供有关书面凭证的，邮政企业、快递企业应当要求用户提供凭证原件，核对无误后，方可收寄。

用户拒绝验视、拒不如实填写寄递详情单、拒不提供相应书面凭证或者不按照规定出示有效身份证件的，邮政企业、快递企业不予收寄。

第十条 邮政企业、快递企业在收寄过程中发现用户交寄国家禁止寄递的物品的，应当拒绝收寄。已经收寄的邮件、快件中发现有上述物品的，邮政企业、快递企业应当立即停止转发和投递。

对其中依法需要没收或者销毁的物品，应当立即向有关部门报告，并配合有关部门进行处理。

对已经收寄的不需要没收、销毁的禁寄物品以及一同查处的禁寄物品之外的物品，邮政企业、快递企业应当与寄件人或者收件人取得联系，妥善处理。

第十一条 快递企业不得经营由邮政企业专营的信件寄递业务，不得寄递国家机关公文。

外商不得投资经营信件的国内快递业务。

第十二条 邮政企业、快递企业应当妥善投递邮件、快件。需要签收的，邮政企业、快递企业应当直接交付收件人，并办理签收手续，或者依法由他人代为签收。

机关、企事业单位、住宅小区管理单位等应当为邮政企业投递邮件提供便利，并保障代收代投邮件的安全。

第十三条 邮政企业、快递企业应当采用技术手段，对收寄、分拣、运输、投递等环节实行安全监控，防止邮件、快件在寄递过程中短少、丢失、损毁。

监控设备应当全天二十四小时运转，监控资料保存时间不得少于三十天，并按照国务院邮政管理部门的要求报送。

第十四条 邮政企业、快递企业应当保护用户的信息安全和通信秘密，确保所掌握的用户使用邮政服务、快递业务的信息不被窃取、泄露。未经法律明确授权或者用户书面同意，邮政企业、快递企业不得将用户使用邮政服务、快递业务的信息提供给任何组织或者个人，但公安机关、国家安全机关、检察机关依法行使职权的除外。

第十五条 邮政企业、快递企业应当配备符合国家标准的安全检查设备，安排具备专门技术和技能的人员对邮件、快件进行安全检查。安全检查设备的标准由国务院邮政管理部门会同有关部门另行制定。

第十六条 邮政企业、快递企业应当按照邮政管理部门规定的项目收集、统计、分析运营信息，确保有关数据的真实、完整，并按时向邮政管理部门报送。

邮政企业、快递企业应当为接入邮政管理部门的信息管理系统预留相应的数据接口，并按规定与邮政管理部门的信息管理系统联网。

第十七条 邮政企业、快递企业应当配合邮政管理部门、公安机关和国家安全机关的安全监督检查，为监督检查人员提供相应的便利条件。

邮政企业、快递企业设计和建设邮件、快件处理场所，应当符合国家安全机关、海关依法履行职责的要求。

第十八条 邮政企业、快递企业应当保障本企业寄递渠道的畅通。

因自然灾害、社会事件、生产安全事故、经营不善等造成或者可能造成邮件、快件积压的，邮政企业、快递企业应当及时组织和调配运力，进行有效疏运。

第十九条 邮政企业、快递企业及其分支机构、从业人员不得非法扣留邮件、快件。

第二十条 邮件、快件积压或者被扣留的，邮政管理部门应当协调处理，必要时可以组织邮政企业、快递企业运输、投递，由此产生的费用由邮件、快件积压或者被扣留的邮政企业、快递企业承担。

第三章 生产安全

第二十一条 邮政企业、快递企业应当遵守本办法和其他有关安全生产的规定，加强安全生产管理，建立、健全安全生产责任制度，完善安全生产条件，确保生产安全。

第二十二条 邮政企业、快递企业应当遵守国家有关安全生产的法律、法规、标准，落实安全生产管理责任。

邮政企业、快递企业的主要负责人是安全生产的第一责任人，对本单位安全生产工作负有下列职责：

（一）建立、健全本企业安全生产责任制；

（二）组织制定本企业安全生产规章制度和操作规程；

（三）保证本企业安全生产资金的投入和有效使用；

（四）积极配合相关部门对本企业的安全生产工作进行监督检查；

（五）督促、检查本企业的安全生产工作，及时消除生产安全事故隐患；

（六）组织制定并实施本企业的生产安全事故应急救援预案；

（七）及时、如实报告生产安全事故。

第二十三条 邮政企业、快递企业应当落实岗前安全培训制度，强化从业人员安全生产知识与技能的培训、教育，使其具备与本岗位相适应的安全生产知识和处置技能。未经安全生产教育和培训合格的从业人员，不得上岗作业。

特种作业人员应当按照规定经专门的安全作业培训并取得特种作业操作资格证书，方可上岗作业。

第二十四条　邮政企业、快递企业应当建立健全安全生产责任制，落实安全生产保障、安全生产检查与事故隐患排查、安全生产教育培训、安全生产信息报告等制度。

第二十五条　邮政企业、快递企业所使用的设施设备的安装、使用、检测、维修、改造和报废，应当符合国家标准或者行业标准。有较大危险因素的生产经营场所和有关设施设备上，应当设置明显的安全警示标志。

第二十六条　邮件处理中心、快件分拨中心、营业网点、员工宿舍等人员密集场所应当设有符合紧急疏散要求、标志明显、保持畅通的出口。禁止封闭、堵塞出口。

前款所列人员密集场所及用于存放物品的临时场地和库房应当按规定设置防火、防触电等安全设施、设备。

第二十七条　邮政企业应当按照有关规定加强邮政汇兑、邮政储蓄资金票据的安全管理。

第二十八条　邮政企业、快递企业新建、改建和扩建邮件处理中心、快件分拨中心，其安全设施必须与主体工程同时设计、同时施工、同时投入生产和使用。已经投入生产和使用的安全设施不符合安全防护标准和要求的，邮政企业、快递企业应当予以更换或者改建。邮政企业、快递企业的邮件处理中心、快件分拨中心设计建设前及竣工验收后，应当向所在地省级以下邮政管理机构备案。

第二十九条　邮政企业、快递企业的从业人员有依法获得安全生产保障的权利，企业应当为从业人员提供工伤保险和相应的个人安全防护措施、装备，营造安全的工作环境。

第四章　应急管理

第三十条　邮政管理部门以及邮政企业、快递企业应当按照《国家邮政业突发事件应急预案》建立健全突发事件应对工作机制，提高应对邮政行业突发事件能力，预防与减少邮政行业突发事件及其造成的损害。

第三十一条 邮政管理部门应当结合邮政行业安全监督管理的实际，定期对本行业突发事件应急预案的可行性、科学性与有效性进行评估，适时修订。定期组织邮政企业、快递企业开展突发事件应急演练。

第三十二条 邮政企业、快递企业应当按照国务院邮政管理部门的规定，制定突发事件应急预案和专项预案，根据情势变化适时修订更新，并及时向邮政管理部门备案。

第三十三条 邮政企业、快递企业应当加强应急队伍建设和物资、技术、经费保障，满足突发事件预防与处置工作的需要。

邮政管理部门为应对突发事件，可以调集和征用有关邮政企业、快递企业的人员、物资及车辆、场地和相关设备，并按照有关规定给予补偿。

第三十四条 发生自然灾害、事故灾难、公共卫生事件、社会安全事件等，造成下列情形之一的，邮政企业、快递企业应当在一小时内向突发事件发生地的省级以下邮政管理机构和负有相关职责的公安、国家安全、安全生产监督管理等部门报告：

（一）本企业人员死亡或者失踪一人以上，或者重伤三人以上的；

（二）邮件、快件一次丢失、损毁一百件以上，或者积压一千件以上的；

（三）邮寄爆炸物、生物病原体、生物毒素、危险化学品、放射性物品等，在寄递过程中发生爆炸、泄漏的；

（四）邮件处理中心、快件分拨中心内发生重大事故，生产中断的；

（五）其他可能严重影响寄递渠道畅通的情形。

第三十五条 有下列情形之一的，邮政企业、快递企业应当在情形发生之日起三日内，向邮政管理部门报告相关情况：

（一）邮政企业、快递企业及其分支机构因面临高额债务追偿或者因投资、经营不善导致无法履行对其他主体的债务，可能影响正常开展寄递业务的；

（二）邮政企业、快递企业及其分支机构因经济纠纷或者违法行为被有关机关查封运营设备、设施，或者冻结资产的；

（三）邮政企业、快递企业分立、合并、投资融资、变更终止协议等，可能影响正常开展寄递业务的；

（四）邮政企业、快递企业及其从业人员私自开拆、隐匿、毁弃邮件、快件十件以上，或者因故意延误投递邮件、快件被侦查机关立案调查的；

（五）其他可能影响寄递渠道畅通的情形。

第三十六条 突发事件发生后，发生事件的邮政企业、快递企业在报告信息的同时，应当及时启动应急预案进行先期处置，控制事态。

邮政管理部门在接到报告后，应当依照规定及时组织处置并向上级部门报告，必要时，联系有关部门共同处置。

第三十七条 邮政管理部门应当妥善处置邮政行业突发事件，查明事件原因和责任，提出整改措施，并依法对有违法行为的责任人作出处理。涉及其他部门管理职权的，应当联合有关部门共同处理。

第五章 监督管理

第三十八条 邮政管理部门依法履行下列职责：

（一）制定保障邮政通信与信息安全、安全生产的政策、制度和相关标准，并监督实施；

（二）指导与监督邮政企业、快递企业落实安全责任制，督促企业加强内部安全管理；

（三）对邮政行业运行安全进行监测、预警和应急管理；

（四）指导、监督邮政企业、快递企业开展安全运营的宣传教育和培训；

（五）依法对邮政企业、快递企业实施安全监督检查；

（六）组织调查或者参与调查邮政行业安全事故，查处违反邮政行业安全监管规定的行为；

（七）法律、法规、规章规定的其他职责。

第三十九条 邮政管理部门应当加强邮政行业安全管理制度和安全知识的宣传，提高从业人员的安全意识、安全操作技能，增强公众使用寄递服务的安全意识。

第四十条 邮政管理部门应当加强邮政行业安全运行的监测预警，建立信息管理体系，收集、分析与邮政行业安全运行有关的各类信息。

省、自治区、直辖市邮政管理机构和省级以下邮政管理机构应当及时向上一级邮政管理部门报告邮政行业安全信息，并定期通报相应的公安机关、国家安全机关、海关、安全生产监督管理部门。

第四十一条 邮政管理部门应当对邮政企业、快递企业建立健全和遵守安全生产制度以及企业防范安全风险、规范从业人员安全生产行为等情况进行检查。

第四十二条 邮政管理部门发现邮政企业、快递企业存在违反安全管理规定，妨害或者可能妨害邮政行业安全的，应当对其调查。违法行为涉及其他部门的管理职权的，邮政管理部门应当会同有关部门，共同对邮政企业、快递企业进行调查。

第四十三条 邮政管理部门开展监督检查，应当有两名以上监督检查人员参加。

监督检查人员应当出示执法证件，告知邮政企业、快递企业检查事由和依据。

第四十四条 邮政安全监督检查人员应当将检查的时间、地点、内容、发现的问题及其处理情况，作出书面记录，并由监督检查人员和被检查单位的负责人签字；被检查单位负责人拒绝签字的，监督检查人员应当将情况记录在案。

第四十五条 邮政管理部门可以在行业内通报邮政企业、快递企业违反安全监管有关规定、发生安全事件以及对有关责任人员进行处理的情况，必要时可以向社会公开上述信息，但涉及国家秘密、商业秘密与个人隐私的除外。

第六章 法律责任

第四十六条 用户违反本办法第七条规定，交寄危害国家安全、公共安全的信息或者物品，尚不构成犯罪的，依照《中华人民共和国治安管理处罚法》及有关法律、法规处罚；构成犯罪的，依法追究刑事责任。违法邮寄国家禁止出境或者限制出境的物品，按照《中华人民共和国海关法》处罚。给邮政企业、快递企业或者公民、法人及其他组织造成损害的，应当依法承担赔偿责任。

第四十七条 邮政企业、快递企业违反收寄验视制度或者违反规定收寄禁止寄递物品或者限制寄递物品的，依照《中华人民共和国邮政法》第七十五条予以处罚。违法收寄国家禁止出境或限制出境的物品，依照《中华人民共和国海关法》处罚。

第四十八条 违反本办法第十一条规定的，依照《中华人民共和国邮政法》第七十二条予以处罚。

第四十九条 邮政企业、快递企业违法提供用户使用邮政服务、快递业务的信息的，依照《中华人民共和国邮政法》第七十六条予以处罚。

第五十条 违反本办法第十三条第二款、第十六条第一款、第二十八条规定，未按照要求报送有关数据、信息或者备案的，由邮政管理部门责令限期改正，可以处一千元以上一万元以下的罚款。逾期未改正的，处一万元以上三万元以下的罚款。

第五十一条 邮政企业、快递企业有下列行为之一的，由邮政管理部门责令限期改正，可给予警告或处一万元以下的罚款；逾期未改正的，责令停业整顿，可以并处二万元以下的罚款：

（一）未按照本办法第二十三条的规定对从业人员进行安全生产教育和培训的；

（二）特种作业人员（特种设备作业人员除外）未按照规定经专门的安全作业培训并取得特种作业操作资格证书，上岗作业的。

第五十二条 邮政企业、快递企业有下列行为之一的，由邮政管理部门责令限期改正，可以处三千元以上一万元以下的罚款；逾期未改正的，责令停业整顿，可以并处五万元以下的罚款；造成严重后果，构成犯罪的，依法追究刑事责任：

（一）未在有较大危险因素的生产经营场所和有关设施、设备上设置明显的安全警示标志的；

（二）安全设备的安装、使用、检测、改造和报废不符合国家标准或者行业标准的；

（三）未对安全设备进行经常性维护、保养和定期检测的；

（四）未为从业人员提供符合国家标准或者行业标准的劳动防护用品的；

（五）未对重大安全隐患进行整改的。

第五十三条 邮政企业、快递企业违反本办法第十七条规定，拒不配合安全监督检查的，依据《中华人民共和国邮政法》第七十七条的规定予以处罚。

第五十四条 邮政企业、快递企业违反本办法第三十二条规定，未制定突发事件应急预案和专项预案的，由邮政管理部门责令限期改正，可给予警告或处一千元以上五千元以下的罚款；逾期未改正的，处五千元以上一万元以下的罚款。

第五十五条 邮政管理部门工作人员在安全监督管理工作中滥用职权、玩忽职守、徇私舞弊，构成犯罪的，依法追究刑事责任；尚不构成犯罪的，依法给予处分。

第七章 附 则

第五十六条 机要通信安全监督管理办法另行制定。

第五十七条 本办法自 2011 年 2 月 1 日起施行。

快递市场管理办法

（2013 年 1 月 11 日交通运输部令 2013 年第 1 号公布 自 2013 年 3 月 1 日起施行）

第一章 总 则

第一条 为加强快递市场管理，维护国家安全和公共安全，保护用户合法权益，促进快递服务健康发展，依据《中华人民共和国邮政法》及有关法律、行政法规，制定本办法。

第二条 从事快递业务经营活动应当遵守本办法。

第三条 本办法所称快递，是指在承诺的时限内快速完成的寄递活动。寄递，是指将信件、包裹、印刷品等物品按照封装上的名址递送给特定个人或者单位的活动，包括收寄、分拣、运输、投递等环节。

第四条 经营快递业务的企业应当依法经营，诚实守信，公平竞争，为用户提供迅速、准确、安全、方便的快递服务。

第五条 公民的通信自由和通信秘密受法律保护。除因国家安全或者追查刑事犯罪的需要，由公安机关、国家安全机关或者检察机关依照法律规定的程序对通信进行检查外，任何组织或者个人不得以任何理由侵犯他人的通信自由和通信秘密。

第六条 国务院邮政管理部门负责对全国快递市场实施监督管理。

省、自治区、直辖市邮政管理机构负责对本行政区域的快递市场实施监督管理。

按照国务院规定设立的省级以下邮政管理机构负责对本辖区的快递市场实施监督管理。

第七条 国务院邮政管理部门和省、自治区、直辖市邮政管理机构以及省级以下邮政管理机构（以下统称邮政管理部门）对快递市场实施监督管理，应当遵循公开、公平、公正以及鼓励竞争、促进发展的原则，规范快递服务，满足经济社会发展的需要。

邮政管理部门应当加强快递市场安全监督管理，维护寄递安全与信息安全。

第八条 快递行业协会应当依照法律、行政法规及其章程规定，制定快递行业规范，加强行业自律，为企业提供信息、培训等方面的服务，促进快递行业的健康发展。

第二章 经营主体

第九条 国家对快递业务实行经营许可制度。经营快递业务，应当依照《中华人民共和国邮政法》的规定，向邮政管理部门提出申请，取得快递业务经营许可；未经许可，任何单位和个人不得经营快递业务。

第十条 邮政管理部门根据企业的服务能力审核经营许可的业务范围和地域范围，对符合规定条件的，发放快递业务经营许可证，并注明经营许可的业务范围和地域范围。

经营快递业务的企业应当在经营许可范围内依法从事快递业务经营活动，不得超越经营许可业务范围和地域范围。

第十一条 任何单位和个人不得伪造、涂改、冒用、租借、倒卖和非法转让快递业务经营许可证。

取得快递业务经营许可的企业不得以任何方式将快递业务委托给未取得快递业务经营许可的企业经营，不得以任何方式超越经营许可范围委托经营。

第十二条 取得快递业务经营许可的企业设立分公司、营业部等非法人分支机构，凭企业法人快递业务经营许可证（副本）及所附分支机构名录，到分支机构所在地工商行政管理部门办理注册登记。企业分支机构取得营业执照之日起二十日内到所在地邮政管理部门办理备案手续。

快递业务经营许可证（副本）载明的股权关系、注册资本、业务范围、地域范围发生变更的，或者增设、撤销分支机构的，应当报邮政管理部门办理变更手续，并持变更后的快递业务经营许可证办理工商变更登记。

第十三条 快递企业进行合并、分立的，应当在合并、分立协议签订之日起二十日内，向颁发快递业务经营许可证的邮政管理部门备案。

备案应当提交以下材料：

（一）快递业务经营许可证；

（二）合并、分立协议；

（三）上一年度快递业务经营许可年度报告书。

合并、分立后新设立的企业法人经营快递业务的，应当依法取得快递业务经营许可。合并、分立涉及外商投资企业的，应当遵守国家有关外商投资快递业务的相关规定。

第十四条 以加盟方式经营快递业务的，被加盟人与加盟人均应当取得快递业务经营许可，加盟不得超越被加盟人的经营许可范围。被加盟人与加盟人应当签订书面协议约定双方的权利义务，明确用户合法权益发生损害后的赔偿责任。参与加盟经营的企业，应当遵守共同的服务约定，使用统一的商标、商号、快递服务运单和收费标准，统一提供跟踪查询和用户投诉处理服务。

第十五条 经营快递业务的企业应当按照国务院邮政管理部门的规定，向颁发快递业务经营许可证的邮政管理部门提交年度报告书。

第三章 快递服务

第十六条 经营快递业务的企业应当按照快递服务标准，规范快递业务经营活动，保障服务质量，维护用户合法权益，并应当符合下列要求：

（一）填写快递运单前，企业应当提醒寄件人阅读快递运单的服务合同条款，并建议寄件人对贵重物品购买保价或者保险服务；

（二）企业分拣作业时，应当按照快件（邮件）的种类、时限分别处理、分区作业、规范操作，并及时录入处理信息，上传网络，不得野蛮分拣，严禁抛扔、踩踏或者以其他方式造成快件（邮件）损毁；

（三）企业应当在承诺的时限内完成快件（邮件）的投递；

（四）企业应当将快件（邮件）投递到约定的收件地址和收件人或者收件人指定的代收人。

第十七条 经营快递业务的企业投递快件（邮件），应当告知收件人当面验收。快件（邮件）外包装完好的，由收件人签字确认。投递的快件（邮件）注明为易碎品及外包装出现明显破损的，企业应当告知收件人先验收内件再签收。企业与寄件人另有约定的除外。

对于网络购物、代收货款以及与用户有特殊约定的其他快件（邮件），企业应当与寄件人在合同中明确投递验收的权利义务，并提供符合约定的验收服务，验收无异议后，由收件人签字确认。

第十八条 经营快递业务的企业应当在营业场所公示或者以其他方式向社会公布其服务种类、服务时限、服务价格、损失赔偿、投诉处理等服务承诺事项。服务承诺事项发生变更的，企业应当及时发布服务提示公告。

第十九条 经营快递业务的企业应当遵循公平原则，以书面合同确定企业与用户双方的权利和义务。

对免除或者限制企业责任及涉及快件（邮件）损失赔偿的条款，应当在快递运单上以醒目的方式列出，并予以特别说明。

第二十条 在快递服务过程中，快件（邮件）发生延误、丢失、损毁和内件不符的，经营快递业务的企业应当按照与用户的约定，依法予以赔偿。

企业与用户之间未对赔偿事项进行约定的，对于购买保价的快件（邮件），应当按照保价金额赔偿。对于未购买保价的快件（邮件），按照《中华人民共和国邮政法》、《中华人民共和国合同法》等相关法律规定赔偿。

第二十一条 经营快递业务的企业应当建立与用户沟通的渠道和制度，向用户提供业务咨询、查询等服务，并及时处理用户投诉。

经营快递业务的企业对邮政管理部门转办的用户申诉，应当及时妥善处理，并按照国务院邮政管理部门的规定给予答复。

第二十二条 经营快递业务的企业应当按照国家有关规定建立突发事件应急机制。发生重大服务阻断、暂停快递业务经营活动时，经营快递业务的企业应当按照有关规定在二十四小时内向邮政管理部门和其他有关部门报告，并向社会公告；以加盟方式开展快递业务经营的，被加盟人、加盟人应当分别向所在地邮政管理部门报告。

经营快递业务的企业在事故处理过程中，应当对所有与事故有关的资料进行记录和保存。相关资料和书面记录至少保存一年。

第二十三条 经营快递业务的企业应当妥善应对快递业务高峰期，做好业务量监测，加强服务网络统筹调度，及时向社会发布服务提示，认真处理用户投诉。

第二十四条 经营快递业务的企业对无法投递的快件（邮件），应当退回寄件人。

对无法投递又无法退回寄件人的快件（邮件），企业应当登记，并按照国务院邮政管理部门的规定和快递服务标准处理；其中无法投递又无法退回的进境国际快件（邮件），应当依照相关规定交由有关部门处理。

第二十五条 经营快递业务的企业在从事快递业务的同时，向用户提供代收货款服务的，应当建立有关安全管理制度，与寄件人的合同中应当对代收货款服务的权利义务进行约定。

提供代收货款服务，涉及金融管理规定的，应当接受相关部门的监督管理。

第二十六条 经营快递业务的企业应当按照国家关于快递业务员职业技能的规定，加强快递从业人员职业技能培训，组织符合条件的快递从业人员参加职业技能鉴定。

第二十七条 经营快递业务的企业不得实施下列行为：

（一）违反国家规定，收寄禁止寄递的物品，或者未按规定收寄限制寄递的物品；

（二）相互串通操纵市场价格，损害其他经营快递业务的企业或者用户的合法权益；

（三）冒用他人名称、商标标识和企业标识，扰乱市场经营秩序；

（四）违法扣留用户快件（邮件）；

（五）违法提供从事快递服务过程中知悉的用户信息；

（六）法律、法规禁止的其他行为。

第二十八条 快递从业人员不得实施下列行为：

（一）扣留、倒卖、盗窃快件（邮件）；

（二）违法提供从事快递服务过程中知悉的用户信息；

（三）法律、法规禁止的其他行为。

第四章 快递安全

第二十九条 任何组织和个人不得利用快递服务网络从事危害国家安全、社会公共利益或者他人合法权益的活动。下列物品禁止寄递：

（一）法律、行政法规禁止流通的物品；

（二）危害国家安全和社会政治稳定以及淫秽的出版物、宣传品、印刷品等；

（三）武器、弹药、麻醉药物、生化制品、传染性物品和爆炸性、易燃性、腐蚀性、放射性、毒性等危险物品；

（四）妨害公共卫生的物品；

（五）流通的各种货币；

（六）法律、行政法规和国家规定禁止寄递的其他物品。

第三十条 经营快递业务的企业应当遵守《中华人民共和国邮政法》、《邮政行业安全监督管理办法》等相关规定，建立并严格执行收寄验视制度，加强生产安全和应急管理。

第三十一条 经营快递业务的企业对不能确定安全性的可疑物品，应当要求用户出具相关部门的安全证明。用户不能出具安全证明的，不予收寄。

经营快递业务的企业收寄已出具安全证明的物品时，应当如实记录收寄物品的名称、规格、数量、重量、收寄时间、寄件人和收件人名址等内容。记录保存期限不少于一年。

第三十二条 经营快递业务的企业接受网络购物、电视购物和邮购等经营者委托提供快递服务的，应当遵守邮政管理部门的规定，与委托方签订安全保障协议，并向颁发快递业务经营许可证的邮政管理部门备案。

第三十三条 经营快递业务的企业设置快件（邮件）处理场所，应当事先征询邮政管理部门及有关部门意见，并按照国家有关规定预留相关工作场地，其设计和建设应当符合国家安全机关和海关依法履行职责的要求。

第五章 监督管理

第三十四条 国家鼓励和引导经营快递业务的企业采用先进技术，充分利用交通运输资源，促进规模化、品牌化、网络化经营。

第三十五条 邮政管理部门应当结合邮政行业安全监督管理的实际，指导和监督经营快递业务的企业落实安全责任制，依法对经营快递业务的企业实施安全监督检查，并依照相关规定对妨害或者可能妨害行业安全的经营快递业务的企业进行调查和处理。

邮政管理部门应当加强对突发事件的管理，督促经营快递业务的企业定期组织开展突发事件应急演练。

第三十六条 国务院邮政管理部门建立以公众满意度、时限准时率和用户申诉率为核心的快递服务质量评价体系，指导评定机构定期测试评估快递行业服务水平，评定服务质量等级，并向社会公告。

第三十七条 邮政管理部门应当依法及时处理用户对经营快递业务的企业提出的申诉，并自接到申诉之日起三十日内作出答复。

任何单位和个人有权向邮政管理部门举报违反本办法的行为。邮政管理部门接到举报后，应当依法及时处理。

第三十八条 邮政管理部门应当加强对经营快递业务的企业及其从业人员遵守本办法情况的监督检查。

邮政管理部门依法实施监督检查，可以采取下列措施：

（一）进入有关场所进行检查；

（二）查阅、复制有关文件、资料、凭证；

（三）约谈有关单位和人员；

（四）经邮政管理部门负责人批准，查封与违法活动有关的场所，扣押用于违法活动的运输工具以及相关物品，对信件以外的涉嫌夹带禁止寄递或者限制寄递物品的快件（邮件）开拆检查。

第三十九条 邮政管理部门工作人员应当严格按照法定程序进行监督检查。实施监督检查时，应当出示执法证件，并由两名或者两名以上工作人员共同进行。被检查单位及其有关人员应当予以配合，不得拒绝、阻碍，并对有关情况予以保密。

邮政管理部门工作人员对监督检查过程中知悉的被检查单位的技术秘密和业务秘密，应当保密。

第六章 法律责任

第四十条 经营快递业务的企业违反快递服务标准，严重损害用户利益，由邮政管理部门责令改正，处五千元以上三万元以下的罚款。

第四十一条 违反本办法第十条规定的，由邮政管理部门责令改正，处五千元以上三万元以下的罚款。

第四十二条 违反本办法第十一条第二款规定的，由邮政管理部门责令改正，处一万元以下的罚款；情节严重的，处一万元以上三万元以下的罚款。

第四十三条 违反本办法第十四条规定的，由邮政管理部门责令改正，处五千元以上三万元以下的罚款。

第四十四条 违反本办法第十六条第（二）项规定的，由邮政管理部门处一万元罚款；情节严重的，处一万元以上三万元以下的罚款。

第四十五条 违反本办法第十八条、第二十一条、第二十二条、第三十一条规定的，由邮政管理部门责令改正，处三千元以上三万元以下的罚款。

第四十六条 违反本办法第二十四条第二款规定，未按照国务院邮政管理部门规定处理无法投递又无法退回寄件人的快件的，由邮政管理部门对快递企业处三千元以上一万元以下的罚款；情节严重的，处一万元以上三万元以下的罚款。

第四十七条 违反本办法第二十七条第（一）项、第（五）项规定的，分别依照《中华人民共和国邮政法》第七十五条、第七十六条的规定予以处罚。

违反本办法第二十七条第（四）项规定的，由邮政管理部门责令改正，对快递企业处一万元以上三万元以下的罚款。

违反本办法第二十七条第（二）项、第（三）项规定的，由国家有关部门依法处理。

第四十八条 违反本办法第二十八条规定的，由邮政管理部门责令改正，依法没收违法所得，对直接责任人员处五千元以上一万元以下的罚款；构成犯罪的，依法追究刑事责任。

第四十九条 邮政管理部门工作人员违反本办法第三十七条第一款、第三十九条规定的，依法给予行政处分；构成犯罪的，依法追究刑事责任。

第五十条 拒绝、阻碍邮政管理部门及其工作人员依法履行监督检查职责的，依照《中华人民共和国邮政法》第七十七条的规定予以处罚。

第五十一条 公民、法人或者其他组织认为邮政管理部门的具体行政行为侵犯其合法权益的，可以依法向上一级邮政管理部门申请行政复议或者直接向人民法院起诉。

经营快递业务的企业逾期不履行邮政管理部门处罚决定的，由邮政管理部门依法申请人民法院强制执行。

第七章 附 则

第五十二条 本办法自2013年3月1日起施行。交通运输部2008年7月12日发布的《快递市场管理办法》（交通运输部令2008第4号）同时废止。

四、消费者权益保护

网络购买商品七日无理由退货暂行办法

（2017年1月6日国家工商行政管理总局令第90号公布 自2017年3月15日起施行）

第一章 总 则

第一条 为保障《消费者权益保护法》七日无理由退货规定的实施，保护消费者合法权益，促进电子商务健康发展，根据《消费者权益保护法》等相关法律、行政法规，制定本办法。

第二条 消费者为生活消费需要通过网络购买商品，自收到商品之日起七日内依照《消费者权益保护法》第二十五条规定退货的，适用本办法。

第三条 网络商品销售者应当依法履行七日无理由退货义务。

网络交易平台提供者应当引导和督促平台上的网络商品销售者履行七日无理由退货义务，进行监督检查，并提供技术保障。

第四条 消费者行使七日无理由退货权利和网络商品销售者履行七日无理由退货义务都应当遵循公平、诚实信用的原则，遵守商业道德。

第五条 鼓励网络商品销售者作出比本办法更有利于消费者的无理由退货承诺。

第二章 不适用退货的商品范围和商品完好标准

第六条 下列商品不适用七日无理由退货规定：

（一）消费者定作的商品；

（二）鲜活易腐的商品；

（三）在线下载或者消费者拆封的音像制品、计算机软件等数字化商品；

（四）交付的报纸、期刊。

第七条 下列性质的商品经消费者在购买时确认，可以不适用七日无理由退货规定：

（一）拆封后易影响人身安全或者生命健康的商品，或者拆封后易导致商品品质发生改变的商品；

（二）一经激活或者试用后价值贬损较大的商品；

（三）销售时已明示的临近保质期的商品、有瑕疵的商品。

第八条 消费者退回的商品应当完好。

商品能够保持原有品质、功能，商品本身、配件、商标标识齐全的，视为商品完好。

消费者基于查验需要而打开商品包装，或者为确认商品的品质、功能而进行合理的调试不影响商品的完好。

第九条 对超出查验和确认商品品质、功能需要而使用商品，导致商品价值贬损较大的，视为商品不完好。具体判定标准如下：

（一）食品（含保健食品）、化妆品、医疗器械、计生用品：必要的一次性密封包装被损坏；

（二）电子电器类：进行未经授权的维修、改动，破坏、涂改强制性产品认证标志、指示标贴、机器序列号等，有难以恢复原状的外观类使用痕迹，或者产生激活、授权信息、不合理的个人使用数据留存等数据类使用痕迹；

（三）服装、鞋帽、箱包、玩具、家纺、家居类：商标标识被摘、标识被剪，商品受污、受损。

第三章 退货程序

第十条 选择无理由退货的消费者应当自收到商品之日起七日内向网络商品销售者发出退货通知。

七日期间自消费者签收商品的次日开始起算。

第十一条 网络商品销售者收到退货通知后应当及时向消费者提供真实、准确的退货地址、退货联系人、退货联系电话等有效联系信息。

消费者获得上述信息后应当及时退回商品，并保留退货凭证。

第十二条 消费者退货时应当将商品本身、配件及赠品一并退回。

赠品包括赠送的实物、积分、代金券、优惠券等形式。如果赠品不能一并退回，经营者可以要求消费者按照事先标明的赠品价格支付赠品价款。

第十三条 消费者退回的商品完好的，网络商品销售者应当在收到退回商品之日起七日内向消费者返还已支付的商品价款。

第十四条 退款方式比照购买商品的支付方式。经营者与消费者另有约定的，从其约定。

购买商品时采用多种方式支付价款的，一般应当按照各种支付方式的实际支付价款以相应方式退款。

除征得消费者明确表示同意的以外，网络商品销售者不应当自行指定其他退款方式。

第十五条 消费者采用积分、代金券、优惠券等形式支付价款的，网络商品销售者在消费者退还商品后应当以相应形式返还消费者。对积分、代金券、优惠券的使用和返还有约定的，可以从其约定。

第十六条 消费者购买商品时采用信用卡支付方式并支付手续费的，网络商品销售者退款时可以不退回手续费。

消费者购买商品时采用信用卡支付方式并被网络商品销售者免除手续费的，网络商品销售者可以在退款时扣除手续费。

第十七条 退货价款以消费者实际支出的价款为准。

套装或者满减优惠活动中的部分商品退货，导致不能再享受优惠的，根据购买时各商品价格进行结算，多退少补。

第十八条 商品退回所产生的运费依法由消费者承担。经营者与消费者另有约定的，按照约定。

消费者参加满足一定条件免运费活动，但退货后已不能达到免运费活动要求的，网络商品销售者在退款时可以扣除运费。

第十九条 网络商品销售者可以与消费者约定退货方式，但不应当限制消费者的退货方式。

网络商品销售者可以免费上门取货，也可以征得消费者同意后有偿上门取货。

第四章 特别规定

第二十条 网络商品销售者应当采取技术手段或者其他措施，对于本办法第六条规定的不适用七日无理由退货的商品进行明确标注。

符合本办法第七条规定的商品，网络商品销售者应当在商品销售必经流程中设置显著的确认程序，供消费者对单次购买行为进行确认。如无确认，网络商品销售者不得拒绝七日无理由退货。

第二十一条 网络交易平台提供者应当与其平台上的网络商品销售者订立协议，明确双方七日无理由退货各自的权利、义务和责任。

第二十二条 网络交易平台提供者应当依法建立、完善其平台七日无理由退货规则以及配套的消费者权益保护有关制度，在其平台上显著位置明示，并从技术上保证消费者能够便利、完整地阅览和保存。

第二十三条 网络交易平台提供者应当对其平台上的网络商品销售者履行七日无理由退货义务建立检查监控制度，发现有违反相关法律、法规、规章的，应当及时采取制止措施，并向网络交易平台提供者或者网络商品销售者所在地工商行政管理部门报告，必要时可以停止对其提供平台服务。

第二十四条 网络交易平台提供者应当建立消费纠纷和解和消费维权自律制度。消费者在网络交易平台上购买商品，因退货而发生消费纠纷或其合法权益受到损害时，要求网络交易平台提供者调解的，网络交易平台提供者应当调解；消费者通过其他渠道维权的，网络交易平台提供者应当向消费者提供其平台上的网络商品销售者的真实名称、地址和有效联系方式，积极协助消费者维护自身合法权益。

第二十五条 网络商品销售者应当建立完善的七日无理由退货商品检验和处理程序。

对能够完全恢复到初始销售状态的七日无理由退货商品，可以作为全新商品再次销售；对不能够完全恢复到初始销售状态的七日无理由退货商品而再次销售的，应当通过显著的方式将商品的实际情况明确标注。

第五章 监督检查

第二十六条 工商行政管理部门应当加强对网络商品销售者和网络交易平台提供者经营行为的监督检查，督促和引导其建立健全经营者首问和赔偿先付制度，依法履行网络购买商品七日无理由退货义务。

第二十七条 工商行政管理部门应当及时受理和依法处理消费者有关七日无理由退货的投诉、举报。

第二十八条 工商行政管理部门应当依照公正、公开、及时的原则，综合运用建议、约谈、示范等方式，加强对网络商品销售者和网络交易平台提供者履行七日无理由退货法定义务的行政指导。

第二十九条 工商行政管理部门在对网络商品交易的监督检查中，发现经营者存在拒不履行七日无理由退货义务，侵害消费者合法权益行为的，应当依法进行查处，同时将相关处罚信息记入信用档案，向社会公布。

第六章 法律责任

第三十条 网络商品销售者违反本办法第六条、第七条规定，擅自扩大不适用七日无理由退货的商品范围的，按照《消费者权益保护法》第五十六条第一款第（八）项规定予以处罚。

第三十一条 网络商品销售者违反本办法规定，有下列情形之一的，依照《消费者权益保护法》第五十六条第一款第（八）项规定予以处罚：

（一）未经消费者在购买时确认，擅自以商品不适用七日无理由退货为由拒绝退货，或者以消费者已拆封、查验影响商品完好为由拒绝退货的；

（二）自收到消费者退货要求之日起超过十五日未办理退货手续，或者未向消费者提供真实、准确的退货地址、退货联系人等有效联系信息，致使消费者无法办理退货手续的；

（三）在收到退回商品之日起超过十五日未向消费者返还已支付的商品价款的。

第三十二条 网络交易平台提供者违反本办法第二十二条规定，未在其平台显著位置明示七日无理由退货规则及配套的有关制度，或者未在技术上保证消费者能够便利、完整地阅览和保存的，予以警告，责令改正；拒不改正的，处以一万元以上三万元以下的罚款。

第三十三条 网络商品销售者违反本办法第二十五条规定，销售不能够完全恢复到初始状态的无理由退货商品，且未通过显著的方式明确标注商品实际情况的，违反其他法律、行政法规的，依照有关法律、行政法规的规定处罚；法律、行政法规未作规定的，予以警告，责令改正，并处一万元以上三万元以下的罚款。

第三十四条 网络交易平台提供者拒绝协助工商行政管理部门对涉嫌违法行为采取措施、开展调查的，予以警告，责令改正；拒不改正的，处三万元以下的罚款。

第七章 附 则

第三十五条 本办法所称工商行政管理部门，包括履行工商行政管理职能的市场监督管理部门。

第三十六条 网络商品销售者提供的商品不符合质量要求，消费者要求退货的，适用《消费者权益保护法》第二十四条以及其他相关规定。

第三十七条 经营者采用电视、电话、邮购等方式销售商品，依照本办法执行。

第三十八条 本办法由国家工商行政管理总局负责解释。

第三十九条 本办法自 2017 年 3 月 15 日起施行。

工商总局关于加强互联网领域消费者权益保护工作的意见

（2016 年 10 月 19 日 工商消字〔2016〕204 号）

各省、自治区、直辖市及计划单列市、副省级市工商行政管理局、市场监督管理部门：

当前，以电子商务为主要内容的互联网经济发展迅猛，成为我国经济增长的强劲动力，对扩大消费、拉动经济增长发挥了不可替代的作用。但是，互联网领域侵害消费者合法权益问题也日益凸显，制约了互联网经济的健康发展和“互联网＋”发展战略的实施。为进一步加强互联网领域消费者权益保护工作，总局决定用 3 年左右时间，开展网络消费维权重点领域监管执法，有效遏制互联网领域侵权假冒行为，进一步提升网络消费维权工作水平，促进网络经济在发展中逐步规范、在规范中健康有序发展。现提出以下意见：

一、坚持一体化监管，依法保护互联网领域消费者的合法权益。坚持线上线下融合发展，加强一体化监管，保护互联网领域消费者合法权益，既是工商和市场监管部门必须履行的法定职责，也是工商和市场监管部门在经济发展新常态下促进互联网经济健康持续发展的重要抓手。各级工商和市场监管部门要认真贯彻落实国务院的部署和总局的统一要求，把加强互联网领域消费者权益保护工作作为服务供给侧结构性改革、实现供给与需求两端发力的重要举措，加大《消费者权益保护法》《产品质量法》等法律法规及其配套规章的执法力度，针对互联网领域存在的侵害消费者合法权益的突出问题，严厉打击消费侵权违法行为，依法规范网络经营者的经营行为，及时解决消费纠纷，增强网络市场消费信心，切实营造安全放心的网络消费环境。

二、坚持突出重点，切实强化网络交易商品质量监管。充分利用消费者投诉举报以及网上日常监测、检查执法中发现的情况，深入排查网络商品交易中存在的质量问题，按照“双随机一公开”的要求，强化线上线下一体化监管，将网络商品质量抽检纳入各地的年度抽检计划，统筹安排。突出数码电子、家用电器、服装鞋帽、儿童用品、汽车配件等网购热销、消费者反映问题集中的重点商品，参考网络商品销量和综合排名等因素，科学确定网络抽检的经营主体范围和商品品种，有针对性地开展网络商品抽检。强化线上线下结合，同步推进商品质量抽检，抽检结果线上线下共同适用，运用大数据等现代化信息手段，实现高效抽查监管。对具有先验质量信息的情形，要大力推动《商品质量监督抽样检验程序 具有先验质量信息的情形》（GB/T28863－2012）在流通领域商品质量抽检中的运用，扩大抽检结果的适用范围，提升商品抽检的影响力。针对抽检发现的重点问题商品，集中时间、集中执法力量，有效开展专项整治，依法严查重处典型违法企业、违法行为。要发挥网络商品质量监测（杭州）中心的作用，加强对网络交易平台的重点监管，集中整治纵容假冒伪劣、不配合执法部门监管执法的网络交易平台提供者，切实净化网络市场环境。

三、坚持问题导向，严厉打击网络交易中侵害消费者权益的违法行为。强化网络消费侵权案件的查办工作，积极推进和规范“诉转案”，努力扩大案源并提升案件查办精准度，强化事后监管的有效性。依法查处网络商品质量违法案件，加大对网络商品经营者销售不合格商品违法行为的处罚力度，责令其立即停止销售，删除违法商品信息。涉及有危及人身、财产安全危险且不符合强制性标准的商品，同时要求有关的网络交易平台提供者立即屏蔽违法店铺或商品信息、停止提供对相关商品的交易平台服务。综合运用工商职能作用，严厉查处网络虚假违法广告、虚假宣传、商标侵权、传销和非法直销等网络交易违法行为以及网络虚假认证、刷单炒信等典型涉网消费欺诈行为，依法打击网购七日无理由退货、消费者个人信息保护、售后修理更换服务等方面存在的侵害消费者权益的违法行为。加强部门间、区域间的案件协办和联动执法，加大对跨区域纵容假冒伪劣、拒绝配合执法部门监管执法的网络交易平台经营者的查办力度，对重大典型案件挂牌督办、限时办结，对涉嫌犯罪的案件及时移送司法机关处理。针对信息服务、智能家居、个性时尚养老、健康等新兴消费领域，既要鼓励和支持消费结构升级和创新，又要及时发现和依法查处新兴消费领域的消费侵权行为，切实发挥新消费的引领和带动作用。

四、坚持改革创新，健全完善网络交易在线投诉及售后维权机制。通过理顺体制、创新机制、优化布局等措施，进一步创新和完善以12315行政监管体系为主导、经营者自律和社会监督体系为依托、信息化网络为支撑的多功能的12315体系。加强基层维权网络建设，支持和推动建立健全区域消费维权协作机制和电子商务消费者权益争议解决调处机制，着力提升消费维权工作效能。加快建设全国12315互联网平台，完善在线投诉和处置功能，形成电话与互联网并举的受理机制，引导消费者网上咨询、投诉、举报，实行网上接诉、网上分流、网上调解、网上回复、网上跟踪督办，实现消费者诉求处理流程透明化。深入推进12315“五进”工程，依托12315消费维权服务站推动网络市场的放心消费创建工作，引导有条件的网络交易平台提供者设立消费维权服务站，扩大“五进”覆盖面。积极推进总局电子商务12315投诉维权（杭州）中心建设，进一步畅通消费者诉求渠道，快速有效地处理跨区域网络消费纠纷。

五、坚持信息公开，推进网络经营者诚信自律体系建设。要健全和完善抽检结果信息公布制度，规范公布抽检结果的渠道和形式，利用各级工商、市场监管部门官网、各种媒体平台，依法及时向社会发布包含网络抽检在内的商品质量抽检结果信息，加强网络商品质量安全风险警示。推动消费侵权案件公示工作，依法通过国家企业信用信息公示系统公示行政处罚信息，对于网络经营企业因提供商品或者服务不符合保障人身、财产安全要求，造成人身伤害等严重侵害消费者权益的违法行为，两年内受到三次以上行政处罚的，要严格按照严重违法失信企业名单进行管理。推动部门间信用信息互联共享，实施失信联合惩戒，让违法企业及有关人员“一处违法、处处受限”。要积极推动企业投诉情况公开工作，扩大企业投诉情况公开试点。抓住节假日、集中促销等关键节点，依法查办并公布一批大案要案，特别要曝光一批销售不合格商品的网络商品经营者、质量管理责任缺失的第三方交易平台经营者。通过信息公开，倒逼网络商品经营者和网络交易平台健全和完善内部质量管控制度和措施，从根源上提升网络交易商品的质量水平。

六、坚持社会共治，构建互联网领域消费者权益保护的长效机制。充分发挥国务院消费者权益保护联席会议制度的作用，推动各有关单位在联席会议制度的框架下加强协作配合，协调解决消费者权益保护工作中的重要问题和重大消费事件。各地要积极推动本地区消费者权益保护工作的机制建设，整合消费维权社会资源，切实形成消费者权益保护的工作合力。探索建立跨境消费争议在线解决机制，协调解决跨境电子商务、“海淘”、社交电商等带来的消费纠纷。鼓励行业协会建立健全行业经营自律规范，引导行业企业遵守国家法律法规。督促网络经营者落实消费环节经营者首问和赔偿先付制度，主动和解消费纠纷。要求网络交易平台提供者建立和完善赔偿先付制度，提供快速解决消费纠纷的“绿色通道”。支持消协组织加强对网络交易商品和服务开展社会监督，持续开展消费体察、服务评议、调查点评活动，督促网络经营行业和经营者开展整改，针对网络市场中侵害众多消费者权益行为提起公益诉讼。

七、坚持教育引导，提高网络消费者自我保护的能力。加强大数据深度利用，进一步提升数据质量，推进与消协组织、有关部门及大型企业、主要网络交易平台的数据共享和整合，深入研究区域性的消费维权数据，形成有深度有指导作用的消费维权分析报告，及时向社会公布，引导改善消费环境。加强与主流新闻媒体、新兴网络媒体的合作与联系，利用“3·15”、“双十一”等重要时间节点，积极运用微博、微信等网络传播方式，加强对新《消法》及配套法规制度的宣传和解读，有针对性地向消费者普及有关网络消费的商品和服务知识，积极回应广大消费者网络消费中关切的热点问题，增强消费者维权意识，提高消费者自我保护的能力。

工商总局关于加强网络市场监管的意见

（2015年11月6日　工商办字〔2015〕183号）

各省、自治区、直辖市工商行政管理局、市场监督管理部门：

为贯彻落实党的十八届三中、四中全会和《国务院关于大力发展电子商务加快培育经济新动力的意见》《国务院关于促进市场公平竞争维护市场正常秩序的若干意见》等文件精神，加强事前规范指导，强化事中事后监管，构建线上线下一体化的网络市场监管工作格局，推动网络市场健康有序发展。现提出如下意见：

一、加强网络市场监管规范化建设，推进“依法管网”。积极参与电子商务立法及相关法律法规制修订工作。推动工商法律法规向网络市场延伸应用。适应业态发展和监管需要，以问题为导向，完善规章制度，为监管工作提供充分的法律支撑。鼓励支持各地工商、市场监管部门结合各自实际，进一步健全完善网络市场规制体系。依法履行职责，强化执法监督，不断规范执法行为。面向全系统和全社会开展法律法规宣传教育，推动网络市场监管法治化建设。

二、强化技术手段与监管业务的融合，推进“以网管网”。充分利用信息网络技术手段，提高监管执法效能。以深化商事制度改革和电子营业执照推广应用为契机，进一步完善网络经营主体数据库，提高数据质量。加强网络市场监管事前、事中和事后的大数据应用，提高监测监管的前瞻性、实效性。优化网络监管平台功能。建设第三方网络交易平台监管系统。根据各地软硬件水平和监管压力，探索跨区域监测、监管协作机制，逐步实现总局与各地监管平台之间、工商内部各业务条线之间的互联互通和资源共享。完善网络市场监管工作基础设施，提升运用技术手段发现违法线索和电子数据取证能力。

三、充分发挥信用激励约束机制的作用，推进“信用管网”。结合企业信用信息公示系统建设，强化网络经营企业信息公示责任，加强部门间信息共享，落实网络经营企业信用信息公示、经营异常名录、严重违法企业名单等制度，及时向社会公示违法处罚信息，实现“一处违法，处处受限”，有效发挥失信惩戒机制在网络市场监管中的作用。发挥“守合同、重信用”等激励机制作用，促进网络经营者守信经营。继续深入推进电子商务可信交易环境建设试点工作，推动形成公正可信的网络交易信用信息评价体系。注重发挥第三方信用服务机构作用，支持第三方信用服务和产品应用于网络交易。

四、加强监管统筹和推动一体化监管，推进“协同管网”。网络市场监管是工商行政管理职责整体延伸至网络领域的全局性工作。总局成立网络市场监管工作领导小组，各级工商、市场监管部门参照建立相应的统筹协调机制。推进网上网下一体化监管，各业务条线部署工作要同时涵盖网上和网下。明晰跨地区网络交易案件查办、消费维权、质量抽检、定向监测等工作的协同规则，建立衔接顺畅的跨地域监管协作机制。推动建立各级政府层面的网络市场监管工作协调机制，畅通与公安等部门的刑事司法衔接，建立与通信管理部门的经营性网站监管协作机制，加强与物流快递、金融支付等行业监管部门的沟通协调，实现信息共享、联合惩戒。落实网络交易平台等市场主体责任，指导网络经营企业和行业组织加强自律。充分运用各类新媒介，加大违法行为曝光力度，发挥公众和舆论监督作用，引导消费者理性消费，促进市场自我净化，构建社会共治格局。

五、严厉打击销售侵权假冒伪劣商品违法行为，突出对网络交易平台的重点监管。持续开展红盾网剑专项行动，建立网络交易商品定向监测常态化机制。加大网络交易商品质量抽检力度。完善案件查办机制，依法查处各类网络商品交易违法行为。加强行政指导，督促网络交易平台经营者落实法定责任和义务，遏制侵权假冒、刷信用等违法行为，完善消费维权措施。加强网络促销行为监管。规范网络交易平台合同格式条款。加大对网络交易平台违法违规行为的查处力度。

六、紧密结合商事制度改革，加强网络经营主体规范管理。落实登记注册制度便利化政策措施，指导各地放宽电子商务市场主体住所（经营场所）登记条件，营造宽松平等的准入环境。鼓励网络经营者进行工商注册登记，更好地落实网店实名制。在企业信用信息年度报告和抽查制度中完善涉网经营信息相关内容，逐步建立网络经营者信用档案。依法打击网络交易非法主体网站。

七、积极推进12315体系建设，依法维护网络消费者合法权益。完善网络交易投诉和维权机制，建设全国12315互联网平台，创新在线消费投诉、举报的技术手段，打通条线、地区间“诉转案”通道，将消费投诉举报作为网络案件线索的重要来源。督促、引导网络经营者和网络交易平台落实消费者个人信息保护、七日无理由退货等消法新规定，健全完善消费环节经营者首问和赔偿先付制度。建立网购消费警示机制，及时发布消费提示、警示，推进消费投诉公开，加强消费引导。引入行业协会、第三方机构参与网购消费投诉纠纷处理，实现投诉处理工作前移。

八、规范各类涉网经营行为，维护公平竞争的市场秩序。加强对互联网广告的监测监管，加大对网络虚假违法广告的查处力度。研究规范商业信息发布类网站经营行为、互联网广告发布和推送行为、微信等社交网络营销行为。依法打击网络经营企业滥用市场支配地位违法行为。依法查处利用互联网进行引人误解的虚假宣传、诋毁他人商业信誉和产品声誉等不正当竞争行为。打击利用互联网从事传销和非法直销等违法行为。

九、加强网络市场新业态研究，把握监管规律。探索建立相关部门、研究机构等多方参与的网络规范制度研究机制。推进网络市场监管研究基地和专家库建设。积极开展网络市场监管机制建设前瞻性研究。研究社交电商、跨境电子商务、团购、O2O等商业模式、新型业态的发展变化，针对性提出依法监管的措施办法。

十、强化基层基础建设，提高网络市场监管能力和水平。完善网络市场监管机构，充实专业工作力量，加强专项经费保障，优化装备配备。积极开展网络市场监管全员业务培训，增强培训的实效性、针对性，不断加强监管能力建设。

各地工商和市场监管部门要根据本意见要求，结合各自实际，制定实施方案或者提出贯彻的具体措施。

最高人民法院关于适用《中华人民共和国民事诉讼法》的解释（节录）

（2014年12月18日最高人民法院审判委员会第1636次会议通过 2015年1月30日最高人民法院公告公布 自2015年2月4日起施行 法释〔2015〕5号）

……

第二十条 以信息网络方式订立的买卖合同，通过信息网络交付标的的，以买受人住所地为合同履行地；通过其他方式交付标的的，收货地为合同履行地。合同对履行地有约定的，从其约定。

……

侵害消费者权益行为处罚办法

（2015年1月5日国家工商行政管理总局令第73号公布 自2015年3月15日起施行）

第一条 为依法制止侵害消费者权益行为，保护消费者的合法权益，维护社会经济秩序，根据《消费者权益保护法》等法律法规，制定本办法。

第二条 工商行政管理部门依照《消费者权益保护法》等法律法规和本办法的规定，保护消费者为生活消费需要购买、使用商品或者接受服务的权益，对经营者侵害消费者权益的行为实施行政处罚。

第三条 工商行政管理部门依法对侵害消费者权益行为实施行政处罚，应当依照公正、公开、及时的原则，坚持处罚与教育相结合，综合运用建议、约谈、示范等方式实施行政指导，督促和指导经营者履行法定义务。

第四条 经营者为消费者提供商品或者服务，应当遵循自愿、平等、公平、诚实信用的原则，依照《消费者权益保护法》等法律法规的规定和与消费者的约定履行义务，不得侵害消费者合法权益。

第五条 经营者提供商品或者服务不得有下列行为：

（一）销售的商品或者提供的服务不符合保障人身、财产安全要求；

（二）销售失效、变质的商品；

（三）销售伪造产地、伪造或者冒用他人的厂名、厂址、篡改生产日期的商品；

（四）销售伪造或者冒用认证标志等质量标志的商品；

（五）销售的商品或者提供的服务侵犯他人注册商标专用权；

（六）销售伪造或者冒用知名商品特有的名称、包装、装潢的商品；

（七）在销售的商品中掺杂、掺假，以假充真，以次充好，以不合格商品冒充合格商品；

（八）销售国家明令淘汰并停止销售的商品；

（九）提供商品或者服务中故意使用不合格的计量器具或者破坏计量器具准确度；

（十）骗取消费者价款或者费用而不提供或者不按照约定提供商品或者服务。

第六条 经营者向消费者提供有关商品或者服务的信息应当真实、全面、准确，不得有下列虚假或者引人误解的宣传行为：

（一）不以真实名称和标记提供商品或者服务；

（二）以虚假或者引人误解的商品说明、商品标准、实物样品等方式销售商品或者服务；

（三）作虚假或者引人误解的现场说明和演示；

（四）采用虚构交易、虚标成交量、虚假评论或者雇佣他人等方式进行欺骗性销售诱导；

（五）以虚假的“清仓价”、“甩卖价”、“最低价”、“优惠价”或者其他欺骗性价格表示销售商品或者服务；

（六）以虚假的“有奖销售”、“还本销售”、“体验销售”等方式销售商品或者服务；

（七）谎称正品销售“处理品”、“残次品”、“等外品”等商品；

（八）夸大或隐瞒所提供的商品或者服务的数量、质量、性能等与消费者有重大利害关系的信息误导消费者；

（九）以其他虚假或者引人误解的宣传方式误导消费者。

第七条 经营者对工商行政管理部门责令其对提供的缺陷商品或者服务采取停止销售或者服务等措施，不得拒绝或者拖延。经营者未按照责令停止销售或者服务通知、公告要求采取措施的，视为拒绝或者拖延。

第八条 经营者提供商品或者服务，应当依照法律规定或者当事人约定承担修理、重作、更换、退货、补足商品数量、退还货款和服务费用或者赔偿损失等民事责任，不得故意拖延或者无理拒绝消费者的合法要求。经营者有下列情形之一并超过十五日的，视为故意拖延或者无理拒绝：

（一）经有关行政部门依法认定为不合格商品，自消费者提出退货要求之日起未退货的；

（二）自国家规定、当事人约定期满之日起或者不符合质量要求的自消费者提出要求之日起，无正当理由拒不履行修理、重作、更换、退货、补足商品数量、退还货款和服务费用或者赔偿损失等义务的。

第九条 经营者采用网络、电视、电话、邮购等方式销售商品，应当依照法律规定承担无理由退货义务，不得故意拖延或者无理拒绝。经营者有下列情形之一并超过十五日的，视为故意拖延或者无理拒绝：

（一）对于适用无理由退货的商品，自收到消费者退货要求之日起未办理退货手续；

（二）未经消费者确认，以自行规定该商品不适用无理由退货为由拒绝退货；

（三）以消费者已拆封、查验影响商品完好为由拒绝退货；

（四）自收到退回商品之日起无正当理由未返还消费者支付的商品价款。

第十条 经营者以预收款方式提供商品或者服务，应当与消费者明确约定商品或者服务的数量和质量、价款或者费用、履行期限和方式、安全注意事项和风险警示、售后服务、民事责任等内容。未按约定提供商品或者服务的，应当按照消费者的要求履行约定或者退回预付款，并应当承担预付款的利息、消费者必须支付的合理费用。对退款无约定的，按照有利于消费者的计算方式折算退款金额。

经营者对消费者提出的合理退款要求，明确表示不予退款，或者自约定期满之日起、无约定期限的自消费者提出退款要求之日起超过十五日未退款的，视为故意拖延或者无理拒绝。

第十一条 经营者收集、使用消费者个人信息，应当遵循合法、正当、必要的原则，明示收集、使用信息的目的、方式和范围，并经消费者同意。经营者不得有下列行为：

（一）未经消费者同意，收集、使用消费者个人信息；

（二）泄露、出售或者非法向他人提供所收集的消费者个人信息；

（三）未经消费者同意或者请求，或者消费者明确表示拒绝，向其发送商业性信息。

前款中的消费者个人信息是指经营者在提供商品或者服务活动中收集的消费者姓名、性别、职业、出生日期、身份证件号码、住址、联系方式、收入和财产状况、健康状况、消费情况等能够单独或者与其他信息结合识别消费者的信息。

第十二条 经营者向消费者提供商品或者服务使用格式条款、通知、声明、店堂告示等的，应当以显著方式提请消费者注意与消费者有重大利害关系的内容，并按照消费者的要求予以说明，不得作出含有下列内容的规定：

（一）免除或者部分免除经营者对其所提供的商品或者服务应当承担的修理、重作、更换、退货、补足商品数量、退还货款和服务费用、赔偿损失等责任；

（二）排除或者限制消费者提出修理、更换、退货、赔偿损失以及获得违约金和其他合理赔偿的权利；

（三）排除或者限制消费者依法投诉、举报、提起诉讼的权利；

（四）强制或者变相强制消费者购买和使用其提供的或者其指定的经营者提供的商品或者服务，对不接受其不合理条件的消费者拒绝提供相应商品或者服务，或者提高收费标准；

（五）规定经营者有权任意变更或者解除合同，限制消费者依法变更或者解除合同权利；

（六）规定经营者单方享有解释权或者最终解释权；

（七）其他对消费者不公平、不合理的规定。

第十三条 从事服务业的经营者不得有下列行为：

（一）从事为消费者提供修理、加工、安装、装饰装修等服务的经营者谎报用工用料，故意损坏、偷换零部件或材料，使用不符合国家质量标准或者与约定不相符的零部件或材料，更换不需要更换的零部件，或者偷工减料、加收费用，损害消费者权益的；

（二）从事房屋租赁、家政服务等中介服务的经营者提供虚假信息或者采取欺骗、恶意串通等手段损害消费者权益的。

第十四条 经营者有本办法第五条至第十一条规定的情形之一，其他法律、法规有规定的，依照法律、法规的规定执行；法律、法规未作规定的，由工商行政管理部门依照《消费者权益保护法》第五十六条予以处罚。

第十五条 经营者违反本办法第十二条、第十三条规定，其他法律、法规有规定的，依照法律、法规的规定执行；法律、法规未作规定的，由工商行政管理部门责令改正，可以单处或者并处警告，违法所得三倍以下、但最高不超过三万元的罚款，没有违法所得的，处以一万元以下的罚款。

第十六条 经营者有本办法第五条第（一）项至第（六）项规定行为之一且不能证明自己并非欺骗、误导消费者而实施此种行为的，属于欺诈行为。

经营者有本办法第五条第（七）项至第（十）项、第六条和第十三条规定行为之一的，属于欺诈行为。

第十七条 经营者对工商行政管理部门作出的行政处罚决定不服的，可以依法申请行政复议或者提起行政诉讼。

第十八条 侵害消费者权益违法行为涉嫌犯罪的，工商行政管理部门应当按照有关规定，移送司法机关追究其刑事责任。

第十九条 工商行政管理部门依照法律法规及本办法规定对经营者予以行政处罚的，应当记入经营者的信用档案，并通过企业信用信息公示系统等及时向社会公布。

企业应当依据《企业信息公示暂行条例》的规定，通过企业信用信息公示系统及时向社会公布相关行政处罚信息。

第二十条 工商行政管理执法人员玩忽职守或者包庇经营者侵害消费者合法权益的行为的，应当依法给予行政处分；涉嫌犯罪的，依法移送司法机关。

第二十一条 本办法由国家工商行政管理总局负责解释。

第二十二条 本办法自2015年3月15日起施行。1996年3月15日国家工商行政管理局发布的《欺诈消费者行为处罚办法》（国家工商行政管理局令第50号）同时废止。

工商总局关于进一步加强 12315 体系建设的意见（节录）

（2014 年 4 月 30 日　工商消字〔2014〕91 号）

各省、自治区、直辖市及计划单列市、副省级市工商行政管理局、市场监督管理局：

消费维权是工商行政管理部门的重要职能。《消费者权益保护法》实施 20 年来，全国工商系统已建立起覆盖城乡、五级贯通、便民高效的 12315 体系，卓有成效地开展消费维权工作，有力地维护了广大消费者合法权益和正常市场秩序。新修改的《消费者权益保护法》进一步强化了工商行政管理部门的消费维权职责和监管执法手段，为工商行政管理部门推进职能转变、加强市场监管、强化消费维权提供了重要法律支撑。目前，12315 体系建设与政府职能转变新要求、消费维权工作新形势、消费者新期盼还有差距，各地要以贯彻实施新《消费者权益保护法》为契机，进一步更新理念，创新方式，完善体制机制，充分利用信息化手段，大力推进 12315 体系建设，积极发挥 12315 与广大消费者信息互动、畅通民意、接受社会监督、解决维权问题的平台作用，加强市场监管，营造安全放心的消费环境，促进经济持续健康发展，维护社会和谐稳定。现就进一步加强 12315 体系建设提出以下意见。

一、加强工作创新，提高 12315 体系在工商行政管理改革发展中的综合效能

（一）创新完善 12315 体系工作机制。各地要在保持原有 12315 体系工作体制机制连续性的基础上，明确各级工商行政管理部门的职责，通过理顺体制、创新机制、优化布局等措施，进一步完善以 12315 行政监管体系为主导、经营者自律和社会监督体系为依托、信息化网络为支撑，具有受理消费者投诉、受理市场违法行为举报、解答工商行政管理业务咨询、接受对工商执法人员监督、开展消费教育引导、监督经营者自律等多种功能的 12315 体系，充分发挥 12315 体系在加强市场监管、强化消费维权中的综合作用。

（二）建立符合新形势需要的 12315 平台。各地要依托 12315 信息化网络，丰富 12315 平台的开放式、互动式综合服务功能。要积极应用现代信息技术，形成 12315 专用电话、互联网、短消息、移动互联通讯等多种方式并举的消费者诉求表达和反馈渠道，探索开展远程消费维权。省级局要建立统一的 12315 互联网平台，引导消费者网上咨询、网上投诉举报，实行网上接诉、网上分流、网上调解、网上回复、网上跟踪督办，做到集中登记分流、分级受理处理、统一调度指挥、网上转办督办、快速应急处置、信息汇总分析通报，为广大消费者提供便捷高效的服务，进一步提高 12135 体系在推动工商行政管理各项工作中的综合效能。根据市场监管和消费维权工作需要，适时推动建立全国 12315 互联网平台。

（三）积极推进 12315 中心工作规范化建设。各地要按照《工商行政管理部门处理消费者投诉办法》和《12315 消费者申诉举报中心工作规则》的规定，进一步完善工作制度，规范工作程序，不断推进 12315 中心建设。要通过制度建设规范执法行为，在处理投诉举报过程中，统一处理程序，统一办案标准，确保执法的公正性；要以消费者诉求为导向，根据实际情况，通过增设电话线路、受理座席，合理安排人员值班等方式，保障消费者诉求渠道畅通；要及时在 12315 平台下载安装“12315 消费维权知识库”，方便一线工作人员准确解答消费咨询，规范受理和处理消费者投诉举报程序。

（四）加强对 12315 数据的深度利用。各地要遵循总局制定的统一 12315 数据标准，抓好数据质量，整合数据资源，推动数据应用。省级局要加强 12315 数据分析中心建设，地（市）级局要加强数据库建设，逐级及时汇总 12315 数据。要在强化消费维权数据综合分析的精细化和数据结果利用的实用性上下功夫，认真分析投诉举报热点难点，定期发布 12315 数据分析报告，按规定发布消费提示和警示；要针对与消费者日常生活密切的重点商品和服务进行量化分析，动态分析诉求热点和消费市场秩序状况，为市场监管执法和政府制定消费政策提供参考。

二、加强执法联动，发挥 12315 体系整合执法力量、强化市场监管的作用

（五）强化执法联动工作机制。各省级局、地（市）局、县级局要完善 12315 指挥调度联动机制，加大对消费者投诉举报工作的统一协调、指挥调度、分流转办和督查督办工作力度，强化三级执法联动；要落实县（区）工商行政管理部门在处理消费纠纷中的属地管辖责任，下移行政执法重心，充分发挥基层工商所的作用，快捷高效解决人民群众最关心、最直接、最现实的利益问题。各省、自治区、直辖市工商行政管理部门要积极推动本辖区12315信息系统与市场主体准入信息系统、执法办案信息系统以及市场主体信用公示系统的互联互通，实现信息及时共享，依法将侵害消费者合法权益案件记入信用档案系统，向社会公示。

（六）强化事中和事后监管。各地要对处理消费者投诉举报过程中发现的销售假冒伪劣商品等违法行为线索，认真进行梳理和排查，积极探索完善“诉转案”工作机制，对涉及范围广、影响大的案件要挂牌督办、限期办结，加强消费纠纷调解与行政监管执法的衔接；对存在问题较多的市场主体，及时进行行政约谈，通报情况，督促整改；对消费者反映强烈的重点商品和行业，加强商品质量监管，有针对性地开展跟踪抽检，集中进行专项整治，保持对消费侵权违法行为的高压打击态势。

（七）强化跨地区合作和部门协作。鼓励和支持各地建立跨区域消费维权合作机制，推进跨省、跨地区的区域性消费维权执法协作，提高消费纠纷解决效率。要加强与公安、食药、质监、物价等部门公共服务平台的协作配合，整合执法资源，发挥各自优势，形成市场监管的合力，逐步实现公共服务平台之间案件移送、信息共享和执法协作。逐步构建部门协同监管、行业自律、社会监督和主体自治相结合的消费维权新格局。

……

工商行政管理部门处理消费者投诉办法

（2014年2月14日国家工商行政管理总局令第62号公布　自2014年3月15日起施行）

第一章　总　　则

第一条　为了规范工商行政管理部门处理消费者投诉程序，及时处理消费者与经营者之间发生的消费者权益争议，保护消费者的合法权益，根据《消费者权益保护法》等法律法规，制定本办法。

第二条　消费者为生活消费需要购买、使用商品或者接受服务，与经营者发生消费者权益争议，向工商行政管理部门投诉的，依照本办法执行。

第三条 工商行政管理部门对受理的消费者投诉，应当根据事实，依照法律、法规和规章，公正合理地处理。

第四条 工商行政管理部门在其职权范围内受理的消费者投诉属于民事争议的，实行调解制度。

第五条 工商行政管理部门应当引导经营者加强自律，鼓励经营者与消费者协商和解消费纠纷。

第二章 管 辖

第六条 消费者投诉由经营者所在地或者经营行为发生地的县（市）、区工商行政管理部门管辖。

消费者因网络交易发生消费者权益争议的，可以向经营者所在地工商行政管理部门投诉，也可以向第三方交易平台所在地工商行政管理部门投诉。

第七条 县（市）、区工商行政管理部门负责处理本辖区内的消费者投诉。

有管辖权的工商行政管理部门可以授权其派出机构，处理派出机构辖区内的消费者投诉。

第八条 省、自治区、直辖市工商行政管理部门或者市（地、州）工商行政管理部门及其设立的12315消费者投诉举报中心，应当对收到的消费者投诉进行记录，并及时将投诉分送有管辖权的工商行政管理部门处理，同时告知消费者分送情况。告知记录应当留存备查。

有管辖权的工商行政管理部门应当将处理结果及时反馈上级部门及其设立的12315消费者投诉举报中心。

第九条 上级工商行政管理部门认为有必要的，可以处理下级工商行政管理部门管辖的消费者投诉。

下级工商行政管理部门管辖的消费者投诉，认为需要由上级工商行政管理部门处理的，可以报请上级工商行政管理部门决定。

两地以上工商行政管理部门因管辖权发生异议的，报请其共同的上一级工商行政管理部门指定管辖。

第十条 工商行政管理部门及其派出机构发现消费者投诉不属于工商行政管理部门职责范围内的，应当及时告知消费者向有关行政管理部门投诉。

第三章 处理程序

第十一条 消费者投诉应当符合下列条件：

（一）有明确的被投诉人；

（二）有具体的投诉请求、事实和理由；

（三）属于工商行政管理部门职责范围。

第十二条 消费者通过信函、传真、短信、电子邮件和12315网站投诉平台等形式投诉的，应当载明：消费者的姓名以及住址、电话号码等联系方式；被投诉人的名称、地址；投诉的要求、理由及相关的事实根据；投诉的日期等。

消费者采用电话、上门等形式投诉的，工商行政管理部门工作人员应当记录前款各项信息。

第十三条 消费者可以本人提出投诉，也可以委托他人代为提出。

消费者委托代理人进行投诉的，应当向工商行政管理部门提交本办法第十二条规定的投诉材料、授权委托书原件以及受托人的身份证明。授权委托书应当载明委托事项、权限和期限，并应当由消费者本人签名。

第十四条 消费者为二人以上，投诉共同标的的，工商行政管理部门认为可以合并受理，并经当事人同意的，为共同投诉。

共同投诉可以由消费者书面推选并授权二名代表进行投诉。代表人的投诉行为对其所代表的消费者发生效力，但代表人变更、放弃投诉请求，或者进行和解，应当经被代表的消费者同意。

第十五条 有管辖权的工商行政管理部门应当自收到消费者投诉之日起七个工作日内，予以处理并告知投诉人：

（一）符合规定的投诉予以受理，并告知投诉人；

（二）不符合规定的投诉不予受理，并告知投诉人不予受理的理由。

第十六条 下列投诉不予受理或者终止受理：

（一）不属于工商行政管理部门职责范围的；

（二）购买后商品超过保质期，被投诉人已不再负有违约责任的；

（三）已经工商行政管理部门组织调解的；

（四）消费者协会或者人民调解组织等其他组织已经调解或者正在处理的；

（五）法院、仲裁机构或者其他行政部门已经受理或者处理的；

（六）消费者知道或者应该知道自己的权益受到侵害超过一年的，或者消费者无法证实自己权益受到侵害的；

（七）不符合国家法律、法规及规章规定的。

第十七条 工商行政管理部门受理消费者投诉后，当事人同意调解的，工商行政管理部门应当组织调解，并告知当事人调解的时间、地点、调解人员等事项。

第十八条 调解由工商行政管理部门工作人员主持。经当事人同意，工商行政管理部门可以邀请有关社会组织以及专业人员参与调解。

第十九条 工商行政管理部门的调解人员是消费者权益争议当事人的近亲属或者与当事人有其他利害关系，可能影响投诉公正处理的，应当回避。

当事人对调解人员提出回避申请的，应当及时中止调解活动，并由调解人员所属工商行政管理部门的负责人作出是否回避的决定。

第二十条 工商行政管理部门实施调解，可以要求消费者权益争议当事人提供证据，必要时可以根据有关法律、法规和规章的规定，进行调查取证。

除法律、法规另有规定的，消费者权益争议当事人应当对自己的主张提供证据。

第二十一条 调解过程中需要进行鉴定或者检测的，经当事人协商一致，可以交由具备资格的鉴定人或者检测人进行鉴定、检测。

鉴定或者检测的费用由主张权利一方当事人先行垫付，也可以由双方当事人协商承担。法律、法规另有规定的除外。

第二十二条 工商行政管理部门在调解过程中，需要委托异地工商行政管理部门协助调查、取证的，应当出具书面委托证明，受委托的工商行政管理部门应当及时予以协助。

第二十三条 工商行政管理部门在调解过程中，应当充分听取消费者权益争议当事人的陈述，查清事实，依据有关法律、法规，针对不同情况提出争议解决意见。在当事人平等协商基础上，引导当事人自愿达成调解协议。

第二十四条 有下列情形之一的，终止调解：

（一）消费者撤回投诉的；

（二）当事人拒绝调解或者无正当理由不参加调解的；

（三）消费者在调解过程中就同一纠纷申请仲裁、提起诉讼的；

（四）双方当事人自行和解的；

（五）其他应当终止的。

第二十五条 工商行政管理部门组织消费者权益争议当事人进行调解达成协议的，应当制作调解书。

调解书应当由当事人及调解人员签名或者盖章，加盖工商行政管理部门印章，由当事人各执一份，工商行政管理部门留存一份归档。

第二十六条 消费者权益争议当事人认为无需制作调解书的，经当事人同意，调解协议可以采取口头形式，工商行政管理部门调解人员应当予以记录备查。

第二十七条 消费者权益争议当事人同时到有管辖权的工商行政管理部门请求处理的，工商行政管理部门可以当即处理，也可以另定日期处理。

工商行政管理部门派出机构可以在其辖区内巡回受理消费者投诉，并就地处理消费者权益争议。

第二十八条 经调解达成协议后，当事人认为有必要的，可以按照有关规定共同向人民法院申请司法确认。

第二十九条 有管辖权的工商行政管理部门应当在受理消费者投诉之日起六十日内终结调解；调解不成的应当终止调解。

需要进行鉴定或者检测的，鉴定或者检测的时间不计算在六十日内。

第三十条 工商行政管理部门工作人员在处理消费者投诉工作中滥用职权、玩忽职守、徇私舞弊的，依法给予处分。

第四章 附 则

第三十一条 农民购买、使用直接用于农业生产的生产资料的投诉，参照本办法执行。

第三十二条 对其他部门转来属于工商行政管理部门职责范围内的消费者投诉，按照本办法第七条或者第八条规定执行。

第三十三条 工商行政管理部门在处理消费者投诉中，发现经营者有违法行为的，或者消费者举报经营者违法行为的，依照《工商行政管理机关行政处罚程序规定》另案处理。

第三十四条 本办法中有关文书式样，由国家工商行政管理总局统一制定。

第三十五条 本办法由国家工商行政管理总局负责解释。

第三十六条 本办法自2014年3月15日起施行。1996年3月15日原国家工商行政管理局第51号令公布的《工商行政管理机关受理消费者申诉暂行办法》和1997年3月15日原国家工商行政管理局第75号令公布的《工商行政管理所处理消费者申诉实施办法》同时废止。

合同违法行为监督处理办法

（2010年10月13日国家工商行政管理总局令第51号公布 自2010年11月13日起施行）

第一条 为了维护市场经济秩序，保护国家利益、社会公共利益和当事人合法权益，依据《中华人民共和国合同法》和有关法律法规的规定，制定本办法。

第二条 本办法所称合同违法行为，是指自然人、法人、其他组织利用合同，以牟取非法利益为目的，违反法律法规及本办法的行为。

第三条 当事人订立、履行合同，应当遵守法律、行政法规，尊重社会公德，不得扰乱社会经济秩序，损害国家利益、社会公共利益。

第四条 各级工商行政管理机关在职权范围内，依照有关法律法规及本办法的规定，负责监督处理合同违法行为。

第五条 各级工商行政管理机关依法监督处理合同违法行为，实行查处与引导相结合，处罚与教育相结合，推行行政指导，督促、引导当事人依法订立、履行合同，维护国家利益、社会公共利益。

第六条 当事人不得利用合同实施下列欺诈行为：

（一）伪造合同；

（二）虚构合同主体资格或者盗用、冒用他人名义订立合同；

（三）虚构合同标的或者虚构货源、销售渠道诱人订立、履行合同；

（四）发布或者利用虚假信息，诱人订立合同；

（五）隐瞒重要事实，诱骗对方当事人做出错误的意思表示订立合同，或者诱骗对方当事人履行合同；

（六）没有实际履行能力，以先履行小额合同或者部分履行合同的方法，诱骗对方当事人订立、履行合同；

（七）恶意设置事实上不能履行的条款，造成对方当事人无法履行合同；

（八）编造虚假理由中止（终止）合同，骗取财物；

（九）提供虚假担保；

（十）采用其他欺诈手段订立、履行合同。

第七条 当事人不得利用合同实施下列危害国家利益、社会公共利益的行为：

（一）以贿赂、胁迫等手段订立、履行合同，损害国家利益、社会公共利益；

（二）以恶意串通手段订立、履行合同，损害国家利益、社会公共利益；

（三）非法买卖国家禁止或者限制买卖的财物；

（四）没有正当理由，不履行国家指令性合同义务；

（五）其他危害国家利益、社会公共利益的合同违法行为。

第八条 任何单位和个人不得在知道或者应当知道的情况下，为他人实施本办法第六条、第七条规定的违法行为，提供证明、执照、印章、账户及其他便利条件。

第九条 经营者与消费者采用格式条款订立合同的，经营者不得在格式条款中免除自己的下列责任：

（一）造成消费者人身伤害的责任；

（二）因故意或者重大过失造成消费者财产损失的责任；

（三）对提供的商品或者服务依法应当承担的保证责任；

（四）因违约依法应当承担的违约责任；

（五）依法应当承担的其他责任。

第十条 经营者与消费者采用格式条款订立合同的，经营者不得在格式条款中加重消费者下列责任：

（一）违约金或者损害赔偿金超过法定数额或者合理数额；

（二）承担应当由格式条款提供方承担的经营风险责任；

（三）其他依照法律法规不应由消费者承担的责任。

第十一条 经营者与消费者采用格式条款订立合同的，经营者不得在格式条款中排除消费者下列权利：

（一）依法变更或者解除合同的权利；

（二）请求支付违约金的权利；

（三）请求损害赔偿的权利；

（四）解释格式条款的权利；

（五）就格式条款争议提起诉讼的权利；

（六）消费者依法应当享有的其他权利。

第十二条 当事人违反本办法第六条、第七条、第八条、第九条、第十条、第十一条规定，法律法规已有规定的，从其规定；法律法规没有规定的，工商行政管理机关视其情节轻重，分别给予警告，处以违法所得额三倍以下，但最高不超过三万元的罚款，没有违法所得的，处以一万元以下的罚款。

第十三条 当事人合同违法行为轻微并及时纠正，没有造成危害后果的，应当依法不予行政处罚；主动消除或者减轻危害后果的，应当依法从轻或者减轻行政处罚；经督促、引导，能够主动改正或者及时中止合同违法行为的，可以依法从轻行政处罚。

第十四条 违反本办法规定涉嫌犯罪的，工商行政管理机关应当按照有关规定，移交司法机关追究其刑事责任。

第十五条 本办法由国家工商行政管理总局负责解释。

第十六条 本办法自2010年11月13日起施行。

五、数据信息保护与共享

信息网络传播权保护条例

（2006年5月18日中华人民共和国国务院令第468号公布　根据2013年1月30日《国务院关于修改〈信息网络传播权保护条例〉的决定》修订）

第一条　为保护著作权人、表演者、录音录像制作者（以下统称权利人）的信息网络传播权，鼓励有益于社会主义精神文明、物质文明建设的作品的创作和传播，根据《中华人民共和国著作权法》（以下简称著作权法），制定本条例。

第二条　权利人享有的信息网络传播权受著作权法和本条例保护。除法律、行政法规另有规定的外，任何组织或者个人将他人的作品、表演、录音录像制品通过信息网络向公众提供，应当取得权利人许可，并支付报酬。

第三条　依法禁止提供的作品、表演、录音录像制品，不受本条例保护。

权利人行使信息网络传播权，不得违反宪法和法律、行政法规，不得损害公共利益。

第四条　为了保护信息网络传播权，权利人可以采取技术措施。

任何组织或者个人不得故意避开或者破坏技术措施，不得故意制造、进口或者向公众提供主要用于避开或者破坏技术措施的装置或者部件，不得故意为他人避开或者破坏技术措施提供技术服务。但是，法律、行政法规规定可以避开的除外。

第五条　未经权利人许可，任何组织或者个人不得进行下列行为：

（一）故意删除或者改变通过信息网络向公众提供的作品、表演、录音录像制品的权利管理电子信息，但由于技术上的原因无法避免删除或者改变的除外；

（二）通过信息网络向公众提供明知或者应知未经权利人许可被删除或者改变权利管理电子信息的作品、表演、录音录像制品。

第六条　通过信息网络提供他人作品，属于下列情形的，可以不经著作权人许可，不向其支付报酬：

（一）为介绍、评论某一作品或者说明某一问题，在向公众提供的作品中适当引用已经发表的作品；

（二）为报道时事新闻，在向公众提供的作品中不可避免地再现或者引用已经发表的作品；

（三）为学校课堂教学或者科学研究，向少数教学、科研人员提供少量已经发表的作品；

（四）国家机关为执行公务，在合理范围内向公众提供已经发表的作品；

（五）将中国公民、法人或者其他组织已经发表的、以汉语言文字创作的作品翻译成的少数民族语言文字作品，向中国境内少数民族提供；

（六）不以营利为目的，以盲人能够感知的独特方式向盲人提供已经发表的文字作品；

（七）向公众提供在信息网络上已经发表的关于政治、经济问题的时事性文章；

（八）向公众提供在公众集会上发表的讲话。

第七条 图书馆、档案馆、纪念馆、博物馆、美术馆等可以不经著作权人许可，通过信息网络向本馆馆舍内服务对象提供本馆收藏的合法出版的数字作品和依法为陈列或者保存版本的需要以数字化形式复制的作品，不向其支付报酬，但不得直接或者间接获得经济利益。当事人另有约定的除外。

前款规定的为陈列或者保存版本需要以数字化形式复制的作品，应当是已经损毁或者濒临损毁、丢失或者失窃，或者其存储格式已经过时，并且在市场上无法购买或者只能以明显高于标定的价格购买的作品。

第八条 为通过信息网络实施九年制义务教育或者国家教育规划，可以不经著作权人许可，使用其已经发表作品的片断或者短小的文字作品、音乐作品或者单幅的美术作品、摄影作品制作课件，由制作课件或者依法取得课件的远程教育机构通过信息网络向注册学生提供，但应当向著作权人支付报酬。

第九条 为扶助贫困，通过信息网络向农村地区的公众免费提供中国公民、法人或者其他组织已经发表的种植养殖、防病治病、防灾减灾等与扶助贫困有关的作品和适应基本文化需求的作品，网络服务提供者应当在提供前公告拟提供的作品及其作者、拟支付报酬的标准。自公告之日起30日内，著作权人不同意提供的，网络服务提供者不得提供其作品；自公告之日起满30日，著作权人没有异议的，网络服务提供者可以提供其作品，并按照公告的标准向著作权人支付报酬。网络服务提供者提供著作权人的作品后，著作权人不同意提供的，网络服务提供者应当立即删除著作权人的作品，并按照公告的标准向著作权人支付提供作品期间的报酬。

依照前款规定提供作品的，不得直接或者间接获得经济利益。

第十条 依照本条例规定不经著作权人许可、通过信息网络向公众提供其作品的，还应当遵守下列规定：

（一）除本条例第六条第一项至第六项、第七条规定的情形外，不得提供作者事先声明不许提供的作品；

（二）指明作品的名称和作者的姓名（名称）；

（三）依照本条例规定支付报酬；

（四）采取技术措施，防止本条例第七条、第八条、第九条规定的服务对象以外的其他人获得著作权人的作品，并防止本条例第七条规定的服务对象的复制行为对著作权人利益造成实质性损害；

（五）不得侵犯著作权人依法享有的其他权利。

第十一条 通过信息网络提供他人表演、录音录像制品的，应当遵守本条例第六条至第十条的规定。

第十二条 属于下列情形的，可以避开技术措施，但不得向他人提供避开技术措施的技术、装置或者部件，不得侵犯权利人依法享有的其他权利：

（一）为学校课堂教学或者科学研究，通过信息网络向少数教学、科研人员提供已经发表的作品、表演、录音录像制品，而该作品、表演、录音录像制品只能通过信息网络获取；

（二）不以营利为目的，通过信息网络以盲人能够感知的独特方式向盲人提供已经发表的文字作品，而该作品只能通过信息网络获取；

（三）国家机关依照行政、司法程序执行公务；

（四）在信息网络上对计算机及其系统或者网络的安全性能进行测试。

第十三条 著作权行政管理部门为了查处侵犯信息网络传播权的行为，可以要求网络服务提供者提供涉嫌侵权的服务对象的姓名（名称）、联系方式、网络地址等资料。

第十四条 对提供信息存储空间或者提供搜索、链接服务的网络服务提供者，权利人认为其服务所涉及的作品、表演、录音录像制品，侵犯自己的信息网络传播权或者被删除、改变了自己的权利管理电子信息的，可以向该网络服务提供者提交书面通知，要求网络服务提供者删除该作品、表演、录音录像制品，或者断开与该作品、表演、录音录像制品的链接。通知书应当包含下列内容：

（一）权利人的姓名（名称）、联系方式和地址；

（二）要求删除或者断开链接的侵权作品、表演、录音录像制品的名称和网络地址；

（三）构成侵权的初步证明材料。

权利人应当对通知书的真实性负责。

第十五条 网络服务提供者接到权利人的通知书后，应当立即删除涉嫌侵权的作品、表演、录音录像制品，或者断开与涉嫌侵权的作品、表演、录音录像制品的链接，并同时将通知书转送提供作品、表演、录音录像制品的服务对象；服务对象网络地址不明、无法转送的，应当将通知书的内容同时在信息网络上公告。

第十六条 服务对象接到网络服务提供者转送的通知书后，认为其提供的作品、表演、录音录像制品未侵犯他人权利的，可以向网络服务提供者提交书面说明，要求恢复被删除的作品、表演、录音录像制品，或者恢复与被断开的作品、表演、录音录像制品的链接。书面说明应当包含下列内容：

（一）服务对象的姓名（名称）、联系方式和地址；

（二）要求恢复的作品、表演、录音录像制品的名称和网络地址；

（三）不构成侵权的初步证明材料。

服务对象应当对书面说明的真实性负责。

第十七条 网络服务提供者接到服务对象的书面说明后，应当立即恢复被删除的作品、表演、录音录像制品，或者可以恢复与被断开的作品、表演、录音录像制品的链接，同时将服务对象的书面说明转送权利人。权利人不得再通知网络服务提供者删除该作品、表演、录音录像制品，或者断开与该作品、表演、录音录像制品的链接。

第十八条 违反本条例规定，有下列侵权行为之一的，根据情况承担停止侵害、消除影响、赔礼道歉、赔偿损失等民事责任；同时损害公共利益的，可以由著作权行政管理部门责令停止侵权行为，没收违法所得，非法经营额5万元以上的，可处非法经营额1倍以上5倍以下的罚款；没有非法经营额或者非法经营额5万元以下的，根据情节轻重，可处25万元以下的罚款；情节严重的，著作权行政管理部门可以没收主要用于提供网络服务的计算机等设备；构成犯罪的，依法追究刑事责任：

（一）通过信息网络擅自向公众提供他人的作品、表演、录音录像制品的；

（二）故意避开或者破坏技术措施的；

（三）故意删除或者改变通过信息网络向公众提供的作品、表演、录音录像制品的权利管理电子信息，或者通过信息网络向公众提供明知或者应知未经权利人许可而被删除或者改变权利管理电子信息的作品、表演、录音录像制品的；

（四）为扶助贫困通过信息网络向农村地区提供作品、表演、录音录像制品超过规定范围，或者未按照公告的标准支付报酬，或者在权利人不同意提供其作品、表演、录音录像制品后未立即删除的；

（五）通过信息网络提供他人的作品、表演、录音录像制品，未指明作品、表演、录音录像制品的名称或者作者、表演者、录音录像制作者的姓名（名称），或者未支付报酬，或者未依照本条例规定采取技术措施防止服务对象以外的其他人获得他人的作品、表演、录音录像制品，或者未防止服务对象的复制行为对权利人利益造成实质性损害的。

第十九条 违反本条例规定，有下列行为之一的，由著作权行政管理部门予以警告，没收违法所得，没收主要用于避开、破坏技术措施的装置或者部件；情节严重的，可以没收主要用于提供网络服务的计算机等设备；非法经营额5万元以上的，可处非法经营额1倍以上5倍以下的罚款；没有非法经营额或者非法经营额5万元以下的，根据情节轻重，可处25万元以下的罚款；构成犯罪的，依法追究刑事责任：

（一）故意制造、进口或者向他人提供主要用于避开、破坏技术措施的装置或者部件，或者故意为他人避开或者破坏技术措施提供技术服务的；

（二）通过信息网络提供他人的作品、表演、录音录像制品，获得经济利益的；

（三）为扶助贫困通过信息网络向农村地区提供作品、表演、录音录像制品，未在提供前公告作品、表演、录音录像制品的名称和作者、表演者、录音录像制作者的姓名（名称）以及报酬标准的。

第二十条 网络服务提供者根据服务对象的指令提供网络自动接入服务，或者对服务对象提供的作品、表演、录音录像制品提供自动传输服务，并具备下列条件的，不承担赔偿责任：

（一）未选择并且未改变所传输的作品、表演、录音录像制品；

（二）向指定的服务对象提供该作品、表演、录音录像制品，并防止指定的服务对象以外的其他人获得。

第二十一条 网络服务提供者为提高网络传输效率，自动存储从其他网络服务提供者获得的作品、表演、录音录像制品，根据技术安排自动向服务对象提供，并具备下列条件的，不承担赔偿责任：

（一）未改变自动存储的作品、表演、录音录像制品；

（二）不影响提供作品、表演、录音录像制品的原网络服务提供者掌握服务对象获取该作品、表演、录音录像制品的情况；

（三）在原网络服务提供者修改、删除或者屏蔽该作品、表演、录音录像制品时，根据技术安排自动予以修改、删除或者屏蔽。

第二十二条 网络服务提供者为服务对象提供信息存储空间，供服务对象通过信息网络向公众提供作品、表演、录音录像制品，并具备下列条件的，不承担赔偿责任：

（一）明确标示该信息存储空间是为服务对象所提供，并公开网络服务提供者的名称、联系人、网络地址；

（二）未改变服务对象所提供的作品、表演、录音录像制品；

（三）不知道也没有合理的理由应当知道服务对象提供的作品、表演、录音录像制品侵权；

（四）未从服务对象提供作品、表演、录音录像制品中直接获得经济利益；

（五）在接到权利人的通知书后，根据本条例规定删除权利人认为侵权的作品、表演、录音录像制品。

第二十三条 网络服务提供者为服务对象提供搜索或者链接服务，在接到权利人的通知书后，根据本条例规定断开与侵权的作品、表演、录音录像制品的链接的，不承担赔偿责任；但是，明知或者应知所链接的作品、表演、录音录像制品侵权的，应当承担共同侵权责任。

第二十四条 因权利人的通知导致网络服务提供者错误删除作品、表演、录音录像制品，或者错误断开与作品、表演、录音录像制品的链接，给服务对象造成损失的，权利人应当承担赔偿责任。

第二十五条 网络服务提供者无正当理由拒绝提供或者拖延提供涉嫌侵权的服务对象的姓名（名称）、联系方式、网络地址等资料的，由著作权行政管理部门予以警告；情节严重的，没收主要用于提供网络服务的计算机等设备。

第二十六条 本条例下列用语的含义：

信息网络传播权，是指以有线或者无线方式向公众提供作品、表演或者录音录像制品，使公众可以在其个人选定的时间和地点获得作品、表演或者录音录像制品的权利。

技术措施，是指用于防止、限制未经权利人许可浏览、欣赏作品、表演、录音录像制品的或者通过信息网络向公众提供作品、表演、录音录像制品的有效技术、装置或者部件。

权利管理电子信息，是指说明作品及其作者、表演及其表演者、录音录像制品及其制作者的信息，作品、表演、录音录像制品权利人的信息和使用条件的信息，以及表示上述信息的数字或者代码。

第二十七条 本条例自2006年7月1日起施行。

国务院办公厅关于促进和规范健康医疗大数据应用发展的指导意见（节录）

（2016年6月24日 国办发〔2016〕47号）

……

一、指导思想、基本原则和发展目标

（一）指导思想。深入贯彻落实党的十八大和十八届三中、四中、五中全会精神，牢固树立并切实贯彻创新、协调、绿色、开放、共享的发展理念，按照党中央、国务院决策部署，发挥市场在资源配置中的决定性作用，更好发挥政府作用，以保障全体人民健康为出发点，强化顶层设计，夯实基层基础，完善政策制度，创新工作机制，大力推动政府健康医疗信息系统和公众健康医疗数据互联融合、开放共享，消除信息孤岛，积极营造促进健康医疗大数据安全规范、创新应用的发展环境，通过“互联网＋健康医疗”探索服务新模式、培育发展新业态，努力建设人民满意的医疗卫生事业，为打造健康中国、全面建成小康社会和实现中华民族伟大复兴的中国梦提供有力支撑。

……

二、重点任务和重大工程

……

（三）规范和推动“互联网＋健康医疗”服务。

8. 发展智慧健康医疗便民惠民服务。发挥优质医疗资源的引领作用，鼓励社会力量参与，整合线上线下资源，规范医疗物联网和健康医疗应用程序（APP）管理，大力推进互联网健康咨询、网上预约分诊、移动支付和检查检验结果查询、随访跟踪等应用，优化形成规范、共享、互信的诊疗流程。探索互联网健康医疗服务模式。以家庭医生签约服务为基础，推进居民健康卡、社会保障卡等应用集成，激活居民电子健康档案应用，推动覆盖全生命周期的预防、治疗、康复和健康管理的一体化电子健康服务。

9. 全面建立远程医疗应用体系。实施健康中国云服务计划，建设健康医疗服务集成平台，提供远程会诊、远程影像、远程病理、远程心电诊断服务，健全检查检验结果互认共享机制。推进大医院与基层医疗卫生机构、全科医生与专科医生的数据资源共享和业务协同，健全基于互联网、大数据技术的分级诊疗信息系统，延伸放大医疗卫生机构服务能力，有针对性地促进“重心下移、资源下沉”。

10. 推动健康医疗教育培训应用。支持建立以国家健康医疗开放大学为基础、中国健康医疗教育慕课联盟为支撑的健康医疗教育培训云平台，鼓励开发慕课健康医疗培训教材，探索新型互联网教学模式和方法，组织优质师资推进网络医学教育资源开放共享和在线互动、远程培训、远程手术示教、学习成效评估等应用，便捷医务人员终身教育，提升基层医疗卫生服务能力。

（四）加强健康医疗大数据保障体系建设。

11. 加强法规和标准体系建设。制定完善健康医疗大数据应用发展的法律法规，强化居民健康信息服务规范管理，明确信息使用权限，切实保护相关各方合法权益。完善数据开放共享支撑服务体系，建立“分级授权、分类应用、权责一致”的管理制度。规范健康医疗大数据应用领域的准入标准，建立大数据应用诚信机制和退出机制，严格规范大数据开发、挖掘、应用行为。建立统一的疾病诊断编码、临床医学术语、检查检验规范、药品应用编码、信息数据接口和传输协议等相关标准，促进健康医疗大数据产品、服务流程标准化。

12. 推进网络可信体系建设。强化健康医疗数字身份管理，建设全国统一标识的医疗卫生人员和医疗卫生机构可信医学数字身份、电子实名认证、数据访问控制信息系统，积极推进电子签名应用，逐步建立服务管理留痕可溯、诊疗数据安全运行、多方协作参与的健康医疗管理新模式。

13. 加强健康医疗数据安全保障。加快健康医疗数据安全体系建设，建立数据安全管理责任制度，制定标识赋码、科学分类、风险分级、安全审查规则。制定人口健康信息安全规划，强化国家、区域人口健康信息工程技术能力，注重内容安全和技术安全，确保国家关键信息基础设施和核心系统自主可控稳定安全。开展大数据平台及服务商的可靠性、可控性和安全性评测以及应用的安全性评测和风险评估，建立安全防护、系统互联共享、公民隐私保护等软件评价和安全审查制度。加强大数据安全监测和预警，建立安全信息通报和应急处置联动机制，建立健全"互联网+健康医疗"服务安全工作机制，完善风险隐患化解和应对工作措施，加强对涉及国家利益、公共安全、患者隐私、商业秘密等重要信息的保护，加强医学院、科研机构等方面的安全防范。

14. 加强健康医疗信息化复合型人才队伍建设。实施国家健康医疗信息化人才发展计划，强化医学信息学学科建设和"数字化医生"培育，着力培育高层次、复合型的研发人才和科研团队，培养一批有国际影响力的专门人才、学科带头人和行业领军人物。创新专业人才继续教育形式，完善多层次、多类型人才培养培训体系，推动政府、高等院校、科研院所、医疗机构、企业共同培养人才，促进健康医疗大数据人才队伍建设。

……

互联网广告管理暂行办法

（2016 年 7 月 4 日国家工商行政管理总局令第 87 号公布　自 2016 年 9 月 1 日起施行）

第一条　为了规范互联网广告活动，保护消费者的合法权益，促进互联网广告业的健康发展，维护公平竞争的市场经济秩序，根据《中华人民共和国广告法》（以下简称广告法）等法律、行政法规，制定本办法。

第二条　利用互联网从事广告活动，适用广告法和本办法的规定。

第三条　本办法所称互联网广告，是指通过网站、网页、互联网应用程序等互联网媒介，以文字、图片、音频、视频或者其他形式，直接或者间接地推销商品或者服务的商业广告。

前款所称互联网广告包括：

（一）推销商品或者服务的含有链接的文字、图片或者视频等形式的广告；

（二）推销商品或者服务的电子邮件广告；

（三）推销商品或者服务的付费搜索广告；

（四）推销商品或者服务的商业性展示中的广告，法律、法规和规章规定经营者应当向消费者提供的信息的展示依照其规定；

（五）其他通过互联网媒介推销商品或者服务的商业广告。

第四条　鼓励和支持广告行业组织依照法律、法规、规章和章程的规定，制定行业规范，加强行业自律，促进行业发展，引导会员依法从事互联网广告活动，推动互联网广告行业诚信建设。

第五条　法律、行政法规规定禁止生产、销售的商品或者提供的服务，以及禁止发布广告的商品或者服务，任何单位或者个人不得在互联网上设计、制作、代理、发布广告。

禁止利用互联网发布处方药和烟草的广告。

第六条　医疗、药品、特殊医学用途配方食品、医疗器械、农药、兽药、保健食品广告等法律、行政法规规定须经广告审查机关进行审查的特殊商品或者服务的广告，未经审查，不得发布。

第七条 互联网广告应当具有可识别性，显著标明“广告”，使消费者能够辨明其为广告。

付费搜索广告应当与自然搜索结果明显区分。

第八条 利用互联网发布、发送广告，不得影响用户正常使用网络。在互联网页面以弹出等形式发布的广告，应当显著标明关闭标志，确保一键关闭。

不得以欺骗方式诱使用户点击广告内容。

未经允许，不得在用户发送的电子邮件中附加广告或者广告链接。

第九条 互联网广告主、广告经营者、广告发布者之间在互联网广告活动中应当依法订立书面合同。

第十条 互联网广告主应当对广告内容的真实性负责。

广告主发布互联网广告需具备的主体身份、行政许可、引证内容等证明文件，应当真实、合法、有效。

广告主可以通过自设网站或者拥有合法使用权的互联网媒介自行发布广告，也可以委托互联网广告经营者、广告发布者发布广告。

互联网广告主委托互联网广告经营者、广告发布者发布广告，修改广告内容时，应当以书面形式或者其他可以被确认的方式通知为其提供服务的互联网广告经营者、广告发布者。

第十一条 为广告主或者广告经营者推送或者展示互联网广告，并能够核对广告内容、决定广告发布的自然人、法人或者其他组织，是互联网广告的发布者。

第十二条 互联网广告发布者、广告经营者应当按照国家有关规定建立、健全互联网广告业务的承接登记、审核、档案管理制度；审核查验并登记广告主的名称、地址和有效联系方式等主体身份信息，建立登记档案并定期核实更新。

互联网广告发布者、广告经营者应当查验有关证明文件，核对广告内容，对内容不符或者证明文件不全的广告，不得设计、制作、代理、发布。

互联网广告发布者、广告经营者应当配备熟悉广告法规的广告审查人员；有条件的还应当设立专门机构，负责互联网广告的审查。

第十三条 互联网广告可以以程序化购买广告的方式，通过广告需求方平台、媒介方平台以及广告信息交换平台等所提供的信息整合、数据分析等服务进行有针对性地发布。

通过程序化购买广告方式发布的互联网广告，广告需求方平台经营者应当清晰标明广告来源。

第十四条 广告需求方平台是指整合广告主需求，为广告主提供发布服务的广告主服务平台。广告需求方平台的经营者是互联网广告发布者、广告经营者。

媒介方平台是指整合媒介方资源，为媒介所有者或者管理者提供程序化的广告分配和筛选的媒介服务平台。

广告信息交换平台是提供数据交换、分析匹配、交易结算等服务的数据处理平台。

第十五条 广告需求方平台经营者、媒介方平台经营者、广告信息交换平台经营者以及媒介方平台的成员，在订立互联网广告合同时，应当查验合同相对方的主体身份证明文件、真实名称、地址和有效联系方式等信息，建立登记档案并定期核实更新。

媒介方平台经营者、广告信息交换平台经营者以及媒介方平台成员，对其明知或者应知的违法广告，应当采取删除、屏蔽、断开链接等技术措施和管理措施，予以制止。

第十六条 互联网广告活动中不得有下列行为：

（一）提供或者利用应用程序、硬件等对他人正当经营的广告采取拦截、过滤、覆盖、快进等限制措施；

（二）利用网络通路、网络设备、应用程序等破坏正常广告数据传输，篡改或者遮挡他人正当经营的广告，擅自加载广告；

（三）利用虚假的统计数据、传播效果或者互联网媒介价值，诱导错误报价，谋取不正当利益或者损害他人利益。

第十七条 未参与互联网广告经营活动，仅为互联网广告提供信息服务的互联网信息服务提供者，对其明知或者应知利用其信息服务发布违法广告的，应当予以制止。

第十八条 对互联网广告违法行为实施行政处罚，由广告发布者所在地工商行政管理部门管辖。广告发布者所在地工商行政管理部门管辖异地广告主、广告经营者有困难的，可以将广告主、广告经营者的违法情况移交广告主、广告经营者所在地工商行政管理部门处理。

广告主所在地、广告经营者所在地工商行政管理部门先行发现违法线索或者收到投诉、举报的，也可以进行管辖。

对广告主自行发布的违法广告实施行政处罚，由广告主所在地工商行政管理部门管辖。

第十九条 工商行政管理部门在查处违法广告时，可以行使下列职权：

（一）对涉嫌从事违法广告活动的场所实施现场检查；

（二）询问涉嫌违法的有关当事人，对有关单位或者个人进行调查；

（三）要求涉嫌违法当事人限期提供有关证明文件；

（四）查阅、复制与涉嫌违法广告有关的合同、票据、账簿、广告作品和互联网广告后台数据，采用截屏、页面另存、拍照等方法确认互联网广告内容；

（五）责令暂停发布可能造成严重后果的涉嫌违法广告。

工商行政管理部门依法行使前款规定的职权时，当事人应当协助、配合，不得拒绝、阻挠或者隐瞒真实情况。

第二十条 工商行政管理部门对互联网广告的技术监测记录资料，可以作为对违法的互联网广告实施行政处罚或者采取行政措施的电子数据证据。

第二十一条 违反本办法第五条第一款规定，利用互联网广告推销禁止生产、销售的产品或者提供的服务，或者禁止发布广告的商品或者服务的，依照广告法第五十七条第五项的规定予以处罚；违反第二款的规定，利用互联网发布处方药、烟草广告的，依照广告法第五十七条第二项、第四项的规定予以处罚。

第二十二条 违反本办法第六条规定，未经审查发布广告的，依照广告法第五十八条第一款第十四项的规定予以处罚。

第二十三条 互联网广告违反本办法第七条规定，不具有可识别性的，依照广告法第五十九条第三款的规定予以处罚。

第二十四条 违反本办法第八条第一款规定，利用互联网发布广告，未显著标明关闭标志并确保一键关闭的，依照广告法第六十三条第二款的规定进行处罚；违反第二款、第三款规定，以欺骗方式诱使用户点击广告内容的，或者未经允许，在用户发送的电子邮件中附加广告或者广告链接的，责令改正，处一万元以上三万元以下的罚款。

第二十五条 违反本办法第十二条第一款、第二款规定，互联网广告发布者、广告经营者未按照国家有关规定建立、健全广告业务管理制度的，或者未对广告内容进行核对的，依照广告法第六十一条第一款的规定予以处罚。

第二十六条 有下列情形之一的，责令改正，处一万元以上三万元以下的罚款：

（一）广告需求方平台经营者违反本办法第十三条第二款规定，通过程序化购买方式发布的广告未标明来源的；

（二）媒介方平台经营者、广告信息交换平台经营者以及媒介方平台成员，违反本办法第十五条第一款、第二款规定，未履行相关义务的。

第二十七条 违反本办法第十七条规定，互联网信息服务提供者明知或者应知互联网广告活动违法不予制止的，依照广告法第六十四条规定予以处罚。

第二十八条 工商行政管理部门依照广告法和本办法规定所做出的行政处罚决定，应当通过企业信用信息公示系统依法向社会公示。

第二十九条 本办法自2016年9月1日起施行。

移动互联网应用程序信息服务管理规定

（2016年6月28日　国家互联网信息办公室）

第一条 为加强对移动互联网应用程序（APP）信息服务的管理，保护公民、法人和其他组织的合法权益，维护国家安全和公共利益，根据《全国人民代表大会常务委员会关于加强网络信息保护的决定》和《国务院关于授权国家互联网信息办公室负责互联网信息内容管理工作的通知》，制定本规定。

第二条 在中华人民共和国境内通过移动互联网应用程序提供信息服务，从事互联网应用商店服务，应当遵守本规定。

本规定所称移动互联网应用程序，是指通过预装、下载等方式获取并运行在移动智能终端上、向用户提供信息服务的应用软件。

本规定所称移动互联网应用程序提供者，是指提供信息服务的移动互联网应用程序所有者或运营者。

本规定所称互联网应用商店，是指通过互联网提供应用软件浏览、搜索、下载或开发工具和产品发布服务的平台。

第三条 国家互联网信息办公室负责全国移动互联网应用程序信息内容的监督管理执法工作。地方互联网信息办公室依据职责负责本行政区域内的移动互联网应用程序信息内容的监督管理执法工作。

第四条 鼓励各级党政机关、企事业单位和各人民团体积极运用移动互联网应用程序，推进政务公开，提供公共服务，促进经济社会发展。

第五条 通过移动互联网应用程序提供信息服务，应当依法取得法律法规规定的相关资质。从事互联网应用商店服务，还应当在业务上线运营三十日内向所在地省、自治区、直辖市互联网信息办公室备案。

第六条 移动互联网应用程序提供者和互联网应用商店服务提供者不得利用移动互联网应用程序从事危害国家安全、扰乱社会秩序、侵犯他人合法权益等法律法规禁止的活动，不得利用移动互联网应用程序制作、复制、发布、传播法律法规禁止的信息内容。

第七条 移动互联网应用程序提供者应当严格落实信息安全管理责任，依法履行以下义务：

（一）按照“后台实名、前台自愿”的原则，对注册用户进行基于移动电话号码等真实身份信息认证。

（二）建立健全用户信息安全保护机制，收集、使用用户个人信息应当遵循合法、正当、必要的原则，明示收集使用信息的目的、方式和范围，并经用户同意。

（三）建立健全信息内容审核管理机制，对发布违法违规信息内容的，视情采取警示、限制功能、暂停更新、关闭账号等处置措施，保存记录并向有关主管部门报告。

（四）依法保障用户在安装或使用过程中的知情权和选择权，未向用户明示并经用户同意，不得开启收集地理位置、读取通讯录、使用摄像头、启用录音等功能，不得开启与服务无关的功能，不得捆绑安装无关应用程序。

（五）尊重和保护知识产权，不得制作、发布侵犯他人知识产权的应用程序。

（六）记录用户日志信息，并保存六十日。

第八条 互联网应用商店服务提供者应当对应用程序提供者履行以下管

理责任：

（一）对应用程序提供者进行真实性、安全性、合法性等审核，建立信用管理制度，并向所在地省、自治区、直辖市互联网信息办公室分类备案。

（二）督促应用程序提供者保护用户信息，完整提供应用程序获取和使用用户信息的说明，并向用户呈现。

（三）督促应用程序提供者发布合法信息内容，建立健全安全审核机制，配备与服务规模相适应的专业人员。

（四）督促应用程序提供者发布合法应用程序，尊重和保护应用程序提供者的知识产权。

对违反前款规定的应用程序提供者，视情采取警示、暂停发布、下架应用程序等措施，保存记录并向有关主管部门报告。

第九条 互联网应用商店服务提供者和移动互联网应用程序提供者应当签订服务协议，明确双方权利义务，共同遵守法律法规和平台公约。

第十条 移动互联网应用程序提供者和互联网应用商店服务提供者应当配合有关部门依法进行的监督检查，自觉接受社会监督，设置便捷的投诉举报入口，及时处理公众投诉举报。

第十一条 本规定自2016年8月1日起施行。

互联网信息搜索服务管理规定

（2016年6月25日　国家互联网信息办公室）

第一条 为规范互联网信息搜索服务，促进互联网信息搜索行业健康有序发展，保护公民、法人和其他组织的合法权益，维护国家安全和公共利益，根据《全国人民代表大会常务委员会关于加强网络信息保护的决定》和《国务院关于授权国家互联网信息办公室负责互联网信息内容管理工作的通知》，制定本规定。

第二条 在中华人民共和国境内从事互联网信息搜索服务，适用本规定。

本规定所称互联网信息搜索服务，是指运用计算机技术从互联网上搜集、处理各类信息供用户检索的服务。

第三条 国家互联网信息办公室负责全国互联网信息搜索服务的监督管

理执法工作。地方互联网信息办公室依据职责负责本行政区域内互联网信息搜索服务的监督管理执法工作。

第四条 互联网信息搜索服务行业组织应当建立健全行业自律制度和行业准则，指导互联网信息搜索服务提供者建立健全服务规范，督促互联网信息搜索服务提供者依法提供服务、接受社会监督，提高互联网信息搜索服务从业人员的职业素养。

第五条 互联网信息搜索服务提供者应当取得法律法规规定的相关资质。

第六条 互联网信息搜索服务提供者应当落实主体责任，建立健全信息审核、公共信息实时巡查、应急处置及个人信息保护等信息安全管理制度，具有安全可控的防范措施，为有关部门依法履行职责提供必要的技术支持。

第七条 互联网信息搜索服务提供者不得以链接、摘要、快照、联想词、相关搜索、相关推荐等形式提供含有法律法规禁止的信息内容。

第八条 互联网信息搜索服务提供者提供服务过程中发现搜索结果明显含有法律法规禁止内容的信息、网站及应用，应当停止提供相关搜索结果，保存有关记录，并及时向国家或者地方互联网信息办公室报告。

第九条 互联网信息搜索服务提供者及其从业人员，不得通过断开相关链接或者提供含有虚假信息的搜索结果等手段，牟取不正当利益。

第十条 互联网信息搜索服务提供者应当提供客观、公正、权威的搜索结果，不得损害国家利益、公共利益，以及公民、法人和其他组织的合法权益。

第十一条 互联网信息搜索服务提供者提供付费搜索信息服务，应当依法查验客户有关资质，明确付费搜索信息页面比例上限，醒目区分自然搜索结果与付费搜索信息，对付费搜索信息逐条加注显著标识。

互联网信息搜索服务提供者提供商业广告信息服务，应当遵守相关法律法规。

第十二条 互联网信息搜索服务提供者应当建立健全公众投诉、举报和用户权益保护制度，在显著位置公布投诉、举报方式，主动接受公众监督，及时处理公众投诉、举报，依法承担对用户权益造成损害的赔偿责任。

第十三条 本规定自 2016 年 8 月 1 日起施行。

工业和信息化部关于放开在线数据处理与交易处理业务（经营类电子商务）外资股比限制的通告

（2015年6月19日　工信部通〔2015〕196号）

为贯彻落实党的十八届三中全会精神，支持我国电子商务发展，鼓励和引导外资积极参与，进一步激发市场竞争活力，我部决定在中国（上海）自由贸易试验区开展试点的基础上，在全国范围内放开在线数据处理与交易处理业务（经营类电子商务）的外资股比限制，外资持股比例可至100%。

外商投资企业要依法依规经营，申请在线数据处理与交易处理业务（经营类电子商务）许可时，对外资的股比要求按本通告执行，其他许可条件要求及相应审批程序按《外商投资电信企业管理规定》（国务院令第534号）相关规定执行。

各省、自治区、直辖市通信管理局要加强对外商投资企业的引导和监督，加大事中事后监管力度，切实维护用户合法权益，营造公平竞争的发展环境，促进电子商务持续健康发展，使之成为大众创业、万众创新的重要平台。

本通告自发布之日起执行。

互联网危险物品信息发布管理规定

（2015年2月5日　公安部、国家互联网信息办公室、工业和信息化部、环境保护部、国家工商行政管理总局、国家安全生产监督管理总局　公通字〔2015〕5号）

第一条　为进一步加强对互联网危险物品信息的管理，规范危险物品从业单位信息发布行为，依法查处、打击涉及危险物品的违法犯罪活动，净化网络环境，保障公共安全，根据《全国人大常委会关于加强网络信息保护的决定》、《全国人大常委会关于维护互联网安全的决定》、《广告法》、《枪支管理法》、《放射性污染防治法》和《民用爆炸物品安全管理条例》、《烟花爆竹安全管理条例》、《危险化学品安全管理条例》、《放射性同位素与射线装置安全和防护条例》、《核材料管制条例》、《互联网信息服务管理办法》等法律、法规和规章，制定本规定。

第二条 本规定所称危险物品，是指枪支弹药、爆炸物品、剧毒化学品、易制爆危险化学品和其他危险化学品、放射性物品、核材料、管制器具等能够危及人身安全和财产安全的物品。

第三条 本规定所称危险物品从业单位，是指依法取得危险物品生产、经营、使用资质的单位以及从事危险物品相关工作的教学、科研、社会团体、中介机构等单位。具体包括：

（一）经公安机关核发《民用枪支（弹药）制造许可证》、《民用枪支（弹药）配售许可证》的民用枪支、弹药制造、配售企业；

（二）经民用爆炸物品行业主管部门核发《民用爆炸物品生产许可证》、《民用爆炸物品销售许可证》的民用爆炸物品生产、销售企业，经公安机关核发《爆破作业单位许可证》的爆破作业单位；

（三）经安全生产监督管理部门核发《烟花爆竹安全生产许可证》、《烟花爆竹经营（批发）许可证》、《烟花爆竹经营（零售）许可证》的烟花爆竹生产、经营单位；

（四）经安全生产监督管理部门核发《危险化学品安全生产许可证》、《危险化学品经营许可证》、《危险化学品安全使用许可证》的危险化学品生产、经营、使用单位；

（五）经环境保护主管部门核发《辐射安全许可证》的生产、销售、使用放射性同位素和射线装置单位；

（六）经国务院核材料管理部门核发《核材料许可证》的核材料持有、使用、生产、储存、运输和处置单位；

（七）经公安机关批准的弩制造企业、营业性射击场，经公安机关登记备案的管制刀具制造、销售单位；

（八）从事危险物品教学、科研、服务的高等院校、科研院所、社会团体、中介机构和技术服务企业；

（九）法律、法规规定的其他危险物品从业单位。

第四条 本规定所称危险物品信息，是指在互联网上发布的危险物品生产、经营、储存、使用信息，包括危险物品种类、性能、用途和危险物品专业服务等相关信息。

第五条　危险物品从业单位从事互联网信息服务的，应当按照《互联网信息服务管理办法》规定，向电信主管部门申请办理互联网信息服务增值电信业务经营许可或者办理非经营性互联网信息服务备案手续，并按照《计算机信息网络国际联网安全保护管理办法》规定，持从事危险物品活动的合法资质材料到所在地县级以上人民政府公安机关接受网站安全检查。

第六条　危险物品从业单位依法取得互联网信息服务增值电信业务经营许可或者办理非经营性互联网信息服务备案手续后，可以在本单位网站发布危险物品信息。

禁止个人在互联网上发布危险物品信息。

第七条　接入服务提供者应当与危险物品从业单位签订协议或者确认提供服务，不得为未取得增值电信业务许可或者未办理非经营性互联网信息服务备案手续的危险物品从业单位提供接入服务。

接入服务提供者不得为危险物品从业单位以外的任何单位或者个人提供危险物品信息发布网站接入服务。

第八条　危险物品从业单位应当在本单位网站主页显著位置标明可供查询的互联网信息服务经营许可证编号或者备案编号、从事危险物品活动的合法资质和营业执照等材料。

第九条　危险物品从业单位应当在本单位网站网页显著位置标明单位、个人购买相关危险物品应当具备的资质、资格条件：

（一）购买民用枪支、弹药应当持有省级或者设区的市级人民政府公安机关核发的《民用枪支（弹药）配购证》。

（二）购买民用爆炸物品应当持有国务院民用爆炸物品行业主管部门核发的《民用爆炸物品生产许可证》，或者省级人民政府民用爆炸物品行业主管部门核发的《民用爆炸物品销售许可证》，或者所在地县级人民政府公安机关核发的《民用爆炸物品购买许可证》。

（三）购买烟花爆竹的，批发企业应当持有安全生产监督管理部门核发的《烟花爆竹经营（批发）许可证》；零售单位应当持有安全生产监督管理部门核发的《烟花爆竹经营（零售）许可证》；举办焰火晚会以及其他大型焰火燃放活动的应当持有公安机关核发的《焰火燃放许可证》；个人消费者应当向持有安全生产监督管理部门核发的《烟花爆竹经营（零售）许可证》的零售单位购买。批发企业向烟花爆竹生产企业采购烟花爆竹；零售经营者向烟花爆竹批发企业采购烟花爆竹。严禁零售单位和个人购买专业燃放类烟花爆竹。

（四）购买剧毒化学品应当持有安全生产监督管理部门核发的《危险化学品安全生产许可证》，或者设区的市级人民政府安全生产监督管理部门核发的《危险化学品经营许可证》或者《危险化学品安全使用许可证》，或者县级人民政府公安机关核发的《剧毒化学品购买许可证》。

购买易制爆危险化学品应当持有安全生产监督管理部门核发的《危险化学品安全生产许可证》，或者工业和信息化部核发的《民用爆炸物品生产许可证》，或者设区的市级人民政府安全生产监督管理部门核发的《危险化学品经营许可证》或者《危险化学品安全使用许可证》，或者本单位出具的合法用途证明。

（五）购买放射性同位素的单位应当持有环境保护主管部门核发的《辐射安全许可证》。

（六）购买核材料的单位应当持有国务院核材料管理部门核发的《核材料许可证》。

（七）购买弩应当持有省级人民政府公安机关批准使用的许可文件。

（八）购买匕首、三棱刮刀应当持有所在单位的批准文件或者证明，且匕首仅限于军人、警察、专业狩猎人员和地质、勘探等野外作业人员购买，三棱刮刀仅限于机械加工单位购买。

（九）法律、法规和相关管理部门的其他规定。

第十条 禁止危险物品从业单位在本单位网站以外的互联网应用服务中发布危险物品信息及建立相关链接。

危险物品从业单位发布的危险物品信息不得包含诱导非法购销危险物品行为的内容。

第十一条 禁止任何单位和个人在互联网上发布危险物品制造方法的信息。

第十二条 网络服务提供者应当加强对接入网站及用户发布信息的管理，定期对发布信息进行巡查，对法律、法规和本规定禁止发布或者传输的危险物品信息，应当立即停止传输，采取消除等处置措施，保存有关记录，并向公安机关等主管部门报告。

第十三条 各级公安、网信、工业和信息化、电信主管、环境保护、工商行政管理、安全监管等部门在各自的职责范围内依法履行职责，完善危险物品从业单位许可、登记备案、信息情况通报和信息发布机制，加强协作配合，共同防范危险物品信息发布的违法犯罪行为。

第十四条 违反规定制作、复制、发布、传播含有危险物品内容的信息，或者故意为制作、复制、发布、传播违法违规危险物品信息提供服务的，依法给予停止联网、停机整顿、吊销许可证或者取消备案、暂时关闭网站直至关闭网站等处罚；构成违反治安管理行为的，依法给予治安管理处罚；构成犯罪的，依法追究刑事责任。

第十五条 任何组织和个人对在互联网上违法违规发布危险物品信息和利用互联网从事走私、贩卖危险物品的违法犯罪行为，有权向有关主管部门举报。接到举报的部门应当依法及时处理，并对举报有功人员予以奖励。

第十六条 本规定自2015年3月1日起执行。

即时通信工具公众信息服务发展管理暂行规定

（2014年8月7日　国家互联网信息办公室）

第一条 为进一步推动即时通信工具公众信息服务健康有序发展，保护公民、法人和其他组织的合法权益，维护国家安全和公共利益，根据《全国人民代表大会常务委员会关于维护互联网安全的决定》、《全国人民代表大会常务委员会关于加强网络信息保护的决定》、《最高人民法院最高人民检察院关于办理利用信息网络实施诽谤等刑事案件适用法律若干问题的解释》、《互联网信息服务管理办法》、《互联网新闻信息服务管理规定》等法律法规，制定本规定。

第二条 在中华人民共和国境内从事即时通信工具公众信息服务，适用本规定。

本规定所称即时通信工具，是指基于互联网面向终端使用者提供即时信息交流服务的应用。本规定所称公众信息服务，是指通过即时通信工具的公众账号及其他形式向公众发布信息的活动。

第三条 国家互联网信息办公室负责统筹协调指导即时通信工具公众信息

服务发展管理工作，省级互联网信息内容主管部门负责本行政区域的相关工作。

互联网行业组织应当积极发挥作用，加强行业自律，推动行业信用评价体系建设，促进行业健康有序发展。

第四条 即时通信工具服务提供者应当取得法律法规规定的相关资质。即时通信工具服务提供者从事公众信息服务活动，应当取得互联网新闻信息服务资质。

第五条 即时通信工具服务提供者应当落实安全管理责任，建立健全各项制度，配备与服务规模相适应的专业人员，保护用户信息及公民个人隐私，自觉接受社会监督，及时处理公众举报的违法和不良信息。

第六条 即时通信工具服务提供者应当按照“后台实名、前台自愿”的原则，要求即时通信工具服务使用者通过真实身份信息认证后注册账号。

即时通信工具服务使用者注册账号时，应当与即时通信工具服务提供者签订协议，承诺遵守法律法规、社会主义制度、国家利益、公民合法权益、公共秩序、社会道德风尚和信息真实性等“七条底线”。

第七条 即时通信工具服务使用者为从事公众信息服务活动开设公众账号，应当经即时通信工具服务提供者审核，由即时通信工具服务提供者向互联网信息内容主管部门分类备案。

新闻单位、新闻网站开设的公众账号可以发布、转载时政类新闻，取得互联网新闻信息服务资质的非新闻单位开设的公众账号可以转载时政类新闻。其他公众账号未经批准不得发布、转载时政类新闻。

即时通信工具服务提供者应当对可以发布或转载时政类新闻的公众账号加注标识。

鼓励各级党政机关、企事业单位和各人民团体开设公众账号，服务经济社会发展，满足公众需求。

第八条 即时通信工具服务使用者从事公众信息服务活动，应当遵守相关法律法规。

对违反协议约定的即时通信工具服务使用者，即时通信工具服务提供者应当视情节采取警示、限制发布、暂停更新直至关闭账号等措施，并保存有关记录，履行向有关主管部门报告义务。

第九条 对违反本规定的行为，由有关部门依照相关法律法规处理。

第十条 本规定自公布之日起施行。

电信和互联网用户个人信息保护规定

（2013 年 7 月 16 日工业和信息化部令第 24 号公布　自 2013 年 9 月 1 日起施行）

第一章　总　　则

第一条　为了保护电信和互联网用户的合法权益，维护网络信息安全，根据《全国人民代表大会常务委员会关于加强网络信息保护的决定》、《中华人民共和国电信条例》和《互联网信息服务管理办法》等法律、行政法规，制定本规定。

第二条　在中华人民共和国境内提供电信服务和互联网信息服务过程中收集、使用用户个人信息的活动，适用本规定。

第三条　工业和信息化部和各省、自治区、直辖市通信管理局（以下统称电信管理机构）依法对电信和互联网用户个人信息保护工作实施监督管理。

第四条　本规定所称用户个人信息，是指电信业务经营者和互联网信息服务提供者在提供服务的过程中收集的用户姓名、出生日期、身份证件号码、住址、电话号码、账号和密码等能够单独或者与其他信息结合识别用户的信息以及用户使用服务的时间、地点等信息。

第五条　电信业务经营者、互联网信息服务提供者在提供服务的过程中收集、使用用户个人信息，应当遵循合法、正当、必要的原则。

第六条　电信业务经营者、互联网信息服务提供者对其在提供服务过程中收集、使用的用户个人信息的安全负责。

第七条　国家鼓励电信和互联网行业开展用户个人信息保护自律工作。

第二章　信息收集和使用规范

第八条　电信业务经营者、互联网信息服务提供者应当制定用户个人信息收集、使用规则，并在其经营或者服务场所、网站等予以公布。

第九条　未经用户同意，电信业务经营者、互联网信息服务提供者不得收集、使用用户个人信息。

电信业务经营者、互联网信息服务提供者收集、使用用户个人信息的，应当明确告知用户收集、使用信息的目的、方式和范围，查询、更正信息的渠道以及拒绝提供信息的后果等事项。

电信业务经营者、互联网信息服务提供者不得收集其提供服务所必需以外的用户个人信息或者将信息用于提供服务之外的目的，不得以欺骗、误导或者强迫等方式或者违反法律、行政法规以及双方的约定收集、使用信息。

电信业务经营者、互联网信息服务提供者在用户终止使用电信服务或者互联网信息服务后，应当停止对用户个人信息的收集和使用，并为用户提供注销号码或者账号的服务。

法律、行政法规对本条第一款至第四款规定的情形另有规定的，从其规定。

第十条 电信业务经营者、互联网信息服务提供者及其工作人员对在提供服务过程中收集、使用的用户个人信息应当严格保密，不得泄露、篡改或者毁损，不得出售或者非法向他人提供。

第十一条 电信业务经营者、互联网信息服务提供者委托他人代理市场销售和技术服务等直接面向用户的服务性工作，涉及收集、使用用户个人信息的，应当对代理人的用户个人信息保护工作进行监督和管理，不得委托不符合本规定有关用户个人信息保护要求的代理人代办相关服务。

第十二条 电信业务经营者、互联网信息服务提供者应当建立用户投诉处理机制，公布有效的联系方式，接受与用户个人信息保护有关的投诉，并自接到投诉之日起十五日内答复投诉人。

第三章　安全保障措施

第十三条 电信业务经营者、互联网信息服务提供者应当采取以下措施防止用户个人信息泄露、毁损、篡改或者丢失：

（一）确定各部门、岗位和分支机构的用户个人信息安全管理责任；

（二）建立用户个人信息收集、使用及其相关活动的工作流程和安全管理制度；

（三）对工作人员及代理人实行权限管理，对批量导出、复制、销毁信息实行审查，并采取防泄密措施；

（四）妥善保管记录用户个人信息的纸介质、光介质、电磁介质等载体，并采取相应的安全储存措施；

（五）对储存用户个人信息的信息系统实行接入审查，并采取防入侵、防病毒等措施；

（六）记录对用户个人信息进行操作的人员、时间、地点、事项等信息；

（七）按照电信管理机构的规定开展通信网络安全防护工作；

（八）电信管理机构规定的其他必要措施。

第十四条 电信业务经营者、互联网信息服务提供者保管的用户个人信息发生或者可能发生泄露、毁损、丢失的，应当立即采取补救措施；造成或者可能造成严重后果的，应当立即向准予其许可或者备案的电信管理机构报告，配合相关部门进行的调查处理。

电信管理机构应当对报告或者发现的可能违反本规定的行为的影响进行评估；影响特别重大的，相关省、自治区、直辖市通信管理局应当向工业和信息化部报告。电信管理机构在依据本规定作出处理决定前，可以要求电信业务经营者和互联网信息服务提供者暂停有关行为，电信业务经营者和互联网信息服务提供者应当执行。

第十五条 电信业务经营者、互联网信息服务提供者应当对其工作人员进行用户个人信息保护相关知识、技能和安全责任培训。

第十六条 电信业务经营者、互联网信息服务提供者应当对用户个人信息保护情况每年至少进行一次自查，记录自查情况，及时消除自查中发现的安全隐患。

第四章 监督检查

第十七条 电信管理机构应当对电信业务经营者、互联网信息服务提供者保护用户个人信息的情况实施监督检查。

电信管理机构实施监督检查时，可以要求电信业务经营者、互联网信息服务提供者提供相关材料，进入其生产经营场所调查情况，电信业务经营者、互联网信息服务提供者应当予以配合。

电信管理机构实施监督检查，应当记录监督检查的情况，不得妨碍电信业务经营者、互联网信息服务提供者正常的经营或者服务活动，不得收取任何费用。

第十八条 电信管理机构及其工作人员对在履行职责中知悉的用户个人信息应当予以保密，不得泄露、篡改或者毁损，不得出售或者非法向他人提供。

第十九条 电信管理机构实施电信业务经营许可及经营许可证年检时，应当对用户个人信息保护情况进行审查。

第二十条 电信管理机构应当将电信业务经营者、互联网信息服务提供者违反本规定的行为记入其社会信用档案并予以公布。

第二十一条 鼓励电信和互联网行业协会依法制定有关用户个人信息保护的自律性管理制度，引导会员加强自律管理，提高用户个人信息保护水平。

第五章 法律责任

第二十二条 电信业务经营者、互联网信息服务提供者违反本规定第八条、第十二条规定的，由电信管理机构依据职权责令限期改正，予以警告，可以并处一万元以下的罚款。

第二十三条 电信业务经营者、互联网信息服务提供者违反本规定第九条至第十一条、第十三条至第十六条、第十七条第二款规定的，由电信管理机构依据职权责令限期改正，予以警告，可以并处一万元以上三万元以下的罚款，向社会公告；构成犯罪的，依法追究刑事责任。

第二十四条 电信管理机构工作人员在对用户个人信息保护工作实施监督管理的过程中玩忽职守、滥用职权、徇私舞弊的，依法给予处理；构成犯罪的，依法追究刑事责任。

第六章 附 则

第二十五条 本规定自2013年9月1日起施行。

电子商务相关法律及决定

六、市场秩序与公平竞争

国务院关于在市场体系建设中建立公平竞争审查制度的意见

（2016年6月14日　国发〔2016〕34号）

公平竞争是市场经济的基本原则，是市场机制高效运行的重要基础。随着经济体制改革不断深化，全国统一市场基本形成，公平竞争环境逐步建立。但同时也要看到，地方保护、区域封锁，行业壁垒、企业垄断，违法给予优惠政策或减损市场主体利益等不符合建设全国统一市场和公平竞争的现象仍然存在。为规范政府有关行为，防止出台排除、限制竞争的政策措施，逐步清理废除妨碍全国统一市场和公平竞争的规定和做法，现就市场体系建设中建立公平竞争审查制度提出以下意见。

一、充分认识建立公平竞争审查制度的重要性和紧迫性

*一是深入推进经济体制改革的客观需要。*经济体制改革的核心是使市场在资源配置中起决定性作用和更好发挥政府作用。统一开放、竞争有序的市场体系，是市场在资源配置中起决定性作用的基础。建立公平竞争审查制度，防止政府过度和不当干预市场，有利于保障资源配置依据市场规则、市场价格、市场竞争实现效益最大化和效率最优化。

*二是全面推进依法治国的有力保障。*全面推进依法治国，要求政府依法全面正确履行职能。《中华人民共和国反垄断法》明确禁止行政机关滥用行政权力，排除、限制市场竞争。建立公平竞争审查制度，健全行政机关内部决策合法性审查机制，有利于保证政府行为符合相关法律法规要求，确保政府依法行政。

*三是实现创新驱动发展的必然选择。*当前我国经济发展进入新常态，必须靠创新驱动来推进经济持续健康发展。企业是创新的主体，公平竞争是创新的重要动力。建立公平竞争审查制度，大力消除影响公平竞争、妨碍创新的各种制度束缚，有利于为大众创业、万众创新营造公平竞争的市场环境。

*四是释放市场主体活力的有效举措。*我国经济发展正处于动力转换的关键时期，大力培育新动能，改造提升传统动能，都需要充分激发市场主体活

力。建立公平竞争审查制度，降低制度性交易成本，克服市场价格和行为扭曲，有利于调动各类市场主体的积极性和创造性，培育和催生经济发展新动能。

二、明确建立公平竞争审查制度的总体要求和基本原则

建立公平竞争审查制度，要按照加快建设统一开放、竞争有序市场体系的要求，确保政府相关行为符合公平竞争要求和相关法律法规，维护公平竞争秩序，保障各类市场主体平等使用生产要素、公平参与市场竞争、同等受到法律保护，激发市场活力，提高资源配置效率，推动大众创业、万众创新，促进实现创新驱动发展和经济持续健康发展。

尊重市场，竞争优先。尊重市场经济规律，处理好政府与市场的关系，着力转变政府职能，最大限度减少对微观经济的干预，促进和保护市场主体公平竞争，保障市场配置资源的决定性作用得到充分发挥。

立足全局，统筹兼顾。着力打破地区封锁和行业垄断，清除市场壁垒，促进商品和要素在全国范围内自由流动。统筹考虑维护国家利益和经济安全、促进区域协调发展、保持经济平稳健康运行等多重目标需要，稳妥推进制度实施。

科学谋划，分步实施。建立公平竞争审查制度是一项长期性、系统性、复杂性工程。要尊重国情，坚持从实际出发，研究制定具有可操作性的方案；破立结合，在规范增量政策的同时，坚持分类处理、不溯及既往，逐步清理废除妨碍全国统一市场和公平竞争的存量政策；着眼长远，做好整体规划，在实践中分阶段、分步骤地推进和完善。

依法审查，强化监督。加强与现行法律体系和行政管理体制的衔接，提高公平竞争审查的权威和效能。建立健全公平竞争审查保障机制，把自我审查和外部监督结合起来，加强社会监督和执法监督，及时纠正滥用行政权力排除、限制竞争行为。

三、科学建立公平竞争审查制度

（一）审查对象。行政机关和法律、法规授权的具有管理公共事务职能的组织（以下统称政策制定机关）制定市场准入、产业发展、招商引资、招标投标、政府采购、经营行为规范、资质标准等涉及市场主体经济活动的规章、规范性文件和其他政策措施，应当进行公平竞争审查。

行政法规和国务院制定的其他政策措施、地方性法规，起草部门应当在起草过程中进行公平竞争审查。未进行自我审查的，不得提交审议。

（二）审查方式。政策制定机关在政策制定过程中，要严格对照审查标准进行自我审查。经审查认为不具有排除、限制竞争效果的，可以实施；具有排除、限制竞争效果的，应当不予出台，或调整至符合相关要求后出台。没有进行公平竞争审查的，不得出台。制定政策措施及开展公平竞争审查应当听取利害关系人的意见，或者向社会公开征求意见。有关政策措施出台后，要按照《中华人民共和国政府信息公开条例》要求向社会公开。

（三）审查标准。要从维护全国统一市场和公平竞争的角度，按照以下标准进行审查：

1. 市场准入和退出标准。

（1）不得设置不合理和歧视性的准入和退出条件；

（2）公布特许经营权目录清单，且未经公平竞争，不得授予经营者特许经营权；

（3）不得限定经营、购买、使用特定经营者提供的商品和服务；

（4）不得设置没有法律法规依据的审批或者事前备案程序；

（5）不得对市场准入负面清单以外的行业、领域、业务等设置审批程序。

2. 商品和要素自由流动标准。

（1）不得对外地和进口商品、服务实行歧视性价格和歧视性补贴政策；

（2）不得限制外地和进口商品、服务进入本地市场或者阻碍本地商品运出、服务输出；

（3）不得排斥或者限制外地经营者参加本地招标投标活动；

（4）不得排斥、限制或者强制外地经营者在本地投资或者设立分支机构；

（5）不得对外地经营者在本地的投资或者设立的分支机构实行歧视性待遇，侵害其合法权益。

3. 影响生产经营成本标准。

（1）不得违法给予特定经营者优惠政策；

（2）安排财政支出一般不得与企业缴纳的税收或非税收入挂钩；

（3）不得违法免除特定经营者需要缴纳的社会保险费用；

（4）不得在法律规定之外要求经营者提供或者扣留经营者各类保证金。

4. 影响生产经营行为标准。

（1）不得强制经营者从事《中华人民共和国反垄断法》规定的垄断行为；

（2）不得违法披露或者要求经营者披露生产经营敏感信息，为经营者从事垄断行为提供便利条件；

（3）不得超越定价权限进行政府定价；

（4）不得违法干预实行市场调节价的商品和服务的价格水平。

没有法律、法规依据，各地区、各部门不得制定减损市场主体合法权益或者增加其义务的政策措施；不得违反《中华人民共和国反垄断法》，制定含有排除、限制竞争内容的政策措施。

（四）例外规定。属于下列情形的政策措施，如果具有排除和限制竞争的效果，在符合规定的情况下可以实施：

1. 维护国家经济安全、文化安全或者涉及国防建设的；

2. 为实现扶贫开发、救灾救助等社会保障目的的；

3. 为实现节约能源资源、保护生态环境等社会公共利益的；

4. 法律、行政法规规定的其他情形。

政策制定机关应当说明相关政策措施对实现政策目的不可或缺，且不会严重排除和限制市场竞争，并明确实施期限。

政策制定机关要逐年评估相关政策措施的实施效果。实施期限到期或未达到预期效果的政策措施，应当及时停止执行或者进行调整。

四、推动公平竞争审查制度有序实施

（一）明确工作机制。从2016年7月起，国务院各部门、各省级人民政府及所属部门均应在有关政策措施制定过程中进行公平竞争审查。国家发展改革委、国务院法制办、商务部、工商总局要会同有关部门，建立健全工作机制，指导公平竞争审查制度实施工作，并及时总结成效和经验，推动制度不断完善，在条件成熟时组织开展第三方评估。各省级人民政府要抓紧研究制定具体工作措施和办法，落实制度要求，并从2017年起在本行政区域内逐步推开，指导市县级人民政府及所属部门开展公平竞争审查。

（二）有序清理存量。按照“谁制定、谁清理”的原则，各级人民政府及所属部门要对照公平竞争审查标准，对现行政策措施区分不同情况，稳妥把握节奏，有序清理和废除妨碍全国统一市场和公平竞争的各种规定和做法。

对市场主体反映比较强烈、问题暴露比较集中、影响比较突出的规定和做法，要尽快废止；对以合同协议等形式给予企业的优惠政策，以及部分立即终止会带来重大影响的政策措施，要设置过渡期，留出必要的缓冲空间；对已兑现的优惠政策，不溯及既往。

（三）定期评估完善。对建立公平竞争审查制度后出台的政策措施，各级人民政府及所属部门要在定期清理规章和规范性文件时，一并对政策措施影响全国统一市场和公平竞争的情况进行评估。鼓励委托第三方开展评估。评估报告应当向社会公开征求意见，评估结果应当向社会公开。经评估认为妨碍全国统一市场和公平竞争的政策措施，要及时废止或者修改完善。

（四）制定实施细则。国家发展改革委、国务院法制办、商务部、工商总局要会同有关部门，抓紧研究起草公平竞争审查实施细则，进一步细化公平竞争审查的内容、程序、方法，指导政策制定机关开展公平竞争审查和相关政策措施清理废除工作，保障公平竞争审查制度有序实施。各地区、各部门要紧密结合实际，制定相关政策措施清理废除工作方案，明确工作方式、工作步骤和时间节点，加强分类指导，确保本地区、本部门相关政策措施清理废除工作稳妥推进。

（五）加强宣传培训。有关部门要切实加大宣传培训力度，加强政策解读和舆论引导，增进全社会对公平竞争审查制度的认识和理解，为公平竞争审查制度实施营造良好的舆论氛围和工作环境。

五、健全公平竞争审查保障措施

（一）健全竞争政策。国务院反垄断委员会要发挥职能作用，组织、协调、指导反垄断工作，研究拟订有关竞争政策，组织调查、评估市场总体竞争状况，为推进和逐步完善公平竞争审查制度奠定坚实基础。各地区、各部门要按照确立竞争政策基础性地位的要求，有针对性地制定政策措施，及时研究新经济领域市场监管问题，不断完善市场竞争规则，加快形成统一开放、竞争有序的市场体系。

（二）完善政府守信机制。严格履行政府向社会作出的承诺，把政务履约和守诺服务纳入政府绩效评价体系，建立健全政务和行政承诺考核制度。各级人民政府对依法作出的政策承诺和签订的各类合同要认真履约和兑现。完善政务诚信约束和问责机制。进一步推广重大决策事项公示和听证制度，拓宽公众参与政府决策的渠道，加强对权力运行的社会监督和约束。

（三）加强执法监督。对涉嫌违反公平竞争审查标准的政策措施，任何单位和个人有权举报，有关部门要及时予以处理；涉嫌违反《中华人民共和国反垄断法》的，反垄断执法机构要依法调查核实，并向有关上级机关提出处理建议。案件情况和处理建议要向社会公开。政策制定机关要及时纠正排除和限制竞争的政策措施，维护公平竞争的市场秩序。

（四）强化责任追究。对未进行公平竞争审查或者违反公平竞争审查标准出台政策措施，以及不及时纠正相关政策措施的地方政府和部门，有关部门依法查实后要作出严肃处理。对失职渎职等需要追究有关人员党纪政纪责任的，要及时将有关情况移送纪检监察机关。

国务院关于建立完善守信联合激励和失信联合惩戒制度加快推进社会诚信建设的指导意见（节录）

（2016年6月12日 国发〔2016〕33号）

……

一、总体要求

（一）指导思想。

全面贯彻党的十八大和十八届三中、四中、五中全会精神，深入贯彻习近平总书记系列重要讲话精神，按照党中央、国务院决策部署，紧紧围绕"四个全面"战略布局，牢固树立创新、协调、绿色、开放、共享发展理念，落实加强和创新社会治理要求，加快推进社会信用体系建设，加强信用信息公开和共享，依法依规运用信用激励和约束手段，构建政府、社会共同参与的跨地区、跨部门、跨领域的守信联合激励和失信联合惩戒机制，促进市场主体依法诚信经营，维护市场正常秩序，营造诚信社会环境。

……

三、健全约束和惩戒失信行为机制

（九）对重点领域和严重失信行为实施联合惩戒。在有关部门和社会组织依法依规对本领域失信行为作出处理和评价基础上，通过信息共享，推动其他部门和社会组织依法依规对严重失信行为采取联合惩戒措施。重点包括：一是严重危害人民群众身体健康和生命安全的行为，包括食品药品、生态环境、工程质量、安全生产、消防安全、强制性产品认证等领域的严重失信行为。二是严重破坏市场公平竞争秩序和社会正常秩序的行为，包括贿赂、逃税骗税、恶意逃废债务、恶意拖欠货款或服务费、恶意欠薪、非法集资、合同欺诈、传销、无证照经营、制售假冒伪劣产品和故意侵犯知识产权、出借和借用资质投标、围标串标、虚假广告、侵害消费者或证券期货投资者合法权益、严重破坏网络空间传播秩序、聚众扰乱社会秩序等严重失信行为。三是拒不履行法定义务，严重影响司法机关、行政机关公信力的行为，包括当事人在司法机关、行政机关作出判决或决定后，有履行能力但拒不履行、逃避执行等严重失信行为。四是拒不履行国防义务，拒绝、逃避兵役，拒绝、拖延民用资源征用或者阻碍对被征用的民用资源进行改造，危害国防利益，破坏国防设施等行为。

（十）依法依规加强对失信行为的行政性约束和惩戒。对严重失信主体，各地区、各有关部门应将其列为重点监管对象，依法依规采取行政性约束和惩戒措施。从严审核行政许可审批项目，从严控制生产许可证发放，限制新增项目审批、核准，限制股票发行上市融资或发行债券，限制在全国股份转让系统挂牌、融资，限制发起设立或参股金融机构以及小额贷款公司、融资担保公司、创业投资公司、互联网融资平台等机构，限制从事互联网信息服务等。严格限制申请财政性资金项目，限制参与有关公共资源交易活动，限制参与基础设施和公用事业特许经营。对严重失信企业及其法定代表人、主要负责人和对失信行为负有直接责任的注册执业人员等实施市场和行业禁入措施。及时撤销严重失信企业及其法定代表人、负责人、高级管理人员和对失信行为负有直接责任的董事、股东等人员的荣誉称号，取消参加评先评优资格。

（十一）加强对失信行为的市场性约束和惩戒。对严重失信主体，有关部门和机构应以统一社会信用代码为索引，及时公开披露相关信息，便于市场识别失信行为，防范信用风险。督促有关企业和个人履行法定义务，对有履行能力但拒不履行的严重失信主体实施限制出境和限制购买不动产、乘坐飞机、乘坐高等级列车和席次、旅游度假、入住星级以上宾馆及其他高消费行为等措施。支持征信机构采集严重失信行为信息，纳入信用记录和信用报告。引导商业银行、证券期货经营机构、保险公司等金融机构按照风险定价原则，对严重失信主体提高贷款利率和财产保险费率，或者限制向其提供贷款、保荐、承销、保险等服务。

（十二）加强对失信行为的行业性约束和惩戒。建立健全行业自律公约和职业道德准则，推动行业信用建设。引导行业协会商会完善行业内部信用信息采集、共享机制，将严重失信行为记入会员信用档案。鼓励行业协会商会与有资质的第三方信用服务机构合作，开展会员企业信用等级评价。支持行业协会商会按照行业标准、行规、行约等，视情节轻重对失信会员实行警告、行业内通报批评、公开谴责、不予接纳、劝退等惩戒措施。

（十三）加强对失信行为的社会性约束和惩戒。充分发挥各类社会组织作用，引导社会力量广泛参与失信联合惩戒。建立完善失信举报制度，鼓励公众举报企业严重失信行为，对举报人信息严格保密。支持有关社会组织依法对污染环境、侵害消费者或公众投资者合法权益等群体性侵权行为提起公益诉讼。鼓励公正、独立、有条件的社会机构开展失信行为大数据舆情监测，编制发布地区、行业信用分析报告。

（十四）完善个人信用记录，推动联合惩戒措施落实到人。对企事业单位严重失信行为，在记入企事业单位信用记录的同时，记入其法定代表人、主要负责人和其他负有直接责任人员的个人信用记录。在对失信企事业单位进行联合惩戒的同时，依照法律法规和政策规定对相关责任人员采取相应的联合惩戒措施。通过建立完整的个人信用记录数据库及联合惩戒机制，使失信惩戒措施落实到人。

四、构建守信联合激励和失信联合惩戒协同机制

（十五）建立触发反馈机制。在社会信用体系建设部际联席会议制度下，建立守信联合激励和失信联合惩戒的发起与响应机制。各领域守信联合激励和失信联合惩戒的发起部门负责确定激励和惩戒对象，实施部门负责对有关主体采取相应的联合激励和联合惩戒措施。

（十六）实施部省协同和跨区域联动。鼓励各地区对本行政区域内确定的诚信典型和严重失信主体，发起部省协同和跨区域联合激励与惩戒。充分发挥社会信用体系建设部际联席会议制度的指导作用，建立健全跨地区、跨部门、跨领域的信用体系建设合作机制，加强信用信息共享和信用评价结果互认。

（十七）建立健全信用信息公示机制。推动政务信用信息公开，全面落实行政许可和行政处罚信息上网公开制度。除法律法规另有规定外，县级以上人民政府及其部门要将各类自然人、法人和其他组织的行政许可、行政处罚等信息在7个工作日内通过政府网站公开，并及时归集至“信用中国”网站，为社会提供“一站式”查询服务。涉及企业的相关信息按照企业信息公示暂行条例规定在企业信用信息公示系统公示。推动司法机关在“信用中国”网站公示司法判决、失信被执行人名单等信用信息。

（十八）建立健全信用信息归集共享和使用机制。依托国家电子政务外网，建立全国信用信息共享平台，发挥信用信息归集共享枢纽作用。加快建立健全各省（区、市）信用信息共享平台和各行业信用信息系统，推动青年志愿者信用信息系统等项目建设，归集整合本地区、本行业信用信息，与全国信用信息共享平台实现互联互通和信息共享。依托全国信用信息共享平台，根据有关部门签署的合作备忘录，建立守信联合激励和失信联合惩戒的信用信息管理系统，实现发起响应、信息推送、执行反馈、信用修复、异议处理等动态协同功能。各级人民政府及其部门应将全国信用信息共享平台信用信息查询使用嵌入审批、监管工作流程中，确保“应查必查”、“奖惩到位”。健全政府与征信机构、金融机构、行业协会商会等组织的信息共享机制，促进政务信用信息与社会信用信息互动融合，最大限度发挥守信联合激励和失信联合惩戒作用。

（十九）规范信用红黑名单制度。不断完善诚信典型“红名单”制度和严重失信主体“黑名单”制度，依法依规规范各领域红黑名单产生和发布行为，建立健全退出机制。在保证独立、公正、客观前提下，鼓励有关群众团体、金融机构、征信机构、评级机构、行业协会商会等将产生的“红名单”和“黑名单”信息提供给政府部门参考使用。

（二十）建立激励和惩戒措施清单制度。在有关领域合作备忘录基础上，梳理法律法规和政策规定明确的联合激励和惩戒事项，建立守信联合激励和失信联合惩戒措施清单，主要分为两类：一类是强制性措施，即依法必须联合执行的激励和惩戒措施；另一类是推荐性措施，即由参与各方推荐的，符合褒扬诚信、惩戒失信政策导向，各地区、各部门可根据实际情况实施的措施。社会信用体系建设部际联席会议应总结经验，不断完善两类措施清单，并推动相关法律法规建设。

（二十一）建立健全信用修复机制。联合惩戒措施的发起部门和实施部门应按照法律法规和政策规定明确各类失信行为的联合惩戒期限。在规定期限内纠正失信行为、消除不良影响的，不再作为联合惩戒对象。建立有利于自我纠错、主动自新的社会鼓励与关爱机制，支持有失信行为的个人通过社会公益服务等方式修复个人信用。

（二十二）建立健全信用主体权益保护机制。建立健全信用信息异议、投诉制度。有关部门和单位在执行失信联合惩戒措施时主动发现、经市场主体提出异议申请或投诉发现信息不实的，应及时告知信息提供单位核实，信息提供单位应尽快核实并反馈。联合惩戒措施在信息核实期间暂不执行。经核实有误的信息应及时更正或撤销。因错误采取联合惩戒措施损害有关主体合法权益的，有关部门和单位应积极采取措施恢复其信誉、消除不良影响。支持有关主体通过行政复议、行政诉讼等方式维护自身合法权益。

（二十三）建立跟踪问效机制。各地区、各有关部门要建立完善信用联合激励惩戒工作的各项制度，充分利用全国信用信息共享平台的相关信用信息管理系统，建立健全信用联合激励惩戒的跟踪、监测、统计、评估机制并建立相应的督查、考核制度。对信用信息归集、共享和激励惩戒措施落实不力的部门和单位，进行通报和督促整改，切实把各项联合激励和联合惩戒措施落到实处。

五、加强法规制度和诚信文化建设

（二十四）完善相关法律法规。继续研究论证社会信用领域立法。加快研究推进信用信息归集、共享、公开和使用，以及失信行为联合惩戒等方面的立法工作。按照强化信用约束和协同监管要求，各地区、各部门应对现行法律、法规、规章和规范性文件有关规定提出修订建议或进行有针对性的修改。

（二十五）建立健全标准规范。制定信用信息采集、存储、共享、公开、使用和信用评价、信用分类管理等标准。确定各级信用信息共享平台建设规范，统一数据格式、数据接口等技术要求。各地区、各部门要结合实际，制定信用信息归集、共享、公开、使用和守信联合激励、失信联合惩戒的工作流程和操作规范。

（二十六）加强诚信教育和诚信文化建设。组织社会各方面力量，引导广大市场主体依法诚信经营，树立“诚信兴商”理念，组织新闻媒体多渠道宣传诚信企业和个人，营造浓厚社会氛围。加强对失信行为的道德约束，完善社会舆论监督机制，通过报刊、广播、电视、网络等媒体加大对失信主体的监督力度，依法曝光社会影响恶劣、情节严重的失信案件，开展群众评议、讨论、批评等活动，形成对严重失信行为的舆论压力和道德约束。通过学校、单位、社区、家庭等，加强对失信个人的教育和帮助，引导其及时纠正失信行为。加强对企业负责人、学生和青年群体的诚信宣传教育，加强会计审计人员、导游、保险经纪人、公职人员等重点人群以诚信为重要内容的职业道德建设。加大对守信联合激励和失信联合惩戒的宣传报道和案例剖析力度，弘扬社会主义核心价值观。

（二十七）加强组织实施和督促检查。各地区、各有关部门要把实施守信联合激励和失信联合惩戒作为推进社会信用体系建设的重要举措，认真贯彻落实本意见并制定具体实施方案，切实加强组织领导，落实工作机构、人员编制、项目经费等必要保障，确保各项联合激励和联合惩戒措施落实到位。鼓励有关地区和部门先行先试，通过签署合作备忘录或出台规范性文件等多种方式，建立长效机制，不断丰富信用激励内容，强化信用约束措施。国家发展改革委要加强统筹协调，及时跟踪掌握工作进展，督促检查任务落实情况并报告国务院。

社会信用体系建设规划纲要（2014—2020年）（节录）

（2014年6月27日　国务院　国发〔2014〕21号）

……

二、推进重点领域诚信建设

……

（二）深入推进商务诚信建设。

提高商务诚信水平是社会信用体系建设的重点，是商务关系有效维护、商务运行成本有效降低、营商环境有效改善的基本条件，是各类商务主体可持续发展的生存之本，也是各类经济活动高效开展的基础保障。

生产领域信用建设。建立安全生产信用公告制度，完善安全生产承诺和安全生产不良信用记录及安全生产失信行为惩戒制度。以煤矿、非煤矿山、危险化学品、烟花爆竹、特种设备生产企业以及民用爆炸物品生产、销售企业和爆破企业或单位为重点，健全安全生产准入和退出信用审核机制，促进企业落实安全生产主体责任。以食品、药品、日用消费品、农产品和农业投入品为重点，加强各类生产经营主体生产和加工环节的信用管理，建立产品质量信用信息异地和部门间共享制度。推动建立质量信用征信系统，加快完善12365产品质量投诉举报咨询服务平台，建立质量诚信报告、失信黑名单披露、市场禁入和退出制度。

流通领域信用建设。研究制定商贸流通领域企业信用信息征集共享制度，完善商贸流通企业信用评价基本规则和指标体系。推进批发零售、商贸物流、住宿餐饮及居民服务行业信用建设，开展企业信用分类管理。完善零售商与供应商信用合作模式。强化反垄断与反不正当竞争执法，加大对市场混淆行为、虚假宣传、商业欺诈、商业诋毁、商业贿赂等违法行为的查处力度，对典型案件、重大案件予以曝光，增加企业失信成本，促进诚信经营和公平竞争。逐步建立以商品条形码等标识为基础的全国商品流通追溯体系。加强检验检疫质量诚信体系建设。支持商贸服务企业信用融资，发展商业保理，规范预付消费行为。鼓励企业扩大信用销售，促进个人信用消费。推进对外经济贸易信用建设，进一步加强对外贸易、对外援助、对外投资合作等领域的信用信息管理、信用风险监测预警和企业信用等级分类管理。借助电子口岸管理平台，建立完善进出口企业信用评价体系、信用分类管理和联合监管制度。

金融领域信用建设。创新金融信用产品，改善金融服务，维护金融消费者个人信息安全，保护金融消费者合法权益。加大对金融欺诈、恶意逃废银行债务、内幕交易、制售假保单、骗保骗赔、披露虚假信息、非法集资、逃套骗汇等金融失信行为的惩戒力度，规范金融市场秩序。加强金融信用信息基础设施建设，进一步扩大信用记录的覆盖面，强化金融业对守信者的激励作用和对失信者的约束作用。

税务领域信用建设。建立跨部门信用信息共享机制。开展纳税人基础信息、各类交易信息、财产保有和转让信息以及纳税记录等涉税信息的交换、比对和应用工作。进一步完善纳税信用等级评定和发布制度，加强税务领域信用分类管理，发挥信用评定差异对纳税人的奖惩作用。建立税收违法黑名单制度。推进纳税信用与其他社会信用联动管理，提升纳税人税法遵从度。

价格领域信用建设。指导企业和经营者加强价格自律，规范和引导经营者价格行为，实行经营者明码标价和收费公示制度，着力推行“明码实价”。督促经营者加强内部价格管理，根据经营者条件建立健全内部价格管理制度。完善经营者价格诚信制度，做好信息披露工作，推动实施奖惩制度。强化价格执法检查与反垄断执法，依法查处捏造和散布涨价信息、价格欺诈、价格垄断等价格失信行为，对典型案例予以公开曝光，规范市场价格秩序。

工程建设领域信用建设。推进工程建设市场信用体系建设。加快工程建设市场信用法规制度建设，制定工程建设市场各方主体和从业人员信用标准。推进工程建设领域项目信息公开和诚信体系建设，依托政府网站，全面设立项目信息和信用信息公开共享专栏，集中公开工程建设项目信息和信用信息，推动建设全国性的综合检索平台，实现工程建设项目信息和信用信息公开共享的“一站式”综合检索服务。深入开展工程质量诚信建设。完善工程建设市场准入退出制度，加大对发生重大工程质量、安全责任事故或有其他重大失信行为的企业及负有责任的从业人员的惩戒力度。建立企业和从业人员信用评价结果与资质审批、执业资格注册、资质资格取消等审批审核事项的关联管理机制。建立科学、有效的建设领域从业人员信用评价机制和失信责任追溯制度，将肢解发包、转包、违法分包、拖欠工程款和农民工工资等列入失信责任追究范围。

政府采购领域信用建设。加强政府采购信用管理，强化联动惩戒，保护政府采购当事人的合法权益。制定供应商、评审专家、政府采购代理机构以及相关从业人员的信用记录标准。依法建立政府采购供应商不良行为记录名单，对列入不良行为记录名单的供应商，在一定期限内禁止参加政府采购活动。完善政府采购市场的准入和退出机制，充分利用工商、税务、金融、检察等其他部门提供的信用信息，加强对政府采购当事人和相关人员的信用管理。加快建设全国统一的政府采购管理交易系统，提高政府采购活动透明度，实现信用信息的统一发布和共享。

招标投标领域信用建设。扩大招标投标信用信息公开和共享范围，建立涵盖招标投标情况的信用评价指标和评价标准体系，健全招标投标信用信息公开和共享制度。进一步贯彻落实招标投标违法行为记录公告制度，推动完善奖惩联动机制。依托电子招标投标系统及其公共服务平台，实现招标投标和合同履行等信用信息的互联互通、实时交换和整合共享。鼓励市场主体运用基本信用信息和第三方信用评价结果，并将其作为投标人资格审查、评标、定标和合同签订的重要依据。

交通运输领域信用建设。形成部门规章制度和地方性法规、地方政府规章相结合的交通运输信用法规体系。完善信用考核标准，实施分类考核监管。针对公路、铁路、水路、民航、管道等运输市场不同经营门类分别制定考核指标，加强信用考核评价监督管理，积极引导第三方机构参与信用考核评价，逐步建立交通运输管理机构与社会信用评价机构相结合，具有监督、申诉和复核机制的综合考核评价体系。将各类交通运输违法行为列入失信记录。鼓励和支持各单位在采购交通运输服务、招标投标、人员招聘等方面优先选择信用考核等级高的交通运输企业和从业人员。对失信企业和从业人员，要加强监管和惩戒，逐步建立跨地区、跨行业信用奖惩联动机制。

电子商务领域信用建设。建立健全电子商务企业客户信用管理和交易信用评估制度，加强电子商务企业自身开发和销售信用产品的质量监督。推行电子商务主体身份标识制度，完善网店实名制。加强网店产品质量检查，严厉查处电子商务领域制假售假、传销活动、虚假广告、以次充好、服务违约等欺诈行为。打击内外勾结、伪造流量和商业信誉的行为，对失信主体建立行业限期禁入制度。促进电子商务信用信息与社会其他领域相关信息的交换和共享，推动电子商务与线下交易信用评价。完善电子商务信用服务保障制度，推动信用调查、信用评估、信用担保、信用保险、信用支付、商账管理等第三方信用服务和产品在电子商务中的推广应用。开展电子商务网站可信认证服务工作，推广应用网站可信标识，为电子商务用户识别假冒、钓鱼网站提供手段。

统计领域信用建设。开展企业诚信统计承诺活动，营造诚实报数光荣、失信造假可耻的良好风气。完善统计诚信评价标准体系。建立健全企业统计诚信评价制度和统计从业人员诚信档案。加强执法检查，严厉查处统计领域的弄虚作假行为，建立统计失信行为通报和公开曝光制度。加大对统计失信企业的联合惩戒力度。将统计失信企业名单档案及其违法违规信息纳入金融、工商等行业和部门信用信息系统，将统计信用记录与企业融资、政府补贴、工商注册登记等直接挂钩，切实强化对统计失信行为的惩戒和制约。

中介服务业信用建设。建立完善中介服务机构及其从业人员的信用记录和披露制度，并作为市场行政执法部门实施信用分类管理的重要依据。重点加强公证仲裁类、律师类、会计类、担保类、鉴证类、检验检测类、评估类、认证类、代理类、经纪类、职业介绍类、咨询类、交易类等机构信用分类管理，探索建立科学合理的评估指标体系、评估制度和工作机制。

会展、广告领域信用建设。推动展会主办机构诚信办展，践行诚信服务公约，建立信用档案和违法违规单位信息披露制度，推广信用服务和产品的应用。加强广告业诚信建设，建立健全广告业信用分类管理制度，打击各类虚假广告，突出广告制作、传播环节各参与者责任，完善广告活动主体失信惩戒机制和严重失信淘汰机制。

企业诚信管理制度建设。开展各行业企业诚信承诺活动，加大诚信企业示范宣传和典型失信案件曝光力度，引导企业增强社会责任感，在生产经营、财务管理和劳动用工管理等各环节中强化信用自律，改善商务信用生态环境。鼓励企业建立客户档案、开展客户诚信评价，将客户诚信交易记录纳入应收账款管理、信用销售授信额度计量，建立科学的企业信用管理流程，防范信用风险，提升企业综合竞争力。强化企业在发债、借款、担保等债权债务信用交易及生产经营活动中诚信履约。鼓励和支持有条件的企业设立信用管理师。鼓励企业建立内部职工诚信考核与评价制度。加强供水、供电、供热、燃气、电信、铁路、航空等关系人民群众日常生活行业企业的自身信用建设。

（三）全面推进社会诚信建设。

社会诚信是社会信用体系建设的基础，社会成员之间只有以诚相待、以信为本，才会形成和谐友爱的人际关系，才能促进社会文明进步，实现社会和谐稳定和长治久安。

医药卫生和计划生育领域信用建设。加强医疗卫生机构信用管理和行业诚信作风建设。树立大医精诚的价值理念，坚持仁心仁术的执业操守。培育诚信执业、诚信采购、诚信诊疗、诚信收费、诚信医保理念，坚持合理检查、合理用药、合理治疗、合理收费等诚信医疗服务准则，全面建立药品价格、医疗服务价格公示制度，开展诚信医院、诚信药店创建活动，制定医疗机构和执业医师、药师、护士等医务人员信用评价指标标准，推进医院评审评价和医师定期考核，开展医务人员医德综合评价，惩戒收受贿赂、过度诊疗等违法和失信行为，建立诚信医疗服务体系。加快完善药品安全领域信用制度，建立药品研发、生产和流通企业信用档案。积极开展以“诚信至上，以质取胜”为主题的药品安全诚信承诺活动，切实提高药品安全信用监管水平，严厉打击制假贩假行为，保障人民群众用药安全有效。加强人口计生领域信用建设，开展人口和计划生育信用信息共享工作。

社会保障领域信用建设。在救灾、救助、养老、社会保险、慈善、彩票等方面，建立全面的诚信制度，打击各类诈捐骗捐等失信行为。建立健全社会救助、保障性住房等民生政策实施中的申请、审核、退出等各环节的诚信制度，加强对申请相关民生政策的条件审核，强化对社会救助动态管理及保障房使用的监管，将失信和违规的个人纳入信用黑名单。构建居民家庭经济状况核对信息系统，建立和完善低收入家庭认定机制，确保社会救助、保障性住房等民生政策公平、公正和健康运行。建立健全社会保险诚信管理制度，加强社会保险经办管理，加强社会保险领域的劳动保障监督执法，规范参保缴费行为，加大对医保定点医院、定点药店、工伤保险协议医疗机构等社会保险协议服务机构及其工作人员、各类参保人员的违规、欺诈、骗保等行为的惩戒力度，防止和打击各种骗保行为。进一步完善社会保险基金管理制度，提高基金征收、管理、支付等各环节的透明度，推动社会保险诚信制度建设，规范参保缴费行为，确保社会保险基金的安全运行。

劳动用工领域信用建设。进一步落实和完善企业劳动保障守法诚信制度，制定重大劳动保障违法行为社会公示办法。建立用人单位拖欠工资违法行为公示制度，健全用人单位劳动保障诚信等级评价办法。规范用工行为，加强对劳动合同履行和仲裁的管理，推动企业积极开展和谐劳动关系创建活动。加强劳动保障监督执法，加大对违法行为的打击力度。加强人力资源市场诚信建设，规范职业中介行为，打击各种黑中介、黑用工等违法失信行为。

教育、科研领域信用建设。加强教师和科研人员诚信教育。开展教师诚信承诺活动，自觉接受广大学生、家长和社会各界的监督。发挥教师诚信执教、为人师表的影响作用。加强学生诚信教育，培养诚实守信良好习惯，为提高全民族诚信素质奠定基础。探索建立教育机构及其从业人员、教师和学生、科研机构和科技社团及科研人员的信用评价制度，将信用评价与考试招生、学籍管理、学历学位授予、科研项目立项、专业技术职务评聘、岗位聘用、评选表彰等挂钩，努力解决学历造假、论文抄袭、学术不端、考试招生作弊等问题。

文化、体育、旅游领域信用建设。依托全国文化市场技术监管与公共服务平台，建立健全娱乐、演出、艺术品、网络文化等领域文化企业主体、从业人员以及文化产品的信用信息数据库；依法制定文化市场诚信管理措施，加强文化市场动态监管。制定职业体育从业人员诚信从业准则，建立职业体育从业人员、职业体育俱乐部和中介企业信用等级的第三方评估制度，推进相关信用信息记录和信用评级在参加或举办职业体育赛事、职业体育准入、转会等方面广泛运用。制定旅游从业人员诚信服务准则，建立旅游业消费者意见反馈和投诉记录与公开制度，建立旅行社、旅游景区和宾馆饭店信用等级第三方评估制度。

知识产权领域信用建设。建立健全知识产权诚信管理制度，出台知识产权保护信用评价办法。重点打击侵犯知识产权和制售假冒伪劣商品行为，将知识产权侵权行为信息纳入失信记录，强化对盗版侵权等知识产权侵权失信行为的联合惩戒，提升全社会的知识产权保护意识。开展知识产权服务机构信用建设，探索建立各类知识产权服务标准化体系和诚信评价制度。

环境保护和能源节约领域信用建设。推进国家环境监测、信息与统计能力建设，加强环保信用数据的采集和整理，实现环境保护工作业务协同和信息共享，完善环境信息公开目录。建立环境管理、监测信息公开制度。完善环评文件责任追究机制，建立环评机构及其从业人员、评估专家诚信档案数据库，强化对环评机构及其从业人员、评估专家的信用考核分类监管。建立企业对所排放污染物开展自行监测并公布污染物排放情况以及突发环境事件发生和处理情况制度。建立企业环境行为信用评价制度，定期发布评价结果，并组织开展动态分类管理，根据企业的信用等级予以相应的鼓励、警示或惩戒。完善企业环境行为信用信息共享机制，加强与银行、证券、保险、商务等部门的联动。加强国家能源利用数据统计、分析与信息上报能力建设。加强重点用能单位节能目标责任考核，定期公布考核结果，研究建立重点用能单位信用评价机制。强化对能源审计、节能评估和审查机构及其从业人员的信用评级和监管。研究开展节能服务公司信用评价工作，并逐步向全社会定期发布信用评级结果。加强对环资项目评审专家从业情况的信用考核管理。

社会组织诚信建设。依托法人单位信息资源库，加快完善社会组织登记管理信息。健全社会组织信息公开制度，引导社会组织提升运作的公开性和透明度，规范社会组织信息公开行为。把诚信建设内容纳入各类社会组织章程，强化社会组织诚信自律，提高社会组织公信力。发挥行业协会（商会）在行业信用建设中的作用，加强会员诚信宣传教育和培训。

自然人信用建设。突出自然人信用建设在社会信用体系建设中的基础性作用，依托国家人口信息资源库，建立完善自然人在经济社会活动中的信用记录，实现全国范围内自然人信用记录全覆盖。加强重点人群职业信用建设，建立公务员、企业法定代表人、律师、会计从业人员、注册会计师、统计从业人员、注册税务师、审计师、评估师、认证和检验检测从业人员、证券期货从业人员、上市公司高管人员、保险经纪人、医务人员、教师、科研人员、专利服务从业人员、项目经理、新闻媒体从业人员、导游、执业兽医等人员信用记录，推广使用职业信用报告，引导职业道德建设与行为规范。

互联网应用及服务领域信用建设。大力推进网络诚信建设，培育依法办网、诚信用网理念，逐步落实网络实名制，完善网络信用建设的法律保障，大力推进网络信用监管机制建设。建立网络信用评价体系，对互联网企业的服务经营行为、上网人员的网上行为进行信用评估，记录信用等级。建立涵盖互联网企业、上网个人的网络信用档案，积极推进建立网络信用信息与社会其他领域相关信用信息的交换共享机制，大力推动网络信用信息在社会各领域推广应用。建立网络信用黑名单制度，将实施网络欺诈、造谣传谣、侵害他人合法权益等严重网络失信行为的企业、个人列入黑名单，对列入黑名单的主体采取网上行为限制、行业禁入等措施，通报相关部门并进行公开曝光。

……

四、加快推进信用信息系统建设和应用

健全社会成员信用记录是社会信用体系建设的基本要求。发挥行业、地方、市场的力量和作用，加快推进信用信息系统建设，完善信用信息的记录、整合和应用，是形成守信激励和失信惩戒机制的基础和前提。

（一）行业信用信息系统建设。

加强重点领域信用记录建设。以工商、纳税、价格、进出口、安全生产、产品质量、环境保护、食品药品、医疗卫生、知识产权、流通服务、工程建设、电子商务、交通运输、合同履约、人力资源和社会保障、教育科研等领域为重点，完善行业信用记录和从业人员信用档案。

建立行业信用信息数据库。各部门要以数据标准化和应用标准化为原则，依托国家各项重大信息化工程，整合行业内的信用信息资源，实现信用记录的电子化存储，加快建设信用信息系统，加快推进行业间信用信息互联互通。

各行业分别负责本行业信用信息的组织与发布。

……

六、建立实施支撑体系

……

（四）推动创新示范。

地方信用建设综合示范。示范地区率先对本地区各部门、各单位的信用信息进行整合，形成统一的信用信息共享平台，依法向社会有序开放。示范地区各部门在开展经济社会管理和提供公共服务过程中，强化使用信用信息和信用产品，并作为政府管理和服务的必备要件。建立健全社会信用奖惩联动机制，使守信者得到激励和奖励，失信者受到制约和惩戒。对违法违规等典型失信行为予以公开，对严重失信行为加大打击力度。探索建立地方政府信用评价标准和方法，在发行地方政府债券等符合法律法规规定的信用融资活动中试行开展地方政府综合信用评价。

区域信用建设合作示范。探索建立区域信用联动机制，开展区域信用体系建设创新示范，推进信用信息交换共享，实现跨地区信用奖惩联动，优化区域信用环境。

重点领域和行业信用信息应用示范。在食品药品安全、环境保护、安全生产、产品质量、工程建设、电子商务、证券期货、融资担保、政府采购、招标投标等领域，试点推行信用报告制度。

……

国家知识产权局关于印发《“互联网+”知识产权保护工作方案》的通知（节录）

（2018年7月31日　国知发管字〔2018〕21号）

各省、自治区、直辖市知识产权局，新疆生产建设兵团知识产权局；局机关各部门，专利局各部门，局各直属单位、各社会团体：

为深入贯彻习近平新时代中国特色社会主义思想和党的十九大精神，认真落实党中央、国务院关于加强知识产权保护的决策部署，推进完善执法力量，加大执法力度，把违法成本显著提上去，把法律威慑作用充分发挥出来，创新知识产权监管方式，充分运用“互联网＋”相关技术手段提升知识产权保护效率和水平，营造更好的创新、投资和营商环境，有力促进扩大开放和中国经济竞争力提升，制定《“互联网＋”知识产权保护工作方案》，现予印发，请认真贯彻落实。

特此通知。

“互联网＋”知识产权保护工作方案

为认真贯彻落实党中央、国务院关于加强知识产权保护的决策部署，充分运用“互联网＋”相关技术手段创新知识产权保护方式，提升保护水平与效果，制定本方案。

一、总体要求

（一）指导思想。

以习近平新时代中国特色社会主义思想为指导，全面贯彻党的十九大和十九届二中、三中全会精神，认真落实党中央、国务院关于加强知识产权保护的决策部署，将“互联网＋”作为深化知识产权保护方式改革的重要手段，深化改革措施，创新执法指导和管理机制，发挥大数据、人工智能等信息技术在知识产权侵权假冒的在线识别、实时监测、源头追溯中的作用，缩小对知识产权侵权假冒行为的人力调查范围，最大程度减少对企业正常生产经营行为的影响，提升打击知识产权侵权假冒行为的效率、力度及精准度，净化互联网交易环境，遏制线下侵权假冒生产销售，科学推进知识产权严保护、大保护、快保护、同保护，增强知识产权领域治理能力，确保公正高效保护中外知识产权权利人的合法权益，营造更加良好的创新、投资和营商环境，有力促进扩大开放和中国经济竞争力提升。

（二）基本原则。

——统筹规划。做好运用“互联网＋”强化知识产权保护工作的顶层设计，促进技术手段、运行机制、工作运行体系间的相互支撑、相互融合，统筹和调动系统内外各类资源，形成工作合力。

——分类指导。遵循各类知识产权保护与网络治理的规则和规律，在方案设计实施中，充分考虑专利、商标等各类知识产权特点，分类指导，分步实施，突出工作实效。

——点面结合。选择具备条件的地方或单位先行先试，形成经验。鼓励有一定资源优势的地方结合实际，大胆推进。同时，加快推进各项全局性任务的安排落实，实现点面协调、相互促进。

——协同推进。通过“互联网+”相关技术推进知识产权执法维权工作的协调发展，在强化线上侵权假冒行为治理的同时，推进线上线下一体化协同监管，协同提升在线识别、实时监测、源头追溯的效率与水平。

（三）工作目标。

到2020年，知识产权侵权假冒线索在线识别、实时监测、源头追溯的技术支撑体系基本建成，知识产权相关数据库、产品和服务数据库构建完成，全流程的知识产权执法维权指导管理系统运行通畅。

“互联网+”知识产权保护模式在全系统得到广泛应用，“互联网+”知识产权保护工作机制基本形成，线上知识产权侵权假冒治理水平明显提高，线下源头追溯精准快捷，知识产权执法维权效率显著提升，各类知识产权侵权假冒行为受到严厉打击，知识产权保护环境明显改善。

二、主要任务

（一）建立技术支撑体系。

1. 建设基础数据库。提取知识产权授权文件的核心信息，构建知识产权概要数据库。建立侵权判定信息数据库，为侵权判定提供人工智能学习基础。利用知识产权转让许可数据库，为不侵权行为的筛查提供数据。建立动态的重点产品和服务数据库及相关市场主体数据库，提供用于侵权假冒比对的基本数据。

2. 建设侵权假冒线索智能检测系统。建设功能全面的智能检测系统，实现对侵权假冒线索的在线识别、实时监测、源头追溯功能。

分类建立假冒专利、外观设计专利侵权、商标侵权、发明与实用新型专利侵权线索的在线识别模型，与基础数据库对接，实现对侵权假冒线索的在线识别。

通过大数据分析，确定侵权假冒高风险产品和企业名录，建立易受侵权假冒的知识产权名录，对名录实施关联性主动监控，同时推进建立新上线商品侵权假冒风险监测平台，协同实现对侵权假冒线索的实时监测。

建立线上线下快速协查通道，对在线识别和实时监测模块输出的线上侵权假冒线索，结合线上注册和交易信息，确定线下生产销售场所及仓储物流等信息，实现线下源头追溯。

开发对侵权假冒线索的网上取证、存证功能，及时固定网络证据，实现智能检测中的网络电子证据固化。

3. 实现智能检测系统与相关系统的对接。将智能检测系统与执法维权指导管理系统对接，实现侵权假冒线索检测的启动与推送、在线办案指导、在线维权援助等功能。

（二）建立运行机制。

1. 建立侵权假冒线索检测启动与推送机制。建立侵权假冒线索检测启动机制。来自国内外的知识产权权利人，可以通过当地知识产权维权援助中心、保护中心、快速维权中心或地方局等执法维权机构启动侵权假冒线索检测。执法维权机构可主动启动检测，针对本地优势产业的单个或批量侵权假冒线索进行检测。国家知识产权局结合实际需求，对重点领域、重点区域、重点知识产权的侵权假冒线索进行全国性检测。

建立信息推送与共享机制。全国性系统发现的专利侵权线索，推送给维权援助中心和权利人；假冒专利和商标侵权线索，根据管辖要求推送给有关执法机构。区域性系统发现的线索，参照以上方式推送，并上传至全国性系统备案。将全国性和区域性智能检测系统与数据库对接融合，在全国性系统中实现信息汇总。

2. 建立智能检测与人工判断衔接机制。建立智能检测与人工判断的信息交互机制。在信息化系统中，设置智能检测与人工判断交互接口，对输出的疑似侵权线索进行人工判断，结果回传至信息化系统，根据要求推送。建立健全智能检测与人工判断信息交互的操作流程和规范标准。把握人工判断基本要求，提升人工判断专业能力，确保交互机制有效运行。

3. 建立涉外侵权假冒相关信息分析处理机制。充分运用国外知识产权数据，建立健全外文网络产品和服务信息采集、加工机制，完善网络产品和服务数据。推进加强涉外知识产权执法交流合作，开展涉外侵权假冒线索检索工作，引导我国企业通过智能检测系统，对重点出口产品的海外侵权风险进行预警检测，防止侵权，进一步提升我国产品的国际竞争力和国际形象；鼓励我国权利人主动检测重点知识产权在海外遭受侵权的线索，引导企业依法有效维权。

4. 推进建立标识电子化管理机制。与有关机构和网络交易平台、大型展会组织方等建立协作机制，在知识产权注册授权、产品销售、维权救济等各环节推行统一的电子化标识，实现全流程信息追踪。

（三）推进试点工作。

结合各地实际条件与需求，选择试点地方和单位，选择电子商务、进出口、大型展会等重点领域及地方优势领域，协同推进全国性和区域性智能检测系统的建设运行。

1. 试点地方和单位。选择有条件的省份、城市及单位进行试点，支持、引导其开发适用于区域内或单一执法主体的区域性“互联网+”知识产权保护数据库和信息化系统，根据本方案提出的各项机制进行运行探索。优先选择“互联网+”治理基础较好、执法维权工作领先或设有知识产权保护中心的地方及单位进入试点。

充分发挥地方知识产权局、知识产权保护中心、快速维权中心、维权援助中心及研发机构的积极性，鼓励根据本方案提出的技术路径和运行机制，主动作为、积极推进、率先突破，探索建立适应本地条件与需求的“互联网+”知识产权保护技术体系和运行机制，将管理创新与技术手段创新密切结合起来，提升推进效率。

2. 试点领域与环节。选择信息易追溯、社会关注度高的电子商务、大型展会、进出口等重点领域、重点环节，作为试点工作的突破口，探索推进“互联网+”知识产权保护工作，及时总结技术手段与治理机制相融合的经验，尽快向各领域推广。试点地方和单位还可以结合实际，选择其他优势领域，作为试点工作的重点领域，突出试点实效。

电子商务领域。通过信息技术手段，全面深化相关协作调度机制。健全对互联网自营、他营、移动客户端交易等不同模式网络交易平台的信息化治理机制，引导平台运用“互联网+”高效处理侵权假冒举报投诉。根据智能检测系统确定的线下源头信息，提升源头追溯精准度，高效打击生产源头，切断侵权假冒产品流通链条。

进出口环节。推进线上信息共享、办案咨询、案件协查，在权利稳定性分析、侵权判定、网络培训等方面加强协作，通过信息技术手段提升进出口环节知识产权保护效率，协同强化知识产权边境保护能力。

大型展会。推进各地加强同类别展会上侵权假冒案件的信息共享，建立跨区域的展会知识产权保护线上协同监管机制。推进建立知识产权标识展品报备机制，对重点展品实施协同监测。对展会现场发现的侵权假冒产品，通过智能检测平台反溯线上侵权假冒线索，强化线上线下一体化监管。

……

国家发展改革委、中央网信办、工业和信息化部、公安部、交通运输部、商务部、海关总署、市场监督管理总局关于加强对电子商务领域失信问题专项治理工作的通知

（2018 年 5 月 14 日　发改财金〔2018〕716 号）

各省、自治区、直辖市、新疆生产建设兵团社会信用体系建设牵头单位、网络安全和信息化领导小组、工业和信息化主管部门、公安厅（局）、交通厅（局）、商务厅（局）、直属海关、工商行政管理局、市场监督管理部门、质量技术监督局、食品药品监督管理局：

为深入学习贯彻习近平新时代中国特色社会主义思想和党的十九大精神，推进电子商务领域信用体系建设，解决突出的诚信缺失问题，落实 2017 年 10 月 27 日电子商务领域失信问题专项治理工作视频会议精神，现就进一步加强电子商务领域失信问题专项治理工作（以下简称“专项治理工作”）通知如下：

一、充分认识开展专项治理工作的重要意义

电子商务领域信用体系建设是社会信用体系建设的重要内容。2014 年 6 月，《国务院关于印发社会信用体系建设规划纲要（2014 - 2020 年）的通知》（国发〔2014〕21 号），对电子商务领域信用建设提出明确要求，加强网店产品质量检查，严厉查处电子商务领域制假售假、传销活动、虚假广告、以次充好、服务违约等欺诈行为；打击内外勾结、伪造流量和商业信誉的行为，对失信主体建立行业限期禁入制度。国家发展改革委、人民银行、中央网信办、公安部、交通部、商务部、工商总局、质检总局、食品药品监管总

局联合印发的《关于全面加强电子商务领域诚信建设的指导意见》（发改财金〔2016〕2794号），进一步指出严厉打击通过恶意刷单、恶意评价、空包裹代发邮寄等方式伪造交易记录和物流信息实现“增信”“降信”的违法失信行为。开展专项治理工作，是全面贯彻习近平新时代中国特色社会主义思想和党的十九大精神，落实《关于全面加强电子商务领域诚信建设的指导意见》（发改财金〔2016〕2794号）的重要举措，也是加强电子商务领域事中事后监管的重要手段，对创造良好的电子商务生态环境、推动社会信用体系建设具有重要意义。

二、加快建立健全专项治理长效工作机制

专项治理工作既是一项系统性工作，也是一项长期性工作，各地区相关部门要着重加强以下三项工作，并长效开展下去。

（一）整合部门资源，建立健全跨部门跨地区工作机制。

各地社会信用体系建设牵头部门要牵头建立跨部门跨地区工作机制，根据国家电子商务领域失信问题专项治理工作视频会要求，由省社会信用体系建设牵头部门会同省网信办、工业和信息化主管部门、通信管理局、公安厅、交通厅、邮政局、商务厅、海关（原检验检疫局）、工商局、质监局（市场监督管理部门）和食品药品监管局（或由地方根据工作需要决定）等，建立省级电子商务领域失信问题专项治理工作组（以下简称“省级工作组”），明确牵头单位以及各相关部门负责人和联络员，就本辖区内电子商务领域失信问题进行专项研究，并提出有针对性的措施和工作方案。鼓励省级工作组指导市、县级有关部门建立市、县级电子商务领域失信问题专项治理工作组；鼓励各省级工作组交叉开展跨地区合作交流和检查互评。

（二）加强政企合作，切实发挥好省级“反炒信”联盟作用。

自2016年10月国家“反炒信”联盟建立以来，成员单位已发展到包括阿里巴巴、百度、腾讯、京东等17家主要电商企业在内的联盟体，成为有关部门加强电子商务领域诚信建设和开展专项治理工作的有力抓手。各地区要组织、指导本辖区内的电商平台、互联网公司、物流企业等相关电子商务类企业成立区域性“反炒信”联盟，鼓励各地方探索成立跨地区“反炒信”联盟，依法依规推动联盟成员企业间信用信息共享，加强协同监测力度，拓宽监测渠道，对电子商务领域失信问题进行更有针对性的管控，切实发挥好各地“反炒信”联盟在专项治理工作中的积极作用。

（三）提高失信成本，加大专项治理对象联合惩戒力度。

各地区要根据《关于全面加强电子商务领域诚信建设的指导意见》（发改财金〔2016〕2794号）文件要求，广泛开展电子商务领域失信联合惩戒，一是加大信用信息公示力度，充分发挥“信用中国”网站和国家企业信用信息公示系统作用，推动电子商务平台基本信息、信用信息及重大事件信息披露。二是加大对失信主体的惩戒力度，各地方可以根据工作需要和地方实际，制定地方电子商务失信主体认定标准，并将认定后的电子商务领域“黑名单”纳入联合惩戒。相关部门已有失信企业认定标准的，按其规定执行。三是严厉打击整治电子商务领域违法失信行为，鼓励在已有的限制新设立账户等13项联合惩戒措施基础上，结合地方实际，创新制定联合惩戒措施。

三、科学区分电子商务领域失信主体名单信息

电子商务领域失信主体名单信息是开展专项治理工作的基础和前提。国家发展改革委通过全国信用信息共享平台，并委托信用服务机构和大数据服务机构，对平台上电子商务领域信用信息进行筛选核查，形成了以失信被执行人（经营电子商务业务）、制假售假、侵犯知识产权、刷单炒信、网络购物合同纠纷、空包裹代发邮寄，非法采集、滥用、泄漏和倒卖个人信息等失信行为类型为主的电子商务领域“黑名单”和因虚假宣传、合同违约等失信行为被行政处罚的电子商务领域重点关注名单。

四、督促失信企业限期整改

省级工作组要加大对电子商务领域“黑名单”和重点关注名单失信主体的整改力度：（一）对列入“黑名单”失信主体于3个月整改到位，其中，对列入“黑名单”的失信被执行人、侵犯知识产权、网络购物合同纠纷失信行为，督促其全面履行法定义务或与申请执行人达成和解协议并履行完毕，按有关规定提请法院从失信被执行人名单中删除。对列入“黑名单”的制假售假、刷单炒信、空包裹代发邮寄、非法采集、滥用、泄漏和倒卖个人信息等失信主体，按行业主管部门有关规定，规范有序限期整改。（二）对列入重点关注名单的失信主体于3个月整改到位，加大对其警示教育力度，有效引导其及时纠正失信行为。省级工作组要在公布“黑名单”后第一时间向失信主体发出失信整改通知书，并督促失信主体签订电子商务领域信用承诺书，整改通知书和信用承诺书的格式可咨询国家发展改革委财金司。相关部门对失信企业管理期限已有明确规定的，按其规定执行。

其中，电子商务领域“黑名单”和重点关注名单中的刷单炒信、制假售假等失信信息由电子商务平台提供的，由“反炒信”联盟督促主要电子商务平台对其采取惩戒措施。考虑到电子商务领域“黑名单”和重点关注名单的特殊性，鼓励省级工作组动员电商平台等企业力量，协同开展专项治理工作。

五、对逾期未整改的加大惩戒力度

对“黑名单”中限期未整改到位的失信主体，请省级工作组采取以下惩戒措施：（一）约谈失信主体主要负责人。（二）通报行业主管部门、监管部门和行业协会商会，加大对失信企业的监管力度，提高检查频次，依法依规限制经营或融资授信等惩戒措施。（三）督促省级“反炒信”联盟或有关电子商务类企业，按照《关于对电子商务及分享经济领域炒信行为相关失信主体实施联合惩戒的行动计划》（发改财金〔2016〕2370 号）要求，实施限制入住会员、降低信用等级、屏蔽或关闭店铺、“封号封账”、公开曝光等惩戒措施。（四）将电子商务领域“黑名单”和重点关注名单失信主体在地方信用网站公布。（五）将各城市政府实施电子商务失信问题专项治理工作纳入城市信用监测评估指标，根据专项治理工作的成效，酌情加减分。

六、加强对治理整顿过程的指导和监测

为加强对治理整顿过程的指导和监测，实时掌握专项治理工作的动态更新情况，国家发展改革委已经委托第三方信用服务机构和大数据监测公司对电子商务领域“黑名单”和重点关注名单失信主体进行全过程跟踪监测，并建立“电子商务领域‘黑名单’及重点关注名单专项治理工作台账”。

国家发展改革委已经建立月报工作通报机制，请各省级人民政府责成省级工作组于每月 15 日的前一个工作日，将上阶段工作整体情况、取得的实效、经验做法以及存在的问题形成书面材料反馈国家发展改革委财金司，电子版一并反馈至指定邮箱。

七、加强电子商务领域诚信文化建设

请各地区积极做好诚信文化建设工作。（一）积极报道各级政府有关部门贯彻落实《关于全面加强电子商务领域诚信建设的指导意见》（发改财金〔2016〕2794 号）文件精神的好经验、好做法。（二）利用微博、微信、电视、报纸和各类媒体传播平台，多渠道、多形式树立电子商务领域诚信典型，曝光严重失信典型。

八、持续扎实做好专项治理工作

省级工作组要积极贯彻落实国家发展改革委及有关部门对专项治理工作的整体部署，配合做好辖区内专项治理工作的统筹协调，并督促辖区内电子商务企业，尤其是电子商务平台，深入开展企业内部信用体系建设。国家发展改革委财金司负责对专项治理工作跟踪了解、督促检查，确保该项工作平稳有序推进。

请各省级人民政府督促本省社会信用体系建设牵头部门于5月28日前，将本省电子商务领域失信问题专项治理工作组名单统一报送至国家发展改革委财金司。

网络交易价格举报管辖规定

（2018年2月3日 国家发展和改革委员会）

第一条 为了不断提高网络交易价格举报办理质量和效率，切实维护消费者和经营者的合法权益，根据《价格行政处罚程序规定》、《价格违法行为举报处理规定》，制定本规定。

第二条 价格主管部门受理、办理涉及网络交易价格行为的举报，需要确定管辖的，适用本规定。

第三条 本规定所称网络交易，是指通过互联网（含移动互联网）销售、购买商品或者提供、接受有偿服务的活动。

本规定所称网络交易经营者，是指通过互联网（含移动互联网）销售、收购商品或者提供有偿服务的法人、其他组织和个人（以下简称电商）。

本规定所称网络交易平台，是指依法登记注册并取得营运许可，为网络交易行为提供虚拟经营场所及相关服务的法人与其他组织（以下简称平台）。

第四条 受理、办理网络交易价格举报遵循行为发生地管辖原则。网络交易进行时，被举报经营者所在地即行为发生地。

被举报的网络交易价格行为系电商实施，由电商行为发生地价格主管部门管辖。

被举报的网络交易价格行为系平台实施，由平台行为发生地价格主管部门管辖。

被举报的网络交易价格行为系平台和电商共同实施，由平台行为发生地价格主管部门管辖。

第五条 被举报电商行为发生地难以确认的，由最先接收举报的价格主管部门在收到举报之日起1个工作日内，从12358价格监管系统向平台发送电子协查文书，通过平台查找。

第六条 平台应当配合价格主管部门，及时与被举报电商联系，认真查询核对相关信息，确保真实准确，并在收到协查文书之日起2个工作日内反馈结果（包括有效联系人、联系方式、具体地址、被举报电商确认上述信息的录音或书面材料等）。

平台查找不到被举报电商，应当向最先接收举报、发送电子协查文书的价格主管部门通过书面形式提供查找过程，说明查找不到的原因。

平台拖延查找、拒不查找、故意隐瞒、拒不提供被举报电商相关信息，或者提供的被举报电商相关信息虚假、错误、不真实、不准确，按照《价格法》第四十四条、《价格违法行为行政处罚规定》第十四条相关规定进行处理。

第七条 最先接收举报的价格主管部门通过平台查找到被举报电商行为发生地后，按照以下情形分别处理：

（一）被举报电商属于本机关管辖的，自收到举报之日起7个工作日内受理并告知举报人。

（二）被举报电商不属于本机关管辖的，自收到举报之日起，在规定时限内转至有管辖权的价格主管部门办理并告知举报人。转办文书应当附上相关证据材料以及通过平台查找到的被举报电商相关信息。

第八条 通过平台查找不到被举报电商，最先接收举报的价格主管部门应当根据举报人提供的地址，或者从全国企业信用信息公示系统查询得知的地址，实地调查取证。确实无从查找的，妥善保存调查证据和平台提供的相关材料，根据《价格违法行为举报处理规定》第十条规定不予立案，办结举报并告知举报人。

第九条 接到转办举报件的价格主管部门对管辖有异议，应当在收到举报之日起2个工作日内，附转办依据和证据，报请共同上一级价格主管部门指定管辖。

第十条 消费者单独提出的价格投诉，由被投诉经营者所在地市、县价格主管部门管辖，无管辖权的价格主管部门无需转办，直接作出不予受理决定，并在收到投诉之日起7个工作日内告知投诉人。

消费者在价格举报时一并提出的价格投诉，由受理价格举报的价格主管部门管辖。收到举报的价格主管部门无管辖权的，对价格举报依照本规定转办；对价格投诉无需转办，直接作出不予受理决定，并在收到投诉之日起7个工作日内告知投诉人。

第十一条 本规定由国家发展和改革委员会负责解释。

第十二条 本规定自印发之日起实施，有效期五年。

国家发展改革委、人民银行、中央网信办、公安部、交通运输部、商务部、工商总局、质检总局、食品药品监管总局关于全面加强电子商务领域诚信建设的指导意见

（2016年12月30日 发改财金〔2016〕2794号）

各省、自治区、直辖市和新疆生产建设兵团有关部门、机构，社会信用体系建设部际联席会议成员单位：

为建立健全电子商务领域诚信体系，褒扬诚信，惩戒失信，营造良好的市场信用环境，促进电子商务健康快速发展，经国务院同意，现提出以下意见。

一、充分认识加强电子商务领域诚信建设的重要意义

近年来，随着大数据、云计算等互联网技术的大规模应用，电子商务迅猛发展，已成为国民经济的组成部分和重要经济增长点。电子商务发展不仅创造了新的消费需求，拓宽了就业渠道，引发了新的创业和投资热潮，而且对推进供给侧结构性改革，扩大有效供给，加快转变经济发展方式，激发市场主体活力，增强经济发展内生动力起到了积极的推动和引领作用。

信用是电子商务发展的重要基础。经过多年探索创新，我国电子商务领域信用体系建设取得一定进展，但目前失信问题仍十分严重，假冒伪劣、以

次充好、虚假广告、服务违约、虚假交易、刷单炒信、恶意差评以及滥用、泄露和倒卖个人信息等违法违规行为泛滥，严重影响正常市场秩序，侵害消费者合法权益，危及电子商务健康发展。大力加强电子商务领域诚信体系建设，着力解决电子商务交易各方信任缺失问题，有利于降低交易成本，更好发挥电子商务在促进大众创业、万众创新中的重要作用，为我国经济持续健康发展和全面建成小康社会提供重要支撑。

二、总体要求

（一）指导思想

全面贯彻党的十八大和十八届三中、四中、五中、六中全会精神，深入贯彻习近平总书记系列重要讲话精神，按照党中央、国务院决策部署，大力推动电子商务领域信用记录共建共享，完善市场化信用评价体系，建立健全守信激励与失信惩戒制度，构建以信用为核心的市场监管体系，整顿规范电子商务市场秩序，营造诚实守信的电子商务发展环境，促进“互联网＋”和大众创业、万众创新健康发展。

（二）基本原则

政府推动，社会共建。充分发挥政府的组织、引领和推动作用，加快推动制定电子商务领域诚信建设相关法律法规和标准规范。注重发挥市场机制作用，鼓励支持信用服务机构等社会力量积极参与，共同推进，形成工作合力。

多管齐下，协同监管。加强政府部门、有关社会组织联动，建立覆盖线上、线下，贯穿生产、交易、支付、物流、客服全流程的电子商务协同监管机制。综合运用随机抽查、专项检查、投诉处理、第三方评价等手段，加大对电子商务失信问题的监管力度。

标本兼治，全面推进。对人民群众反映强烈的电子商务领域突出失信问题，采取有效措施进行集中整治规范，净化市场环境。着力加强电子商务领域信用体系长效机制建设，建立完善信用记录，推动信息共享和应用，完善守信联合激励和失信联合惩戒制度。

明确主体，落实责任。有关监管部门加强对电子商务平台的监管，强化电子商务平台的主体责任。积极引导电子商务平台坚持规范发展，加强自身诚信建设，建立健全内部信用管理制度、投诉举报制度和对交易主体的信用监管机制，强化对市场主体的信用约束。

三、加强电子商务全流程信用建设

（三）建立实名登记和认证制度。电子商务平台要落实身份标识和用户实名登记制度，对开办网店的单位和个人核实身份，定期更新并依法报送相关行业主管、监管部门。以食品、药品、医疗器械、农产品、日用消费品等关系人民群众生命财产安全的产品为重点，严格依照法律法规规定办理工商登记和相关许可手续，并将营业执照或身份核验标识等信息向社会公开。建立产品许可官方网站信息链接。支持开展电子商务网站可信认证服务工作，推广应用网站可信标识，为电子商务用户识别假冒、钓鱼网站提供手段。

（四）完善网络交易信用评价体系。支持和鼓励电子商务平台结合自身特点，建立电子商务交易双方信用互评、信用积分制度，探索建立交易后评价或追加评价制度，将交易双方评价和服务承诺履约情况记入信用档案，并将评价结果和积分充分公开，供市场交易者参考。积极支持电子商务平台在对交易流程、流通环节进行实时动态监控的基础上，加强对失信行为的分类与甄别，并与第三方信用服务机构合作，防范信用炒作风险。支持开展第三方信用评价，建立对电子商务平台、入驻商家和上下游企业的综合信用评价机制。

（五）加强网络支付管理。加强电子商务平台与非银行支付机构的协调配合。充分发挥非银行支付机构在电子商务账款支付中的作用，防范网络欺诈等行为。进一步完善网络支付服务体系，推动网络支付业务规范化、标准化。

（六）建立寄递物流信用体系。完善商品寄递过程中的信息实时跟踪机制。加强对寄递物流企业及其从业人员的信用管理，探索建立监管部门、商户和消费者对寄递物流企业及其从业人员的信用评价机制。建立健全责任倒查和追究机制，对严重失信寄递物流企业限制入驻电子商务平台。

（七）强化消费者权益保障措施。支持和鼓励电子商务平台建立消费者权益保护基金，实施“先行赔付”制度。鼓励商户公开作出信用承诺，参加“规定期限内无条件退货”等活动。电子商务平台和有关市场监管部门建立健全消费者投诉举报制度，加强沟通衔接，及时处理回应消费者反映的问题。

四、全面推动电子商务信用信息共建共享

（八）建立健全信用记录。相关行业主管、监管部门要建立健全电子商务平台以及为电子商务提供支撑服务的代运营、物流、咨询、征信等相关机构和从业人员的信用记录，依托全国信用信息共享平台实现信用信息互联共享。涉及企业的相关信息按照企业信息公示暂行条例规定在企业信用信息公示系统公示。电子商务平台要建立完善交易双方信用记录，以实名注册信息为基础，及时将恶意评价、恶意刷单、虚假流量、图物不符、假冒伪劣、价格欺诈以及其他不诚信行为信息纳入信用档案，依法报送相关行业主管、监管部门。

（九）建立事前信用承诺制度。全面建立市场主体事前信用承诺制度，推动电子商务平台、入驻商家、个人卖家、物流企业等提供商品销售和服务的市场主体就遵纪守法、信息真实性、产品质量、服务保证、承担的责任与义务等情况作出信用承诺，以规范格式向社会公开，并承诺违法失信后将自愿接受约束和惩戒。信用承诺事项纳入市场主体信用档案，接受社会监督，并作为事中事后监管的参考。

（十）建立产品信息溯源制度。推行商品条形码，围绕食用农产品、食品、药品、农业生产资料、特种设备、危险品、稀土产品等重要产品，推动生产经营企业加快建立来源可查、去向可追、责任可究的产品质量追溯体系，引导支持电子商务平台和物流企业建立产品上架、销售、配送、签收、评价、投诉全方位全过程的线上留痕监管体系。

（十一）推动建立线上线下信用信息共享机制。依托全国信用信息共享平台，依法依规归集电子商务领域信用信息，实现各地区、有关行业主管、监管部门信用信息的互联互通和共享交换。引导和规范征信机构依法采集、整合电子商务领域交易主体信用信息。支持地方政府与电子商务平台、征信机构等各类社会机构建立信用信息采集、共享和应用机制，实现电子商务领域信用信息交互融合、共同应用。

五、大力实施电子商务信用监管

（十二）加强第三方大数据监测评价。鼓励社会信用评价机构对电子商务平台定期进行信用状况评估，监测失信行为信息。制定相关程序规范，加强对商务“12312”、消费者“12315”、文化“12318”、价格“12358”、质量监督“12365”等举报投诉服务平台电子商务失信信息的整合、共享、推送。在“信用中国”网站和企业信用信息公示系统开通网络失信举报中心，畅通群众举报途径。全国信用信息共享平台要及时采集部门监管、大数据监测、群众举报等渠道形成的电子商务领域失信信息。

（十三）健全政府部门协同监管机制。构建以信用为核心，以实时监控、智能识别、风险预警、科学处置为主要特点的电子商务新型市场监管体系。建立常态化、长效化的多部门联合执法检查工作机制。实施信用分级分类监管，建立集风险监测、网上抽查、源头追溯、属地查处、信用管理为一体的电子商务信用监督机制。

（十四）提高电子商务平台的信用管理水平。支持电子商务平台依法整合线上线下数据资源，对政府部门市场监管中产生的可公开信用信息与自身掌握的信用信息进行汇聚整合和关联分析，构建大数据监管模型，及时掌握市场主体经营交易信用状况，有效识别和打击失信商家，为诚信商家和客户提供优良的交易环境及平台服务。

（十五）落实电子商务平台主体责任。电子商务平台要建立健全内部信用约束机制，充分运用大数据技术加强在商品质量、知识产权、服务水平等方面的信用管控。建立商家信用风险预警制度，对销售假冒伪劣商品、恶意刷单炒信的严重失信商家，电子商务平台应按照有关行业主管、监管部门要求，及时向社会公示相关信息，发布风险提示。电子商务平台要建立完善举报投诉处理机制，及时将掌握的涉嫌违法违规线索报送相关行业主管、监管部门，配合有关部门进行查处。对不积极履行主体责任的电子商务平台，有关行业主管、监管部门要及时采取约谈、通报等措施，并依法作出行政处罚。

（十六）更好发挥第三方机构和社会组织在电子商务信用监管中的积极作用。支持信用服务机构以需求为导向，依法采集电子商务平台、交易主体及其物流等相关服务企业的信用信息，加大信用产品研发力度，提供信用调查、信用评估、信用担保、信用保险等信用产品和服务。通过电子商务相关协会组织加强电子商务企业自我信用约束和行业自律。

六、广泛开展电子商务信用联合奖惩

（十七）加大信用信息公示力度。建立电子商务平台基本信息、信用信息及重大事件信息披露制度。推动电子商务平台在市场主体经营页面显著位置公示其营业执照、身份核验标识、信用等级等信息或包含以上信息的电子链接标识。引导电子商务平台在网站首页设立“信用中国”网站和企业信用信息公示系统查询窗口，提供市场主体信用信息查询服务。引导电子商务市场主体公示更多生产经营信息，特别是采购、销售、物流等方面的信用信息，完整公示产品信息和服务承诺。健全个人信息保护制度，保护电子商务领域消费者个人隐私。

（十八）加大对守信主体的激励力度。建立和规范电子商务领域守信主体“红名单”制度。在商贸活动中，加大对“红名单”主体推介力度，在公共服务、市场交易、社会管理等方面给予一定便利。鼓励电子商务平台对“红名单”主体在搜索排序、流量分配、营销活动参与机会、信用积分等方面给予倾斜，强化正面激励引导。推动金融机构加大对“红名单”企业支持力度，引导金融机构优化贷款流程，创新金融产品，积极做好金融服务。

（十九）加大对失信主体的惩戒力度。建立电子商务领域失信主体“黑名单”制度。加大对“黑名单”电子商务平台及相关服务企业的监管力度，提高检查频次，依法对企业有关失信人员实施不得担任企业法定代表人、负责人、董事、监事、高级管理人员职务，限制经营或融资授信等联合惩戒措施。支持电子商务平台按照有关管理规定，对“黑名单”主体实施限制入驻会员、降低信用等级、屏蔽或关闭店铺、查封电子商务账户、公开曝光等惩戒措施。

（二十）严厉打击整治电子商务领域违法失信行为。严厉打击制假售假、以次充好、虚假宣传、恶意欺诈、服务违约、恐吓威胁，以及通过恶意刷单、恶意评价、空包裹代发邮寄等方式伪造交易记录和物流信息实现“增信”、“降信”的违法失信行为。加大对即时通信等社交网络服务的监管力度，对通过个人社交平台进行交易的行为加强监控和检查，依法查处违法交易行为。加大对物流配送环节违法违规行为的查处力度。严厉打击利用电子商务平台或物流体系非法采集、滥用、泄露和倒卖个人信息的行为。

七、保障措施

（二十一）加强诚信文化建设。利用微博、微信、电视、报纸、各类移动应用程序等媒体传播平台，多渠道、多形式树立电子商务领域诚信典型，曝光严重失信典型。以春节、国际消费者权益日、国庆节等为契机，开展形式多样的电子商务诚信主题宣传实践活动。发挥电子商务平台主体作用，加强对电子商务各类主体的诚信教育。支持鼓励电子商务平台将信用状况作为员工招聘、商家入驻的重要考量因素。

（二十二）加强法规标准建设。加快推进电子商务诚信建设相关法律法规建设。研究制定电子商务领域信用信息采集、共享、披露、管理、评价等方面相关标准规范。

（二十三）加强组织领导和工作协调。地方各级人民政府要加强对电子商务领域诚信建设的组织领导，督促各有关行业主管、监管部门抓好工作落实，对未按规定履行职责的行为依法追究责任。各有关行业主管、监管部门要把电子商务领域诚信建设摆在突出位置，切实加强组织领导，抓好任务落实。充分发挥社会信用体系建设部际联席会议作用，协调解决电子商务诚信建设中的重大问题。发展改革委会同有关部门负责对意见落实工作的统筹协调、跟踪了解、督促检查，确保各项工作平稳有序推进。

工商总局关于促进网络服务交易健康发展规范网络服务交易行为的指导意见（暂行）

（2016年1月8日　工商网监字〔2016〕2号）

各省、自治区、直辖市工商行政管理局、市场监督管理部门：

近年来，网络服务交易快速崛起，增速已经超过网络商品交易，并且保持着持续强劲增长的势头，正在成为提升消费、改善服务、促进创业、稳定就业的重要增长极，为大众创业、万众创新提供了新的空间。网络服务交易在快速发展的同时，市场秩序不规范、诚信体系不健全、虚假宣传和不正当竞争等违法行为等问题也逐渐显露出来，亟须采取措施予以解决。在发展中逐步规范网络服务交易市场秩序，努力营造公平竞争的发展环境是促进网络服务交易健康发展的重要保障。为此，就工商（市场监管）机关促进网络服务交易健康发展，规范网络服务交易行为提出如下指导意见。

一、明确网络服务交易监管重点，秉持职责监管网络服务交易行为

网络服务交易市场领域十分广泛，涵盖商务信息服务、生活信息服务、旅游服务、专业服务（指组织或个人应用某些专业知识和专门知识为客户或消费者提供某一领域的特殊服务。如法律服务、咨询服务、管理服务、设计服务、市场调查服务等）等众多门类。其中，与工商（市场监管）机关网络市场监管职能密切相关的门类主要是商务信息服务、生活信息服务、旅游服务、专业服务等四个门类。工商（市场监管）机关应以上述四个门类作为履行监管职能职责的基本点，并在立足监管基本门类基础上，积极拓展与监管职能密切相关的网络服务市场监管新领域，着力加强对网络服务交易市场前瞻性、苗头性、倾向性问题的研究，着力解决其发展中存在的深层次矛盾和重大问题，着力促进其建立健全开放、公平、健康的市场竞争秩序，着力推进监管政策创新、管理创新和服务创新。

二、主动作为、支持发展

工商（市场监管）机关应当积极研究促进网络服务交易健康持续发展的政策措施，通过政策引导，促进网络服务交易进一步释放发展潜力，进一步提升创新发展水平。当前应主要抓好五个方面的促进工作：一是支持面向生产领域提供商务信息服务的平台发展，采取有效措施解决平台信息真实性审查过程中遇到的困难和难题，引导支持平台实现服务经营升级转型，将提供供求信息服务与组织企业直接进行网上交易结合起来，为企业间电子商务提供网上直接交易平台服务，从而带动整个电子商务市场取得更大发展。二是支持面向城乡居民社区提供生活信息服务、日常消费、家政服务等网络服务平台的发展，使其成为促进消费、改善民生、促进创业、稳定就业的重要平台。三是支持在线旅游市场的发展，推动在线旅游服务平台服务模式创新，积极为在线旅游服务平台协调解决在线旅游合同规范、旅游消费纠纷解决等方面遇到的困难和难题，推动在线旅游市场健康和谐发展。四是支持提供设计、创意服务的专业服务平台的发展，支持其为全社会创新创业提供更多更广的服务产品，使其成为创业孵化服务的重要基地和桥梁。五是鼓励社会力量、民间资本参与投资、建设和运营众创空间、创客空间、创业孵化器等各类创业孵化服务机构，为各类创业创新主体提供更多开放便捷的创业创新服务平台。

三、建立网络服务经营主体数据，完善网络服务交易经营主体经济户口分类

建立网络服务经营主体经济户口是实施监管的基础。网络服务交易监管是工商（市场监管）机关网络市场监管新领域，各地应以企业年度报告为抓手，对网络服务经营主体开展一次全面普查，重点查清本地区网络服务交易平台开办的数量、分布和类别，做好立档建户和电子数据库建设工作，为开展网络服务交易监管夯实基础。

四、以网络服务交易平台为监管重点，有序推进网络服务监管工作

网络服务交易平台是网络服务集中交易的场所和空间，抓住网络服务交易平台经营者，就直接抓住了维护网络服务交易市场秩序的关键环节。网络服务交易平台经营者承担着交易平台准入把关、检查监控网络服务交易信息、保护注册商标专用权、企业名称权等权利、保护网络服务消费者合法权益等重要职责，网络服务交易平台经营者如果能够切实履行法律法规赋予的义务和责任，网络市场服务交易秩序的维护就有了基本保障。

工商（市场监管）机关要抓住网络服务交易平台这个重点，特别是抓住辖区内开办的影响范围广、交易数量大的网络服务交易平台，以其为突破口，积极探索研究如何通过规范网络服务交易平台经营者达到逐步规范整个网络服务市场秩序、营造公平竞争市场环境、有效保护网络服务消费者合法权益的途径和办法。

在以网络服务平台为监管重点，有序推进网络服务监管工作的同时，各地应积极探索个人社交平台网络服务交易行为的监管模式，加强对个人社交平台服务交易行为的检查，探索查处个人社交平台发生的违法服务交易行为。

五、建立健全网络服务经营主体信用监管机制，积极推动网络服务经营主体信用信息公开公示

信用监管是网络市场监管的基本方式和手段，是维护网络市场良好秩序的关键。工商（市场监管）机关要把加快网络服务经营主体信用监管体系建设作为监管网络服务交易市场工作的重中之重。以《企业信息公示暂行条例》为依据，及时督促网络服务经营主体依法按时报送年度报告，及时归集、整理、分析、抽查、公开公示网络服务经营主体信用信息。

六、规范网络服务交易格式合同，倡导公平正义，维护市场秩序

根据网络服务交易合同以格式合同为主的特点，工商（市场监管）机关要以规范网络服务平台格式合同为重点和抓手，将网络服务交易平台应当履行的市场准入把关、检查监控网络服务交易信息、保护注册商标专用权、企业名称权、保护网络服务消费者合法权益等重要权利义务和进入平台提供服务产品的经营者应当履行的保障服务产品信息真实和服务产品质量、保护服务产品消费者权益的义务和责任落实到双方签订的合同中。

平台制定的交易规则是网络服务交易合同成立的重要构成要件，要把对平台交易规则的规范与监督检查作为规范平台经营行为、保护消费者和经营者合法权益的重要抓手，强化对平台自定的格式合同的检查和规范，及时纠正平台在制定格式合同中出现的不公正不公平交易规则，使交易各方的权利义务和责任实现公平和平衡。

七、支持和引导企业探索建立网络服务交易规范，推动建立行业规范，完善消费者权益保护机制

由于服务交易具有无形性、差异性特征，迫切需要建立服务交易规范为解决网络服务交易纠纷、处理网络服务投诉提供依据和标准。

为有效维护网络消费者合法权益，促进网络服务交易健康发展，工商（市场监管）机关应当首先以网络服务交易平台为抓手和突破口，推动、引导、支持平台经营者建立网络服务交易规范，同时积极推动建立行业规范，通过逐步推动建立健全网络服务规范，研究探索出适合网络服务交易特点的纠纷投诉解决机制，建立健全网络消费权益保护机制。

八、加大对网络服务交易违法行为查处力度，健全完善案件信息共享和监管协调配合机制

提供虚假信息、销售国家明令禁止的服务产品、进行不正当竞争、利用格式合同侵害网络消费者合法权益是当前网络服务交易市场存在的突出问题。各地工商（市场监管）机关应将查处上述网络违法交易和经营作为当前查处网络服务交易市场违法行为的重点，加大查处打击力度，并根据网络服务交易违法主体隐蔽性强、认定难度大、违法行为涉及面广、链条长、环节多等特点，完善健全工商系统跨区域联动办案机制，实现上下联动、左右互动，完善健全职能监管部门间协作配合机制，实现监管互联、互通、互动，构筑网络服务交易监管立体系统。

九、构建网络服务交易监管规则规范体系

《网络交易管理办法》的公布施行标志着网络服务交易初步纳入了法治化的轨道。但是由于网络服务市场正处在快速发展的初期，新情况、新问题不断出现，不少问题尚不具备立法的条件，《网络交易管理办法》对网络服务市场的规范主要是原则性、概括性规范，已经不能够满足网络服务市场快速发展对法律规范提出的需求。各地工商（市场监管）机关应在深入研究、分析、总结本地区网络服务交易发展现状、交易特点、存在的主要问题、制约发展的主要瓶颈等情况的基础上，研究提出本地区网络服务市场立法立规计划，争取网络服务交易监管在法制建设上取得新突破和新进展，为网络服务市场的健康发展提供坚实的法律支撑和保障。

十、完善网络信息化监管平台功能，建立健全网络服务交易信息化监管数据标准

自2010年工商总局启动全国工商行政管理系统网络商品交易监管信息化系统建设工作以来，经过近几年建设，全国一体、统分结合、功能齐全、上下联动的网络监管信息系统和平台已经基本建成，初步实现了“以网管网”的网监工作目标，为网络服务交易监管提供了坚实的信息技术支撑和保障。各地应以建成的网络监管信息化平台为依托，以网络服务经营主体数据库和网络服务交易行为特征语义库（关键词语库）为重点抓手，建立健全网络服务交易信息化监管数据标准，实现对网络服务交易“以网管网”的目标。

工商总局关于加强和规范网络交易商品质量抽查检验的意见

（2015年11月12日　工商消字〔2015〕189号）

各省、自治区、直辖市工商行政管理局、市场监督管理部门：

为贯彻落实《国务院关于促进市场公平竞争维护市场正常秩序的若干意见》（国发〔2014〕20号）、《国务院关于大力发展电子商务加快培育经济新动力的意见》（国发〔2015〕24号）以及《国务院办公厅关于加强互联网领域侵权假冒行为治理的意见》（国办发〔2015〕77号）的要求，加强网络交易商品质量监督管理，营造安全放心的消费环境，促进电子商务健康发展和培育经济新动力，依据《消费者权益保护法》《产品质量法》及《流通领域商品质量抽查检验办法》（以下简称《抽检办法》）等规定，现就加强和规范网络交易商品质量抽查检验（以下简称网络商品抽检）提出如下意见：

一、总体要求

加快建立开放、规范、诚信、安全的电子商务发展环境，依法规范网络市场秩序，维护市场公平竞争，保护消费者和经营者的合法权益，净化互联网交易环境，促进网络经济持续健康发展。

——依法监管，逐步规范。在发展中逐步规范，以规范促健康有序发展，依法履行网络交易商品质量监督管理职责，有序开展网络商品抽检，查处销售不合格商品等违法行为，净化网络市场环境。

——问题导向，重点抽检。充分利用消费者投诉举报以及日常监管执法中发现的情况，深入排查网络商品交易中存在的质量问题，科学确定抽检范围和重点商品品种，有针对性地开展网络商品抽检。

——随机抽查，互动结合。坚持“以网管网”，运用大数据等现代化信息手段，实现高效抽查监管。强化线上线下结合，同步开展商品质量抽检，大力推广随机抽查，提高抽检工作效能。

——源头追溯，社会共治。及时公布网络商品抽检结果，强化源头追溯，依法查处销售不合格商品的违法行为；加强商品质量安全风险警示，促进经营者自律、行业治理和社会监督，推进区域协作，部门协作和社会共治。

二、网络商品抽检的管辖

国家工商行政管理总局负责指导全国网络商品抽检工作，根据需要开展或者组织开展网络商品抽检。

省、自治区、直辖市工商行政管理、市场监督管理部门（以下统称工商行政管理部门）负责统筹管理辖区网络商品抽检工作，组织开展对本辖区内依法登记的网络商品经营者经营商品的抽检。第三方交易平台经营者所在地省级工商行政管理部门负责组织开展对自然人通过第三方交易平台经营的商品、第三方交易平台经营者自营商品的抽检，也可以根据需要对其他通过第三方交易平台经营的商品开展抽检。

上级工商行政管理部门可以根据工作需要委托下级工商行政管理部门具体实施抽检工作。

三、网络商品抽检的组织实施

网络商品抽检的组织实施依照本意见执行，对本意见未规定的依照《抽检办法》的规定执行。通过网络商品经营者的实体店或者仓储地抽取样品的，依照《抽检办法》规定执行。

工商行政管理部门要大力推广随机抽查，随机确定被抽查的网络商品经营者，加强网络商品质量监管。针对消费者投诉、有关组织反映和行政执法中发现质量问题集中的商品，组织开展网络商品抽检，制定抽检工作计划并确定抽检实施方案。抽检实施方案应当包括《抽检办法》第九条规定的内容以及买样人、用户名、收货地址等。买样人可以是工商行政管理执法人员、承检机构人员或者消费者等。抽检实施方案可作为买样人报销费用的依据。

（一）样品的抽取。

网络商品抽检应当由买样人按照抽检实施方案要求，通过网络交易的方式购买样品和备份样品。收到样品后，由买样人、承检机构人员、工商行政管理执法人员共同拆包查验、对样品和备份样品分别封样，并通知网络商品经营者。通知内容应当包括订单编号等，并明确其接受备份样品退货的义务。

对网络商品经营者及商品信息、网络交易过程要采用网络截屏、电子视频录像等取证手段，予以全程记录；对商品拆包查验、封样等应当全程录像并留存。必要时，工商行政管理部门可要求第三方交易平台经营者对被抽检样品的交易订单等电子单据及信息等相关证据信息予以确认，协助提供相关交易记录及日志，为网络商品抽检提供技术支持和协作配合。

（二）抽检结果的通知。

组织实施网络商品抽检的工商行政管理部门应当在收到检验结果之日起五个工作日内通知被抽样的网络商品经营者。检验不合格的，还应当通知样品标称的生产者；通过第三方交易平台抽样的，同时通知第三方交易平台经营者。

因经营者地址不详等原因而无法通知的，工商行政管理部门可以通过其官方网站公告通知。

（三）复检的申请与办理。

被抽样的网络商品经营者或者样品标称生产者对检验结果有异议的，应当自收到检验结果通知书或自官方网站公告通知之日起十五日内，向组织实施抽检的工商行政管理部门提出书面复检申请并办理复检手续，未办理复检手续的视为放弃复检。未在期限内申请复检或者放弃复检的，视为对检验结果无异议，检验结果即为最终结果。

四、网络商品抽检结果的后处理

（一）抽检结果的公布及效力。

工商行政管理部门应当依法及时向社会公布网络商品抽检结果。网络商品抽检结果信息应当包括样品名称、被抽检网络商品经营者、标称商标、标称生产者名称、规格型号、生产日期、主要不合格项目、综合判定结论等。通过第三方交易平台抽检的，同时公布第三方交易平台经营者名称。

网络商品抽检结果与线下抽检结果具有同等效力，可作为实施抽检工商行政管理部门辖区内执法依据。

（二）不合格商品的处理。

对经网络商品抽检并依法认定为不合格商品的，工商行政管理部门应当责令被抽样的网络商品经营者立即停止销售；消费者要求退货的，经营者应当负责退货。

工商行政管理部门发现并认定商品存在缺陷，有危及人身、财产安全危险的，应当立即责令被抽样的网络商品经营者采取警示、停止销售等措施，并及时通报商品标称生产者所在地有关行政部门。

工商行政管理部门公布有危及人身、财产安全危险且不符合强制性标准的商品名单后，被抽检的网络商品经营者、被抽检的第三方交易平台上该商品的经营者及辖区内线下经营者应当立即停止销售该名单中同一商标的同一规格型号的商品，第三方交易平台经营者应当立即采取措施停止提供对相关商品的交易平台服务。

网络商品经营者无法联系的，通过第三方交易平台交易的，可根据商品不合格的情况，要求第三方交易平台经营者对不合格商品信息及被抽检网络商品经营者的虚拟店铺实施商品信息删除、屏蔽、断开链接等措施；非通过第三方交易平台交易的，如需采取措施制止网络销售不合格商品违法行为的，可依照有关规定，提请网站许可或者备案地通信管理部门依法责令暂时屏蔽或者停止该网站的接入服务。

（三）查处违法行为。

工商行政管理部门要依法查处网络商品经营者线上线下销售不合格和假冒侵权商品、作虚假或者引人误解的宣传以及拒绝工商行政管理部门开展监督检查等违法行为；涉及第三方交易平台经营者的违法行为，应当移交第三方交易平台经营者所在地工商行政管理部门处理。要将行政处罚结果记入企业信用档案，通过企业信用信息公示系统向社会公布。

因消费者投诉举报案件处理中需要对商品质量进行检验或鉴定的，不适用《抽检办法》和本意见的规定。

五、第三方交易平台经营者的质量管理责任

（一）第三方交易平台经营者要加强对网络商品经营者的管理，健全完善商品质量管控制度和措施，主动开展商品质量检查，督促网络商品经营者履行商品质量及服务义务，及时制止消费侵权行为，促进网络交易商品质量的提升。对消费者因商品质量问题要求赔偿，第三方交易平台经营者不能提供网络商品经营者的真实名称、地址和有效联系方式的，要承担赔偿责任。鼓励第三方交易平台经营者建立健全商品质量承诺和担保制度，主动和解消费纠纷。

（二）第三方交易平台经营者要建立协助有关行政部门开展监管执法的制度，采取技术手段确保网络商品交易数据和资料的完整和安全，配合工商行政管理部门依法开展商品质量监督管理，如实提供网络商品经营者的相关情况，协助做好网络商品抽检和执法办案等工作。

（三）第三方交易平台经营者应当协助工商行政管理部门将开展网络商品抽检、抽检结果等信息及时通知网络商品经营者，对被抽检的不合格商品及其经营者采取相关措施。对工商行政管理部门要求提供技术支持和协作配合的，第三方交易平台经营者不得拒绝或者拖延。

六、工作要求

（一）提高思想认识。强化网络交易商品质量监管，依法开展网络商品抽检是工商行政管理部门的重要职责。依法处罚网络销售不合格商品违法行为，规范网络市场秩序，营造安全放心的消费环境，可以有效激活消费潜力，为大众创业、万众创新营造发展新空间，实现经济持续健康平稳增长。各地工商行政管理部门要充分认识网络商品抽检工作的重要意义，加强组织领导，协调监管力量，抓好网络商品抽检工作的落实。

（二）完善制度机制。各地要加强对网络经济发展现状的研究，鼓励新型业态发展，逐步规范网络市场秩序。要根据《消费者权益保护法》《抽检办法》和本意见的要求，按照国务院推广随机抽查的规定，认真开展流通领域商品质量监管工作，建立健全网络商品抽检工作机制和制度，完善监管方式方法和技术手段，及时公布网络商品抽检结果，发布消费警示提示，不断提高网络交易商品质量监管水平。网络商品质量抽查检验文书参考式样参见附件。

（三）促进社会共治。各地工商行政管理部门要加强与有关行政主管部门的协作配合，注重信息交流共享和执法协作联动，提高执法效能；发挥消费者协会、行业协会和有关社会组织、新闻媒体的作用，共同开展消费教育引导，促进社会协同共治；教育和鼓励网络商品经营者、第三方交易平台经营者加强自律，自觉履行商品质量保障义务，切实保护消费者合法权益，共同营造安全放心的网络消费环境。

附件：网络商品质量抽查检验文书参考式样（略）

工商总局、工业和信息化部关于加强境内网络交易网站监管工作协作积极促进电子商务发展的意见

（2014年9月29日　工商市字〔2014〕180号）

各省、自治区、直辖市及计划单列市工商行政管理局、市场监督管理部门、通信管理局：

为进一步形成监管合力，加强境内网络交易网站管理，有力打击境内网络交易网站违法经营行为，着力营造公平竞争的网络交易市场环境，切实维护消费者、经营者的合法权益，积极促进电子商务健康有序发展，依据《电信条例》、《互联网信息服务管理办法》、《网络交易管理办法》有关规定，工商总局、工业和信息化部就加强境内网络交易网站监管工作协作，积极促进电子商务发展提出以下意见。

一、加强工作协作的意义

近年来，随着电子商务的快速创新发展，网络交易呈现爆发态势，对推动经济社会发展作用显著。同时，一些实体经济中的不良现象也延伸至网络空间，网上伪造或冒用合法市场主体名义设立网站、侵犯知识产权和销售假冒伪劣商品、恶意欺诈、不正当竞争、虚假宣传等问题时有发生，既破坏网络交易市场秩序，严重侵害消费者和经营者的合法权益，又在一定程度上影响了人们对电子商务发展的信心。

工商行政管理部门承担网络交易市场监管职责，电信主管部门承担互联网行业管理职责，通过充分发挥各自的职能优势，加强网络交易网站监管工作协作，强化对网络经营主体和载体的管理，有利于及时发现和快速解决网络交易市场中的不良现象，有效遏制网络交易市场违法违规行为，营造透明有序、公平正义的市场环境，推动网络交易市场诚信机制的形成，促进我国电子商务实现又好又快发展。

二、加强工作协作的原则与目标

工商行政管理部门应充分利用自身在市场管理、机构设置方面的优势，

积极配合电信主管部门强化对互联网行业的监管，在涉网市场主体工商登记注册信息、网站主办者主体信息真实性核验等方面配合电信主管部门开展工作。电信主管部门应发挥在互联网行业管理方面的职能和技术优势，在网站备案信息核查、网络接入服务信息核查等方面积极配合工商行政管理部门开展工作。

要建立健全简便高效的网络交易管理工作协作机制，及时准确定位载有违法信息的网站及服务器相关信息，实现对网络交易违法行为及时、有效、务实、强力打击的工作目标。

三、加强工作协作主要措施

（一）建立部门协调配合工作机制。

工商总局与工业和信息化部建立部际工作协作机制，设立常规工作沟通渠道和流程。支持各地工商行政管理部门与电信主管部门积极探索工作协作方法和机制，紧密结合注册资本登记制度改革相关要求，进一步转变职能，选择部分省市研究开展工作协作试点工作。各级工商行政管理部门、电信主管部门要进一步加强网络交易管理工作协调配合，省、自治区、直辖市等省级建制单位中要确定互相协调配合的机构，共同签署协作备忘录，定期召开协调工作会议，研究部署联合管理工作，建立常规的交流沟通和查处违法行为的工作机制。

（二）加强信息共享与工作协作。

各级工商行政管理部门、电信主管部门应通过有效方式实现市场主体的工商登记注册信息和网站备案信息等数据共享，对相互提出的涉网经营主体信息、网站主办者主体信息的查询、比对、核实等予以配合，从多方面保障网络经营主体、物理经营地址、网络接入信息真实有效。

各级工商行政管理部门、电信主管部门要充分发挥职能作用，加强对网络交易及电信业务经营行为的日常监督管理，对检查发现的违法线索或收到的投诉举报，属本部门管辖的依据有关法律法规予以处理；超越本部门职责管辖范围、属对方部门管辖范围的，应依法及时办理抄告、移交手续，并做好协查协办工作。

（三）处理各类违法网络交易网站的工作协作方式。

各级工商行政管理部门在查处网络交易违法行为工作中，应按照《互联网信息服务管理办法》、《非经营性互联网信息服务备案管理办法》、《关于建立境内违法互联网站黑名单管理制度的通知》的要求，对境内违法网络交易网站（以下简称违法网站）提请电信主管部门处理时，按照不同情况依法采取以下方式：

1. 对未履行备案手续的违法网站的处理。网站接入地在本省（含自治区、直辖市，下同）的，由当地省级工商行政管理部门将违法网站名单送交省级电信主管部门进行核实并依法处理；网站接入地在省外的，由当地省级工商行政管理部门将违法网站名单报送工商总局，由工商总局转送工业和信息化部依法处理。

2. 对已履行备案手续的违法网站的处理。对已在本省履行备案手续的违法网站，由当地省级工商行政管理部门向当地省级电信主管部门通报查处情况；对已在省外履行备案手续的违法网站，由当地省级工商行政管理部门转请网站备案地省级工商行政管理部门向备案地省级电信主管部门通报查处情况。省级电信主管部门根据工商行政管理部门的通报情况对违法网站依法进行处理。

3. 其他有关事项。各级工商行政管理部门查处违法网站经营者过程中，遇到危及国家安全、社会公共安全和人民财产安全等重大且紧急的特殊案件时，为及时制止违法网站的违法行为，可以先行函请电信主管部门依法对违法网站采取停止互联网接入服务的紧急处置措施。案件查处结束后，对违法行为情节严重需要关闭网站的，应将《行政处罚决定书》、《行政建议函》等函件一并提交电信主管部门，由电信主管部门根据相关法律法规对违法网站采取进一步处置措施，主要包括：注销违法网站主办者的经营许可或备案，并通知相关接入服务商停止接入服务，相关域名服务提供商停止域名解析服务，纳入网站黑名单管理。函请文书格式参照《关于建立境内违法互联网站黑名单管理制度的通知》（工信部联电管〔2009〕371 号）执行。对于违法主体及涉及网站的查处信息，应在网上网下查处完成后，录入在工商行政管理部门、电信主管部门的数据库，并互相备份。

四、加强工作协作要求

（一）坚持依法行政。

各级工商行政管理部门、电信主管部门在网络交易违法行为查处工作的各个环节中，要各司其职，坚持依法行政，严格依照法定程序开展工作，做到不错位、不缺位、不越位。

（二）加强调查研究。

各级工商行政管理部门、电信主管部门要注意在实际工作中总结经验，充分研究目前网络交易违法行为查处工作在法律适用、职责分工、监管技术、监管机制等方面存在的主要问题，共同推动网络交易监管法律体系与监管技术的建设进程，实现监管信息互通、监管资源共享和监管行动协同。

（三）增强监管合力。

各级工商行政管理部门、电信主管部门要进一步加强配合，适应信息技术、信息网络快速发展的趋势，不断提高网络管理、信息处理等技术能力，增强有效监管电子商务活动的能力。

商务部关于规范网络购物促销行为的通知

（2011 年 1 月 5 日　商商贸发〔2011〕3 号）

各省、自治区、直辖市、计划单列市及新疆生产建设兵团商务主管部门：

当前，随着网络购物快速发展，网络购物企业间竞争日益激烈，打折、秒杀、抢拍、返券、赠积分、免运费等促销手段渐趋常态化，活跃了市场，刺激了消费。但是，也出现了销售侵权盗版商品、以次充好、虚假打折、线下服务和线上促销承诺不一致、网络团购缺乏规范等问题。为规范网络购物促销行为，营造良好消费环境，促进网络购物持续健康发展，现就有关事项通知如下：

一、引导企业依法促销。要引导网络购物企业按照《反垄断法》、《消费者权益保护法》、《广告法》、《商标法》、《价格违法行为行政处罚规定》、《零售商促销行为管理办法》（商务部令 2006 年第 18 号）等有关法律法规，依法开展促销活动。遵循合法、公平、诚实信用的原则，遵守商业道德，不得开展违反社会公德的促销活动，不得扰乱市场竞争秩序和社会公共秩序，不得侵害消费者和其他经营者的合法权益。

二、保证促销商品质量。推动网络购物企业在促销活动中，事先向消费者说明促销商品或者服务的名称、种类、数量、质量、价格、运费、配送方式、支付形式、退换货方式等主要信息，采取安全保障措施，确保促销行为安全可靠，并按照承诺提供商品或者服务。

三、保护消费者合法权益。杜绝各种价格欺诈和虚假促销行为，严禁虚构原价打折、使用误导性标价形式或价格手段，欺骗、诱导消费者，不得降低促销商品（包括有奖销售的奖品、赠品）的售后服务水平，不得以促销为由拒绝退换货或者为消费者退换货设置障碍，不得以保留最终解释权为由，损害消费者的合法权益。

四、严厉查处不实宣传。加强与工商等部门配合协作，开展联合检查，要求促销广告内容真实、合法、清晰、易懂，不得使用含糊、易引起误解的语言、文字、图片或影像；明示促销活动的各种限制性条件，禁止各种迷惑欺骗消费者的不实宣传行为。

五、加强知识产权保护。结合打击侵犯知识产权和制售假冒伪劣商品专项行动，与工商、质检等部门开展联合督查，加强对网络购物平台及经营者监督力度，打击促销活动中侵犯知识产权和制售假冒伪劣商品行为。加强宣传教育，引导网络购物平台和企业履行社会责任，开展诚信促销、规范经营，自觉抵制侵犯知识产权和制售假冒伪劣商品违法犯罪行为。

六、引导科学合理消费。加强与新闻媒体沟通合作，引导网络购物企业在促销活动中倡导文明、绿色、低碳、安全、健康消费理念，推动建立可持续的消费模式。

七、建立长效机制。认真研究网络购物促销中存在的主要问题，提出解决方案，完善相关政策标准，建立网络购物促进消费的长效机制。支持相关行业协会和企业开展行业自律，健全商品（服务）先行赔付制度，研究制定符合网络购物特点的促销规范。网络购物平台要从自身特点和需求出发，健全相应的促销规则和售后服务保障措施。

促销活动已成为网络购物企业常规经营手段，关系到网络购物持续健康发展，关系到消费者切身利益，各地商务主管部门要高度重视，在鼓励网络购物企业开展促销扩大消费的同时，积极会同当地发展改革（价格）、公安、工商、质检等部门，加强宣传引导，开展监督检查，规范网络购物促销行为。对相关违法行为，要会同有关部门严肃处理；发生重大问题的，及时向商务部报告。

电子商务相关法律及决定

七、跨境电子商务

中华人民共和国海关对进出境快件监管办法

（2003 年 11 月 18 日海关总署令第 104 号发布　根据 2006 年 3 月 28 日海关总署令第 147 号公布的《海关总署关于修改〈中华人民共和国海关对进出境快件监管办法〉的决定》第一次修正　根据 2010 年 11 月 26 日海关总署令第 198 号《海关总署关于修改部分规章的决定》第二次修正　根据 2018 年 5 月 29 日海关总署第 240 号令《海关总署关于修改部分规章的决定》第三次修正）

第一章　总　　则

第一条　为加强海关对进出境快件的监管，便利进出境快件通关，根据《中华人民共和国海关法》及其他有关法律、行政法规，制定本办法。

第二条　本办法所称进出境快件是指进出境快件运营人以向客户承诺的快速商业运作方式承揽、承运的进出境货物、物品。

第三条　本办法所称进出境快件运营人（以下简称运营人）是指在中华人民共和国境内依法注册，在海关登记备案的从事进出境快件运营业务的国际货物运输代理企业。

第四条　运营人不得承揽、承运《中华人民共和国禁止进出境物品表》所列物品，如有发现，不得擅作处理，应当立即通知海关并协助海关进行处理。未经中华人民共和国邮政部门批准，运营人不得承揽、承运私人信件。

第五条　运营人不得以任何形式出租、出借、转让本企业的进出境快件报关权，不得代理非本企业承揽、承运的货物、物品的报关。

第六条　未经海关许可，未办结海关手续的进出境快件不得移出海关监管场所，不得进行装卸、开拆、重换包装、更换标记、提取、派送和发运等作业。

第二章　运营人登记

第七条　运营人申请办理进出境快件代理报关业务的，应当按照海关对国际货物运输代理企业的注册管理规定在所在地海关办理登记手续。

第八条　运营人在所在地海关办理登记手续应具备下列条件：

（一）内资国际货物运输代理企业及其分支机构已经获得国务院对外贸易主管部门或者其委托的备案机构办理的《国际货运代理企业备案表》；外商投资国际货物运输代理企业已经获得国务院对外贸易主管部门颁发的《外商投资企业批准证书》，获准经营进出境快件业务；外商投资国际货物运输代理企业分公司已经获得国务院对外贸易主管部门的批准文件，获准经营进出境快件业务。

（二）已经领取工商行政管理部门颁发的《企业法人营业执照》，准予或者核定其经营进出境快件业务。

（三）已经在海关办理报关企业注册登记手续。

（四）具有境内、外进出境快件运输网络和二个以上境外分支机构或代理人。

（五）具有本企业专用进出境快件标识、运单，运输车辆符合海关监管要求并经海关核准备案。

（六）具备实行电子数据交换方式报关的条件。

（七）快件的外包装上应标有符合海关自动化检查要求的条形码。

（八）与境外合作者（包括境内企业法人在境外设立的分支机构）的合作运输合同或协议。

第九条　进出境快件运营人不再具备本《办法》第八条所列条件之一或者在一年内没有从事进出境快件运营业务的，海关注销该运营人从事进出境快件报关的资格。

第三章　进出境快件分类

第十条　本办法将进出境快件分为文件类、个人物品类和货物类三类。

第十一条　文件类进出境快件是指法律、法规规定予以免税且无商业价值的文件、单证、票据及资料。

第十二条　个人物品类进出境快件是指海关法规规定自用、合理数量范围内的进出境的旅客分离运输行李物品、亲友间相互馈赠物品和其他个人物品。

第十三条　货物类进出境快件是指第十一条、第十二条规定以外的快件。

第四章 进出境快件监管

第十四条 进出境快件通关应当在经海关批准的专门监管场所内进行，如因特殊情况需要在专门监管场所以外进行的，需事先征得所在地海关同意。

运营人应当在海关对进出境快件的专门监管场所内设有符合海关监管要求的专用场地、仓库和设备。

对进出境快件专门监管场所的管理办法，由海关总署另行制定。

第十五条 进出境快件通关应当在海关正常办公时间内进行，如需在海关正常办公时间以外进行的，需事先征得所在地海关同意。

第十六条 进境快件自运输工具申报进境之日起十四日内，出境快件在运输工具离境3小时之前，应当向海关申报。

第十七条 运营人应向海关传输或递交进出境快件舱单或清单，海关确认无误后接受申报；运营人需提前报关的，应当提前将进出境快件运输和抵达情况书面通知海关，并向海关传输或递交舱单或清单，海关确认无误后接受预申报。

第十八条 海关查验进出境快件时，运营人应派员到场，并负责进出境快件的搬移、开拆和重封包装。

海关对进出境快件中的个人物品实施开拆查验时，运营人应通知进境快件的收件人或出境快件的发件人到场，收件人或发件人不能到场的，运营人应向海关提交其委托书，代理收/发件人的义务，并承担相应法律责任。

海关认为必要时，可对进出境快件予以径行开验、复验或者提取货样。

第十九条 除另有规定外，运营人办理进出境快件报关手续时，应当按本办法第十一条、第十二条、第十三条分类规定分别向海关提交有关报关单证并办理相应的报关、纳税手续。

第二十条 文件类进出境快件报关时，运营人应当向海关提交《中华人民共和国海关进出境快件KJ1报关单》、总运单（副本）和海关需要的其他单证。

第二十一条 个人物品类进出境快件报关时，运营人应当向海关提交《中华人民共和国海关进出境快件个人物品申报单》、每一进出境快件的分运单、进境快件收件人或出境快件发件人身份证件影印件和海关需要的其他单证。

第二十二条 货物类进境快件报关时，运营人应当按下列情形分别向海关提交报关单证：

对关税税额在《中华人民共和国进出口关税条例》规定的关税起征数额以下的货物和海关规定准予免税的货样、广告品，应提交《中华人民共和国海关进出境快件KJ2报关单》、每一进境快件的分运单、发票和海关需要的其他单证。

对应予征税的货样、广告品（法律、法规规定实行许可证件管理的、需进口付汇的除外），应提交《中华人民共和国海关进出境快件KJ3报关单》、每一进境快件的分运单、发票和海关需要的其他单证。

第二十三条 对第二十条、第二十一条、第二十二条规定以外的货物，按照海关对进口货物通关的规定办理。

第二十四条 货物类出境快件报关时，运营人应按下列情形分别向海关提交报关单证：

对货样、广告品（法律、法规规定实行许可证件管理的、应征出口关税的、需出口收汇的、需出口退税的除外），应提交《中华人民共和国海关进出境快件KJ2报关单》、每一出境快件的分运单、发票和海关需要的其他单证。

对上述以外的其他货物，按照海关对出口货物通关的规定办理。

第五章 进出境专差快件

第二十五条 进出境专差快件是指运营人以专差押运方式承运进出境的空运快件。

第二十六条 运营人从事进出境专差快件经营业务，除应当按本办法第二章有关规定办理登记手续外，还应当将进出境专差快件的进出境口岸、时间、路线、运输工具航班、专差本人的详细情况、标志等向所在地海关登记。如有变更，应当于变更前5个工作日向所在地海关登记。

对符合上述条件的，所在地海关核发《中华人民共和国海关进出境专差快件登记证书》。运营人凭以办理进出境专差快件报关业务。

第二十七条 进出境专差快件应按行李物品方式托运，使用专用包装，并在总包装的显著位置标注运营人名称和“进出境专差快件”字样。

第六章　法律责任

第二十八条　违反本办法有走私违法行为的，海关按照《中华人民共和国海关法》、《中华人民共和国海关行政处罚实施条例》等有关法律、行政法规进行处理；构成犯罪的，依法追究刑事责任。

第七章　附　　则

第二十九条　本办法所规定的文书由海关总署另行制定并且发布。

第三十条　本办法由海关总署负责解释。

第三十一条　本办法自二〇〇四年一月一日起施行。

关于跨境电子商务零售进出口商品有关监管事宜的公告

（2016 年 4 月 6 日　海关总署公告 2016 年第 26 号）

为做好跨境电子商务零售进出口商品监管工作，促进电子商务健康有序发展，根据《海关法》和国家有关政策规定，以及《财政部 海关总署 国家税务总局关于跨境电子商务零售进口税收政策的通知》（财关税〔2016〕18 号）、《财政部等 11 个部门关于公布跨境电子商务零售进口商品清单的公告》（2016 年第 40 号）的有关规定，现就相关海关监管问题公告如下：

一、适用范围

（一）电子商务企业、个人通过电子商务交易平台实现零售进出口商品交易，并根据海关要求传输相关交易电子数据的，按照本公告接受海关监管。

二、企业管理

（二）参与跨境电子商务业务的企业应当事先向所在地海关提交以下材料：

1. 企业法人营业执照副本复印件；

2. 组织机构代码证书副本复印件（以统一社会信用代码注册的企业不需

要提供）；

3. 企业情况登记表，具体包括企业组织机构代码或统一社会信用代码、中文名称、工商注册地址、营业执照注册号，法定代表人（负责人）、身份证件类型、身份证件号码，海关联系人、移动电话、固定电话，跨境电子商务网站网址等。

企业按照前款规定提交复印件的，应当同时向海关交验原件。

如需向海关办理报关业务，应当按照海关对报关单位注册登记管理的相关规定办理注册登记。

三、通关管理

（三）跨境电子商务零售进口商品申报前，电子商务企业或电子商务交易平台企业、支付企业、物流企业应当分别通过跨境电子商务通关服务平台（以下简称服务平台）如实向海关传输交易、支付、物流等电子信息。

进出境快件运营人、邮政企业可以受电子商务企业、支付企业委托，在书面承诺对传输数据真实性承担相应法律责任的前提下，向海关传输交易、支付等电子信息。

（四）跨境电子商务零售出口商品申报前，电子商务企业或其代理人、物流企业应当分别通过服务平台如实向海关传输交易、收款、物流等电子信息。

（五）电子商务企业或其代理人应提交《中华人民共和国海关跨境电子商务零售进出口商品申报清单》（以下简称《申报清单》），出口采取“清单核放、汇总申报”方式办理报关手续，进口采取“清单核放”方式办理报关手续。

《申报清单》与《中华人民共和国海关进（出）口货物报关单》具有同等法律效力，相关数据填制要求详见附件1、附件2。

（六）电子商务企业应当对购买跨境电子商务零售进口商品的个人（订购人）身份信息进行核实，并向海关提供由国家主管部门认证的身份有效信息。无法提供或者无法核实订购人身份信息的，订购人与支付人应当为同一人。

（七）跨境电子商务零售商品出口后，电子商务企业或其代理人应当于每月10日前（当月10日是法定节假日或者法定休息日的，顺延至其后的第一个工作日，第12月的清单汇总应当于当月最后一个工作日前完成），将上月（12月为当月）结关的《申报清单》依据清单表头同一收发货人、同一运输方式、同一运抵国、同一出境口岸，以及清单表体同一 10 位海关商品编码、同一申报计量单位、同一币制规则进行归并，汇总形成《中华人民共和国海关出口货物报关单》向海关申报。

（八）除特殊情况外，《申报清单》、《中华人民共和国海关进（出）口货物报关单》应当采取通关无纸化作业方式进行申报。

《申报清单》的修改或者撤销，参照海关《中华人民共和国海关进（出）口货物报关单》修改或者撤销有关规定办理。

四、税收征管

（九）根据《财政部 海关总署 国家税务总局关于跨境电子商务零售进口税收政策的通知》（财关税〔2016〕18 号）的有关规定，跨境电子商务零售进口商品按照货物征收关税和进口环节增值税、消费税，完税价格为实际交易价格，包括商品零售价格、运费和保险费。

（十）订购人为纳税义务人。在海关注册登记的电子商务企业、电子商务交易平台企业或物流企业作为税款的代收代缴义务人，代为履行纳税义务。

（十一）代收代缴义务人应当如实、准确向海关申报跨境电子商务零售进口商品的商品名称、规格型号、税则号列、实际交易价格及相关费用等税收征管要素。

跨境电子商务零售进口商品的申报币制为人民币。

（十二）为审核确定跨境电子商务零售进口商品的归类、完税价格等，海关可以要求代收代缴义务人按照有关规定进行补充申报。

（十三）海关对满足监管规定的跨境电子商务零售进口商品按时段汇总计征税款，代收代缴义务人应当依法向海关提交足额有效的税款担保。

海关放行后 30 日内未发生退货或修撤单的，代收代缴义务人在放行后第 31 日至第 45 日内向海关办理纳税手续。

五、物流监控

（十四）跨境电子商务零售进出口商品监管场所必须符合海关相关规定。

监管场所经营人、仓储企业应当建立符合海关监管要求的计算机管理系统，并按照海关要求交换电子数据。

（十五）跨境电子商务零售进出口商品的查验、放行均应当在监管场所内实施。

（十六）海关实施查验时，电子商务企业或其代理人、监管场所经营人、仓储企业应当按照有关规定提供便利，配合海关查验。

（十七）电子商务企业或其代理人、物流企业、监管场所经营人、仓储企业发现涉嫌违规或走私行为的，应当及时主动报告海关。

六、退货管理

（十八）在跨境电子商务零售进口模式下，允许电子商务企业或其代理人申请退货，退回的商品应当在海关放行之日起30日内原状运抵原监管场所，相应税款不予征收，并调整个人年度交易累计金额。

在跨境电子商务零售出口模式下，退回的商品按照现行规定办理有关手续。

七、其他事项

（十九）在海关注册登记的电子商务企业、电子商务交易平台企业、支付企业、物流企业等应当接受海关后续管理。

（二十）本公告有关用语的含义：

“参与跨境电子商务业务的企业”是指参与跨境电子商务业务的电子商务企业、电子商务交易平台企业、支付企业、物流企业等。

“电子商务企业”是指通过自建或者利用第三方电子商务交易平台开展跨境电子商务业务的企业。

“电子商务交易平台企业”是指提供电子商务进出口商品交易、支付、配送服务的平台提供企业。

“电子商务通关服务平台”是指由电子口岸搭建，实现企业、海关以及相关管理部门之间数据交换与信息共享的平台。

（二十一）以保税模式从事跨境电子商务零售进口业务的，应当在海关特殊监管区域和保税物流中心（B型）内开展，除另有规定外，参照本公告规定监管。

本公告自2016年4月8日起施行，施行时间以海关接受《申报清单》申报时间为准，未尽事宜按海关现行规定办理。

自本公告施行之日起，海关总署公告2014年第56号同时废止。

特此公告。

附件一：中华人民共和国跨境电子商务零售进口商品申报清单数据（略）

附件二：中华人民共和国跨境电子商务零售出口商品申报清单数据（略）

财政部、海关总署、国家税务总局关于跨境电子商务零售进口税收政策的通知

（2016 年 3 月 24 日　财关税〔2016〕18 号）

各省、自治区、直辖市、计划单列市财政厅（局）、国家税务局，新疆生产建设兵团财务局，海关总署广东分署、各直属海关：

为营造公平竞争的市场环境，促进跨境电子商务零售进口健康发展，经国务院批准，现将跨境电子商务零售（企业对消费者，即 B2C）进口税收政策有关事项通知如下：

一、跨境电子商务零售进口商品按照货物征收关税和进口环节增值税、消费税，购买跨境电子商务零售进口商品的个人作为纳税义务人，实际交易价格（包括货物零售价格、运费和保险费）作为完税价格，电子商务企业、电子商务交易平台企业或物流企业可作为代收代缴义务人。

二、跨境电子商务零售进口税收政策适用于从其他国家或地区进口的、《跨境电子商务零售进口商品清单》范围内的以下商品：

（一）所有通过与海关联网的电子商务交易平台交易，能够实现交易、支付、物流电子信息“三单”比对的跨境电子商务零售进口商品；

（二）未通过与海关联网的电子商务交易平台交易，但快递、邮政企业能够统一提供交易、支付、物流等电子信息，并承诺承担相应法律责任进境的跨境电子商务零售进口商品。

不属于跨境电子商务零售进口的个人物品以及无法提供交易、支付、物流等电子信息的跨境电子商务零售进口商品，按现行规定执行。

三、跨境电子商务零售进口商品的单次交易限值为人民币 2000 元，个人年度交易限值为人民币 20000 元。在限值以内进口的跨境电子商务零售进口商品，关税税率暂设为 0%；进口环节增值税、消费税取消免征税额，暂按法定应纳税额的 70% 征收。超过单次限值、累加后超过个人年度限值的单次交易，以及完税价格超过 2000 元限值的单个不可分割商品，均按照一般贸易方式全额征税。

四、跨境电子商务零售进口商品自海关放行之日起30日内退货的，可申请退税，并相应调整个人年度交易总额。

五、跨境电子商务零售进口商品购买人（订购人）的身份信息应进行认证；未进行认证的，购买人（订购人）身份信息应与付款人一致。

六、《跨境电子商务零售进口商品清单》将由财政部商有关部门另行公布。

七、本通知自2016年4月8日起执行。

特此通知。

质检总局关于发布《跨境电子商务经营主体和商品备案管理工作规范》的公告

（2015年12月7日 2015年第137号）

为落实国务院关于促进跨境电子商务健康快速发展的有关要求，支持跨境电子商务健康规范发展，质检总局制定了《跨境电子商务经营主体和商品备案管理工作规范》，现予发布（见附件），自2016年1月1日起执行。

跨境电子商务经营主体和商品备案管理工作规范

第一条 为支持跨境电子商务发展，规范跨境电子商务经营主体和商品信息备案管理，制定本规范。

第二条 本规范所称跨境电子商务经营主体，是指从事跨境电子商务业务的企业，包括跨境电子商务商品的经营企业、物流仓储企业、跨境电子商务交易平台运营企业和与跨境电子商务相关的企业。

本规范所称跨境电子商务商品，是指通过跨境电子商务交易平台销售的进出口商品。

第三条 跨境电子商务经营主体开展跨境电子商务业务的，应当向检验检疫机构提供经营主体备案信息。

跨境电子商务商品经营企业在商品首次上架销售前，应当向检验检疫机构提供商品备案信息。

第四条 跨境电子商务经营主体应通过信息平台向检验检疫机构备案信息。质检总局建设统一的跨境电子商务检验检疫监管系统管理备案信息。

地方政府建有跨境电子商务公共信息平台的，跨境电子商务经营主体应通过公共信息平台向检验检疫机构备案信息。

地方政府未建有跨境电子商务公共信息平台的，跨境电子商务经营主体应通过检验检疫机构认可的信息平台备案信息。

第五条 跨境电子商务经营主体和商品备案信息实施一地备案、全国共享管理。同一经营主体在备案地以外检验检疫机构辖区从事跨境电子商务业务的，无需再次备案。同一经营主体在备案地以外检验检疫机构辖区销售同一种跨境电子商务商品的，无需再次备案。

备案信息发生变化的，跨境电子商务经营主体应及时向检验检疫机构更新备案信息。

第六条 跨境电子商务经营主体应通过信息平台提供“跨境电子商务经营主体备案信息”（附1）。

第七条 跨境电子商务商品经营企业应通过信息平台提供“跨境电子商务商品备案信息”（附2）。

第八条 发现以下情形的，备案信息无效：

（一）提供虚假信息的；

（二）备案信息与跨境电子商务交易平台展示信息明显不符或存在严重缺陷的；

（三）提供禁止以跨境电子商务形式进境商品信息的。

第九条 以下商品禁止以跨境电子商务形式进境：

（一）《中华人民共和国进出境动植物检疫法》规定的禁止进境物；

（二）未获得检验检疫准入的动植物产品及动植物源性食品；

（三）列入《危险化学品目录》、《危险货物品名表》、《〈联合国关于危险货物运输建议书规章范本〉附录三〈危险货物一览表〉》、《易制毒化学品的分类和品种名录》和《中国严格限制进出口的有毒化学品目录》的物品；

（四）特殊物品（取得进口药品注册证书的生物制品除外）；

（五）含可能危及公共安全的核生化有害因子的产品；

（六）废旧物品；

（七）法律法规禁止进境的其他产品和国家质检总局公告禁止进境的产品。

以国际快递或邮寄方式进境的，还应符合《中华人民共和国禁止携带、邮寄进境的动植物及其产品名录》的要求。

第十条 本规范由国家质检总局负责解释。

第十一条 本规范自2016年1月1日起施行。

附1

跨境电子商务经营主体备案信息

<table>
<tr><td colspan="4">第1项　企业基本信息</td></tr>
<tr><td>统一社会信用代码</td><td colspan="3"></td></tr>
<tr><td>企 业 名 称</td><td colspan="3"></td></tr>
<tr><td>法 人 代 表</td><td colspan="3"></td></tr>
<tr><td>注 册 地 址</td><td colspan="3"></td></tr>
<tr><td>联 系 人</td><td></td><td>联系方式</td><td></td></tr>
<tr><td colspan="4">企业类型：□经营企业　□平台企业　□物流仓储企业　□其他相关企业</td></tr>
<tr><td colspan="4">第2项　主要商品类别</td></tr>
<tr><td colspan="4"></td></tr>
<tr><td colspan="4">第3项　平台名称及网址</td></tr>
<tr><td colspan="4">平台名称：　　　　　　平台网址：</td></tr>
<tr><td colspan="4">第4项　质量诚信经营承诺书</td></tr>
<tr><td colspan="4">（另附）</td></tr>
</table>

注：质量诚信经营承诺书参考格式见下页。

质量诚信经营承诺书（参考格式）

为保证跨境电子商务进出口商品质量安全，本企业郑重承诺：

一、自觉遵守检验检疫及商品质量安全、强制性产品认证相关法律法规，认真履行商品质量安全主体责任。

二、对经营的商品建立健全质量管理体系和信息安全管理体系，确保商品质量安全和商业信息安全。

三、建立对跨境电子商务商品的质量管控制度，包括质量安全评估制度、商品召回和主动报告制度、商品溯源管理制度、消费者权益保护制度等制度，提供有资质的检测机构出具的检测报告或者自我合格保证声明等质量证明文件。（跨境电子商务经营企业适用）

四、建立对平台入驻商家和销售商品的质量管理制度，包括质量安全评估和监测制度、质量问题投诉处理制度、消费者权益保护制度、企业和产品准入和退出机制等制度，落实前置约束、信息披露和首问负责等质量管理责任，从源头杜绝售假行为。（跨境电子商务平台企业适用）

五、保障消费者的知情权，将全部质量安全信息通过网站明示，对所销售商品质量标准与中国标准存在差异的商品，作出明确提示。在交易过程中就消费者个人自用承诺向消费者进行提示和要求确认，并保留相关记录。

六、不经营假冒伪劣商品和不得以跨境电子商务形式进境的商品。

七、按照检验检疫监管要求配备有关设备设施。

若违反检验检疫法律法规和本承诺，本企业自愿接受检验检疫部门按规定作出的相关处理，愿承担由此而引起的一切责任。

企业名称（公章）：

法人代表（签字）：

年　　月　　日

附 2

跨境电子商务商品备案信息

第 1 项　经营主体信息	
企业备案号	
第 2 项　基本信息	
HS 编码： 产品名称： 生产国家/地区：	
第 3 项　其他属性信息	
品牌： 规格型号： 供应商： 其他：	
第 4 项　资质证明信息	
商品或生产企业取得的认证、注册、备案等资质： 商品取得的自由销售证明、第三方检验鉴定证书： 产品说明的中文对照资料： 消费警示： 其他可提供的证明材料：	
第 5 项　是否符合我国法律法规和标准要求的申明	

国务院办公厅关于促进跨境电子商务健康快速发展的指导意见

（2015 年 6 月 20 日　国办发〔2015〕46 号）

近年来，我国跨境电子商务快速发展，已经形成了一定的产业集群和交易规模。支持跨境电子商务发展，有利于用“互联网 + 外贸”实现优进优出，发挥我国制造业大国优势，扩大海外营销渠道，合理增加进口，扩大国内消费，促进企业和外贸转型升级；有利于增加就业，推进大众创业、万众创新，打造新的经济增长点；有利于加快实施共建“一带一路”等国家战略，推动开放型经济发展升级。为促进我国跨境电子商务健康快速发展，经国务院批准，现提出以下意见：

一、支持国内企业更好地利用电子商务开展对外贸易。加快建立适应跨境电子商务特点的政策体系和监管体系，提高贸易各环节便利化水平。鼓励企业间贸易尽快实现全程在线交易，不断扩大可交易商品范围。支持跨境电子商务零售出口企业加强与境外企业合作，通过规范的“海外仓”、体验店和配送网店等模式，融入境外零售体系，逐步实现经营规范化、管理专业化、物流生产集约化和监管科学化。通过跨境电子商务，合理增加消费品进口。

二、鼓励有实力的企业做大做强。培育一批影响力较大的公共平台，为更多国内外企业沟通、洽谈提供优质服务；培育一批竞争力较强的外贸综合服务企业，为跨境电子商务企业提供全面配套支持；培育一批知名度较高的自建平台，鼓励企业利用自建平台加快品牌培育，拓展营销渠道。鼓励国内企业与境外电子商务企业强强联合。

三、优化配套的海关监管措施。在总结前期试点工作基础上，进一步完善跨境电子商务进出境货物、物品管理模式，优化跨境电子商务海关进出口通关作业流程。研究跨境电子商务出口商品简化归类的可行性，完善跨境电子商务统计制度。

四、完善检验检疫监管政策措施。对跨境电子商务进出口商品实施集中申报、集中查验、集中放行等便利措施。加强跨境电子商务质量安全监管，对跨境电子商务经营主体及商品实施备案管理制度，突出经营企业质量安全主体责任，开展商品质量安全风险监管。进境商品应当符合我国法律法规和标准要求，对违反生物安全和其他相关规定的行为要依法查处。

五、明确规范进出口税收政策。继续落实现行跨境电子商务零售出口货物增值税、消费税退税或免税政策。关于跨境电子商务零售进口税收政策，由财政部按照有利于拉动国内消费、公平竞争、促进发展和加强进口税收管理的原则，会同海关总署、税务总局另行制订。

六、完善电子商务支付结算管理。稳妥推进支付机构跨境外汇支付业务试点。鼓励境内银行、支付机构依法合规开展跨境电子支付业务，满足境内外企业及个人跨境电子支付需要。推动跨境电子商务活动中使用人民币计价结算。支持境内银行卡清算机构拓展境外业务。加强对电子商务大额在线交易的监测，防范金融风险。加强跨境支付国内与国际监管合作，推动建立合作监管机制和信息共享机制。

七、提供积极财政金融支持。鼓励传统制造和商贸流通企业利用跨境电子商务平台开拓国际市场。利用现有财政政策，对符合条件的跨境电子商务企业走出去重点项目给予必要的资金支持。为跨境电子商务提供适合的信用保险服务。向跨境电子商务外贸综合服务企业提供有效的融资、保险支持。

八、建设综合服务体系。支持各地创新发展跨境电子商务，引导本地跨境电子商务产业向规模化、标准化、集群化、规范化方向发展。鼓励外贸综合服务企业为跨境电子商务企业提供通关、物流、仓储、融资等全方位服务。支持企业建立全球物流供应链和境外物流服务体系。充分发挥各驻外经商机构作用，为企业开展跨境电子商务提供信息服务和必要的协助。

九、规范跨境电子商务经营行为。加强诚信体系建设，完善信用评估机制，实现各监管部门信息互换、监管互认、执法互助，构建跨境电子商务交易保障体系。推动建立针对跨境电子商务交易的风险防范和预警机制，健全消费者权益保护和售后服务制度。引导跨境电子商务主体规范经营行为，承担质量安全主体责任，营造公平竞争的市场环境。加强执法监管，加大知识产权保护力度，坚决打击跨境电子商务中出现的各种违法侵权行为。通过有效措施，努力实现跨境电子商务在发展中逐步规范、在规范中健康发展。

十、充分发挥行业组织作用。推动建立全国性跨境电子商务行业组织，指导各地行业组织有效开展相关工作。发挥行业组织在政府与企业间的桥梁作用，引导企业公平竞争、守法经营。加强与国内外相关行业组织交流合作，支持跨境电子商务企业与相关产业集群、专业商会在境外举办实体展会，建立营销网络。联合高校和职业教育机构开展跨境电子商务人才培养培训。

十一、加强多双边国际合作。加强与“一带一路”沿线国家和地区的电子商务合作，提升合作水平，共同打造若干畅通安全高效的电子商务大通道。通过多双边对话，与各经济体建立互利共赢的合作机制，及时化解跨境电子商务进出口引发的贸易摩擦和纠纷。

十二、加强组织实施。国务院有关部门要制订和完善配套措施，做好跨境电子商务的中长期总体发展规划，定期开展总结评估，支持和推动各地监管部门出台相关措施。同时，对有条件、有发展意愿的地区，就本意见的组织实施做好协调和服务等相关工作。依托现有工作机制，加强部门间沟通协作和相关政策衔接，全力推动中国（杭州）跨境电子商务综合试验区和海峡两岸电子商务经济合作实验区建设，及时总结经验，适时扩大试点。在此基础上，逐步建立适应跨境电子商务发展特点的政策体系和监管体系。

地方各级人民政府要按照本意见要求，结合实际情况，制订完善发展跨境电子商务的工作方案，切实履行指导、督查和监管责任。组建高效、便利、统一的公共服务平台，构建可追溯、可比对的数据链条，既符合监管要求，又简化企业申报办理流程。加大对重点企业的支持力度，主动与相关部门沟通，及时协调解决组织实施工作中遇到的困难和问题。

质检总局关于加强跨境电子商务进出口消费品检验监管工作的指导意见

（2015 年 6 月 9 日　国质检检〔2015〕250 号）

各直属检验检疫局：

根据跨境电子商务新业态特点，为进一步提升我国跨境电子商务进出口消费品（本意见中提及的消费品为轻工、纺织及电子电器类产品）质量安全水平，保障消费者健康与安全，促进跨境电子商务健康发展，现提出以下意见：

一、总体目标

明确跨境电商企业的质量安全主体责任，构建以风险管理为核心，以事前备案、事中监测、事后追溯为主线的跨境电商进出口消费品质量安全监管模式，逐步建立跨境电商消费品质量安全风险监测机制和质量安全追溯机制，加强跨境电商进出口消费品领域的打击假冒伪劣工作。

二、落实措施

（一）建立跨境电商进出口消费品监管新模式。

1. 出口方面。

以跨境电商企业备案信息和全申报信息为基础，以问题为导向，加强事后监管。日常工作中实施基于风险分析的质量安全监督抽查，加大对第三方检验鉴定结果的采信力度。

2. 进口方面。

——对整批入境、集中存放、电商经营企业按订单向国内个人消费者销售的消费品，按产品特性实施分类管理。

第一类：禁止入境类。列入《危险化学品目录》《剧毒化学品目录》《易制毒化学品的分类和品种名录》《中国严格限制进出口的有毒化学品目录》和《危险货物品名表》的物品；可能危及公共安全的核生化等涉恐及放射性等产品；废旧物品；法律法规禁止进境的其他产品和国家质检总局公告禁止进境的产品。

禁止上述产品以跨境电子商务形式入境。

第二类：重点监管类。国家实施质量安全许可管理或列入法检目录的产品。

此类产品需进行现场核查，实施以风险分析为基础的质量安全监管，依据相关规定实施质量安全监测，可采信第三方检验结果，必要时可对第三方检验结果实施验证。

第三类：一般监管类。除第一、二类以外的其他产品。

对此类产品采取基于风险分析的质量安全监督抽查机制，实施事后监管。

——对以直邮模式入境的进口消费品，按照快件和邮寄物相关检验检疫监管办法管理。

（二）建立跨境电商消费品质量安全风险监测机制。

以进出口商品质量安全（杭州跨境电商）国家风险监测中心为龙头，建立各直属检验检疫机构之间的信息交换机制，构建全国范围内的风险监测网络。以监督抽查、消费者投诉、跨境电商企业报告、境外通报等多种途径和形式，获取质量安全风险信息。逐步完善跨境电商消费品线上线下监督抽查工作机制（线上即通过电商平台以消费者身份购买商品的方式抽样，线下即从各地“跨境电商监管仓库”等备货区域抽样），推进监督抽查工作常态化。

（三）建立跨境电商消费品质量安全追溯机制。

对跨境电商平台企业实施属地管理，努力构建跨境电商追溯调查工作体系，切实将工作重心转向质量安全追溯调查和责任追究。

检验检疫机构之间要加强质量安全信息互联互通，对于发现的跨境电商消费品质量安全风险，可及时通报跨境电商平台企业所在地直属检验检疫机构。跨境电商平台所在地检验检疫机构负责对相关质量安全信息开展追溯调查。

对于发现的一般质量安全问题，可采取包括责任约谈、责令企业整改等措施；对于多次出现安全质量问题、造成严重不良影响的跨境电商企业，应实施严格的检验监管措施；对发现的违法违规行为追究相关责任。根据风险监测和调查结果，检验检疫机构对于问题产品可采取产品风险预警、下架、退运、销毁以及强制召回等措施。

（四）明确跨境电商企业的质量安全主体责任。

对跨境电商经营主体（包括电商经营企业、电商平台企业和电商物流仓储企业）及跨境电商进出口消费品实施备案管理，明确企业的质量安全主体责任，推动其建立完整的质量安全追溯链条。

引导跨境电商经营主体建立完善的质量安全管理制度、产品风险主动报告和召回制度。推动电商平台企业加强对电商经营企业的监督管理和责任追溯。大力推进电商平台企业和电商经营企业建立有关进口消费品质量安全的消费风险提示。

（五）建立跨境电商领域打击假冒伪劣工作机制。

加大对跨境电商领域假冒伪劣消费品的打击力度，多渠道获取线索，做好证据材料收集，规范执法过程，确保执法结果的客观性。对查实的假冒伪劣商品行为，按照相关规定依法查处，以保障我国跨境电商进出口消费品质量安全，维护正常贸易秩序和消费者权益。

三、工作要求

（一）高度重视。跨境电商发展迅速，各局应高度重视，加强组织领导，在“放、管、治”的基本理念下，监管工作要努力做到程序规范，措施得当，提高工作透明度与公信力。

（二）开拓创新。各局应深入研究跨境电商新业态，结合辖区工作特点，创新监管模式，制订具体的监管措施；联合相关监管部门、行业协会、跨境电商平台企业，强化资源共享，提升联合执法效能，推进质量共治。

（三）服务发展。各局应通过多种形式为企业提供服务，向企业、行业及时通报国内外最新法律法规要求，为企业提供技术咨询、认证、检测等服务，帮助企业提高风险意识和应对能力。

（四）强化基础。各局要大力推进跨境电商监管信息化建设，加强对一线检验监管人员的专业技术能力培训，做好跨境电商质量安全监测和监督抽查的经费保障。

（五）信息报送。各局要认真做好跨境电商进出口消费品监管工作的统计分析，自2015年下半年起，每半年向总局报送业务统计数据和工作情况。工作中发现的重大案例要及时报送质检总局和地方政府。

各局要准确把握经济新常态下检验监管工作的发展趋势，大胆创新，主动作为，促进跨境电商健康有序发展，服务贸易便利化，维护消费者合法权益，不断提升跨境电商进出口消费品检验监管工作的科学性和有效性。

质检总局关于进一步发挥检验检疫职能作用促进跨境电子商务发展的意见

（2015年5月13日）

各直属检验检疫局：

为贯彻落实国务院《关于大力发展电子商务加快培育经济新动力的意见》（国发〔2015〕24号）精神，进一步发挥检验检疫职能作用，促进跨境电子商务健康快速发展，现提出如下意见：

一、构建符合跨境电子商务发展的检验检疫工作体制机制

电子商务是国民经济和社会信息化的重要组成部分。加快电子商务发展，特别是跨境电子商务发展，对于促进外贸转型升级、提高国际竞争力，催生新兴产业、激发经济发展活力，推动大众创业、万众创新，均具有重要意义。要顺应跨境电子商务健康快速发展的新态势新要求，按照加快发展与完善管理相结合、有效监管与便利进出相结合的原则，改革创新，主动作为，着力解决现行检验检疫监管制度与跨境电子商务发展不适应、不协调问题，加快建立符合跨境电子商务发展要求的检验检疫工作体制机制。要大力支持中国（杭州）跨境电子商务综合实验区发展，对试验区所在地的检验检疫机构进一步下放审批事权和评审权限，鼓励先行先试，加大制度创新、管理创新和服务创新力度，尽快创造可复制可推广经验。

二、建立跨境电子商务清单管理制度

除以下禁止以跨境电子商务形式入境外，全面支持跨境电子商务发展：

（一）《中华人民共和国进出境动植物检疫法》规定的禁止进境物；

（二）未获得检验检疫准入的动植物源性食品；

（三）列入《危险化学品名录》、《剧毒化学品目录》、《易制毒化学品的分类和品种名录》和《中国严格限制进出口的有毒化学品目录》的；

（四）除生物制品以外的微生物、人体组织、生物制品、血液及其制品等特殊物品；

（五）可能危及公共安全的核生化等涉恐及放射性等产品；

（六）废旧物品；

（七）以国际快递或邮寄方式进境的电商商品，还应符合《中华人民共和国禁止携带、邮寄进境的动植物及其产品名录》的要求。

（八）法律法规禁止进境的其他产品和国家质检总局公告禁止进境的产品。

三、构建跨境电子商务风险监控和质量追溯体系

（一）构建跨境电子商务风险监控体系。加强对跨境电子商务商品的风险评估，制定重点商品和重点项目监管清单，不断建立完善质量风险信息采集机制、风险评估分析机制和风险预警处置机制。特别是涉及人身安全、健康和环保项目，通过现场查验、抽样检测和监督抽查等，加强风险监控和预警。对达不到质量安全要求的，采取风险通报、停止销售、强制召回、退运销毁等措施，保障质量安全。

（二）构建跨境电子商务质量追溯体系。充分运用信息化手段，建立以组织机构代码和商品条码为基础的电子商务产品质量追溯制度，通过加贴防伪溯源标识、二维码、条形码等手段，实现跨境电子商务商品"源头可溯、去向可查"。加强与质监部门的合作，探索建立"风险监测、网上抽查、源头追溯、属地查处"的质量监测机制，对发生的质量安全事故或投诉，及时组织开展调查，实现质量安全可追溯、责任可追究。

四、创新跨境电子商务检验检疫监管模式

（一）对跨境电子商务商品实行全申报管理。收发货人或其代理人通过地方政府建立的跨境电商公共信息平台向检验检疫机构申报商品信息、订单信息、支付信息、物流信息、收发货人信息等，对低风险商品审核放行，高风险商品可逐步采信第三方检测结果合格放行。

（二）对出境跨境电子商品实行集中申报、集中办理放行手续。不断完善以检疫监管为主，基于风险分析的质量安全监督抽查机制。加大第三方检验鉴定结果采信力度，监督具有资质的第三方检测机构实施检验检测，进行产品质量安全的合格评定。对一般工业制成品，以问题为导向，加强事后监管。

（三）对入境跨境电子商务商品实行集中申报、核查放行。对通过国际快递或邮寄方式进境、收货人为个人、以自用为目的的，按照快件和邮寄物相关检验检疫监管办法管理。对整批入境、集中存放、电商经营企业按订单向国内个人消费者销售的，实施以风险分析为基础的质量安全监管，依据相应产品国家标准的安全卫生项目进行监测。

五、实施跨境电子商务备案管理

检验检疫机构对跨境电子商务经营主体及跨境电子商务商品实施备案管理，落实跨境电子商务经营主体商品质量安全责任，推动规范跨境电子商务经营秩序，实现质量安全责任可追溯。跨境电子商务经营主体包括：跨境电子商务经营企业（电商经营企业）、跨境电子商务平台企业（电商平台企业）和跨境电子商务商品物流仓储企业。备案内容包括：企业基本制度和经营商品名称、品牌、HS 编码、规格型号、原产国别、供应商名称等。跨境电子商务经营企业应仔细核对商品信息，确保信息准确、真实。

六、加强跨境电子商务信息化建设

（一）推进跨境电子商务申报“单一窗口”综合服务体系建设。参与地方政府牵头的跨境电子商务平台建设，实现关检“一次申报、一次查验、一次放行”。加强与商务、海关、工商、港务、民航、税务、外汇管理、邮政等部门的协作，实现与跨境电子商务平台、物流企业和相关部门的数据对接和信息共享。

（二）推进跨境电子商务信用体系建设。加强企业信用管理，利用好总局电子商务产品质量信息公共服务平台，发挥好全国电子商务产品质量信息共享联盟作用，建立跨境电子商务企业信用数据库，推进诚信分类管理，促进信用等级互认。将企业信用等级与分类监管相结合，给予诚信企业更多便利措施，提升跨境电子商务商品的通关便利化水平。

各检验检疫机构要主动在地方政府的统一领导下，加强与相关部门的沟通与合作，及时通报检验检疫部门促进跨境电子商务发展的政策措施。要加大宣传力度，引导相关企业规范开展跨境电子商务进出口业务，促进跨境电子商务健康快速发展。

中华人民共和国限制进出境物品表

（2005 年 9 月 29 日　中华人民共和国海关总署令第 43 号）

一、限制进境物品

1. 无线电收发信机、通信保密机；
2. 烟、酒；
3. 濒危的和珍贵的动物、植物（均含标本）及其种子和繁殖材料；
4. 国家货币；
5. 海关限制进境的其它物品。

二、限制出境物品

1. 金银等贵重金属及其制品；
2. 国家货币；
3. 外币及其有价证券；
4. 无线电收发信机、通信保密机；
5. 贵重中药材；
6. 一般文物；
7. 海关限制出境的其它物品。

中华人民共和国禁止进出境物品表

（2005 年 9 月 29 日　中华人民共和国海关总署令第 43 号）

一、禁止进境物品

1. 各种武器、仿真武器、弹药及爆炸物品；
2. 伪造的货币及伪造的有价证券；

3. 对中国政治、经济、文化、道德有害的印刷品、胶卷、照片、唱片、影片、录音带、录像带、激光视盘、计算机存储介质及其它物品；

4. 各种烈性毒药；

5. 鸦片、吗啡、海洛英、大麻以及其它能使人成瘾的麻醉品、精神药物；

6. 带有危险性病菌、害虫及其它有害生物的动物、植物及其产品；

7. 有碍人畜健康的、来自疫区的以及其它能传播疾病的食品、药品或其它物品。

二、禁止出境物品

1. 列入禁止进境范围的所有物品；

2. 内容涉及国家秘密的手稿、印刷品、胶卷、照片、唱片、影片、录音带、录像带、激光视盘、计算机存储介质及其它物品；

3. 珍贵文物及其它禁止出境的文体；

4. 濒危的和珍贵的动物、植物（均含标本）及其种子和繁殖材料。

八、其他专门领域

（一）食品、药品及医疗领域

中华人民共和国食品安全法实施条例（节录）

（2009年7月20日中华人民共和国国务院令第557号公布　根据2016年2月6日《国务院关于修改部分行政法规的决定》修订）

……

第二条　县级以上地方人民政府应当履行食品安全法规定的职责；加强食品安全监督管理能力建设，为食品安全监督管理工作提供保障；建立健全食品安全监督管理部门的协调配合机制，整合、完善食品安全信息网络，实现食品安全信息共享和食品检验等技术资源的共享。

……

第二十条　食品生产经营者应当依法取得相应的食品生产经营许可。法律、法规对食品生产加工小作坊和食品摊贩另有规定的，依照其规定。

食品生产经营许可的有效期为3年。

第二十一条　食品生产经营者的生产经营条件发生变化，不符合食品生产经营要求的，食品生产经营者应当立即采取整改措施；有发生食品安全事故的潜在风险的，应当立即停止食品生产经营活动，并向所在地县级质量监督、工商行政管理或者食品药品监督管理部门报告；需要重新办理许可手续的，应当依法办理。

县级以上质量监督、工商行政管理、食品药品监督管理部门应当加强对食品生产经营者生产经营活动的日常监督检查；发现不符合食品生产经营要求情形的，应当责令立即纠正，并依法予以处理；不再符合生产经营许可条件的，应当依法撤销相关许可。

……

网络餐饮服务食品安全监督管理办法

（2017年11月6日国家食品药品监督管理总局令第36号公布　自2018年1月1日起施行）

第一条　为加强网络餐饮服务食品安全监督管理，规范网络餐饮服务经营行为，保证餐饮食品安全，保障公众身体健康，根据《中华人民共和国食品安全法》等法律法规，制定本办法。

第二条　在中华人民共和国境内，网络餐饮服务第三方平台提供者、通过第三方平台和自建网站提供餐饮服务的餐饮服务提供者（以下简称入网餐饮服务提供者），利用互联网提供餐饮服务及其监督管理，适用本办法。

第三条　国家食品药品监督管理总局负责指导全国网络餐饮服务食品安全监督管理工作，并组织开展网络餐饮服务食品安全监测。

县级以上地方食品药品监督管理部门负责本行政区域内网络餐饮服务食品安全监督管理工作。

第四条　入网餐饮服务提供者应当具有实体经营门店并依法取得食品经营许可证，并按照食品经营许可证载明的主体业态、经营项目从事经营活动，不得超范围经营。

第五条　网络餐饮服务第三方平台提供者应当在通信主管部门批准后30个工作日内，向所在地省级食品药品监督管理部门备案。自建网站餐饮服务提供者应当在通信主管部门备案后30个工作日内，向所在地县级食品药品监督管理部门备案。备案内容包括域名、IP地址、电信业务经营许可证或者备案号、企业名称、地址、法定代表人或者负责人姓名等。

网络餐饮服务第三方平台提供者设立从事网络餐饮服务分支机构的，应当在设立后30个工作日内，向所在地县级食品药品监督管理部门备案。备案内容包括分支机构名称、地址、法定代表人或者负责人姓名等。

食品药品监督管理部门应当及时向社会公开相关备案信息。

第六条　网络餐饮服务第三方平台提供者应当建立并执行入网餐饮服务提供者审查登记、食品安全违法行为制止及报告、严重违法行为平台服务停止、食品安全事故处置等制度，并在网络平台上公开相关制度。

第七条 网络餐饮服务第三方平台提供者应当设置专门的食品安全管理机构，配备专职食品安全管理人员，每年对食品安全管理人员进行培训和考核。培训和考核记录保存期限不得少于两年。经考核不具备食品安全管理能力的，不得上岗。

第八条 网络餐饮服务第三方平台提供者应当对入网餐饮服务提供者的食品经营许可证进行审查，登记入网餐饮服务提供者的名称、地址、法定代表人或者负责人及联系方式等信息，保证入网餐饮服务提供者食品经营许可证载明的经营场所等许可信息真实。

网络餐饮服务第三方平台提供者应当与入网餐饮服务提供者签订食品安全协议，明确食品安全责任。

第九条 网络餐饮服务第三方平台提供者和入网餐饮服务提供者应当在餐饮服务经营活动主页面公示餐饮服务提供者的食品经营许可证。食品经营许可等信息发生变更的，应当及时更新。

第十条 网络餐饮服务第三方平台提供者和入网餐饮服务提供者应当在网上公示餐饮服务提供者的名称、地址、量化分级信息，公示的信息应当真实。

第十一条 入网餐饮服务提供者应当在网上公示菜品名称和主要原料名称，公示的信息应当真实。

第十二条 网络餐饮服务第三方平台提供者提供食品容器、餐具和包装材料的，所提供的食品容器、餐具和包装材料应当无毒、清洁。

鼓励网络餐饮服务第三方平台提供者提供可降解的食品容器、餐具和包装材料。

第十三条 网络餐饮服务第三方平台提供者和入网餐饮服务提供者应当加强对送餐人员的食品安全培训和管理。委托送餐单位送餐的，送餐单位应当加强对送餐人员的食品安全培训和管理。培训记录保存期限不得少于两年。

第十四条 送餐人员应当保持个人卫生，使用安全、无害的配送容器，保持容器清洁，并定期进行清洗消毒。送餐人员应当核对配送食品，保证配送过程食品不受污染。

第十五条 网络餐饮服务第三方平台提供者和自建网站餐饮服务提供者应当履行记录义务，如实记录网络订餐的订单信息，包括食品的名称、下单时间、送餐人员、送达时间以及收货地址，信息保存时间不得少于6个月。

第十六条　网络餐饮服务第三方平台提供者应当对入网餐饮服务提供者的经营行为进行抽查和监测。

网络餐饮服务第三方平台提供者发现入网餐饮服务提供者存在违法行为的，应当及时制止并立即报告入网餐饮服务提供者所在地县级食品药品监督管理部门；发现严重违法行为的，应当立即停止提供网络交易平台服务。

第十七条　网络餐饮服务第三方平台提供者应当建立投诉举报处理制度，公开投诉举报方式，对涉及消费者食品安全的投诉举报及时进行处理。

第十八条　入网餐饮服务提供者加工制作餐饮食品应当符合下列要求：

（一）制定并实施原料控制要求，选择资质合法、保证原料质量安全的供货商，或者从原料生产基地、超市采购原料，做好食品原料索证索票和进货查验记录，不得采购不符合食品安全标准的食品及原料；

（二）在加工过程中应当检查待加工的食品及原料，发现有腐败变质、油脂酸败、霉变生虫、污秽不洁、混有异物、掺假掺杂或者感官性状异常的，不得加工使用；

（三）定期维护食品贮存、加工、清洗消毒等设施、设备，定期清洗和校验保温、冷藏和冷冻等设施、设备，保证设施、设备运转正常；

（四）在自己的加工操作区内加工食品，不得将订单委托其他食品经营者加工制作；

（五）网络销售的餐饮食品应当与实体店销售的餐饮食品质量安全保持一致。

第十九条　入网餐饮服务提供者应当使用无毒、清洁的食品容器、餐具和包装材料，并对餐饮食品进行包装，避免送餐人员直接接触食品，确保送餐过程中食品不受污染。

第二十条　入网餐饮服务提供者配送有保鲜、保温、冷藏或者冷冻等特殊要求食品的，应当采取能保证食品安全的保存、配送措施。

第二十一条　国家食品药品监督管理总局组织监测发现网络餐饮服务第三方平台提供者和入网餐饮服务提供者存在违法行为的，通知有关省级食品药品监督管理部门依法组织查处。

第二十二条　县级以上地方食品药品监督管理部门接到网络餐饮服务第三方平台提供者报告入网餐饮服务提供者存在违法行为的，应当及时依法查处。

第二十三条 县级以上地方食品药品监督管理部门应当加强对网络餐饮服务食品安全的监督检查，发现网络餐饮服务第三方平台提供者和入网餐饮服务提供者存在违法行为的，依法进行查处。

第二十四条 县级以上地方食品药品监督管理部门对网络餐饮服务交易活动的技术监测记录资料，可以依法作为认定相关事实的依据。

第二十五条 县级以上地方食品药品监督管理部门对于消费者投诉举报反映的线索，应当及时进行核查，被投诉举报人涉嫌违法的，依法进行查处。

第二十六条 县级以上地方食品药品监督管理部门查处的入网餐饮服务提供者有严重违法行为的，应当通知网络餐饮服务第三方平台提供者，要求其立即停止对入网餐饮服务提供者提供网络交易平台服务。

第二十七条 违反本办法第四条规定，入网餐饮服务提供者不具备实体经营门店，未依法取得食品经营许可证的，由县级以上地方食品药品监督管理部门依照食品安全法第一百二十二条的规定处罚。

第二十八条 违反本办法第五条规定，网络餐饮服务第三方平台提供者以及分支机构或者自建网站餐饮服务提供者未履行相应备案义务的，由县级以上地方食品药品监督管理部门责令改正，给予警告；拒不改正的，处5000元以上3万元以下罚款。

第二十九条 违反本办法第六条规定，网络餐饮服务第三方平台提供者未按要求建立、执行并公开相关制度的，由县级以上地方食品药品监督管理部门责令改正，给予警告；拒不改正的，处5000元以上3万元以下罚款。

第三十条 违反本办法第七条规定，网络餐饮服务第三方平台提供者未设置专门的食品安全管理机构，配备专职食品安全管理人员，或者未按要求对食品安全管理人员进行培训、考核并保存记录的，由县级以上地方食品药品监督管理部门责令改正，给予警告；拒不改正的，处5000元以上3万元以下罚款。

第三十一条 违反本办法第八条第一款规定，网络餐饮服务第三方平台提供者未对入网餐饮服务提供者的食品经营许可证进行审查，未登记入网餐饮服务提供者的名称、地址、法定代表人或者负责人及联系方式等信息，或者入网餐饮服务提供者食品经营许可证载明的经营场所等许可信息不真实的，由县级以上地方食品药品监督管理部门依照食品安全法第一百三十一条的规定处罚。

违反本办法第八条第二款规定，网络餐饮服务第三方平台提供者未与入网餐饮服务提供者签订食品安全协议的，由县级以上地方食品药品监督管理部门责令改正，给予警告；拒不改正的，处5000元以上3万元以下罚款。

第三十二条　违反本办法第九条、第十条、第十一条规定，网络餐饮服务第三方平台提供者和入网餐饮服务提供者未按要求进行信息公示和更新的，由县级以上地方食品药品监督管理部门责令改正，给予警告；拒不改正的，处5000元以上3万元以下罚款。

第三十三条　违反本办法第十二条规定，网络餐饮服务第三方平台提供者提供的食品配送容器、餐具和包装材料不符合规定的，由县级以上地方食品药品监督管理部门按照食品安全法第一百三十二条的规定处罚。

第三十四条　违反本办法第十三条规定，网络餐饮服务第三方平台提供者和入网餐饮服务提供者未对送餐人员进行食品安全培训和管理，或者送餐单位未对送餐人员进行食品安全培训和管理，或者未按要求保存培训记录的，由县级以上地方食品药品监督管理部门责令改正，给予警告；拒不改正的，处5000元以上3万元以下罚款。

第三十五条　违反本办法第十四条规定，送餐人员未履行使用安全、无害的配送容器等义务的，由县级以上地方食品药品监督管理部门对送餐人员所在单位按照食品安全法第一百三十二条的规定处罚。

第三十六条　违反本办法第十五条规定，网络餐饮服务第三方平台提供者和自建网站餐饮服务提供者未按要求记录、保存网络订餐信息的，由县级以上地方食品药品监督管理部门责令改正，给予警告；拒不改正的，处5000元以上3万元以下罚款。

第三十七条　违反本办法第十六条第一款规定，网络餐饮服务第三方平台提供者未对入网餐饮服务提供者的经营行为进行抽查和监测的，由县级以上地方食品药品监督管理部门责令改正，给予警告；拒不改正的，处5000元以上3万元以下罚款。

违反本办法第十六条第二款规定，网络餐饮服务第三方平台提供者发现入网餐饮服务提供者存在违法行为，未及时制止并立即报告入网餐饮服务提供者所在地县级食品药品监督管理部门的，或者发现入网餐饮服务提供者存在严重违法行为，未立即停止提供网络交易平台服务的，由县级以上地方食品药品监督管理部门依照食品安全法第一百三十一条的规定处罚。

第三十八条 违反本办法第十七条规定，网络餐饮服务第三方平台提供者未按要求建立消费者投诉举报处理制度，公开投诉举报方式，或者未对涉及消费者食品安全的投诉举报及时进行处理的，由县级以上地方食品药品监督管理部门责令改正，给予警告；拒不改正的，处 5000 元以上 3 万元以下罚款。

第三十九条 违反本办法第十八条第（一）项规定，入网餐饮服务提供者未履行制定实施原料控制要求等义务的，由县级以上地方食品药品监督管理部门依照食品安全法第一百二十六条第一款的规定处罚。

违反本办法第十八条第（二）项规定，入网餐饮服务提供者使用腐败变质、油脂酸败、霉变生虫、污秽不洁、混有异物、掺假掺杂或者感官性状异常等原料加工食品的，由县级以上地方食品药品监督管理部门依照食品安全法第一百二十四条第一款的规定处罚。

违反本办法第十八条第（三）项规定，入网餐饮服务提供者未定期维护食品贮存、加工、清洗消毒等设施、设备，或者未定期清洗和校验保温、冷藏和冷冻等设施、设备的，由县级以上地方食品药品监督管理部门依照食品安全法第一百二十六条第一款的规定处罚。

违反本办法第十八条第（四）项、第（五）项规定，入网餐饮服务提供者将订单委托其他食品经营者加工制作，或者网络销售的餐饮食品未与实体店销售的餐饮食品质量安全保持一致的，由县级以上地方食品药品监督管理部门责令改正，给予警告；拒不改正的，处 5000 元以上 3 万元以下罚款。

第四十条 违反本办法第十九条规定，入网餐饮服务提供者未履行相应的包装义务的，由县级以上地方食品药品监督管理部门责令改正，给予警告；拒不改正的，处 5000 元以上 3 万元以下罚款。

第四十一条 违反本办法第二十条规定，入网餐饮服务提供者配送有保鲜、保温、冷藏或者冷冻等特殊要求食品，未采取能保证食品安全的保存、配送措施的，由县级以上地方食品药品监督管理部门依照食品安全法第一百三十二条的规定处罚。

第四十二条 县级以上地方食品药品监督管理部门应当自对网络餐饮服务第三方平台提供者和入网餐饮服务提供者违法行为作出处罚决定之日起 20 个工作日内在网上公开行政处罚决定书。

第四十三条 省、自治区、直辖市的地方性法规和政府规章对小餐饮网络经营作出规定的，按照其规定执行。

本办法对网络餐饮服务食品安全违法行为的查处未作规定的，按照《网络食品安全违法行为查处办法》执行。

第四十四条 网络餐饮服务第三方平台提供者和入网餐饮服务提供者违反食品安全法规定，构成犯罪的，依法追究刑事责任。

第四十五条 餐饮服务连锁公司总部建立网站为其门店提供网络交易服务的，参照本办法关于网络餐饮服务第三方平台提供者的规定执行。

第四十六条 本办法自2018年1月1日起施行。

网络食品安全违法行为查处办法

（2016年7月13日国家食品药品监督管理总局令第27号公布 自2016年10月1日起施行）

第一章 总 则

第一条 为依法查处网络食品安全违法行为，加强网络食品安全监督管理，保证食品安全，根据《中华人民共和国食品安全法》等法律法规，制定本办法。

第二条 在中华人民共和国境内网络食品交易第三方平台提供者以及通过第三方平台或者自建的网站进行交易的食品生产经营者（以下简称入网食品生产经营者）违反食品安全法律、法规、规章或者食品安全标准行为的查处，适用本办法。

第三条 国家食品药品监督管理总局负责监督指导全国网络食品安全违法行为查处工作。

县级以上地方食品药品监督管理部门负责本行政区域内网络食品安全违法行为查处工作。

第四条 网络食品交易第三方平台提供者和入网食品生产经营者应当履行法律、法规和规章规定的食品安全义务。

网络食品交易第三方平台提供者和入网食品生产经营者应当对网络食品安全信息的真实性负责。

第五条 网络食品交易第三方平台提供者和入网食品生产经营者应当配合食品药品监督管理部门对网络食品安全违法行为的查处，按照食品药品监督管理部门的要求提供网络食品交易相关数据和信息。

第六条 鼓励网络食品交易第三方平台提供者和入网食品生产经营者开展食品安全法律、法规以及食品安全标准和食品安全知识的普及工作。

第七条 任何组织或者个人均可向食品药品监督管理部门举报网络食品安全违法行为。

第二章 网络食品安全义务

第八条 网络食品交易第三方平台提供者应当在通信主管部门批准后 30 个工作日内，向所在地省级食品药品监督管理部门备案，取得备案号。

通过自建网站交易的食品生产经营者应当在通信主管部门批准后 30 个工作日内，向所在地市、县级食品药品监督管理部门备案，取得备案号。

省级和市、县级食品药品监督管理部门应当自完成备案后 7 个工作日内向社会公开相关备案信息。

备案信息包括域名、IP 地址、电信业务经营许可证、企业名称、法定代表人或者负责人姓名、备案号等。

第九条 网络食品交易第三方平台提供者和通过自建网站交易的食品生产经营者应当具备数据备份、故障恢复等技术条件，保障网络食品交易数据和资料的可靠性与安全性。

第十条 网络食品交易第三方平台提供者应当建立入网食品生产经营者审查登记、食品安全自查、食品安全违法行为制止及报告、严重违法行为平台服务停止、食品安全投诉举报处理等制度，并在网络平台上公开。

第十一条 网络食品交易第三方平台提供者应当对入网食品生产经营者食品生产经营许可证、入网食品添加剂生产企业生产许可证等材料进行审查，如实记录并及时更新。

网络食品交易第三方平台提供者应当对入网食用农产品生产经营者营业执照、入网食品添加剂经营者营业执照以及入网交易食用农产品的个人的身份证号码、住址、联系方式等信息进行登记，如实记录并及时更新。

第十二条 网络食品交易第三方平台提供者应当建立入网食品生产经营

者档案，记录入网食品生产经营者的基本情况、食品安全管理人员等信息。

第十三条　网络食品交易第三方平台提供者和通过自建网站交易食品的生产经营者应当记录、保存食品交易信息，保存时间不得少于产品保质期满后6个月；没有明确保质期的，保存时间不得少于2年。

第十四条　网络食品交易第三方平台提供者应当设置专门的网络食品安全管理机构或者指定专职食品安全管理人员，对平台上的食品经营行为及信息进行检查。

网络食品交易第三方平台提供者发现存在食品安全违法行为的，应当及时制止，并向所在地县级食品药品监督管理部门报告。

第十五条　网络食品交易第三方平台提供者发现入网食品生产经营者有下列严重违法行为之一的，应当停止向其提供网络交易平台服务：

（一）入网食品生产经营者因涉嫌食品安全犯罪被立案侦查或者提起公诉的；

（二）入网食品生产经营者因食品安全相关犯罪被人民法院判处刑罚的；

（三）入网食品生产经营者因食品安全违法行为被公安机关拘留或者给予其他治安管理处罚的；

（四）入网食品生产经营者被食品药品监督管理部门依法作出吊销许可证、责令停产停业等处罚的。

第十六条　入网食品生产经营者应当依法取得许可，入网食品生产者应当按照许可的类别范围销售食品，入网食品经营者应当按照许可的经营项目范围从事食品经营。法律、法规规定不需要取得食品生产经营许可的除外。

取得食品生产许可的食品生产者，通过网络销售其生产的食品，不需要取得食品经营许可。取得食品经营许可的食品经营者通过网络销售其制作加工的食品，不需要取得食品生产许可。

第十七条　入网食品生产经营者不得从事下列行为：

（一）网上刊载的食品名称、成分或者配料表、产地、保质期、贮存条件，生产者名称、地址等信息与食品标签或者标识不一致；

（二）网上刊载的非保健食品信息明示或者暗示具有保健功能；网上刊载的保健食品的注册证书或者备案凭证等信息与注册或者备案信息不一致；

（三）网上刊载的婴幼儿配方乳粉产品信息明示或者暗示具有益智、增加抵抗力、提高免疫力、保护肠道等功能或者保健作用；

（四）对在贮存、运输、食用等方面有特殊要求的食品，未在网上刊载的食品信息中予以说明和提示；

（五）法律、法规规定禁止从事的其他行为。

第十八条 通过第三方平台进行交易的食品生产经营者应当在其经营活动主页面显著位置公示其食品生产经营许可证。通过自建网站交易的食品生产经营者应当在其网站首页显著位置公示营业执照、食品生产经营许可证。

餐饮服务提供者还应当同时公示其餐饮服务食品安全监督量化分级管理信息。相关信息应当画面清晰，容易辨识。

第十九条 入网销售保健食品、特殊医学用途配方食品、婴幼儿配方乳粉的食品生产经营者，除依照本办法第十八条的规定公示相关信息外，还应当依法公示产品注册证书或者备案凭证，持有广告审查批准文号的还应当公示广告审查批准文号，并链接至食品药品监督管理部门网站对应的数据查询页面。保健食品还应当显著标明“本品不能代替药物”。

特殊医学用途配方食品中特定全营养配方食品不得进行网络交易。

第二十条 网络交易的食品有保鲜、保温、冷藏或者冷冻等特殊贮存条件要求的，入网食品生产经营者应当采取能够保证食品安全的贮存、运输措施，或者委托具备相应贮存、运输能力的企业贮存、配送。

第三章 网络食品安全违法行为查处管理

第二十一条 对网络食品交易第三方平台提供者食品安全违法行为的查处，由网络食品交易第三方平台提供者所在地县级以上地方食品药品监督管理部门管辖。

对网络食品交易第三方平台提供者分支机构的食品安全违法行为的查处，由网络食品交易第三方平台提供者所在地或者分支机构所在地县级以上地方食品药品监督管理部门管辖。

对入网食品生产经营者食品安全违法行为的查处，由入网食品生产经营者所在地或者生产经营场所所在地县级以上地方食品药品监督管理部门管辖；对应当取得食品生产经营许可而没有取得许可的违法行为的查处，由入网食品生产经营者所在地、实际生产经营地县级以上地方食品药品监督管理部门管辖。

因网络食品交易引发食品安全事故或者其他严重危害后果的，也可以由网络食品安全违法行为发生地或者违法行为结果地的县级以上地方食品药品监督管理部门管辖。

第二十二条 两个以上食品药品监督管理部门都有管辖权的网络食品安全违法案件，由最先立案查处的食品药品监督管理部门管辖。对管辖有争议的，由双方协商解决。协商不成的，报请共同的上一级食品药品监督管理部门指定管辖。

第二十三条 消费者因网络食品安全违法问题进行投诉举报的，由网络食品交易第三方平台提供者所在地、入网食品生产经营者所在地或者生产经营场所所在地等县级以上地方食品药品监督管理部门处理。

第二十四条 县级以上地方食品药品监督管理部门，对网络食品安全违法行为进行调查处理时，可以行使下列职权：

（一）进入当事人网络食品交易场所实施现场检查；

（二）对网络交易的食品进行抽样检验；

（三）询问有关当事人，调查其从事网络食品交易行为的相关情况；

（四）查阅、复制当事人的交易数据、合同、票据、账簿以及其他相关资料；

（五）调取网络交易的技术监测、记录资料；

（六）法律、法规规定可以采取的其他措施。

第二十五条 县级以上食品药品监督管理部门通过网络购买样品进行检验的，应当按照相关规定填写抽样单，记录抽检样品的名称、类别以及数量，购买样品的人员以及付款账户、注册账号、收货地址、联系方式，并留存相关票据。买样人员应当对网络购买样品包装等进行查验，对样品和备份样品分别封样，并采取拍照或者录像等手段记录拆封过程。

第二十六条 检验结果不符合食品安全标准的，食品药品监督管理部门应当按照有关规定及时将检验结果通知被抽样的入网食品生产经营者。入网食品生产经营者应当采取停止生产经营、封存不合格食品等措施，控制食品安全风险。

通过网络食品交易第三方平台购买样品的，应当同时将检验结果通知网络食品交易第三方平台提供者。网络食品交易第三方平台提供者应当依法制止不合格食品的销售。

入网食品生产经营者联系方式不详的，网络食品交易第三方平台提供者应当协助通知。入网食品生产经营者无法联系的，网络食品交易第三方平台提供者应当停止向其提供网络食品交易平台服务。

第二十七条 网络食品交易第三方平台提供者和入网食品生产经营者有下列情形之一的，县级以上食品药品监督管理部门可以对其法定代表人或者主要负责人进行责任约谈：

（一）发生食品安全问题，可能引发食品安全风险蔓延的；

（二）未及时妥善处理投诉举报的食品安全问题，可能存在食品安全隐患的；

（三）未及时采取有效措施排查、消除食品安全隐患，落实食品安全责任的；

（四）县级以上食品药品监督管理部门认为需要进行责任约谈的其他情形。

责任约谈不影响食品药品监督管理部门依法对其进行行政处理，责任约谈情况及后续处理情况应当向社会公开。

被约谈者无正当理由未按照要求落实整改的，县级以上地方食品药品监督管理部门应当增加监督检查频次。

第四章 法律责任

第二十八条 食品安全法等法律法规对网络食品安全违法行为已有规定的，从其规定。

第二十九条 违反本办法第八条规定，网络食品交易第三方平台提供者和通过自建网站交易的食品生产经营者未履行相应备案义务的，由县级以上地方食品药品监督管理部门责令改正，给予警告；拒不改正的，处5000元以上3万元以下罚款。

第三十条 违反本办法第九条规定，网络食品交易第三方平台提供者和通过自建网站交易的食品生产经营者不具备数据备份、故障恢复等技术条件，不能保障网络食品交易数据和资料的可靠性与安全性的，由县级以上地方食品药品监督管理部门责令改正，给予警告；拒不改正的，处3万元罚款。

第三十一条 违反本办法第十条规定，网络食品交易第三方平台提供者未按要求建立入网食品生产经营者审查登记、食品安全自查、食品安全违法行为制止及报告、严重违法行为平台服务停止、食品安全投诉举报处理等制度的或者未公开以上制度的，由县级以上地方食品药品监督管理部门责令改正，给予警告；拒不改正的，处5000元以上3万元以下罚款。

第三十二条 违反本办法第十一条规定，网络食品交易第三方平台提供者未对入网食品生产经营者的相关材料及信息进行审查登记、如实记录并更新的，由县级以上地方食品药品监督管理部门依照食品安全法第一百三十一条的规定处罚。

第三十三条 违反本办法第十二条规定，网络食品交易第三方平台提供者未建立入网食品生产经营者档案、记录入网食品生产经营者相关信息的，由县级以上地方食品药品监督管理部门责令改正，给予警告；拒不改正的，处5000元以上3万元以下罚款。

第三十四条 违反本办法第十三条规定，网络食品交易第三方平台提供者未按要求记录、保存食品交易信息的，由县级以上地方食品药品监督管理部门责令改正，给予警告；拒不改正的，处5000元以上3万元以下罚款。

第三十五条 违反本办法第十四条规定，网络食品交易第三方平台提供者未设置专门的网络食品安全管理机构或者指定专职食品安全管理人员对平台上的食品安全经营行为及信息进行检查的，由县级以上地方食品药品监督管理部门责令改正，给予警告；拒不改正的，处5000元以上3万元以下罚款。

第三十六条 违反本办法第十五条规定，网络食品交易第三方平台提供者发现入网食品生产经营者有严重违法行为未停止提供网络交易平台服务的，由县级以上地方食品药品监督管理部门依照食品安全法第一百三十一条的规定处罚。

第三十七条 网络食品交易第三方平台提供者未履行相关义务，导致发生下列严重后果之一的，由县级以上地方食品药品监督管理部门依照食品安全法第一百三十一条的规定责令停业，并将相关情况移送通信主管部门处理：

（一）致人死亡或者造成严重人身伤害的；

（二）发生较大级别以上食品安全事故的；

（三）发生较为严重的食源性疾病的；

（四）侵犯消费者合法权益，造成严重不良社会影响的；

（五）引发其他的严重后果的。

第三十八条 违反本办法第十六条规定，入网食品生产经营者未依法取得食品生产经营许可的，或者入网食品生产者超过许可的类别范围销售食品、入网食品经营者超过许可的经营项目范围从事食品经营的，依照食品安全法第一百二十二条的规定处罚。

第三十九条 入网食品生产经营者违反本办法第十七条禁止性规定的，由县级以上地方食品药品监督管理部门责令改正，给予警告；拒不改正的，处5000元以上3万元以下罚款。

第四十条 违反本办法第十八条规定，入网食品生产经营者未按要求进行信息公示的，由县级以上地方食品药品监督管理部门责令改正，给予警告；拒不改正的，处5000元以上3万元以下罚款。

第四十一条 违反本办法第十九条第一款规定，食品生产经营者未按要求公示特殊食品相关信息的，由县级以上地方食品药品监督管理部门责令改正，给予警告；拒不改正的，处5000元以上3万元以下罚款。

违反本办法第十九条第二款规定，食品生产经营者通过网络销售特定全营养配方食品的，由县级以上地方食品药品监督管理部门处3万元罚款。

第四十二条 违反本办法第二十条规定，入网食品生产经营者未按要求采取保证食品安全的贮存、运输措施，或者委托不具备相应贮存、运输能力的企业从事贮存、配送的，由县级以上地方食品药品监督管理部门依照食品安全法第一百三十二条的规定处罚。

第四十三条 违反本办法规定，网络食品交易第三方平台提供者、入网食品生产经营者提供虚假信息的，由县级以上地方食品药品监督管理部门责令改正，处1万元以上3万元以下罚款。

第四十四条 网络食品交易第三方平台提供者、入网食品生产经营者违反食品安全法规定，构成犯罪的，依法追究刑事责任。

第四十五条 食品药品监督管理部门工作人员不履行职责或者滥用职权、玩忽职守、徇私舞弊的，依法追究行政责任；构成犯罪的，移送司法机关，依法追究刑事责任。

第五章 附 则

第四十六条 对食品生产加工小作坊、食品摊贩等的网络食品安全违法行为的查处，可以参照本办法执行。

第四十七条　食品药品监督管理部门依法对网络食品安全违法行为进行查处的，应当自行政处罚决定书作出之日起20个工作日内，公开行政处罚决定书。

第四十八条　本办法自2016年10月1日起施行。

国务院办公厅关于促进“互联网+医疗健康”发展的意见（节录）

（2018年4月28日　国办发〔2018〕26号）

……

一、健全“互联网+医疗健康”服务体系

（一）发展“互联网+”医疗服务。

1. 鼓励医疗机构应用互联网等信息技术拓展医疗服务空间和内容，构建覆盖诊前、诊中、诊后的线上线下一体化医疗服务模式。

允许依托医疗机构发展互联网医院。医疗机构可以使用互联网医院作为第二名称，在实体医院基础上，运用互联网技术提供安全适宜的医疗服务，允许在线开展部分常见病、慢性病复诊。医师掌握患者病历资料后，允许在线开具部分常见病、慢性病处方。

支持医疗卫生机构、符合条件的第三方机构搭建互联网信息平台，开展远程医疗、健康咨询、健康管理服务，促进医院、医务人员、患者之间的有效沟通。（国家卫生健康委员会、国家发展改革委负责。排在第一位的部门为牵头部门，下同）

2. 医疗联合体要积极运用互联网技术，加快实现医疗资源上下贯通、信息互通共享、业务高效协同，便捷开展预约诊疗、双向转诊、远程医疗等服务，推进“基层检查、上级诊断”，推动构建有序的分级诊疗格局。

鼓励医疗联合体内上级医疗机构借助人工智能等技术手段，面向基层提供远程会诊、远程心电诊断、远程影像诊断等服务，促进医疗联合体内医疗机构间检查检验结果实时查阅、互认共享。推进远程医疗服务覆盖全国所有医疗联合体和县级医院，并逐步向社区卫生服务机构、乡镇卫生院和村卫生

室延伸，提升基层医疗服务能力和效率。（国家卫生健康委员会、国家发展改革委、财政部、国家中医药局负责）

（二）创新“互联网+”公共卫生服务。

1. 推动居民电子健康档案在线查询和规范使用。以高血压、糖尿病等为重点，加强老年慢性病在线服务管理。以纳入国家免疫规划的儿童为重点服务对象，整合现有预防接种信息平台，优化预防接种服务。鼓励利用可穿戴设备获取生命体征数据，为孕产妇提供健康监测与管理。加强对严重精神障碍患者的信息管理、随访评估和分类干预。（国家卫生健康委员会负责）

2. 鼓励医疗卫生机构与互联网企业合作，加强区域医疗卫生信息资源整合，探索运用人群流动、气候变化等大数据技术分析手段，预测疾病流行趋势，加强对传染病等疾病的智能监测，提高重大疾病防控和突发公共卫生事件应对能力。（国家卫生健康委员会负责）

（三）优化“互联网+”家庭医生签约服务。

1. 加快家庭医生签约服务智能化信息平台建设与应用，加强上级医院对基层的技术支持，探索线上考核评价和激励机制，提高家庭医生团队服务能力，提升签约服务质量和效率，增强群众对家庭医生的信任度。（国家卫生健康委员会、国家发展改革委、财政部、国家中医药局负责）

2. 鼓励开展网上签约服务，为签约居民在线提供健康咨询、预约转诊、慢性病随访、健康管理、延伸处方等服务，推进家庭医生服务模式转变，改善群众签约服务感受。（国家卫生健康委员会负责）

（四）完善“互联网+”药品供应保障服务。

1. 对线上开具的常见病、慢性病处方，经药师审核后，医疗机构、药品经营企业可委托符合条件的第三方机构配送。探索医疗卫生机构处方信息与药品零售消费信息互联互通、实时共享，促进药品网络销售和医疗物流配送等规范发展。（国家卫生健康委员会、国家市场监督管理总局、国家药品监督管理局负责）

2. 依托全民健康信息平台，加强基于互联网的短缺药品多源信息采集和供应业务协同应用，提升基本药物目录、鼓励仿制的药品目录的遴选等能力。（国家卫生健康委员会、工业和信息化部、国家市场监督管理总局、国家药品监督管理局负责）

……

二、完善“互联网+医疗健康”支撑体系

……

（十二）及时制订完善相关配套政策。

1. 适应“互联网+医疗健康”发展，进一步完善医保支付政策。逐步将符合条件的互联网诊疗服务纳入医保支付范围，建立费用分担机制，方便群众就近就医，促进优质医疗资源有效利用。健全互联网诊疗收费政策，加强使用管理，促进形成合理的利益分配机制，支持互联网医疗服务可持续发展。（国家医疗保障局负责）

2. 完善医师多点执业政策，鼓励执业医师开展“互联网+医疗健康”服务。（国家卫生健康委员会负责）

三、加强行业监管和安全保障

（十三）强化医疗质量监管。

1. 出台规范互联网诊疗行为的管理办法，明确监管底线，健全相关机构准入标准，最大限度减少准入限制，加强事中事后监管，确保医疗健康服务质量和安全。推进网络可信体系建设，加快建设全国统一标识的医疗卫生人员和医疗卫生机构可信医学数字身份、电子实名认证、数据访问控制信息系统，创新监管机制，提升监管能力。建立医疗责任分担机制，推行在线知情同意告知，防范和化解医疗风险。（国家卫生健康委员会、国家网信办、工业和信息化部、公安部负责）

2. 互联网医疗健康服务平台等第三方机构应当确保提供服务人员的资质符合有关规定要求，并对所提供的服务承担责任。“互联网+医疗健康”服务产生的数据应当全程留痕，可查询、可追溯，满足行业监管需求。（国家卫生健康委员会、国家网信办、工业和信息化部、公安部、国家市场监督管理总局负责）

（十四）保障数据信息安全。

1. 研究制定健康医疗大数据确权、开放、流通、交易和产权保护的法规。严格执行信息安全和健康医疗数据保密规定，建立完善个人隐私信息保护制度，严格管理患者信息、用户资料、基因数据等，对非法买卖、泄露信息行为依法依规予以惩处。（国家卫生健康委员会、国家网信办、工业和信息化部、公安部负责）

2. 加强医疗卫生机构、互联网医疗健康服务平台、智能医疗设备以及关键信息基础设施、数据应用服务的信息防护，定期开展信息安全隐患排查、监测和预警。患者信息等敏感数据应当存储在境内，确需向境外提供的，应当依照有关规定进行安全评估。（国家卫生健康委员会、国家网信办、工业和信息化部负责）

各地区、各有关部门要结合工作实际，及时出台配套政策措施，确保各项部署落到实处。中西部地区、农村贫困地区、偏远边疆地区要因地制宜，积极发展“互联网＋医疗健康”，引入优质医疗资源，提高医疗健康服务的可及性。国家卫生健康委员会要会同有关部门按照任务分工，加强工作指导和督促检查，重要情况及时报告国务院。

国家中医药管理局、科技部关于加强中医药健康服务科技创新的指导意见（节录）

（2018年7月19日　国中医药科技发〔2018〕10号）

……

四、支撑中医药健康服务模式与机制创新

……

（十二）探索建立多方参与的科技创新机制。激发各类中医药健康服务主体和中医药机构的创新活力，支持企业与相关社会机构参与中医药健康服务科技创新工作，鼓励企业成为中医药健康服务产品研发、技术创新、服务模式创新及成果产业化的主体，鼓励企业在大健康产品开发、互联网＋中医药健康服务、智慧医疗以及中医药健康养生、健康养老、健康旅游、健康文化等健康需求领域进行创新。

（十三）提升服务信息化智能化水平。制定中医药健康服务信息，尤其是大数据研发利用相关标准，加强行政部门、医院和医疗保障机构等信息系统研发，充分利用云计算、大数据、物联网、移动互联网等信息科技以及人工智能技术，促进中医药健康服务与互联网相融合，实现医疗保障、医疗服务、健康服务等信息共享，搭建便捷、价廉和可及的健康服务平台，简化健康服务流程，实现多元协作机制、信息资源共享机制，提高健康服务效率。

……

六、保障措施

……

（十七）强化创新平台建设。统筹加强和积极推进国家、部门和地方重点实验室、国家临床医学研究中心、国家中医临床研究基地、国家中医药管理局重点研究室等科技创新平台建设，支持建立促进中医药健康服务科技创新的产学研联盟、双创空间、产业基地及科技园区，打造一批中医药健康服务科技创新和成果转化的高地，建立适应中医药现代化、国际化发展需求的健康科技创新协作网络，以新的组织模式和运行机制加快推进中医药健康服务创新、科技成果转化和产业发展。

……

（十九）加强信息化建设。推进健康医疗大数据的利用开发与应用工作，实施健康中国云服务计划，加强中医药大数据的研究、开发与应用。推进中医药临床科研信息一体化建设，组织实施全民健康保障信息化工程中医药项目，支持全国各省建立省级中医药数据中心、开展基层医疗卫生机构中医诊疗区（中医馆）健康信息平台建设，实现与人口健康信息纵向贯通、横向互通，促进中医药健康科技资源和数据信息开放共享。

医疗器械网络销售监督管理办法

（2017 年 12 月 20 日国家食品药品监督管理总局令第 38 号公布
自 2018 年 3 月 1 日起施行）

第一章　总　　则

第一条　为加强医疗器械网络销售和医疗器械网络交易服务监督管理，保障公众用械安全，根据《中华人民共和国网络安全法》《医疗器械监督管理条例》《互联网信息服务管理办法》等法律法规，制定本办法。

第二条　在中华人民共和国境内从事医疗器械网络销售、提供医疗器械网络交易服务及其监督管理，应当遵守本办法。

第三条　国家食品药品监督管理总局负责指导全国医疗器械网络销售、

医疗器械网络交易服务的监督管理，并组织开展全国医疗器械网络销售和网络交易服务监测。

省级食品药品监督管理部门负责医疗器械网络交易服务的监督管理。

县级以上地方食品药品监督管理部门负责本行政区域内医疗器械网络销售的监督管理。

第四条 从事医疗器械网络销售的企业、医疗器械网络交易服务第三方平台提供者应当遵守医疗器械法规、规章和规范，建立健全管理制度，依法诚信经营，保证医疗器械质量安全。

从事医疗器械网络销售的企业，是指通过网络销售医疗器械的医疗器械上市许可持有人（即医疗器械注册人或者备案人，以下简称持有人）和医疗器械生产经营企业。

医疗器械网络交易服务第三方平台提供者，是指在医疗器械网络交易中仅提供网页空间、虚拟交易场所、交易规则、交易撮合、电子订单等交易服务，供交易双方或者多方开展交易活动，不直接参与医疗器械销售的企业。

第五条 从事医疗器械网络销售的企业、医疗器械网络交易服务第三方平台提供者应当采取技术措施，保障医疗器械网络销售数据和资料的真实、完整、可追溯。

第六条 从事医疗器械网络销售的企业、医疗器械网络交易服务第三方平台提供者应当积极配合食品药品监督管理部门开展网络监测、抽样检验、现场检查等监督管理，按照食品药品监督管理部门的要求存储数据，提供信息查询、数据提取等相关支持。

第二章 医疗器械网络销售

第七条 从事医疗器械网络销售的企业应当是依法取得医疗器械生产许可、经营许可或者办理备案的医疗器械生产经营企业。法律法规规定不需要办理许可或者备案的除外。

持有人通过网络销售其医疗器械，医疗器械生产企业受持有人委托通过网络销售受托生产的医疗器械，不需要办理经营许可或者备案，其销售条件应当符合《医疗器械监督管理条例》和本办法的要求。

持有人委托开展医疗器械网络销售的，应当评估确认受托方的合法资质、销售条件、技术水平和质量管理能力，对网络销售过程和质量控制进行指导和监督，对网络销售的医疗器械质量负责。

第八条　从事医疗器械网络销售的企业，应当填写医疗器械网络销售信息表，将企业名称、法定代表人或者主要负责人、网站名称、网络客户端应用程序名、网站域名、网站 IP 地址、电信业务经营许可证或者非经营性互联网信息服务备案编号、医疗器械生产经营许可证件或者备案凭证编号等信息事先向所在地设区的市级食品药品监督管理部门备案。相关信息发生变化的，应当及时变更备案。

第九条　从事医疗器械网络销售的企业，应当通过自建网站或者医疗器械网络交易服务第三方平台开展医疗器械网络销售活动。

通过自建网站开展医疗器械网络销售的企业，应当依法取得《互联网药品信息服务资格证书》，并具备与其规模相适应的办公场所以及数据备份、故障恢复等技术条件。

第十条　从事医疗器械网络销售的企业，应当在其主页面显著位置展示其医疗器械生产经营许可证件或者备案凭证，产品页面应当展示该产品的医疗器械注册证或者备案凭证。相关展示信息应当画面清晰，容易辨识。其中，医疗器械生产经营许可证件或者备案凭证、医疗器械注册证或者备案凭证的编号还应当以文本形式展示。相关信息发生变更的，应当及时更新展示内容。

第十一条　从事医疗器械网络销售的企业在网上发布的医疗器械名称、型号、规格、结构及组成、适用范围、医疗器械注册证编号或者备案凭证编号、注册人或者备案人信息、生产许可证或者备案凭证编号、产品技术要求编号、禁忌症等信息，应当与经注册或者备案的相关内容保持一致。

第十二条　从事医疗器械网络销售的企业应当记录医疗器械销售信息，记录应当保存至医疗器械有效期后 2 年；无有效期的，保存时间不得少于 5 年；植入类医疗器械的销售信息应当永久保存。相关记录应当真实、完整、可追溯。

第十三条　从事医疗器械网络销售的企业，经营范围不得超出其生产经营许可或者备案的范围。

医疗器械批发企业从事医疗器械网络销售，应当销售给具有资质的医疗器械经营企业或者使用单位。

医疗器械零售企业从事医疗器械网络销售，应当销售给消费者。销售给消费者个人的医疗器械，应当是可以由消费者个人自行使用的，其说明书应当符合医疗器械说明书和标签管理相关规定，标注安全使用的特别说明。

第十四条 从事医疗器械网络销售的企业，应当按照医疗器械标签和说明书标明的条件贮存和运输医疗器械。委托其他单位贮存和运输医疗器械的，应当对被委托方贮存和运输医疗器械的质量保障能力进行考核评估，明确贮存和运输过程中的质量安全责任，确保贮存和运输过程中的质量安全。

第三章 医疗器械网络交易服务

第十五条 医疗器械网络交易服务第三方平台提供者应当依法取得《互联网药品信息服务资格证书》，具备与其规模相适应的办公场所以及数据备份、故障恢复等技术条件，设置专门的医疗器械网络质量安全管理机构或者配备医疗器械质量安全管理人员。

第十六条 医疗器械网络交易服务第三方平台提供者应当向所在地省级食品药品监督管理部门备案，填写医疗器械网络交易服务第三方平台备案表，并提交以下材料：

（一）营业执照原件、复印件；

（二）法定代表人或者主要负责人、医疗器械质量安全管理人身份证明原件、复印件；

（三）组织机构与部门设置说明；

（四）办公场所地理位置图、房屋产权证明文件或者租赁协议（附房屋产权证明文件）原件、复印件；

（五）电信业务经营许可证原件、复印件或者非经营性互联网信息服务备案说明；

（六）《互联网药品信息服务资格证书》原件、复印件；

（七）医疗器械网络交易服务质量管理制度等文件目录；

（八）网站或者网络客户端应用程序基本情况介绍和功能说明；

（九）其他相关证明材料。

第十七条 省级食品药品监督管理部门应当当场对企业提交材料的完整性进行核对，符合规定的予以备案，发给医疗器械网络交易服务第三方平台备案凭证；提交资料不齐全或者不符合法定情形的，应当一次性告知需要补充材料的事项。

省级食品药品监督管理部门应当在备案后7个工作日内向社会公开相关备案信息。备案信息包括企业名称、法定代表人或者主要负责人、网站名称、网络客户端应用程序名、网站域名、网站IP地址、电信业务经营许可证或者非经营性互联网信息服务备案编号、医疗器械网络交易服务第三方平台备案凭证编号等。

省级食品药品监督管理部门应当在医疗器械网络交易服务第三方平台提供者备案后3个月内，对医疗器械网络交易服务第三方平台开展现场检查。

第十八条　医疗器械网络交易服务第三方平台提供者名称、法定代表人或者主要负责人、网站名称、网络客户端应用程序名、网站域名、网站IP地址、电信业务经营许可证或者非经营性互联网信息服务备案编号等备案信息发生变化的，应当及时变更备案。

第十九条　医疗器械网络交易服务第三方平台提供者，应当在其网站主页面显著位置标注医疗器械网络交易服务第三方平台备案凭证的编号。

第二十条　医疗器械网络交易服务第三方平台提供者应当建立包括入驻平台的企业核实登记、质量安全监测、交易安全保障、网络销售违法行为制止及报告、严重违法行为平台服务停止、安全投诉举报处理、消费者权益保护、质量安全信息公告等管理制度。

第二十一条　医疗器械网络交易服务第三方平台提供者应当对申请入驻平台的企业提供的医疗器械生产经营许可证件或者备案凭证、医疗器械注册证或者备案凭证、企业营业执照等材料进行核实，建立档案并及时更新，保证入驻平台的企业许可证件或者备案凭证所载明的生产经营场所等许可或者备案信息真实。

医疗器械网络交易服务第三方平台提供者应当与入驻平台的企业签订入驻协议，并在协议中明确双方义务及违约处置措施等相关内容。

第二十二条　医疗器械网络交易服务第三方平台提供者应当记录在其平台上开展的医疗器械交易信息，记录应当保存至医疗器械有效期后2年；无有效期的，保存时间不得少于5年；植入类医疗器械交易信息应当永久保存。相关记录应当真实、完整、可追溯。

第二十三条　医疗器械网络交易服务第三方平台提供者应当对平台上的医疗器械销售行为及信息进行监测，发现入驻网络交易服务第三方平台的企业存在超范围经营、发布虚假信息、夸大宣传等违法违规行为、无法取得联系或者存在其他严重安全隐患的，应当立即对其停止网络交易服务，并保存有关记录，向所在地省级食品药品监督管理部门报告。

发现入驻网络交易服务第三方平台的企业被食品药品监督管理部门责令停产停业、吊销许可证件等处罚，或者平台交易的产品被食品药品监督管理部门暂停销售或者停止销售的，应当立即停止提供相关网络交易服务。

第二十四条 医疗器械网络交易服务第三方平台提供者应当在网站醒目位置及时发布产品质量安全隐患等相关信息。

第四章 监督检查

第二十五条 食品药品监督管理部门依照法律、法规、规章的规定，依职权对从事医疗器械网络销售的企业和医疗器械网络交易服务第三方平台实施监督检查和抽样检验。

第二十六条 对从事医疗器械网络销售的企业违法行为的查处，由其所在地县级以上地方食品药品监督管理部门管辖。

未经许可或者备案从事医疗器械网络销售，能确定违法销售企业地址的，由违法销售企业所在地县级以上地方食品药品监督管理部门管辖；不能确定违法销售企业所在地的，由违法行为发生地或者违法行为结果地的县级以上地方食品药品监督管理部门管辖。通过医疗器械网络交易服务第三方平台销售的，由医疗器械网络交易服务第三方平台提供者所在地省级食品药品监督管理部门管辖；经调查后能够确定管辖地的，及时移送有管辖权的食品药品监督管理部门。

对医疗器械网络交易服务第三方平台提供者违法行为的查处，由其所在地省级食品药品监督管理部门管辖。

网络销售的医疗器械发生重大质量事故或者造成其他严重危害后果的，可以由违法企业所在地、违法行为发生地或者违法行为结果地省级食品药品监督管理部门管辖；后果特别严重的，省级食品药品监督管理部门可以报请国家食品药品监督管理总局协调或者组织直接查处。

对发生医疗器械网络销售违法行为的网站，由省级食品药品监督管理部门通报同级通信主管部门。

第二十七条 国家食品药品监督管理总局组织建立国家医疗器械网络交易监测平台，开展全国医疗器械网络销售和网络交易监测与处置，监测情况定期通报省级食品药品监督管理部门。对监测发现的涉嫌违法违规信息，及时转送相关省级食品药品监督管理部门。省级食品药品监督管理部门应当及时组织处理。

第二十八条 省级食品药品监督管理部门自行建立的医疗器械网络销售监测平台，应当与国家医疗器械网络交易监测平台实现数据对接。

第二十九条 食品药品监督管理部门开展医疗器械网络销售日常监督管理，或者对涉嫌违法违规的医疗器械网络销售行为进行查处时，有权采取下列措施：

（一）进入企业医疗器械经营场所、办公场所和服务器所在地等实施现场检查；

（二）对网络销售的医疗器械进行抽样检验；

（三）询问有关人员，调查企业从事医疗器械网络销售行为的相关情况；

（四）查阅、复制企业的交易数据、合同、票据、账簿以及其他相关资料；

（五）调取网络销售的技术监测、记录资料；

（六）依法查封扣押数据存储介质等；

（七）法律、法规规定可以采取的其他措施。

第三十条 对网络销售医疗器械的抽样检验，按照医疗器械质量监督抽查检验相关管理规定实施。

检验结果不符合医疗器械质量安全标准的，食品药品监督管理部门收到检验报告后，应当及时对相关生产经营企业开展监督检查，采取控制措施，及时发布质量公告，对违法行为依法查处。

第三十一条 食品药品监督管理部门对医疗器械网络销售的技术监测记录、信息追溯资料等，可以作为认定医疗器械网络销售违法事实的依据。

第三十二条 从事医疗器械网络销售的企业实际情况与备案信息不符且无法取得联系的，经所在地设区的市级食品药品监督管理部门公示后，依法注销其《医疗器械经营许可证》或者在第二类医疗器械经营备案信息中予以标注，并向社会公告。相关网站由省级食品药品监督管理部门通报同级通信主管部门。

医疗器械网络交易服务第三方平台提供者实际情况与备案信息不符且无法取得联系的，经原备案所在地省级食品药品监督管理部门公示后，在其备案信息中予以标注，向社会公告；备案时提供虚假资料的，由省级食品药品监督管理部门向社会公告备案单位。其网站由省级食品药品监督管理部门通报同级通信主管部门。

第三十三条 食品药品监督管理部门在检查中发现从事医疗器械网络销售的企业或者医疗器械网络交易服务第三方平台未按规定建立并执行相关质量管理制度，且存在医疗器械质量安全隐患的，食品药品监督管理部门可以责令其暂停网络销售或者暂停提供相关网络交易服务。

恢复网络销售或者恢复提供相关网络交易服务的，从事医疗器械网络销售的企业或者医疗器械网络交易服务第三方平台提供者应当向原作出处理决定的食品药品监督管理部门提出申请，经食品药品监督管理部门检查通过后方可恢复。

第三十四条 从事医疗器械网络销售的企业、医疗器械网络交易服务第三方平台提供者，有下列情形之一的，食品药品监督管理部门可以依职责对其法定代表人或者主要负责人进行约谈：

（一）发生医疗器械质量安全问题，可能引发医疗器械质量安全风险的；

（二）未及时妥善处理投诉举报的医疗器械质量问题，可能存在医疗器械质量安全隐患的；

（三）未及时采取有效措施排查、消除医疗器械质量安全隐患，未落实医疗器械质量安全责任的；

（四）需要进行约谈的其他情形。

约谈不影响食品药品监督管理部门依法对其进行行政处理，约谈情况及后续处理情况可以向社会公开。

被约谈企业无正当理由未按照要求落实整改的，省级食品药品监督管理部门、所在地设区的市级食品药品监督管理部门应当依职责增加监督检查频次。

第三十五条 有下列情形之一的，食品药品监督管理部门可以将从事医疗器械网络销售的企业、医疗器械网络交易服务第三方平台提供者及其法定代表人或者主要负责人列入失信企业和失信人员名单，并向社会公开：

（一）拒不执行暂停网络销售或者暂停提供相关网络交易服务决定的；

（二）企业被约谈后拒不按照要求整改的。

第三十六条 县级以上地方食品药品监督管理部门应当定期汇总分析本行政区域医疗器械网络销售监督管理情况，报告上一级食品药品监督管理部门，并依法向社会公开。

省级食品药品监督管理部门应当每年汇总分析医疗器械网络销售和网络交易服务第三方平台监督管理情况，报告国家食品药品监督管理总局，并依法向社会公开。

第五章 法律责任

第三十七条 从事医疗器械网络销售的企业、医疗器械网络交易服务第三方平台提供者违反法律法规有关规定从事销售或者交易服务，法律法规已有规定的，从其规定。构成犯罪的，移送公安机关处理。

第三十八条 违反本办法规定，未取得医疗器械经营许可从事网络第三类医疗器械销售的，依照《医疗器械监督管理条例》第六十三条的规定予以处罚；未取得第二类医疗器械经营备案凭证从事网络第二类医疗器械销售的，依照《医疗器械监督管理条例》第六十五条的规定予以处罚。

第三十九条 从事医疗器械网络销售的企业未按照本办法规定备案的，由县级以上地方食品药品监督管理部门责令限期改正，给予警告；拒不改正的，向社会公告，处1万元以下罚款。

第四十条 有下列情形之一的，由县级以上地方食品药品监督管理部门责令改正，给予警告；拒不改正的，处5000元以上1万元以下罚款：

（一）从事医疗器械网络销售的企业未按照本办法要求展示医疗器械生产经营许可证或者备案凭证、医疗器械注册证或者备案凭证的；

（二）医疗器械网络交易服务第三方平台提供者未按照本办法要求展示医疗器械网络交易服务第三方平台备案凭证编号的。

第四十一条 有下列情形之一的，由县级以上地方食品药品监督管理部门责令改正，给予警告；拒不改正的，处5000元以上2万元以下罚款：

（一）从事医疗器械网络销售的企业备案信息发生变化，未按规定变更的；

（二）从事医疗器械网络销售的企业未按规定建立并执行质量管理制度的；

（三）医疗器械网络交易服务第三方平台提供者备案事项发生变化未按规定办理变更的；

（四）医疗器械网络交易服务第三方平台提供者未按规定要求设置与其规模相适应的质量安全管理机构或者配备质量安全管理人员的；

（五）医疗器械网络交易服务第三方平台提供者未按规定建立并执行质量管理制度的。

第四十二条 医疗器械网络交易服务第三方平台提供者未按本办法规定备案的，由省级食品药品监督管理部门责令限期改正；拒不改正的，向社会公告，处3万元以下罚款。

第四十三条 有下列情形之一的，由县级以上地方食品药品监督管理部门责令改正，给予警告；拒不改正的，处1万元以上3万元以下罚款：

（一）从事医疗器械网络销售的企业、医疗器械网络交易服务第三方平台条件发生变化，不再满足规定要求的；

（二）从事医疗器械网络销售的企业、医疗器械网络交易服务第三方平台提供者不配合食品药品监督管理部门的监督检查，或者拒绝、隐瞒、不如实提供相关材料和数据的。

第四十四条 有下列情形之一的，由县级以上地方食品药品监督管理部门责令改正，处1万元以上3万元以下罚款：

（一）从事医疗器械网络销售的企业超出经营范围销售的；

（二）医疗器械批发企业销售给不具有资质的经营企业、使用单位的。

医疗器械零售企业将非消费者自行使用的医疗器械销售给消费者个人的，依照前款第一项规定予以处罚。

第四十五条 从事医疗器械网络销售的企业未按照医疗器械说明书和标签标示要求运输、贮存医疗器械的，依照《医疗器械监督管理条例》第六十七条的规定予以处罚。

第四十六条 负责监管医疗器械网络销售的食品药品监督管理部门工作人员不履行职责或者滥用职权、玩忽职守、徇私舞弊的，依法追究行政责任；构成犯罪的，移送司法机关追究刑事责任。

第四十七条 医疗器械网络交易服务第三方平台提供者提供的医疗器械产品或者服务造成他人人身、财产损失的，根据相关法律法规的规定承担民事责任。

第六章　附　　则

第四十八条　医疗器械网络交易服务第三方平台备案凭证的格式由国家食品药品监督管理总局统一制定。

医疗器械网络交易服务第三方平台备案凭证由省级食品药品监督管理部门印制。

医疗器械网络交易服务第三方平台备案凭证编号的编排方式为：（X）网械平台备字〔XXXX〕第XXXXX号。其中：

第一位X代表备案部门所在地省、自治区、直辖市的简称；

第二到五位X代表4位数备案年份；

第六到十位X代表5位数备案流水号。

第四十九条　医疗器械网络信息服务按照《互联网药品信息服务管理办法》执行。

第五十条　本办法自2018年3月1日起施行。

国家中医药管理局关于推进中医药健康服务与互联网融合发展的指导意见（节录）

（2017年12月4日　国中医药规财发〔2017〕30号）

……

一、总体要求

……

（二）基本原则

健康为本，便民惠民。以满足群众中医药健康服务需求为根本，着力发挥互联网融合中医药健康服务的技术优势和应用优势。整合存量、优化增量、提高质量，扩展中医药健康服务领域，提升服务能力和水平，提供安全、有效、便捷的中医药健康服务。

融合发展，拓展服务。树立互联网思维，促进理念融合与技术融合相统一，聚焦中医药健康服务需求，推动中医药健康服务与互联网全面融合，积极发挥中医药专家作用，推进政产学研用协同创新，充分发挥平台综合优势，拓展服务范围，开发和丰富多层次多样化个性化的服务内容，开放服务资源。

政府引导，市场驱动。发挥政府在制定规划、出台政策、引导投入、规范市场等方面的引导作用，发挥市场在资源配置中的决定性作用，积极营造平等参与、公平竞争的市场环境，激发大众创业、万众创新，不断增加中医药健康服务供给，提高服务质量和效率。

鼓励创新，安全可控。注重管理创新、产品创新和品牌创新，培育发展新业态。加强信息标准和网络安全建设，增强信息安全意识，妥善处理应用发展与保障安全的关系，有效保护国家利益、公共安全、商业秘密、个人隐私。

（三）发展目标

到2020年，中医药健康服务与互联网融合发展迈上新台阶，融合发展新模式广泛应用，服务内容不断丰富，领域不断拓展，水平加快提升，线上线下结合更加紧密，产业链逐步形成，治理能力现代化水平明显提升，健康服务能力明显增强，实现人人基本享有中医药服务。到2030年，以中医药理论为指导、互联网为依托、融入现代健康管理理念的中医药健康服务模式形成并加快发展，中医药在治未病中的主导作用、在重大疾病治疗中的协同作用、在疾病康复中的核心作用得到充分发挥，中国特色健康服务蓬勃发展，人民群众得到更多实惠。

二、主要任务

（一）深化中医医疗与互联网融合

优化中医医疗服务流程。以方便患者就医为根本，发挥优质医疗资源的引领作用，整合线上线下资源，建立更加规范、共享、安全的中医诊疗流程。鼓励利用互联网技术实施预约诊疗，提供分时段就诊、候诊提醒等多渠道的诊前服务，有效分流就诊患者。基于移动互联网、物联网开展划价缴费、报告查询、健康咨询、药品配送、随访等便捷服务。积极推行电子化支付方式，简化支付流程，实现即时结算、诊间结算。

创新中医医疗服务模式。依照国家有关法律法规，利用互联网、大数据等技术，规范开展互联网中医诊疗活动。基于中医重点专科专病建设，支持基于标准协议的满足中医临床要求、数据互联互通、高度共享的区域中医诊疗中心信息化建设。鼓励医疗机构发挥原创思维，研发体现中医药特色的信息系统。加快推动中医电子病历和电子健康档案的连续记录及医疗机构之间的信息共享，构建中医临床应用知识库和患者诊疗信息库。支持人工智能辅助诊断、多种生物特征识别、中医专家系统等建设，开展互联网延伸医嘱等服务应用。探索和推广“智慧药房”建设，提供包括中药饮片、配方颗粒、中药煎煮、膏方制作、药品配送、用药咨询等药事服务。鼓励医联体相关医院管理、医疗服务等信息平台建设，推进医联体内和同城同级中医医疗机构的检查检验结果互认，实现医联体内诊疗信息互联互通。加快基层医疗卫生机构中医诊疗区（中医馆）健康信息平台建设，探索移动终端、智能终端的研发与应用。

推进中医远程医疗服务。引导和鼓励中医医院运用信息化、智能化技术装备，向下级医院、基层医疗卫生机构提供远程会诊、影像诊断、病理诊断、心电诊断、中医体质辨识、中医“四诊”、中医经络诊断、宏观微观舌相诊断、远程教育等服务，提高优质中医医疗资源可及性和服务整体效率。研究中医远程医疗服务模式、运营机制和管理机制，深化中医远程医疗业务应用，扩大中医远程医疗服务范围。充分发挥移动互联网、大数据等技术在分级诊疗中的作用，促进中医医疗资源纵向流动。

（二）发展中医养生保健互联网服务

鼓励发展中医养生保健信息服务。鼓励中医养生保健机构构建中医养生保健信息服务平台，针对不同健康状态人群提供个性化的中医健康干预方案或指南（服务包）。鼓励应用“网上下单、实店消费”等O2O模式，研发中医养生保健服务应用程序。构建开发面向社区、居民的中医养生保健知识库、知识图谱，打造中医养生保健智慧云，提供融中医健康监测、咨询评估、养生调理、跟踪管理于一体的中医养生保健服务。积极利用新媒体技术，宣传中医养生保健服务的理念、方法与产品，主动推送中医养生保健知识。

推进中医特色健康管理智能化。打造中医健康云，构建开发具备中医健康体检、中医体质辨识、健康风险评估、健康干预、慢性病管理等功能的信息系统和移动终端，实现中医健康数据的采集、管理、应用和评估，建立个体中医健康档案。开展中医特色健康管理合作试点，制定信息共享和交换标准。发展第三方在线中医药健康市场调查、咨询评价、预防管理等应用服务。

加强中医特色康复信息服务。引导和鼓励社会资本进入中医康复服务领域，利用云计算、大数据、移动互联网等技术，提供康复评定、服务过程记录、效果分析、长期跟踪等中医特色康复信息服务。推动中医医疗机构建立康复数字化诊疗系统，提供中医特色康复医疗、训练指导、知识普及、康复护理等功能。推动中医医疗机构与社区康复机构的康复诊疗信息共享，提供远程康复诊疗、双向转诊、康复教育等服务。鼓励应用互联网、虚拟现实以及智能感知、模式识别、智能分析、智能控制等技术，研发具有中医特色的康复医疗服务信息系统和智能康复器械产品。

（五）促进中医药服务贸易信息交流

加强国际国内、线上线下交融互动，有序推进中医药服务贸易公共信息平台建设，采集中医药政策法规、人员资质、产品注册、市场准入、质量监管等信息，为中医药服务贸易提供技术、人才、市场、投资及政策等咨询。支持建立中医药服务贸易统计体系。充分利用互联网技术开展中医药远程教育、医疗保健和认证等服务。将中医药服务贸易与中医药文化传播相结合，支持翻译出版数字化中医古籍，支持开发一批适合移动新媒体传播的海外中医药文化创意作品，促进中医药文化的国际推广和普及。

（六）规范中医药健康大数据应用

推动中医药健康大数据资源共享开放。加快建设和完善以中医电子病历、电子处方等为核心的基础数据库，鼓励中医医疗机构推进中医药健康大数据采集、存储，规范采集中医特色诊疗数据，畅通部门、区域、行业之间的数据资源共享通道。推进数字化中医健康辨识设备、可穿戴设备、健康医疗移动应用等产生的数据资源规范接入各级中医药信息平台。建立中医药健康大数据资源目录体系，有计划地稳步推动中医药健康大数据开放，充分释放数据红利。

推进中医临床和科研大数据应用。加强中医临床和科研数据资源整合共享，建设中医临床科研信息共享系统，构建中医药古籍数据库、名老中医传承知识库、中医临床诊疗数据库、具有中医特点的生物信息样本库等。推动科研资源共享与跨地区合作，搭建中医药大数据研究平台，整合数理统计、数据挖掘、人工智能等方法，突破中医药健康大数据应用的重点、难点和关键性技术问题，加快构建中医药健康服务大数据产业链。

推进中医药健康服务评估大数据应用。综合运用中医药健康服务大数据资源和信息技术手段，建立中医药健康服务评估体系，科学评价中医药健康服务。加强中医药健康服务对居民健康、国民经济的贡献情况等重要数据的精准计算和预测评价，强化中医药健康服务机构管理，建立健全对人员、场地、收入等变化趋势的监测机制。加强与征信机构合作，建立中医药健康服务统一信用信息平台。

三、保障措施

（二）加强网络安全防护

落实《网络安全法》和信息安全等级保护制度，重视云计算、大数据、物联网、移动互联网、人工智能等技术应用带来的安全风险，加强信息基础设施安全防护，完善信息共享、数据利用等安全管理和技术措施。增强安全技术支撑能力，有效保护个人隐私和信息安全。开展信息安全测评和风险评估，加强抗毁灭及灾难恢复能力建设，提升信息安全和风险防范能力。

互联网药品信息服务管理办法

（2004年7月8日国家食品药品监督管理局令第9号公布　根据2017年11月7日国家食品药品监督管理总局局务会议《关于修改部分规章的决定》修正）

第一条　为加强药品监督管理，规范互联网药品信息服务活动，保证互联网药品信息的真实、准确，根据《中华人民共和国药品管理法》《互联网信息服务管理办法》，制定本办法。

第二条　在中华人民共和国境内提供互联网药品信息服务活动，适用本办法。

本办法所称互联网药品信息服务，是指通过互联网向上网用户提供药品（含医疗器械）信息的服务活动。

第三条　互联网药品信息服务分为经营性和非经营性两类。

经营性互联网药品信息服务是指通过互联网向上网用户有偿提供药品信息等服务的活动。

非经营性互联网药品信息服务是指通过互联网向上网用户无偿提供公开的、共享性药品信息等服务的活动。

第四条　国家食品药品监督管理总局对全国提供互联网药品信息服务活

动的网站实施监督管理。

省、自治区、直辖市食品药品监督管理部门对本行政区域内提供互联网药品信息服务活动的网站实施监督管理。

第五条 拟提供互联网药品信息服务的网站，应当在向国务院信息产业主管部门或者省级电信管理机构申请办理经营许可证或者办理备案手续之前，按照属地监督管理的原则，向该网站主办单位所在地省、自治区、直辖市食品药品监督管理部门提出申请，经审核同意后取得提供互联网药品信息服务的资格。

第六条 各省、自治区、直辖市食品药品监督管理部门对本辖区内申请提供互联网药品信息服务的互联网站进行审核，符合条件的核发《互联网药品信息服务资格证书》。

第七条 《互联网药品信息服务资格证书》的格式由国家食品药品监督管理总局统一制定。

第八条 提供互联网药品信息服务的网站，应当在其网站主页显著位置标注《互联网药品信息服务资格证书》的证书编号。

第九条 提供互联网药品信息服务网站所登载的药品信息必须科学、准确，必须符合国家的法律、法规和国家有关药品、医疗器械管理的相关规定。

提供互联网药品信息服务的网站不得发布麻醉药品、精神药品、医疗用毒性药品、放射性药品、戒毒药品和医疗机构制剂的产品信息。

第十条 提供互联网药品信息服务的网站发布的药品（含医疗器械）广告，必须经过食品药品监督管理部门审查批准。

提供互联网药品信息服务的网站发布的药品（含医疗器械）广告要注明广告审查批准文号。

第十一条 申请提供互联网药品信息服务，除应当符合《互联网信息服务管理办法》规定的要求外，还应当具备下列条件：

（一）互联网药品信息服务的提供者应当为依法设立的企事业单位或者其他组织；

（二）具有与开展互联网药品信息服务活动相适应的专业人员、设施及相关制度；

（三）有两名以上熟悉药品、医疗器械管理法律、法规和药品、医疗器械专业知识，或者依法经资格认定的药学、医疗器械技术人员。

第十二条 提供互联网药品信息服务的申请应当以一个网站为基本单元。

第十三条 申请提供互联网药品信息服务，应当填写国家食品药品监督管理总局统一制发的《互联网药品信息服务申请表》，向网站主办单位所在地省、自治区、直辖市食品药品监督管理部门提出申请，同时提交以下材料：

（一）企业营业执照复印件。

（二）网站域名注册的相关证书或者证明文件。从事互联网药品信息服务网站的中文名称，除与主办单位名称相同的以外，不得以“中国”“中华”“全国”等冠名；除取得药品招标代理机构资格证书的单位开办的互联网站外，其他提供互联网药品信息服务的网站名称中不得出现“电子商务”“药品招商”“药品招标”等内容。

（三）网站栏目设置说明（申请经营性互联网药品信息服务的网站需提供收费栏目及收费方式的说明）。

（四）网站对历史发布信息进行备份和查阅的相关管理制度及执行情况说明。

（五）食品药品监督管理部门在线浏览网站上所有栏目、内容的方法及操作说明。

（六）药品及医疗器械相关专业技术人员学历证明或者其专业技术资格证书复印件、网站负责人身份证复印件及简历。

（七）健全的网络与信息安全保障措施，包括网站安全保障措施、信息安全保密管理制度、用户信息安全管理制度。

（八）保证药品信息来源合法、真实、安全的管理措施、情况说明及相关证明。

第十四条 省、自治区、直辖市食品药品监督管理部门在收到申请材料之日起5日内做出受理与否的决定，受理的，发给受理通知书；不受理的，书面通知申请人并说明理由，同时告知申请人享有依法申请行政复议或者提起行政诉讼的权利。

第十五条 对于申请材料不规范、不完整的，省、自治区、直辖市食品药品监督管理部门自申请之日起5日内一次告知申请人需要补正的全部内容；逾期不告知的，自收到材料之日起即为受理。

第十六条 省、自治区、直辖市食品药品监督管理部门自受理之日起20日内对申请提供互联网药品信息服务的材料进行审核，并作出同意或者不同意的决定。同意的，由省、自治区、直辖市食品药品监督管理部门核发《互联网药品信息服务资格证书》，同时报国家食品药品监督管理总局备案并发布公告；不同意的，应当书面通知申请人并说明理由，同时告知申请人享有依法申请行政复议或者提起行政诉讼的权利。

国家食品药品监督管理总局对各省、自治区、直辖市食品药品监督管理部门的审核工作进行监督。

第十七条 《互联网药品信息服务资格证书》有效期为5年。有效期届满，需要继续提供互联网药品信息服务的，持证单位应当在有效期届满前6个月内，向原发证机关申请换发《互联网药品信息服务资格证书》。原发证机关进行审核后，认为符合条件的，予以换发新证；认为不符合条件的，发给不予换发新证的通知并说明理由，原《互联网药品信息服务资格证书》由原发证机关收回并公告注销。

省、自治区、直辖市食品药品监督管理部门根据申请人的申请，应当在《互联网药品信息服务资格证书》有效期届满前作出是否准予其换证的决定。逾期未作出决定的，视为准予换证。

第十八条 《互联网药品信息服务资格证书》可以根据互联网药品信息服务提供者的书面申请，由原发证机关收回，原发证机关应当报国家食品药品监督管理总局备案并发布公告。被收回《互联网药品信息服务资格证书》的网站不得继续从事互联网药品信息服务。

第十九条 互联网药品信息服务提供者变更下列事项之一的，应当向原发证机关申请办理变更手续，填写《互联网药品信息服务项目变更申请表》，同时提供下列相关证明文件：

（一）《互联网药品信息服务资格证书》中审核批准的项目（互联网药品信息服务提供者单位名称、网站名称、IP地址等）；

（二）互联网药品信息服务提供者的基本项目（地址、法定代表人、企业负责人等）；

（三）网站提供互联网药品信息服务的基本情况（服务方式、服务项目等）。

第二十条 省、自治区、直辖市食品药品监督管理部门自受理变更申请之日起20个工作日内作出是否同意变更的审核决定。同意变更的，将变更结果予以公告并报国家食品药品监督管理总局备案；不同意变更的，以书面形式通知申请人并说明理由。

第二十一条 省、自治区、直辖市食品药品监督管理部门对申请人的申请进行审查时，应当公示审批过程和审批结果。申请人和利害关系人可以对直接关系其重大利益的事项提交书面意见进行陈述和申辩。依法应当听证的，按照法定程序举行听证。

第二十二条 未取得或者超出有效期使用《互联网药品信息服务资格证书》从事互联网药品信息服务的，由国家食品药品监督管理总局或者省、自治区、直辖市食品药品监督管理部门给予警告，并责令其停止从事互联网药品信息服务；情节严重的，移送相关部门，依照有关法律、法规给予处罚。

第二十三条 提供互联网药品信息服务的网站不在其网站主页的显著位置标注《互联网药品信息服务资格证书》的证书编号的，国家食品药品监督管理总局或者省、自治区、直辖市食品药品监督管理部门给予警告，责令限期改正；在限定期限内拒不改正的，对提供非经营性互联网药品信息服务的网站处以500元以下罚款，对提供经营性互联网药品信息服务的网站处以5000元以上1万元以下罚款。

第二十四条 互联网药品信息服务提供者违反本办法，有下列情形之一的，由国家食品药品监督管理总局或者省、自治区、直辖市食品药品监督管理部门给予警告，责令限期改正；情节严重的，对提供非经营性互联网药品信息服务的网站处以1000元以下罚款，对提供经营性互联网药品信息服务的网站处以1万元以上3万元以下罚款；构成犯罪的，移送司法部门追究刑事责任：

（一）已经获得《互联网药品信息服务资格证书》，但提供的药品信息直接撮合药品网上交易的；

（二）已经获得《互联网药品信息服务资格证书》，但超出审核同意的范围提供互联网药品信息服务的；

（三）提供不真实互联网药品信息服务并造成不良社会影响的；

（四）擅自变更互联网药品信息服务项目的。

第二十五条 互联网药品信息服务提供者在其业务活动中，违法使用《互联网药品信息服务资格证书》的，由国家食品药品监督管理总局或者省、自治区、直辖市食品药品监督管理部门依照有关法律、法规的规定处罚。

第二十六条 省、自治区、直辖市食品药品监督管理部门违法对互联网药品信息服务申请作出审核批准的，原发证机关应当撤销原批准的《互联网药品信息服务资格证书》，由此给申请人的合法权益造成损害的，由原发证机关依照国家赔偿法的规定给予赔偿；对直接负责的主管人员和其他直接责任人员，由其所在单位或者上级机关依法给予行政处分。

第二十七条 省、自治区、直辖市食品药品监督管理部门应当对提供互联网药品信息服务的网站进行监督检查，并将检查情况向社会公告。

第二十八条 本办法由国家食品药品监督管理总局负责解释。

第二十九条 本办法自公布之日起施行。《互联网药品信息服务管理暂行规定》（国家药品监督管理局令第26号）同时废止。

互联网药品交易服务审批暂行规定

（2005年9月29日 国家食品药品监督管理局 国食药监市〔2005〕480号）

第一条 为加强药品监督管理，规范互联网药品交易，根据《中华人民共和国药品管理法》、《中华人民共和国药品管理法实施条例》及其他相关法律、法规，制定本规定。

第二条 在中华人民共和国境内从事互联网药品交易服务活动，必须遵守本规定。

本规定所称互联网药品交易服务，是指通过互联网提供药品（包括医疗器械、直接接触药品的包装材料和容器）交易服务的电子商务活动。

第三条 互联网药品交易服务包括为药品生产企业、药品经营企业和医疗机构之间的互联网药品交易提供的服务，药品生产企业、药品批发企业通过自身网站与本企业成员之外的其他企业进行的互联网药品交易以及向个人消费者提供的互联网药品交易服务。

本规定所称本企业成员，是指企业集团成员或者提供互联网药品交易服务的药品生产企业、药品批发企业对其拥有全部股权或者控股权的企业法人。

第四条 从事互联网药品交易服务的企业必须经过审查验收并取得互联网药品交易服务机构资格证书。

互联网药品交易服务机构的验收标准由国家食品药品监督管理局统一制

定（见附件1）。互联网药品交易服务机构资格证书由国家食品药品监督管理局统一印制，有效期五年。

第五条 国家食品药品监督管理局对为药品生产企业、药品经营企业和医疗机构之间的互联网药品交易提供服务的企业进行审批。

省、自治区、直辖市（食品）药品监督管理部门对本行政区域内通过自身网站与本企业成员之外的其他企业进行互联网药品交易的药品生产企业、药品批发企业和向个人消费者提供互联网药品交易服务的企业进行审批。

第六条 为药品生产企业、药品经营企业和医疗机构之间的互联网药品交易提供服务的企业，应当具备以下条件：

（一）依法设立的企业法人；

（二）提供互联网药品交易服务的网站已获得从事互联网药品信息服务的资格；

（三）拥有与开展业务相适应的场所、设施、设备，并具备自我管理和维护的能力；

（四）具有健全的网络与交易安全保障措施以及完整的管理制度；

（五）具有完整保存交易记录的能力、设施和设备；

（六）具备网上查询、生成订单、电子合同、网上支付等交易服务功能；

（七）具有保证上网交易资料和信息的合法性、真实性的完善的管理制度、设备与技术措施；

（八）具有保证网络正常运营和日常维护的计算机专业技术人员，具有健全的企业内部管理机构和技术保障机构；

（九）具有药学或者相关专业本科学历，熟悉药品、医疗器械相关法规的专职专业人员组成的审核部门负责网上交易的审查工作。

第七条 为药品生产企业、药品经营企业和医疗机构之间的互联网药品交易提供服务的企业不得参与药品生产、经营；不得与行政机关、医疗机构和药品生产经营企业存在隶属关系、产权关系和其他经济利益关系。

第八条 通过自身网站与本企业成员之外的其他企业进行互联网药品交易的药品生产企业和药品批发企业应当具备以下条件：

（一）提供互联网药品交易服务的网站已获得从事互联网药品信息服务的资格；

（二）具有与开展业务相适应的场所、设施、设备，并具备自我管理和维护的能力；

（三）具有健全的管理机构，具备网络与交易安全保障措施以及完整的管理制度；

（四）具有完整保存交易记录的设施、设备；

（五）具备网上查询、生成订单、电子合同等基本交易服务功能；

（六）具有保证网上交易的资料和信息的合法性、真实性的完善管理制度、设施、设备与技术措施。

第九条 向个人消费者提供互联网药品交易服务的企业，应当具备以下条件：

（一）依法设立的药品连锁零售企业；

（二）提供互联网药品交易服务的网站已获得从事互联网药品信息服务的资格；

（三）具有健全的网络与交易安全保障措施以及完整的管理制度；

（四）具有完整保存交易记录的能力、设施和设备；

（五）具备网上咨询、网上查询、生成定单、电子合同等基本交易服务功能；

（六）对上网交易的品种有完整的管理制度与措施；

（七）具有与上网交易的品种相适应的药品配送系统；

（八）具有执业药师负责网上实时咨询，并有保存完整咨询内容的设施、设备及相关管理制度；

（九）从事医疗器械交易服务，应当配备拥有医疗器械相关专业学历、熟悉医疗器械相关法规的专职专业人员。

第十条 申请从事互联网药品交易服务的企业，应当填写国家食品药品监督管理局统一制发的《从事互联网药品交易服务申请表》（附件2），向所在地省、自治区、直辖市（食品）药品监督管理部门提出申请，并提交以下材料：

（一）拟提供互联网药品交易服务的网站获准从事互联网药品信息服务的许可证复印件；

（二）业务发展计划及相关技术方案；

（三）保证交易用户与交易药品合法、真实、安全的管理措施；

（四）营业执照复印件；

（五）保障网络和交易安全的管理制度及措施；

（六）规定的专业技术人员的身份证明、学历证明复印件及简历；

（七）仪器设备汇总表；

（八）拟开展的基本业务流程说明及相关材料；

（九）企业法定代表人证明文件和企业各部门组织机构职能表。

第十一条 省、自治区、直辖市（食品）药品监督管理部门收到申请材料后，在5日内对申请材料进行形式审查。决定予以受理的，发给受理通知书；决定不予受理的，应当书面通知申请人并说明理由，同时告知申请人享有依法申请行政复议或者提起行政诉讼的权利。

第十二条 对于申请材料不规范、不完整的，省、自治区、直辖市（食品）药品监督管理部门应当在收到申请材料之日起5日内一次告知申请人需要补正的全部内容；逾期不告知的，自收到申请材料之日起即为受理。

第十三条 省、自治区、直辖市（食品）药品监督管理部门受理为药品生产企业、药品经营企业和医疗机构提供互联网药品交易服务的申请后，应当在10个工作日内向国家食品药品监督管理局报送相关申请材料。

国家食品药品监督管理局按照有关规定对申请材料进行审核，并在20个工作日内作出同意或者不同意进行现场验收的决定，并书面通知申请人，同时抄送受理申请的省、自治区、直辖市（食品）药品监督管理部门。

国家食品药品监督管理局同意进行现场验收的，应当在20个工作日内对申请人按验收标准组织进行现场验收。验收不合格的，书面通知申请人并说明理由，同时告知申请人享有依法申请行政复议或者提起行政诉讼的权利；验收合格的，国家食品药品监督管理局应当在10个工作日内向申请人核发并送达同意其从事互联网药品交易服务的互联网药品交易服务机构资格证书。

第十四条 省、自治区、直辖市（食品）药品监督管理部门按照有关规定对通过自身网站与本企业成员之外的其他企业进行互联网药品交易服务的药品生产企业、药品批发企业和向个人消费者提供互联网药品交易服务的申请人提交的材料进行审批，并在20个工作日内作出同意或者不同意进行现场验收的决定，并书面通知申请人。

省、自治区、直辖市（食品）药品监督管理部门同意进行现场验收的，应当在20个工作日内组织对申请人进行现场验收。验收不合格的，书面通知申请人并说明理由，同时告知申请人享有依法申请行政复议或者提起行政诉讼的权利；经验收合格的，省、自治区、直辖市（食品）药品监督管理部门应当在10个工作日内向申请人核发并送达同意其从事互联网药品交易服务的互联网药品交易服务机构资格证书。

第十五条 国家食品药品监督管理局和省、自治区、直辖市（食品）药品监督管理部门对申请人的申请进行审查时，发现行政许可事项直接关系到他人重大利益的，应当告知该利害关系人，并听取申请人、利害关系人的陈述和申辩。依法应当听证的，按照法律规定举行听证。

第十六条 提供虚假材料申请互联网药品交易服务的，（食品）药品监督管理部门不予受理，给予警告，一年内不受理该企业提出的从事互联网药品交易服务的申请。

提供虚假材料申请从事互联网药品交易服务取得互联网药品交易服务机构资格证书的，（食品）药品监督管理部门应当撤销其互联网药品交易服务机构资格证书，三年内不受理其从事互联网药品交易服务的申请。

第十七条 在依法获得（食品）药品监督管理部门颁发的互联网药品交易服务机构资格证书后，申请人应当按照《互联网信息服务管理办法》的规定，依法取得相应的电信业务经营许可证，或者履行相应的备案手续。

第十八条 提供互联网药品交易服务的企业必须在其网站首页显著位置标明互联网药品交易服务机构资格证书号码。

第十九条 提供互联网药品交易服务的企业必须严格审核参与互联网药品交易的药品生产企业、药品经营企业、医疗机构从事药品交易的资格及其交易药品的合法性。

对首次上网交易的药品生产企业、药品经营企业、医疗机构以及药品，提供互联网药品交易服务的企业必须索取、审核交易各方的资格证明文件和药品批准证明文件并进行备案。

第二十条 通过自身网站与本企业成员之外的其他企业进行互联网药品交易的药品生产企业和药品批发企业只能交易本企业生产或者本企业经营的药品，不得利用自身网站提供其他互联网药品交易服务。

第二十一条 向个人消费者提供互联网药品交易服务的企业只能在网上销售本企业经营的非处方药，不得向其他企业或者医疗机构销售药品。

第二十二条 在互联网上进行药品交易的药品生产企业、药品经营企业和医疗机构必须通过经（食品）药品监督管理部门和电信业务主管部门审核同意的互联网药品交易服务企业进行交易。参与互联网药品交易的医疗机构只能购买药品，不得上网销售药品。

第二十三条 提供互联网药品交易服务的企业变更网站网址、企业名称、企业法定代表人、企业地址等事项的，应填写《互联网药品交易服务变更申请表》（见附件3），并提前30个工作日向原审批部门申请办理变更手续，变更程序与原申请程序相同。变更服务范围的原有的资格证书收回，按本规定重新申请，重新审批。

第二十四条 提供互联网药品交易服务的企业需要歇业、停业半年以上的，应在其停止服务前一个月向所在地省、自治区、直辖市（食品）药品监督管理部门提出书面备案申请。省、自治区、直辖市（食品）药品监督管理部门收到备案申请后，应当在10个工作日内通知电信管理部门。

在互联网药品交易服务机构资格证书有效期内，歇业、停业的企业需要恢复营业的，应当向其备案的省、自治区、直辖市（食品）药品监督管理部门申请重新验收，经验收合格，方可恢复营业。

第二十五条 互联网药品交易服务机构资格证书有效期届满，需要继续提供互联网药品交易服务的，提供互联网药品交易服务的企业应当在有效期届满前6个月内，向原发证机关申请换发互联网药品交易服务机构资格证书。

第二十六条 原发证机关按照原申请程序对换证申请进行审核，认为符合条件的，予以换发新证；认为不符合条件的，发给不予换证通知书并说明理由，原互联网药品交易服务机构资格证书由原发证机关收回并公告注销。

原发证机关应当在互联网药品交易服务机构资格证书有效期届满前作出是否准予换证的决定。逾期未作出决定的，视为准予换证，原发证机关应当在30个工作日内予以补办手续。

第二十七条 根据提供互联网药品交易服务的企业的书面申请，省、自治区、直辖市（食品）药品监督管理部门可以收回互联网药品交易服务机构资格证书，报国家食品药品监督管理局备案并公告注销。互联网药品交易服务机构资格证书被收回的，不得继续从事互联网药品交易服务。

第二十八条 未取得互联网药品交易服务机构资格证书，擅自从事互联网药品交易服务或者互联网药品交易服务机构资格证书超出有效期的，（食品）药品监督管理部门责令限期改正，给予警告；情节严重的，移交信息产业主管部门等有关部门依照有关法律、法规规定予以处罚。

第二十九条 提供互联网药品交易服务的企业有下列情形之一的，（食品）药品监督管理部门责令限期改正，给予警告；情节严重的，撤销其互联网药品交易服务机构资格，并注销其互联网药品交易服务机构资格证书：

（一）未在其网站主页显著位置标明互联网药品交易服务机构资格证书号码的；

（二）超出审核同意范围提供互联网药品交易服务的；

（三）为药品生产企业、药品经营企业和医疗机构之间的互联网药品交易提供服务的企业与行政机关、医疗机构和药品生产经营企业存在隶属关系、产权关系或者其他经济利益关系的；

（四）有关变更事项未经审批的。

第三十条 提供互联网药品交易服务的企业为未经许可的企业或者机构交易未经审批的药品提供服务的，（食品）药品监督管理部门依照有关法律法规给予处罚，撤销其互联网药品交易服务机构资格，并注销其互联网药品交易服务机构资格证书，同时移交信息产业主管部门等有关部门依照有关法律、法规规定予以处罚。

第三十一条 为药品生产企业、药品经营企业和医疗机构之间的互联网药品交易提供服务的企业直接参与药品经营的，（食品）药品监督管理部门依照《中华人民共和国药品管理法》第七十三条进行处罚，撤销其互联网药品交易服务机构资格，并注销其互联网药品交易服务机构资格证书，同时移交信息产业主管部门等有关部门依照有关法律、法规规定予以处罚。

第三十二条 向个人消费者提供互联网药品交易服务的药品连锁零售企业在网上销售处方药或者向其他企业或者医疗机构销售药品的，（食品）药品监督管理部门依照药品管理法律法规给予处罚，撤销其互联网药品交易服务机构资格，并注销其互联网药品交易服务机构资格证书，同时移交信息产业主管部门等有关部门依照有关法律、法规的规定予以处罚。

第三十三条 药品生产企业、药品经营企业和医疗机构通过未经审批同意或者超出审批同意范围的互联网药品交易服务企业进行互联网药品交易的，（食品）药品监督管理部门责令改正，给予警告。

第三十四条 （食品）药品监督管理部门在互联网药品交易服务审批中有违反《中华人民共和国行政许可法》第七十二、七十三、七十四、七十七规定情形的，按照有关规定处理。

第三十五条 （食品）药品监督管理部门应当对提供互联网药品交易服务的网站进行监督检查，并将检查情况向社会公告。

第三十六条 省、自治区、直辖市（食品）药品监督管理部门可根据本规定制定具体的审核要求和程序规定，并报国家食品药品监督管理局备案。

第三十七条 本规定自二00五年十二月一日起施行。

附件：

1. 互联网药品交易服务企业的验收标准（略）
2. 从事互联网药品交易服务申请表（略）
3. 互联网药品交易服务变更申请表（略）

（二）互联网交通

交通运输部办公厅、中央网信办秘书局、工业和信息化部办公厅、公安部办公厅、中国人民银行办公厅、国家税务总局办公厅、国家市场监督管理总局办公厅关于加强网络预约出租汽车行业事中事后联合监管有关工作的通知

（2018 年 6 月 5 日　交办运〔2018〕68 号）

各省、自治区、直辖市、新疆生产建设兵团交通运输厅（局、委）、网信办、通信管理局、公安厅（局）、国家税务局、地方税务局、工商和市场监管部门，中国人民银行上海总部，各分行、营业管理部、省会（首府）城市中心支行、深圳中心支行：

为贯彻落实《国务院办公厅关于深化改革推进出租汽车行业健康发展的指导意见》（国办发〔2016〕58 号），进一步规范网络预约出租汽车（以下简称网约车）管理，强化行业事中事后监管，维护市场公平竞争秩序，保障

乘客合法权益，依据《中华人民共和国网络安全法》《中华人民共和国电信条例》《互联网信息服务管理办法》等法律法规，以及《计算机信息网络国际联网安全保护管理办法》《网络预约出租汽车经营服务管理暂行办法》等有关规定，现就加强网约车行业事中事后联合监管有关工作通知如下：

一、完善联合监管工作机制

各级交通运输、网信、通信、公安、人民银行、税务、工商和市场监管等部门要建立健全联合监管工作机制，充分发挥各自职能，密切协调配合，强化信息数据共享，加强对网约车平台公司有关经营行为的监管。

二、明确联合监管工作事项

各级交通运输、网信、通信、公安、人民银行、税务、工商和市场监管等部门要依据相关法律法规和各自职责，对未取得网约车经营许可从事网约车经营、线上线下车辆或人员不一致、信息泄露、不依法纳税、不正当竞争、非法经营资金支付结算等方面违法违规行为进行联合监管。

三、明晰联合监管处置流程

（一）对未取得网约车经营许可，擅自从事或变相从事网约车经营活动的，由县级以上出租汽车行政主管部门依法依规处理。

（二）对已经取得网约车经营许可的网约车平台公司出现违法违规行为的，由交通运输、网信、通信、公安、人民银行、税务、工商和市场监管等部门在各自职责范围内依法处理。违法违规行为涉及多部门的，相关部门可开展联合约谈。

（三）出现第（一）、（二）项所述违法违规行为，且拒不改正的，由联合监管发起部门视情节严重程度，将违法违规情况及暂停发布、下架移动互联网应用程序（APP）等载体处置建议逐级报送至对应的省级主管部门，并抄送同级联合监管工作机制组成部门。在本省、自治区、直辖市内经营的，相关省级主管部门提请同级网信、通信或公安等部门后，由相关部门在各自职责范围内依法依规处置相关移动互联网应用程序（APP）等载体。涉跨省、自治区、直辖市经营的（含注册地和经营地不在同一省、自治区、直辖市的），相关省级主管部门向对应的国务院主管部门报告，再由该国务院主管部门提请中央网信办、工业和信息化部或公安部等部门后，由相关部门在各自职责范围内依法依规处置相关移动互联网应用程序（APP）等载体。

（四）网约车平台公司的移动互联网应用程序（APP）等载体被暂停发

布、下架后，继续出现第（一）、（二）项所述违法违规行为的，由联合监管发起部门将违法违规情况及停止互联网服务、停止联网或停机整顿的处置建议逐级报送至对应的省级主管部门，并抄送同级联合监管工作机制组成部门。在本省、自治区、直辖市内经营的，相关省级主管部门提请同级通信部门后，由通信部门依法停止互联网服务；或提请同级公安部门后，由属地公安部门在职责范围内依法给予6个月内停止联网、停机整顿的处罚。涉跨省、自治区、直辖市经营的（含注册地和经营地不在同一省、自治区、直辖市的），相关省级主管部门向对应的国务院主管部门报告，再由该国务院主管部门提请工业和信息化部依法停止互联网服务，或提请公安部后，由属地公安部门在职责范围内依法给予6个月内停止联网、停机整顿的处罚。

是否恢复互联网服务或联网，由联合监管发起部门根据整改情况提出处置建议，按前述流程提请通信或公安等部门依法处理。

上述工作流程中，关于违法违规情况、处置建议及处置结果等有关文件，由发文及处置部门依法向社会公开。

四、加强联合监管应急处置

各级交通运输、网信、通信、公安、人民银行、税务、工商和市场监管等部门要加强网约车行业联合监管应急响应和处置。因网约车平台公司违法违规行为引起网约车行业聚集、停运、群众维权等群体性事件的，由联合监管发起部门提请地方人民政府启动应急机制，召集相关部门紧急处置，确保社会稳定。

五、其他工作要求

各部门在网约车行业事中事后联合监管过程中，要严格依照法定程序和职责开展工作。要结合行业特点，适应信息技术快速发展的趋势，探索利用互联网思维创新监管方式，运用网约车监管信息交互平台等信息化手段，实现部门间和各部门内部信息互通、资源共享，提升监管效能。各部门对网约车平台公司等市场主体实施行政处罚的，记于相应企业名下，通过全国企业信用信息公示系统、“信用交通”等网站进行公告。要完善协作机制，密切沟通配合，探索建立政府部门、企业、从业人员、乘客及行业协会共同参与的多方协同治理机制，共同推动网约车行业健康发展。

网络预约出租汽车监管信息交互平台运行管理办法

（2018年2月26日 交通运输部办公厅 交办运〔2018〕24号）

第一章 总 则

第一条 为加强网络预约出租汽车监管信息交互平台（简称网约车监管信息交互平台）的运行管理工作，规范数据传输，提高网约车行业监管效能，营造良好的营商环境，根据《网络预约出租汽车经营服务管理暂行办法》（交通运输部 工业和信息化部 公安部 商务部 工商总局 质检总局 国家网信办令2016年第60号）等相关规定，制定本办法。

第二条 本办法所称网约车监管信息交互平台，包括交通运输部网约车监管信息交互平台（简称部级平台），省、自治区交通运输主管部门网约车监管信息交互平台（简称省级平台），直辖市、设区的市级交通运输主管部门网约车监管平台（简称城市监管平台）。

第三条 网约车监管信息交互平台数据传输、运行维护、数据质量测评等工作，适用本办法。

第四条 交通运输部指导各级网约车监管信息交互平台的运行管理等工作。

各省、自治区交通运输主管部门负责省级平台运行管理，并指导和监督本行政区域内的网约车监管信息交互平台运行管理工作。

直辖市、设区的市级交通运输主管部门（简称城市交通运输主管部门）负责本城市的网约车监管信息交互平台使用、运行和维护管理工作。

各网约车平台公司按照相关规定，负责规范本企业网约车平台的运行管理和数据传输工作。

第二章 数据传输

第五条 各城市交通运输主管部门应当通过网约车监管信息交互平台及时录入网约车平台公司、车辆、驾驶员相关许可信息；将运政信息系统与网约车监管信息交互平台对接，实时传输更新相关许可信息。

第六条 网约车平台公司在取得相应《网络预约出租汽车经营许可证》后，应自次日零时起向部级平台传输相关基础静态信息以及订单信息、经营信息、定位信息、服务质量信息等运营数据。

第七条 网约车平台公司应加强对数据信息的规范化管理，所传输的网约车运营服务相关数据，应直接接入网约车监管信息交互平台，不得通过第三方平台或系统直接传输。

第八条 网约车平台公司数据传输至部级平台后，由部级平台将数据实时转发至相关省级平台及城市监管平台，各地交通运输主管部门不得要求网约车平台公司向省级平台或城市监管平台重复传输。

第九条 网约车监管信息交互平台所接收的运营信息数据，在线保存期限不少于6个月。

第十条 网约车平台公司应建立健全数据传输工作机制，指定专人负责数据传输工作，明确与网约车监管信息交互平台对接工作的责任人、业务人员与系统技术人员，并告知相关网约车监管信息交互平台运行维护单位。上述人员信息发生变动的，应及时告知。

第十一条 网约车平台公司因系统改造、服务器迁移等可预见原因，需要暂停网约车平台运行的，应提前72小时告知相关网约车监管信息交互平台运行维护单位。

第十二条 因自然灾害、安全生产事故等不可预见的突发事件造成系统故障，无法正常传输数据的，网约车平台公司应及时告知相关网约车监管信息交互平台运行维护单位，并采取有效处置措施，尽快恢复系统正常运行。系统故障排除后，网约车平台公司应当及时将漏传数据补传，并提交处理情况书面报告。

第十三条 网约车平台公司在技术接入和数据传输过程中，存在可能危害部级平台系统安全的，部级平台运行维护单位有权暂停技术接入和数据传输；造成损失的，依法追究相关责任。

第三章 传输质量要求

第十四条 网约车平台公司应保证传输数据的完整性、规范性、及时性、真实性等，确保数据传输质量。

第十五条 传输数据质量满足以下方面要求：

（一）数据完整性：网约车平台公司传输的数据应符合《网络预约出租汽车监管信息交互平台总体技术要求（暂行）》相关要求，确保其基础静态信息、订单信息、经营信息、定位信息、服务质量信息等相关数据字段内容齐全完整，不遗漏信息及字段。

（二）数据规范性：网约车平台公司传输的数据字段内容在元素名称、字段名称、数据类型、字段长度、取值范围、数据精度、编码规则等应符合《网络预约出租汽车监管信息交互平台总体技术要求（暂行）》相关要求。

（三）数据及时性：网约车平台公司基础静态信息变更的，应于变更后24小时内将信息传输至部级平台；订单信息、经营信息、服务质量信息等应实时传输，延迟不得超过300秒；定位信息实时传输延迟不得超过60秒。

（四）数据真实性：网约车平台公司传输的数据内容应真实有效，基础静态信息、订单信息、经营信息、定位信息、服务质量信息间应当相互关联，相互关联数据之间的逻辑关系应正确、真实和完整。

第四章 传输质量测评

第十六条 部级平台对网约车平台公司数据传输质量情况定期开展测评，测评内容包括但不限于数据完整性、规范性、及时性、真实性等方面。网络预约出租汽车监管信息交互平台数据传输质量测评指标及计算方式见附件，具体测评指标和计算方法将根据行业发展情况予以更新。

第十七条 数据传输质量测评工作分为月度、年度测评，月度、年度测评周期为每自然月、自然年。

第十八条 网约车平台公司数据传输质量测评结果由部级平台定期向社会进行公布，年度测评结果纳入出租汽车企业服务质量信誉考核内容。

第五章 运行维护

第十九条 各地交通运输主管部门应明确网约车监管信息交互平台使用的责任人及联系人，并告知部级平台运行维护单位，要加强网约车监管信息交互平台登录账号的申请开通管理，并督促使用人员妥善保管账号信息，定期更换密码。

第二十条　各地交通运输主管部门应当加强系统网络安全管理，根据有关法律法规及标准实施网络安全等级保护，定期开展安全排查，对于发现的安全风险和漏洞，要及时整改，防止信息数据发生泄漏、毁损或者丢失。

第二十一条　部级、省级、城市等各级平台应当建立平台系统运行管理和故障应急处理机制，对本系统的运行情况进行7×24小时实时监测，发现系统故障及时处理。

第二十二条　各地交通运输主管部门可根据网约车行业联合监管的需要，与其他管理部门相关信息系统进行技术对接，实现信息共享。

第二十三条　网络链路维护按照分级管理的原则，由部级、省级、城市等各级平台共同开展。部、省（区）间的网络链路由部级、省级平台共同维护；省（区）内网络链路由省级平台、城市监管平台负责维护。

第六章　附　　则

第二十四条　开展私人小客车合乘业务的，按照各地有关规定传输数据信息。

第二十五条　中国交通通信信息中心作为部级平台的运行维护单位，负责实施部级平台的运行维护及数据传输管理等工作，确保部级平台系统安全稳定运行。

第二十六条　本办法由交通运输部运输服务司负责解释。

第二十七条　本办法自2018年3月1日起施行，有效期3年。

交通运输部、中央宣传部、中央网信办、国家发展改革委、工业和信息化部、公安部、住房城乡建设部、人民银行、质检总局、国家旅游局关于鼓励和规范互联网租赁自行车发展的指导意见

（2017年8月3日　交运发〔2017〕109号）

各省、自治区、直辖市人民政府，国务院各部委、各直属机构：

互联网租赁自行车（俗称“共享单车”）是移动互联网和租赁自行车融合发展的新型服务模式，是分享经济的典型业态。近年来，我国互联网租赁自行车快速发展，在更好地满足公众出行需求、有效解决城市交通出行“最后一公里”问题、缓解城市交通拥堵、构建绿色出行体系等方面发挥了积极作用，有力推动了分享经济发展。但同时也存在车辆乱停乱放、车辆运营维护不到位、企业主体责任不落实、用户资金和信息安全风险等问题。为了鼓励和规范互联网租赁自行车发展，经国务院同意，现提出以下指导意见。

一、总体要求

（一）指导思想。全面贯彻党的十八大和十八届三中、四中、五中、六中全会精神，深入贯彻习近平总书记系列重要讲话精神和治国理政新理念新思想新战略，认真落实党中央、国务院决策部署，统筹推进“五位一体”总体布局和协调推进“四个全面”战略布局，牢固树立和贯彻落实创新、协调、绿色、开放、共享的发展理念，深化供给侧结构性改革，有效推进“互联网+”行动计划，鼓励和规范互联网租赁自行车发展，提升互联网租赁自行车服务水平，优化交通出行结构，构建绿色、低碳的出行体系，更好地满足人民群众出行需要。

（二）基本原则。

——坚持服务为本。树立以人民为中心的发展思想，维护各方合法权益，为公众提供更安全、更便捷、更绿色、更经济的出行服务。

——坚持改革创新。以“互联网+”行动为契机，发挥市场在资源配置中的决定性作用和更好地发挥政府作用，探索政府与企业合作新模式，激发企业创新动力和活力，促进行业健康有序发展。

——坚持规范有序。坚持问题导向，实施包容审慎监管，形成鼓励和规范互联网租赁自行车的发展环境，落实企业主体责任，依法规范企业经营，引导用户守诚信、讲文明，维护正常运行和停放秩序。

——坚持属地管理。城市人民政府是互联网租赁自行车管理的责任主体，充分发挥自主权和创造性，因地制宜、因城施策，探索符合本地实际的发展模式。

——坚持多方共治。充分调动各方面积极性，加强行业自律，引导公众积极参与，形成政府、企业、社会组织和公众共同治理的局面。

二、实施鼓励发展政策

（三）科学确定发展定位。互联网租赁自行车是分时租赁营运非机动车，是城市绿色交通系统的组成部分，是方便公众短距离出行和公共交通接驳换乘的交通服务方式。各地要坚持优先发展公共交通，统筹发展互联网租赁自行车，推进公共租赁自行车与互联网租赁自行车融合发展，建立完善多层次、多样化的城市出行服务系统。不鼓励发展互联网租赁电动自行车。

（四）引导有序投放车辆。各城市可根据城市特点、公众出行需求和互联网租赁自行车发展定位，研究建立与城市空间承载能力、停放设施资源、公众出行需求等相适应的车辆投放机制，引导互联网租赁自行车运营企业合理有序投放车辆，保障行业健康有序发展和安全稳定运行。

（五）完善自行车交通网络。合理布局慢行交通网络和自行车停车设施，将其纳入城市综合交通体系规划，并与城市公共交通规划相衔接。积极推进自行车道建设，提高自行车道的网络化和通达性。要优化自行车交通组织，完善道路标志标线，纠正占用非机动车道等违法行为，保障自行车通行条件。

（六）推进自行车停车点位设置和建设。各城市要制定适合本地特点的自行车停放区设置技术导则，规范自行车停车点位设置。对不适宜停放的区域和路段，可制定负面清单实行禁停管理。对城市重要商业区域、公共交通站点、交通枢纽、居住区、旅游景区周边等场所，应当施划配套的自行车停车点位或者通过电子围栏等设定停车位，为自行车停放提供便利。

三、规范运营服务行为

（七）加强互联网租赁自行车标准化建设。鼓励有关社会组织、产业联盟制定团体标准；支持各地结合发展规模、城市管理、地形条件、用户骑行习惯等差异化需求，制定运营、维护、车辆淘汰等地方标准；鼓励企业制定更高水平的产品质量、运营管理、售后服务等企业标准，探索实施全生命周期管理，推进企业产品和服务标准自我声明公开；加快制定基础通用类国家标准。运用认证认可、监督抽查等手段，建立标准实施分类监督机制，促进标准落地，确保产品质量和安全。投放车辆应当符合有关技术标准规定。

（八）规范企业运营服务。互联网租赁自行车运营企业要加强线上线下服务能力建设。充分利用车辆卫星定位、大数据等信息技术加强对所属车辆的经营管理，创新经营服务方式，不断提升用户体验，提高服务水平。合理配备线下服务团队，加强车辆调度、停放和维护管理，确保车辆安全、方便使用、停放有序。互联网租赁自行车实行用户实名制注册和使用。运营企业应当与用户签订服务协议，明确双方权利义务，明确用户骑行、停放等方面的要求。禁止向未满12岁的儿童提供服务。明示计费方式和标准，公开服务质量承诺，建立投诉处理机制，接受社会监督。创新保险机制，为用户购买人身意外伤害险。加强信息报送与共享，及时将车辆投放数量、分布区域等运营信息报送当地主管部门并实现相关部门信息共享。

（九）加强停放管理和监督执法。互联网租赁自行车运营企业要落实对车辆停放管理的责任，推广应用电子围栏等技术，综合采取经济惩罚、记入信用记录等措施，有效规范用户停车行为；及时清理违规停放、存在安全隐患、不能提供服务的车辆，并根据停车点车辆饱和情况及时调度转运车辆，最大限度满足用户用车停车需求。各地要加强对互联网租赁自行车停放的监督，明确相关主管部门的执法职责；对乱停乱放问题严重、线下运营服务不力、经提醒仍不采取有效措施的运营企业，应公开通报相关问题，限制其投放。

（十）引导用户安全文明用车。用户应当自觉遵守道路交通安全、城市管理等相关法律法规及服务协议约定，做到文明用车、安全骑行、规范停放，骑行前应当检查自行车技术状况，确保骑行安全。使用互联网租赁自行车不得违反规定载人，不得擅自加装儿童座椅等设备。加强对互联网租赁自行车使用规范和安全文明骑行的宣传教育，通过互联网租赁自行车平台推送、公益广告、主题教育、志愿者活动等多种方式，引导用户增强诚信和文明意识、遵守交通法规、遵守社会公德。

（十一）加强信用管理。加快互联网租赁自行车服务领域信用记录建设，建立企业和用户信用基础数据库，定期推送给全国信用信息共享平台。对企业和用户不文明行为和违法违规行为记入信用记录。加强企业服务质量和用户信用评价。鼓励企业组成信用信息共享联盟，对用户建立守信激励和失信惩戒机制。支持发展跨企业、跨品牌的租赁平台服务。

四、保障用户资金和网络信息安全

（十二）加强用户资金安全监管。鼓励互联网租赁自行车运营企业采用免押金方式提供租赁服务。企业对用户收取押金、预付资金的，应严格区分企业自有资金和用户押金、预付资金，在企业注册地开立用户押金、预付资金专用账户，实施专款专用，接受交通、金融等主管部门监管，防控用户资金风险。企业应建立完善用户押金退还制度，加快实现“即租即押、即还即退”。互联网租赁自行车业务中涉及的支付结算服务，应通过银行、非银行支付机构提供，并与其签订协议。互联网租赁自行车运营企业实施收购、兼并、重组或者退出市场经营的，必须制定合理方案，确保用户合法权益和资金安全。

（十三）加强网络和信息安全保护。互联网租赁自行车运营企业应当遵守《中华人民共和国网络安全法》等法律法规要求，将服务器设在中国大陆境内，并落实网络安全等级保护、数据安全管理、个人信息保护等制度，建立网络和信息安全管理制度及技术保障手段，完善网络安全防范措施，依法合规采集、使用和保护个人信息，强化系统数据安全保护，防范违法信息传播扩散。运营企业采集信息不得侵害用户合法权益和社会公共利益，不得超越提供互联网租赁自行车服务所必需的范围；在境内运营中采集的信息和生成的相关数据应当在中国大陆境内存储。发生重大网络和信息安全事件，应及时向相关主管部门报告。主管部门不得将运营企业报送的数据超越管理所必需的范围。

五、营造良好发展环境

（十四）明确责任分工。各地区、各有关部门要充分认识鼓励和规范互联网租赁自行车的重要意义，加强组织领导、加快制度建设、强化监管服务。城市人民政府要结合本地实际，明确各部门工作责任，建立联合工作机制，加强统筹协调，加快信息共享，促进互联网租赁自行车健康有序发展。交通运输部门负责互联网租赁自行车与城市公共交通融合发展的政策制定和统筹协调；公安机关负责查处盗窃、损毁互联网租赁自行车等违法行为，查处互联网租赁自行车交通违法行为，维护交通秩序；住房城乡建设部门负责城市自行车交通网络、互联网租赁自行车停车设施规划并指导建设；公安机关交通管理部门和城市管理部门共同指导互联网租赁自行车停放管理；网信部门、电信主管部门、公安机关等根据各自职责，负责加强互联网租赁自行车服务的网络安全监管，保障用户信息安全。发展改革、价格、人民银行、工商、质检等部门按照各自职责，对互联网租赁自行车经营行为实施相关监督检查，并对违法行为依法处理。

（十五）加强社会公众治理。充分发挥行业协会、产业联盟等各方作用，支持制定发布行业公约等自律规则，贯彻实施相关标准，加强行业服务和自律管理，强化服务质量监管、第三方评价等。鼓励公众共同参与治理，形成企业主体、政府监管、多方参与的社会治理体系。加大消费者权益保护力度，防范向消费者转嫁经营风险等行为。

（十六）建立公平竞争市场秩序。互联网租赁自行车运营企业应当依法规范经营，不得妨碍市场公平竞争，不得侵害用户合法权益和公共利益。各地区、各有关部门要加强指导和监督管理，创新监管方式，建立完善“双随机”抽查制度，畅通投诉渠道，维护各方合法权益。充分发挥舆论监督和社会监督作用，加大对违法违规行为的曝光，营造良好发展环境。

网络预约出租汽车经营服务管理暂行办法

（2016年7月27日交通运输部、工业和信息化部、公安部、商务部、工商总局、质检总局、国家网信办令2016年第60号公布自2016年11月1日起施行）

第一章　总　　则

第一条　为更好地满足社会公众多样化出行需求，促进出租汽车行业和互联网融合发展，规范网络预约出租汽车经营服务行为，保障运营安全和乘客合法权益，根据国家有关法律、行政法规，制定本办法。

第二条　从事网络预约出租汽车（以下简称网约车）经营服务，应当遵守本办法。

本办法所称网约车经营服务，是指以互联网技术为依托构建服务平台，整合供需信息，使用符合条件的车辆和驾驶员，提供非巡游的预约出租汽车服务的经营活动。

本办法所称网络预约出租汽车经营者（以下称网约车平台公司），是指构建网络服务平台，从事网约车经营服务的企业法人。

第三条　坚持优先发展城市公共交通、适度发展出租汽车，按照高品质服务、差异化经营的原则，有序发展网约车。

网约车运价实行市场调节价，城市人民政府认为有必要实行政府指导价的除外。

第四条　国务院交通运输主管部门负责指导全国网约车管理工作。

各省、自治区人民政府交通运输主管部门在本级人民政府领导下，负责指导本行政区域内网约车管理工作。

直辖市、设区的市级或者县级交通运输主管部门或人民政府指定的其他出租汽车行政主管部门（以下称出租汽车行政主管部门）在本级人民政府领导下，负责具体实施网约车管理。

其他有关部门依据法定职责，对网约车实施相关监督管理。

第二章　网约车平台公司

第五条　申请从事网约车经营的，应当具备线上线下服务能力，符合下列条件：

（一）具有企业法人资格；

（二）具备开展网约车经营的互联网平台和与拟开展业务相适应的信息数据交互及处理能力，具备供交通、通信、公安、税务、网信等相关监管部门依法调取查询相关网络数据信息的条件，网络服务平台数据库接入出租汽车行政主管部门监管平台，服务器设置在中国内地，有符合规定的网络安全管理制度和安全保护技术措施；

（三）使用电子支付的，应当与银行、非银行支付机构签订提供支付结算服务的协议；

（四）有健全的经营管理制度、安全生产管理制度和服务质量保障制度；

（五）在服务所在地有相应服务机构及服务能力；

（六）法律法规规定的其他条件。

外商投资网约车经营的，除符合上述条件外，还应当符合外商投资相关法律法规的规定。

第六条　申请从事网约车经营的，应当根据经营区域向相应的出租汽车行政主管部门提出申请，并提交以下材料：

（一）网络预约出租汽车经营申请表（见附件）；

（二）投资人、负责人身份、资信证明及其复印件，经办人的身份证明及其复印件和委托书；

（三）企业法人营业执照，属于分支机构的还应当提交营业执照，外商投资企业还应当提供外商投资企业批准证书；

（四）服务所在地办公场所、负责人员和管理人员等信息；

（五）具备互联网平台和信息数据交互及处理能力的证明材料，具备供交通、通信、公安、税务、网信等相关监管部门依法调取查询相关网络数据信息条件的证明材料，数据库接入情况说明，服务器设置在中国内地的情况说明，依法建立并落实网络安全管理制度和安全保护技术措施的证明材料；

（六）使用电子支付的，应当提供与银行、非银行支付机构签订的支付结算服务协议；

（七）经营管理制度、安全生产管理制度和服务质量保障制度文本；

（八）法律法规要求提供的其他材料。

首次从事网约车经营的，应当向企业注册地相应出租汽车行政主管部门提出申请，前款第（五）、第（六）项有关线上服务能力材料由网约车平台公司注册地省级交通运输主管部门商同级通信、公安、税务、网信、人民银行等部门审核认定，并提供相应认定结果，认定结果全国有效。网约车平台公司在注册地以外申请从事网约车经营的，应当提交前款第（五）、第（六）项有关线上服务能力认定结果。

其他线下服务能力材料，由受理申请的出租汽车行政主管部门进行审核。

第七条 出租汽车行政主管部门应当自受理之日起20日内作出许可或者不予许可的决定。20日内不能作出决定的，经实施机关负责人批准，可以延长10日，并应当将延长期限的理由告知申请人。

第八条 出租汽车行政主管部门对于网约车经营申请作出行政许可决定的，应当明确经营范围、经营区域、经营期限等，并发放《网络预约出租汽车经营许可证》。

第九条 出租汽车行政主管部门对不符合规定条件的申请作出不予行政许可决定的，应当向申请人出具《不予行政许可决定书》。

第十条 网约车平台公司应当在取得相应《网络预约出租汽车经营许可证》并向企业注册地省级通信主管部门申请互联网信息服务备案后，方可开展相关业务。备案内容包括经营者真实身份信息、接入信息、出租汽车行政主管部门核发的《网络预约出租汽车经营许可证》等。涉及经营电信业务的，还应当符合电信管理的相关规定。

网约车平台公司应当自网络正式联通之日起30日内，到网约车平台公司管理运营机构所在地的省级人民政府公安机关指定的受理机关办理备案手续。

第十一条 网约车平台公司暂停或者终止运营的，应当提前30日向服务所在地出租汽车行政主管部门书面报告，说明有关情况，通告提供服务的车辆所有人和驾驶员，并向社会公告。终止经营的，应当将相应《网络预约出租汽车经营许可证》交回原许可机关。

第三章　网约车车辆和驾驶员

第十二条　拟从事网约车经营的车辆，应当符合以下条件：

（一）7座及以下乘用车；

（二）安装具有行驶记录功能的车辆卫星定位装置、应急报警装置；

（三）车辆技术性能符合运营安全相关标准要求。

车辆的具体标准和营运要求，由相应的出租汽车行政主管部门，按照高品质服务、差异化经营的发展原则，结合本地实际情况确定。

第十三条　服务所在地出租汽车行政主管部门依车辆所有人或者网约车平台公司申请，按第十二条规定的条件审核后，对符合条件并登记为预约出租客运的车辆，发放《网络预约出租汽车运输证》。

城市人民政府对网约车发放《网络预约出租汽车运输证》另有规定的，从其规定。

第十四条　从事网约车服务的驾驶员，应当符合以下条件：

（一）取得相应准驾车型机动车驾驶证并具有3年以上驾驶经历；

（二）无交通肇事犯罪、危险驾驶犯罪记录，无吸毒记录，无饮酒后驾驶记录，最近连续3个记分周期内没有记满12分记录；

（三）无暴力犯罪记录；

（四）城市人民政府规定的其他条件。

第十五条　服务所在地设区的市级出租汽车行政主管部门依驾驶员或者网约车平台公司申请，按第十四条规定的条件核查并按规定考核后，为符合条件且考核合格的驾驶员，发放《网络预约出租汽车驾驶员证》。

第四章　网约车经营行为

第十六条　网约车平台公司承担承运人责任，应当保证运营安全，保障乘客合法权益。

第十七条　网约车平台公司应当保证提供服务车辆具备合法营运资质，

技术状况良好，安全性能可靠，具有营运车辆相关保险，保证线上提供服务的车辆与线下实际提供服务的车辆一致，并将车辆相关信息向服务所在地出租汽车行政主管部门报备。

第十八条　网约车平台公司应当保证提供服务的驾驶员具有合法从业资格，按照有关法律法规规定，根据工作时长、服务频次等特点，与驾驶员签订多种形式的劳动合同或者协议，明确双方的权利和义务。网约车平台公司应当维护和保障驾驶员合法权益，开展有关法律法规、职业道德、服务规范、安全运营等方面的岗前培训和日常教育，保证线上提供服务的驾驶员与线下实际提供服务的驾驶员一致，并将驾驶员相关信息向服务所在地出租汽车行政主管部门报备。

网约车平台公司应当记录驾驶员、约车人在其服务平台发布的信息内容、用户注册信息、身份认证信息、订单日志、上网日志、网上交易日志、行驶轨迹日志等数据并备份。

第十九条　网约车平台公司应当公布确定符合国家有关规定的计程计价方式，明确服务项目和质量承诺，建立服务评价体系和乘客投诉处理制度，如实采集与记录驾驶员服务信息。在提供网约车服务时，提供驾驶员姓名、照片、手机号码和服务评价结果，以及车辆牌照等信息。

第二十条　网约车平台公司应当合理确定网约车运价，实行明码标价，并向乘客提供相应的出租汽车发票。

第二十一条　网约车平台公司不得妨碍市场公平竞争，不得侵害乘客合法权益和社会公共利益。

网约车平台公司不得有为排挤竞争对手或者独占市场，以低于成本的价格运营扰乱正常市场秩序，损害国家利益或者其他经营者合法权益等不正当价格行为，不得有价格违法行为。

第二十二条　网约车应当在许可的经营区域内从事经营活动，超出许可的经营区域的，起讫点一端应当在许可的经营区域内。

第二十三条　网约车平台公司应当依法纳税，为乘客购买承运人责任险等相关保险，充分保障乘客权益。

第二十四条　网约车平台公司应当加强安全管理，落实运营、网络等安全防范措施，严格数据安全保护和管理，提高安全防范和抗风险能力，支持配合有关部门开展相关工作。

第二十五条 网约车平台公司和驾驶员提供经营服务应当符合国家有关运营服务标准，不得途中甩客或者故意绕道行驶，不得违规收费，不得对举报、投诉其服务质量或者对其服务作出不满意评价的乘客实施报复行为。

第二十六条 网约车平台公司应当通过其服务平台以显著方式将驾驶员、约车人和乘客等个人信息的采集和使用的目的、方式和范围进行告知。未经信息主体明示同意，网约车平台公司不得使用前述个人信息用于开展其他业务。

网约车平台公司采集驾驶员、约车人和乘客的个人信息，不得超越提供网约车业务所必需的范围。

除配合国家机关依法行使监督检查权或者刑事侦查权外，网约车平台公司不得向任何第三方提供驾驶员、约车人和乘客的姓名、联系方式、家庭住址、银行账户或者支付账户、地理位置、出行线路等个人信息，不得泄露地理坐标、地理标志物等涉及国家安全的敏感信息。发生信息泄露后，网约车平台公司应当及时向相关主管部门报告，并采取及时有效的补救措施。

第二十七条 网约车平台公司应当遵守国家网络和信息安全有关规定，所采集的个人信息和生成的业务数据，应当在中国内地存储和使用，保存期限不少于2年，除法律法规另有规定外，上述信息和数据不得外流。

网约车平台公司不得利用其服务平台发布法律法规禁止传播的信息，不得为企业、个人及其他团体、组织发布有害信息提供便利，并采取有效措施过滤阻断有害信息传播。发现他人利用其网络服务平台传播有害信息的，应当立即停止传输，保存有关记录，并向国家有关机关报告。

网约车平台公司应当依照法律规定，为公安机关依法开展国家安全工作，防范、调查违法犯罪活动提供必要的技术支持与协助。

第二十八条 任何企业和个人不得向未取得合法资质的车辆、驾驶员提供信息对接开展网约车经营服务。不得以私人小客车合乘名义提供网约车经营服务。

网约车车辆和驾驶员不得通过未取得经营许可的网络服务平台提供运营服务。

第五章 监督检查

第二十九条 出租汽车行政主管部门应当建设和完善政府监管平台，实现与网约车平台信息共享。共享信息应当包括车辆和驾驶员基本信息、服务质量以及乘客评价信息等。

出租汽车行政主管部门应当加强对网约车市场监管，加强对网约车平台公司、车辆和驾驶员的资质审查与证件核发管理。

出租汽车行政主管部门应当定期组织开展网约车服务质量测评，并及时向社会公布本地区网约车平台公司基本信息、服务质量测评结果、乘客投诉处理情况等信息。

出租汽车行政主管、公安等部门有权根据管理需要依法调取查阅管辖范围内网约车平台公司的登记、运营和交易等相关数据信息。

第三十条 通信主管部门和公安、网信部门应当按照各自职责，对网约车平台公司非法收集、存储、处理和利用有关个人信息、违反互联网信息服务有关规定、危害网络和信息安全、应用网约车服务平台发布有害信息或者为企业、个人及其他团体组织发布有害信息提供便利的行为，依法进行查处，并配合出租汽车行政主管部门对认定存在违法违规行为的网约车平台公司进行依法处置。

公安机关、网信部门应当按照各自职责监督检查网络安全管理制度和安全保护技术措施的落实情况，防范、查处有关违法犯罪活动。

第三十一条 发展改革、价格、通信、公安、人力资源社会保障、商务、人民银行、税务、工商、质检、网信等部门按照各自职责，对网约车经营行为实施相关监督检查，并对违法行为依法处理。

第三十二条 各有关部门应当按照职责建立网约车平台公司和驾驶员信用记录，并纳入全国信用信息共享平台。同时将网约车平台公司行政许可和行政处罚等信用信息在全国企业信用信息公示系统上予以公示。

第三十三条 出租汽车行业协会组织应当建立网约车平台公司和驾驶员不良记录名单制度，加强行业自律。

第六章 法律责任

第三十四条 违反本规定，有下列行为之一的，由县级以上出租汽车行政主管部门责令改正，予以警告，并处以10000元以上30000元以下罚款；构成犯罪的，依法追究刑事责任：

（一）未取得经营许可，擅自从事或者变相从事网约车经营活动的；

（二）伪造、变造或者使用伪造、变造、失效的《网络预约出租汽车运输证》《网络预约出租汽车驾驶员证》从事网约车经营活动的。

第三十五条 网约车平台公司违反本规定，有下列行为之一的，由县级以上出租汽车行政主管部门和价格主管部门按照职责责令改正，对每次违法行为处以5000元以上10000元以下罚款；情节严重的，处以10000元以上30000元以下罚款：

（一）提供服务车辆未取得《网络预约出租汽车运输证》，或者线上提供服务车辆与线下实际提供服务车辆不一致的；

（二）提供服务驾驶员未取得《网络预约出租汽车驾驶员证》，或者线上提供服务驾驶员与线下实际提供服务驾驶员不一致的；

（三）未按照规定保证车辆技术状况良好的；

（四）起讫点均不在许可的经营区域从事网约车经营活动的；

（五）未按照规定将提供服务的车辆、驾驶员相关信息向服务所在地出租汽车行政主管部门报备的；

（六）未按照规定制定服务质量标准、建立并落实投诉举报制度的；

（七）未按照规定提供共享信息，或者不配合出租汽车行政主管部门调取查阅相关数据信息的；

（八）未履行管理责任，出现甩客、故意绕道、违规收费等严重违反国家相关运营服务标准行为的。

网约车平台公司不再具备线上线下服务能力或者有严重违法行为的，由县级以上出租汽车行政主管部门依据相关法律法规的有关规定责令停业整顿、吊销相关许可证件。

第三十六条 网约车驾驶员违反本规定，有下列情形之一的，由县级以上出租汽车行政主管部门和价格主管部门按照职责责令改正，对每次违法行为处以50元以上200元以下罚款：

（一）未按照规定携带《网络预约出租汽车运输证》、《网络预约出租汽车驾驶员证》的；

（二）途中甩客或者故意绕道行驶的；

（三）违规收费的；

（四）对举报、投诉其服务质量或者对其服务作出不满意评价的乘客实施报复行为的。

网约车驾驶员不再具备从业条件或者有严重违法行为的，由县级以上出租汽车行政主管部门依据相关法律法规的有关规定撤销或者吊销从业资格证件。

对网约车驾驶员的行政处罚信息计入驾驶员和网约车平台公司信用记录。

第三十七条 网约车平台公司违反本规定第十、十八、二十六、二十七条有关规定的，由网信部门、公安机关和通信主管部门按各自职责依照相关法律法规规定给予处罚；给信息主体造成损失的，依法承担民事责任；涉嫌犯罪的，依法追究刑事责任。

网约车平台公司及网约车驾驶员违法使用或者泄露约车人、乘客个人信息的，由公安、网信等部门依照各自职责处以2000元以上10000元以下罚款；给信息主体造成损失的，依法承担民事责任；涉嫌犯罪的，依法追究刑事责任。

网约车平台公司拒不履行或者拒不按要求为公安机关依法开展国家安全工作，防范、调查违法犯罪活动提供技术支持与协助的，由公安机关依法予以处罚；构成犯罪的，依法追究刑事责任。

第七章 附 则

第三十八条 私人小客车合乘，也称为拼车、顺风车，按城市人民政府有关规定执行。

第三十九条 网约车行驶里程达到60万千米时强制报废。行驶里程未达到60万千米但使用年限达到8年时，退出网约车经营。

小、微型非营运载客汽车登记为预约出租客运的，按照网约车报废标准报废。其他小、微型营运载客汽车登记为预约出租客运的，按照该类型营运载客汽车报废标准和网约车报废标准中先行达到的标准报废。

省、自治区、直辖市人民政府有关部门要结合本地实际情况，制定网约车报废标准的具体规定，并报国务院商务、公安、交通运输等部门备案。

第四十条 本办法自2016年11月1日起实施。各地可根据本办法结合本地实际制定具体实施细则。

附件

受理申请机关专用

网络预约出租汽车经营申请表

说明

1. 申请从事网络预约出租汽车经营应当按照《网络预约出租汽车经营服务管理暂行办法》的有关规定向相应出租汽车行政主管部门提出申请，填写本表，并同时提交其他相关材料。

2. 本表可向各级出租汽车行政主管部门免费索取，也可自行从交通运输部网站（www. mot. gov. cn）下载打印。

3. 本表需用钢笔填写或者计算机打印，请用正楷，要求字迹工整。

申请人基本信息

申请人名称________________________________

要求填写企业（公司）全称

负责人姓名________________ 经办人姓名________________

通 信 地 址________________________________

____

邮　　编________________ 电　　话________________

手　　机________________ 电 子 邮 箱________________

申请材料核对表　　请在□内划√

1. 网络预约出租汽车经营申请表（本表）	□
2. 投资人、负责人身份、资信证明及其复印件	□
经办人的身份证明及其复印件和委托书	□
3. 企业法人营业执照	□
属于分支机构的应当提供营业执照	□
外商投资企业应提供外商投资企业批准证书	□
4. 具备互联网平台和信息数据交互及处理能力的证明材料	□
5. 具备供相关监管部门依法调取查询相关网络数据信息条件的证明材料	□
6. 数据库接入情况	□
7. 服务器设置在中国内地的情况说明	□
8. 网络安全管理制度和安全保护技术措施文本	□
9. 提供支付结算服务的银行或者非银行支付机构签订的协议范本	□
10. 服务所在地办公场所、管理人员等信息	□
11. 经营管理制度、安全生产管理制度和服务质量保障制度文本	□
12. 法律法规要求提供的其他材料	□

只有上述材料齐全有效后，你的申请才能受理

声明

我声明本表及其他相关材料中提供的信息均真实可靠

我知悉如此表中有故意填写的虚假信息，我取得的经营许可将被撤销

我承诺将遵守国家有关法律、行政法规及其他相关规章的规定

负责人签名＿＿＿＿＿＿＿＿　　日　期＿＿＿＿＿＿＿＿

负责人职位＿＿＿＿＿＿＿＿

（三）农村电子商务

国务院关于印发全国农业现代化规划（2016—2020年）的通知（节录）

（2016年10月20日 国发〔2016〕58号）

……

第四章 协调惠农 着力促进农业均衡发展

协调是农业现代化的内在要求，必须树立全面统筹的系统观，着力推进产业融合、区域统筹、主体协同，加快形成内部协调、与经济社会发展水平和资源环境承载力相适应的农业产业布局，促进农业现代化水平整体跃升。

一、推进农村一二三产业融合发展

……

（三）发展农业新型业态。加快发展农产品电子商务，完善服务体系，引导新型经营主体对接各类电子商务平台，健全标准体系和冷链物流体系，到“十三五”末农产品网上零售额占农业总产值比重达到8%。推动科技、人文等元素融入农业，稳步发展农田艺术景观、阳台农艺等创意农业，鼓励发展工厂化、立体化等高科技农业，积极发展定制农业、会展农业等新型业态。（农业部、商务部牵头，国家发展改革委、工业和信息化部、供销合作总社等部门参与）

国务院办公厅关于促进农村电子商务加快发展的指导意见

（2015年11月9日 国办发〔2015〕78号）

农村电子商务是转变农业发展方式的重要手段，是精准扶贫的重要载体。通过大众创业、万众创新，发挥市场机制作用，加快农村电子商务发展，把实体店与电商有机结合，使实体经济与互联网产生叠加效应，有利于促消费、扩内需，推动农业升级、农村发展、农民增收。经国务院批准，现就促进农村电子商务加快发展提出以下意见：

一、指导思想

全面贯彻党的十八大和十八届三中、四中、五中全会精神，落实国务院决策部署，按照全面建成小康社会目标和新型工业化、信息化、城镇化、农业现代化同步发展的要求，深化农村流通体制改革，创新农村商业模式，培育和壮大农村电子商务市场主体，加强基础设施建设，完善政策环境，加快发展线上线下融合、覆盖全程、综合配套、安全高效、便捷实惠的现代农村商品流通和服务网络。

二、发展目标

到2020年，初步建成统一开放、竞争有序、诚信守法、安全可靠、绿色环保的农村电子商务市场体系，农村电子商务与农村一二三产业深度融合，在推动农民创业就业、开拓农村消费市场、带动农村扶贫开发等方面取得明显成效。

三、重点任务

（一）积极培育农村电子商务市场主体。充分发挥现有市场资源和第三方平台作用，培育多元化农村电子商务市场主体，鼓励电商、物流、商贸、金融、供销、邮政、快递等各类社会资源加强合作，构建农村购物网络平台，实现优势资源的对接与整合，参与农村电子商务发展。

（二）扩大电子商务在农业农村的应用。在农业生产、加工、流通等环节，加强互联网技术应用和推广。拓宽农产品、民俗产品、乡村旅游等市场，在促进工业品、农业生产资料下乡的同时，为农产品进城拓展更大空间。加强运用电子商务大数据引导农业生产，促进农业发展方式转变。

（三）改善农村电子商务发展环境。硬环境方面，加强农村流通基础设施建设，提高农村宽带普及率，加强农村公路建设，提高农村物流配送能力；软环境方面，加强政策扶持，加强人才培养，营造良好市场环境。

四、政策措施

（一）加强政策扶持。深入开展电子商务进农村综合示范，优先在革命老区和贫困地区实施，有关财政支持资金不得用于网络交易平台的建设。制订出台农村电子商务服务规范和工作指引，指导地方开展工作。加快推进信息进村入户工作。加快推进适应电子商务的农产品分等分级、包装运输标准制定和应用。把电子商务纳入扶贫开发工作体系，以建档立卡贫困村为工作重点，提升贫困户运用电子商务创业增收的能力，鼓励引导电商企业开辟革命老区和贫困地区特色农产品网上销售平台，与合作社、种养大户等建立直采直供关系，增加就业和增收渠道。

（二）鼓励和支持开拓创新。鼓励地方、企业等因地制宜，积极探索农村电子商务新模式。开展农村电子商务创新创业大赛，调动返乡高校毕业生、返乡青年和农民工、大学生村官、农村青年、巾帼致富带头人、退伍军人等参与农村电子商务的积极性。开展农村电子商务强县创建活动，发挥其带动和引领作用。鼓励供销合作社创建农产品电子商务交易平台。引导各类媒体加大农村电子商务宣传力度，发掘典型案例，推广成功经验。

（三）大力培养农村电商人才。实施农村电子商务百万英才计划，对农民、合作社和政府人员等进行技能培训，增强农民使用智能手机的能力，积极利用移动互联网拓宽电子商务渠道，提升为农民提供信息服务的能力。有条件的地区可以建立专业的电子商务人才培训基地和师资队伍，努力培养一批既懂理论又懂业务、会经营网店、能带头致富的复合型人才。引导具有实践经验的电子商务从业者从城镇返乡创业，鼓励电子商务职业经理人到农村发展。

（四）加快完善农村物流体系。加强交通运输、商贸流通、农业、供销、邮政等部门和单位及电商、快递企业对相关农村物流服务网络和设施的共享衔接，加快完善县乡村农村物流体系，鼓励多站合一、服务同网。鼓励传统农村商贸企业建设乡镇商贸中心和配送中心，发挥好邮政普遍服务的优势，发展第三方配送和共同配送，重点支持老少边穷地区物流设施建设，提高流通效率。加强农产品产地集配和冷链等设施建设。

（五）加强农村基础设施建设。完善电信普遍服务补偿机制，加快农村信息基础设施建设和宽带普及。促进宽带网络提速降费，结合农村电子商务发展，持续提高农村宽带普及率。以建制村通硬化路为重点加快农村公路建设，推进城乡客运一体化，推动有条件的地区实施农村客运线路公交化改造。

（六）加大金融支持力度。鼓励村级电子商务服务点、助农取款服务点相互依托建设，实现优势互补、资源整合，提高利用效率。支持银行业金融机构和支付机构研发适合农村特点的网上支付、手机支付、供应链贷款等金融产品，加强风险控制，保障客户信息和资金安全。加大对电子商务创业农民尤其是青年农民的授信和贷款支持。简化农村网商小额短期贷款手续。符合条件的农村网商，可按规定享受创业担保贷款及贴息政策。

（七）营造规范有序的市场环境。加强网络市场监管，强化安全和质量要求，打击制售假冒伪劣商品、虚假宣传、不正当竞争和侵犯知识产权等违法行为，维护消费者合法权益，促进守法诚信经营。督促第三方平台加强内部管理，规范主体准入，遏制“刷信用”等欺诈行为。维护公平竞争的市场秩序，推进农村电子商务诚信建设。

五、组织实施

各地区、各部门要进一步提高认识，加强组织领导和统筹协调，落实工作责任，完善工作机制，切实抓好各项政策措施的落实。

地方各级人民政府特别是县级人民政府要结合本地实际，因地制宜制订实施方案，出台具体措施；充分发挥农村基层组织的带头作用，整合农村各类资源，积极推动农村电子商务发展。同时，加强规划引导，防止盲目发展和低水平竞争。

各部门要明确分工，密切协作，形成合力。商务部要会同有关部门加强统筹协调、跟踪督查，及时总结和推广经验，确保各项任务措施落实到位。

农业部、国家发展和改革委员会、商务部关于印发《推进农业电子商务发展行动计划》的通知

（2015年9月6日　农市发〔2015〕3号）

各省、自治区、直辖市、计划单列市、新疆生产建设兵团农业（农牧、农村经济）厅（委、局、办）、发展改革委、商务主管部门：

按照《国务院关于大力发展电子商务加快培育经济新动力的意见》（国发〔2015〕24号）和《国务院关于积极推进“互联网+”行动的指导意见》（国发〔2015〕40号）的部署要求，发挥电子商务在培育经济新动力、打造“双引擎”、实现“双目标”方面的重要作用，扎实推进农业电子商务快速健康发展，农业部、国家发展和改革委员会、商务部共同研究制定了《推进农业电子商务发展行动计划》，提出了发展农业电子商务的指导思想、基本原则、总体目标，并明确了5方面重点任务和20项行动计划。现印发你们，请认真贯彻落实。

推进农业电子商务发展行动计划

当前，农业电子商务发展迅猛，正在深刻改变着传统农产品流通方式，成为加快转变农业发展方式、完善农产品市场机制、推动农业农村信息化发展的新动力，对发展现代农业、繁荣农村经济、改善城乡居民生活的作用日益凸显。与此同时，我国农业电子商务发展仍处在初级阶段，面临着基础设施条件差、标准化程度低、流通链条不完整、市场秩序不规范、诚信体系不健全、配套政策不完善等困难和问题，亟需提高认识，采取有效措施切实加以解决。为认真贯彻落实2015年中央1号文件、十二届全国人大三次会议和《国务院关于大力发展电子商务加快培育经济新动力的意见》（国发〔2015〕24号）、《国务院关于积极推进“互联网+”行动的指导意见》（国发〔2015〕40号）的部署要求，发挥农业电子商务在培育经济新动力、打造“双引擎”、实现“双目标”方面的重要作用，积极实施“互联网+”现代

农业行动，扎实推进农业电子商务快速健康发展，努力把农业电子商务打造成为大众创业、万众创新的平台，提出以下行动计划。

一、深刻认识推进农业电子商务发展的重大意义

（一）推进农业电子商务发展是完善农产品市场机制的重要举措。党的十八届三中全会指出要使市场在资源配置中起决定性作用。实践证明，电子商务可以为传统农产品产销注入信息化元素，以信息流带动物流、技术流、人才流、资金流，实时反映供求状况，解决市场信息不对称问题，提升农产品生产者话语权，拓展新渠道、新客源和新市场；能够有效促进产销衔接，降低流通成本，同时有利于稳定市场预期、减缓价格波动，是建立健全现代农产品流通体系的必然要求。迫切需要通过加快发展农业电子商务，有效引导市场主体广泛参与，促进资源要素合理有序流动，消除妨碍公平竞争的制约因素，推动全国农产品统一市场的进一步完善，更好地发挥市场配置资源的决定性作用。

（二）推进农业电子商务发展是促进现代农业发展的重要途径。发展现代农业的基础和前提是市场化，农业电子商务是农业市场化的重要组成部分，是现代服务业的重要内容。推进农业电子商务，将产业链、价值链、供应链等现代经营管理理念融入农业，可以促进现代信息技术与传统农业全面深度融合，推动农业生产由以产品为中心转变为以市场为导向、以消费者为中心，倒逼农业生产标准化、品牌化，优化农业生产布局和品种结构，发展高产、优质、高效、生态、安全农业，实现农业发展方式根本性转变，提高农业产业素质和国际竞争力，为新型工业化、信息化、城镇化和农业现代化同步发展拓展新的空间、增添新的动力。

（三）推进农业电子商务发展是扩大和提升消费需求的重要动力。在经济新常态下，扩大和提升消费需求对促进经济发展的关键作用日益凸显。促进电子商务创新发展，是实施“互联网+”行动的重大举措，对主动适应经济发展新常态、打造经济社会发展新引擎、有效应对经济下行压力具有重要现实意义。推动农业电子商务发展是顺应消费方式、生活方式深刻变化的现实需要，可以满足不同消费群体的个性化、多样化、便捷性需求，能够突破购销的时空限制，进一步挖掘市场需求潜力，促进消费转型升级。同时，农业电子商务的发展，还可以创新流通方式，带动农业生产资料和消费品下乡，加快形成城乡产品和要素市场双向流动的新格局，激活农村消费市场活力，让农村居民分享信息经济发展的成果。

（四）推进农业电子商务发展是加快转变政府职能的客观要求。在充分发挥市场配置资源决定性作用的同时，要更好发挥政府作用，为市场主体创造良好发展环境，切实加强公共服务、市场监管、社会管理等职责。农业部门在继续抓好农业生产的同时，应更加重视搞活农产品流通，创新农业生产资料下乡渠道。农业电子商务作为农产品流通和农业生产资料销售的新业态，在发展的过程中出现了一些新情况新问题，需要政府部门转变观念、转变职能，切实把推进农业电子商务发展作为一项重要工作来抓，加强政策创设和规划制定，健全农产品和农业生产资料市场信息监测预警体系、标准体系、质量安全追溯体系、诚信体系和法律法规建设，强化市场监管和行政执法，努力营造安全可信、规范有序的农业电子商务发展环境。

二、指导思想、基本原则和总体目标

（五）指导思想。全面贯彻党的十八大和十八届三中、四中全会精神，以邓小平理论、“三个代表”重要思想、科学发展观为指导，深入贯彻习近平总书记系列重要讲话精神，按照中央 1 号文件的部署要求，紧紧围绕农业农村经济发展“两个千方百计，两个努力确保，两个持续提高”的目标任务，以改革创新为动力，以加快转变农业发展方式、有效提升消费需求为主线，强化顶层设计和政策引导，着力解决农业电子商务发展中的困难和问题，着力完善制度、机制和模式，着力营造开放、规范、诚信、安全的发展环境，为加快实现农业现代化和城乡发展一体化提供新的动力。

（六）基本原则。一是市场主体，政府引导。正确处理好市场与政府的关系，充分发挥市场主体作用，提高农业电子商务资源配置效率，同时加强政策、规划、信息指导，强化制度建设和市场监管，为农业电子商务发展创造良好环境。二是统筹兼顾，重点突破。注重农村与城市相结合、农产品与农业生产资料和消费品相结合、线上与线下相结合，分类别、分阶段、分区域拓展和推动农业电子商务应用。重点探索鲜活农产品与农业生产资料的电子商务模式，支持发展产地田头市场、城乡仓储、冷链物流、终端配送，突破发展瓶颈。三是创新驱动，示范引领。推动技术创新、管理创新、服务创新和制度创新，将移动互联网、云计算、大数据、物联网等新一代信息技术贯穿到农业电子商务的各领域各环节，切实增强自主创新能力。注重典型引路和示范带动，因地制宜探索发展适应当地实际的农业电子商务模式。四是规范有序，健康发展。在发展中求规范，以规范促发展。立足需求导向，坚持必要和可行的原则，明确方向和重点，采取先易后难、循序渐进的策略，找准切入点和突破口，有力有序推进，避免盲目跟风，保障农业电子商务快速健康持续发展。

（七）总体目标。到2018年，农业电子商务基础设施条件明显改善，制度体系和政策环境基本健全，培育出一批具有重要影响力的农业电子商务企业和品牌，电子商务在农产品和农业生产资料流通中的比重明显上升，对完善农产品和农业生产资料市场流通体系、提升消费需求、繁荣城乡经济的作用显著增强。

三、重点任务

（八）积极培育农业电子商务市场主体。围绕提升新型农业经营主体电子商务应用能力、支持农产品和农业生产资料网络营销、推进农业生产性服务线上交流与交易、壮大农业电子商务企业的发展目标，培育农业电子商务市场主体，推动形成各类市场主体竞相发展农业电子商务的新格局。

专项行动1——能力提升行动：积极参与国家电子商务专业技术人才知识更新工程，开展新型农业经营主体培训。充分利用新型职业农民教育、农村实用人才培训等项目，重点组织专业大户、家庭农场、农民合作社等新型农业经营主体和农业企业负责人，联合有关教育培训机构、电子商务企业，开展电子商务平台使用、农产品和农业生产资料网上经营策略和技巧培训，有计划培养一批有理论和实践能力的农业电子商务人才，切实提高新型农业经营主体电子商务应用能力。

专项行动2——平台对接行动：充分发挥农业、商务部门牵线搭桥的作用，积极组织、引导电商企业，加强农业电子商务业务建设。依托各类会展平台和论坛，组织专业大户、家庭农场、农民合作社等新型农业经营主体、农产品经销商、国有农场和农业企业等，开展形式多样的交流活动，对接各类涉农电子商务平台和电子商务信息公共服务平台，有效衔接产需信息，促进农产品和农业生产资料实现网上销售。

专项行动3——电商拓展行动：加强政策和信息引导，鼓励综合型电子商务企业拓展农业电子商务业务，扶持垂直型农业电子商务企业发展壮大，推动电子商务企业适当降低农业电子商务门槛，引导有条件的传统农产品流通企业和农业生产资料生产经销企业发展电子商务。

（九）着力完善农业电子商务线上线下公共服务体系。探索农产品和农业生产资料线上与线下协同发展模式，完善农产品监测预警、质量标准和追溯体系，推动农业电子商务相关数据信息开放共享，实现农业全产业链数据互联互通，完善农业电子商务线上线下公共服务体系，为农业电子商务提供公共服务支撑。

专项行动4——网络集货行动：构建农产品网络集货平台，依托农产品产地市场，完善电子商务平台集货对接功能，引导在集货过程中实现标准化、规模化，提高重复性购买产品的一致性。

专项行动5——产品推介行动：完善农产品展示推介平台，在继续做好农产品营销促销工作的同时，集中打造网上展示大厅，推动“名特优新”“三品一标”“一村一品”农产品上网营销，加强宣传推介，提高农产品网络销售的公信力、信誉度和美誉度。

专项行动6——信息共享行动：健全农产品市场信息监测预警体系，强化农产品产销动态监测统计，拓展信息获取渠道，加强农产品市场信息预警分析，及时全面准确发布农产品生产、消费、贸易、库存、成本收益、价格及未来趋势等市场信息，加大农产品质量安全信息发布公开力度，推动涉农数据信息开放共享。

专项行动7——质量监管行动：完善农产品质量标准和质量安全追溯体系，加快农产品质量、包装标准制修订进程，健全“名特优新”“三品一标”“一村一品”等电子商务基础数据库，健全国家农产品质量安全追溯管理信息系统，推进农药、兽药、肥料等农业投入品追溯系统建设，探索与涉农电子商务企业建立数据共享机制，实现质量可追溯、责任可追查。

专项行动8——运行保障行动：建立农业生产经营全产业链电子商务公共服务平台，在各行业各领域大力推进电子商务发展基础上，实现种植、畜牧、水产以及种子、化肥、农药、兽药、饲料、农机等电子商务信息共享和互联互通，为农业电子商务协同快速发展提供公共服务。健全诚信体系，整合银行、税务、工商、质检、商务等领域和电子商务相关主体的信用信息，推行信用档案制度，净化市场环境，提高农业电子商务信任度。

（十）大力疏通农业电子商务渠道。加强与相关部门的沟通协调、形成合力，加快推动网络、物流、冷链、仓储等基础设施建设，鼓励相关经营主体开展技术、机制、模式创新，深入推进信息进村入户，开展电子商务进农村综合示范，为全面发展农业电子商务创造良好条件、提供经验。

专项行动9——渠道延伸行动：深入推进信息进村入户试点，加强部省12316三农综合信息服务体系建设，加快村级信息服务站建设，支持开展电子商务业务，为农民提供信息咨询、代卖代购等服务。加快完善农村物流体系布局，实施快递“向西”“向下”工程，推动农村综合服务社、超市、邮政“三农”服务站、村邮站、快递网点等基层农村物流节点建设，鼓励物流快递企业向乡、村延伸业务。

专项行动10——市场转型行动：指导支持农产品电子商务企业有效衔接农产品品种、产量、产地、收获时期等生产者信息，促进农产品网络销售。鼓励产地和销地农产品批发市场开展信息技术、经营方式、服务模式等创新，充分发挥线上与线下相结合的优势，推动批发市场创新发展农产品电子商务。促进农产品批发市场流通基础设施、质量检测设备、产品流通渠道等应用于农产品电子商务。

专项行动11——模式创新行动：推动电子商务企业、国有农场、农民合作社与城市社区开展合作，共同设立农产品体验店、自提点和提货柜，试点“基地+城市社区”的鲜活农产品直配模式。推动销地批发市场发挥优势，支撑电子商务发展，探索满足城市日常消费的“批发市场+宅配”模式。鼓励种子、农药、化肥等农业生产资料企业，依托各地村级信息服务站探索“放心农资进农家”模式。配合相关部门支持电子商务企业建立海外营销渠道，创立自有品牌，推动跨境农业电子商务发展。

专项行动12——基础支撑行动：加快农村宽带基础设施建设，扩大第四代移动通信网络在农村的覆盖面。支持农业生产基地加强规模化、标准化、智能化和质量追溯能力建设。鼓励有条件的地方建设农业电子商务产业基地、物流园、创业园。支持电子商务市场主体在农村和城市建设仓储、冷链、分级包装、智能配货等设施设备，改善农业电子商务发展的基础条件。

（十一）切实加大农业电子商务技术创新应用力度。按照“需求牵引、重点跨越、支撑发展、引领未来”的原则，开展农业电子商务发展战略研究，突破核心关键技术，制定完善相关标准、法规，大力推广先进实用信息化技术在流通等领域的应用，全面提升农业电子商务技术创新应用能力。

专项行动13——技术创新行动：加强农业电子商务核心关键技术研发，着力在核心芯片、射频识别、智能终端、系统集成、网络与信息安全以及大数据处理、应用软件等共性和关键技术研发应用上取得突破，加大自主知识产权保护力度，加快建立以企业为主体、市场为导向、产学研用相结合的技术创新体系。

专项行动14——示范推广行动：积极参与国家电子商务示范城市建设。继续开展两年一次的农业农村信息化示范基地申报认定工作，并向农业电子商务倾斜，引导各类新型农业经营主体入驻电商平台，树立农业电子商务企业典型。支持移动互联网、云计算、大数据、物联网等新一代信息技术在农业电子商务全链条中的示范应用。鼓励金融机构、非银行支付机构为农业电子商务企业、物流企业及相关用户提供安全、高效的支付服务，在农村地区推广网上支付、手机支付等支付方式。推进农产品批发市场电子商务技术应用，加快推进农产品电子结算、电子交易、电子拍卖、电子商务应用，提高流通效率和信息公开程度。

专项行动15——标准推进行动：鼓励支持电子商务企业制定适应电子商务的农产品产品质量、分等分级、产品包装、物流配送、业务规范等标准，鼓励支持快递企业制定适应农业电子商务产品寄递需求的定制化包装、专业化服务等标准。加快农产品、农业生产资料产品质量国家、行业标准和生产技术规程制修订进程，加快国家农业标准化示范县建设，引导各类电子商务主体共同建立农产品标准化生产示范基地。同时研究制定农业电子商务技术标准和业务规范。

专项行动16——政策研究行动：依托各有关直属单位，与有关科研和教学单位、企业合作开展发展战略研究，追踪热点问题，提出政策建议，编制农业电子商务发展年度报告。鼓励各级发展改革、农业、商务部门会同有关部门组织相关科研、教学单位和企业联合开展农业电子商务重大问题研究，为规划制定和政策措施出台提供决策参考。加快建立以企业为主体、市场为导向、产学研用相结合的技术创新体系，推动农业电子商务相关技术中心、工程中心、重点实验室建设。

专项行动17——智库应用行动：在每年中国电子商务创新发展峰会和农业信息化高峰论坛期间组织举办农业电子商务分论坛，支持地方、行业组织、企业举办论坛、研讨会，总结交流各地推进农业电子商务发展的好做法、好经验、好模式，研究农业电子商务发展过程中遇到的困难和问题，引导农业电子商务快速健康发展。

（十二）加快完善农业电子商务政策体系。按照“政府引导，市场主体”的原则，强化顶层设计和政策创设，配合有关部门优化农业电子商务相关审批事项和流程，推动落实支持农业电子商务发展扶持政策，充分发挥市场在资源配置中的决定性作用，为农业电子商务发展提供良好政策环境。

专项行动18——政策支撑行动：联合相关部门，大力加强农业电子商务政策创新，推动出台并落实支持农业电子商务发展的用地、用水、用电、用网等政策，建立健全适应电子商务发展的多元化、多渠道投融资机制。配合相关部门全面清理农业电子商务领域现有前置审批事项，无法律法规依据的一律取消，严禁违法设定行政许可、增加行政许可条件和程序。

专项行动19——硬件支撑行动：针对农产品流通的特殊性，积极争取各级政府对田头集货、产地预冷、冷藏保鲜、分级包装、冷链物流、运输车辆、集散仓储、城市配送设施等方面建设给予扶持，按照相关规定，对符合条件的纳入农机购置补贴、农产品产地初加工补助项目等支持范围。鼓励保险公司开展鲜活农产品配送质量保险试点。

专项行动20——运营支撑行动：积极推动成立农业电子商务标准化技术专业委员会、协会。组织相关科研和教学单位、企业开展农业电子商务核心和关键技术研发。经认定为高新技术企业的农业电子商务企业依法享受相关优惠政策。推进信息进村入户，积极争取农村信息服务站建设、信息员培训，以及政府购买公益服务支持。鼓励新型农业经营主体应用电子商务平台开展农产品上线营销、市场推广，指导新型职业农民、大学生村官、返乡农民工、农村经纪人、农村信息员等依托电子商务创业。

四、保障措施

（十三）强化组织领导。各级发展改革、农业、商务部门要进一步提高认识、转变观念，把农业电子商务作为创新农产品流通、建设现代农业、繁荣农村经济的重要举措予以推进。加强相关工作力量，明确负责机构和人员，注重调查研究，制定推进方案，细化政策措施，狠抓任务落实，会同有关部门形成工作合力，为农业电子商务快速健康发展提供组织保障。

（十四）强化制度建设。积极参与电子商务法律法规建设，围绕市场监管和公共服务职能职责，配合有关部门制定完善诚信经营、公平竞争、权益保护、信息公开、网络安全、行政执法等方面的规章制度。严格执法，严厉查处违法违规行为，切实保障相关市场主体和消费者合法权益，同时加强部门合作，避免多头重复执法。引导行业组织制定行业规范和服务要求，加强行业自律和信用评价。

（十五）强化示范宣传。将农业电子商务与“互联网+”现代农业行动以及农业物联网、大数据应用示范统筹推进，推动农业电子商务纳入国家电子商务示范城市和智慧城市建设内容。将农业电子商务作为农业农村信息化示范基地、国家现代农业示范区、农业社会化服务示范县建设与认定的重要指标，培育和树立一批具有引领示范作用的农业电子商务企业。及时总结农业电子商务发展经验、运行模式，加强先进典型的宣传和推广，努力营造社会各界关注和支持农业电子商务发展的良好氛围。

商务部等十九部门关于加快发展农村电子商务的意见

（2015年8月21日　商建发〔2015〕306号）

各省、自治区、直辖市、计划单列市及新疆生产建设兵团商务、发展改革、工业和信息化、财政、人力资源社会保障、交通运输、农业、人民银行、工商、质监（市场监督管理）、银监、证监、保监、邮政、扶贫、供销合作、共青团、妇联、残联主管部门：

近年来，随着互联网的普及和农村基础设施的完善，我国农村电子商务快速发展，农村商业模式不断创新，服务内容不断丰富，电子商务交易规模不断扩大。但总体上我国农村电子商务发展仍处于起步阶段，存在着市场主体发育不健全、物流配送等基础设施滞后、发展环境不完善和人才缺乏等问题。

加快发展农村电子商务，是创新商业模式、完善农村现代市场体系的必然选择，是转变农业发展方式、调整农业结构的重要抓手，是增加农民收入、释放农村消费潜力的重要举措，是统筹城乡发展、改善民生的客观要求，对于进一步深化农村改革、推进农业现代化具有重要意义。根据《中共中央 国务院关于加大改革创新力度加快农业现代化建设的若干意见》（中发〔2015〕1号）和《国务院关于大力发展电子商务加快培育经济新动力的意见》（国发

〔2015〕24 号）的要求，为加快推进农村电子商务发展，现提出以下意见：

一、总体要求

（一）指导思想。

以邓小平理论、“三个代表”重要思想、科学发展观为指导，深入贯彻落实党的十八大和十八届三中、四中全会精神，按照全面建成小康社会目标和新型工业化、信息化、城镇化、农业现代化同步发展的要求，主动适应经济发展新常态，充分发挥市场在资源配置中的决定性作用，加强基础设施建设，完善政策环境，深化农村流通体制改革，创新农村商业模式，培育和壮大农村电子商务市场主体，发展线上线下融合、覆盖全程、综合配套、安全高效、便捷实惠的现代农村商品流通和服务网络。

（二）基本原则。

1. 市场为主、政府引导。充分发挥市场在资源配置中的决定性作用，突出企业的主体地位。加快转变政府职能，完善政策、强化服务、搭建平台，加强事中事后监管，依法维护经营者、消费者合法权益。为农村电子商务发展营造平等参与、公平竞争的环境，激发各类市场主体的活力。

2. 统筹规划、创新发展。将发展农村电子商务纳入区域发展战略和新型城镇化规划，作为农村发展的重要引擎和产业支撑，促进城乡互补、协调发展。以商业模式创新推动管理创新和体制创新，改造传统商业的业务流程，提升农村流通现代化水平，促进农村一二三产业融合发展。

3. 实事求是、因地制宜。结合本地区农村经济社会发展水平、人文环境和自然资源等基础条件，认真研究分析，着眼长远，理性推进。注重发挥基层自主性、积极性和创造性，因县而异，探索适合本地农村电子商务发展的路径和模式。

4. 以点带面、重点突破。先行先试、集中力量解决农村电子商务发展中的突出矛盾和问题，务求实效，对老少边穷地区要重点扶持、优先试点；总结先行地区经验，不断提升示范效应，形成推广机制。

（三）发展目标。

争取到 2020 年，在全国培育一批具有典型带动作用的农村电子商务示范县。电子商务在降低农村流通成本、提高农产品商品化率和农民收入、推进新型城镇化、增加农村就业、带动扶贫开发等方面取得明显成效，农村流通现代化水平显著提高，推动农村经济社会健康快速发展。

二、提升农村电子商务应用水平

（四）建设新型农村日用消费品流通网络。

适应农村产业组织变化趋势，充分利用“万村千乡”、信息进村入户、交通、邮政、供销合作社和商贸企业等现有农村渠道资源，与电子商务平台实现优势互补，加强服务资源整合。推动传统生产、经营主体转型升级，创新商业模式，促进业务流程和组织结构的优化重组，增强产、供、销协同能力，实现线上线下融合发展。支持电子商务企业渠道下沉。加强县级电子商务运营中心、乡镇商贸中心和配送中心建设，鼓励“万村千乡”等企业向村级店提供B2B网上商品批发和配送服务。鼓励将具备条件的村级农家店、供销合作社基层网点、农村邮政局所、村邮站、快递网点、信息进村入户村级信息服务站等改造为农村电子商务服务点，加强与农村基层综合公共服务平台的共享共用，推动建立覆盖县、乡、村的电子商务运营网络。

（五）加快推进农村产品电子商务。

以农产品、农村制品等为重点，通过加强对互联网和大数据的应用，提升商品质量和服务水平，培育农村产品品牌，提高商品化率和电子商务交易比例，带动农民增收。与农村和农民特点相结合，研究发展休闲农业和乡村旅游等个性化、体验式的农村电子商务。指导和支持种养大户、家庭农场、农民专业合作社、农业产业化龙头企业等新型农业经营主体和供销合作社、扶贫龙头企业、涉农残疾人扶贫基地等，对接电商平台，重点推动电商平台开设农业电商专区、降低平台使用费用和提供互联网金融服务等，实现“三品一标”、“名特优新”、“一村一品”农产品上网销售。鼓励有条件的农产品批发和零售市场进行网上分销，构建与实体市场互为支撑的电子商务平台，对标准化程度较高的农产品探索开展网上批发交易。鼓励新型农业经营主体与城市邮政局所、快递网点和社区直接对接，开展生鲜农产品“基地+社区直供”电子商务业务。从大型生产基地和批发商等团体用户入手，发挥互联网和移动终端的优势，在农产品主产区和主销区之间探索形成线上线下高效衔接的农产品交易模式。

（六）鼓励发展农业生产资料电子商务。

组织相关企业、合作社，依托电商平台和“万村千乡”农资店、供销合作社农资连锁店、农村邮政局所、村邮站、乡村快递网点、信息进村入户村级信息服务站等，提供测土配方施肥服务，并开展化肥、种子、农药等生产资料电子商务，推动放心农资进农家，为农民提供优质、实惠、可追溯的农业生产资料。发挥农资企业和研究机构的技术优势，将农资研发、生产、销售与指导农业生产相结合，通过网络、手机等提供及时、专业、贴心的农业专家服务，与电子商务紧密结合，加强使用技术指导服务体系建设，宣传、应用和推广农业最新科研成果。

（七）大力发展农村服务业。

按照新型城镇化发展要求，逐步增加农村电子商务综合服务功能，实现一网多用，缩小城乡居民在商品和服务消费上的差距。鼓励与服务业企业、金融机构等加强合作，提高大数据分析能力，在不断完善农民网络购物功能的基础上，逐步叠加手机充值、票务代购、水电气费缴纳、农产品网络销售、小额取现、信用贷款、家电维修、养老、医疗、土地流转等功能，进一步提高农村生产、生活服务水平。与城市社区电子商务系统有机结合，实现城乡互补和融合发展。

（八）提高电子商务扶贫开发水平。

按照精准扶贫、精准脱贫的原则，创新扶贫开发工作机制，把电子商务纳入扶贫开发工作体系。积极推进电商扶贫工程，密切配合，形成合力，瞄准建档立卡贫困村，覆盖建档立卡贫困户。鼓励引导易地扶贫搬迁安置区和搬迁人口发展电子商务。提升贫困地区交通物流、网络通讯等发展水平，增强贫困地区利用电商创业、就业能力，推动贫困地区特色农副产品、旅游产品销售，增加贫困户收入。鼓励引导电商企业开辟贫困老区特色农产品网上销售平台，与合作社、种养大户建立直采直供关系。到2020年，对有条件的建档立卡贫困村实现电商扶贫全覆盖。

三、培育多元化农村电子商务市场主体

（九）鼓励各类资本发展农村电子商务。

支持电商、物流、商贸、金融、邮政、快递等各类社会资本加强合作，实现优势资源的对接与整合，参与农村电子商务发展。加快实施“快递下乡”工程，支持快递企业“向下”、“向西”发展。支持第三方电子商务平台创新和拓展涉农电商业务。引导涉农信息发布平台向在线交易和电商平台转型，提升服务功能。

（十）积极培育农村电子商务服务企业。

引导电子商务服务企业拓展农村业务，支持组建区域性农村电子商务协会等行业组织，成立专业服务机构等。为农村电子商务发展提供咨询、人员培训、技术支持、网店建设、品牌培育、品质控制、营销推广、物流解决、代理运营等专业化服务，引导市场主体规范有序发展，培育一批扎根农村的电子商务服务企业。

（十一）鼓励农民依托电子商务进行创业。

实施农村青年电商培育工程和巾帼电商创业行动。以返乡高校毕业生、返乡青年、大学生村官、农村青年、巾帼致富带头人、退伍军人等为重点，培养一批农村电子商务带头人和实用型人才，切实发挥他们在农村电子商务发展中的引领和示范作用。指导具有特色商品生产基础的乡村开展电子商务，吸引农民工返乡创业就业，引导农民立足农村、对接城市，探索农村创业新模式。各类农村电子商务运营网点要积极吸收农村妇女、残疾人士等就业。

四、加强农村电子商务基础设施建设

（十二）加强农村宽带、公路等设施建设。

完善电信普遍服务补偿机制，加快农村信息基础设施建设和宽带普及，推进“宽带中国”建设，促进宽带网络提速降费，积极推动4G和移动互联网技术应用。以建制村通硬化路为重点加快农村公路建设，推进城乡客运一体化，推动有条件的地区实施公交化改造。

（十三）提高农村物流配送能力。

加强交通运输、商贸流通、农业、供销、邮政各部门和单位及电商、快递企业等相关农村物流服务网络和设施的共享衔接，发挥好邮政点多面广和普遍服务的优势，逐步完善县乡村三级物流节点基础设施网络，鼓励多站合一、资源共享，共同推动农村物流体系建设，打通农村电子商务“最后一公里”。推动第三方配送、共同配送在农村的发展，建立完善农村公共仓储配送体系，重点支持老少边穷地区物流设施建设。

五、创建农村电子商务发展的有利环境

（十四）搭建多层次发展平台。

鼓励电商基础较好的地方积极协调落实项目用地、利用闲置厂房等建设农村特色电子商务产业基地、园区或综合运营服务中心，发挥孵化功能，为当地网商、创业青年和妇女等提供低成本的办公用房、网络通信、培训、摄影、仓储配送等公共服务，促进网商在农村的集聚发展。支持地方依托第三方综合电商平台，开设地方特色馆，搭建区域性电商服务平台。促进线下产业发展平台和线上电商交易平台的结合，推动网络经济与实体经济的融合。研究建立适合农村情况的电子商务标准、统计制度等。发挥各类农业信息资源优势，逐步覆盖农产品生产、流通、销售和消费全程，提高市场信息传导效应，引导农民开展订单生产。

（十五）加大金融支持力度。

鼓励有条件的地区通过拓宽社会融资渠道设立农村电子商务发展基金。鼓励村级电子商务服务点、助农取款服务点相互依托建设，实现优势互补、资源整合，提高利用效率。提高农村电商的大数据分析能力，支持银行业金融机构和支付机构研发适合农村特点、满足农村电子商务发展需求的网上支付、手机支付、供应链贷款等金融产品，加强有关风险控制，保障客户信息安全和资金安全。加大对电商创业农民的授信和贷款支持。充分利用各地设计开发的“青”字号专属金融产品，或依托金融机构现有产品，设计“青”字号电商创业金融服务项目，支持农村青年创业。协调各类农业信贷担保机构，简化农村网商小额短期贷款办理手续，对信誉良好、符合政策条件的农村网商，可按规定享受创业担保贷款及贴息政策。

（十六）加强培训和人才培养。

依托现有培训项目和资源，支持电子商务企业、各类培训机构、协会对机关、企业、农业经营主体和农民等，进行电子商务政策、理论、运营、操作等方面培训。有条件的地区可以建立专业的电商人才培训基地和师资队伍，努力培养一批既懂理论、又懂业务、会经营网店、能带头致富的复合型人才。引导具有实践经验的电商从业者返乡创业，鼓励电子商务职业经理人到农村发展。进一步降低农村电商人才就业保障等方面的门槛。

（十七）规范市场秩序。

加强网络市场监管，打击制售假冒伪劣商品、虚假宣传、不正当竞争和侵犯知识产权等违法行为，维护消费者合法权益，促进守法诚信经营。督促第三方交易平台加强内部管理，规范主体准入，遏制“刷信用”等欺诈行为。维护公平竞争的市场秩序，营造良好创业营商环境。推进农村电子商务诚信建设。加强农产品标准化、检验检测、安全监控、分级包装、冷链仓储、加工配送、追溯体系等技术、设施的研究、应用和建设，提高对农产品生产、加工和流通等环节的质量管控水平，建立完善质量保障体系。

（十八）开展示范和宣传推广。

开展电子商务进农村综合示范，认真总结示范地区经验做法，梳理典型案例，对开展电商创业的农村青年、农村妇女、新型农业经营主体和农村商业模式等进行总结推广。加大宣传力度，推动社会各界关注和支持农村电子商务发展。加强地区间沟通与交流，促进合作共赢发展。

电子商务进农村是三农工作的新领域。各地要加快转变政府职能，打破传统观念和模式，大胆探索创新，加强组织领导，加强部门沟通协调，改进工作方式方法，提升政府服务意识和水平，推动农村电子商务健康快速发展，促进农村现代市场体系建立完善，加快推进农业现代化进程。

附件：

农村电子商务发展重点工作

工作名称	工作内容	牵头部门
一、农村青年电商培育工程	加强农村青年电子商务培训，引导农村青年运用电子商务创业就业，提高农村青年在县、乡、村电子商务服务体系建设中的作用。	共青团中央
二、“快递向西向下”服务拓展工程	完善中西部、农村地区快递基础设施，发挥电子商务与快递服务的协同作用，提升快递服务对农村电子商务的支撑能力和水平。	邮政局
三、电商扶贫工程	在贫困县开展电商扶贫试点，重点扶持建档立卡贫困村贫困户，推动贫困地区特色农副产品、旅游产品销售。	扶贫办
四、巾帼电商创业行动	建立适应妇女创业的网络化、实训式电子商务培育模式，借助互联网和大数据，助推农村妇女创业致富。	全国妇联
五、电子商务进农村综合示范	培育一批农村电子商务示范县，健全农村电子商务支撑服务体系，扩大农村电子商务应用领域，提高农村电子商务应用能力，改善农村电子商务发展环境。	财政部、商务部

（四）其　他

国家发展改革委办公厅、中央网信办秘书局、工业和信息化部办公厅关于做好引导和规范共享经济健康良性发展有关工作的通知

（2018 年 5 月 22 日　发改办高技〔2018〕586 号）

各省、自治区、直辖市及计划单列市、新疆生产建设兵团发展改革委、网信办、工业和信息化主管部门：

党的十九大提出，在共享经济等领域培育新增长点、形成新动能。中央经济工作会议和 2018 年《政府工作报告》就发展共享经济等新业态新模式提出明确要求。为深入学习贯彻习近平新时代中国特色社会主义思想和党的十九大精神，落实中央经济工作会议部署和《政府工作报告》要求，加快实施《关于促进分享经济发展的指导性意见》（发改高技〔2017〕1245 号），有效应对近期共享经济发展出现的新情况新问题，推动共享经济健康良性发展，现将有关工作要求通知如下。

一、构建综合治理机制。结合本地实际，抓紧研究建立针对共享经济等新业态新模式的部门协调机制，构建信息互换、执法互助的综合监管机制，打造线上线下结合、部门区域协同的现代化治理体系。充分发挥地方行业协会作用，支持制定实施行业规范与自律公约。

二、推进实施分类治理。按照“谁审批、谁监管，谁主管、谁监管”的原则，根据共享经济业态属性，进一步明确各行业领域主要管理服务部门，并结合其发展阶段，准确判断和深入分析发展过程中出现的新情况新问题，制定适应各行业领域成长特点的差异化治理策略，分类细化管理。

三、压实企业主体责任。贯彻以人民为中心的发展思想，严格压实平台企业主体责任，督促平台企业完善安全保障机制，切实保证消费者人身和财产安全；采用人工智能、大数据等技术手段与人工审核相结合的方式，强化

身份核验和内容治理；构建科学合理的交易撮合机制及定价机制，保证交易公平性；建立便捷的消费者评价和投诉处理机制，加强消费者权益保护。

四、规范市场准入限制。审慎出台新的市场准入政策，实施公平竞争审查制度，依法依规落实相关领域的资质准入要求，严肃处理违法违规经营行为。在国家尚未制定统一标准的共享经济领域，充分发挥龙头企业和行业协会作用，加快制定适应本地发展实际和需求的产品和服务标准，细化质量要求。

五、加强技术手段建设。积极利用技术手段创新监管方式，为风险防控、服务评价、网络与信息安全监管等提供有效支撑，鼓励充分利用国家数据共享交换平台和现有平台资源等，依法依规接入相关领域平台企业数据，开展大数据监管。

六、推动完善信用体系。推动平台企业与全国信用信息共享平台进行对接，强化平台企业、资源提供者、消费者等主体的信用评级和信用管理。支持各地相关机构及时将掌握收集的共享经济平台企业的无证无照经营、虚假宣传、押金投诉等违约信息在“信用中国”网站公开公示，并将有关企业获得行政许可和受到行政处罚的信用信息通过国家企业信用信息公示系统依法公示。

七、合理利用公共资源。对于使用公共资源的共享经济业态，统筹考虑市场需求、城市承载能力等因素，科学设定总量规模，加快制定公平、公正、公开的服务评价体系，定期向社会公布平台企业的服务质量，并将评价结果与企业投放规模挂钩，运用灵活多样的手段动态调控供给规模和结构。

八、保障个人信息安全。依法依规强化对平台企业收集、保存、使用、处理、共享、转让、公开披露、向境外提供个人信息等行为的监督，督促平台企业运用匿名化、去标识化等技术手段，提高个人信息保护水平，防止信息泄露、损毁和丢失。

九、规范市场竞争秩序。以维护公平竞争的市场环境为监管重点，完善有关竞争规则，加强竞争宣传倡导，促进规范企业行为，依法查处垄断协议、滥用市场支配地位等垄断行为和虚假宣传、商业诽谤等不正当竞争行为，维护市场价格秩序。加大对知识产权的保护力度，打击侵权行为。严厉打击以“发展共享经济”为幌子，从事非法集资、窃取用户隐私、危害国家安全等违法犯罪行为。

十、加强正面宣传引导。加大宣传力度，支持平台企业制定用户规则，引导用户规范使用共享资源，文明参与共享经济发展。加强对社会资本投资的有效引导，优化社会资源利用配置。

十一、完善应急处置保障。联合共享经济平台企业，建立应对重大活动和突发事件的应急处置和保障机制，明确平台企业配合属地政府管理的相关义务。

各地区要深入贯彻落实党中央、国务院关于发展共享经济的有关部署，加强领导，高度重视，进一步加大《关于促进分享经济发展的指导性意见》（发改高技〔2017〕1245 号）的贯彻落实，完善制度保障，努力营造推进共享经济健康良性发展的良好氛围。国家发展改革委、中央网信办、工业和信息化部将会同相关部门做好有关政策解释工作，及时将重大情况和问题向国务院报告。

特此通知。

国家发展改革委、中央网信办、工业和信息化部、人力资源社会保障部、税务总局、工商总局、质检总局、国家统计局关于促进分享经济发展的指导性意见

（2017 年 7 月 3 日　发改高技〔2017〕1245 号）

分享经济作为全球新一轮科技革命和产业变革下涌现的新业态新模式，正在加快驱动资产权属、组织形态、就业模式和消费方式的革新。推动分享经济发展，将有效提高社会资源利用效率，便利人民群众生活，对推进供给侧结构性改革，落实创新驱动发展战略，进一步促进大众创业万众创新，培育经济发展新动能，具有重要意义。近年来，我国分享经济创新创业活跃，发展迅速，利用“互联网 +”，创造众多新业态，化解过剩产能，带动大量就业，显示出巨大发展活力与潜力，已成为推动大众创业万众创新向更广范围、更深程度发展的重要抓手和我国经济社会发展的“生力军”。但是，分享经济发展也面临着认识不统一、制度不适应、保障不健全等诸多问题和挑

战。按照深化简政放权、放管结合、优化服务改革的总体要求，为加强预期引导，优化发展环境，促进分享经济发展，现提出以下指导性意见。

一、分享经济在现阶段主要表现为利用网络信息技术，通过互联网平台将分散资源进行优化配置，提高利用效率的新型经济形态。

二、分享经济强调所有权与使用权的相对分离，倡导共享利用、集约发展、灵活创新的先进理念；强调供给侧与需求侧的弹性匹配，实现动态及时、精准高效的供需对接；强调消费使用与生产服务的深度融合，形成人人参与、人人享有的发展模式。

三、促进分享经济更好更快发展，要坚持以推进供给侧结构性改革为主线，以满足经济社会发展需求为目标，以支持创新创业为核心，以满足消费需求和消费意愿为导向，深入推进简政放权、放管结合、优化服务改革，按照“鼓励创新、包容审慎”的原则，发展与监管并重，积极探索推进，加强分类指导，创新监管模式，推进协同治理，健全法律法规，维护公平竞争，强化发展保障，充分发挥地方和部门的积极性、主动性，支持和引导各类市场主体积极探索分享经济新业态新模式。

四、合理界定不同行业领域分享经济的业态属性，分类细化管理。加强部门与地方制定出台准入政策、开展行业指导的衔接协调，避免用旧办法管制新业态，破除行业壁垒和地域限制。清理规范制约分享经济发展的行政许可、商事登记等事项，进一步取消或放宽资源提供者市场准入条件限制，审慎出台新的市场准入政策。拟出台各项市场准入、监管措施，必须事先公开征求公众意见，充分开展咨询评估，提高政策透明度。坚持底线思维，增强安全意识，对于与人民生命财产安全、社会稳定、文化安全、金融风险等密切相关的业态和模式，严格规范准入条件。

五、坚持包容审慎的监管原则，探索建立政府、平台企业、行业协会以及资源提供者和消费者共同参与的分享经济多方协同治理机制。强化地方政府自主权和创造性，做好与现有社会治理体系和管理制度的衔接，完善分享经济发展行业指导和事中事后监管。充分利用云计算、物联网、大数据等技术，创新网络业务监管手段。加快网络交易监管服务平台建设，实施线上线下一体化管理。平台企业要加强内部治理和安全保障，强化社会责任担当，严格规范经营。行业协会等有关社会组织要推动出台行业服务标准和自律公约，完善社会监督。资源提供者和消费者要强化道德约束，实现共享共治，促进分享经济以文明方式发展。

六、根据分享经济的不同形态和特点，科学合理界定平台企业、资源提供者和消费者的权利、责任及义务，明确追责标准和履责范围，研究建立平台企业履职尽责与依法获得责任豁免的联动协调机制，促进行业规范发展。平台企业应建立相应规则，严格落实网络主体资格审查，保护消费者合法权益，积极协助政府监督执法和权利人维权。资源提供者应履行信息公示义务，积极配合相关调查。消费者应依法合规使用分享资源。

七、引导平台企业建立健全消费者投诉和纠纷解决机制，鼓励行业组织依法合规探索设立分享经济用户投诉和维权的第三方平台。依法严厉打击泄露和滥用用户个人信息等损害消费者权益行为。加强对分享经济发展涉及的专利、版权、商标等知识产权的保护、创造、运用和服务。鼓励金融机构结合分享经济需求，创新金融产品和服务。研究制定适应分享经济特点的保险政策，积极利用保险等市场机制保障资源提供者和消费者的合法权益。

八、鼓励和引导分享经济企业开展有效有序竞争。切实加强对分享经济领域平台企业垄断行为的监管与防范，维护消费者利益和社会公共利益，营造新旧业态、各类市场主体公平竞争的环境。严禁以违法手段开展竞争，严厉打击扰乱正常的生产经营秩序的行为。

九、积极发挥全国信用信息共享平台、国家企业信用信息公示系统和金融信用信息基础数据库作用，依法推进各类信用信息平台无缝对接，打破信息孤岛，建立政府和企业互动的信息共享合作机制，充分利用互联网信用数据，对现有征信体系进行补充完善，并向征信机构提供服务。积极引导平台企业利用大数据监测、用户双向评价、第三方认证、第三方信用评级等手段和机制，健全相关主体信用记录，强化对资源提供者的身份认证、信用评级和信用管理，提升源头治理能力。依法加强信用记录、风险预警、违法失信行为等信息在线披露，大力推动守信联合激励和失信联合惩戒。平台企业要健全信用信息保全机制，承担协查义务，并协同有关部门实施失信联合惩戒措施。

十、鼓励和支持具有竞争优势的分享经济平台企业有序“走出去”，加强对外交流与合作，积极开拓国际市场，构建跨境产业体系，打造国际知名品牌，培育具有全球影响力的分享经济平台企业。

十一、大力推动政府部门数据共享、公共数据资源开放、公共服务资源分享，增加公共服务供给，提升服务效率，降低服务成本。完善相关配套政策，加大政府部门对分享经济产品和服务的购买力度，扩大公共服务需求。在城乡用地布局和公共基础设施规划建设中，充分考虑分享经济发展需求。鼓励企业、高校、科研机构分享人才智力、仪器设备、实验平台、科研成果等创新资源与生产能力。

十二、积极发挥分享经济促进就业的作用，研究完善适应分享经济特点的灵活就业人员社会保险参保缴费措施，切实加强劳动者权益保障。加大宣传力度，提升劳动者的自我保护意识。对与从业者签订劳动合同的平台企业，以及依托平台企业灵活就业、自主创业的人员，按规定落实相关就业创业扶持政策。

十三、研究完善适合分享经济特点的税收征管措施。依法加强对平台企业涉税信息的采集和税收风险分析工作，加快推进线上线下一体化管理。推广应用电子发票，不断提高分享经济纳税服务的信息化水平，持续增强分享经济纳税服务能力。

十四、建立健全反映分享经济的统计调查指标和评价指标。充分运用大数据等信息技术手段，创新统计调查方法，推动部门统计信息共享，多渠道收集相关数据并建立数据库，完善统计核算，科学准确评估分享经济在经济发展、改善民生、促进就业和增加居民收入、扩大国内消费等方面的贡献。

十五、加强释法、修法工作，按程序及时调整不适应分享经济发展和管理的法律法规与政策规定，不断优化法律服务。在相关立法工作中，根据国家有关战略部署和分享经济发展特点进行设计，加强制度与监管的适应性。根据需要及时研究制定分行业分领域分享经济管理办法。

十六、各地区、各部门要担起责任，主动作为，切实加强对分享经济的深入研究，因地制宜，不断完善发展环境，创造良好社会预期，务实推进分享经济健康快速发展。鼓励有条件的行业和地区先行先试，充分发挥专业化众创空间、科技孵化器的支撑作用和双创示范基地的示范作用，不断提升服务能力，积极开展相关探索实践。“互联网＋”行动部际联席会议要加强对分享经济发展的统筹协调和政策解读，条件成熟时推动成立分享经济专家咨询委员会，为政府决策提供重要支撑。

网络表演经营活动管理办法（节录）

（2016年12月2日 文化部 文市发〔2016〕33号）

第一条 为切实加强网络表演经营活动管理，规范网络表演市场秩序，促进行业健康有序发展，根据《互联网信息服务管理办法》、《互联网文化管理暂行规定》等有关法律法规，制定本办法。

第二条 本办法所称网络表演是指以现场进行的文艺表演活动等为主要内容，通过互联网、移动通讯网、移动互联网等信息网络，实时传播或者以音视频形式上载传播而形成的互联网文化产品。

网络表演经营活动是指通过用户收费、电子商务、广告、赞助等方式获取利益，向公众提供网络表演产品及服务的行为。

将网络游戏技法展示或解说的内容，通过互联网、移动通讯网、移动互联网等信息网络，实时传播或者以音视频形式上载传播的经营活动，参照本办法进行管理。

第三条 从事网络表演经营活动，应当遵守宪法和有关法律法规，坚持为人民服务、为社会主义服务的方向，坚持社会主义先进文化的前进方向，自觉弘扬社会主义核心价值观。

第四条 从事网络表演经营活动的网络表演经营单位，应当根据《互联网文化管理暂行规定》，向省级文化行政部门申请取得《网络文化经营许可证》，许可证的经营范围应当明确包括网络表演。网络表演经营单位应当在其网站主页的显著位置标明《网络文化经营许可证》编号。

……

国家旅游局关于实施“旅游＋互联网”行动计划的通知（节录）

（2015 年 9 月 18 日　旅发〔2015〕210 号）

各省、自治区、直辖市旅游委（局），新疆生产建设兵团旅游局：

旅游业是国民经济的综合性产业，是拉动经济增长的重要动力。以互联网为代表的全球新一轮科技革命正在深刻改变着世界经济发展和人们的生产生活，为全球旅游业发展带来了全新变革，旅游与互联网的深度融合发展已经成为不可阻挡的时代潮流。为认真贯彻落实《国务院办公厅关于进一步促进旅游投资和消费的若干意见》（国办发〔2015〕62 号）和《国务院关于积极推进“互联网＋”行动的指导意见》（国发〔2015〕40 号），充分发挥旅游业的综合优势和带动作用，积极运用互联网推动旅游业产品业态创新、发展模式变革、服务效能提高，提升实体经济创新力和生产力，促进旅游业转型升级、提质增效，为稳增长、促改革、调结构、惠民生发挥重要作用，现就实施“旅游＋互联网”行动计划通知如下：

一、行动要求

（一）基本思路

准确把握我国旅游业的发展规律和发展趋势，充分发挥我国互联网的规模优势和应用优势，推动旅游与互联网融合发展的广度和深度，提高旅游创新能力和创新优势，挖掘旅游发展潜力和活力，培育新业态，发展新模式，构筑新动能，加速提升我国旅游业发展水平。

坚持市场导向。遵循市场规律，尊重市场主体，突出企业的主体作用，发挥市场在资源配置中的决定作用，完善市场机制，激发市场活力，积极引导市场需求发展。

坚持开放共享。以开明的态度、开放的精神，将旅游作为互联网深入融合的重要领域，将互联网作为旅游创新发展的重要动力，积极营造旅游与互联网相互开放、相互包容、融合发展的良好环境，最大限度优化资源配置，加快形成以开放共享为特征的“旅游＋互联网”运行模式。

坚持引领变革。发挥互联网对旅游产业创新升级的平台作用，以旅游与互联网融合创新为突破口，推动大众创业、万众创新，引导要素资源向旅游实体经济集聚，推动旅游生产方式和发展模式变革。

坚持安全有序。完善旅游与互联网融合发展的标准规范和规章制度，增强安全意识，强化安全管理，防范安全风险，保障网络安全。建立科学有效的旅游与互联网融合发展的市场监管方式，促进旅游市场公平竞争、有序发展。

（二）发展目标

到 2018 年，我国旅游业各个领域与互联网深度融合发展；互联网成为我国旅游产品创新和业态创新的重要动力，成为我国旅游公共服务和行业监管的重要平台；在线旅游投资占全国旅游直接投资的 10%，在线旅游消费支出占国民旅游消费支出的 15%。

到 2020 年，旅游业各领域与互联网达到全面融合，互联网成为我国旅游业创新发展的主要动力和重要支撑，网络化、智能化、协同化国家智慧旅游公平服务平台基本形成；在线旅游投资占全国旅游直接投资的 15%，在线旅游消费支出占国民旅游消费支出的 20%。

二、重点行动

……

（六）推动“旅游 + 互联网”投融资创新。大力推广众筹、PPP 等投融资模式，引导社会资本介入“旅游 + 互联网”领域，加快“旅游 + 互联网”创新发展。鼓励旅游企业和互联网企业通过战略投资等市场化方式融合发展，构建线上与线下相结合、品牌和投资相结合的发展模式。

（七）开展智慧旅游景区建设。加快制定出台国家智慧旅游景区标准。到 2018 年，推动全国所有 5A 级景区建设成为智慧旅游景区。到 2020 年，推动全国所有 4A 级景区实现免费 WIFI、智能导游、电子讲解、在线预订、信息推送等功能全覆盖。

（八）推动智慧旅游乡村建设。运用互联网和移动互联网，全面提升乡村旅游的管理、服务、营销水平。积极支持社会资本和企业发展乡村旅游电子商务平台，推动更多优质农副土特产品实现电子商务平台交易，带动农民增收和脱贫致富。支持有条件的地方通过乡村旅游 APP、微信等网络新媒体手段宣传推广乡村旅游特色产品。支持有条件的贫困村发展成为智慧旅游示范村。鼓励各地建设集旅游咨询、展示、预订、交易于一体的智慧旅游乡村服务平台。

（九）完善智慧旅游公共服务体系。加大旅游公共信息的互联网采集和运用，推动旅游公共信息数据向社会开放。建设好国家智慧旅游公共服务平台，完善统一受理、分级处理的旅游投诉处置机制，健全旅游公共产品和设施、旅游投诉和旅游救援等公共信息网络查询服务。运用互联网，建立旅游诚信信息交流平台，加强对旅游企业信用的监管。运用互联网开展文明旅游引导，定期发布游客不文明旅游行为记录。积极运用互联网开展旅游应急救援。

（十）创新旅游网络营销模式。积极发展旅游电子商务平台，鼓励各地利用互联网开展旅游营销信息发布、旅游产品在线预订和交易支付。支持旅游目的地利用旅游大数据挖掘分析手段，建立广播、电视、报纸、多媒体等传统渠道和移动互联网、微博、微信等新媒体渠道相结合的旅游目的地营销体系。支持旅游企业与 OTA 平台合作，利用平台优势，扩大企业产品销售规模。鼓励旅游企业加强与门户网站、搜索引擎、UGC 旅游网站等的合作，进行产品和服务营销。鼓励旅游企业通过微博、微信等网络新媒体方式，培育黏性客户，提升企业精准营销能力，激发市场消费需求。

……

互联网保险业务监管暂行办法

（2015 年 7 月 22 日　中国保险监督管理委员会　保监发〔2015〕69 号）

为规范互联网保险经营行为，保护保险消费者合法权益，促进互联网保险业务健康发展，根据《中华人民共和国保险法》等法律、行政法规，制定本办法。

第一章　总　　则

第一条　本办法所称互联网保险业务，是指保险机构依托互联网和移动通信等技术，通过自营网络平台、第三方网络平台等订立保险合同、提供保险服务的业务。

本办法所称保险机构，是指经保险监督管理机构批准设立，并依法登记注册的保险公司和保险专业中介机构。保险专业中介机构是指经营区域不限于注册地所在省、自治区、直辖市的保险专业代理公司、保险经纪公司和保险公估机构。

本办法所称自营网络平台，是指保险机构依法设立的网络平台。

本办法所称第三方网络平台，是指除自营网络平台外，在互联网保险业务活动中，为保险消费者和保险机构提供网络技术支持辅助服务的网络平台。

第二条 保险机构开展互联网保险业务，应遵守法律、行政法规以及本办法的有关规定，不得损害保险消费者合法权益和社会公共利益。

保险机构应科学评估自身风险管控能力、客户服务能力，合理确定适合互联网经营的保险产品及其销售范围，不能确保客户服务质量和风险管控的，应及时予以调整。

保险机构应保证互联网保险消费者享有不低于其他业务渠道的投保和理赔等保险服务，保障保险交易信息和消费者信息安全。

第三条 互联网保险业务的销售、承保、理赔、退保、投诉处理及客户服务等保险经营行为，应由保险机构管理和负责。

第三方网络平台经营开展上述保险业务的，应取得保险业务经营资格。

第二章 经营条件与经营区域

第四条 互联网保险业务应由保险机构总公司建立统一集中的业务平台和处理流程，实行集中运营、统一管理。

除本办法第一条规定的保险公司和保险专业中介机构外，其他机构或个人不得经营互联网保险业务。保险机构的从业人员不得以个人名义开展互联网保险业务。

第五条 保险机构开展互联网保险业务的自营网络平台，应具备下列条件：

（一）具有支持互联网保险业务运营的信息管理系统，实现与保险机构核心业务系统的无缝实时对接，并确保与保险机构内部其他应用系统的有效隔离，避免信息安全风险在保险机构内外部传递与蔓延。

（二）具有完善的防火墙、入侵检测、数据加密以及灾难恢复等互联网信息安全管理体系；

（三）具有互联网行业主管部门颁发的许可证或者在互联网行业主管部门完成网站备案，且网站接入地在中华人民共和国境内；

（四）具有专门的互联网保险业务管理部门，并配备相应的专业人员；

（五）具有健全的互联网保险业务管理制度和操作规程；

（六）互联网保险业务销售人员应符合保监会有关规定；

（七）中国保监会规定的其他条件。

第六条　保险机构通过第三方网络平台开展互联网保险业务的，第三方网络平台应具备下列条件：

（一）具有互联网行业主管部门颁发的许可证或者在互联网行业主管部门完成网站备案，且网站接入地在中华人民共和国境内；

（二）具有安全可靠的互联网运营系统和信息安全管理体系，实现与保险机构应用系统的有效隔离，避免信息安全风险在保险机构内外部传递与蔓延；

（三）能够完整、准确、及时向保险机构提供开展保险业务所需的投保人、被保险人、受益人的个人身份信息、联系信息、账户信息以及投保操作轨迹等信息；

（四）最近两年未受到互联网行业主管部门、工商行政管理部门等政府部门的重大行政处罚，未被中国保监会列入保险行业禁止合作清单；

（五）中国保监会规定的其他条件。

第三方网络平台不符合上述条件的，保险机构不得与其合作开展互联网保险业务。

第七条　保险公司在具有相应内控管理能力且能满足客户服务需求的情况下，可将下列险种的互联网保险业务经营区域扩展至未设立分公司的省、自治区、直辖市：

（一）人身意外伤害保险、定期寿险和普通型终身寿险；

（二）投保人或被保险人为个人的家庭财产保险、责任保险、信用保险和保证保险；

（三）能够独立、完整地通过互联网实现销售、承保和理赔全流程服务的财产保险业务；

（四）中国保监会规定的其他险种。

中国保监会可以根据实际情况，调整并公布上述可在未设立分公司的省、自治区、直辖市经营的险种范围。

对投保人、被保险人、受益人或保险标的所在的省、自治区、直辖市，保险公司没有设立分公司的，保险机构应在销售时就其可能存在的服务不到位、时效差等问题做出明确提示，要求投保人确认，并留存确认记录。

保险专业中介机构开展互联网保险业务的业务范围和经营区域，应与提供相应承保服务的保险公司保持一致。

第三章 信息披露

第八条 保险机构开展互联网保险业务，不得进行不实陈述、片面或夸大宣传过往业绩、违规承诺收益或者承担损失等误导性描述。

保险机构应在开展互联网保险业务的相关网络平台的显著位置，以清晰易懂的语言列明保险产品及服务等信息，需列明的信息包括下列内容：

（一）保险产品的承保公司、销售主体及承保公司设有分公司的省、自治区、直辖市清单；

（二）保险合同订立的形式，采用电子保险单的，应予以明确说明；

（三）保险费的支付方式，以及保险单证、保险费发票等凭证的配送方式、收费标准；

（四）投保咨询方式、保单查询方式及客户投诉渠道；

（五）投保、承保、理赔、保全、退保的办理流程及保险赔款、退保金、保险金的支付方式；

（六）针对投保人（被保险人或者受益人）的个人信息、投保交易信息和交易安全的保障措施；

（七）中国保监会规定的其他内容。

其中，互联网保险产品的销售页面上应包含下列内容：

（一）保险产品名称（条款名称和宣传名称）及批复文号、备案编号或报备文件编号；

（二）保险条款、费率（或保险条款、费率的链接），其中应突出提示和说明免除保险公司责任的条款，并以适当的方式突出提示理赔要求、保险合同中的犹豫期、费用扣除、退保损失、保险单现金价值等重点内容；

（三）销售人身保险新型产品的，应按照《人身保险新型产品信息披露管理办法》的有关要求进行信息披露和利益演示，严禁片面使用“预期收益率”等描述产品利益的宣传语句；

（四）保险产品为分红险、投连险、万能险等新型产品的，须以不小于产品名称字号的黑体字标注收益不确定性；

（五）投保人的如实告知义务，以及违反义务的后果；

（六）保险产品销售区域范围；

（七）其他直接影响消费者利益和购买决策的事项。

网络平台上公布的保险产品相关信息，应由保险公司统一制作和授权发布，并确保信息内容合法、真实、准确、完整。

第九条 开展互联网保险业务的保险机构，应在其官方网站建立互联网保险信息披露专栏，需披露的信息包括下列内容：

（一）经营互联网保险业务的网站名称、网址，如为第三方网络平台，还要披露业务合作范围；

（二）互联网保险产品信息，包括保险产品名称、条款费率（或链接）及批复文号、备案编号、报备文件编号或条款编码；

（三）已设立分公司名称、办公地址、电话号码等；

（四）客户服务及消费者投诉方式；

（五）中国保监会规定的其他内容。

保险专业中介机构开展互联网保险业务的，应披露的信息还应包括中国保监会颁发的业务许可证、营业执照登载的信息或营业执照的电子链接标识、保险公司的授权范围及内容。

第四章 经营规则

第十条 保险机构应将保险监管规定及有关要求告知合作单位，并留存告知记录。保险机构与第三方网络平台应签署合作协议，明确约定双方权利义务，确保分工清晰、责任明确。因第三方网络平台原因导致保险消费者或者保险机构合法权益受到损害的，第三方网络平台应承担赔偿责任。

第十一条 第三方网络平台应在醒目位置披露合作保险机构信息及第三方网络平台备案信息，并提示保险业务由保险机构提供。

第三方网络平台应于收到投保申请后24小时内向保险机构完整、准确地提供承保所需的资料信息，包括投保人（被保险人、受益人）的姓名、证件类型、证件号码、联系方式、账户等资料。除法律法规规定的情形外，保险机构及第三方网络平台不得将相关信息泄露给任何机构和个人。

第三方网络平台为保险机构提供宣传服务的，宣传内容应经保险公司审核，以确保宣传内容符合有关监管规定。保险公司对宣传内容的真实性、准确性和合规性承担相应责任。

第十二条 保险公司应加强对互联网保险产品的管理，选择适合互联网特性的保险产品开展经营，并应用互联网技术、数据分析技术等开发适应互联网经济需求的新产品，不得违反社会公德、保险基本原理及相关监管规定。

第十三条 投保人交付的保险费应直接转账支付至保险机构的保费收入专用账户，第三方网络平台不得代收保险费并进行转支付。保费收入专用账户包括保险机构依法在第三方支付平台开设的专用账户。

第十四条 保险机构及第三方网络平台以赠送保险、或与保险直接相关物品和服务的形式开展促销活动的，应符合中国保监会有关规定。不得以现金或同类方式向投保人返还所交保费。

第十五条 保险机构应完整记录和保存互联网保险业务的交易信息，确保能够完整、准确地还原相关交易流程和细节。交易信息应至少包括：产品宣传和销售文本、销售和服务日志、投保人操作轨迹等。第三方网络平台应协助和支持保险机构依法取得上述信息。

第十六条 保险公司应加强互联网保险业务的服务管理，建立支持咨询、投保、退保、理赔、查询和投诉的在线服务体系，探索以短信、即时通讯工具等多种方式开展客户回访，简化服务流程，创新服务方式，确保客户服务的高效和便捷。

对因需要实地核保、查勘和调查等因素而影响向消费者提供快速和便捷保险服务的险种，保险机构应立即暂停相关保险产品的销售，并采取有效措施进行整改，整改后仍不能解决的，应终止相关保险产品的销售。

第十七条 保险机构应加强业务数据的安全管理，采取防火墙隔离、数据备份、故障恢复等技术手段，确保与互联网保险业务有关交易数据和信息的安全、真实、准确、完整。

保险机构应防范假冒网站、APP应用等针对互联网保险的违法犯罪活动，检查网页上对外链接的可靠性，开辟专门渠道接受公众举报，发现问题后应立即采取防范措施，并及时向保监会报告。

第十八条 保险机构应加强客户信息管理，确保客户资料信息真实有效，保证信息采集、处理及使用的安全性和合法性。

对开展互联网保险业务过程中收集的客户信息，保险机构应严格保密，不得泄露，未经客户同意，不得将客户信息用于所提供服务之外的目的。

第十九条 保险公司应制定应急处置预案，妥善应对因突发事件、不可抗力等原因导致的互联网保险业务经营中断。

保险机构互联网保险业务经营中断的，应在自营网络平台或第三方网络平台的主页显著位置进行及时公布，并说明原因及后续处理方式。

第二十条 保险机构应建立健全客户身份识别制度，加强对大额交易和可疑交易的监控和报告，严格遵守反洗钱有关规定。

保险机构应要求投保人原则上使用本人账户支付保险费，退保时保险费应退还至原交费账户，赔款资金应支付到投保人本人、被保险人账户或受益人账户。对保险期间超过一年的人身保险业务，保险机构应核对投保人账户信息的真实性，确保付款人、收款人为投保人本人。

保险机构应建立健全互联网保险反欺诈制度，加强对互联网保险欺诈的监控和报告，第三方网络平台应协助保险机构开展反欺诈监控和调查。

第二十一条 保险公司向保险专业中介机构及第三方网络平台支付相关费用时，应当由总公司统一结算、统一授权转账支付。

保险公司应按照合作协议约定的费用种类和标准，向保险专业中介机构支付中介费用或向第三方网络平台支付信息技术费用等，不得直接或间接给予合作协议约定以外的其他利益。

第二十二条 中国保监会及其派出机构依据法律法规及相关监管规定，对保险机构和第三方网络平台的互联网保险经营行为进行日常监管和现场检查，保险机构和第三方网络平台应予配合。

第二十三条 中国保险行业协会依据法律法规及中国保监会的有关规定，对互联网保险业务进行自律管理。

中国保险行业协会应在官方网站建立互联网保险信息披露专栏，对开展互联网保险业务的保险机构及其合作的第三方网络平台等信息进行披露，便于社会公众查询和监督。中国保监会官方网站同时对相关信息进行披露。

第五章　监督管理

第二十四条　开展互联网保险业务的保险机构具有以下情形之一的，中国保监会可以责令整改；情节严重的，依法予以行政处罚：

（一）擅自授权分支机构开办互联网保险业务的；

（二）与不符合本办法规定的第三方网络平台合作的；

（三）发生交易数据丢失或客户信息泄露，造成不良后果的；

（四）未按照本办法规定披露信息或做出提示，进行误导宣传的；

（五）违反本办法关于经营区域、费用支付等有关规定的；

（六）不具备本办法规定的开展互联网保险业务条件的；

（七）违反中国保监会规定的其他行为。

第二十五条　开展互联网保险业务的第三方网络平台具有以下情形之一的，中国保监会可以要求其改正；拒不改正的，中国保监会可以责令有关保险机构立即终止与其合作，将其列入行业禁止合作清单，并在全行业通报：

（一）擅自与不符合本办法规定的机构或个人合作开展互联网保险业务；

（二）未经保险公司同意擅自开展宣传，造成不良后果的；

（三）违反本办法关于信息披露、费用支付等规定的；

（四）未按照本办法规定向保险机构提供或协助保险机构依法取得承保所需信息资料的；

（五）不具备本办法规定的开展互联网保险业务条件的；

（六）不配合保险监管部门开展监督检查工作的；

（七）违反中国保监会规定的其他行为。

第二十六条　中国保监会统筹负责互联网保险业务的监管，各保监局负责辖区内互联网保险业务的日常监测与监管，并可根据中国保监会授权对有关保险机构开展监督检查。

保险机构或其从业人员违反本办法，中国保监会及其派出机构可以通过监管谈话、监管函等措施，责令限期整改；拒不整改、未按要求整改，或构成《保险法》等法律、行政法规规定的违法行为的，依法进行处罚。

第六章　附　　则

第二十七条　专业互联网保险公司的经营范围和经营区域，中国保监会另有规定的，适用其规定。

再保险业务不适用本办法。

第二十八条　对保险机构通过即时通讯工具、应用软件、社交平台等途径销售保险产品的管理，参照适用本办法。

保险公司、保险集团（控股）公司下属非保险类子公司依法设立的网络平台，参照第三方网络平台管理。

第二十九条　本办法由中国保监会负责解释和修订。

第三十条　本办法自2015年10月1日起施行，施行期限为3年。《保险代理、经纪公司互联网保险业务监管办法（试行）》（保监发〔2011〕53号）同时废止。

电子认证服务管理办法

（2009年2月18日工业和信息化部令第1号公布　根据2015年4月29日《工业和信息化部关于修改部分规章的决定》修订）

第一章　总　　则

第一条　为了规范电子认证服务行为，对电子认证服务提供者实施监督管理，根据《中华人民共和国电子签名法》和其他法律、行政法规的规定，制定本办法。

第二条　本办法所称电子认证服务，是指为电子签名相关各方提供真实性、可靠性验证的活动。

本办法所称电子认证服务提供者，是指为需要第三方认证的电子签名提供认证服务的机构（以下称为“电子认证服务机构”）。

向社会公众提供服务的电子认证服务机构应当依法设立。

第三条　在中华人民共和国境内设立电子认证服务机构和为电子签名提

供电子认证服务，适用本办法。

第四条 中华人民共和国工业和信息化部（以下简称“工业和信息化部”）依法对电子认证服务机构和电子认证服务实施监督管理。

第二章 电子认证服务机构

第五条 电子认证服务机构应当具备下列条件：

（一）具有独立的企业法人资格。

（二）具有与提供电子认证服务相适应的人员。从事电子认证服务的专业技术人员、运营管理人员、安全管理人员和客户服务人员不少于三十名，并且应当符合相应岗位技能要求。

（三）注册资本不低于人民币三千万元。

（四）具有固定的经营场所和满足电子认证服务要求的物理环境。

（五）具有符合国家有关安全标准的技术和设备。

（六）具有国家密码管理机构同意使用密码的证明文件。

（七）法律、行政法规规定的其他条件。

第六条 申请电子认证服务许可的，应当向工业和信息化部提交下列材料：

（一）书面申请。

（二）人员证明。

（三）企业法人营业执照副本及复印件。

（四）经营场所证明。

（五）国家有关认证检测机构出具的技术、设备、物理环境符合国家有关安全标准的凭证。

（六）国家密码管理机构同意使用密码的证明文件。

第七条 工业和信息化部对提交的申请材料进行形式审查。申请材料齐全、符合法定形式的，应当向申请人出具受理通知书。申请材料不齐全或者不符合法定形式的，应当当场或者在五日内一次告知申请人需要补正的全部内容。

第八条 工业和信息化部对决定受理的申请材料进行实质审查。需要对有关内容进行核实的，指派两名以上工作人员实地进行核查。

第九条 工业和信息化部对与申请人有关事项书面征求中华人民共和国

商务部等有关部门的意见。

第十条 工业和信息化部应当自接到申请之日起四十五日内作出准予许可或者不予许可的书面决定。不予许可的，应当书面通知申请人并说明理由；准予许可的，颁发《电子认证服务许可证》，并公布下列信息：

（一）《电子认证服务许可证》编号。

（二）电子认证服务机构名称。

（三）发证机关和发证日期。

电子认证服务许可相关信息发生变更的，工业和信息化部应当及时公布。

《电子认证服务许可证》的有效期为五年。

第十一条 电子认证服务机构不得倒卖、出租、出借或者以其他形式非法转让《电子认证服务许可证》。

第十二条 取得认证资格的电子认证服务机构，在提供电子认证服务之前，应当通过互联网公布下列信息：

（一）机构名称和法定代表人。

（二）机构住所和联系办法。

（三）《电子认证服务许可证》编号。

（四）发证机关和发证日期。

（五）《电子认证服务许可证》有效期的起止时间。

第十三条 电子认证服务机构在《电子认证服务许可证》的有效期内变更公司名称、住所、法定代表人、注册资本的，应当在完成工商变更登记之日起 15 日内办理《电子认证服务许可证》变更手续。

第十四条 《电子认证服务许可证》的有效期届满需要延续的，电子认证服务机构应当在许可证有效期届满三十日前向工业和信息化部申请办理延续手续，并自办结之日起五日内按照本办法第十二条的规定公布相关信息。

第三章 电子认证服务

第十五条 电子认证服务机构应当按照工业和信息化部公布的《电子认证业务规则规范》等要求，制定本机构的电子认证业务规则和相应的证书策略，在提供电子认证服务前予以公布，并向工业和信息化部备案。

电子认证业务规则和证书策略发生变更的，电子认证服务机构应当予以公布，并自公布之日起三十日内向工业和信息化部备案。

第十六条 电子认证服务机构应当按照公布的电子认证业务规则提供电子认证服务。

第十七条 电子认证服务机构应当保证提供下列服务：

（一）制作、签发、管理电子签名认证证书。

（二）确认签发的电子签名认证证书的真实性。

（三）提供电子签名认证证书目录信息查询服务。

（四）提供电子签名认证证书状态信息查询服务。

第十八条 电子认证服务机构应当履行下列义务：

（一）保证电子签名认证证书内容在有效期内完整、准确。

（二）保证电子签名依赖方能够证实或者了解电子签名认证证书所载内容及其他有关事项。

（三）妥善保存与电子认证服务相关的信息。

第十九条 电子认证服务机构应当建立完善的安全管理和内部审计制度。

第二十条 电子认证服务机构应当遵守国家的保密规定，建立完善的保密制度。

电子认证服务机构对电子签名人和电子签名依赖方的资料，负有保密的义务。

第二十一条 电子认证服务机构在受理电子签名认证证书申请前，应当向申请人告知下列事项：

（一）电子签名认证证书和电子签名的使用条件。

（二）服务收费的项目和标准。

（三）保存和使用证书持有人信息的权限和责任。

（四）电子认证服务机构的责任范围。

（五）证书持有人的责任范围。

（六）其他需要事先告知的事项。

第二十二条 电子认证服务机构受理电子签名认证申请后，应当与证书申请人签订合同，明确双方的权利义务。

第四章 电子认证服务的暂停、终止

第二十三条 电子认证服务机构在《电子认证服务许可证》的有效期内

拟终止电子认证服务的，应当在终止服务六十日前向工业和信息化部报告，并办理《电子认证服务许可证》注销手续。

第二十四条 电子认证服务机构拟暂停或者终止电子认证服务的，应当在暂停或者终止电子认证服务九十日前，就业务承接及其他有关事项通知有关各方。

电子认证服务机构拟暂停或者终止电子认证服务的，应当在暂停或者终止电子认证服务六十日前向工业和信息化部报告，并与其他电子认证服务机构就业务承接进行协商，作出妥善安排。

第二十五条 电子认证服务机构拟暂停或者终止电子认证服务，未能就业务承接事项与其他电子认证服务机构达成协议的，应当申请工业和信息化部安排其他电子认证服务机构承接其业务。

第二十六条 电子认证服务机构被依法吊销电子认证服务许可的，其业务承接事项按照工业和信息化部的规定处理。

第二十七条 电子认证服务机构有根据工业和信息化部的安排承接其他机构开展的电子认证服务业务的义务。

第五章 电子签名认证证书

第二十八条 电子签名认证证书应当准确载明下列内容：

（一）签发电子签名认证证书的电子认证服务机构名称。

（二）证书持有人名称。

（三）证书序列号。

（四）证书有效期。

（五）证书持有人的电子签名验证数据。

（六）电子认证服务机构的电子签名。

（七）工业和信息化部规定的其他内容。

第二十九条 有下列情况之一的，电子认证服务机构可以撤销其签发的电子签名认证证书：

（一）证书持有人申请撤销证书。

（二）证书持有人提供的信息不真实。

（三）证书持有人没有履行双方合同规定的义务。

（四）证书的安全性不能得到保证。

（五）法律、行政法规规定的其他情况。

第三十条 有下列情况之一的，电子认证服务机构应当对申请人提供的证明身份的有关材料进行查验，并对有关材料进行审查：

（一）申请人申请电子签名认证证书。

（二）证书持有人申请更新证书。

（三）证书持有人申请撤销证书。

第三十一条 电子认证服务机构更新或者撤销电子签名认证证书时，应当予以公告。

第六章 监督管理

第三十二条 工业和信息化部对电子认证服务机构进行定期、不定期的监督检查，监督检查的内容主要包括法律法规符合性、安全运营管理、风险管理等。

工业和信息化部对电子认证服务机构实行监督检查时，应当记录监督检查的情况和处理结果，由监督检查人员签字后归档。公众有权查阅监督检查记录。

工业和信息化部对电子认证服务机构实行监督检查，不得妨碍电子认证服务机构正常的生产经营活动，不得收取任何费用。

第三十三条 取得电子认证服务许可的电子认证服务机构，在电子认证服务许可的有效期内不得降低其设立时所应具备的条件。

第三十四条 电子认证服务机构应当如实向工业和信息化部报送认证业务开展情况报告、财务会计报告等有关资料。

第三十五条 电子认证服务机构有下列情况之一的，应当及时向工业和信息化部报告：

（一）重大系统、关键设备事故。

（二）重大财产损失。

（三）重大法律诉讼。

（四）关键岗位人员变动。

第三十六条 电子认证服务机构应当对其从业人员进行岗位培训。

第三十七条 工业和信息化部根据监督管理工作的需要，可以委托有关省、自治区和直辖市信息产业主管部门承担具体的监督管理事项。

第七章 罚 则

第三十八条 电子认证服务机构向工业和信息化部隐瞒有关情况、提供虚假材料或者拒绝提供反映其活动的真实材料的，由工业和信息化部责令改正，给予警告或者处以5000元以上1万元以下的罚款。

第三十九条 工业和信息化部与省、自治区、直辖市信息产业主管部门的工作人员，不依法履行监督管理职责的，由工业和信息化部或者省、自治区、直辖市信息产业主管部门依据职权视情节轻重，分别给予警告、记过、记大过、降级、撤职、开除的行政处分；构成犯罪的，依法追究刑事责任。

第四十条 电子认证服务机构违反本办法第十三条、第十五条、第二十七条的规定的，由工业和信息化部依据职权责令限期改正，处以警告，可以并处1万元以下的罚款。

第四十一条 电子认证服务机构违反本办法第三十三条的规定的，由工业和信息化部依据职权责令限期改正，处以3万元以下的罚款，并将上述情况向社会公告。

第八章 附 则

第四十二条 经工业和信息化部根据有关协议或者对等原则核准后，中华人民共和国境外的电子认证服务机构在境外签发的电子签名认证证书与依照本办法设立的电子认证服务机构签发的电子签名认证证书具有同等的法律效力。

第四十三条 本办法自2009年3月31日起施行。2005年2月8日发布的《电子认证服务管理办法》（中华人民共和国信息产业部令第35号）同时废止。

证券投资基金销售机构通过第三方电子商务平台开展业务管理暂行规定

（2013 年 3 月 15 日 中国证券监督管理委员会公告〔2013〕18 号）

第一条 为了进一步拓宽公开募集证券投资基金（以下简称基金）的销售渠道，保障基金销售机构在第三方电子商务平台上基金销售活动的安全有序开展，维护基金投资人合法权益，根据《证券投资基金销售管理办法》等有关法律法规，制定本规定。

第二条 本规定所称第三方电子商务平台，是指在通过互联网开展的基金销售活动中，为基金投资人和基金销售机构之间的基金交易活动提供辅助服务的信息系统。

第三条 基金交易账户开户、宣传推介、基金份额的申购（认购）和赎回、相关投资顾问咨询和投诉处理等基金销售服务应当由基金销售机构提供。

第三方电子商务平台可以为基金销售机构开展基金销售业务提供辅助服务。第三方电子商务平台自行开展基金销售业务的，其经营者应当取得基金销售业务资格。

第四条 第三方电子商务平台为基金销售机构的销售业务提供辅助服务的，其经营者应当按照中国证券监督管理委员会（以下简称中国证监会）的规定进行备案；未报中国证监会备案的，第三方电子商务平台经营者不得开展相关业务。

基金销售机构通过第三方电子商务平台开展基金销售业务的，应当于业务开展后 5 个工作日内报中国证监会备案。

第五条 中国证监会及其派出机构依照法律法规、中国证监会的相关规定，对基金销售机构和第三方电子商务平台经营者的相关行为实施监督管理。中国证监会及其派出机构可以对基金销售机构及第三方电子商务平台经营者的相关行为进行日常监管和现场检查，基金销售机构及第三方电子商务平台经营者应予配合。

第六条 第三方电子商务平台经营者为基金销售业务提供辅助服务的，

应当具备下列条件：

（一）为中华人民共和国境内依法设立的企业法人，网站接入地在中华人民共和国境内；

（二）取得互联网行业主管部门颁发的相关电信业务经营许可证满3年；

（三）诚信记录良好，最近3年没有受到重大行政处罚或者刑事处罚；

（四）具有健全的组织机构、业务规则、规章制度，有完善的内部控制和风险管理制度；

（五）具有与电子商务平台经营规模相适应的管理人员、技术人员和客户服务人员；

（六）具有保障电子商务平台安全运行的信息系统，与基金销售机构、相关服务提供商相应的技术系统完成了联网测试；

（七）具有与开展基金销售业务辅助服务相适应的安全管理措施和安全防范技术措施，信息安全保障水平符合国家规定的标准；

（八）符合法律、行政法规规定的其他条件。

第七条 第三方电子商务平台经营者报中国证监会备案的文件应当包括备案报告、工商注册登记资料、电信业务经营许可证、商业计划书、信息技术系统实施方案、内部控制管理制度、与基金销售机构以及投资人之间协议样本、法律意见书等材料。

基金销售机构报中国证监会备案的文件应当包括业务方案、风险管理与应急处理制度、与相关各方签署的合作协议、技术系统联网测试报告等材料。

第八条 基金销售机构通过第三方电子商务平台开展基金销售活动，应当符合法律法规和中国证监会的有关规定，保证基金销售结算资金安全，确保销售适用性原则的贯彻落实。

第九条 通过第三方电子商务平台开展基金销售业务的，基金销售机构应当进行充分评估论证，履行必要的内部决策程序，并制定相应的风险管理和应急处理制度，维护基金投资人合法权益。

第十条 通过第三方电子商务平台开展基金销售活动的，基金销售机构的信息技术系统应当符合中国证监会对基金销售业务信息管理平台的要求，具备基金交易账户与投资人信息管理、基金交易、销售适用性实施、投资人服务等功能。

第三方电子商务平台为基金销售机构的销售服务活动提供技术支持的，

其信息技术系统应当符合《证券投资基金销售业务信息管理平台管理规定》和《网上基金销售信息系统技术指引》等的要求。

第十一条 基金销售机构通过第三方电子商务平台开展基金销售活动的，可以自行选择投资人身份认证、支付结算等相关服务提供商。

第十二条 基金销售机构与第三方电子商务平台经营者、投资人身份认证和支付结算等相关服务提供商应当签署合作协议，明确约定各自在基金产品销售、投资人服务、信息安全保障、风险控制、技术支持等方面的权责义务，确保分工清晰、责任明确。

基金销售机构与第三方电子商务平台经营者的合作协议还应当包括协议到期、合作终止以及一方资格被暂停或取消后妥善处理相应业务的方案、违约责任等内容。

因第三方电子商务平台原因导致基金投资人合法权益受到损害的，其经营者应当承担赔偿责任。

第十三条 基金销售机构通过第三方电子商务平台开展基金销售活动的，应当在第三方电子商务平台的醒目位置披露其工商登记信息和基金销售业务资格信息，并提示基金销售服务由基金销售机构提供。

第十四条 第三方电子商务平台经营者应当向基金销售机构提供基金投资人的资料信息，包括但不限于姓名、证件类型、证件号码、联系方式等资料。

第十五条 第三方电子商务平台经营者为基金投资人开立账户的，应当对基金投资人账户进行实名制管理，该账户可以用于基金投资人在第三方电子商务平台完成的基金交易记录的展示。

第十六条 基金销售机构、第三方电子商务平台经营者和相关服务提供商应当保证基金投资人身份资料及交易信息的安全。除法律法规规定的情形外，基金销售机构、第三方电子商务平台经营者和相关服务提供商不得将相关信息泄露给任何机构或者个人。

第十七条 基金销售机构和第三方电子商务平台经营者违反相关法律法规及本规定的，中国证监会可以依法责令整改，暂停办理相关业务，情节严重的，取消业务备案；对直接负责的主管人员和其他直接责任人员，可以采取监管谈话、出具警示函、记入诚信档案等行政监管措施；涉嫌犯罪的，依法移送司法机关，追究其刑事责任。

第十八条 本规定自公布之日起施行。

互联网文化管理暂行规定（节录）

（2011年2月11日文化部部务会议审议通过 2011年2月17日发布 自2011年4月1日起施行 根据2017年12月15日发布的《文化部关于废止和修改部分部门规章的决定》（文化部令第57号）修订）

第一条 为了加强对互联网文化的管理，保障互联网文化单位的合法权益，促进我国互联网文化健康、有序地发展，根据《中华人民共和国网络安全法》、《全国人民代表大会常务委员会关于维护互联网安全的决定》和《互联网信息服务管理办法》等国家法律法规有关规定，制定本规定。

第二条 本规定所称互联网文化产品是指通过互联网生产、传播和流通的文化产品，主要包括：

（一）专门为互联网而生产的网络音乐娱乐、网络游戏、网络演出剧（节）目、网络表演、网络艺术品、网络动漫等互联网文化产品；

（二）将音乐娱乐、游戏、演出剧（节）目、表演、艺术品、动漫等文化产品以一定的技术手段制作、复制到互联网上传播的互联网文化产品。

第三条 本规定所称互联网文化活动是指提供互联网文化产品及其服务的活动，主要包括：

（一）互联网文化产品的制作、复制、进口、发行、播放等活动；

（二）将文化产品登载在互联网上，或者通过互联网、移动通信网等信息网络发送到计算机、固定电话机、移动电话机、电视机、游戏机等用户端以及网吧等互联网上网服务营业场所，供用户浏览、欣赏、使用或者下载的在线传播行为；

（三）互联网文化产品的展览、比赛等活动。

互联网文化活动分为经营性和非经营性两类。经营性互联网文化活动是指以营利为目的，通过向上网用户收费或者以电子商务、广告、赞助等方式获取利益，提供互联网文化产品及其服务的活动。非经营性互联网文化活动是指不以营利为目的向上网用户提供互联网文化产品及其服务的活动。

……

附：《中华人民共和国电子商务法（草案）》审议材料

关于《中华人民共和国电子商务法（草案）》的说明

——2016年12月19日在第十二届全国人民代表大会常务委员会第二十五次会议上

全国人大财政经济委员会副主任委员　吕祖善

委员长、各位副委员长、秘书长、各位委员：

电子商务法列入了十二届全国人大常委会立法规划，由全国人大财政经济委员会牵头组织起草，并列入2016年立法工作计划预备项目。全国人大财政经济委员会积极推进立法进程，经过近三年全面深入的调研论证，在广泛征求国务院有关部门和地方人大、地方政府、人大代表、电商企业及专家学者等各方面意见的基础上，拟定了《中华人民共和国电子商务法（草案）》（以下简称草案）。受全国人大财政经济委员会委托，我就草案作以下说明。

一、关于制定本法的必要性和起草经过

近年来，我国电子商务迅速发展，在转方式、调结构、稳增长、促就业、惠民生等方面发挥了重要作用。“十二五”期间，电子商务年均增长速度超过30%。2015年，我国电子商务交易额超过20万亿元；网络零售额3.88万亿元，其中实物商品网上零售额3.23万亿元，占社会消费品零售总额的比重达到10.8%；电子商务交易市场规模跃居全球第一；电子商务就业人员达2690万人；互联网对中国经济增长的贡献率达到7%。近年来，许多全国人大代表也提出议案和建议，希望加快电子商务立法。

2013年12月，全国人大财政经济委员会牵头开展电子商务立法工作，组织成立由国务院十二个部门参加的电子商务法起草组。在起草过程中，认真落实科学立法、民主立法要求，注重提高立法质量，广泛吸纳地方人大、院校专家、部分电商企业和行业协会，共同参与起草工作。

起草组成立后，对电子商务现有法律法规进行了梳理，选定电子商务立法十六方面重点课题进行研究，形成三十多份有份量、有深度的研究报告。在课题研究基础上，电子商务相关部门、地方人大、高校、电商企业、行业协会等密切合作，形成四份电子商务法立法大纲和两个版本的草案建议稿。起草组把广泛听取意见贯穿于起草的全过程，通过专题调研、座谈会、研讨会等多种形式，充分听取各方面意见。认真研究梳理、充分借鉴国际组织和主要国家的经验做法，先后召开两次国际研讨会，邀请联合国贸易法委员会和美国、欧盟、日本、新加坡等国专家，结合我国电子商务立法工作进行了专题研讨。

草案建议稿整合形成草案初稿后，经征求国务院有关部门的意见，反复研究修改，形成草案讨论稿。2016 年 4 月 29 日，电子商务法起草领导小组会议讨论并原则同意草案。此后，将草案发到各省区市人大财经委，广泛听取当地有关部门、企业、专家特别是全国人大代表、地方人大代表的意见，根据各地意见对草案进行了修改完善。2016 年 7 月 19 日，全国人大财政经济委员会召开第 49 次全体会议，审议并原则通过草案，之后根据委员们意见进行了修改。此后，全国人大常委会办公厅发函国务院办公厅征求了国务院各部门的意见，财政经济委员会根据 61 个部门反馈的 188 条意见进行修改完善，采纳 139 条，并按照全国人大常委会法工委审核意见对重点问题进行了协调和修改，形成目前的草案。

二、立法指导思想和起草工作原则

电子商务立法的指导思想是：全面贯彻党的十八大和十八届三中、四中、五中、六中全会精神，牢固树立和贯彻落实创新、协调、绿色、开放、共享发展理念，按照完善社会主义市场经济体制、依法治国、依法行政的总体目标和要求，坚持促进发展、规范秩序、保障权益，充分发挥立法的引领和推动作用，加强顶层设计，夯实制度基础，激发电子商务发展创新的新动力新动能，解决电子商务发展中的突出矛盾和问题，建立开放、共享、诚信、安全的电子商务发展环境，推动经济结构调整，实现经济提质增效转型升级，切实维护国家利益。

在立法过程中注重把握：第一，坚持促进发展。立法始终把促进电子商务健康可持续发展摆在首位。一是保障电子商务各方主体权益，明确义务和责任。二是鼓励创新，充分发挥市场在资源配置中的决定性作用，鼓励形成企业自治、行业自律、社会监督、政府监管的社会共治模式，同时通过创新监管更好发挥政府作用。三是在发展中逐步规范，在规范中持续发展。草案从我国国情实际出发，通过具体制度设计解决电子商务经营主体、行为及其市场规范问题。

第二，坚持问题导向。当前，电子商务发展也面临一些突出矛盾和问题。一是法律体系和商业规则有待完善。二是市场秩序有待规范，交易环境需要健全完善。三是管理体制有待理顺，交易安全保障亟待加强。草案着力解决电子商务发展中的突出问题，将近年来一些成熟的经验做法上升到法律作为制度确定下来，同时注重与相关法律法规相衔接。

第三，规范与保障并重。规范电子商务经营主体的经营行为，明确其资质条件、公示和审验义务、服务安全等，形成良好营商环境。注重加强对电子商务消费者的保护力度，为电子商务良性发展、互动创新奠定制度基础。

三、主要内容和重点问题

草案分总则、电子商务经营主体、电子商务交易与服务、电子商务交易保障、跨境电子商务、监督管理、法律责任和附则，共八个章节九十四条。重点包括：

（一）电子商务法调整对象

电子商务法调整对象和范围的确定，直接关系到促进发展、规范秩序、保障权益的立法目标顺利实现，关系到整个电子商务法总体框架设计，应综合考虑我国电子商务发展实践、中国的现实国情并与国际接轨、与国内其他法律法规的衔接等。综合各方意见，草案将电子商务定义为："通过互联网等信息网络进行商品交易或者服务交易的经营活动"。在此定义中，信息网络包括互联网、移动互联网等；商品交易包括有形产品交易和无形产品交易（如数字产品）；服务交易是指服务产品交易；经营活动是指以营利为目的的商务活动，包括上述商品交易、服务交易和相关辅助经营服务活动。考虑到立法应尽可能涵盖电子商务的实际领域，同时与其他法律法规有效衔接，草案规定："法律、行政法规对商品交易或者服务交易有特别规定的，适用其规定。涉及金融类产品和服务、利用信息网络播放音视频节目以及网络出版等内容方面的服务，不适用本法。"

（二）电子商务经营主体

草案对电子商务经营主体作出了明确规定，区分了一般的电子商务经营者和电子商务第三方平台。第三方平台对市场的主导作用，构成了我国电子商务发展的重要特点。草案着重对第三方平台作出明确规定：一是要求其对经营者进行审查，提供稳定、安全服务；二是应当公开、透明地制定平台交易规则；三是遵循重要信息公示、交易记录保存等要求；四是退出的要求。起草过程中，对自然人工商登记问题有不同意见，经过反复沟通协调，各方面均认同工商登记是电子商务经营者的法定义务。但考虑到我国国情和电子商务发展实际，为有利于促进就业，可以对部分符合条件的小规模经营者免予登记。因此，草案第十二条第一款规定："电子商务经营主体应当依法办理工商登记。但是，依法无须取得许可的以个人技能提供劳务、家庭手工业、农产品自产自销以及依照法律法规不需要进行工商登记的除外。具体办法由国务院规定。"

（三）电子商务交易与服务

围绕电子商务的交易与服务主要有电子合同、电子支付和快递物流。关于电子合同，草案根据电子商务发展的特点，在现有法律规定的基础上规定了电子商务当事人行为能力推定规则、电子合同的订立、自动交易信息系统，以及电子错误等内容。关于电子支付，草案规定了电子支付服务提供者和接受者的法定权利义务，对于支付确认、错误支付、非授权支付、备付金等作出规定。关于快递物流，草案明确了快递物流依法为电子商务提供服务，规范了电子商务寄递过程中的安全和服务问题。

（四）电子商务交易保障

草案主要规定四方面内容：一是电子商务数据信息的开发、利用和保护。明确规定鼓励数据信息交换共享，保障数据信息的依法有序流动和合理利用，强调电子商务经营者对用户个人信息应采取相应保障措施，并对电子商务数据信息的收集利用及其安全保障作出明确要求。二是市场秩序与公平竞争，规定电子商务经营主体知识产权保护、平台责任、不正当竞争行为的禁止、信用评价规则。三是消费者权益保护，包括商品或者服务信息真实、商品或者服务质量保证、交易规则和格式条款制定，并规定了设立消费者权益保证金，电子商务第三方平台有协助消费者维权的义务。四是争议解决，在适用传统方式的基础上，根据电子商务发展特点，积极构建在线纠纷解决机制。

（五）跨境电子商务

近年来，我国跨境电子商务快速发展，已经形成了一定的产业集群和交易规模。发展跨境电子商务，有利于完善我国对外开放战略布局和对外贸易优化升级，有利于推进“一带一路”建设和实施自由贸易区战略，形成对外开放新体制。为支持、促进和保障跨境电子商务发展，电子商务立法对此作了专门规定。一是国家鼓励促进跨境电子商务的发展。二是国家推动建立适应跨境电子商务活动需要的监督管理体系，提高通关效率，保障贸易安全，促进贸易便利化。三是国家推进跨境电子商务活动通关、税收、检验检疫等环节的电子化。四是推动建立国家之间跨境电子商务交流合作等。

（六）监督管理与社会共治

草案规定了国务院及各级政府对电子商务的监管职能。电子商务治理要充分发挥政府作用，同时还要充分发挥行业自律和社会共治的作用，实现多管齐下、综合治理。即要体现电子商务管理创新，运用互联网思维、互联网管理办法。电子商务行业组织和电子商务经营主体应当加强行业自律，建立健全行业规范和网络规范，引导本行业经营者公平竞争，推动行业诚信建设。国家鼓励、支持和引导电子商务行业组织、电子商务经营主体和消费者共同参与电子商务市场治理。

《中华人民共和国电子商务法（草案）》和以上说明是否妥当，请审议。

全国人民代表大会法律委员会关于《中华人民共和国电子商务法（草案）》修改情况的汇报

全国人民代表大会常务委员会：

常委会第二十五次会议对电子商务法草案进行了初次审议。会后，法制工作委员会将草案印发各省、自治区、直辖市、中央有关部门和部分企业、研究机构征求意见。在中国人大网全文公布草案征求社会公众意见。法律委员会、法制工作委员会还到广东、江苏等地进行调研，听取意见。常委会组成人员和各方面总的认为，为规范并促进电子商务发展，制定本法是必要的；同时提出了一些修改意见。

法律委员会、法制工作委员会认真研究了各方面的意见，同财政经济委员会、国务院法制办公室、中央网络安全和信息化领导小组办公室、商务部、国家工商行政管理总局等部门交换意见，共同研究，根据电子商务快速发展和新业态不断涌现的实际，针对各方面提出的进一步明确本法定位、突出重点、删繁就简的建议，形成了以下修改思路：一是，遵循规范经营与促进发展并重，保障并支持电子商务创新发展；二是，聚焦于规范电子商务经营者特别是平台经营者，针对电子商务活动的特点和实践中反映的突出问题，对电子商务经营者特别是平台经营者的义务与责任作必要的补充完善，以更好地保证交易安全，保护用户和消费者权益；三是，按照“鼓励创新、包容审慎”原则，对有关方面认识尚不一致、还看不准的问题，仅作原则规定或不作规定；四是，对现行相关法律已有规定的，本法不再作重复规定，同时保留或增加与相关法律的衔接性规定。按照上述思路对草案进行修改后，法律委员会、财政经济委员会、法制工作委员会联合召开座谈会，又征求了中央有关部门和一些电商企业、行业组织、专家的意见，各方面总体赞同上述修改思路和主要修改内容。

法律委员会于9月29日召开会议，根据常委会组成人员的审议意见和各方面意见，对草案进行了逐条审议。财政经济委员会、国务院法制办公室、国家工商行政管理总局的有关负责同志和中央网络安全和信息化领导小组办公室的有关同志列席了会议。10月17日，法律委员会召开会议，再次进行审议。现将电子商务法草案主要问题的修改情况汇报如下：

一、草案第十一条将“电子商务经营主体”分为“电子商务第三方平台”和“电子商务经营者”，并分别作了定义。有的常委委员和地方、专家提出，草案对电子商务经营主体的分类和含义规定得不够清晰。法律委员会经研究，建议将草案中的“电子商务经营主体”统一改为“电子商务经营者”；并在草案第十一条中增加规定：“电子商务经营者”包括自建网站经营的电子商务经营者、电子商务平台经营者、平台内电子商务经营者。

二、草案第十二条第一款规定：电子商务经营者应当依法办理工商登记。但是，依法无须取得许可的以个人技能提供劳务、家庭手工业、农产品自产自销以及依照法律法规不需要进行工商登记的除外。具体办法由国务院规定。对此，有两种意见。一种意见认为，上述免于工商登记的范围过窄，不利于电子商务发展。另一种意见认为，草案与最近国务院发布施行的无证无照经营查处办法的规定总体一致，目前，工商登记、税务登记已合并，实行一照一码，工商登记是税收征管的基础，工商登记应当线上线下统一。法律委员会经研究，建议将草案的上述规定修改为：电子商务经营者应当依法办理工商登记。但是，销售自产农副产品、销售家庭手工业产品、个人利用自己的技能从事依法无须取得许可的便民劳务活动以及依照法律、行政法规不需要进行工商登记的除外。

三、草案第十九条第一款规定，电子商务平台应当对申请进入平台的经营者的身份、行政许可等信息进行审查、登记。一些常委委员和地方、部门提出，应当进一步要求电子商务平台配合监管，向工商行政管理等部门提供经营者信息，并为经营者办理工商登记提供便利。法律委员会经研究，建议增加一款规定：电子商务平台经营者应当按照规定向工商行政管理部门、税务部门报送平台内经营者的身份信息和经营信息。电子商务平台经营者应当配合工商行政管理部门，为应当办理工商登记的经营者办理工商登记提供便利。

四、一些常委委员和地方、部门、社会公众建议，进一步强化电子商务经营者特别是平台经营者的义务规范，加强消费者权益保护。法律委员会经研究，建议在草案中增加以下规定：一是，电子商务经营者不得以虚假宣传、虚构交易、编造用户评价等方式侵害消费者的知情权。二是，电子商务经营者应当按照承诺或者与消费者约定的方式、时限向消费者交付商品或者服务，并承担商品运输中的风险和责任。但是，消费者与电子商务经营者约定另行选择快递物流服务提供者的除外。三是，电子商务经营者应当明示用户注销的方式和程序，不得对用户注销设置不合理条件。四是，电子商务平台经营者对其标记为自营业务的商品交易或者服务交易依法承担商品销售者或者服务提供者的责任。五是，电子商务平台经营者应当根据商品或者服务的价格、销量、信用高低等多种方式向消费者显示搜索结果；对于竞价排名的商品或者服务，应当显著标明“广告”。

五、一些常委委员和企业、专家、社会公众建议，针对电商平台利用不合理的服务协议和交易规则，对平台内经营者实施不公平交易行为的问题完善草案相关规定。法律委员会经研究，建议对草案作以下修改：一是，在草案第二十三条中增加电子商务平台经营者修改平台服务协议应当公开征求意见，并提前公示修改内容的规定。二是，将草案第五十五条第五项修改为，电子商务平台经营者不得利用服务协议和交易规则等手段，对平台内经营者的交易、交易价格等进行不合理限制或者附加不合理交易条件，或者向平台内经营者收取不合理费用。

六、草案第五十三条中规定，电子商务平台“明知”平台内经营者侵犯知识产权的，应当依法采取删除等必要措施。一些常委会组成人员和部门、企业、专家建议，进一步强化平台经营者的知识产权保护责任。法律委员会经研究，建议将草案的上述规定修改为：电子商务平台经营者知道或者应当知道平台内经营者侵犯知识产权的，应当采取删除、屏蔽、断开链接、终止交易和服务等必要措施；未采取必要措施的，与侵权人承担连带责任。同时，在草案第五十四条中增加规定：电子商务平台经营者接到平台内经营者侵犯知识产权的通知后，未及时采取必要措施的，应当对损害扩大部分与平台内经营者承担连带责任。

七、一些常委会组成人员和地方、部门、企业、专家建议，完善电子商务合同订立、履行规范，进一步明确合同当事人的权利和义务。法律委员会经研究，建议对草案作以下修改：一是，增加一条规定，电子商务经营者应当清晰、全面、明确地告知用户订立合同的步骤、注意事项、下载方法等事项，保证用户能够便利、完整地阅览和下载；并保证用户在提交订单前可以更正输入错误。二是，增加规定，电子商务当事人可以约定采用快递物流方式交付商品。快递物流服务提供者为电子商务提供快递物流服务，应当遵守法律、行政法规，并应当符合承诺的服务规范和时限；在交付商品时，应当提示收货人当面查验，经当面查验无异议的，收货人应当签收。三是，将草案第三十六条第二款修改为，未经授权的支付造成的损失，由电子支付服务提供者承担；电子支付服务提供者能够证明未授权支付是因用户的过错造成的，不承担责任。

八、一些常委委员和地方、专家、社会公众建议，针对实践中消费者投诉举报难、获取证据难问题，进一步完善电子商务争议处理规范。法律委员会经研究，建议将“电子商务争议解决”单列一章，并增加以下规定：一是，电子商务经营者应当建立便捷、有效的投诉、举报机制，公开投诉、举报方式等信息，及时受理并处理投诉、举报。二是，在电子商务争议处理中，电子商务经营者应当提供原始合同和交易记录。因电子商务经营者丢失、伪造、篡改、销毁、隐匿或者拒绝提供上述资料，致使人民法院、仲裁机构或者有关机关无法查明事实的，电子商务经营者应当承担相应的法律责任。

九、一些常委会组成人员和地方、部门、企业建议，充实促进电子商务发展的政策措施。法律委员会经研究，为进一步体现“互联网+”促进线上线下融合发展、推动农村经济和扶贫攻坚的重要作用，建议将“电子商务促进”单列一章，并对草案作以下修改：一是，增加一条规定，国家推动电子商务在国民经济各个领域的应用，支持电子商务与各产业融合发展。二是，增加一条规定，国家促进农业生产、加工、流通等环节的互联网技术应用，鼓励各类社会资源加强合作，促进农村电子商务发展。三是，将草案第七十六条修改为，国家推动电子商务基础设施和物流网络建设，完善电子商务统计制度，加强电子商务标准体系建设。

考虑到草案中关于个人信息保护、电子支付、快递物流等方面的管理性规范，有关法律、行政法规等已作了规定，对此作了必要的删减、整合，并增加了与有关法律、行政法规等相衔接的规定；同时，根据修改后的内容对法律责任一章进行梳理并作了调整。

此外，还对草案作了一些文字修改。

草案二次审议稿已按上述意见作了修改，法律委员会建议提请本次常委会会议继续审议。

草案二次审议稿和以上汇报是否妥当，请审议。

全国人民代表大会法律委员会

2017年10月31日

全国人民代表大会宪法和法律委员会关于《中华人民共和国电子商务法（草案）》修改情况的汇报

全国人民代表大会常务委员会：

近年来，我国电子商务迅猛发展，对推进供给侧结构性改革、激发社会创新创业活力、满足人民日益增长的美好生活需要发挥了重要作用。中国已成为世界领先的电子商务市场，积累了丰富的创新发展经验。为了进一步支持、促进电子商务发展，维护市场秩序，保障电子商务各方主体的合法权益，十二届全国人大财政经济委员会在深入调研、广泛征求意见的基础上组织起草了电子商务法（草案），于2016年12月提请十二届全国人大常委会第二十五次会议进行了初次审议；2017年10月十二届全国人大常委会第三十次会议对草案进行了再次审议。十二届全国人大法律委员会、常委会法制工作委员会通过多种方式广泛征求意见，先后两次将草案印发各省（区、市）人大和中央有关部门征求意见，两次公布草案向社会征求意见，通过召开座谈会、到一些地方调研等方式，听取了国内各类主要电子商务企业的意见；召开专题会议，听取中央有关部门、主要电商平台企业和专家对自然人经营者登记等问题的意见。

在草案起草和审议修改过程中，注重把握以下几点：一是，坚持党中央提出的“创新是引领发展的第一动力”的要求，充分发挥立法的引领和推动作用，保障并支持电子商务创新发展；二是，遵循规范经营与促进发展并重的思路，针对电子商务活动的特点和实践中反映的突出问题，聚焦于规范电子商务经营者特别是平台经营者，对其义务与责任作出规定，以更好地保证交易安全，保护用户和消费者权益，维护市场秩序；三是，按照“鼓励创新、包容审慎”原则，对有关方面认识尚不一致、还看不准的问题，仅作原则规定或不作规定；四是，处理好与有关民事法律和行政管理法律的关系，对现行法律已有明确规定的，不再作重复规定。

根据上述思路，草案二次审议稿规定了如下主要内容：第一，明确本法的适用范围，限于我国境内的电子商务活动；将电子商务经营者分为平台经营者、平台内经营者、自建网站经营者；同时，考虑到一些行业和领域的特殊性，规定涉及金融类产品和服务、利用信息网络播放音视频节目、网络出版以及互联网文化产品等内容方面的服务，不适用本法。第二，针对电子商务的特点，着重规定电子商务经营者特别是平台经营者的义务与责任，如落实实名制、公平交易、保护知识产权、保护个人信息、保障网络安全等。第三，确立电子商务合同的订立和履行规范，对当事人民事行为能力、合同成立、电子商务经营者的告知义务、快递物流的服务规范、电子支付的责任承担等作了规定。第四，针对保护消费者的知情权、选择权和人身财产安全，在侵权责任法和消费者权益保护法的相关规定基础上进一步细化，对电子商务经营者特别是平台经营者的责任作了较为具体的规定。第五，专设电子商务促进一章，从促进线上线下产业融合、农村电子商务、跨境电子商务发展，推进电子商务诚信体系建设等方面，规定了支持促进电子商务发展的政策措施。第六，对电子商务争议的解决方式、原始合同和交易记录的提供、电子商务争议在线解决机制等作了规定。第七，对违反本法规定行为的法律责任作了规定。

本届以来，宪法和法律委员会、法制工作委员会就草案的有关问题进一步征求了有关方面意见、共同研究。宪法和法律委员会于6月5日召开会议，根据常委会组成人员的审议意见和各方面意见，对草案进行了逐条审议。财政经济委员会、中央网络安全和信息化委员会办公室、司法部、国家市场监督管理总局有关负责同志列席了会议。6月12日，宪法和法律委员会召开会议，再次进行了审议。现将电子商务法（草案二次审议稿）主要问题的修改情况汇报如下：

一、一些意见提出，2018年是改革开放40周年，以习近平同志为核心的党中央提出了一系列改革开放新的重要举措，电子商务作为现代服务业的重要组成部分，应充分发挥其在推动高质量发展和形成全面开放新格局方面的作用。宪法和法律委员会经研究，建议在草案二次审议稿第四条中增加规定：充分发挥电子商务在推动高质量发展、构建开放型经济方面的重要作用。

二、草案二次审议稿第十条第一款规定，本法所称电子商务经营者，是指通过互联网等信息网络销售商品或者提供服务的自然人、法人和非法人组织，包括自建网站经营的电子商务经营者、电子商务平台经营者、平台内电子商务经营者。一些常委委员和部门、企业、社会公众建议，在电子商务经营者的范围中明确不包括个人转让自用二手物品等非经营活动；一些常委委员和地方、企业、社会公众建议，将通过微信、网络直播等方式销售商品或者提供服务的经营者涵盖在内。宪法和法律委员会经研究，建议将上述规定修改为：本法所称电子商务经营者，是指通过互联网等信息网络从事销售商品或者提供服务的经营活动的自然人、法人和非法人组织，包括电子商务平台经营者、平台内经营者以及通过自建网站、其他网络服务销售商品或者提供服务的电子商务经营者。

三、草案二次审议稿第十一条规定，电子商务经营者应当依法办理工商登记。但是，个人销售自产农副产品、销售家庭手工业产品，个人利用自己的技能从事依法无须取得许可的便民劳务活动以及依照法律、行政法规不需要进行工商登记的除外。关于这个问题，在草案起草、审议和征求意见中，一直存在两种意见。一种意见认为，应当要求所有个人经营者办理登记；一种意见建议明确，除须取得行政许可的经营活动外，个人经营者免于办理登记。在二审中，一些常委委员建议，对不需要进行登记的电子商务经营者的范围予以研究完善，并对其税务登记问题作出规定。宪法和法律委员会、法制工作委员会对这个问题作了重点研究，认为：从我国的商事登记和税收征管制度上总体考虑，并为体现线上线下公平竞争，在本法中规定电子商务经营者应当依法办理登记，是必要的；同时，实践中有许多个人经营者交易的频次低、金额小，法律已要求平台对其身份进行核验，可不要求其必须办理登记。据此，建议作以下修改：一是，在草案二次审议稿第十一条中增加规定，个人从事“零星小额交易活动”不需要办理市场主体登记。二是，增加规定：依照本法规定不需要办理市场主体登记的电子商务经营者在首次纳税义务发生后，应当依照税收征收管理法律、行政法规的规定办理税务登记，并如实申报纳税。

四、草案二次审议稿第二十三条第二款中规定，电子商务平台经营者应当按照规定向工商行政管理部门、税务部门报送平台内经营者的身份信息和经营信息。有的常委委员和企业、专家提出，要求电子商务平台向上述部门报送有关信息是必要的；但是，考虑到经营信息范围广，有的还涉及企业商业秘密等，建议对报送信息的情形予以区分，限定报送范围。宪法和法律委员会经研究，建议将上述规定修改为，电子商务平台经营者应当按照规定向市场监督管理部门报送平台内经营者的身份信息，向税务部门报送平台内经营者的身份信息和与纳税有关的信息。

五、一些常委会组成人员和部门、企业、社会公众提出，在目前的实践中，一些电子商务经营者定向推送商品、服务信息存在误导的情况，搭售商品、押金退还、格式合同等存在许多不合理做法，侵害消费者合法权益，应对此作出有针对性的规范。宪法和法律委员会经研究，建议增加以下规定：一是，电子商务经营者根据消费者的兴趣爱好、消费习惯等特征向其推销商品或者服务，应当同时向该消费者提供不针对其个人特征的选项，尊重和平等保护消费者合法权益。二是，电子商务经营者搭售商品或者服务，应当以显著方式提请消费者注意，不得将搭售商品或者服务作为默认同意的选项。三是，电子商务经营者按照约定向消费者收取押金的，应当明示押金退还的方式、程序，不得对押金退还设置不合理条件。消费者申请退还押金，符合押金退还条件的，电子商务经营者应当及时退还。四是，电子商务经营者不得以格式条款等方式约定消费者支付价款后合同不成立；格式条款等含有该内容的，其内容无效。

六、一些常委会组成人员和地方、部门、社会公众建议，明确禁止电子商务经营者滥用市场支配地位以及电子商务平台经营者限制平台内经营者在其他平台上开展经营活动的行为。宪法和法律委员会经研究，建议作以下修改：一是，增加规定：电子商务经营者因其技术优势、用户数量、对相关行业的控制能力以及其他经营者对该电子商务经营者在交易上的依赖程度等因素而具有市场支配地位的，不得滥用市场支配地位，排除、限制竞争。二是，将第三十条修改为，电子商务平台经营者不得利用服务协议、交易规则以及技术等手段，对平台内经营者在平台内的交易、交易价格以及与其他经营者的交易等进行不合理限制或者附加不合理条件，或者向平台内经营者收取不合理费用。

七、一些常委会组成人员和部门、社会公众建议，与侵权责任法、消费者权益保护法的有关规定相衔接，针对电子商务平台对平台上销售假冒伪劣商品等行为不及时采取措施，以及对消费者未尽到安全保障义务等情形，进一步明确和细化其对消费者的责任。宪法和法律委员会经研究，建议增加规定：电子商务平台经营者知道或者应当知道平台内经营者销售的商品或者提供的服务不符合保障人身、财产安全的要求，或者有其他侵害消费者合法权益行为，未采取必要措施的，依法与该平台内经营者承担连带责任。对关系消费者生命健康的商品或者服务，电子商务平台经营者对平台内经营者的资质资格未尽到审核义务，或者对消费者未尽到安全保障义务，造成消费者损害的，依法与该平台内经营者承担连带责任。

八、有的部门、专家建议，对生产经营者之间通过电子商务平台开展交易活动作出必要规范。宪法和法律委员会经研究，建议增加规定：电子商务平台经营者可以按照平台服务协议和交易规则，为经营者之间的商品交易或者服务交易提供信息发布、交易撮合、仓储、物流、支付结算、交收等服务，同时应当遵守法律、行政法规和国家有关规定，不得采取集中竞价、做市商等集中交易方式进行交易，不得进行标准化合约交易。

此外，还对草案二次审议稿作了一些文字修改。

草案三次审议稿已按上述意见作了修改，宪法和法律委员会建议提请本次常委会会议继续审议。

草案三次审议稿和以上汇报是否妥当，请审议。

全国人民代表大会宪法和法律委员会

2018 年 6 月 19 日

全国人民代表大会宪法和法律委员会关于《中华人民共和国电子商务法（草案）》审议结果的报告

全国人民代表大会常务委员会：

常委会第三次会议对电子商务法草案进行了第三次审议。会后，法制工作委员会在中国人大网全文公布草案三次审议稿征求社会公众意见，召开座谈会听取部分法院的意见；并就草案的有关问题与有关方面交换意见，共同研究。宪法和法律委员会于 7 月 25 日召开会议，根据常委会组成人员的审议意见和各方面意见，对草案进行了逐条审议。财政经济委员会、中央网络安全和信息化委员会办公室、司法部、国家市场监督管理总局的有关负责同志列席了会议。8 月 20 日，宪法和法律委员会召开会议，再次进行审议。宪法和法律委员会认为，为保障电子商务各方主体的合法权益，规范电子商务行为，维护市场秩序，促进电子商务持续健康发展，制定本法是必要的；草案经过常委会三次审议修改，已经比较成熟。同时，提出以下主要修改意见：

一、一些常委会组成人员提出，从事电子商务活动应当贯彻绿色发展理念，履行环保义务，建议在本法中对此作出相应规定。宪法和法律委员会经研究，建议在草案三次审议稿第六条中增加规定，电子商务经营者从事经营活动应当履行“环境保护”义务；在第五章中增加一条规定：国务院和县级以上地方人民政府及其有关部门应当采取措施，支持、推动绿色包装、仓储、运输，促进电子商务绿色发展。

二、一些常委会组成人员和法院的同志建议明确规定跨境电子商务适用本法。宪法和法律委员会经研究认为，按照草案相关规定，我国境内的电子商务经营者为消费者从境外采购商品等跨境电子商务活动适用本法；我国的消费者从境外购买商品等电子商务活动，按照我国涉外民事法律关系适用法的规定，也可以适用本法关于消费者保护的相关规定。同时，从事跨境电子商务活动还应当遵守我国进出口监管的法律、行政法规。据此，建议增加一条规定：电子商务经营者从事跨境电子商务，应当遵守有关进出口监督管理的法律、行政法规。

三、一些社会公众、电商平台企业和法院的同志提出，草案三次审议稿第三十七条第二款关于电子商务平台经营者与平台内经营者承担连带责任的规定，给平台经营者施加的责任过重，建议将“承担连带责任”改为“承担相应的补充责任”，与侵权责任法的有关规定相一致。宪法和法律委员会经研究认为，这样修改更为合理，也能够为消费者提供充分保障，建议采纳这一意见。

四、一些常委会组成人员和法院的同志建议，对商品和服务交付的有关规定作进一步研究完善。宪法和法律委员会经研究，建议对草案三次审议稿作以下修改：一是，在第五十条第一款“合同标的为提供服务的，以生成的电子或者实物凭证中所载明的时间为交付时间”后增加规定：前述凭证没有载明时间或者载明时间与实际提供服务时间不一致的，实际提供服务的时间为交付时间；二是，在第五十一条第二款中增加规定：快递物流服务提供者将商品交由他人代收的，应当经收货人同意。

五、草案三次审议稿第八十条和第八十一条分别对电子商务平台经营者不合理限制平台内经营者的交易，以及对平台内经营者实施侵犯知识产权行为未依法采取必要措施的处罚作了规定。根据一些常委会组成人员和社会公众的意见，宪法和法律委员会建议，将这两条中的罚款数额由“五万元以上二十万元以下”、“二十万元以上五十万元以下”分别修改为“五万元以上五十万元以下”、“五十万元以上二百万元以下”。

此外，还对草案三次审议稿作了一些文字修改。

还有一个问题需要汇报。一些常委会组成人员建议，对电子商务活动中的个人信息保护作出具体规定。宪法和法律委员会经研究认为，目前，民法总则、网络安全法、刑法等对个人信息的收集、使用、保护规则以及侵害个人信息的处罚已作了规定，下一步还将对个人信息保护进行专项立法，本法对电子商务活动中的个人信息保护作衔接性规定是适宜的。

8月16日，法制工作委员会召开会议，邀请全国人大代表、专家学者、主要电商企业、行业协会、执法部门等方面的代表，就草案中主要制度规范的可行性、法律出台时机、法律实施的社会效果和可能出现的问题等进行评估。总的评价是：电子商务法草案遵循保障权益、规范行为、维护秩序、促进发展的立法宗旨，坚持“鼓励创新、包容审慎”原则，主要制度充分考虑了电子商务发展实际和面临的突出问题，也为将来的发展留有充分的空间，具有较强的针对性、可行性和包容性。草案经过常委会三次审议修改，充分征求并吸收了各方面意见，达成了最大的社会共识，已经比较成熟，建议尽快审议通过。也有的参会人员建议，对草案作进一步完善后再出台，使之成为一部面向未来、促进发展、引领全球数字经济的法律。有的参会人员还对草案提出了一些具体修改意见，宪法和法律委员会进行了认真研究，对有的意见予以采纳。

草案四次审议稿已按上述意见作了修改，宪法和法律委员会建议提请本次常委会会议审议通过。

草案四次审议稿和以上报告是否妥当，请审议。

全国人民代表大会宪法和法律委员会
2018年8月27日

全国人民代表大会宪法和法律委员会关于《中华人民共和国电子商务法（草案四次审议稿）》修改意见的报告

全国人民代表大会常务委员会：

常委会第五次会议于8月28日下午对电子商务法（草案四次审议稿）进行了分组审议，普遍认为，草案已经比较成熟，建议进一步修改后，提请本次会议通过。同时，有些常委会组成人员和列席会议的同志还提出了一些修改意见。宪法和法律委员会于8月29日上午召开会议，逐条研究了常委会组成人员的审议意见，对草案进行了审议。全国人大财政经济委员会、中央网络安全和信息化委员会办公室、司法部、国家市场监督管理总局的有关负责同志列席了会议。宪法和法律委员会认为，草案是可行的，同时，提出以下修改意见：

一、一些常委会组成人员建议，进一步强化电子商务经营者的环保义务以及快递物流服务提供者使用绿色包装的义务。宪法和法律委员会经研究，建议在草案四次审议稿第十三条中增加规定，电子商务经营者销售的商品或者提供的服务应当符合“环境保护要求”；在第五十一条中增加一款规定：快递物流服务提供者应当按照规定使用环保包装材料，实现包装材料的减量化和再利用。

二、草案四次审议稿第十八条第一款对电子商务经营者根据消费者的个人特征向其提供商品或者服务搜索结果的要求作了规定。一些常委会组成人员建议，对电子商务经营者向消费者发送广告的行为作出相应规定。宪法和法律委员会经研究，建议在本条中增加一款规定：电子商务经营者向消费者发送广告的，应当遵守《中华人民共和国广告法》的有关规定。

三、一些常委委员和列席会议的同志提出，实践中，电子商务平台经营者未履行资质资格审核义务和对消费者的安全保障义务的情况比较复杂，可根据实际情形依法认定其应承担的责任。宪法和法律委员会经研究，建议将草案四次审议稿第三十七条第二款中的“依法承担相应的补充责任”，修改为“依法承担相应的责任”。同时，根据有的常委委员的意见，建议增加一条行政处罚规定：电子商务平台经营者违反本法规定，对平台内经营者侵害消费者合法权益行为未采取必要措施，或者对平台内经营者未尽到资质资格审核义务，或者对消费者未尽到安全保障义务的，由市场监督管理部门责令限期改正，可以处五万元以上五十万元以下的罚款；情节严重的，责令停业整顿，并处五十万元以上二百万元以下的罚款。

四、草案四次审议稿第四十一条第三款规定，知识产权权利人因通知错误造成平台内经营者损害的，依法承担民事责任。有的常委委员建议，针对恶意通知扰乱正常经营活动的行为增加惩罚性赔偿，维护经营者合法权益。宪法和法律委员会经研究，建议在本条中增加规定：恶意发出错误通知，造成平台内经营者损失的，加倍承担赔偿责任。

此外，根据常委会组成人员的审议意见，还对草案四次审议稿作了一些文字修改。

草案建议表决稿已按上述意见作了修改，宪法和法律委员会建议本次常委会会议审议通过。

草案建议表决稿和以上报告是否妥当，请审议。

全国人民代表大会宪法和法律委员会

2018 年 8 月 31 日

图书在版编目（CIP）数据

中国电子商务法律法规政策汇编／电子商务法起草组编．—北京：中国法制出版社，2018.9

ISBN 978－7－5093－9764－0

Ⅰ.①中…　Ⅱ.①电…　Ⅲ.①电子商务－法规－汇编－中国　Ⅳ.①D922.294.9

中国版本图书馆CIP数据核字（2018）第213356号

策划编辑：谢雯　　责任编辑：谢雯　张海洋　　封面设计：李宁

中国电子商务法律法规政策汇编

ZHONGGUO DIANZI SHANGWU FALÜ FAGUI ZHENGCE HUIBIAN

编者/电子商务法起草组

经销/新华书店

印刷/三河市紫恒印装有限公司

开本/710毫米×1000毫米　16开　　印张/39.5　字数/499千

版次/2018年9月第1版　　2018年9月第1次印刷

中国法制出版社出版

书号 ISBN 978－7－5093－9764－0　　定价：118.00元

北京西单横二条2号

邮政编码100031　　传真：010－66031119

网址：http：//www.zgfzs.com　　编辑部电话：010－66010405

市场营销部电话：010－66033393　　邮购部电话：010－66033288

（如有印装质量问题，请与本社印务部联系调换。电话：010－66032926）